西山宗因全集

第六巻　解題・索引篇

八木書店

1　布袋美人若衆図（福岡市博物館）

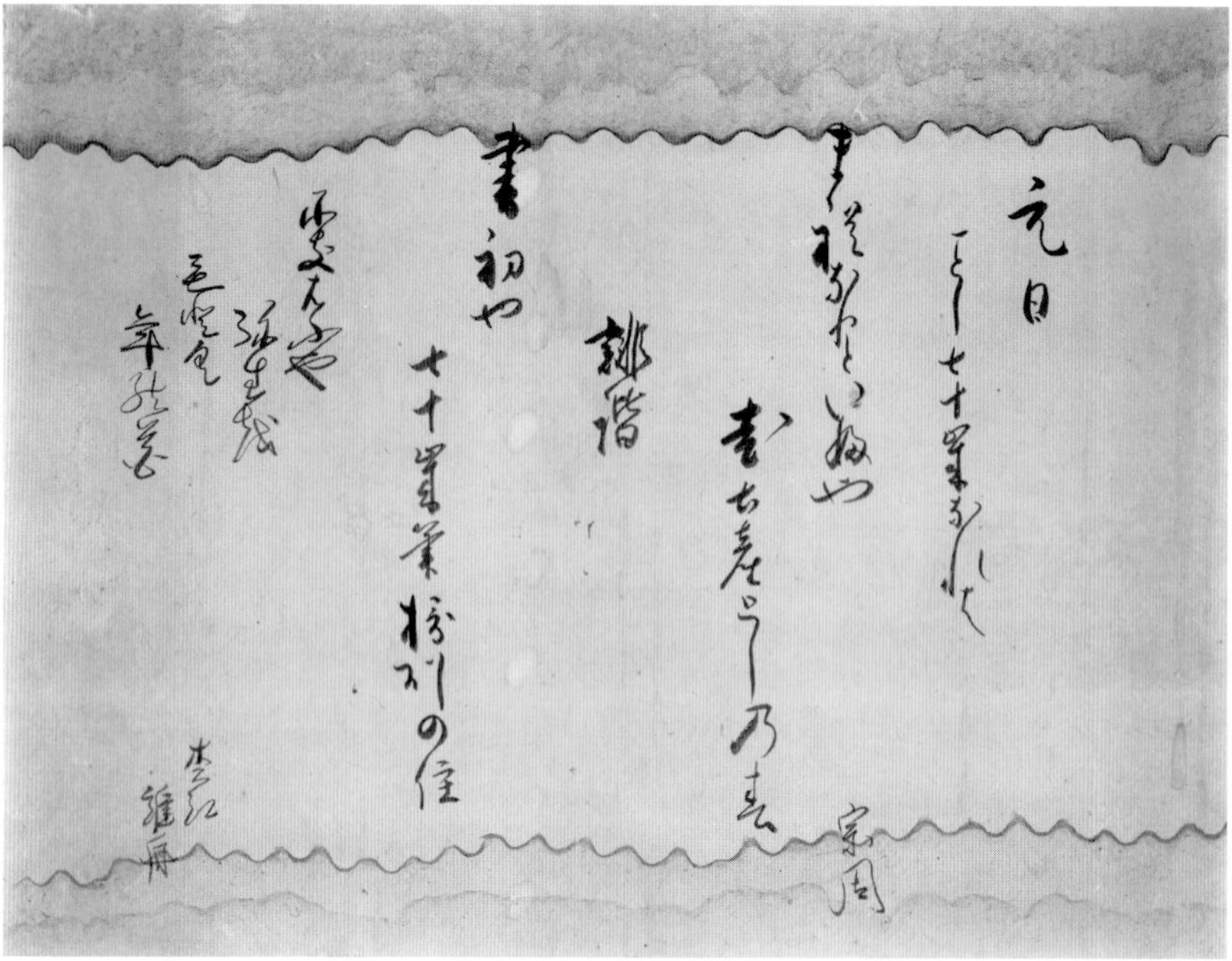

2　延宝二年歳旦発句懐紙（個人）

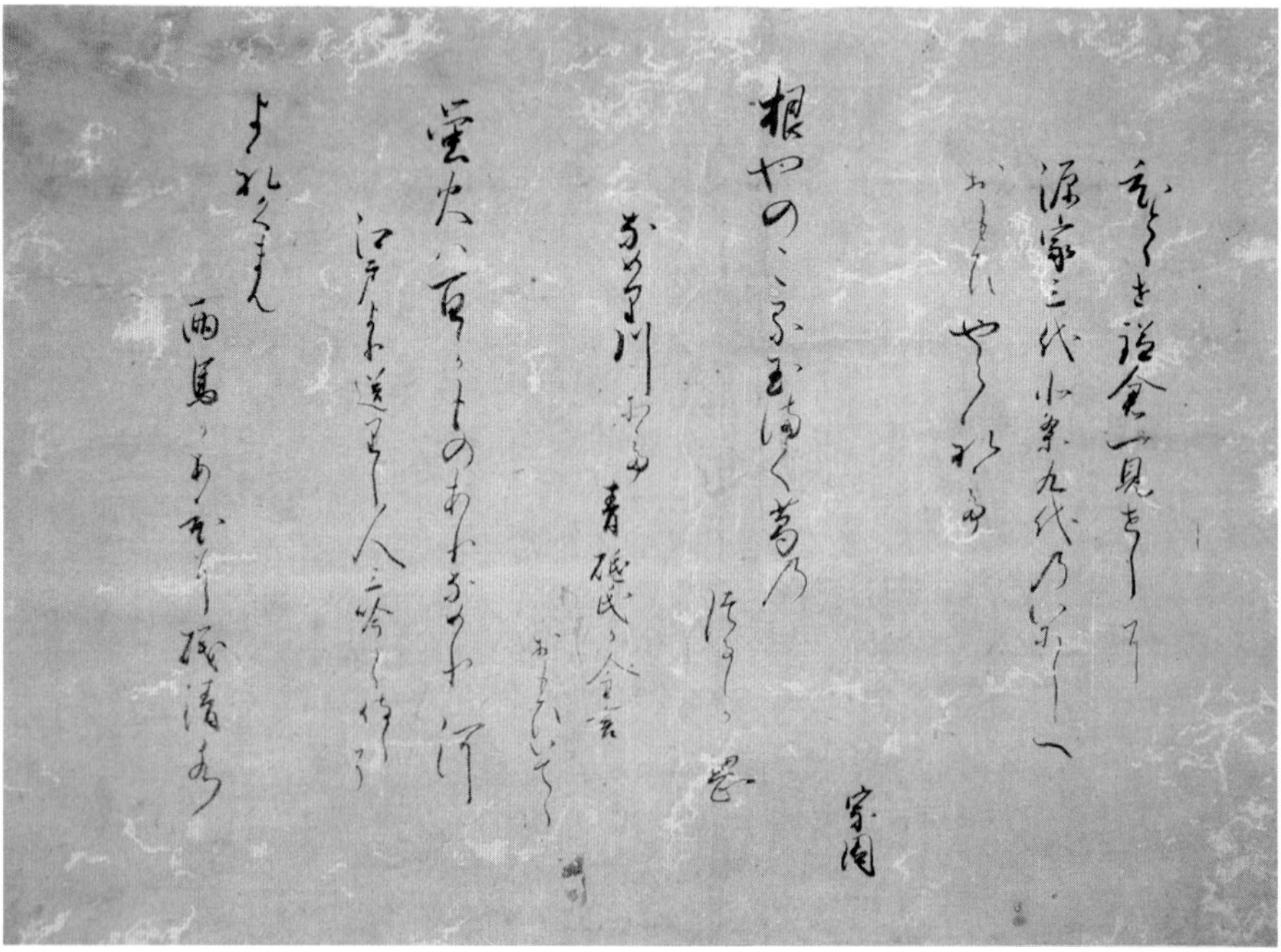

3「根やのこる」発句懐紙（個人）

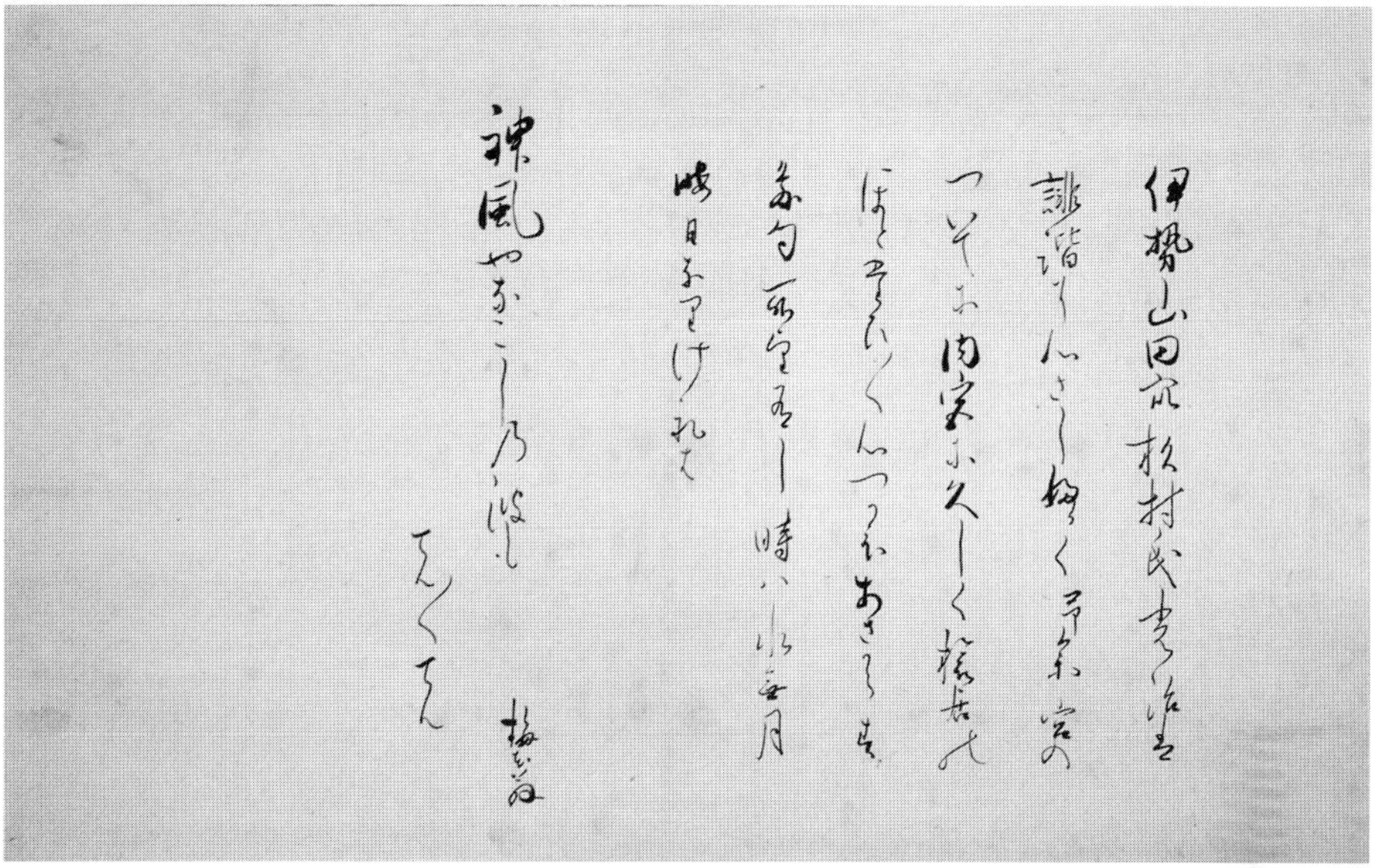

4 「神風や」発句懐紙（個人）

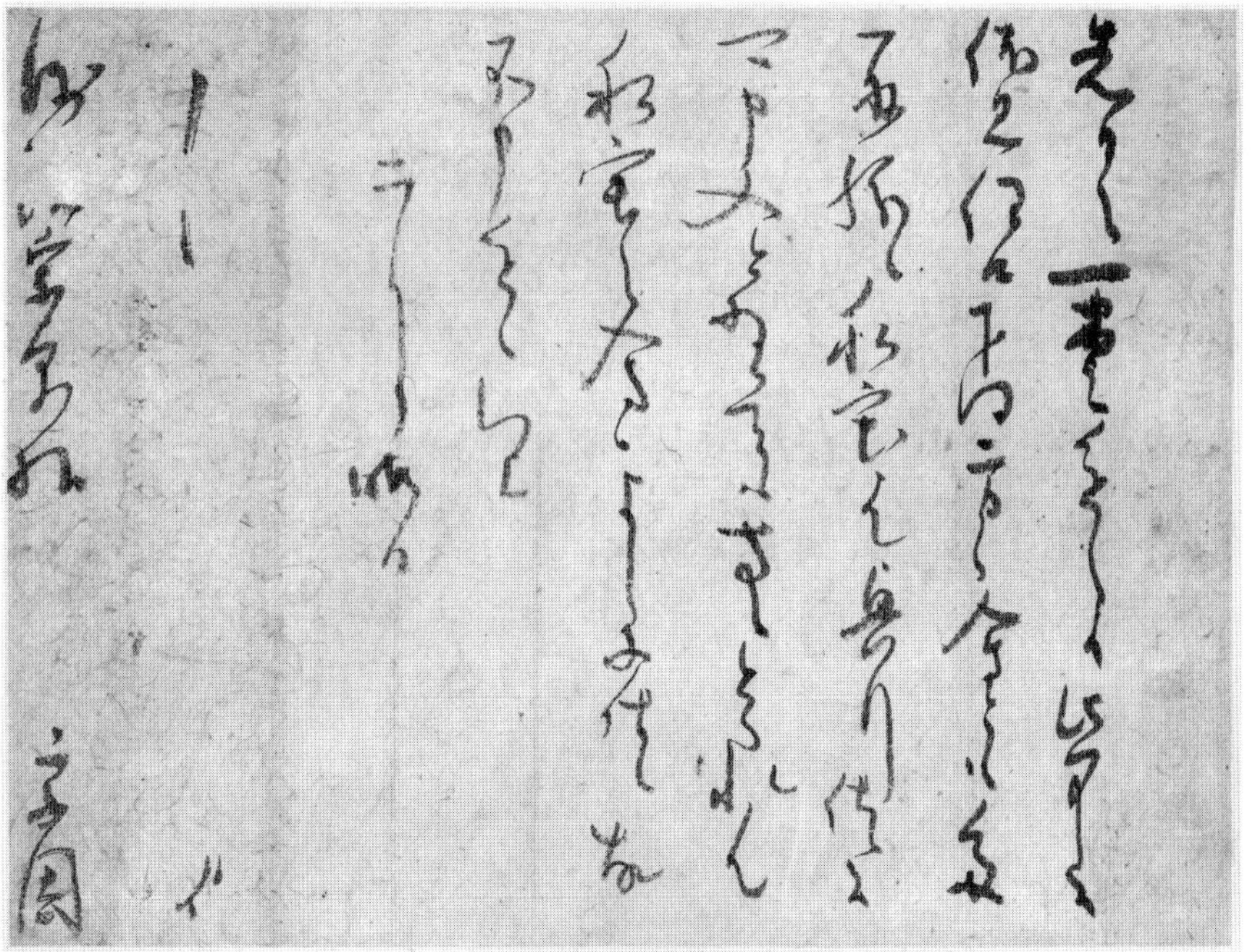

5 浅河宗則宛書簡（個人）

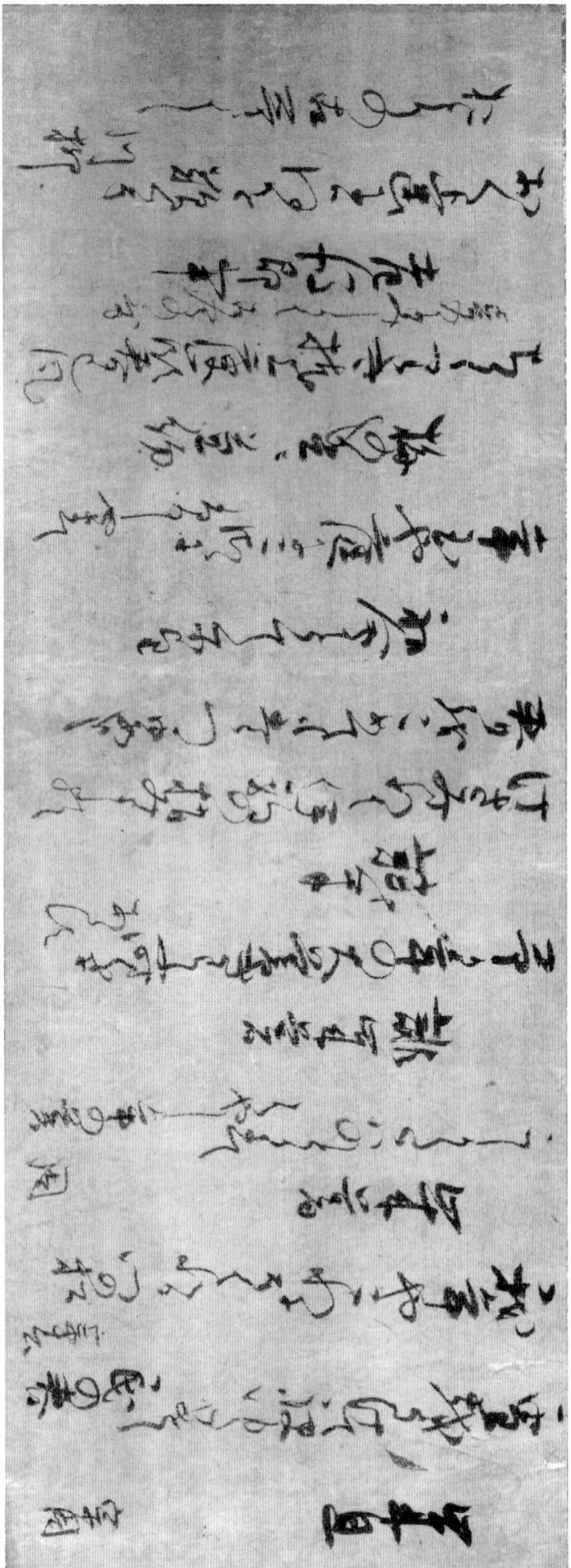

6　延宝九年歳旦和歌発句懐紙（個人）

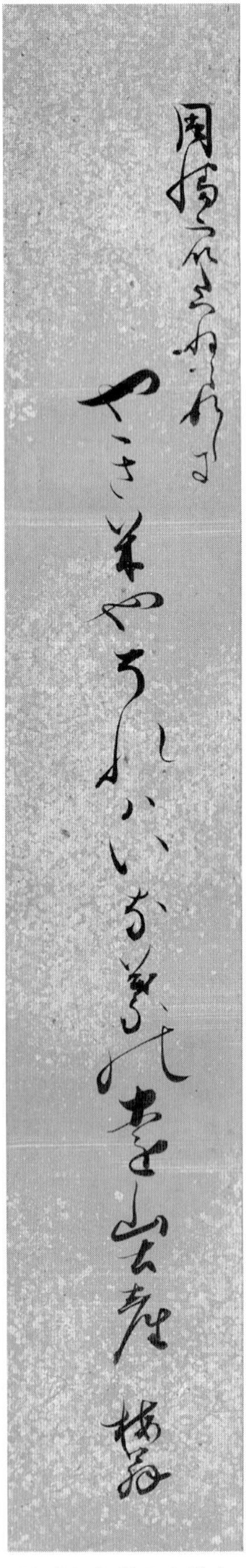

7「やき米や」発句
短冊（個人）

目次

口絵……1
凡例……v
補訂……*1*
連歌……*3*
1 明石千句……*3*
2「又やみん」百韻……*34*
3「ちりひぢの」百韻……*37*
4「若葉にも」百韻……*40*
5「言の葉も」百韻A……*44*
6「言の葉も」百韻B……*47*
7「錦てふ」百韻……*51*
8「こゝろよく」百韻……*55*
9「年月や」百韻……*58*
10「若ゆてふ」表八句……*63*
11『紅葉草』所引「豊一」付句……*63*

和　歌……65
1　榊原政房邸韻字詩歌……65
2　真蹟……67
文　章……69
1　向栄庵記……69
2　西国道日記……70
3　神出別荘記……75
4　一夜庵建立縁起……77
5　宗因文集……78
小発句集……87
1　『宗因連歌集』巻末発句……87
2　『宗因連歌』巻末発句……88
3　『伊勢神楽』巻末発句……89
4　岡山俊正集め句……89
5　『誹諧歌仙』巻末発句……91
評　点……92
1　「忍ぶ世の」連歌百韻……92
2　「匂はずは」連歌百韻……96
3　「誓文で」俳諧百韻……99
4　「きかぬ〳〵」俳諧百韻奥書……103
書　簡……104
1　無名宛……104
2　臨幽宛……105
3　浅河宗則宛……105
4　灰俵宛……106
5　日下玄隆・渡辺宗賢宛……106

加藤正方関係資料……108
1 正方送別歌文……108　3 風庵遺品覚……111
2 正方広島下向記……109
追善……115
1「花散りて」連歌百韻……115
同時代俳書抜抄・雑抄……119
1 俳諧或問……119　3 宗因発句素外賛……126
2 引導集……124
俳諧……127
発句追補……127
発句修訂……132
付句……144
1 新続犬筑波集……144　2 引導集……145
現存真蹟一覧……147
短冊……147
連歌……147
俳諧……152

色紙……158
扇面……160
懐紙……160
歳旦……160
句懐紙……164
画賛……172

資料解題……177

初句索引……1

凡例

【総記】

一、本全集は、連歌・俳諧・紀行・評点・書簡ほか、現在知り得る西山宗因の全文業を集成し、参考資料・年譜・資料解題などを加えて、全六巻に編成するものである。

一、本巻は、第六巻解題・索引篇として、補訂・資料解題・初句索引の三部により構成する。

【概要】

一、口絵として、第五巻刊行後に新たに見出された宗因書影七点を掲げた。

一、「補訂」部には、第一巻―第五巻刊行後に新たに現存もしくは善本を確認し得た資料、および、既刊巻の編成から漏れた資料を集成した。

一、「資料解題」部には、本全集に翻刻収録した作品・資料の底本の解題を収めた。

一、「初句索引」部には、本全集に翻刻収録した連歌・俳諧・聯句・和歌・狂歌・漢詩の初句による索引を収録した。

なお、細則については各部ごとの凡例を参照されたい。

【担当者】

口絵＝牛見正和・尾崎千佳

補訂＝島津忠夫・牛見正和・尾崎千佳

資料解題＝島津忠夫・井上敏幸・加藤定彦・牛見正和・尾崎千佳

初句索引＝尾崎千佳

なお、初句索引の編成にあたり、河村瑛子氏の助力を得た。

＊所収資料中、人権に関わる語が認められるが、学術研究上歴史的事実を伝えるべく原の姿を留めた。

補訂凡例

【配列・編成】

一、既刊巻に未収録の宗因作品および参考資料について、連歌、和歌、文章、小発句集、評点、書簡、加藤正方関係資料、追善、同時代俳書抜抄・雑抄、俳諧、現存真蹟一覧に分け、該当する作品・資料の翻刻を各項に収録した。

一、「連歌」には、第一巻・第二巻刊行後に新たに現存もしくは善本を確認し得た宗因出座の連歌千句・百韻・付句の翻刻を収めた。作品の配列は千句・百韻・付句の順とし、百韻は成立年代順にこれを配列した。

一、「和歌」には、第四巻刊行後に新たに現存の確認された宗因和歌の翻刻を収めた。うち、「榊原政房邸韻字詩歌」は漢詩・和歌・連歌発句・俳諧発句より成るが、成立の事情や資料の性格に鑑み、宗因以外の詠も含む全文をここに翻刻した。「真蹟」には、宗因真蹟にかかる短冊・懐紙の翻刻を収めた。

一、「文章」には、第四巻刊行後に新たに現存が確認されたり、同巻の収録から漏れた宗因の文章の翻刻を収め、成立年次順にこれを配列した。うち、「向栄庵記」は第四巻所収「有芳庵記」の、「神出別荘記」は同巻所収「明石山庄記」の異本であるが、いずれも宗因自筆本であることに鑑み、重複をいとわず収録した。さらに、宗因受容の様相をうかがい得る参考資料として、宗因没後の編纂にかかる「宗因文集」の全文を翻刻して収録した。

一、「小発句集」には、連歌・俳諧作品の巻末に付された宗因発句の書留を翻刻して収め、作品の成立年次順にこれを配列した。

一、「評点」には、第四巻刊行後に新たに現存の確認された宗因評点にかかる連歌・俳諧作品、および、宗因真蹟にかかる評点奥書の翻刻を収録し、おおむね評点年次順にこれを配列した。

一、「書簡」には、第四巻刊行後に新たに現存もしくは善本を確認し得た宗因真蹟書簡を翻刻して収録し、おおむね成立年次順にこれを配列した。

一、「加藤正方関係資料」には、第五巻刊行時に原本未見等の事由により収録に至らなかった加藤正方ゆかりの宗因伝記資料の翻刻を収録し、成立年次順にこれを配列した。うち、「正方送別歌文」「正方広島下向記」の二編については最善本を以てその全文を収録し、「風庵遺品覚」については全二巻のうち宗因の名の見える第一巻の前半部分のみを抄出した。

一、「追善」には、第五巻刊行後に新たに現存の確認された宗因追善の連歌百韻を翻刻して収録した。

一、「同時代俳書抜抄・雑抄」には、第五巻「俳論抄・雑抄」に漏れた宗因伝の参考資料を適宜抜粋して翻刻収録し、刊行・成立年次順にこれを配列した。

一、「俳諧」は、第三巻俳諧篇の補訂として、「発句」「付句」により編成した。うち、「発句」は、「発句追補」と「発句修訂」に分け、「発句追補」には、第三巻刊行後に編者が新たに確認し得た宗因の俳諧発句について成立年次順にこれを配し、新たに句番号を与えた。「発句修訂」には、第三巻俳諧篇発句部の句番号に即して発句を再掲しつつ、読みの誤りを訂し、詞書・異同・出典情報の追加・修正を示した。宗因真蹟の新出等により本位句の表記が変わる場合は、改めた句形のみを掲出した。読みの誤りについては、第三巻収録の句形と訂正後の句形を併記し、訂正箇所には傍線を付した。年次の変更については、第三巻収録の年次に即して当該句を掲げたあと、矢印で修正後の年次を示した。「付句」には、第三巻付句部に漏れた付句集から宗因付句のみを抜粋して翻刻収録した。

一、「現存真蹟一覧」には、現在までに編者が原典もしくは影印により宗因真蹟と認定した連歌・俳諧の短冊、色紙、扇面、懐紙、画賛の翻刻を集成した。ただし、既刊巻もしくは本巻補訂部に収録した宗因真蹟にかかる連歌懐紙、連歌・俳諧の巻子本、紀行・句日記・歌文・句文、和歌等については、重複を避けてこれを省略した。

一、「現存真蹟一覧」は、前項に示した宗因真蹟の本文を翻刻し、編者が確認した最新の所蔵情報を付記して一覧した。現在の所蔵者が不明の場合は、最新の図録・目録に拠ることとし、その名称を明記した。

一、「現存真蹟一覧」のうち、「短冊」は発句の内容から「連歌」と「俳諧」に分け、それぞれ季題順にこれを配列した。同一句が複数存する場合は、詞書の有無や署名・書風から染筆の先後関係を推測し、おおむね年代順にこれを配列した。

一、「現存真蹟一覧」のうち、「色紙」「扇面」「画賛」については、内容や署名・書風から各真蹟の染筆時期を推測し、それぞれおおむね年代順にこれを配列した。

一、「現存真蹟一覧」のうち、「懐紙」は、その内容から「歳旦」と「句懐紙」に分け、内容や署名・書風から各真蹟の染筆時期を推測し、それぞれおおむね年代順にこれを配列した。

【本文表記】

一、底本の誤記・衍字については、原則として底本通りに示し、右行間に（　）書きで訂して示した。判断を保留する場合は（　ヵ）、訂正に及ばない場合は（ママ）、脱漏については（　脱）（　脱ヵ）と、同前の体裁で示した。

一、底本の虫損等による判読不能箇所については、他本によって補えたり、後代の墨書によって推定できる場合は本文該当箇所右に（　）書きで示し、なお不明な場合は□を当てた。

一、底本におけるすべての旧字はこれを新字体に改め、俗字・異体字・略字については、現在一般に行われている字体に改めた。ただし、以下の、右原則で包括し得ない（1）～（3）の場合については、それぞれ、底本通りの字体を採用した。

（1）同一の音や訓を持つ漢字で、現在通行の字体が二種以上存在する場合

（例）波―浪　船―舟　鳴―啼　桐―梧　潮―汐　港―湊　俳―誹　杉―椙　垣―牆

顔―貌　嘆―歎　梁―簗　箱―筥　花―華　涙―泪　婿―聟　嫁―娌　回―廻

沓―靴　粗―麁　知―智　言―云　首―頸　畑―畠　一―壱　二―弐　食―喰

嶽―嵩　烏―鴉　争―諍　砲―炮　芦―蘆―葦　峰―岑―嶺　槍―鑓―鎗　など

（2）当時の文字意識と現在通行の文字意識が異なる場合

（例）虷（ほたる）　莓（こけ）　零（つる）　など

（3）現在通行の字体に改めることのできない特殊字体の場合

（例）凮　凫　皃　など

一、底本にふりがなの存する場合は、底本通りに表記した。新在家文字などの難読文字には担当者の判断により統一的にふりがなを施し、〈　〉で括ってこれを区別した。

一、反復記号の「々」「ゝ」「ゞ」「〱」については、原則として底本通りとした。ただし、単一漢字の反復については、一律、「々」に統一した。

一、仮名の清濁については、統一的に担当者の判断により濁点を施し、底本に存する濁点は該当箇所の右行間に圏点を付してこれを区別した。

一、読解の便に鑑み、担当者の判断により、統一的に句読点を施した。

一、漢詩文には、読解の便をはかり、適宜返り点を施した。

一、底本の丁移りおよび懐紙の折移りは、底本におけるその表記の有無にかかわらず、これをすべて省略した。
一、補訂に掲出した連歌・俳諧・和歌・漢詩について、検索の便宜のため、資料ごとに一連の通し番号を付した。

【付帯事項】
一、成立・刊行の年次、底本・対校本・所蔵者等の情報について、各資料の見出しのあとに注記した。
一、底本は原則として原本もしくは影印本によった。
一、「同時代俳書抜抄・雑抄」「俳諧」の底本は、原本もしくは影印によったが、章の性格に鑑み、底本・出典の注記は割愛した。
一、底本の原典所蔵者名については、以下に示す略号を用いた。
　綿屋文庫＝天理大学附属天理図書館綿屋文庫
　榊原家史料＝榊原家所蔵・財団法人旧高田藩和親会管理「榊原家史料」
　柿衞文庫＝公益財団法人柿衞文庫
　潁原文庫＝京都大学文学研究科潁原文庫
　中川文庫＝祐徳博物館中川文庫
　洒竹文庫＝東京大学総合図書館洒竹文庫
　八代市立博物館＝八代市立博物館未来の森ミュージアム
一、全文翻刻にかかる各所蔵機関の翻刻番号は以下の通りである。
　天理大学附属天理図書館綿屋文庫本

賦何人連謌懐紙〔翻刻番号1215〕

向栄庵記〔翻刻番号1216〕

臨幽宛宗因書簡〔翻刻番号1217〕

公益財団法人柿衞文庫本

宗因文集〔柿衞文庫翻刻111号〕

一、付帯事項の書名は、原則として、『俳文学大辞典』（平成7年、角川書店）の立項書名に従って統一した。

一、本全集各巻所収資料との対応を示す場合は、次の要領で巻数および資料番号を注記した。

（①発句集2）→第一巻連歌篇一　発句集2＝宗因発句帳

（⑤西山家肖像1）→第五巻伝記・研究篇　西山家　肖像1＝歌仙大坂俳諧師

補訂

連歌

1 明石千句

【成　立】寛文十二年正月十七日―二十一日

【底　本】早稲田大学図書館雲英文庫『明石浦人丸社千句』

寛文拾二年正月十七日

明石浦人丸社千句

何船　第一

1 木々はあれど松ぞよはひのわか緑　宗因

2 かすむ巌にあそぶひな鶴　頼香

3 水おつる春の山田に日はさして　信之

4 ながれの氷解つくすらし　政顕

5 一むらの芦の下萌青やかに　連匂

6 雨に明ゆく苫屋はるけき　政貞

7 月にしもさそはれ出し旅の道　蚊也

8 分るもふかき秋の草村　清光

9 伴ひてえらぶにあかぬ虫の声　良親

10 はしゐにならす夕涼しも　宗因

11 折々の風や袂にかよふらん　頼香

12 小舟の棹をとれる川づら　信之

13 明はつる水上遠く里見えて　政顕

14 ねぐら去つゝ鳴山鳥　連匂

15 雪散て末白たへの杉村に　政貞

16 人気もあらぬ奥の御社　蚊也

17 灯の影かすかにもかゝげ捨　清光

18 来ぬを待間に月の暁　頼香

19 唐衣うらみ侘つゝ露に沾《ぬれ》て　宗因

20 しのぶにたへぬ思ひ身にしむ　政顕

21 花になす心を今は郭公　信
22 黄鳥《うぐひす》かへる夏山のかげ　政貞
23 急雨《むらさめ》のそゝく太谷の暮寂し　連匂
24 寺はいづくの鐘ひゞくらし　清光
25 舟とむる難波入江の小夜更て　蚊也
26 すく藻焼火の影も残らず　宗因
27 芦茨はたが住捨し跡ならん　政顕
28 かたぶくまゝになれる松牆　信
29 おも気にも露かゝりぬる葛かづら　頼香
30 朝霧まよふ岡ごえの道　連匂
31 月の後尾上おろしの吹絶て　政貞
32 きけばま近き小男鹿の声　蚊也
33 春日野や分行末のおぼつかな　信
34 暮わたりたる森の下陰　政顕
35 御秣《みまぐさ》はつかね捨てや乱るらん　宗因
36 狩の使のめぐりぬる跡　頼香
37 時雨しは景色ばかりの鈴鹿路に　清光
38 颪にしたがふ峰のうき雲　信

39 ほのめくは入残りたる日の光　連匂
40 とをき梢の空蝉の声　宗因
41 行々も暑さ堪うき玉鉾に　政顕
42 むすばん水もかるゝ野の原　政貞
43 住侘る草の庵はまばらにて　蚊也
44 暮ればしほる露の衣手　清光
45 つゝむとも月はしるらし我思ひ　信
46 長き夜なく〳〵つらき独居　連匂
47 せめてさはあふせをみせよ夢の中　頼香
48 出し都の名残こそあれ　信
49 時とてや花は咲らむ須磨の浦　宗因
50 声して雁のわかれ行空　政顕
51 かすまざる鉤簾《こす》の外山の朝朗　政貞
52 軒端に春の雨はるゝあと　蚊也
53 さし移る扉の日影うらゝかに　清光
54 東にむかふ関はるかなり　宗因
55 白川や颪におどろく秋の来て　信
56 紅くゝる浪のもみぢ葉　頼香

57 漲りて月をもながす滝の水　連匂
58 高根は過る夕立の雲　政貞
59 柴人やかへさの道をいそぐらし　政顕
60 里近くしも駒いばふ声　清光
61 かつ〴〵も垣ねの草の春めきて　宗因
62 時をたがへぬ民の苗代　信
63 直き世は東風吹空もをだやかに　頼香
64 かず〳〵出て行つくし舟　連匂
65 松浦潟波より浪の明はなれ　蚊也
66 山飛末のはやきしら雲　宗因
67 いな妻の照すと見えし麓田に　政貞
68 よる〳〵涼し草の屋の秋　政顕
69 方々に衣うちぬる音はして　信
70 遠里小野にをける露霜　頼香
71 月の色もさび行今朝のま萩原　宗因
72 分帰りぬる通路の末　蚊也
73 見をくりし思ひは深き我涙　連匂
74 舟はいづくになれる浦山　信

75 俄にも音あらましき沖つ風　清光
76 暮かゝりたる松のむら立　政貞
77 ちりくるは雲かあらぬか花の雪　政顕
78 三月をさそひ鳥もいぬめり　宗因
79 蝶の飛跡の籬はしづかにて　頼香
80 朝日いざよふ圃の一かた　清光
81 うへ置し竹の葉分のけぶり出　政貞
82 田づらより先霜やけぬらん　連匂
83 たな橋も明ればしげき交加《ゆきかひ》に　信
84 あらためぬるや村の中道　政顕
85 榊さすあたりはしるし神祭　宗因
86 幾重はへたる白ゆふの色　頼香
87 祢宜言は誰もたうとく仰ぐらし　連匂
88 かはらぬ物や我国の風　信
89 百敷や出入袖もゆたかにて　蚊也
90 造りみがくはさぞ里の殿　宗因
91 詠れば月は隔てぬ賤が庵　政顕
92 霧はれ渡るおく山の道　政貞

93 打払ふ露のふる蓑ぬぎほして　宗因
94 船引人や立かへるらん　頼香
95 風すさぶ淀の川辺の夕まぐれ　蚊也
96 ほとゝぎすきぬ声もなつかし　政顕
97 花の後も歌の席にまじはりて　連匂
98 あく期もあらず霞くむ袖　清光
99 ことぶきて年をのどむるけふの賀に　信
100 初子の日とてつどふ諸人　政貞

宗因　十五　　政貞　十二
頼香　十二　　蚊也　十
信之　十五句　清光　十
政顕　十三　　良親　一
連匂　十二

正月十七日
何色　第二

101 夕霞かすみをかくす御空哉　政顕
102 詠にをそし春の夜の月　連匂
103 長閑なる雨は軒端を名残にて　政貞
104 今朝ほころぶる桜めづらし　信之
105 打向ふ外山のひかりさし移り　頼香
106 砌に近き鳥の声々　清光
107 植なべし竹の下枝の靡合　宗因
108 明はなれたる田面沓《はる》けし　蚊也
109 末はたゞ小沢の水の引々に　良親
110 分ならす野の道かすか也　政顕
111 置霜のけぬが上にも重りて　連匂
112 枯し薄はそよぐともなし　政貞
113 聞なるゝ心に残る虫の声　信
114 月入ぬれば垂こむる袖　頼香
115 兼言もむなしき秋の夜は更て　清光
116 恨みて帰る道は露けし　宗因
117 祈つる神のちかひのいかならん　蚊也
118 ふるき社はかたばかりなる　連匂
119 塵にしもよるべの水の埋もれて　政顕
120 往来の人やむすぶいさら井　信

121 我門は花こそなけれ柳陰 宗因
122 春告がほに鴬のなく 清光
123 暖に朝日ほのめく野べの末 政貞
124 霞たな引岡ごえの道 蚊也
125 鋤そむる田づらを前の一村に 頼香
126 竹の葉つたひ雨ぞ晴行 政顕
127 置露に猶蕣の咲そひて 信
128 垣根にのこる東雲《しののめ》の月 宗因
129 夢覚てきけば侘しききり〲す 連匂
130 秋風ぞ問狭むしろの上 政貞
131 身にしむは世を遁れぬる栖にて 清光
132 野をも山をも目路の明暮 信
133 はてしなき行ゑいかなる旅衣 政顕
134 夷の国におもむくは憂 連匂
135 乱れをも討手の使やさだむらん 宗因
136 をのがさゝぐる剣あやしき 頼香
137 跡をだにせめてと忍ぶ塚の本 信
138 涙ながらにたどる道芝 清光

139 嬾《ものうき》は明やらぬ夜の別にて 蚊也
140 思ひにうとき閨の戸の月 政顕
141 打きせん中の衣も遠ざかり 政貞
142 県見に行秋も暮けり 宗因
143 床トる鴫の羽がき物さびし 連匂
144 守こそ侘れをくて田の原 信
145 人住る方はへだゝる山合に 頼香
146 かすかに聞ゆ入会の声 蚊也
147 つく〲といつまで送る老ならん 宗因
148 伴ふもなき身こそつらけれ 政貞
149 色も香も都にかはる春の花 信
150 野風にあたら梅ぞ散かふ 連匂
151 かこひぬる霞の笆《まがき》あらはにて 政顕
152 よそめも淋しかたはらの里 宗因
153 山陰の市はしばしに立すがり 清光
154 時雨るまゝにしほる酒旗 信
155 舟よする湊はとをく暮過て 蚊也
156 浮藻かき捨帰るあま人 頼香

157 満汐や真砂の末もひたすらん　政貞
158 打つれつゝもかける芦たづ　連匂
159 初雁の翅にかくる空の雲　宗因
160 嶺吹こえて通る秋風　政顕
161 一葉ちる木々に松こそ難面《つれな》けれ　信
162 軒よりうつる月細きかげ　清光
163 有し世を思ひ返せば袖の露　頼香
164 誰が夕暮と今はなる人　宗因
165 二道をかくる契はたのまれず　連匂
166 浅きえにしぞかこちても憂　政貞
167 問よるも化なる占は何ならで　政顕
168 たえて日数をふる旅の伝　信
169 玉鉾の山路をとづる五月雨に　宗因
170 つれ〴〵しりて鳴郭公　蚊也
171 終夜いを安からぬ草の庵　清光
172 つくとばかりの枕なるらん　頼香
173 衣々もまだきにさそふ月はうし　信
174 いつかはれなんわが胸の霧　連匂

175 此秋も文の返しを待侘て　蚊也
176 遠き境にさぞ忘るらん　宗因
177 花の跡は来る人みえぬ深山寺　政貞
178 霞わたれる岩橋の上　政顕
179 うらゝかに池の島ねの明過て　頼香
180 手飼の鴛の浪やよすらん　信
181 いたくふる霜をもしらぬ厚衾　宗因
182 賎がほだ焼けぶり絶ざる　清光
183 ならび住柴の庵の暮深み　連匂
184 暑さのこりて侘し谷の戸　政貞
185 秋までも蝉の鳴音やしきるらん　政顕
186 入日の影に望む月代　蚊也
187 しばしたゞ風を待江に舟うけて　信
188 高き恵をあふぐ住よし　頼香
189 和歌つらねまほしき心しれ　清光
190 まだうゐ〳〵し此新参　連匂
191 重ねぬる衣は緑の色にして　政貞
192 そしらはしげにいふが苦しき　宗因

193 容世にすぐるゝ人やそねむらん　頼香
194 よそにたつ名をいかにしてまし　清光
195 ひめ置し庭の初花折にきて　政顕
196 音も嵐のはげし二月　信
197 相坂や雲行かたの寒かへり　蚊也
198 春も関屋に霰ふるらし　政貞
199 鳥がねに起うき枕そばだてゝ　宗因
200 心に絶ぬ朝まつりごと　連匂

政顕　十二　清光　十一
連匂　十三　宗因　十五
政貞　十二　蚊也　十
信之　十五句　良親　一
頼香　十一

正月十八日

何路　第三

201 鉤簾《こす》の外や花にむかへば山もなし　信之
202 明る砌の鳥の囀り　清光
203 浪かすむ池の中島しづかにて　政顕
204 岩根にそゝく雨晴ぬめり　政貞
205 分て行田づらの露や深からん　蚊也
206 竹葉は絶る秋風の音　連匂
207 くれ渡る軒端の松に月澄て　頼香
208 まだき麓の里は涼しも　宗因
209 杳《はるか》なる峰越来ての休らひに　良親
210 駒ぞ断る滝川の末　信
211 草々は岸のほとりに打靡き　清光
212 芦間わづかに道の一すぢ　政顕
213 作る田のかたへを人や通ふらん　政貞
214 むらがりつゝも雀飛なり　蚊也
215 たび〳〵に垣ほのあたり降霰　連匂
216 事とひくやと戦ぐなよ竹　頼香
217 うたゝねに夕とゞろきやくせならん　宗因
218 月に覚ぬる夢のおもかげ　清光
219 露よりも枕に深きわが涙　信
220 鄙に程へてうさぞ身にしむ　連匂

221 見も馴ぬ野山にかはる風を荒み　政顕
222 とへば木草の名さへめづらし　宗因
223 分入に園生の内や広からん　頼香
224 このもかのもの朝鳥の声　政貞
225 鈴目さす犬に任する道とめて　宗因
226 霞に雪にぬるゝ衣手　信
227 木こりおが帰る山辺の春の暮　蚊也
228 ちるか残るか谷の桜戸　政顕
229 いくそ度軒に過ぬる小夜嵐　清光
230 夢より後の明る久しさ　宗因
231 独ねの思ひを月にうらみ侘　連匂
232 色に出ずてかれね恋種　頼香
233 契ぬる中には秋も立なまし　信
234 たえぬ涙の袖いかゞせん　蚊也
235 みる事も聞もうき世に存命て　宗因
236 たもちがたきは法のいましめ　連匂
237 一夏を送る間遠き室の内　政貞
238 深山がくれも暑さ堪うき　清光

239 暮るまでまだねもやらぬ村烏　政顕
240 森に木伝ふふくろふの声　信
241 人ゆかぬ古宮所ものさびて　頼香
242 ながれ出湯の跡は有けり　宗因
243 岩たゝむ陰に続きし道細み　連匂
244 伏猪の床のしるき山あひ　政貞
245 かた〴〵にしどろもどろの小笹原　信
246 花には風のはしたなき暮　頼香
247 春や猶鞠の庭人おしむらん　宗因
248 いづち霞の消る白川　政顕
249 越て行関のあなたに月出て　蚊也
250 それとしらるゝ天つ雁がね　信
251 あふぎみる秋の山々明はなれ　頼香
252 誰か先だち紅葉愛なん　連匂
253 伏見野や露ちり尽す道の末　清光
254 朝ふく風のわたる沢水　宗因
255 草刈の行方遠く里出て　信
256 聞ゆる笛の音ぞほのかなる　蚊也

257 月くらき神楽の夜はや更ぬらん　政貞
258 置かさねたる霜の真砂地　頼香
259 爰かしこ松の落葉をかき捨て　政顕
260 網引の蜑や友をよぶらむ　信
261 ながめやる志賀さゝら波なごやかに　宗因
262 比良の高根や消る風雲　清光
263 一通り過て山路に雨もなし　連匂
264 衣うるほす苔のしたゞり　政顕
265 汲馴るあかつき毎の行ひに　頼香
266 世をのがれつゝ住るかり庵　政貞
267 おもへ只玉敷ゆかも何ならん　信
268 君しあらばと歎く哀さ　宗因
269 とゞめ置形見をみるもあやなしや　蚊也
270 うはべばかりの情くやしも　連匂
271 ひらきつゝよめばつれなき文の内　政顕
272 命もきえよつらき物やみ　頼香
273 衰へし身の行末のいかなれや　清光
274 日をふる旅はまだ果もなき　信
275 けふも又波にたゞよふ舟の上　政貞
276 嵐にきほふ雲の遠山　政顕
277 月も入花も梢や別るらん　宗因
278 うら若草をかた敷の袖　蚊也
279 鷹人の狩くらしぬる春の野に　信
280 打向ひては霞くむらし　政貞
281 知しらず立まじはれる市の場　連匂
282 身の隠家はこゝろ也けり　宗因
283 九重にあれど誰にもうと〳〵し　頼香
284 しのぶおもひを何とかはせん　清光
285 あくがるゝ袖を染るは血の涙　政顕
286 祈る仏に篭る小泊瀬　蚊也
287 遠く来て所縁尋る心ざし　政貞
288 浪間に白き鳥は見しらず　信
289 離れ鵜や下ゐて雪を羽吹らん　宗因
290 さやけき秋の月ぞながるゝ　政顕
291 今宵こそあふごなるらめ銀河　清光
292 われは悲しむ言の葉の色　連匂

293 別路やよその契に急ぐらん　政顕
294 うしろめたきを何たのみつる　頼香
295 つらきこそ謀る使の心なれ　信
296 かはるえにしやはらからの袖　清光
297 問よるは度かさなりし宇治の里　蚊也
298 ちれば又さく春の花々　連匂
299 植置し藤やうれ葉に残るらん　政貞
300 のどかに語れ今日の客人　宗因

信之　十五句　連匂　十二
清光　十一　頼香　十二
政顕　十三　宗因　十五
政貞　十一　良親　一
蚊也　十

正月十八日
薄何　第四

301 下水の底なき色や夏木立　頼香
302 浪になみよる岸の卯花　宗因
303 郭公過る川辺に船とめて　蚊也
304 小雨は雲にのこる山かげ　清光
305 片岡にうつる朝日やうとからん　信
306 すそ野の原の月かすか也　政顕
307 分まよふ田面に近き鹿の声　政貞
308 生そふまゝの薄幾むら　連匂
309 かつ〴〵も笆《まがき》の萩の色づきて　良親
310 秋とや露の置はじめけん　頼香
311 御祓川かへさの袖の暮かゝり　宗因
312 波も涼しく風わたる音　蚊也
313 飛つれて松に蛍やみだるらん　清光
314 たどれば遠き末の山本　信
315 やどりをもいづこの里にかりなまし　政顕
316 降かくしたる雪の呉竹　政貞
317 人見えぬ冬田の原になく鵐　連匂
318 ねやもあらはに鴫のたつ跡　宗因
319 物すごき沢辺の栖月もりて　頼香
320 野守が袖や露をかたしく　清光

321 かり枕明て清むる花の陰　蚊也
322 旅路を祈る春の神垣　政顕
323 あふぎみる鈴鹿の峰やかすむらん　信
324 夕になればたゆる山風　連匂
325 打かけて帰る波なき浦伝ひ　政貞
326 身はながれ木のさていかゞせん　頼香
327 衣手をしほる涙のとことはに　政顕
328 にげなき思ひ胸にせまりつ　信
329 いへばえに言もつゞかぬ哀しれ　宗因
330 しのぶも深き恋ぞものうき　蚊也
331 たのめるは夢ばかりなる契にて　清光
332 枕する間もみじか夜の月　政貞
333 蚊の声も小家の内やしげからん　信
334 陰うちおほふ竹のしをり戸　宗因
335 寒さをや凌かぬらし麻衣　連匂
336 嵐を分る木曽の山人　政顕
337 雲の凝谷にあやうきひとつ橋　頼香
338 竜ののぼるか水上の渕　信

339 世をさくる岩のうつほにゆかトて　宗因
340 月を伴ふ苺《こけ》のさむしろ　清光
341 行暮る松の木陰は秋涼し　政貞
342 えらびとらばや野べの虫のね　連匂
343 静なる麓の道は露けしに　蚊也
344 人も影せぬこの柴の庵　頼香
345 よせおもき門をや余所になしぬらん　信
346 諂しらぬこゝろあやしき　宗因
347 一向の法の衣に身もかへて　政顕
348 朝な夕なに樒をぞつむ　政貞
349 大比えや待間はをそき花盛　連匂
350 横川の奥の冴かへる比　信
351 解ぬるも又氷るらし水の音　宗因
352 雪に田中の畦伝ふなり　蚊也
353 岩高き方にかせぎや馴ぬらん　清光
354 うら枯わたる篠のむら〳〵　政顕
355 落栗は拾ふも安き木の本に　頼香
356 こぞりて賎の露分る道　連匂

357 玉まつる野寺の月の夕ま暮　信
358 鐘になみだぞ答へがほなる　宗因
359 さね来んと待夜ながらに更過て　政貞
360 化めくをなどかくおもふらん　清光
361 うつり香の袖もはかなきうかれ妻　蚊也
362 いもりのしるし消はてにけり　頼香
363 ぬぎ捨る沓の跡さへ古宮に　宗因
364 雨やさはりとなる鞠の庭　信
365 つれ〴〵とよむはえならぬ歌の友　政顕
366 春のわかれはおしまざらめや　政貞
367 くらぶれば世はもろからぬ花の色　信
368 今年も老やあらむとすらん　宗因
369 薬子をなめて楽しむ心にて　連匂
370 豊なりける百敷の内　蚊也
371 糸竹の調の音はあかなくに　清光
372 乙女の行ゑいづら白雲　政顕
373 見あぐれば空にぞつゞく吉野山　頼香
374 翅みださず雁啼わたる　信

375 秋風も八束の穂なみおだやかに　宗因
376 月もてはやす里は富たり　連匂
377 詠れば軒端のけぶり絶やらで　政貞
378 貫くまゝの若竹の露　頼香
379 五月雨の名残しづけき園の内　政顕
380 かたつき麦をほせる山賎　宗因
381 刈をくもはこびつくせる青柴に　信
382 棹のひまなくさす渡し船　清光
383 芦鴨の波につれてやさはぐらん　連匂
384 嵐音する昆陽の池水　政貞
385 月影は松原ごしの旅の空　蚊也
386 都のかたの山はうす霧　政顕
387 我宿を身にしむ計かへりみて　頼香
388 ゆくゑさだめず塵や出らん　信
389 夏くれば巣守に残る鳥もなし　宗因
390 茂りし中をすかす竹のは　連匂
391 袖かよふ堤の道や細からん　政貞
392 崩るゝまゝの橋のかたはら　蚊也

393 いつしかに詣絶ぬる宮所　清光
394 ふるされにたる恨数々　頼香
395 物のけは怠るとなき容人　信
396 こゝろの末もさぞみだれ髪　政貞
397 幾めぐり酌かはしぬる土器に　蚊也
398 上中下も花になる比　宗因
399 土産にとてつゝじ山吹折かざし　連匂
400 暮おしむらん霞む道のべ　政顕

頼香　十二　政顕　十二
宗因　十五　政貞　十二
蚊也　十一　連匂　十二
清光　十　良親　一
信之　十五句

正月十九日
何袋　第五

401 木の本は風こそあるじ夕涼　政貞
402 蛍みだれていそぐ灯　信之
403 秋は来ぬ月はまだしき山窓に　宗因
404 はるゝと見しも霧なびくめり　頼香
405 明過る川辺のお花露ちりて　清光
406 ひかりいざよふ千町田の原　蚊也
407 あつまりてをのがさま〴〵鳥の声　連匂
408 竹の林の奥ふかき陰　政顕
409 人行ぬあたりは霜のかさなりて　良親
410 冬野の暮やさえ渡るらし　政貞
411 氷りては猶浅沢の水の面　信
412 小草まじりの菅ぞみじかき　宗因
413 飼駒もやせたる里の一かたに　頼香
414 鄙の長路の憂かり枕　清光
415 しらすべき便もあらぬ我涙　蚊也
416 言よきにのみ馴る中立　連匂
417 さかしらに忍ぶ契の絶果て　政顕
418 いつかきゆべき胸の八重霧　信
419 つく息の空も身にしむ誰彼に　宗因
420 なれもや月をながむ夷人　頼香

421 陸奥の道はまだきに花散て　政貞
422 摺かりぎぬの袖もかすまず　蚊也
423 時めくは春の行幸の折にふれ　清光
424 親にまみゆる心かしこし　宗因
425 朝夕に真を尽す影の前　信
426 至らまほしき九のしな　政顕
427 かへりみる位の程はうらやまし　連匂
428 須磨の旅居に送る哀さ　政貞
429 をやみなき雨に関屋をやどりにて　頼香
430 枝透にこそたてる村杉　信
431 薄雲は初山桜咲にけり　宗因
432 霞む長等の風も音せず　清光
433 いつしかに消つくしたる去年の雪　蚊也
434 あへず氷のながれ引々　連匂
435 川舟の棹にや月を砕くらん　政顕
436 露の玉なす滝つ瀬の末　頼香
437 一時雨ふりたる松に秋更て　信
438 何の色ともわかぬ葉かづら　宗因

439 とゞむるはあやしき門の小車に　連匂
440 名のりやらぬもたゞならぬ人　政顕
441 難面《〈つれなき〉》はとぐるともなき契にて　政貞
442 かこちては又袖ぞかはかぬ　蚊也
443 しうねさの女の心いかゞせん　頼香
444 われやこふらしはかな此暮　信
445 花の本に都の宿を思ひ出て　清光
446 永日もいさ詩をぞうそぶく　連匂
447 行水の巴の字に月や霞らん　宗因
448 浪にしらみて明る岸陰　政貞
449 呉竹の葉だれの霜のいと深み　信
450 とぐらやわぶる家鳩の声　宗因
451 軒近く鼯わたる夕ぐれに　政顕
452 嵐の風も高円の山　頼香
453 ますらおが野筋や分て帰るらん　蚊也
454 雨ふりしきる末の萱原　清光
455 しかすがの音は遠からず聞えきて　連匂
456 月をかた敷岩のはざま田　信

457 折懸し笹の庵や荒ぬらん　宗因
458 明日しらぬ身となる桑門《よすてびと》　政顕
459 事問んゆかりも絶る憂向後《ゆくへ》　政貞
460 よるべも哀浦島の波　蚊也
461 吹とふく風にはなたる沖つ舟　信
462 神軍には誰かむかはん　宗因
463 千早振鉾の徳こそ浅からね　清光
464 祭の場の時ぞ至れる　連匂
465 明るより往還しげき春日野に　政顕
466 袖うちはへて若菜つむみゆ　政貞
467 暖に日影はうつる磯づたひ　頼香
468 霞を落て求食《あさる》友鶴　信
469 際もなき雲井春なる君が代に　宗因
470 心をたねのやまと言のは　清光
471 結ばんと思ふえにしの色に出　蚊也
472 ふり分髪の姿なまめく　政顕
473 勝れしは生つきなる后がね　連匂
474 深き閨にや秋をくらせる　頼香
475 夜な〱に外面も同じ袖の露　信
476 月にむかしを猶忍ぶらし　蚊也
477 たはぶるゝ花も胡蝶の夢中　頼香
478 しほれにけりなませの山吹　宗因
479 春雨は幾日砌につゞくらん　政貞
480 馴る昼ねの枕たび〱　信
481 ともすれば怠りがちの学にて　政顕
482 ひらく双紙の末おぼつかな　連匂
483 けはひさへ心ばへさへふるめかし　宗因
484 哀としるも中やたえなん　頼香
485 過がてや紅葉をひたす竜田川　信
486 三室の山はさぞなあき風　政顕
487 淋しさをさそふ夕の鹿の声　清光
488 野寺の鐘のやゝ寒き比　宗因
489 月にはた露は霜にやかはるらん　連匂
490 きのふ今日かの冬めける里　政貞
491 こなたかなた賎が焼火の影みえて　蚊也
492 国の末まで世こそたのしめ　信

493 重ねぬる御衣やぬぎもすへずらん　頼香
494 一向に入法ぞたうとき　清光
495 暁をまつ程こもる岩屋戸に　宗因
496 事たりて汲山の井の水　連匂
497 我のみぞかよふ太谷の奥ならし　政貞
498 かけぢをならす道の一すぢ　政顕
499 みし花もいつの間にかは苔の上　信
500 緑の色も立そひし松　蚊也

政貞　十一　蚊也　十一
信之　十六句　連匂　十二
宗因　十五　政顕　十二
頼香　十二　良親　一
清光　十

正月十九日
何田　第六

501 小薄にまねかせて見る入日かな　蚊也
502 秋の野うつす庭の初風　政貞
503 声たつる虫は籬にあつまりて　連匂
504 置そふ露や暮深むらし　宗因
505 急雨《むらさめ》の跡しづかなる月影に　政顕
506 よするともなき池のさゞ波　清光
507 萍《うきくさ》は茂れるまゝの水の色　信
508 そよめく蓮の上葉涼しも　頼香
509 蝉の音もまだほのかなる朝朗　良親
510 山のかたへや分て行らむ　蚊也
511 梯やわたせる霜の消つくし　政貞
512 けぶり幽にのこる松陰　連匂
513 鳥辺野のはかなき空を帰りみて　宗因
514 あはれ我身のよはひいつまで　政顕
515 百千度つもる恨のくるしみに　清光
516 おもひあまりてもゆるはしり火　信
517 主あるにかくる心はあやなしや　頼香
518 ほいとげやらずうき袖の露　政貞
519 月ならで問ぬ枕の歎しれ　蚊也
520 いと冷じき蓬生の宿　宗因

521 みまくほしき花の都を思やり　連匂
522 えやは霞まずうつす唐土　清光
523 春風も烈しき虎の勢ひに　政顕
524 親に仕へて身こそおしまね　頼香
525 学びぬる道やひとつに貫ぬらん　信
526 あはれなりける歌のさま〴〵　連匂
527 こりずまの住居なぐさむ音信に　宗因
528 かこちながらもならす爪琴　蚊也
529 来べきとの誓むなしく夜は更て　政貞
530 いたくな置そもとゆひの霜　政顕
531 老や猶暮行秋をしたふらん　清光
532 又みん事もいさやしら菊　信
533 折返せ紅葉が陰の舞の袖　頼香
534 夕の月をうくる盃　宗因
535 端ちかく出れば暑さ忘れ来て　連匂
536 蛍みだるゝ波の川づら　政貞
537 飼下る鵜舟の篝遠ざかり　信
538 大井の里の明初るころ　清光

539 問よれば聞しに似たる松の声　政顕
540 物いひかはせたてる碑　頼香
541 武きその功人はうらやまし　宗因
542 鞭にははやき駒の足なみ　連匂
543 分過る佐野の渡の暮つ方　蚊也
544 道しるべして鐘ひゞく也　信
545 霧降て月まだ遅き山陰に　政貞
546 露ぞ時雨るかたはらの里　政顕
547 零落を歎く涙の身にしみて　信
548 したしき友もうとく成行　宗因
549 花は根に鳥や古巣に帰るらん　頼香
550 春もさびしき奥の薮原　蚊也
551 雪残る山の小寺の夕景に　清光
552 爰に清見が浦ながめせり　信
553 舟留る方にはさはぐ波もなし　連匂
554 真砂地遠く汐の引跡　政貞
555 行袖や藻屑かきにと出ぬらん　政顕
556 明日は雨気にならん浮雲　頼香

557 時鳥鳴わたるべき比は来て　宗因
558 かほりも深き軒のたち花　清光
559 夢覚てむかしを思ふ閨の内　蚊也
560 とひ捨られし枕ものうき　連匂
561 独居をせめてともなへ夜はの月　信
562 身を悲しむる荻の上風　宗因
563 堪がたき秋の寒さや浜伝　頼香
564 千鳥も音をや鳴て侘らん　政顕
565 冬の日の暮かゝりたる佐保の内　政貞
566 枯る柳の陰はさびしも　信
567 俤は遠く別れし園古て　宗因
568 妹をしたへば涙もろなり　蚊也
569 みやらるゝ美豆野は淀の里つゞき　連匂
570 真蒋がくれに馬はなれ行　頼香
571 総角や沢のほとりに集らん　信
572 水あそびする夏の日盛　宗因
573 篭の内に馴るとり〳〵声はして　清光
574 砌の木々もしる花の時　信

575 朝な〳〵鉤簾（こす）の外山や霞らん　政顕
576 をくれ〳〵に帰る雁がね　政貞
577 後蒔の種をもおろす小田の原　宗因
578 月になるまではこぶ芝草　連匂
579 初汐を汲て焼なん塩竃に　頼香
580 霧にもすそをぬらす浦人　政顕
581 磯山を越つゝ行ば暮過て　信
582 家路の方に鷺かける也　宗因
583 あらはにも森の木陰やつゞくらん　蚊也
584 注連引かくる野宮の前　清光
585 神事を鳥井の奥に催して　政貞
586 調ぶる笛やこゝろみるらん　頼香
587 暮るより忍びありきの彳に　連匂
588 四方にうき名を恥ざるは何　信
589 あまり只道ならぬ迄貪りて　宗因
590 たゞしき掟おもはざらめや　政貞
591 敷島の言の葉くらき胸の月　清光
592 司のめしに又もれぬめり　政顕

593 故郷を此秋もたゞ余所にして　政貞
594 今やうつらむ衣なつかし　連匂
595 田上の梁瀬をさぞなのぼり鮎　頼香
596 雨に岩ねをひたす水かさ　清光
597 雲とみしそれより落る花の滝　宗因
598 吹をくりぬる峰の高東風　蚊也
599 聞えくる夕の鐘はうら、にて　政顕
600 鈴さす鷹をすへて帰るさ　信

蚊也　十　　政顕　十二
政貞　十二　清光　十一
連匂　十二　頼香　十二
宗因　十五　良親　一
信之　十五句

正月廿日
御何　第七

601 秋の色を露にこぼさぬ山田哉　清光
602 岡辺に馴る鹿の朝臥　宗因
603 里遠し鶉鳴野や広からん　信
604 月までかよふ人は稀なり　連匂
605 くる、より置霜白き橋の上　政貞
606 つら、ゐにけり岩の滴り　頼香
607 枝しげみひかりももらぬ松の陰　政顕
608 分る莓《こけ》地の袖ぞ涼しき　蚊也
609 誰住て深谷の道の続くらん　良親
610 真柴のけぶり遠く立みゆ　清光
611 行めぐる国の末々にぎはひて　宗因
612 汲も尽せぬ川下の水　信
613 鱗《うろくづ》やさでさす方に浮ぶらん　連匂
614 大井のわたり日影閑けし　政貞
615 むら雨は亀のお山を降越て　頼香
616 嶺にはれ行雲のたえ〴〵　政顕
617 跡《後》先に翅つらねし天つ雁　蚊也
618 夜寒に成て月ぞさやけき　宗因
619 明石潟や、吹出る初嵐　信
620 むすびあへぬや松の葉の露　連匂

621 入会のひゞきに落る花はおし　清光
622 春さへさびし古寺の前　頼香
623 二月の別をとひし帰るさに　政貞
624 送る行ゑやかすむ関の戸　蚊也
625 くるゝ迄酒の席に円ゐして　政顕
626 よしやあしやの歌の品々　信
627 右左いどみ出たる絵合に　宗因
628 ならす扇の風かほる也　清光
629 立舞は入あやおしき姿にて　連匂
630 夕に秋の胡蝶飛ゆく　政貞
631 色鳥も塒に羽をや休むらん　頼香
632 道にとゞまる学びみにしむ　政顕
633 隣をもうつして住る宿の月　信
634 同じ心に語る山里　宗因
635 明暮に折蕨こそよすがなれ　清光
636 桜のさかり知人ぞしる　連匂
637 春の野や馬に鞍をき急らん　政顕
638 継尾しら尾の鷹飼の袖　頼香

639 度々につもれば払ふ笠の雪　蚊也
640 越の旅路や寒まさるらん　信
641 漕舟は湖の海ふく風を荒み　宗因
642 鮒やうき藻の下にしづめる　清光
643 水の面にうつろふ木々のかげもなし　政貞
644 露より露に月やすむらん　政顕
645 薄霧のはれて行野の明残　連匂
646 杪《こずゑ》の秋のながめすくなき　宗因
647 鶉や春にはかはる声ならん　信
648 近き山辺の入日のどけし　蚊也
649 花ふらせむかへん弥陀の影待て　宗因
650 霞にまじる紫の雲　連匂
651 上人のもすそつらなる欄干《おばしま》に　頼香
652 あふがざらめや神の御社　信
653 結びよる底清らけき石清水　政顕
654 あつさを凌ぐ山陰の道　政貞
655 一村の林にすだく蝉の声　清光
656 松の台の跡ぞ残れる　宗因

657 詣ぬる室はいづくと鐘なりて　蚊也
658 月まだ出ぬ野筋くらしも　頼香
659 なきを送る袂の露や時雨らん　信
660 世の哀しる夕ぐれの秋　政顕
661 見わたすは浦の塩屋の煙にて　連匂
662 風も音せぬ松島の波　蚊也
663 分くれば宮城が原の明はなれ　宗因
664 茂るも萩の本あらは也　信
665 夏よりも田づらの薄刈はらひ　政貞
666 牛引かへる里の中みち　連匂
667 憂事は耳に聞さへいとはれて　頼香
668 名も化波は袖にかけめや　宗因
669 我恋や楫を絶たる船ならん　信
670 つきぬ涙のつらき左遷《さすらひ》　清光
671 問ぬればありさまかはる陵に　政顕
672 見し深草の野べぞ古たる　政貞
673 月更る庵のめぐりの秋の霜　蚊也
674 陰冷じくなれる垣うち　信

675 賎のめがはた織虫の音も絶て　宗因
676 衣手しほる風は幾たび　頼香
677 暮ぬれば花の衾をかり枕　信
678 香にふれあかぬ梅の下道　政顕
679 往古の春なつかしき難波津に　連匂
680 煙に望む高き屋もなし　宗因
681 遠からぬ尾上の里は雪つみて　政貞
682 文をたのしむ此窓の前　蚊也
683 旅なるか帰らん伝の音づれに　清光
684 流されぬるも限ありけり　頼香
685 袚する麻の木綿しで暮過て　宗因
686 しなとの風に夏ぞよそなる　信
687 打ねぶる端居に小夜も更けらし　政顕
688 数そふまゝのさかづきの影　清光
689 問友もともに秋をや惜むらん　頼香
690 よみかはしぬる言の葉の露　政貞
691 おもふその袖かともみゆ菊の色　宗因
692 わかれし今朝の庭のやすらひ　連匂

693 いざなはゞ遠き境もつらからじ　信
694 人めの関はいかによくらん　清光
695 逢坂の山は夜ぶかく入てきて　政貞
696 たど〱しげに駒のあの音　蚊也
697 水かるゝ末は遥けき小石原　連匂
698 所々にそよぐ村篠　宗因
699 散残る花は淋しき木隠に　政顕
700 漸夕景の鶯の声　頼香

清光　十一　頼香　十二
宗因　十六　政顕　十二
信之　十五句　蚊也　十
連匂　十二　良親　一
政貞　十一

正月廿日

一字露顕　第八

701 月は世にも今夜といふらん明石潟　宗因
702 夕霧はるゝ浦の遠こち　蚊也
703 山越る雁の翅の声落て　頼香
704 小田は色づく比にこそなれ　信
705 穂に出る薄むら〱打なびき　連匂
706 砌の野べにわたる朝風　政顕
707 立ならす道は涼しき里離　政貞
708 堤づたひにつゞく呉竹　清光
709 みるまゝに川一筋やけぶるらん　良親
710 潮の落る跡ははるけし　宗因
711 友鶴の下てや求食《あさる》こゝかしこ　蚊也
712 明る田づらにかよふともなき　頼香
713 秋来ても風をばしらぬ柳陰　信
714 門を閉ぬる霧はふかしも　連匂
715 立出て月待暮の雨はうし　政顕
716 さびしさ添てをくる独居　政貞
717 むかしをも思ふはあはれ山の奥　清光
718 跡とめて入小野の細道　蚊也
719 いづくにか鹿子のふし所かへぬらん　宗因
720 茂りはおなじ末の草村　信

721 紛れぬは去年の枝折の花にきて　頼香
722 問むといひし春のまれ人　政顕
723 長閑なる宿にあるじやまうくらん　連匂
724 霞める池の丹のそほ舟　清光
725 雨晴て玉の階をく露に　信
726 星まつる夜のけしきめづらし　宗因
727 もてはやす月にや酔をすゝむらん　蚊也
728 ませの内なる菊のきせ綿　頼香
729 先愛む散なばいかに薄紅葉　政顕
730 おろす端山の嵐はげしき　連匂
731 みる〳〵も鉤簾（こす）の外面のさえ〳〵て　清光
732 氷れば雪のつもるやり水　信
733 末細き筧は朽て音もなし　政貞
734 侘しさぞな奥の隠家　蚊也
735 花にこそ常はさびしきみよしのに　宗因
736 余波もあれな帰る雁がね　政顕
737 つまならす緒琴に春のねを尽し　頼香
738 あかずしも猶いはふ今日の賀　清光

739 類広く住なすこそは豊なれ　連匂
740 此町くだり立る市人　宗因
741 日和よくも安倍の山本明離　信
742 夜はの露ほす旅の麻衣　政貞
743 秋風のさそふ枕の夢さめて　蚊也
744 軒もる月は物おもへとか　頼香
745 歎をもなぐさめがほのきり〴〵す　政顕
746 暮過るまで分るあだし野　連匂
747 ありかをもいかに定めぬ僧ならん　宗因
748 うつるを歌によむ心ばへ　信
749 川岸の桜は波に影見えて　政貞
750 青葉になるや桃の源　宗因
751 霞をや袖のなみゐて酌ぬらん　頼香
752 むかふる年のしるき家々　政顕
753 雫とも落るは軒のつらゝにて　連匂
754 小雨の後の日はしづか也　蚊也
755 漕出て釣する舟の江を遠み　信
756 漸明ぼのゝちかき海原　政貞

757 半天の雲にもれぬる不二の嵩　清光
758 のぼればたゆき足柄の山　頼香
759 つく杖にたすけられたる旅の道　宗因
760 夕の枕いづちかりなむ　連匄
761 うかれめの化なる契立別　政顕
762 憂名に身をやかへりみるらし　信
763 零落し袖にはうとき月の色　政貞
764 はひまつはるゝ葛屋佗しき　宗因
765 松虫の声たえ〴〵の岡の辺に　蚊也
766 明はつるよりひぐらしのなく　政顕
767 先だつをしたふ涙のいと深み　信
768 便もあらぬ老のながらへ　清光
769 いつとなく都の事は遠ざかり　宗因
770 わするばかりの田舎わたらへ　政貞
771 声さへもだみたる友は友ならで　連匄
772 知しらずこそ花にまじはれ　信
773 集りて小鳥囀る園の内　頼香
774 霞がくれにねぶるみゝづく　宗因

775 枕して我も山辺に明さまし　政貞
776 夏の外なる岩がねの月　連匄
777 問よれば庭にこたふる滝の音　信
778 たゞ松風の絶ぬ古寺　頼香
779 分て入夕わびしき泊瀬路に　清光
780 衣手過る時雨いく度　蚊也
781 わら茨の透間の寒さ凌かね　政顕
782 更はつるまで榾くゆらかす　政貞
783 翁どちたゞくり言は尽やらで　宗因
784 諫にかたき君くやむらし　信
785 愚にはなさじと思ふ家の風　連匄
786 朝戸出かほる月の梅が枝　清光
787 心あるにみせばや谷の春の空　頼香
788 漸ほの〴〵と黄鳥《うぐひす》の声　政顕
789 立初る竹の林のうす霞　信
790 煙ぞ賎が栖なるべき　宗因
791 うら人の舟引急ぐ帰るさに　政貞
792 になひつれたる袖の菅蓆　連匄

793 きよまはる宮篭もやつどふらん　宗因
794 幾ゆふかづらかくる三熊野　頼香
795 行幸する比と知るゝ賑ひに　蚊也
796 塵をもすへず道作る也　信
797 花は根に嵐をかこつ詩の心　政顕
798 霞も消る夕ぐれの窓　政貞
799 灯をかゝげて春や惜むらん　連匂
800 きけばうらゝに調ぶ物の音　清光

宗因　十五　政顕　十二
蚊也　十　政貞　十二
頼香　十二　清光　十
信之　十五句　良親　一
連匂　十三

正月廿一日
初何　第九

801 出る日の影や高根の片時雨　連匂
802 雲はいづちに風さゆる山　信
803 桟も木々の木葉に埋もれて　清光
804 音たえ〲の末の川水　蚊也
805 みる〱も舟さす棹の遠ざかり　宗因
806 旅だつ人を送りぬる袖　頼香
807 暮渡る都の空の月細み　政顕
808 それかと雁の声聞ゆ也　政貞
809 八重霧や外山の方を隔つらん　良親
810 里より里はたゆる朝風　連匂
811 かよふともなき玉鉾の道の末　信
812 雪に伏猪の跡もしられず　清光
813 草々の打なびきたる陰深み　蚊也
814 野を分暮し枕をやせん　宗因
815 はる〲と越来し山にうらぶれて　頼香
816 刈や真柴も袖にすくなき　政顕
817 冬近き賎が庵のもの淋し　政貞
818 きけば門田の鴫の羽がき　信
819 月更ていを安からぬ狭莚に　連匂
820 置かさねたる夜はの露霜　蚊也

821 奥山の花遅げなる陰とめて　宗因
822 ぬるみもやらぬ谷あひの水　頼香
823 雲まよふ岩ねは春もうとき日に　清光
824 翅やよはき野辺の初蝶　政貞
825 爰かしこあがる雲雀の声はして　政顕
826 明はなれたる末の篠はら　連匂
827 見わたせば霰の跡も白妙に　信
828 幾重氷を敷る玉川　宗因
829 影寒き垣ほの月の朝朗　蚊也
830 松に隔たる日はかすか也　政顕
831 行方は雲より上の峰高み　頼香
832 旅のつらさやとぶ郭公　信
833 草枕夢もむすばぬ暁に　政貞
834 あはでかへさの道はわびしも　清光
835 はて〳〵は占の博士も恨られ　宗因
836 貧しく成しすくせ物うき　蚊也
837 数まへんゆかりだになき心しれ　連匂
838 あまり長かる齢しも何　宗因

839 打おほふ軒の呉竹下すぎて　信
840 露も板間をもる月の色　頼香
841 秋の夜のね覚幾度須磨の関　政顕
842 波に千鳥の鳴音冷じ　政貞
843 夕汐の満来てひたすま砂地に　清光
844 業やめて帰る芦茨　連匂
845 俄にも田づらや雨に成ぬらん　蚊也
846 岡辺にひゞく雷の音　信
847 神さぶる白羽の矢こそあやしけれ　宗因
848 よし有ぬべき社ふりたる　政顕
849 尋みる花は老木の杉村に　政貞
850 霞を凌ぐ布留の中道　宗因
851 立どまる橋たど〳〵し春の暮　頼香
852 岸はいづれの浪にかくるゝ　蚊也
853 さしのぼる三日月影に舟つれて　信
854 残る暑さをいとふ草刈　清光
855 庵の内は夕げの煙うす霧に　宗因
856 松の扉はひかりほのめく　政貞

857 村鳥の麓の原に声たてゝ　連匂
858 冬も落穂ののこるかた〴〵　信
859 小薄や枯ながらにも戦ぐらん　政顕
860 雪すこし降砌えならぬ　宗因
861 あかず猶詩を嘯る伴ひに　清光
862 さす盃や手先さへぎる　頼香
863 限なき年満を祝ふあるじして　信
864 つなぎし駒は所せきまで　連匂
865 九重や御調の時のいたるらん　蚊也
866 賑ひわたる民の里々　政顕
867 あがめ置此氏神の祭にて　政貞
868 今朝まで庭火焼添てけり　清光
869 戦ひや心ゆるびもなかるらん　宗因
870 直からざりし世のまつりごと　信
871 かはすこそ日たくる迄の枕なれ　頼香
872 あひ思ひぬる妹と背の中　蚊也
873 およずくるころは久しき物ならし　連匂
874 秋をかさねて住筑紫がた　政貞

875 みにしむは犯さぬ罪の憤り　政顕
876 あふぐを月も天地もしれ　宗因
877 言の葉の種とや花の成ぬらん　信
878 春を問よる友はしたしき　連匂
879 円居《まとゐ》する中はかすまぬ交りに　政貞
880 心もをかずいどむみだれ碁　頼香
881 見初しはいともおかしき姿にて　政顕
882 着るかり衣も色に出らし　信
883 上人やいひかはしての前渡り　宗因
884 なまめく笛の声ぞあやしき　清光
885 一ふしをうたひさしたる小夜中に　連匂
886 酒酌すてゝ月の下臥　政貞
887 紅葉々をめで尽してのかり枕　蚊也
888 夕やうしと男鹿鳴らむ　政顕
889 霜のみか嵐の音も吹しほり　頼香
890 みのしろ衣いかにならはし　宗因
891 たどりしを思へば遠し都人　信
892 夢かうつゝか宇津の山道　連匂

893 色や又青葉に蔦の茂るらん　政顕
894 松にちらせて花ぞ詠る　頼香
895 夕風の長閑くもなき楼に出　政貞
896 池は霞に立かはる浪　信
897 汀にやうかぶ蛙の鳴ぬらん　清光
898 折えがほなり園の鶯　蚊也
899 けふよりは雪気の空の晴過て　連句
900 八十の陌《ちまた》の袖の往還　宗因

連句 十三　頼香 十一
信之 十五句　政顕 十二
清光 十　政貞 十二
蚊也 十一　良親 一
宗因 十五

正月廿一日
何馬 第十

901 笛竹のよは心なり神々楽　信之
902 千年の色や霜の白木綿　政顕

903 梅が香や松の花みん春待て　宗因
904 明る軒端のひかり静けし　政貞
905 薄霧に水かすかなる池の面　清光
906 露の玉しく板橋の上　連句
907 人気なき田中の月の影更て　蚊也
908 妻こふ鹿の声ぞ聞ゆる　頼香
909 山風のはげしくおろす夕々　良親
910 暑さあまりて雨になる空　信
911 休らひし道をも急ぐ旅の袖　政顕
912 しるしばかりの文かきてつく　宗因
913 頼みぬる使はいかにいひなさん　政貞
914 ゆるされもなき中はくるしき　清光
915 御座にも召こそ花の姿なれ　連句
916 こゝろ勝るゝ春の言の葉　蚊也
917 のどけくも硯にむかふ朝朗　頼香
918 いはけなきよりしるき生先《おひさき》　政顕
919 したふこそ臥竈はなるゝ雀なれ　信
920 詠につゞく窓のむら竹　政貞

921 月雪に外山の里の明初て　宗因
922 いたく氷れば絶る川音　連匂
923 岩間にやつもる木葉の朽ぬらん　清光
924 問ぬはしるしかくれ家の道　頼香
925 行ひもおろかなりける学にて　蚊也
926 験がたやむる此法の人　信
927 いましめを只一筋のうばそくに　政顕
928 いかに御嵩のすゞの下風　宗因
929 打むかふ芳野の奥の月涼し　政貞
930 くれてさだかに滝つしら波　清光
931 筏士の払ひわぶらし笠の雪　連匂
932 日をきはめてや此殿作　蚊也
933 国富て替りぬる世や仰らん　信
934 数くはゝりし二万の里人　政顕
935 見渡せば広き田づらの町々に　宗因
936 鶉の床やいづこなるらし　政貞
937 草々のうら枯ながらみだれ合　頼香
938 をく霜きえて野はもとの露　信

939 道たどる月はしばしに雲隠　清光
940 めぐり逢しはそれかあらぬか　宗因
941 より添てきけばあやしき物ごしに　政顕
942 涙にさぞなしめる琴の音　連匂
943 うきながら思ひ立田のしたはれて　蚊也
944 かりの宿りも名残ある里　頼香
945 五月雨の晴間をみする旅の空　政貞
946 かいの隙なき此わたし舟　政顕
947 往来にぞ誰も尋る境川　信
948 めづらかなれや多き名所　清光
949 とく遅く咲つぐ花の都辺に　宗因
950 袖にかざすやつゝじ藤が枝　蚊也
951 朧夜に何かはしかむ月の色　頼香
952 よそめを深くつゝむ通ひ路　信
953 関守も哀をしれよわが思ひ　連匂
954 馴ぬわら屋の住ゐ侘しき　政貞
955 かぞふれば幾日に成ぬ東がた　清光
956 同じ草葉を分るむさし野　宗因

957 狼の声おそろしき夕ま暮　蚊也
958 馬引入て戸ざしをぞする　頼香
959 木こりおが帰さに宵や更ぬらん　信
960 盗人ありとよむ山陰　連匂
961 花に来て折かとみれば風の音　政顕
962 簾をあぐる春の朝あけ　清光
963 年立といふより心のびらかに　宗因
964 懈る比を得たるものやみ　信
965 祈つる社のしるし浅からで　政貞
966 まさしき夢の契うれしも　蚊也
967 たのしびも五十の程と悟る身に　頼香
968 今日はきのふをかへりみにけり　宗因
969 出てはや都にかはる今朝の空　連匂
970 浪かけ衣うき泉川　政顕
971 業とても下す杣木にいとまなみ　信
972 いつまでかくて送る山がつ　政貞
973 ふる雪に村のかよひも絶果ぬ　清光
974 ほとりもわかず竹ぞのべふす　頼香

975 御園生も荒ぬる跡の瓜作り　宗因
976 こまの渡りの月ぞさびしき　信
977 なれだにも秋やうれふる雁の声　政顕
978 波路へだつる浦の八重霧　連匂
979 故郷の伝さへ夢のうつゝにて　政貞
980 神いたくなりたゞならぬ空　宗因
981 忍ぶ身や鬼一口もしらざらん　信
982 さがなきものは人のさかしら　清光
983 あひ思ふえにしも今はかけはなれ　頼香
984 恨もえやは尽む玉章　政顕
985 ねたしさの心を誰か問なまし　連匂
986 おなじ仕へにこされしは憂　政貞
987 橘に近き衛もよそにして　宗因
988 はこぶあゆみも絶し住吉　頼香
989 浦伝ひ晴るともなき長雨に　蚊也
990 つれ〴〵そへて千鳥鳴声　信
991 芦の屋の透間の月にいねがたみ　連匂
992 夜寒先しる麻手小衾　宗因

993 聞えしはいづ方ならしうつ砧　清光
994 凮も音羽の秋ぞ更行　蚊也
995 幾度か露にしぐる、峰の雲　政貞
996 ほさでつみ置賎が青柴　連匂
997 賑へる家も垣ほも数々に　宗因
998 有経ん末を祝ふ盃　頼香
999 植立し若木も花の紐ときて　信
1000 時ゆたかなる睦月二月　政顕

信之　十五句　連匂　十二
政顕　十二　蚊也　十
宗因　十五　頼香　十二
政貞　十二　良親　一
清光　十一

正月廿一日
青何　追加

1001 咲そふや三ば四ばの軒の梅　良親
1002 千尋の竹も春をしる色　長澄
1003 町広み民の田面の雪解て　親則
1004 山の麓もひかりしづけし　親貞
1005 見わたせばのぼる高根の空の月　政友
1006 凮のまに〱はる、雲霧　正矩
1007 舟出する秋の湊の朝朗　俊良
1008 渚にあさる田鶴の声々　政武

2　「又やみん」百韻

【成　立】寛永十八年春
【底　本】個人　宗因自筆巻子本

1 又やみん気色八十島浦の春　玄的
2 雁の名残も霞む夕波　正方
3 長閑なる月の出塩に舟うけて　宗因
4 松の葉越に雨ぞ晴行　々
5 風渡る岩間〳〵の小篠原　方
6 作り捨田の跡は有けり　々
7 幽なる道こそつゞけ里離　因
8 人かよふ野の霜の村消　々
9 明ぬ夜の狩ばに誰か急らん　方
10 駒いばふ也遠の山本　々
11 霧篭て浅瀬も分ぬ川づらに　因
12 みなぎる水の響冷じ　々
13 入相の鐘に月すむ橋の上　方
14 楼にのぞみて詩をぞうそぶく　々
15 我宿の木末におしむ花の春　因
16 いづち帰りしその、鳥の音　々
17 永日の暮がたは猶たへ侘て　方
18 来べき折ぞと頼む兼言　々
19 慰る心の占ははかなしや　因
20 夢の枕のあしたかなしも　々
21 忘るなよ是もえにしの一夜妻　方
22 幾年かけて星合の空　々
23 見る月も雲井の庭のこと更に　因
24 ふる、袂もしら菊の陰　々
25 置露もかれ〴〵に成野はさびし　方
26 あはれに虫の声よはる也　々
27 古跡は草の垣ほもかたぶきて　因
28 老木の梅の片枝のこれる　々
29 ふり晴て薮しがくれの春の雪　方
30 かすむ朝日に雀鳴よる　々

31 山際のあら田の原は鋤やらで　因
32 ながれてむせぶ岩の下水　々
33 苺《（こけ）》厚く生添まゝの寺の門　方
34 をのが落葉をはらへ松風　々
35 問人もいつより絶し塚の前　因
36 嵯峨野の奥の暮ぞしづけき　々
37 妻ごめに立所になるゝ鹿のこゑ　方
38 草の枕の月ぞ友なふ　々
39 都出し暁よりの袖の露　因
40 なみだも君がかたみがほなる　々
41 忘らるゝ中さへ思ひ捨がたみ　方
42 たゞ一筆の文のあやしさ　々
43 待暮にさはりあらばと歎かれて　因
44 引方おほき心なるらし　々
45 今幾日ちらで野山の花盛　方
46 雨間も見えずかすみぬる空　々
47 関分る水口しるく鳴蛙　因
48 草むらしげき池のかたはら　々
49 香にめでゝ立よらばやな杜若　方
50 道行ぶりの袖の夕風　々
51 憂旅の事や伝まし天津雁　因
52 いつしか秋の寒さそふころ　々
53 守侘る小田のかり庵の露霜に　方
54 ちりて柳は葉がくれもなし　々
55 葛城や月影高く夜は更て　因
56 雲に嵐や吹のこるらん　々
57 わたづみの行ゑ白波舟の上　方
58 浮ておもひの身のはてもうし　々
59 俤は見まれみずまれ前渡　因
60 露の光をそへし夕がほ　々
61 そよめける竹の下道雨過て　方
62 雲立きゆるあしがらの山　々
63 起むかふ空に日影のさしのぼり　因
64 鴉鳴行江ははるか也　々
65 松原は人けも見えぬ雪中　方
66 けぶりぞ小屋のしるしなるらし　々

67 まだきより先達いづる朝市に　因
68 山陰遠く聞鐘のこゑ　々
69 かり枕初瀬の月にめもあはで　方
70 めぐり逢夜は夜ながさもいさ　々
71 身にしめてかたみに尽ぬ私語　因
72 解行心うるはしき人　々
73 故もなき恨の筋の結ぼゝれ　方
74 さかしらおほき世中ぞ憂　々
75 とり〴〵にあらそふこそは仕なれ　因
76 神に手向の花の色々　々
77 相坂や交加《ゆきかふ》袖のうらゝかに　方
78 道さまたげの鶯の声　々
79 野を遠みけふは子日にひかれきて　方
80 歌にかゝりし春の友人　因
81 つれ〴〵も忘るゝばかり酌酒に　々
82 ね覚の程は寒き夜の床　方
83 思ひ出る無が着馴し麻衾　々
84 泪の袖に月ぞやつせる　因
85 秋はふけたのみはよはる憂夕　々
86 消松虫に我おとらめや　方
87 草茨《くさぶき》に住や野守と見えつらん　々
88 しげる蓬に道ぞたえぬる　因
89 行と来と結びし跡も忘水　々
90 あさき方よりこほる山川　方
91 風さはぐ柴つみ小舟さし捨て　々
92 入日がくれの里のさびしさ　因
93 打なびく竹一むらの薄煙　々
94 遠の田面は小雨してけり　方
95 白鷺の求食《あさり》はなれて飛空に　々
96 道行人のみゆる山あひ　因
97 世を捨し草の戸ざしにたゝずみて　々
98 事とふものは松風の暮　方
99 さゞ浪や志賀の花園荒増　々
100 春の詠に打出の浜　因

玄的　一
正方　五十

宗因　四十九

【注】

②47に米谷巖メモによりつつ抄録していたが、自筆巻子本の出現により全文をここに再録する。寛永十七年二月中旬興行「みるめおふる」百韻（②46）の翌年春の興行と推す。

3「ちりひぢの」百韻

【成　立】寛永十八年六月十八日

【底　本】綿屋文庫『賦何人連誹懐紙』

寛永十八年六月十八日

賦何人連誹

1 ちりひぢの山ならぬ山や雲の嶺　法橋昌程

2 麓にすぐる夕立のそら　重頼

3 村がらす花の林に飛消て　玄俊

4 春もひゞきはたかき松かげ　紹尚

5 滝津せや岩間のこほりながすらん　今相

6 朝川水のすゑはるかなり　昌悦

7 月ほそき竹の葉ごしの霧晴て　宗因

8 軒端にのこるむら雨の露　能茂

9 秋来ぬと風のふき入こすの内　休音

10 庭のやなぎは散そめてけり　昌親

11 聞はたゞ寝ぐらにさはぐ鳥なきて　能竺
12 あられの音も寒き江の水　昌程
13 日は雲の浪間にさゝぬとまり船　重頼
14 たがうちはへてさびし釣竿　玄俊
15 苫ぶきはくるゝ真砂に遠からじ　紹尚
16 たどり行ゑはすみよしの宮　今相
17 ほとゝぎす声待ならす岡のべに　昌悦
18 このごろしげるもりのしたかげ　宗因
19 さくら花くはゝる春も名のみにて　能茂
20 かすみのうへの遠のしら雲　休音
21 明ぼのやのどけき月のわたのはら　昌親
22 いくつらばかりかへる難波づ　重頼
23 里人のこなたかなたをあら鋤て　昌程
24 うちとも雪の薄き竹がき　紹尚
25 春ちかみ北さへひらく圃の梅　玄俊
26 よはるあらしをはぶくむら鳥　昌悦
27 細にもそゝくあまりの空晴て　今相
28 にし日も虹もまだ残るかげ　能茂
29 滝おつる山のかひより先涼し　宗因
30 ほたるやとをきしまこのむ宿　昌親
31 かねもやゝ松に小松に声そへて　休音
32 月ふくる野のかり寝いざとき　昌程
33 来し方の秋にはかはる袖の露　重頼
34 鹿の音あはれきゝそむるくれ　玄俊
35 色になる深山がくれは物さびし　紹尚
36 すゞふく風にそよぐ小薄　宗因
37 置あへず霜とけわたる岩根道　昌悦
38 むらのかよひもしげきたなはし　休音
39 水白きながれをせきて作る田に　昌親
40 おりゐる鷺はきしの一かた　重頼
41 くれぬとて牛引かへる賎が庵　昌程
42 里のあはひの野すぢはるけし　紹尚
43 山松のみどりにつゞくかげふかみ　玄俊
44 ともしさしすてあけすぎぬめり　昌親
45 くらきよりくらきかの世のいかならん　宗因
46 月にむかしもうかぶことの葉　昌悦

47 我身ひとり物思ひするながきよに　休音
48 夢よりのちのとこの露けさ　昌程
49 忍ぶるははかなかたみの花衣　重頼
50 君が御事にあへる二月　玄俊
51 春日山まつりのつかひをこたりて　昌親
52 神さびにけりみづがきの奥　宗因
53 たえぐ\にしでの音するくれふかみ　昌悦
54 あらしやむせぶ松の木がくれ　重頼
55 おり焼も柴の戸ざしの薄けぶり　昌程
56 寒たる夜半をさぞなわび人　紹尚
57 九重の内さへまなく時雨して　玄俊
58 雪いかばかりみこしぢの空　昌悦
59 馬草をも水もかはんの休らひに　休音
60 木こりも花をめづる木のもと　昌程
61 すつる身も春の心ははふらさで　宗因
62 つくる三月をおしみぬるのみ　昌親
63 みる月も廿日すぐればうとからし　紹尚
64 とはれぬ閨の露の起ふし　玄俊
65 聞わびぬ思ひをそふる荻の声　昌程
66 うきわかれぢにむしさへぞなく　宗因
67 無がらを送り捨たる野を分て　昌悦
68 しばしばかりとこもる室の戸　休音
69 例ならぬ身のためのみの行ひに　玄俊
70 あかつき知てむすぶあか水　紹尚
71 立出て照をいたゞく天つ星　重頼
72 人のゆくゑをたのむうらかた　昌程
73 うつゝには云まぎらはす夢がたり　宗因
74 よはひたけてはうき恋ごゝろ　玄俊
75 夕々月まちがほに琴引て　休音
76 あつさをはらへ袖の秋風　昌悦
77 菊の香も酔のまくらに背らし　昌程
78 みぬはあやなしよるの紅葉々　昌親
79 今日の賀のなごりしたひて読歌に　玄俊
80 なをすべらぎのめぐみある時　休音
81 ことしより民のみつぎを免されて　昌悦
82 往来やすげにさゝぬ関の戸　宗因

83 影をわびし夏の日くもるすまの浦　昌親
84 夕になれば松風の雨　昌程
85 猿さけぶ嶺にのこらず花散て　紹尚
86 かすめる谷のおくぞけうとき　玄俊
87 よそははや消ても雪のふる寺に　宗因
88 かれ野ながらも下もえの色　昌親
89 春またでつめば沢べのはつ若菜　昌程
90 田中の庵も住にすみよき　昌悦
91 いつまでかつばめかへらぬ月の秋　重頼
92 声めづらしくわたるも丶とり　紹尚
（93—100　欠失）

昌悦　十二
今相　三　能笁　一

【注】
底本は昌程筆の装飾連歌懐紙。名残裏は句上の一部が断簡として残る以外は失われている。

4「若葉にも」百韻

【成　立】慶安元年三月二十八日
【底　本】八代市立博物館広島加藤家資料『妙風寺由来旧記』

慶安元年三月廿八日
於芸州広島
賦初何連歌

1 若葉にもおもひ出ある桜かな　宗固（因）
2 雨はれのこる庭のなつ山　正方
3 郭公ひとむら雲に声きへて　~~宗固~~正方
4 かげほのかなる月は有明　~~正方~~宗固（因）
5 草まくら幾夜に秋の更ぬらむ　宗固（因）
6 むすびそへぬる野べの露霜　正方
7 うつろへばなを本あらのこ萩原　正方
8 夕日がくれにあらしふく也　宗固（因）
9 山柴の帰さや道の遠からむ　正方

10 みる〳〵舟は末の川づら 宗固(因)
11 呉竹のなびくひまより夜は明て 正方
12 雪々(ママ)たかし軒の松がゑ 宗固(因)
13 人音もたゑてさびしき古寺に 正方
14 それとばかりの入あひの鐘 宗固(因)
15 ゐる雲のいくへかさなる山ならん 正方
16 すぎにしかたをおもひやる道 宗固(因)
17 旅衣うらやましくもかへる波 正方
18 秋のとまやのながめかなしも 宗固(因)
19 月の色も門田の露にこぼれきて 正方
20 友したひつゝおつる雁が音 宗固(因)
21 春寒き鳥羽山本は花もなし 正方
22 霞もやらぬ松のした風 宗固(因)
23 滝つ瀬の氷やとけてながるらむ 宗固(因)
24 もくづみだれてかゝる岩がね 正方
25 ふむあとも末細道はたゑけらし 宗固(因)
26 雪ふりつもる小野のしの原 正方
27 冬ざれは草のかり庵にさしこもり 宗固(因)
28 梢たくけぶりかすかなる暮 正方
29 旅ねせんかたもさだめぬ山中に 宗固(因)
30 此ひともとや紅葉するかげ 正方
31 まだきにも北より秋の初しぐれ 宗固(因)
32 ふかれて風に冷じき雲 正方
33 鴉なくあしたの月のかげきへて 宗固(因)
34 沓引いづるおくの官(宮)守 正方
35 しのぶ夜をいかにとおもふわかれぢに 宗固(因)
36 後のちぎりもたのみなき中 正方
37 此世さへさはりがちなる身の歎 正方
38 たゞあらましのすみぞめの袖 宗固(因)
39 其山の蓬がかげや茂るらむ 正方
40 花さきすてし谷のむもれ木 宗固(因)
41 鴬はもとの古巣に芦(声カ)たへて 正方
42 春にをくるゝ蝶のあはれさ 宗固(因)
43 はれにけり小雨を(せ)し野の夕霞 正方
44 したゆく水の白き草むら 宗固(因)
45 あさ沢の橋に夜わたる空の月 正方

46 里よりおくの秋田さびしき　宗固(因)
47 ころもうつ音はいづくの方ならむ　正方
48 おもひわびてのいもがりの道　宗固(因)
49 はかなさやしるべがほなるわがこゝろ　正方
50 うつゝはつらき夢かよふ也　宗固(因)
51 さすらひしほどや雲井(ママ)のなりぬらん　宗固(因)
52 いづこしら波ゆく船の上　正方
53 夕暮にと渡る千鳥迷(幽カ)にて　宗固(因)
54 すさび出たるすまのうら風　正方
55 秋ふかき山の木葉やもろからむ　宗固(因)
56 露もみだるゝ野べの百草　正方
57 月に猶こなたかなたの虫の声　宗固(因)
58 おもひ有身はいふぞねられね　正方
59 またぬ夜も待夜もむねのさはがれて　宗固(因)
60 まきの戸たゝく風の音づれ　正方
61 しづかなる所もとむる隠家に　宗固(因)
62 あはれ桜はむかしみし友　正方
63 ながらへていくたび春にわかれけん　宗固(因)

64 雁のなごりもうき田舎ずみ　正方
65 あけぼのゝ浦のけしきやあま小船　正方
66 汐にひかるゝなには江の月　宗固(因)
67 ほに出る芦のむら〳〵かたぶきて　正方
68 ゆく秋さむしあき風の声　宗固(因)
69 賎のおが山田の庵のとまをあらみ　正方
70 袖もひがたき五月雨のころ　宗固(因)
71 なきとなす世はうらめしき藤衣　正方
72 末ながゝれとちぎりしも何　宗固(因)
73 黒髪のむすぼゝれたるわがこゝろ　正方
74 夢にもさぞなやつれたるかげ　宗固(因)
75 みやこにはしらじ野山のかりまくら　正方
76 はじめてきけばうき岑おろし　宗固(因)
77 昨日まで花の底なる松みへて　正方
78 あさぢかへ(やどカ)との春ぞさびゆく　宗固(因)
79 日も永き草の扉の雨た(そカ)ゝき　宗固(因)
80 さ(せカ)めてなぐさむことの葉もがな　正方
81 衣々をかこちし後の朝ぼらけ　宗固(因)

82 なみだに残る袖のうつり香　正方
83 古にける枕のみこそかたみなれ　宗固(因)
84 月は其夜の哀しらまし　正方
85 たまさかのあふせもたへぬ天の川　宗固(因)
86 霧たちぬれば明はてぬめり　正方
87 み山ぢや分るをまゝの露ふかみ　宗固(因)
88 をざゝそよめく陰のすゞしさ　正方
89 岩づたふながれの水の引々に　宗固(因)
90 池のほとりの室のしつらひ　正方
91 塵をしも出るこゝろは清からし　宗固(因)
92 あだに我が世やすぐしはてけむ　正方
93 何をひとつなす事もなき身のむまれ　正方
94 下が下にも某(憂カ)宮づかえ　宗固(因)
95 つゞきしもいく末々の氏ならし　正方
96 まつりの庭の袖の跡先　正方
97 ゆゝしくもかざり車を立ならべ　正方
98 九のかさねの大路長閑し　宗固(因)
99 青柳もこきまぜにほふ花ざかり　宗固(因)
100 さゞなみよする岸の山吹　正方

宗固(因)　五十
正方　五十

【注】

底本冒頭に「連歌巻　一軸」として、「上田宗固殿ト加藤風庵ト附合ニ御座候。由来相知レ不レ申候。執筆何レ乎相知レ不レ申候。年来新古難二相分一候」と注記する。本巻は『芸藩通志』にも上田宗固と加藤風庵正方の両吟として採られているが、慶安元年三月、広島に急行した宗因が正方と両吟連歌を重ねていること（②64 65）、述懐句の頻出する特異な連歌であることなどに鑑み、宗因・正方の両吟百韻と推定してここに収録する。

5「言の葉も」百韻A

【成　立】万治二年正月頃
【底　本】榊原家史料『浄晃院様御詠草の52の1』

1 言の葉も春のけしきや難波人　忠次
2 舟出のどけき浦の曙　宗因
3 立雁も月もかすまぬ浪晴て　宗春
4 つのぐむあしべ汐や満らし　一詠
5 をく霜は消尽したる真砂地に　種定
6 苫屋の方は絶ぬ行かひ　安行
7 所々植こそ初れ小田の原　宗知
8 打見渡しの末の岡越　家継
9 雲深き山路出ればのこる日に　宗保
10 しばし時雨の露はらふ袖　宗春
11 色々の砌の木葉かきつめて　宗因
12 軒ふく風もやゝ寒き比　種定
13 夢覚てかたぶく月や更ぬらん　一詠
14 たが衣々に聞鐘の声　宗知
15 あだなるにたのめし宵ははかなしや　安行
16 行てはきぬる中ぞはるけき　宗因
17 草村に鹿子の立所とめかねて　家継
18 山のすそ野の道は幾筋　一詠
19 旅人も木こりも出る朝まだき　宗春
20 つもりもあへず雪晴る里　安行
21 藪し分ぬ花を催す日の光　種定
22 囀る鳥のをのが声々　家継
23 氷ゐし池の汀も解渡り　宗知
24 霜はのこらず岩のしたゞり　宗春
25 青草もまじるま菅の冬枯に　宗因
26 山越きつゝ駒とむる道　種定
27 日の色もかげろふ方はやゝ涼し　一詠
28 よそにやめぐる夕立の空　安行
29 風さはぐ篠の戸ざしを引とぢて　家継
30 秋の野守はとふ人もなし　宗知

31 一盛すぐるはおしき小萩原　宗春
32 なれもかなしやよはる虫の音　宗因
33 月にはと待し契もいたづらに　安行
34 涙に袖の朽やはてなん　一詠
35 さりともとあらましごとも憂齢　宗因
36 庵やあるゝ三よし野の奥　家継
37 此比はふらぬ日もなし雪の中　種定
38 梢くゆらして友とする暮　宗春
39 山賎のやどりながらも頼寄　一詠
40 岨のかけ路につかれぬる袖　安行
41 杣木をも引すてゝ置爰かしこ　宗知
42 照日にあせし川水の末　宗因
43 ひとつ二下ゐる鷺の求食《あさり》して　家継
44 遠の田づらや人け絶けん　種定
45 呉竹の煙の底は暮かゝり　安行
46 秋の雨ふる里はさびしも　一詠
47 衣うつ窓の灯ほそき夜に　宗因
48 眠をさます月の下風　宗知

49 あたら花散やしぬらん酔中　宗春
50 たそかれ過る陰の藤なみ　家継
51 おぼつかな弥生に聞し郭公　一詠
52 つれ〴〵をくる草ぶきの内　安行
53 世をうしといとふ心のいかならん　宗知
54 出ていにしが恨しらばや　宗因
55 むつごとも語さす夜はまだ深し　種定
56 よ所目をつゝむ程は苦しき　宗春
57 諸共におなじ所の宮仕　家継
58 御階になれし昔恋しも　宗知
59 袖は猶花橘の香にふれて　宗因
60 外面の樗いつかさかまし　一詠
61 垣ほさへまだあらはなる新里に　宗春
62 野分たちぬる風の侘しさ　種定
63 さ莚にすだき寄たる蛩　安行
64 夢より後も月は在明　宗因
65 かり臥におもふ行ゑの山高み　宗知
66 心ならずも木曽路悔しき　宗春

67 あさ衣かたのまよひをいかゞせん　一詠
68 法の為とて水結ぶ袖　家継
69 をのづから静也けり室の内　種定
70 き、ならしたる松風の声　安行
71 調ぬることをこと、もいさしらで　宗因
72 其おもかげのいづら物越　一詠
73 彦星にまさるはつらき我思　宗春
74 月にむかひてよむ和歌　種定
75 広沢の池のうす霧晴渡り　家継
76 堤づたひによするさゞ波　宗知
77 花の枝も乱合たるふし柳　安行
78 門はむぐらに古跡の春　宗春
79 世中は胡蝶の夢にことならで　一詠
80 百年ふとも限こそあれ　宗春
81 あかなくもひとつ蓮と契る身に　宗因
82 さ夜の枕をかはすむつ言　家継
83 暁の鳥と共にもなく涙　宗知
84 ねられぬまゝに物おもふ比　安行

85 故郷ははや遠ざかる田舎住　種定
86 旅にしあれば面がはるらし　宗因
87 詠やる方にま近き鏡山　宗春
88 雲はれ渡る湖の海づら　一詠
89 釣舟も月にさそはれ出けらし　家継
90 秋の嵐もしづまれる空　種定
91 初雁の声も翅もさだかにて　宗因
92 いな葉をしなみ色付し比　宗春
93 山のべの里は時雨々(る)度々に　宗知
94 入日いざよふ影ぞすくなき　安行
95 暑さをも忘るゝ道に休らひて　一詠
96 帰るさゝぞな遠き柴人　家継
97 しばしたつ市のかり屋の夕ま暮　宗春
98 しらぬもなれてなさけをぞ酌　種定
99 花ざかり都のてぶりみゆる野に　宗因
100 袖うらゝなる玉鉾の末　宗知

忠次　一　安行　十三
宗因　十七　宗知　十三

宗春　十五　　家継　十三
一詠　十四　　宗保　一
種定　十三

【注】

万治三年九月に没する天満社人・大道家継の出座により、万治三年以前正月成と推定される一巻。万治二年正月、姫路藩主榊原忠次の帰国途次、難波入江で成就した発句・脇の唱和を、事後、大坂天満連衆で満尾したものか。

6「言の葉も」百韻B

【成　立】万治二年頃
【底　本】榊原家史料『浄晃院様御詠草の52の2』

1 言の葉も春の気色や難波人　忠次
2 舟出のどけき浦の明ぼの　宗因
3 雁帰る雲路遥に風絶て　高就
4 雨晴わたる山あらは也　直重
5 暮るより高根に月や移るらん　定之
6 松に立そふ紅葉色こき　世斎
7 庭かこふ霧の笆《まがき》もひまみえて　吉成
8 虫の音めでし秋もふけけり　景元
9 帰るさは袖さむき野の旅の道　一
10 結ぶも深き霜の草むら　二
11 浅沢の水のすゐ〴〵氷るらし　三
12 小田のかたへに鷺求食《あさ》るなり　四

13 まだ残る里のあはひの夕日影　五
14 誰か引はへてをける調布《〈たづくり〉》　六
15 零落て賎の哀もおもひやり　七
16 氏をたのみに経し世はかなき　八
17 いのりつる神のしるしやあらざらん　九
18 あわ《(は)》でなげきの泪身にしむ　十
19 うらみわぶ心のほどは月もしれ　十一
20 露もねられずあかす夜な〳〵　十二
21 軒ちかき花は匂へるまどの内　十三
22 いつ咲そめし宿の梅が枝　十四
23 鴬のこゑめづらかにほのめきて　一
24 野山も雪のかつ解る比　二
25 春雨のそゝき捨たる跡ならし　三
26 綱手ときつゝ渡す川船　四
27 水上の浪の色より夜は明て　五
28 音もとり〴〵にいづち立行　六
29 吹風に翅乱るゝ村雀　七
30 すかせる竹の陰まばらなり　八

31 しつらひし涼み所や庵の前　九
32 ほだゝく煙こもる草の戸　十
33 秋までも蚊のほそ声やいとふ覧　十一
34 月に寝覚の侘しかりぶし　十二
35 いとゞしく更行夜半の肌寒み　十三
36 聞ば衣を擣鎚のをと　十四
37 いかに身はながらへきてのやもめ住　一
38 おもひにしづむ床の明暮　二
39 積りては渕となるらし涙川　三
40 ねたみ数々弥増る中　四
41 物のけのふかき心のいか計　五
42 絶ず聞ゆる行のこえ　六
43 灯もかゝげそへたる室の内　七
44 月は軒端の山に入跡　八
45 枕にと露の玉琴引捨て　九
46 あたゝめ酒の酔は何ぞも　十
47 友にさへをくれて残る市の場　十一
48 舎りにまよひ鳴夕がらす　十二

49 あらし吹花の杉むら陰浅み　十三
50 ふりし社の松のさびしさ　十四
51 祭せん夏待侘るながき日に　一
52 音もかすめる賀茂の川水　二
53 藤浪のかゝる岸根は遥にて　三
54 小船さしとめ聞郭公　四
55 笠の端にあへずも雨のふり通り　五
56 中舎りをも出し旅人　六
57 一坂を越ても暮や残る覧　七
58 閉やらぬ間はゆるす関の戸　八
59 乱つる国もしばしは治りて　九
60 今は都に御調そなふる　十
61 小車のつゞく淀路の明離　十一
62 あふぐ八幡の久し神垣　十二
63 澄月の影もさしそふゆふしでに　十三
64 秋立浪やはらへせし跡　十四
65 行水に暑さのこらぬ夕々　一
66 風に度々ちる柳陰　二

67 飽ずしも伴ふ鞠のくつの音　三
68 四町の内の今日のしづけさ　四
69 明て見る台の竹の夜の雪　五
70 直宿（宿直）の枕起出し袖　六
71 向ひ居て夏を忘れん空の月　七
72 暮てたゝずむ川橋の上　八
73 乗捨て誰か流せる舟ならん　九
74 蜑だにすまであれし苫葺　十
75 左遷〈さすらひ〉てつらき命のかゝづらひ　十一
76 歌のむしろの床し古しへ　十二
77 蓬生も春を待得て咲花に　十三
78 身のよすがとや菫つむらし　十四
79 かすむ間に野守のかよふ道見えて　一
80 けぶる麓の栖しるしも　二
81 新里も山をかけてや移す覧　三
82 聞もなれざる獣のこゑ　四
83 分行ばいとゞ木深き森の奥　五
84 冬もいづこの梅香ほる覧　六

85 たれこめて独さびしき雪の暮　七
86 離もやらぬ今日のうづみ火　八
87 夜までも飽ず草紙をくり返し　九
88 御局いかに月のさやけさ　十
89 欄干《おばしま》に秋の蛍の飛消て　十一
90 をかで扇を袖にならせり　十二
91 舞姫のたへなる姿わすれ兼　十三
92 恋路にまよふ身はをろかなり　十四
93 くせとなる忍びありきにやつれはて　一
94 吹よはる音はあやし横笛　二
95 さ夜神楽漸暁にをはるらし　三
96 をく霜白き真砂地の上　四
97 むれ居つゝ鴎の遊ぶ遠干潟　五
98 貝ひろひとり人帰る跡　六
99 松陰の道さへ分ず散花に　七
100 野辺も砌もかすみ晴ぬる　八

【注】

万治二年正月、姫路藩主榊原忠次の帰国途次、難波入江で成立した発句・脇の唱和を、万治二年頃、宗因姫路滞在中に稽古連歌として詠み継いだ一巻か。

5 一句全体を筆削修正、もとの文字不明　7「も」字、「の」字を筆削して重ね書き修正　10「結ぶも深き」、筆削の上に重ね書き修正、もとの文字不明　13「日影」、筆削の上に重ね書き修正、もとの文字不明　18「身○《に》しむ」と「に」同筆後補　20「ねら《れ》す」と「れ」同筆後補　21「花も《は》」と見せ消ち修正　26「船」、筆削の上に重ね書き、もとの文字不明　30「ま」字、「の」字を筆削して重ね書き修正　42「六」字、「十」字の上に重ね書き修正　48筆削して「舎りまよひて」と重ね書き修正、もとの文字不明、さらに「舎りまよひ《にまよひ》て」と見せ消ち修正　55筆削して「笠端」と重ね書き修正、もとの文字不明、さらに「笠○《の》端」と同筆後補　60筆削して「今は都に」「そなふる」と重ね書き修正、もとの文字不明　63「影や」の「や」字、「も」字に重ね書き修正、「木綿」を筆削して「ゆふしで」と重ね書き修正　71「忘れん」の「ん」字、筆削して重ね書き修正、もとの文字不明　81「移」、筆削して重ね書き修正、もとの文字不明　84「冬も」の「も」字、「の」字を筆削して重ね書き修

正　85「暮」字、筆削して重ね書き修正、もとの文字不明
86「埋火のもと《今日のうづみ火》」と見せ消ち修正　87「夜はすがら古き《までも飽ず》」と見せ消ち修正　92「心《身は》をろかさ《なり》」と見せ消ち修正
95「暁」字、筆削して重ね書き修正、もとの文字不明
98「帰」字、筆削して重ね書き修正、もとの文字不明

7「錦てふ」百韻

【成　立】万治二年八月二十五日
【底　本】榊原家史料　宗因自筆巻子本『賦何人連歌』

万治二年八月廿五日
賦何人連歌

1 錦てふ色や植なす萩の庭　宗因
2 はへある露に月をまつ宿　政房
3 えらぶべきまがきの虫のほのめきて　良罷
4 をくる野風もしづかなる暮　重成
5 遠山の雲も霞も晴渡　道也
6 声いかばかり帰り行空　高就
7 舟うけし浦はの春の朝なぎに　直昌
8 汐引方の沖のはるけさ　世斎
9 袖つれて浪の浮藻やひろふらん　吉直
10 とまやの夕雨すぐる道　執筆

11 焼影のひかりまがひて飛虷《ほたる》　政房
12 蚊の声遠く夜はふけぬめり　宗因
13 さしうつる月にかたしくかり枕　重成
14 見れば身にしむ旅のふる跡　良罷
15 音たかく背子が衣を打かさね　高就
16 しのぶにあまる涙露けし　道也
17 数々の文の返しも絶はてゝ　世斎
18 あふ事かたきえにしなにぞも　直昌
19 あらましにすぐるは悔し法の道　宗因
20 立かへるなり寺の梯　吉直
21 ちらぬまと入あひに手折花の枝　良罷
22 霞む砌に風わたる比　政房
23 をのづから囀る鳥の春めきて　道也
24 竹のはやしの明るしのゝめ　重成
25 起出て雪打はらふ小屋の前　直昌
26 冬がまへしてすめる山賎　高就
27 杣木をや引捨てをく岩隠　吉直
28 ながれもはやき谷川の末　世斎

29 小雨せし後には秋の霧はれて　政房
30 槙の葉しのぎ月のぼる暮　宗因
31 冷じく森の木末になく鴉　重成
32 ふくろふのねしおくの神垣　良罷
33 あれはつるしめの内外は物さびし　高就
34 布留の都は名のみのこれり　道也
35 道遠くかよふすそ野は小篠原　世斎
36 鹿子のあとをとむる狩人　直昌
37 五月雨の晴まもくらき山陰に　宗因
38 つれ〴〵いかに送る柴の戸　吉直
39 とふ方を木葉もかくす桑門《よすてびと》　良罷
40 うそぶける詩に忍ぶいにしへ　政房
41 こよひ猶ふくるをおしむ月のもと　道也
42 律のしらべも相おもふ中　重成
43 露のまもわすれはせじのさゝめ言　直昌
44 新手枕のけさのあはれさ　高就
45 移り香のうしやなみだにぬれ衣　吉直
46 さらに恨のつくる時なき　世斎

47 仕をばやめても年をふる庵に　政房
48 乗すて車あるにまかする　宗因
49 見る花は今日の行幸の折にふれ　重成
50 青柳うたふ舞のよそほひ　良罷
51 酌かはす春の情の酔心ち　高就
52 はし居に暮す夢のうたゝね　道也
53 月にしもはつねをつぐる郭公　世斎
54 浪にへだてし江の泊舟　政房
55 難波人あし火ほのかにくゆらして　宗因
56 ながめにつゞく昆陽の松原　直昌
57 うす雪にすゑの草むらそよぎあひ　良罷
58 朝分て行野筋寒けし　吉直
59 柴刈の友なひ出る里ばなれ　道也
60 駒つなぎをく遠の山ぎは　重成
61 日数へし都をよその旅衣　政房
62 さすらへきては憂すまの浦　高就
63 まどろまぬ枕にちかき浪の音　直昌
64 あかつきかけてはげし松風　宗因

65 御あかしはかゝげもつかぬ室の内　重成
66 やゝ静にもすぐる行ひ　世斎
67 なやましき身もいつとなくさはやぎて　吉直
68 日撰しつゝもすむ宮中　良罷
69 桂川きよき渚のゆふ祓　宗因
70 水もみどりにみゆる真砂地　政房
71 照まさる月には鶴のはぶき出　高就
72 雲井の庭の秋ぞことなる　道也
73 おばしまのあたりは菊の咲みだれ　世斎
74 歌のむしろのあく期しられず　直昌
75 糸竹の道は名をえしひゞきにて　良罷
76 あやしや雪の時ならぬ空　宗因
77 花おちて袖こそにほへ吉野山　政房
78 霞をながす滝つ川なみ　重成
79 日のうつるかたより氷とけつくし　道也
80 くむ若鮎のうかぶ岩陰　良罷
81 菅の葉にいとゆふあそぶ朝朗　吉直
82 つくりすて田の道かすか也　高就

83 一むらはいづくに所かへぬらん　重成
84 往来まれなるふもとさびしき　政房
85 櫨紅葉ちりし立枝に鵙鳴て　宗因
86 野もりの袖もはだざむき暮　世斎
87 草牆は月も嵐ももりけらし　直昌
88 まくらいざとき露のさむしろ　吉直
89 夢に見しおもかげしたふ夜半の空　政房
90 恋は身にそふひなの別路　宗因
91 取かはしかほる扇をまさぐりて　良罷
92 色めづらしき花の夕顔　道也
93 たれかはととはまほしきは住所　高就
94 よしありげなる池の釣殿　直昌
95 山科やむかしをのこす跡ならし　重成
96 行末遠くいのる君が代　世斎
97 あらためて猶あふぐなる御社に　吉直
98 千里の民もなべてさかふる　政房
99 日本のあづまよりこそ花の春　宗因
100 雲引峰ものどかなる比　良罷

宗因　十三　直昌　十
政房　十三　世斎　十
良罷　十二　吉直　十
重成　十一　執筆　一
道也　十
高就　十

8「こゝろよく」百韻

【成　立】万治三年三月頃
【底　本】榊原家史料『浄晃院様御詠草の55』

1 こゝろよくみるやとゝのふ家桜　宗因
2 朝戸霞まず起出る袖　忠次
3 日のうつる庭の鴬声そへて　景元
4 残るともなき竹の葉の雪　高就
5 たび〳〵に舟引のぼる岸伝ひ　世斎
6 明はなれたる遠き川頭　直重
7 月うすき村のかたへやけぶるらん　吉成
8 野は秋風の吹すさぶなり　勝安
9 草々の花に胡蝶のたはぶれて　一
10 しばし笆《まがき》に露のこるめり　二
11 雨はるゝ跡や端居の袖涼し　三
12 いさぎよく聞やり水の音　四

13 岩たゝむ陰をたよりの麓寺　五
14 法のつま木とたをる松がえ　六
15 御仏をとなふる声の明暮に　七
16 世をのがれつゝ送る老が身　八
17 とふ人もあらで侘しき草の庵　九
18 枕のよそになけきり〴〵す　十
19 目覚てはいとゞ更行秋の月　十一
20 うき旅衣露ぞ置そふ　十二
21 都出し花の香もなき袂にて　十三
22 幾日交野の春のかりくら　十四
23 飽ずしもかすみ酌ぬる伴ひに　一
24 御池に船をわかつ歌と詩　二
25 治まれる大君の代はゆたかにて　三
26 さゝで往来もしげき関の戸　四
27 あひおもふ中のちぎりや深からし　五
28 ふりわけがみになれし妹と背　六
29 うつりがの枕に残る閨の内　七
30 別れしあとの月もうらめし　八

31 心をやなぐさめかねて擣砧　九
32 貧しくをくる幾年の秋　十
33 左遷《さすらひ》て身はたのみなき司召　十一
34 しほたれ衣あはれ朽ぬる　十二
35 苫もりて内外もわかぬ五月雨に　十三
36 かよひたえたる小田の細道　十四
37 奥ふかく冬は男鹿の山隠れ　一
38 枯はてけりな野べの草むら　二
39 大原やげにも木高き松の色　三
40 行幸久しき跡ぞふりぬる　四
41 伝へてもまだ返し見ぬ舞の袖　五
42 賀をいはふべき日こそ待るれ　六
43 つきそめて我身やすめん鳩の杖　七
44 例ならざるもをこたりにけり　八
45 影きよき今夜の月やめでぬらん　九
46 簾をまけば霧ぞ晴行　十
47 雁が音にさそはれ出し朝朗　十一
48 船は湊を漕はなれぬる　十二

49 遠島の花をや海人も詠むらん　十三
50 岩ほの松に藤さかり也　十四
51 三月よりほどゝきすぎず声はして　一
52 夕の空の雨ぞかすめる　二
53 君がかた立出見れば涙おち　三
54 まてといひつる比もたがへり　四
55 難面《つれな》さを恨侘ての新枕　五
56 心あだめく人は何ぞも　六
57 玉章をうしろめたくやなしぬらん　七
58 まだいわけなき袖の交り　八
59 四の緒も琴のしらべもしどろにて　九
60 すゝめられつゝ酔ぞ猶そふ　十
61 如何計立つゞきぬる市の場　十一
62 月に行かふ住吉の浜　十二
63 貝ひろふ程なく秋の日は暮て　十三
64 名残身にしめむかふ乱碁　十四
65 斧の柄もしらずいつしか朽ぬらん　一
66 入袖たえて茂りそふ山　二

67 あれて猶葎の閉る室の戸に 三
68 かゝげ捨たる灯の跡 四
69 学びするよすがと雪の降そめて 五
70 親にしたがふ心かしこき 六
71 はなち置野飼の牛の数々に 七
72 わかつながれの水の幾筋 八
73 誰が門も暑さ残らぬ月の暮 九
74 竹の末々なびく白露 十
75 霧間そふ伏見の田面はるかにて 十一
76 明過るよりすさぶ山風 十二
77 鳴立や花にねぐらの村がらす 十三
78 古きやしろにそゝく春雨 十四
79 引捨て置しめ縄やかすむ覧 一
80 篭るいもゐも年ぞ越ぬる 二
81 袖寒くむすびし水もぬるみ出 三
82 いつか苺《こけ》地の霜はけぬらし 四
83 我ならで問ん人なき塚の本 五
84 聞もさびしき野べの虫の音 六

85 おしめども小鷹つかひし秋暮て 七
86 衣もゆかし萩が花ずり 八
87 名にめでゝ手もふれぬらし女郎花 九
88 あるじがほなる古郷の月 十
89 水晴て気色も今ぞ志賀浦 十一
90 浪もしづかにうかぶ釣舟 十二
91 真砂地にかよふ姿の翁さび 十三
92 朝ぎよめする人のしはぶき 十四
93 いみ竹に霜はのこらぬ神の前 一
94 ひかりさしそふあけの玉垣 二
95 立ならぶいらかの軒のさだかにて 三
96 類ひろくしも氏ぞさかふる 四
97 祝言や初もとゆひの比ならん 五
98 こゝろ〴〵にめぐる盃 六
99 行水も末はひとつに花の陰 七
100 あまた巳の日のはらひする袖 八

【注】

8「野は」筆削して重ね書き修正、もとの文字不明　10「露の」筆削して重ね書き修正、もとの文字不明　11「端居の○《袖》涼し」と同筆後補　13「たより」筆削して重ね書き修正、もとの文字不明　20一句全体筆削して重ね書き修正、もとの文字不明　21「花の香もなき袂にて」筆削して重ね書き修正、もとの文字不明　23「伴」重ね書き修正、もとの文字不明　28「なれし」の「れ」字筆削して重ね書き修正、もとの文字不明　40「千世の古跡《跡ぞふりぬる》」と見せ消ち修正　49「海人の」の「の」字を抹消して「も」傍記後補　65「しらて《ず》」と見せ消ち修正　74「なび《く》る」と見せ消ち修正　80「年は《ぞ》」と見せ消ち修正　89一句全体筆削して重ね書き修正、もとの文字不明

9「年月や」百韻

【成　立】万治三年二月五日
【底　本】個人　宗因自筆巻子本
【対校本】綿屋文庫『連歌集宗因太神宮法楽等』

万治三年二月五日は、故宗匠昌琢法眼身まかり給し月日にあたれり。来し方をかぞふれば、廿年あまり五回の夕の霞も、昨日の夢にことならずして、夢にだもみず。しかはあれど、詞の園にあそぶ人は朽せぬ陰の落葉をひろひてふかさあさゝをわかち、心の泉にのぞむともがらは、たえせぬあとのながれを尋てすみにごれるをしる。あまねく其風をしたひ塵を継事、世とゝもにたゆべからずなん。やつがれ、門人のつらにて廿にたらぬ齢より三十にあまるまでなづさひつかうまつりしそのかみは、公卿雲客の御座にもめしくはへられ、ある時は東方むさしの国までいざなはれし折々は、大名高家

の御会にも具せられ侍し御めぐみ、はた筑波山の陰よりもふかく、和歌の浦のもくづよりもしげし。今又難波入江のもくづにしづみては老をやしなふたすけともてあそぶにつけても、其心ざしわするべきにあらず。いにしへ窓をならべ灯をあらそひし人々、みな黄なる泉に名をのみ残す。世の末にしもつれなくとゞまりて、此年にあひ奉るしるしなくやはと計に、やむ事をえずして百の手向草をつみあつめて、影前にそなへ侍るものならし。

1 年月や去も来るも夢の春　宗因
2 あはれ霞の夕明ぼの
3 あだ雲の遠山桜色きえて
4 松吹風に雨晴ぬめり
5 真砂地に声たてゝ行水清み
6 鳴落けらし雁の一つら
7 在明の影やゝ寒き朝朗
8 野は初霜も薄霧の空
9 旅にしておぼえず秋や更ぬらん
10 衣手しほる道の山風
11 柴はこぶ里幽なる日は入て
12 下すか舟のみえ隠れ行
13 水煙る川ぞひ柳茂りあひ
14 鴉飛江は小雨すゞしも
15 鐘の音は近くて遠き夕げしき
16 尾上颪にむかふ初瀬路
17 山のべと聞しあたりにやどりして
18 枕に夜るの棹鹿の声
19 長月の月こそことに悲しけれ
20 露も色なき浅茅生の庭
21 野をかくる牆ねはらはぬ花朽て
22 風にまかする蝶のはかなさ
23 鳥の音やとゞまる方に霞らん
24 山狩衣春日暮しつ
25 分なやむ袖の下柴折敷て
26 旅の思を妹知らめや
27 書出ん詞だになき玉章に

28 あはで帰りし朝つらしも
29 千鳥鳴川風送る道さえて
30 木葉かつちる佐保の山もと
31 秋は今幾日もあらじ村時雨
32 うら悲しくも衣うつ声
33 澄月の光もかはる里はあれて
34 ね覚のものと忍ぶいにしへ
35 先落る涙や老を知ぬらん
36 鏡にだにも見えし我影
37 わすらるゝ身をのみかこつ物思
38 なれざらましを憂あだ心
39 移香の袖よりあまる名は立ぬ
40 すめばやあるじ花の山陰
41 草の戸も春行人の音信て
42 霞む野筋も外面にぞみる
43 床はなれ雉子鳴なる朝な〳〵
44 日影に雪の消間そふ比
45 岩ふかく水の流ははるかにて
46 浮木しがらむ杣川の波
47 吹のぼる谷風はげし夕ま暮
48 雲か煙か遠の山里
49 行空の月待出ん駒とめて
50 関路今はの別身にしむ
51 あれまくもおしけき秋の野宮に
52 うつろふ菊のませぞかたぶく
53 朝霜の置にし日より園さびて
54 氷るかむせぶ細水の音
55 をのづから琴の調もすめる夜に
56 はし居に更すおまし涼しも
57 篝火に砌の蛍影そひて
58 すめる大井の宿ぞ木深き
59 嵐山松の声にやかよふらん
60 あはれ西こそ秋の初空
61 三日月を詠の末の夕々
62 人待ならす袖は露けし
63 雨の夜はいとゞ思の数々に

64 夢の名残の窓くらき比
65 一声は分方もなし郭公
66 立双びたる陰の深山木
67 こゝろみの舞の粧ひめもあやに
68 わらは姿も人にこと也
69 えにしあれやをのれと入し法の道
70 消しあとゝふ深草の露
71 霧なびく竹の葉分に里みえて
72 小田の鳴子は風のまに〳〵
73 山賎の臥所にあたら夜はの月
74 都にしらぬ萱ぶきの内
75 罪なくてさすらへなばとおもふ世に
76 さぞな浦々磯の有さま
77 さゞ波や志賀の渡りの花の時
78 北へ行かと霞む雁がね
79 珍しく軒に馴くるつばくらめ
80 春は春なる古宮の内
81 む月たつ空もさびしき小野の奥
82 山した風にあは雪ぞふる
83 篠かしげ薄おれ臥陰あさみ
84 いづらは秋の虫のねもなし
85 つく〴〵とおもへば命長夜に
86 ひとり寝がちの枕冷じ
87 今はたゞ月もめでじの憂涙
88 何中々の俤にたつ
89 しるしのみ難面《〈つれなく〉》杉の門過て
90 三輪山めぐる時雨いく度
91 暮ぬれば川音そひて吹嵐
92 よばふも舟は見えぬ遠方
93 歩人の急ぐ行ゑの野を広み
94 竹一むらの栖有らし
95 犬ほふる声ばかりして深き夜に
96 宿直に眠る翁さびたり
97 灯はかゝげぬまゝにまたゝきて
98 壁あらはなる家居わびしき
99 花の香は昔の跡の八重葎

100 ことの葉のこす梅の木本

【注】

②76に、綿屋文庫『連歌集宗因太神宮法楽等』所収本を底本として収録していたが、宗因自筆本の出現により、改めて全文を翻字しつつ、綿屋文庫本との校異を示した。

【校異】

＊綿屋文庫本を「綿」と略記。

［前書］詞の園—詞の林（綿）　落葉をひろひてふかさあさゝをわかち—落葉をひろふてふかさあさくをわかち（綿）　あまねく其風をしたひ塵を継事、世とゝもにたゆべからずなん—すべてみな、その風をしたひ塵を継事の世とゝもにたゆべからず（綿）　廿にたらぬ齢より三十にあまるまで—廿にたらぬほどより三十にあまる齢まで（綿）　筑波山—つくばね（綿）　和歌の浦のもくづ—和歌のうらの砂（綿）　其心ざしわするべきにあらず—其御心ざしわするべきにあらずかし（綿）　名をのみ残す—名のみ残す（綿）　しるしなくやはと計に—しるしばかりに（綿）　影前にそなへ侍る—影前にさゝげ侍る（綿）　9旅にして—旅ならで（綿）　32うら悲しくも—うらさびしくも（綿）　42霞む野筋も—霞む野筋を（綿）　45岩ふかく—岩たゝく（綿）　46杣川の波—浪の杣川（綿）　65分方—方分（綿）　82山した風に—山風さそひ（綿）　100木本—一本（綿）

10「若ゆてふ」表八句

【成　立】未詳
【底　本】宗因真蹟懐紙（『明治古典会五十周年記念　七夕古書大入札会目録』）

御夢想

1 いのちのほどは石にこそあれ
2 若ゆてふ水は硯の朝ぼらけ
3 窓をひらけば梅の初花
4 軒ちかき松吹風も春みえて
5 雪ちる空もやゝかすむ也
6 明たゝばこゆべき方の山高み
7 草のまくらをしたふ月かげ
8 ほのかにも声して雁の渡る夜に
9 秋ふけぬとや衣うつらし

依二御所望一書レ之　　宗因

11『紅葉草』所引「豊一」付句

【成　立】元禄八年頃
【底　本】関西大学図書館中村幸彦文庫『紅葉草』

一、とり〴〵とかする時は、生類に二句嫌也。鳥の字、取の字、五句嫌也。をし鳥の鳥に二句嫌也。取々の心に仕立べし。□（虫損）の字、面嫌と也。小鳥・村鳥の内たるべきと也。生類指合なき時、とり〴〵有間敷と也。とり〴〵とひかする時は、に文字入てすべしと也。春の鳥、小鳥などに面嫌也。春の季にあらば、春の鳥有べからずと也。声とり〴〵、とり〴〵に声するなどゝ有也。其時は、鳥を捨て、杣人の友誘ふ、市人の帰る、田を返す、柴人、舟の竿など付てよし。又、雁、鵆、田鶴など付る也。

1 とり〴〵にねて声ぞしづまる　玄的
2 帰らぬや花の木陰の春の友　昌琢
3 神の祭をいそぐ宮人　景治

4 とりぐ〵にけふ大御田の住連（注カ）はへて　豊一

此付句のとりぐ〵は取の字也。

一、せん、せる、せり、せし、する、して、此類の間、皆二句嫌也。月をながめふりせる、ふりするなどは、する、せしなどに不ㇾ嫌也。

5 時雨せん比をぞ思ふ神無月　豊一

6 催せるけふの□（虫損）の殊更に

7 泊りせし秋の浦舟風を見て　宗長

一、簾《すだれ》一也。居所の用也。外に、垂籠て、おろしこめてなど、一有也。折嫌也。此外なし。昌琢説也。鉤簾と過て折替て車の簾と昌琢せられし也。異本、簾一過て、玉垂、鉤簾などもなし。垂籠ては有べき也。巻簾《まくす》の下もすだれ一の内也。詞、玉簾、芦簾、車の下簾、簾巻、簾の内、簾外《すと》、鉤簾などゝ有也。簾巻とあらば、庭の朝気、雪の晴る、垣間見、山、雁、空焼、管弦、琴を弾、衣の薫、車、月の出る、花の咲初るなど也。

夕皃のうつる簾のひまもなく心にかゝるたそかれのやど　卜部兼直

さゝがにの糸にかられる白露はあれたる宿の玉簾かな　能因

8 開く扉にかよふ稲妻　吉真

9 村雨の露や簾にかゝるらん　豊一

10 荻の葉伝ひ戦めける陰　信令

和　歌

1　榊原政房邸韻字詩歌

【成　立】万治二年八月十五日―十六日
【底　本】榊原家史料『浄晃院様御詠草の17』

己亥中秋掲、「一年月色今宵好、万里無雲秋夜長」、十四字各搜レ鬮為二詩歌韻尾一以催二風雅之興一云尓

1 中秋美月雲間出　新詩生眼吏弄筆
年々十二慶団円　今宵桂影是第一　玄仙

2 尽せじな今宵の月を始にて君がみるべき秋は幾年
道也

3 都にてまづや語らん君とともにこよひながむる高砂の月
友我

4 わすれては月にねもせであかし潟春を最中の秋の景色に
源政房

5 薄暮中秋皓月沈　無何雲霧苦吟心
坐来忽見和歌上　一箇清光照古今　信之

6 中秋愛月挙盃邀　万頃清光玉鏡遥
料識広寒宮裏薬　蘇生精魄也今宵　快庵

7 一半秋風雲未掃　欲雨欲晴使我悩
胸襟別有月華明　影入杯中易地好　信之

8 碾上氷輪有誰輓　清光十分又何恨
今宵賞月倚楼人　不知事路幾千万　玄仙

9 今宵てふなれしあづまもみぬ月もしたふはおなじ雲の千里を
源政房

10 神代より掟たゞしき天つ空なかばの秋の月のくま無さ
友我

11 秋風もしづけき御代の名も高き月よりはる〻峰のし

ら雲|　宗因

12 今宵ぞとおもへば〳〵照月の幾世もかくとあふぐこの秋|　良罷

13 雲霧も月にかゝらぬ風落てながめにあかぬ秋の今夜|は　世斎

14 秋半今宵風雅場　哦詩把酒万清光
憶看遠境洞庭景　飽倚南楼興已長|　道仙

15 今宵この所を月のひかり哉　宗因

16 月とゝもにおしむは秋のなかば哉　源政房

17 かゞなべて月も照なすこよひ哉　良罷

18 おほせぬもこよひはゆるせ月の友　友我

19 げにも〳〵月や今夜の一播磨　宗因

十六夜月

20 はらふべき雲こそなけれいざよひの月にたのまぬ松のあらしも　源政房

名所月

21 半空やすぎて二見の浦の月　同

雲間月

22 村雲のそらにほのめくこれも又こゝろづくしの月のかげ哉　友我

海辺月

23 夜ぞおしき月の海づら山もなし　宗因

古寺月

24 月も澄ふるき寺井の木の間哉　良罷

社頭月

25 おくふかき森の下道霧はれて月かげてらす神のみやしろ　世斎

深更月

26 ふけ行や最中の名残秋の月　道也

山家月

27 山里にめづるを月のひかりかな　快庵

酔中月

28 いざよひといふは上戸の月見かな　閑設

寄月祝

29　かぎりなきよはひ譲りて君がしる千里も月のすみよかるらん　友我

【注】

本巻は、「一年月色今宵好万里無雲秋夜長」の十四字を捜りとり、漢詩もしくは和歌の末尾に据え置いた韻字詩歌に、万治二年八月十五夜もしくは十六夜に詠まれた和歌および連歌・俳諧の発句を添えたものである。漢詩・和歌・連歌・俳諧と多岐にわたる宗因作品を含むが、成立の事情に鑑み、「榊原政房邸韻字和歌」の仮題を付しつつ、一括してここに掲出した。なお、底本における詩歌中の韻字を示す傍線は朱筆で引かれている。

２　真　蹟

【成　立】年次未詳
【底　本】個人　宗因真蹟短冊

山月

1　あやにくに雲こそかゝれ足曳の山より月の出づる夜ごとに　宗因

【成　立】年次未詳
【底　本】個人　宗因真蹟懐紙

播州赤石にて

2　和田のはらはてなきはては在明の月落かゝる雲の浮浪　宗因

補訂

【成　立】年次未詳

【底　本】東京古典会『平成二十四年度古典籍展観大入札会目録』宗因真蹟短冊

海上月

3 和田原はてなきはては有明の
月落かゝる雲の浮浪　　宗因

文　章

１　向栄庵記

【成　立】明暦二年九月

【底　本】綿屋文庫　宗因自筆『向栄庵記』

正保のすゑのとし長月比に、摂津国中島わたり、天満宮のほとりにかりにうつろひしはじめ、社頭の会に、

1　渕とならんよるべの水や菊の露　宗因上

かくて十年ばかりにや成にけん、いにし年の冬、所をかへてすこしほどへだゝるやうなりしに、もろ〳〵のちからにたすけられて、さらに又、御社のかたはらに草庵の地をもとめて形ばかりしつらひ侍る。時しも又菊月半、庵すでになりぬ。あるは東籬の園をたづねて悠然としておもむきをなし、あるは南陽の流をくみて欣然としてことぶきをのぶ。よてなづけて向栄庵といふ。まことによるべの水のえにや有けんと、あふげばいよ〳〵たかく、念ずればます〳〵新にして、みづがきの久しかるべき末葉をねがひ、石上ふりにし道の冥加あらせ給へ。時にあまみつみかげ明けき暦の二の年長月中の十日になん、一句二首をつゞりてさゝげ奉る所也。

【注】

④句文・歌文・雑所収「有芳庵記」の一異本。宗因手控本と目される。「宗因上」は後筆。巻末にはもと「一句二首」が記されていたと推測される。⑤口絵9参照。

2 西国道日記

【成　立】寛文五年三月

【底　本】杉浦正一郎「宗因の「西国道日記」について」（横山白虹氏蔵巻子本）翻字

西国道日記

豊前の国よりのぼるとて、船にのる所に日比かたらひし人々、わかれおしみけるに、

1 わかれぢは心づくしのたびぞともしらでぞ人にいたくなれぬ□（虫損）

舟の遠ざかるまで、たがひにかたちのかくるゝまでみをくられ、かへりみて、

2 舟路にはねがふならひの追風もわかれをしばし心してふけ

柳浦大里の沖をすぐる。さきの日、大守御船あそびにまいりしに、御茶屋の桜ことにおもしろかりける、おもかげにおぼえて、

3 わすれめや御船にかけし花の波

時はやよひの八日、日暮がたに赤間関にをしわたる。九日、風あしければ、おなじ所にあり。日もながくつれ〳〵なれば、阿弥陀寺という山（ふカ）寺に、寿永の帝入水の玉体、并に平氏の公卿、上臈、女房の画図ありときゝて、まうでゝおがむ。おりしも花のちるをみて、

4 世にうみにしづむむかしの面影を花にのこして吹あらし哉

誹諧即興、

5 やれ嵐南無阿弥陀寺の花盛

所の人、船までたづねきたりて所望に、

6 花に一句かくこそ下の関手形

舟便ありときゝて、小倉に文かくとて、

7 ちぎりをく船ぢは遠く老が身はのこりすくなき行末の空

其夜、雨ふる。とまうつ音を聞ふして、

8 船のうちなみの枕にきゝわびぬ草の庵の雨にまさりて

文章2　西国道日記

十日、あしたのほど猶ふりて、ひるはれたり。舟人声をほにあげて、はやともの明神にて、

9　舟人のいのるしるしははやとものかみがたまでもとゞけ追風

田浦といふは、はやともの浦つゞき也。

10　声々にこれはわが浦たの浦とあらそひいづるあまの釣舟

十一日の明ぼのに、上関にいたりぬといふを、ねながらきゝて、

11　ねたうちに是も白川夜舟かな上関から下の関まで

この関より右へ行を周防なだといひ、左をいはう(ママ)なだといふ。豊後・日向に行道也。むかし、肥後国に有し時、たび〳〵かよひたりし、はや三十年のあなたになりぬ。その世の人おほくは泉下にかへり、あるは零落していづちともしらず。白頭にしてひとり波上にたゞ□(虫損)ひ、少年の夢をおどろく。かなしびにたへずして、

12　あはれ〳〵なれしむかしの友舟のおもかげにたつ波の上かな

地のかむろといふわたりにて、北東風とかいふ風になりぬとて、舟子ども声をかぎりにをしわたる。

13　ちのかむろ沖行舟の人はしらずこちはいや〳〵西風ござれ

其夜はこゝにとゞまる。ねられぬまゝに、日比のほど、老人の旅居を思やり、ふかくいたはり給御心ざしどものわすれがたくて、

14　世の中をいづくも旅とおもふ身は人の情を故郷にして

又、

15　立わかれおもへば人の心ざしうれしきもこそうきなごりなれ

十二日、かまかりといふ所にて、

16　春草をかまかり山の下蕨おりてをゆかんとめよ舟人

おなじ日、いつき島といふ小島にしほがゝりす。去年の秋も爰にとまりて、立入し庵あり。とし八十ばかりなるうば、おほぢあり。をのこ、むすめなど、左右にすませ

たり。むまごめきたるわらは、あまたみえたり。山をこえ、道むつかしけれど、二たびきたれるもえにしある心ちして、ありあひたるくだもの、茶などもちて行ぬ。世にめづらしきもののやうにいたゞき、めでまうびたるさま、かたくなしくふるめきたれど、今やうのなまさかしだちたるよりはいとよし。むかし物がたりもこの島の外の事はしらず、何のたのしびもなく、又うれへもあるまじげ也。世のなかはとてもかくてもとおもへば、しづかなる住居うらやましくさへぞ侍る。かくいはまほしかりき。

17 かくてしもすみかとなればいつき島たのしみしら
　ぬそりぞたのしみ

舟にかへりぬれば、やがてむまごをつかひにて、ふき、わらび、むかごやうのものをこせたり。山の手垣のしりへまでほりもとめつらんと、心ざしあさからず。又、もてならしたるあふぎ、たばこなどとらせて返しつ。

十三日、はなぐりといふ瀬戸をわたすとて、

18 これは〳〵三歳うしのはなぐりをつきとをすほど
　つよきしほかな

たゞのみといふは、酒による名にやとおもへど、

19 酒はならずせんじ茶をのみたゞのみのおきつねら
　れぬ舟の中かな

又、

ある島かげに、めづらかなる松をみて、

20 さ そ は ゞ や 花 の 都 に 磯 の 松

21 舟ぢ行遠近人のめにかけていく世へぬらむあら磯
　の松

夜に入て、雨ふる。いはきといふ所にかゝる。あか月の夢のなごりもいとかなし。

22 故郷とおもふかたには行やらで有したびねにかへ
　る夢路よ

夜あけて、釣船のみゆるをまねけば、ひげがちにむさらしきおきなのよりきたれるをみて、

23 桜鯛それにはあらで釣ひげのおきなさびたるすが
　た也けり

十四日、空晴、風よし。備後の国三原といふ所の前を

すぐ。

24 我が身はなにとみはらのさび刀めきゝものとや人のいふらむ

あぶとの観音堂をみやりて、

25 あぶと船あぶなげもなくをせやをせ観音力のあらんかぎりは

ともの浦にて観音堂にまいる。この道の往来、たび〱まうでしも、宿縁ありがたくも、又、白髪漂泊もいかゞ見玉ふらんとおぼえて、

26 おもひきやおなじ舟路を行帰老のなみまでたゞよはんとは

白石といふ島にて、

27 沖つなみまなく時なき白石はいく世つもれるいさごなるらん

下津井といふは、備前の小島これ也。

28 夕霞ほの〲しろきなみまよりみゆる小島の月や出らん

京上臈といふ岩有、いかなる望夫石にかあらむ。

29 いづれの世いかなる京の上らうのゐ中の島の名にのこるらん

犬島にて、

30 やらんやら舟はさるとりいぬ島のあひたから吹風にまかせて

ほどなく播州室津をすぐる。なみのあらだつをみて、

31 目をふたぎみれば実相むろの津にたつ波もなし吹風もなし

家島、

32 身しりぞく心ならでも釣舟のをのが家島すみよかるらむ

高砂の松をみやりて、

33 たきつなみこぎもてくればしる人にあふ心ちする高砂の松

淡路島もみわたさる。

34 いつしかとほは《（ほどはカ）》雲井のあはぢしまあはれけふしもめぐりきにけり

明石の浦はことにみどころあり。人麿の社も三田《（みゆカ）》。入

道のむすめすませしはあのみゆるをかべにやと、さながらかの物がたりみる心ちす。

35 さらずとも心とまらんあかしがたむかしの筆のあとぞとおもへば

一谷敦盛の旧跡をみる。一生は夢、名は末代、よくぞこの渚に身をきはめられけると、なみだをさへ手向てとをる。

36 世々の人しのばざらめや苔の下にうづもれぬ名を面影にして

すまの浦はことにおもしろく、あはれふかし。光源氏のすみ所、行平のむかしも思やられていともあはれ也。あまのとま屋、うしろの山かげ、柴といふもの、もしほのけぶり、とりあつめたる所也。

37 柴といふもの丶さびしき夕けぶり有とばかりのすまのうら里

和田の御崎をすぎて、兵庫の浦にして、

38 兵庫衆御覚あれともいひもあへずねながらとをるおきの舟人

十六日の入あひばかりに難波堀江にいたりつきぬ。

39 はる〴〵とおもひ入江のなには船あとは霞の八重のしほかぜ

人はしらせやる。子ども、やつこぞ門にまつ。したしきこれかれあつまりきて、かたみに事なくてあへるよろこびいふついでにも、よろづ有がたかりし。御いつくしみにとゞめられたてまつりて、おもひの外長居しつること、かたはしそこはかとなくかたりいづるうちにも、そなたにむかひて心のうちに、

40 のどかなる君が千年の長浜にながゐするともおもはざりけり

此日記は、舟路のなぐさみに、何のたくみもなく、島々、とまり〳〵をしるして、御目にかけ奉るばかり也。外にかきもらし、ひろくならぬやうに御申たのみ入候也。

西山翁書レ之

此一巻、宗因翁正筆にて、ふと一覧侍るま丶、不二取敢一愚写シ畢。

伯敬

【注】
底本未見等の事由により、④紀行に未収録。⑤西山宗因年譜の寛文五年三月八日条には「存疑」として扱っていたが、いま宗因作と認めつつ、杉浦翻刻により全文をここに掲載する。

３　神出別荘記

【成　立】寛文十一年十二月
【底　本】上方俳星遺芳（河本紫香氏蔵宗因自筆巻子本）

播州明石浦は、磯のたゝずまひ岡辺のけしき、事新しくいふべくもあらず。先師柿本の詠、式部が筆の跡、世人あまねくしる所也。

爰に、城外二里余にして、神出といふ所に別業を構給へるに、めし具せられし道すがら、印南野を分、谷に下り、岡にのぼる。水のながれ、里つゞき、小松原を行いたりてみるに、すくよかならぬ山のかたはらに、地を引道をひらきて、ちかくて遠き九折をのぼれば、田舎家たつ生垣小柴牆しわたしして、黒木もてつくれるさまいはんかたなく、まことに山庄めきて、さすがに内のしつらひはきよらを尽して調度よりはじめいとうるはしく、廊めく屋など、かたぐ\にかよはして、御供の上中下、宿直所、休所、あたり〳〵小家ども、高くひきく地にしたがひて見所おほし。
　うしろは小松やま、花の木ども栽まじへて野遊曲水のおりから思やらる。夏はながれに枕して蛍を愛し、納涼の詩歌もうそぶくべし。秋は茸狩、小鷹狩、紅葉おりたくはやし（以下図版欠）。

仙廟且霧
1 朝霧にかくれぬ浦のむかしかな　宗因
大倉暮雨
2 空や雨谷の名にたつ夕霞
藤江帰帆
3 たそかれの藤江や春の湊船
清水夕照
4 むすぶ手に夕日をかへす清水哉
印南鳴鹿
5 いなみ野を笆《まがき》に鹿の鳴音かな
絵島晴雪
6 雪ながら絵島をのする小船かな
尾上晩鐘
7 花は根に鐘はおのへの夕かな
明石浦月
8 月もこの所やおもふあかし潟

右、宗因筆跡之一巻也。発句不足之分、以二愚筆一書二加之一畢。
　宗春

【注】
④紀行所収「明石山庄記」の異本。『上方俳星遺芳』には巻頭巻尾のみ図版掲載。1「朝露に」句まで宗因自筆、2「大倉暮雨」以下は宗春補筆。

4　一夜庵建立縁起

【成　立】延宝九年八月頃
【底　本】綿屋文庫『一夜庵建立縁起』

讃州豊田郡七宝山興昌禅崛宗鑑再興の釈迦堂造立ならびに宗鑑法師自作の影像安置の一夜庵造立せしめむとこふ状

夫窃以㆓一法㆒よく一切の法をしる。衆生の機に応じて全毫髪をたがへず。三世如来の所説、一切微塵の句偈、たゞこれ人々の日用底也。爰に禅窟の興昌あり。京洛東福の開山聖一国師の直第（弟）、無際大禅師の開基にして、其後五岳の碩徳、梅谷和尚の再興也。其事跡こと〴〵く宗鑑自筆の状に歴々たり。鑑法師の墨池のながれつたはりぬ。

　此寺のかたはらに鑑師のみづからの像を彫刻して終を取給ふすみかを、一夜庵と名づく。蘭省の花の時には義輝将軍につかへて志那のなにがしとなのり、廬山の雨の夜には梅谷和尚に随て宗鑑と号して此庵にすみ給ふ。其像にむかへば、いぬつく葉のかげに入こゝちしぬ。

　一夜庵の廃壊久しく、星もり霜かさなり、寺僧門前の婆子もこれをなげき侍れども、再興の力たらず。しかるに、このごろ天が下ひとつにうるほひて滑稽のしたゞりちまたにながれ、老たるもわかきも、智あるもをろかなるも、此道をもてあそぶ時節に、鑑法師一通の筆にならべて、連俳の門にあしをいれなん人は、すこしきこゝろざしをはこび、造立の助成をなしなば、和歌一道の冥慮あきらかに、当来得脱の因縁ならむ事、さらに疑有べからず。これによつて、予耄年のはかなきをかへりみず、この状をそへ侍るもの也。心あらむ人の心あるべきみちとこそ、あふぎてんかし。

　　延宝九年月日

【注】

惟中「讃州七宝山興昌寺のかたはら一夜庵宗鑑法師影像安

置の来由をのぶる状」に続けて掲載。宗因の文章のあとには、「宗鑑法師自筆勧進帳」および延宝九年八月二十四日一時軒興行「百余年や」俳諧百韻（③連句98）が収められている。なお、香川県観音寺市の興昌寺には宗因自筆の巻子本が伝来し、その巻末には「花にあかでたとへばいつまでゞも一夜庵　忘吾庵野梅翁」句を巻頭とした各作者自筆の献句二十四句が録されているという（古典文庫『談林俳論集二』）が、未見。

5　宗因文集

【成　立】寛政十二年六月序刊
【底　本】柿衞文庫『宗因文集』

序

書《フミ》の文《フミ》たる、もとより夜の錦といふ書《フミ》は、西山宗因法師のかけるところにして、この師、連歌・俳諧の才、豊年の玉にいたる。風月に遊ぶの人々、此師常の器にあらずと称して、檀林の瑞といふ。ひとり宗師の口碑《フミ》、天和のとしのこせらるゝ書《フミ》なりし。後の俳諧の文を学ぶ人々の見給ひては、いや高くぞながめたまはむ。啼鳥のあづまの花にさくらに、上野の霞のひまのこまがはらをかきよぢていこひ、あまざかるひなの雄じまが磯のはま庇ひきかへして、いくほどか年月をしのび、かきよする玉もよき。さぬきのうらの月に故郷の空をこひ、あたまもるこゝろづくしの琴のやどりによすがらしぐれの木の葉に夢を破るをおしみ、こもまくらのたかせのよどのわたりに、花かつみかりてぞふけるまどの朝づく日、おしてるや浪花ともあれ、哀れなるかぎりのつらね歌などもまじへて、見ぬ世の宗師の手向ぐさかいつけて手向ともなれやと、ともし火のもとにふみをひろげていひしをもむかへてしれ。ふみを好む人々の追加もて、書冶《フミキタ》ふのすき人にさゝげまつるもの也。時に、寛政申のとし林鐘になん侍りける。

浪華正檀林

一炊庵（印「浪華正檀林」「一炊庵」）

宗因文集

宗因

東叡山の春のけしき、花を踏ではおなじくおしむ。金銀をあらそふよそほひ、花の外の見もの也。遊人に留与せよかしといはまほしくて

1　殿風よ東西々々江戸桜

ゆくもかへるも旅姿なる中に、みやこ人とおぼしきもあり

2　あふ坂のせきだでも行花見哉

人麿御影開、小谷守雪興行

3　雲を雲と見るこそ晴間朝がすみ

難波津のなにがし、是を出して、これに句ひとつかきつくべきよし侍りし。時は寛文九年む月のはじめになん。

4　散りうせぬ筆のためしや松の春

右は梅翁裏書、文台は西山形

讃州興昌寺宗鑑法師一夜庵再興

5　花にあかで壁はいつまでも一夜庵

聖護院の宮

覚寛法親王みね入を拝みたてまつりて

6　峰入りは宮もわらぢの旅路哉

万治三年二月五日は、故宗匠昌琢法眼身まかり給ひし月日にあたれり。来りし方をかぞふれば、廿年あまり五回の夕の霞も昨日の夢にことならずして、夢にだもみず。しかはあれど、その風をしたひ塵をつぐ事、世とともにたゆべからずなん。予門客のつらにて廿にたへぬほどより三十にあまるまでなりさびつかうまつりし御めぐみ、はた筑波山の陰よりもふかく、和歌のうらの砂よりもしげし。いままた難波江の藻屑に沈みては老をやしなふたすけともて遊ぶにつけても、其心ざし忘るべきにはあらずかし。いにしへ意をならべ灯をあらそひし人々、皆黄なる泉に名をのみ残す。世の楽にしもつれなくとゞまりて、此としにあひ侍るしるしばかりに、やむ事をえずして百の手向草をつみて、影前にさゝげ奉るものならし。

7 とし月や去も来るも夢の春

四十賀しける人の所望に

8 植し春老や契りし軒の松

鶏合自画讃

9 鳥あわせ左右へくはつとぞのきにける

避蚊辞

そも〱いけるものゝ心なくんばあるべからず。蚤の息も青雲天上にのぼり、蚊のほそ声は貴人頭上にとゞまる。心の行ところ、いへばいわるゝ大鋸〱すふすべて、膝をいるゝ紙張の中、一宵のあだ言たれか見るべき。見たらば大事か、笑はゞ大事か、大事もなひこと。

10 蚊柱に大鋸屑さそふ夕哉

やんごとなき御まへにめされし時

11 ほとゝぎすいかに鬼神もたしかに聞け

夜会の当座

12 こゝに水鶏是も夜番がこと葉やらん

探幽斎の画に讃

13 ふしておもひおきひとつぼし若煙草

自画讃

14 清水門や民のとゞまるところてん

同画讃

15 すりばちやさて琵琶和琴時鳥

同画讃

16 初瓜や契りし年はつゝ五つ

17 松かぜとめされそふらふぞ夏座敷

同画讃

延宝二年七月十一日、播州明石浦にて

18 朝霧やのぼりての代の岡の松

19 島がくれ〳〵おしき月影

第三もとおもへど、舟の付所波の打越もむつかし。しばらく塩がゝりするに、一曇一しきり雨ふるも又奇也。西施をもて西湖になずらふには引かへて、名にしおふ明石の上のおもかげもうかびぬべし。

20 和田原はてなきはては在明の月落かゝる雲の浮波

けふは廿四日、風よし。小歌ぶしにて、絵じまをさしてはしる。

21 音に聞はなの絵島がから糸ならばちりてれ〳〵や(ママ)らん舟歌

風やみ汐むかひたりとて、高砂の沖にふりかゝる。明神の前なれば、ぬさもとりあへずかく申す。

22 すみよしの相追風を高砂の松にて候ぞ興の舟人

廿五日、朝ぼらけに、室の津にかゝる。むかしも度々の往来おもひ出て、明神に参る。白髪重来一夢の中にかはる事おほし。春山あらためず、旧時のかたちもあはれに見わたさるゝ。洲崎に浮島あり。

23 むろの津のやしろの前に浮島はこれやみやこの鴨の一体

又いで丶行。なば、さこし、おほたぶなといふわたりをすぐるほど、風つよく波あらくて、舟さへかぶりふれば、かしらもあがらず。からふじていづくならんととへば、かの見ゆるなん、備前の国かたかみの舟津なりといふ。いとうれし。入あひばかりにおりぬ。其夜は、あまの小家にやどる。船の中よりはうるさし。

24 文月やめでたくかしくとまりぶね

故郷のたより聞て文かくとて、

25 舟便にやらんやらめでた文月夜

おなじ文月、おなじめでたさ、君は千世ませのたぐひにこそ。

廿六日、あしなへたる馬かりて行。さかしきを凌ぎ、川に出、野を分るみちすがらの秋のけしき、都の空にはかはりて、あはれにも物冷じくもながめられて、

26 舟路行山路行みる花野哉

今夜はなら津といふ駅舎にとまる。しりへは山、前に川あり。椎の葉にもる夕げの煙も心もとなきに、やる瀬のあゆもてきたり。

27 山里はもの丶さびあゆばかりかな

二三四、腹にあぢはひて寝にけり。

廿七日、暁かけて行。山高く月すこしきに、水落て石だかなる道に、馬上の夢もつぎがたし。心ざしの所は、津山といふ所也けり。午刻ばかりにいたりつきぬ。あるじ待よろこび給ひて、さま〴〵のいたづきに、此ほどの旅づかれもわすれぬべし。いつしか発句所望に、

28 思ひこしこや年月の月の宿

又興行とて、

29 国民のすがたになびく秋田哉

旧友のはらからなる人にあひて、

30 色かよふ其一本の小萩かな

予本国にてむつまじうの給ひける人、いまは此国人にていまそかりけるにあひて、そのかみいつかしかりしを思いで丶、

31 見しやそれ宿こそあらぬ宿の月

名月に、

32 月見れば今宵也けり旅のそら

もてなしも餅と月なれば、久米のさら山になぞへて、当座、

33 大白のさら山もりか餅月夜

宿坊は舜澄寺となんいひける。高野大師の遺誡をたもち、不動明王の尊像をまもりて、朝暮の勤行睡眠をおどろかす。結縁あさからず、

34 はるかなる光待出ん暁を思ね覚の法の声かな

35 木本よそれもあさくや露の宿

此外もありしかども、くだ〳〵しく品なければもらしつ。

わらはやみの祈祷に

36 むすぶ手に月影落る山井哉

七そぢの秋を感じて

37 高野那智中にふらりや老の秋

屏風の画讃

38 たが幕ぞくぎぬき松茸紅葉狩

於八幡山

39 入空や峰より見てもみねの月

江口のさとを過るに

40 やどれとは御身いかなるひとしぐれ

宇治にて

41 川音に山は朝日のしぐれかな

茶の湯の所にて所望

42 炭花のふつたる雪哉朝ぼらけ

新宅にて

43 久に見ん雪もはつ雪宿も宿

西行影開

44 ゐる鴫も鴫たつ沢の余波哉

西海頭陀の弁

西国行脚の無用坊、無用の用あり、無楽の楽あり。無作無分別にして無病の一徳有り。遊行心にまかせ、あしにまかせて行ほどに、爰の里、かしこの人々、めん〳〵木々の花にめで、紅葉にたはぶれて、年もやう〳〵暮なんとす。旅のつれ〴〵何わざをかせん。爰に俳諧とかや、世挙てもてはやし、はるかなる世界までなりわたりて、あやしの山がつすら鋤鍬をかたげて畦にうそぶき、ひすらけき商人もはかりそろばんを提て市につぶやく。つらのかわ五枚甲にはうあてして名乗中にも、先すゝむなにがしくれかしとよばるゝはいみじとこそおもふらめ。うらやましきにはあらねど、空になく鴟、まい〳〵、泥に住むじだんだも浮にうき出る類ひにや。土仏の手向にもと、法気づきたる詞を取こみて、頭陀袋の口にまかせて、ひがしへちろり、西南いたる所を家として、齢すでに目もうとく、耳したがはぬ年にもおほく過て、もとより墨染の袖、唐やうに出立て、西海にさまよひし序に、即非禅師門下にたゝずみながら、いかなるか是、一句一偈のしめしをもうけず、易行にもとづきてひたすら超世の悲願をたのみ奉りながら、称名念珠もをろそかにして、ひが言をのみつくしの海は十万億土のおもひでにもや。ともあれかくもあれ、やがてけぶりに何もかも不可もなし。

45 おどろけや念仏衆生節季候

屏風の画讃

46 銭箱にかねこそひゞけお霜月

伏見西岸寺にて

47 市の中に山里得たりけさのゆき

七十七歳のくれに

48 あかずとや年のおもはん老の暮

歳暮

49 春ならで待事もなし旅の宿

附録
四季混雑

50 紅の花京知らぬ子に摘れけり　浪花 一炊庵
51 見わたせば柳をはじめ暑さふな　大江丸
52 日に染て月のおとろへや秋の松　播州 玉屑
53 行春や人の心の遠筑波　東武 春蟻
54 先ひとりまづ詠けり春の草　信州 猿左
55 行雁のとふし兼けり花曇り　武蔵 長翠
56 雪の夜や地に有るものは鐘の声　雲州 画橋
57 名月を知らぬ皃也大奉行　近江 重厚
58 納豆たゝく冴すさまじ五老峰　浪花 二柳
59 山里や膳のさきまで朝がすみ　京 月居
60 しら菊や色あるものは覚やすし　羽州 五明
61 鴬や啼かで踏切る古かづら　甲州 可都里
62 咲ならぶ木槿の花の底ぐもり　東武 貞松
63 秋の雨おもしろげさす二日哉　伊勢 菊明
64 橋立やわたりかへせば秋のくれ　駿河 石蘭
65 春ならぬ家とてはなし梅の花　信州 希言
66 梅咲てそも〳〵二月半かな　東武 雪中庵
67 鳴千鳥さくらを削るあらし哉　同 午心
68 里人や秋の初風聞ぬうち　信州 柳荘
69 榾の火や手袋はづす小だし守　南紀 萍左
70 物かげに淋しく咲ぬ女郎花　浪花 尺艾
71 埋火の狂ひけり君去て後　京 土卯
72 名月の匂ひを持は白木槿　和州 孤州
73 したゝかに露うちかぶる経かな　堺 芦堂
74 名月にぬれけり不破の板びさし　紀州 蛭牙斎
75 さし汐に月の風情の盈れけり　浪花 瑞馬
76 梅雨晴や鯉釣る男草を出る　池田 瓜坊
77 花すゝき上行雁にみだるゝ歟　京 一無庵
78 しら梅や吹矢流るゝ紙屋川　浪花 一時軒
79 雪汁に血ばしりて氷魚流れけり　同 八千坊
80 花の頃嵯峨へも高瀬あられたし　京 嘯山
81 匂ふかとうつせば澄ぬ朝の露　浪花 長斎
82 夜に入れば梅の月夜と成にけり　伊丹 東瓦
83 松に藤見通しがたき夕かな　浪花 魯隠

84 待宵や翌をしら地のもち扇　堺 喜斎
85 名月にもたれごゝろの柱哉　浪花 升六
86 水の浮橋もかゝらず枯尾花　京 紫暁
87 凩に吹出されぬきり〴〵す　江戸 成美
88 いざよひは闇のあたりも月夜哉　尾州 士朗
89 年の暮いくつ寝たらば花に鳥　浪花 友園

浪花正檀林蔵板

【注】

主として前書を有する宗因の発句三十二章を連歌・俳諧と取り混ぜて列挙するとともに、『津山紀行』の一本を掲載し、巻末に編者一炊庵以下の俳諧発句四十句を配す。発句3は『西山三籟集』所収の西山昌察句。他にも編者の誤認や誤刻を多く含むが、宗因句文の享受の一端を見るべく、底本の通りに翻刻した。

小発句集

1 『宗因連歌集』巻末発句

【成　立】寛文四年七月
【底　本】綿屋文庫　宗因自筆『宗因連歌集』

春

1 民をおこす年新なる朝哉

於江戸元日に

2 御代の春四方の本立東かな

3 朝曇日たけて四方の霞かな

4 軒端もる梅がゝ白し夕月夜

5 色よ香よかゝればこそは遅桜

北国に下りし時

6 さればこそ思こしぢのをそ桜

7 花に行心も秋のね覚哉

8 吹風もあらだつまじき柳哉

夏

9 花の木とみつゝをゝらんわか葉哉

10 待もよしそこそは初音子規

11 さそひきや月出る山ほとゝぎす

12 まかなくに種やわか竹千世の陰

13 涼しさのためしともせん砌かな

14 此庭の晴に泉のながれかな

秋

15 露吹ば風もさやけし今朝の秋

七夕後朝

16 明ぬれば暮る瀬も何天河

17 白雲に月影なびくあらしかな

名月旅宿にて

18 月みれば今宵也けりたびの空

宰府天神にまうで、

19 あふぎ見ん空がくれせし松の月

20 紅葉より出るもみぢの夕日哉

冬

21 陰もよしよしや時雨の笠やどり

22 小草かれむら草青き野筋かな

23 色々を見しより雪の花野かな

24 植し時か丶れとてこそ雪の松

25 よしや春にあふにしかへば歳暮

或人依二所望一不レ顧二老筆不堪一書二与之一畢。

寛文四年七月下旬　西山翁宗因（花押）

2『宗因連歌』巻末発句

【成　立】寛文十年正月

【底　本】中川文庫『宗因連歌』

小倉にて侍従忠真朝臣身まかりよし、摂にて聞て

1 はる〴〵と雲まも袖のしぐれ哉

おなじ人の家にての誹諧の会に

2 蛍こひとよぶや豊前の小倉がり

同名遠州の亭にて、待時鳥を

3 まづとはん山路くる人ほと丶ぎす

八月十五夜、筑前にて

4 月見ればこよひなりけり旅の空

3『伊勢神楽』巻末発句

【成　立】延宝二年正月
【底　本】潁原文庫『伊勢神楽』

元日

1 書初や七十歳筆摂州住
2 さゞれ石やてこつかふまで御代の春
3 いかのぼりかみはあがらせ給ひけり
4 さるほどにほうぐわんどのゝ花見哉

4 岡山俊正集め句

【成　立】延宝九年六月
【底　本】石水博物館『於豊前小倉城御賀千句』

当地にて宗因老発句
道本亭にて

1 二度に見ばや盛を萩薄
俊正亭
2 人はいさ宿は待てふ虫の声
忠弘亭
3 朝ぎよめ水なそゝきそ露の庭
忠栄にて
4 更に花ありとも菊の籬哉
吉隆にて
5 幾日あらば今幾しほの初杙
信定亭

6 四方にあそぶ今宵は月を主哉

安貞にて

7 花野分いたる所や月の宿

吉之にて

8 霧の海の干潟の玉か朝日影

正繁にて

9 是さへやあるじにとへば薄艳

従能亭

10 正に夜の長きにたぐふきぬた哉

福也にて

11 名残かもしらず老木の秋の色

俊正にて

さはる事ありてこもり居ければ

12 よしや月物はかくこそ今日の雨

道本にて

13 うづら鳴野は行人の夕哉

道方にて

14 行年のいそげばこそあれ旅の宿

如休にて

15 門は樗花こそちらめ下涼み

定之にて

16 五月雨も旅ゐにまくる日数哉

玄室にて

17 答ぬや水鶏にならふ夜の門

18 うづみ火はたゞ故郷のね覚哉

19 かゝれとて松やはうへし雪の庭

是は岩松院にて

20 花野分し目にもめづらし庭の秋

是は忠弘にて

21 山里に聞なす軒の時雨哉

是は安貞にて

22 浦の名の月より出る渚哉

是は俊正にて

23 去年の夏むすび置てし清水哉

是は道本にて

24 昼ぶしの其間を秋の扇哉

是は俊正にて

25 梅をかざすそれより春の姿哉

是は岡寺千句巻頭

発句ども前後のわいだめもなく、おもひ出すまゝに書付侍るもの也。

延宝九年酉六月日、重直丈望によりて、見ぐるしき恥らひもなく、かつは形見にもとおもひて。

俊正

5 『誹諧歌仙』巻末発句

【成　立】天和元年十一月

【底　本】綿屋文庫　宗因自筆『誹諧歌仙』

連歌四季

1 わすれこしわが世に花の老木かな

2 待宵の鐘はいく声ほとゝぎす

3 梧の葉は夜な〳〵月の光かな

4 松をうへて千世のかげみん雪の庭

誹諧

5 ながむとて花にもいたしくびの骨

6 富士のねを山ほとゝぎすとつてゆく

7 いもは〳〵先月をうるゆふべかな

8 やどれとは御身いかなるひとしぐれ

或人依㆓所望㆒染㆓禿筆㆒、行年七十六。

天和元年仲冬　忘吾庵梅翁子（印「西」）

評点

1「忍ぶ世の」連歌百韻

【評点時期】年次未詳
【底　本】個人『古連歌写』

懐旧

1 忍ぶ世の限りはいつを年の暮　以春
2 あはれ寝覚の雪の灯
一句道号入候事奇妙〳〵(白)
3 窓の梅枕に匂ふ風ふれて
4 夜や明ぬらし鶯のなく
5 谷深み空も閉たる八重霞
6 雨をうかぶる流しづけし
7 川上の月待あへぬ夕渡り
8 袖ひやゝかに竹そよぐ陰
9 薄衣霧の籬に立ぬれて
10 いづれわかたん虫の声々
11 百草に心の色も砕くらし
12 君がこぬ間に野らとなる宿
13 我が中に吹やはげしき山颪
14 きのふの雲の契くやしも
15 入相の鐘に見残す花ちりて
16 人なき寺の春ぞさびしき
17 長閑なる神の国とや仰ぐらん
18 たえぬ光のめぐる天の戸
19 峰たかみさながら霧も麓にて
20 秋風なぎぬ辛崎の浪
21 松陰の船さし出て見る月に

22 釣の翁やたゞ一眠
23 暁の霜のふる蓑寒返り
24 行々馬の跡は都路
25 雲にまづ彿むかふ不二の嵩
26 そのかみあやし天の羽衣
27 誰か今常離るともあはれまん
28 恋にきえんの魂ははかなし
29 宇治川の川音ちかく聞馴て
30 橋をちまたに行かへる人
31 かげみだす入日涼しき柳原
32 秋風見する小田の村苗
33 さびしさは鹿も声せん山里に
34 涙露けき柴の戸の暮
35 捨る身につれこし月のまもられて
36 いつかは西の空にいたらむ
37 武蔵野や朝立袖の薄霞
38 秋や契し若草のもと
39 我園の春も胡蝶の夢なれや
40 風あたゝかにもろき白露
41 日をもらす簾に雨や晴ぬらん
42 外面になびく竹みどりなり
43 閨の上に葉広柏の打散て
44 よな〳〵うつる秋ぞわびしき
45 在明のつきぬ齢をかこちいで
46 苔の袂は霜に朽けり
47 薪取深山に冬やをくるらし
48 日ごとに音もあらし吹峰
49 花盛むなしき枝に猿啼て
50 三月の後の初郭公
51 夕暮の霞に残る雨そゝき
52 とはれじものを憂き空詠
53 数ふれば星も思ひの数ならで
54 心の闇にかきくらす比
55 蓬生にとまるはつらき我命
56 露の底にやなりし松虫
57 音羽山をとやゝ寒く風落て

58 ながるゝ月の白き朝川

59 船に焼火影のこらず消つくし

60 さぞな陸鵜の袖かへる道

61 遠方の苫屋は深き木隠に

62 雪より軒の煙たつみゆ

63 山人の哀いかにと尋より

64 我身にしらぬ法の理り

65 はこぶこそ世渡るための爪木なれ

66 浦の藻汐や汲捨ぬらん

67 難波潟芦のほのかに日は暮て

68 霧の中なる鐘遠き音

69 山越る雁にをくれじ旅の道

70 野べの錦に袖ぞたはるゝ

71 たそかれの月影こぼす露はおし

72 たゞつれ〴〵とかくる欄干《おばしま》

73 物歎きくはゝる琴はをしやりて

74 胸に幾度涙せくらむ

75 なき人と思ひなすにもあやにくに

76 親に似かよふ子をぞ悲しむ

77 ことの葉の花かうばしきねざしにて

78 糸たえずみる風の青柳

79 葛城や霞も消て明離れ

80 雪こそわたせ桟のすゑ

81 誰とはんひとり岩屋の冬ごもり

82 音はこほらぬ谷の下水

83 暮深み池にのぞめば夏しらで

84 ほたる吹こす風の度々

85 竹の葉の茂りをすかす端つかた

86 庭にあるじの心みえけり

87 山斜（科カ）や古にし宮の事とひて

88 草木の露を分て入陰

89 真萩かる賎おがならす岡のべに

90 いく夕風か身にはしむらん

91 戸ざしする里もあらじな秋の月

92 千声ひゞきて衣擣なり

93 落滝津浪にや袖をひたすらん

94 花すくふ瀬に春もとゞまれ
95 山吹の色も移ふ日を薄み
96 ませに結べる露かすむらし
97 飛鳥の羽風もゆるき朝旦
98 かりねのまくら敷捨し道
99 家を出て心さだむる山もなし
100 身にたぐへみるあだ雲の空

付墨三十二（一）句
此内長四

毎句催㆑感僻墨迷㆓左右㆒、尊霊納受無㆑疑者也。

宗因判

朱点二十七句内長四

祖白

なき人の手向となせる言の葉の花やさくらの色にまさらん

【注】

底本の祖白点・署名・総評は朱筆。右点は宗因、左点⌒⌒は祖白による。

8「ひゆゝ《や》かに」と見せ消ち修正　73「琴を《は》をしやりて」と見せ消ち修正

2「匂はずは」連歌百韻

【評点時期】年次未詳

【底　本】山口県文書館多賀社文庫『宗養外四名独吟連歌百韻』

1 〽匂はずはいさ白雪や山桜　松田好則
2 〽霞む尾上の月は在明
3 〽久堅の雲井に帰雁なきて
4 見渡し近き海越の村
5 〽舟浮ぶ浦半の浪の朝冴に
6 照日曇らぬ末の真砂地
7 松たてる陰まで霜や解ぬらん
8 乱れてこぼす竹の葉の露
9 冷に夕の端ゐ風あれて
10 きけばめぐりにしげき虫の音
11 〽咲そひて月もえんなる小萩原
12 野べの仮寝もよしや長夜
13 古里の見えつる夢も幾そ度
14 〽とはぬつもりを恨もやする
大和物語歌の心に候珍重に候
15 兼言の末替らじと頼身に
16 いかに契りて立はなれけん
17 今朝までも深き涙の袖枕
18 なきをかぞふる老の哀れさ
19 〽交るも昔覚ゆる友ならで
20 松よ神代の物語せん
昔に神代いかゞ大古の神代候
21 〽守捨て花も淋しき宮所
22 井垣まばらに雨荒き春
23 鴬の行末いづち移るらん
24 しづかに眠るその、朝蝶
25 款冬の尋常ならぬ色映て
26 〽人香床しき衣の粧ひ
27 言寄てそれとしらぬも憂契
28 〽記念の扇見てややみなん

29 責てさは袖にもやどれ閨の月
30 かづきの蜑も秋や侘らし
31 凄じく松に時雨て磯の浪
32 千鳥鳴来る蘆茨の前
33 人けせぬ冬田の夕日ほのめきて
34 あらしや寒き末の岡越
35 薪負麻の衣手打やつれ
36 得がたき法に身を尽してん
37 逢んとの其暁を頼にて
38 問夜もこぞの帰さとぞきく
39 化人につらさやならふ郭公
40 見よやなみだのそふる村雨
41 四緒に長き思ひを引こめて
42 憂は夷の国へゆくどち
43 沈みぬる身の果いかに東方
44 古ことの葉に残る船橋
珍重〳〵
45 月のみや渡る河瀬の音淋し

46 御祓の跡のけふの松風
47 白木綿にかわりて（脱アルカ）や霧や靡ん
48 露もたび〳〵畳み室山
49 開るや榊にまじる春の花
榊と計も神祇に候
50 おくまで杉の長閑なる陰
51 鐘の声霞ながらに響きて
52 かりよる里もおなじ小初瀬
53 年経つる鄙の別れも廻る跡
54 生るかひある命嬉しき
55 冬かけて鳴や篭馴し蛩
56 露霜よきて戸ざしすらしも
57 中々にまだし今はの憂秋に
58 思ひさそふもよしな萩風
59 俤の夢路も月も明果て
60 舟出かなしき沖の杳《はる》けさ
61 ひれふりし跡こそとまれ松浦山
62 もぬけに残る蝉の羽衣

63 〽夕立の露もひがたき杜のかげ
64 道もわかれず茂る葛のは
65 人目なき笆《まがき》は広き野と成て
66 都はいつの志賀のつれ〲
志賀のつれ〲いかゞ
67 浦山の詠も埋む雪の中
68 寒て汀に氷るさゞ波
69 〽一番ひ所離れず鴨のゐて
70 明る砌の沓のあやしさ
71 〽忍びきて誰衣々を忘るらん
72 我のみ独なさけだちけり
73 つらきにはさすが恨も絶果て
74 まつ山の端の月の夕霧
75 鹿の声遅き麓の休らひに
76 身にしむ物は滝つ河かぜ
77 散花は帰らぬ水のあはれにて
78 おしむに過る春も化なる
79 鳥はまださらぬ外面の一霞

80 〽朝鷹狩の野に遠き里
81 今宵敷若草枕むつまじみ
82 妻迎せしさむしろのうへ
83 睦言は在にもあらぬけはひにて
84 ますみによれる影も恥かし
85 〽衰を見れば鏡もはかなきに
86 ある、栖はちりのいけ水
87 〽便なき浮巣や鳰の尋ぬらん
88 枯る、芦間に風さはぐ音
89 此比の夜寒はさぞな難波人
90 〽衣しでうつ月のあかつき
91 さなきだに目覚す旅に秋のきて
92 ふるは沢(脱アルカ)のすゞむしのこゑ
93 西はけふ晴て関路も過つらし
94 此方彼方に光さす山
95 暮ぬれば裾野のともし数添て
96 里のちまたをかへる末々
97 打群て遠近人や急ぐらん

98 花見の車騒ぐあとさき
99 手折とて都もいまだ初桜
100 歌詠する春やいく春

付墨廿九（六）長三
西山宗因在判

此百韻作者、長府之住松田氏好則之由。

3「誓文で」俳諧百韻

【評点時期】延宝六年頃
【底　本】酒竹文庫『つくしの海』

1 誓文で下戸に問たし花盛　元順
2 直うちいかほど春の一刻《トキ》
3 とたんたゝ〱〱と雪とけて
4 こけて峰より水の白波
5 滝に月元来丸き物なれば
6 いはほ冷じ其筈の秋
7 蔦かづら又さきぐりか出ますする
8 きのふにかはる鬢の細道
9 魂や虱となつてかよふらん
10 いづれかまさるしはさ恋しさ
11 傾城はかるもかさぬも情あり
12 ひろふさはげばつらき世もなし

13 暑いとて肩はえぬかし上つかた
14 たゞ重宝は風といふもの
15 大かたは瘡が出よふとおもひしに
16 例にかはれる茶屋の酌人
17 新町より又なんのかの〳〵
18 絵草子はみな色のうはさを
19 かの式部根は仏法がすきさうな
20 まだふみもみず西方の道
21 入月のかたちは鞠に似たれども
22 誰やらが首跡消て露
23 花薄声あつて物をいふやうに
24 うしろこうはく野は暮にけり
25 里遠し手がとゞかねば是非もなし
26 風をたよりの日外の状
27 花の事はたと忘れて早四月
28 をの〳〵心みなほとゝぎす
29 聾独何なぐさみもあらばこそ
30 死そゝくれて姨捨の山
31 木曽の橋わたりひとつはよふうつた
32 すゝみかねしもゆく馬の沓
33 かれいひも茶漬とあれば珍しや
34 友とする人諸事に気がつく
35 秋は月春の詠はいはぬとても
36 住吉の景自慢ではない
37 神やしる生れついたるつらがまへ
38 夜こそちぎれなんとして昼
39 商と恋とふたつに身をなして
40 およばぬおもひ下の才覚
41 空は月それより水をとらんとて
42 喉かはくまで猿さけぶ秋
43 紅葉ふく風気が少有と見えた
44 又出もどりを志賀の浦舟
45 さゝら波間なくも御用〳〵にて
46 氷消ては髭自剃なり
47 青柳のよは〳〵として女がた
48 おとこの口説囀て鳥

49 ふつて〱ふり付られし朝朗
50 さいかたきとは是夢に風
51 扨夜討年十六と聞えけり
52 いよの湯桁の釘がうごきて
53 足の裏少しいたいとおもひしは
54 恋の修業のうすさなりけり
55 やるふみもいまだ五枚か三枚か
56 よ所にたつ名は百貫目ほど
57 なりかたち見らるゝ通むさけれど
58 親の住れし家はいろはじ
59 庭の木草もしはなしやるが聞てたも
60 たゞいまにても雪の夕ぐれ
61 夏ながら是は〱の不二颪
62 肴は堺歌は西行
63 庖丁でもとゆひ切て海の月
64 舟たすかれば霧しづか也
65 白露の玉琴とつて帰るゝ
66 嶺の松風懐の菓子
67 つく〲と眠りざましを案ずるに
68 五文字きえて曙の雲
69 空むなしおもへば木火土金水
70 万事捨よの法のうれしさ
71 うけがたき身の盃が冷ませう
72 諷は長しうき世は短し
73 柱立さのみいはふな念入な
74 月のためには戸障子も邪魔
75 秋涼し当座〱の人心
76 露のあはれも旅をせいでは
77 雨合羽ぬるとも花の木隠に
78 手が出されねば梅も折うき
79 春寒し冬も中々是ほどは
80 酒のまふとて又まへをきを
81 何やらん目出度さたを少聞た
82 俄に代物色めきにけり
83 世中をかねは流れてあるけども
84 雪踏のうらに水のうたかた

85 半季居は維ぬ舟の類にて
86 掃除箒の篠の葉に風
87 村雀又足形を〳〵
88 かきならびよりかろき墨色
89 今時の飛子禿といふ事は
90 江戸京大坂くつろげば恋
91 名月を或は舟で寝所で
92 秋たつ日より分別袋
93 風の荻あいにうなづきかぶりふり
94 ぼろおん再拝音はしてまし
95 宮寺はどこやら物のしづか也
96 畳さはりもさすが頼政
97 薄板の木末は花に顕れて
98 ねぶか大根さて桜鯛
99 胸のつかへ比はやよひの事なるに
100 春山ちかしそろ〳〵と杖

花の鶯・水の蛙、をのが声々をのれ〳〵が好むにしたがひて、とんだりはねたり、ぬけつくゞつつ、それもそれ、折にあへば是も又是、めん〳〵きゞの花心、あらおもしろの春やへん〳〵。　梅翁

4「きかぬ〳〵」俳諧百韻奥書

【評点時期】延宝六年頃
【底　本】個人　宗因真蹟懐紙

江戸衆江島氏山水兵揃百韻

発句1　きかぬ〳〵八幡太郎郭公

愚点奥書

源平の諸将、古今の軍士もみ合、入みだれ、百戦のあらそひ、作意のはたらき、青砥が倹約の一句におさまる、めでたかりける時代とかや。抑張郎が一巻は計略□《(をカ)》幕の内にあらはし、山水が百韻は作意を文庫の内にこめらる。にあ□《(はカ)》ぬ法師すらうでまくりして墨をにぎり、筆をよこたへてゐい〳〵わあの鯨波をかけむかふむかひにどつとおじやらばおじやれ、合点なりける夢のまの朝あらしとぞなれりける。

梅翁子

【注】

延宝七年三月奥刊『十百韻山水独吟梅翁批判』第四「兵俳諧」評点（④評点俳諧27）の奥に記した総評を宗因みずから懐紙に浄書したもの。同一百韻は、綿屋文庫の写本『談林俳諧』にも収録されるが、三本間に小異がある。

書簡

1　無名宛

【成　立】寛文十三年六月十四日付
【底　本】個人　宗因真蹟書簡

一、あまり去年より歩行不レ仕蟄居、気晴しに、先伏見へ十六日に罷上申候。暑気別の事も無二御座一候に、勢州へ春の時分より招申方御座候間、直に可レ参かと存候。□様には、盆前に帰可レ申候。准松迄も一伝頼存候。手前少閙存候而、早々。恐惶謹言

六月十四日　　西山翁 宗因（花押）

此程堺へ参、会にあひ申候

1 上に猶あまりて其竹わか葉哉

万世仕合よしにて

2 夏向や砌に当て泉なだ

御影開

3 おほみきやおさむる手には梅の実

又、年寄筋の人

4 年寄の根ざしや厚き若茄子

当地にて

5 松風とめされて来り夏座敷

6 津国の小屋形涼し迎船

此四五会ならでは、当年会にあひ不申候、うと〱しき事候。只今、童の絵の賛と申人にて、即興

7 童の作何かはくるし軽口じや

2　臨幽宛

【成　立】年次未詳
【底　本】綿屋文庫　宗因真蹟書簡

御申候儀、拝見申候。昨日も御遊山候か、さて〳〵御すきの程うらやましく候。明日之上京又々御延引之由、尤に候。明日は拙者憚入候間、是非〳〵今昼より此方へまち入候。今一日かたり申度候。芦江にても此旨申度候。昨日喜二郎殿より色紙・短冊直にうけ取候て、今朝早々書申進じ候。又芦江被レ仰候一枚、南都の句被レ遣可レ被レ下候。紙有合にし候て、必々今日者此方へもらひ申上候。御返事まち入候。かしこ

　廿六日　　宗因

（封）臨幽様

3　浅河宗則宛

【成　立】延宝八年二月晦日
【底　本】個人　宗因真蹟書簡

先日之一巻、進じ候。此中者、伏見任口下向、方々会ども多取紛候。私宅にて興行仕候者可二申入一と存候へども、方々とられ候て、私宅之会はよし不レ仕候故、不二申進一候。以上

　二月晦日　　宗因

（封）浅河宗則様

【注】

④書簡22に『尚古』昭和八年十一月号所載の影印により掲出。宗因真蹟の確認によりここに再掲した。⑥口絵5参照。西岸寺任口の大坂下向時の俳諧発句が延宝八年八月跋刊『阿蘭陀丸二番船』に入集することにより、延宝八年二月の書簡か。

4　灰俵宛

【成　立】年次未詳
【底　本】個人　宗因真蹟書簡

御作意いつも〳〵新しく、令二甘心一候。難レ及作共、驚入候。御隣国、北南に作者多く、飛きつたる所は勝候様に存候。但愚意之旨申入候あまり、強き風体をのみ御好と見え候。諸道に、序破急、彼《（皮）》肉骨有。入木道にも申候、連俳同意たるべく候。骨第一にて成がたき物に候。されども、骨過候へば、見る所やすらかならず。尤和歌の道候。彼《（皮）》肉を加へられ、少やさしき句体まじへられ、尤に存候。此作意にては、いか様にも成べきと存候て、申入事候。手跡にも、行成は肉をかき、佐理は皮を得、道風は骨を得たり。大師は彼《（皮）》肉骨を兼てかき給由、申候。

灰俵公　梅翁（印「正福」）

5　日下玄隆・渡辺宗賢宛

【成　立】天和元年十一月二十一日付
【底　本】個人　宗因真蹟書簡

（端裏）大坂より御状うけ取申候　　宗因

玄隆様
□□《（宗賢カ）》様

はや昨日より、

1　松の雪おつるや爰にあり〳〵とん　　梅朝
2　槌で庭はく木葉まき砂　　翁
3　先ばしり拝手に風をきつてきて　　同

爰元はや有付申候。茶屋の勝手よく成ほど、冬篭の用意心にかなひ、あたゝかにて心落つき申候。

一、玄隆老へ申候。俄にさびしく成可レ申と存候。さだめて昼寝可レ被レ成候。又ゆかしき時々に可レ参候。

一、宗賢へ申候。昨日者はる〴〵御送被レ成、めづらしき所一見、御もてなし故、なぐさみ申候。新太郎殿へもよく〳〵御礼申度候。十兵殿へも御心得候。
一、宗賢老へ申候。大坂へ御便候はゞ、越前鳥子雲紙両人分、十枚ほど御取よせ可レ被レ下候。越前と可レ被二仰遣一候。恐惶謹言
十一月廿一日

【注】
④書簡25既出。真蹟確認を得たので翻字の誤りを訂してここに再録した。⑤口絵11参照。

加藤正方関係資料

1　正方送別歌文

【成　立】寛永二十一年九月
【底　本】個人　宗因自筆紙片

としごろたのみつかうまつりし御方、おもひの外に宮古をはなれたまふて、ひなの別におもむきたまふ。時は長月十余日、難波津より御舟にたてまつる。のりおくれじのこゝろざしは切なれど、この度はいともよしなし。人ずくなにとおぼす御心にとゞめられて、せんかたなみだとふべくもあらずながら、空行月の再会をたのみ、天照神の照覧をあふぎたてまつりて、いさゝか筆のすさびにおもひをのべ、ぬさの追風に心をたぐへやるなるべし。

宗因

1　朝霧の立なをるべき舟路哉

2　たのむぞよ君が舟出も行月のくもりなき世にめぐりあふせを

【注】

④句文・歌文・雑所収1「正方送別歌文」の底本。真蹟確認を得たので翻字の誤りを訂しここに再録する。

２　正方広島下向記

【成　立】寛永二十一年九月
【底　本】八代市立博物館『加藤正方広島下向記』
【対校本】個人　宗因筆『加藤正方広島下向記』断簡

六条本国寺　大僧正たのみ奉る御法のえにむすぶ柴のいほりのしばしがほどゝおもひしに、十三ヶ年の月日を門前に送り侍ぬ。いかなる事にや、東(1)よりのおほせ事にしたがひて、中国へ下し給ふ。もとより都を旅とおもふ身なれば、いさゝか名残もなし。されど、大僧正別をなげき給ふ事の忘がたく、彼寺の木々の梢かくるゝまではかへり見行ほどに、九月(2)八日の月影たな引、霧のたえ間にきえ入やうにいと心ぼそく、袖の涙は霧の雫(3)にあらそひまけがたし。

１　うす霧も八重九重のへだて哉

とながめ暮し、明れば難波に着侍。去し二月の末、此津に下し時は、芦の若葉(4)そよめくばかりつのぐみ出て、浪の音のどかによする。いつしか秋風さびしく枯葉に吹渡。西行法師が難波の春は夢なれやと詠ぜしも、世のうつりかはるさま、みな夢なり。今まで砂を敷干潟と見えしに、みる〳〵塩さしよする。舟にはやのらんとせしに、つねに見馴れし法師の、発句・歌を書て、心ざしの色ふかく見え侍。下句をつがんとおもへども、心あはたゝしく打まぎるゝ程に、はるかにさしはなれ、興の波風さはがしく、人にはつげよといはんあま小舟さへ見えず。前の法師の句に、

２　朝霧の立なをるべき舟路哉

とあるに、

３　風しづまれる秋の浦なみ

今の事なれば、難波のよしあしもさだめがたし。又、おなじ法師の歌に、

４　たのむぞよ君が舟出も行月のくもりなき世にめぐ
　　りあふせを

心のそこあらはれて(5)かへす〳〵おかしく見え侍。

５　村雲のかゝるもなどか晴ざらん月のひかりはくも

りなき世に

身の行末をおもふにはあらず、たゞめぐりあはん月のさやかなる事なるべし。かくて過ゆくほどに、須磨の浦ち(6)かくぞみゆ。(7)しほやくけぶり風をいたみ、おもはぬ方にたな引も、身のうへにたぐへてあはれ也。いつの年か秋の末の比、此浦に舟をとめしに、紅葉の一木たてるを、

6 もしほやく浦にこがるゝ紅葉哉

と口ずさみぬるもむかしになりぬ。その木もいまは見えず。げに千年へん松のみぞありける。

7 見し秋のいろ吹かへせ松の風

と心におもひつゞけ、行舟の目あてに残る入日の影島がくれして、明石の浦づたひいづくにさしよせんたよりをうしなひ、さまよひあへる。さそふ水あらばなど、とり〴〵にさはぐ折ふし、時雨さへして塩風すさまじく、彼物がたりの須磨の雨風もかくやはとおもひ侍ぬ。猶雨風やまず、あら〳〵しく身を吹とをすやうにおぼえ、此ごろおしなべて世の人のなやめるわらはやみのやうに心例ならず、浦々島々のもしほ草かきあつめん事も、老のちからよはりはて、楫枕つくより、安芸国広島といふ所へ漕着侍るまでは、我かのやうにもあらず。舟より杖にかゝり、浦のとまやにすべり入。よそ目いかばかりかはあらん。

8 我ながらさももどかしき立居哉老のちからを杖に
まかせて

命ながくしてはぢぬべき事おほし。なにくれと一夜は目もあはず、高光が山ぞ住うきとよみける歌の末をおもひ出て、

9 ふしわびぬ枕によする浦なみの八重たつ雲の山は
物かは

正方

宗因法師

【校　異】

＊宗因筆断簡を「断簡」と略記。

(1)東よりのおほせごと—東よりおほせごと（断簡）(2)九月—長月（断簡）(3)雫にあらそひまけがたし—雫に

もまけがたし（断簡）（4）そよめく―そばめく（断簡）（5）「かへすぐ〵」欠（断簡）（6）ちかくぞみゆ―ちかく見ゆ（断簡）（7）しほやくけぶり―もしほのけぶり（断簡）

3　風庵遺品覚

【成　立】慶安元年九月二十三日
【底　本】八代市立博物館広島加藤家資料『加藤正方遺品覚』第一巻

覚

是はうぢ七条□□へかし　片岡孫兵衛分
一、銀子十貫目　同人
一、小判千六十両　同人
一、大判四十枚　同人
一、印子廿四　同人
一、同くさり　同人
一、いちぶ四百　同人
是は安芸守様へかし置申内に
一、四十五貫目　同人
是はかけすゞり有之、かけすゞり共に孫兵へに遣
一、金銀はづし　同人

是は安芸守殿へかし置内
一、十貫目　片岡孫丞
一、同 五貫目　孫兵衛はゝ
一、同 十貫目　津川勘右衛門
一、同 五貫目　同万吉
一、同 二貫目　間源太郎

是は書おきに
一、小判五十両　尾関喜左衛門
一、同　津川勘右衛門
一、同　原田主馬介
一、小判三十両　間源太郎
一、同　尾関太左衛門
一、小判二十両　片岡次左衛門
一、同　鎌田半兵衛
一、同　松本六左衛門

一、同　林藤兵衛
一、小判十五両　吉岡吉兵衛
一、同　東三郎兵衛
一、同　森本儀太夫母
一、小判十両　津川茂兵衛
一、同　下川善兵衛
一、同　小代作兵衛
一、同　鎌田十右衛門
一、同　三池小膳母
一、同　万吉
一、同　原田主馬母
一、同　やまと屋喜左衛門女
一、同　長くわん寺女
一、同　吉岡吉兵衛むすめ
一、銀子十枚　清水半介
一、銀子二貫目　青木兵三郎
一、小判五両　小川孫右衛門
一、同　間源太郎母

一、同　　安田宇八
一、同　　青木権四郎母
一、同　　片岡喜三郎
一、同　　秋野良哲
一、小判三両　　本儀源五衛門
一、同　　山本長右衛門
一、同　　青木権四郎
一、同　　宇九郎
一、銀三百目
是はひきおいゆるす也
一、同　　吉岡十右衛門
一、同　　中山角太夫
一、同　　味済
一、同　　松本左介
一、小判二両　　本儀八郎兵へ
一、小判二両　　田なべ徳済
一、同　　はし本
十郎兵衛
一、同　　助右衛門むすめ

一、同　　四郎兵衛むすめ
一、同　　安田とら八母
一、小判一両　　松村弥左衛門
一、同　　吉岡竹雪
一、同　　奥村清右衛門
一、同　　八右衛門
一、同　　青木忠左衛門むすめ
一、同　　井関むすめ
一、同　　助右衛門むすめ
一、同　　矢野喜兵衛むすめ
一、小判五百両　是はあとのさむらいにいたし候
一、いちぶ百
一、銀子三貫目　　三池小膳は、
是は安芸守様へかし候内
一、銀子三貫目　　孫丞殿御袋
一、小判五十両　　孫丞也
是はつる屋清兵へにかしおき候
一、小判百五十両　　片岡孫兵衛

一、同三両　西山宗因
一、同　鎌田次左衛門
（空白）
一、銀子一枚　三八郎
一、銀子一枚　伊勢松
一、銀子一枚　太郎右衛門
一、同　助右衛門
一、同　二兵衛
一、同　弥之介
一、同　久介
一、同　いま
一、廿目　孫左衛門女
一、同　みわ
慶安元年　九月廿三日
（後略）

追善

1「花散りて」連歌百韻

【成　立】天和二年五月十七日
【底　本】個人『古連歌写』

実省宗因法師、ことし弥生のつくる比ほひ、霞める空の名残だになく消うせ侍ぬ。さらぬ別今さら驚べきにしあらねど、ことはりしらぬ袖のうへはかはく時なし。年比まいりなれ奉りし和州郡山御城主より、まめやかに憐とぶらひ給ふあまり、追悼の発句書をくられしかば、悲む心のうちにうごき、百の手向草となして、影前にさゝげ侍るものならし。

天和二年壬戌五月十七日

追悼

1　花散て言の葉残る木陰哉　松平日向守殿 信之
2　あふげば空も袖の春雨　宗春
3　日は西にへだつる霞窓とぢて
4　ねに行鳥の声ほのか也
5　真柴とる人も帰りし深山路に
6　岩ねづたひは雪つもるらし
7　あら磯によるとも見えぬ浪の月
8　松も秋なる沖津汐かぜ
9　蛬衣うつ音高く暮過て
10　霧にこもれる芦の屋の陰
11　露おもる籬の竹やなびくらん
12　友したへるや雀いろどき

13 分帰る賤がよび声遠き野に
14 いかに嵐をしのぐ笠のは
15 急ぎたつ朝しらるゝ市の場
16 浅瀬とめてやわたる三輪川
17 水上は雨になるべき雲みえて
18 山田の早苗植残すらし
19 ぬぎすてゝほすやしほれし麻衣
20 出ぬ日数は久し室の戸
21 くらき道はなれて月や照すらん
22 分こし跡の森は冷じ
23 粟津野は秋の景色の朝朗
24 鳥屋の外にやいさむ箸鷹
25 稀なるは折を待えし行幸にて
26 天が下いのる神は此神
27 町々の田面かりほす雨そゝき
28 誰かさし柳しげりそふ陰
29 里びたる垣ねながらもよし有て
30 あてなるもさぞおとろへにけん
31 手を折ば年へし中の憂別
32 ふるき枕に残るおもかげ
33 月やどす袖におどろく我涙
34 いかでうへまし蓬生の宿
35 虫うらみ風野分だつ夕間暮
36 あたりの原は往来絶けり
37 いつとなく門さし篭る寺さびし
38 三冬の薪つみや置らん
39 山賤となれば中々安き世に
40 しるよりくるし物の埋り
41 限ありてうつろひ替る花の色
42 老をわびてやうぐひすのなく
43 谷深き霞の奥の漸暮て
44 かへるやいづこ杣かたのみち
45 吹あるゝ丹生の川原の風の音
46 くだけては又こほる水ぎは
47 柴づけによりにし魚の哀々
48 みじかき芦のかれ立る比

49 澄月に田中の畔は顕はれて
50 露のもり入庵まばらなり
51 たゞ夢にあなかま侘し蛬
52 そゞろ寒けさかり臥の暮
53 待とだに人に見えじのとざしして
54 胸のおもひの消ずせめくる
55 二道にいつまでかくは憂き契
56 わが身なげてん深き水底
57 をちぶれてめぐらふ世こそはかなけれ
58 玉かけぬるもしらぬ衣手
59 里の子が草かる夕とぶ蛍
60 涼しさそふる岡の松かぜ
61 住吉や宮路さやかに月出て
62 よるべの水は霧はれぬめり
63 はやく見し秋しのばるゝいさら井に
64 むなしき名のみ残る法の師
65 つれ〴〵をいかにくらせる宇治の宿
66 山かきくもりふれる白雪
67 嶺とをき桧原の嵐さえ〳〵て
68 夜ぶかく猿の声うれふらし
69 うちも寝ずこしかた思ふ旅まくら
70 伊勢の浜べの浪の度々
71 分ならす汀の砂夏もなし
72 みだれて袖にかゝるみるふさ
73 黒髪は生さきしるくたばつけて
74 まだはぢらへるけはひ身にしむ
75 物ごしのいらへ聞よる月の下
76 はしつかたなる御座露けし
77 客のかざしの花は香を深み
78 耳すみがちにくらす春の日
79 郭公はやもなかなん弥生山
80 人はとひこで杉ふける庵
81 苔にさへ埋もれはてぬ三の径
82 筧の水のたえ〴〵の音
83 川上は岩こり敷て遠からし
84 年へつる袖のふりはへて行

85 夕立の過ると見れば入日影
86 楼のむかひの山みどりなり
87 きのふかも梢つくしてちるさくら
88 都におしむ春もとまらず
89 物の音ものどけき月の明方に
90 あかれしらる、数の小車
91 誰とかは心あてにも尋ねまし
92 道行ぶりに逢見てし人
93 みぞれをや同じ宿りに晴すらん
94 馬草はなれずいばふ声々
95 しばしまだ日はさし残る関の前
96 いづちさそひし山風の雲
97 鵲の翅かろげに飛消て
98 はやしがくれはまだき暮けん
99 花はあれどさびしき竹のかたつ方
100 ふるき軒ばの霞立そふ

天和弐年　五月十七日

【注】
[前書]「消うせ○《侍》ぬ」と同筆後補　「ま○《め》やかに」と同筆後補　34「砧の《うへ》」と見せ消ち修正　62「霧はぬ」の「ぬ」字を「れ」と重ね書き修正

同時代俳書抜抄・雑抄

１　俳諧或問

【成立・刊行】延宝六年八月刊
【編　著　者】脩竹堂著

○問。俳諧の義は命《メイ》を聞《キヽ》ぬ。中頃の俳諧と今のはいかひとは、体製《テセイ》はるかに異《コト》なり。宗因《ソウイン》より以前にもかゝる風も有けるにや。答て云。日本武尊《ヤマトタケノミコト》、東征《タウセイ》してより後、和歌変《ヘン》じて連歌出、連歌変じて俳諧の名有。中頃《ナカコロ》より漸《ヤウヤク》あれ共、二字の心に叶《カナ》ふ人もなかりしが、亦文献《フンケン》のたらざるゆへか、慥《タシカ》に見当《ミアタ》りたる事も侍らず。正しくは荒木田守武《アラキタモリタケ》なん深く俳諧の心に達《タツ》し、神明《シンメイ》の御告《ツケ》にまかせて、此道を興起《ケウキ》す。今世におこなはるゝ、守武《モリタケ》千句、是なり。其巻を見るに、尽《コト、》く寓言《クウ》を以て本とす。かゝる絶《セツ》世《セイ》の才有しかば、神明の内証《ナイシヤウ》にも通じけん、白日に登仙《トウセン》しぬ。其後は其跡を継《ツク》人もなかりしに、山崎《サキ》の宗鑑《ソウカン》、其九分を学得《マナヒエ》て、犬築波集《イヌツクハシウ》を撰《セン》じ、一家《ケ》をたてんとす。その外爰に心ざす輩《トモカラ》すくなからず。あるは和歌は流にそしられ、または世のおさ〳〵しからぬに逢て、此の道いとすぢの如くなり、天運《ウン》時至《イタ》り、四海浪《シカイナミ》うち治《ヲサマ》り、万の事むかしにかへる。今の御代に梅翁先生《バイワウセンセイ》出給ひて、絶《タヘ》たるをつぎ、すたれたるをおこし、神路《カミヂ》山の言葉《コトハ》の花、秋津洲《アキツシウ》の内にひらかしむ。今は早《ハヤ》世に妨《サマタ》ぐる者之なく、都鄙《トヒ》其の風をしたふことゝ成ぬ。殊には備陽《ヒヤウ》の一時軒《イツシケン》、梅翁《ハイワウ》に親炙《シンキウ》して、尽《コト〳〵》く其妙《メウ》を伝《ツタ》へ、荘子《ソウシ》が寓言《クウケン》の俳諧《ハイカイ》にかなふ事を論じて、後学にみちびく。されば、俳諧の道は、守武草創《サウソウ》し、宗鑑討論《ソウカントウロン》し、梅翁・一時軒潤飾《シユンシヨク》すと申すべし。

○問。連歌には古事・古語を用ひ所慥にするゆへに、和漢の学に通ぜざれば堪能の名も取がたし。俳諧は只国俗のいやしきを撰ばず。故事付をば嫌ふゆへに、一文字引ぬ輩も巧者の名を得るといへば、然るや。答て云。尤俳諧には俗《ゾク》語・稗《ハイ》-説嫌ひなくあらゆる事をつらぬといへ共、其極にいたりては中々疎学《ソガク》のおよぶ所にあらず。和漢《ワカン》の才に通ぜずんば、いかんぞ堪能《カンノウ》の句も有べきや。結句《ケツク》連歌には、禁《キン》ずる詞《コトハ》・さしあひ・法式、厳密《ケンミツ》なれば、前句により古事・古語もちひがたきも有べし。俳諧はさしあひ等もあながちならず。法式ゆるす所おほければ、古事・古語力《リキ》量に任せ用ゆべし。句の善悪は其人巧拙《カウセツ》によるもの也。是は、世上の連歌の塩ぐちたるやうの俳諧師、又は文盲《モウ》なる俳諧師の、己がしらぬに任せ、たとへよき句にても古事付は悪しきなどゝ、用ぬ事のやうにいひなすと見えたり。梅翁・一時軒などは、いかなる句にてもあぐむ事なく、其の巧《カウ》拙によつて批評せらる。

1　ころは二月《キサラキ》中々の事

2　既《ステ》に瓜をすゝむは春のきたい坊　一時軒

梅翁褒詞に、皇帝の帰依坊にや。

是は、唐の玄宗の御時、花清宮の園《ソノ》に瓜を種《ウヘ》しが、温泉《ヲンセン》の地もとよりあたゝかなれば、瓜は夏熟《シユク》する物なれども、二月の中にはや瓜を奉りぬ。玄宗是を賞して、宮女と共に口腹の楽みとし給ふ。其事を王建が花清宮詩に、

〽内園分《チ》二得《テ》温-湯《ノ》水《ヲ》一二月中-旬已《ニ》進《ム》ㇾ瓜《ヲ》

と作りしを、今爰に用ひたり。（後略）

○問。梅翁、一時軒合点の句を見るに、詞の縁をふみ、言かけのしたておほし。世上に宗因風といふ物は、云かけの句は曽て不ㇾ好と見えたるはいかゞ。いづれをかとらん。答云。俳諧は只そげたる物を取合、自然と言の縁たえず、上下くだ〳〵しからず、しかも俳言たしかなるをよしとす。言かけとゐんとは、雲泥《うんでい》の違ひ有。いひかけとは、ある巻に、

3　是は〳〵のねはんのありさま

4　〽をしなべて誰れも哀れとお舎利《ヲシヤリ》けり

舎利弗は仏弟子の張本、おしやるとは言語の俗語なれば、是をむすびあわせ、ねはんに付たり。その折入しを自慢《ジマン》

と思ふ句体なり。かやうの句をきたなき云かけとはいふ。是を嫌ふは尤なり。

5　ふるわんぼうをまきの尾の山
6　質《シチ》札や清滝《キヨタキ》川にながるらむ　一時軒
7　親《ヲヤ》の跡ふんでは惜む雪消て
8　死《しに》一ばいをなせ金衣鳥　由平

かやうの類、自然の風情にて、黒白なる物取あはせて、我知らず言葉のかよふ、是をゑんをふむといふ。爰にこそ巧拙《カウセツ》の入所にて候。此さかひを知ざれば、俳諧にはなりがたし。

○問。右のごとくならば、そぎ次の体、一円言葉の縁なきは悪しく候や。答て云。梅翁、一時軒に送られし文に、「古人の教とやらん、紙子に紙子（衍字）に錦のゑりをさしたるやうに、一興有を俳諧と申すとかや。此頃の句どもは、紙子なれば錦にて是非ともに理を正しくいひつめて、或はつよ過、あるはうつくし過、興なく覚え候。又、実を偽にし、偽を実にいひなすは、俳諧の本意と承り候」と見えたり。亦、一時軒の独吟前書に、「いかなるか是、守武が余風、目前の一巻、火うち袋に山郭公」と書れたり。是等は、かの寓言をせよとのをしへなり。いはゞそぎつぎなるべし。前に引し句、皆此心なり。質札は大事にして蔵に入れ、なを箱に納る物、いかで清滝川に流るべき。金衣鳥は無情のもの、いかで借銭を負《ヲイ》候はんや。かよひたる言葉は自然の縁なり。よく〳〵心得べし。但し、ゑんもなくきれはなれたる句、是又最上の句に有ものなり。

9　鼻《ハナ》さきたかき天のかぐやま
10　白妙の衣ほすてふ猿田彦《サルタコ》　一時軒
さし出の尊と聞え候
11　胡蝶《コテフ》も共にとんだ作者の
12　のら猫《ネコ》に羽をはやして囀《サヘツ》らせ　由平
換骨羽化したる句体に候

前の句、天のかぐ山に白妙の衣ほすをつけ、はなさき高きに猿田彦の衣、聞も及ばず。後の句、のら猫・胡蝶とともに飛ぶべし。羽をはやして囀らせたる、絶妙《セツメウ》の所なり。

○問。今、宗因の風とて、世になる点者共、そぎ次の句ならねば、何程の句にても寓言なしとて、点に及ばず候はいかゞ。答云。前に申すごとく、紙子ににしきをつぎたるやうの句、秀逸も有物なり。然かはあれど、人々により合席のうちにて、前句によつてそぎつぎのならぬ事候べし。かやうの所は、唯その体ならずとも、前句にしたがふべし。会席《クハイセキ》のみならず、独吟のうちにてもおほき事なり。

13　すら〱とねぶるがごとく

14　秋をとへば童子対ず頭《カシラ》をたれ　　一時軒

秋声賦見るがごとし

15　門徒の寺の焼て〱

16　おたすきやれ今度の我等が一大事　　胤及

御門徒の朝暮のことばいまだ諷に不ㇾ申、新しく候

是等は通ふ心はともあれ、面はそぎつぎとも見えねども、秀逸の句なれば、梅翁長に及べり。此わかち、亦生死の関なり。

○問。梅翁、一時軒合点の巻に、やり句の体を褒ぜられし事おほし。やり句にも妙句候や。答て云。前より云もて来り、入ほがになりて何ともさきへゆかぬ時は、一座興をさまして退屈《タイクツ》す。かゝる時に、前になづまずはなれず、後の句に助《タスケ》有やうに云ひやるをやり句といふ。是にこそ巧者の入所にて候。『蒙求』に梅翁の句を引て、くはしく書り。考見るべし。其外、百韻のうちには、用付・うはさ付の句・心いき・取なし等、いづれも俳諧の一体なり。是を古風にははなはだいみけるにや。

○問。世に宗因風と号して自負《シブ》するものを見るに、貞徳・立圃を排《ハイ》するをおもてとし、其句をみては唾《ツバキ》はきして笑罵《のゝ》しる。我子はしからず問、助る言葉おほきは何ぞ。答て云。今時の俳諧師らが文盲なるをもかへりみず、梅翁の骨髄《コツズイ》をも不ㇾ知。眼の開たる人、其人の才を惜て評する事をきゝならひて、黄なる口吻《フン》をもつて才徳を譏《ソシ》る。分《ワケ》をしらずと云つべし。貞徳・立圃はこの道の達人にて、和漢の才をかねたれば、今の人、その藩籬《ハンリ》をも不ㇾ可ㇾ窺《ウカヽフ》。『紅梅千句』は俳諧の準縄《シユンシヤウ》なり。『はなひ草』は俳諧の規《キ》矩《ク》也。されば一時軒は貞徳の言を引て、俳諧の法を証《シヤウ》し、

『はなひ』を以て式とせる事おほし。一時軒は集めて大成すと申べし。

〇問。今、江戸に俳諧談林《タンリン》とて、九人の点者出《テ》、自《ミツカラ》梅翁の的《テキ》流と称《セウ》し、人もなげにいひちらす。江戸中大形其の風に帰《キ》したり。吾友曽て『俳諧法花論』といふ書を撰《エラン》て是を排《ハイ》したり。談林《タンリン》の輩は皆梅翁の正風と云べきか。答ていはく、その『法花論』も見申て候。評する所いはれなきにあらず。予をもつてみれば、大きなるあやまりなり。凡天下の事、物修復《シユフク》する事甚かたし。いはんや、興-起《キ》するにおゐてをや。昔《ムカシ》周《シウ》の代おとろへ、秦《シン》の政《コト》暴逆《ホウキヤク》にして、儒を坑《アナ》にし書を焚《ヤキ》、周《シウ》-公・孔子の道跡《アト》かたもなくなりしに、漢《カン》の代おこりて経書《ケイショ》漸《ヤウヤク》出で、註疏《ショ》も次第に出来たり。宋《ソウ》朝に至ていよ〳〵盛になり、宋・明《ミン》の儒-者、性-理の学を本として漢-儒の非《ヒ》を揚《アケ》て其の説を云削《ケツル》事、古来休《ヤマ》ず。其論《ロン》まち〳〵なりといへども、経書《ケイショ》の文字正しく訓詁《キンコ》して古に通ずる事、漢儒より善《ヨキ》はなし。若漢儒の訓詁なくんば、いかんぞ宋明の性理の学もおこらんや。今江戸には、我は貞徳の門人也、又は季吟子が流也と称して、時勢をもしらず、連歌の塩ぐちたるやうの事をして、人にも教《ヲ》しへ、避《ナマシイ》に宗因をこばむにより、宗因の風に帰する人もすくなかりしに、此輩《トモカラ》出てみづから親炙せずといへども、久しく其風をしたひ、談林の名を立て守武・宗鑑・宗因を本尊として、世の俳諧を済度し、人の耳目をあらたにす。『十百韻』行れてより、句の巧拙《カウセツ》はともあれ、当風はかゝる事とこてつきたる俳諧をあらため、いまだ二三年も過ぬ内に、江戸中其風に帰して、高位の人々まで宗因の風を俳諧の本意とおもひ、普《アマネ》く翫《モテアソ》ぶ事、ひとへに彼人々の功也。其心ざし嘉《ヨミ》しても猶あまり有ものなり。

【注】

下巻末に『俳諧蒙求』所収の宗因点惟中独吟「文をこのむ」俳諧百韻（④評点俳諧11）を収める。

2 引導集

【成立・刊行】貞享元年八月刊
【編　著　者】西国著

○ことはりすぐしたる句、取分嫌也。正風体の句作、過半四手付を好、くだ〱しきことのみ多し。忘ても此心行を付べからず。

四つ手付の句

1 もめる紙子のはしらかし汁
2 小鼓のかはらぬ大根髭寒へて

此付かた、もめるといふに髭とつけ、紙子には冬をあしらひ、寒るとしてはしらかしには小鼓の拍子をうけ、汁には大根と付たり。一流を弁ざる者、此付心句作多し。是を当流にして付る時には、紙子と汁と弐つに分て付る也。

当流付方

3 もめる紙子のはしらかし汁
4 印判の跡はありけり大工古屋

かやうに、紙子といふに印判と付、はしらかし汁には大工古屋と付たり。右の付句にて、当流と古風の行方を知るべし。かくいへばとて、努々正風体を嘲にはあらず。只、守武・梅翁、両師の心行をのべる計なり。夫他の家の俳諧の姿、縦もめん布子に同じく、もめんの羽織を着せたるやうに仕立る也。当流の句、各別にして、或羽二重の着物に縄帯をしつかとさせ、又は表をくさり、むしろを用、裏にはらりやうをとぢつけ、其取組不都合成ところを、おのが詞のあやをもつて、様子をかへて句作る也。山に鹿をとり合するには、何の工かあらん。峰の花の浪には、あしか・鯨をおよがせてこそ、句妙ともいゝつべし。大き成物にはみぢん芥《ケシ》、くわぎうの角先のたゝかひを思ひ合せ、前句にちいさき事出られらば、ふとい六万里の片羽をもつてとばせ、大には小、いやしきには貴、愚なるには知あるをもつて、行方同じやうになるを、一流の実体とするなり。

○ひとぬけぬけて句作をなすとて、わるふすればなぞを立るやうになれり。心得大事也。

ぬけて聞る証句

5　つんぼうや山下どよむあたご山

6　茶壺で御座る茶壺で御座るふ

是は西山の翁の付句也。あたご山には茶壺と付、つんぼうには聞へざる所をうけて、御座るふといふてにはひとつにて付られたり。此一句にて諸事は合点すべし。たとへば、白い・黒いなどゝいふ前句の時、碁と思ひよる時には中手置とか、又は打てとつたるなどゝしては聞ゆるなり。一句の内に中手ならば置物を結び、打てとつたると句作るならば、打てとり物を、山なりとも、川なりとも、草木にても、詞続よく前句に折合様に結び、仕立て付べし。

○新敷事をいふに作者心得あるべき事、たとへば、人の名にしては、宗因・貞徳・道春・探幽、まづ是等の様に世上に名をふれ、末代とても其名朽ざる希有の人間なれば、新しくして古き道理をふくむ也。此心得をもつて、

今存生の人にても、一句に結びてくるしからず。

3　宗因発句素外賛

【成立・刊行】文化四年夏成
【編　著　者】宗因著・素外賛

1 君ませと庭は木葉の塵もなし　宗因
是はこれ、当流の誹祖梅翁西山宗因、連歌の発句也。
2 君まさねど茂るや今も其末葉　七世 玉池素外 七十五歳書
文化丁卯夏日

【注】
「是はこれ」以下、宗因自筆短冊幅の中回しに素外自筆で墨書。

俳諧

発句追補

承応二年（癸巳）

もてなしも餅月なれば、くめのさら山になぞらへて、
当座

1 大臼のさら山もりか餅月夜　浪花より作州津山紀行

万治二年（己亥）

2 げにも〳〵月や今夜の一播磨　浄晃院様御詠草

寛文三年（癸卯）

3 宵々にぬぎてははな見小袖かな　真蹟短冊

4 ものまうはいづくいかなる人時雨　真蹟短冊

寛文十年（庚戌）

5 ふたもとの杉やきにさすや古酒新酒　真蹟短冊　蛙井集

寛文十三年　延宝元年（癸丑）

梅花を見て、当座

6 窓梅改暦すでに異なり　真蹟短冊

7 はまづとは出されぬ華の宮古哉　真蹟短冊

此程堺へ参、会にあひ申候

8 上に猶あまりて其竹わか葉哉　真蹟書簡

うへになをあまりて其竹わか葉哉　真蹟短冊

万世仕合よしにて

9 夏向や砌に当て泉なだ　真蹟書簡

御影開

10 おほみきやおさむる手には梅の実　真蹟書簡

又、年寄筋の人

11 年寄の根ざしや厚き若茄子　真蹟書簡

12 松風とめされて来り夏座敷　真蹟書簡

只今、童の絵の賛と申人にて、即興

13 童の作何かはくるし軽口じゃ　真蹟書簡

14 うす雲に月や三五夜中の上　真蹟短冊

勢州朝熊岳にて

15 海をのむ大さか月のひかりかな　桜川

16 霜おひや黄菊紫蘭の秋だはら　真蹟短冊

四吟をせしに

17 さしあふな三本から笠雪の友　真蹟短冊

延宝二年（甲寅）

18 さゞれ石やてこつかふまで御代の春　伊勢神楽

19 いかのぼりかみはあがらせ給ひけり　伊勢神楽

20 さるほどにほうぐわんどのゝ花見哉　伊勢神楽

21 世中や花色ぞめのだん袋　真蹟画賛

延宝三年（乙卯）

誹諧いひすて

22 またるゝやむさしの長ゐほとゝぎす　真蹟短冊

延宝六年（戊午）

因幡衆たづねられしに

23 やき米やそれはいな葉の遠山土産　真蹟短冊

延宝七年（己未）

24 山寺のちご桜みてあそ坊主　真蹟短冊

伊勢山田衆杉村氏光治は、誹諧に心ざしふかく、予参宮のついでに内宮に久しく旅居のほど、たび〳〵心づかひあさからず。発句所望有し時は、水無月晦日なりければ

25 神風やなごしの波もてん〳〵てん　真蹟懐紙

26 ききやたが初夜より後夜のあられこん　近来俳諧風体抄

延宝九年　天和元年（辛酉）

梅の盛に兼約

27 ちかゝりき枕上庾嶺春之風　真蹟懐紙

28 やらんやら此うら船にほとゝぎす　真蹟短冊

年次未詳

春

29 柳上に鴬とんだ作意かな　真蹟短冊

30 極楽の花には先へまづ御座れ　飛泉見聞記

31 われもともにちりぬべら坊山ざくら　真蹟短冊

天神の宗因に、或人海棠の画たる扇を持て讃を頼む

32 春風に花も海棠下りかな　中村雑記

33 蜂の巣や親は空にて医者めとなく　飛泉見聞記

夏

34 蛍こひ我も旅火の相やどり　網代笠

35 さみだれやだんだらすぢのすり衣　真蹟短冊

秋

京へつかはしける

36 こき入て一篭にみばやさがのゝ秋　真蹟短冊

37 引幕や釘貫松茸紅葉狩　真蹟短冊

冬

賀茂川のほとりにて

38 青首の名こそながれて千鳥なく

真蹟短冊

発句修訂

承応二年（癸巳）

2 あかし舟一夜がきりか朝霧か　真蹟短冊

↓明石船一夜かぎりか朝霧か

詞書＝真蹟懐紙「又口ずさびに」

出典＝「真蹟短冊」「真蹟懐紙」追加

承応四年　明暦元年（乙未）

9 五月雨や天下一まいのうちぐもり

異同＝（中七下五）夢見草・素外・俳諧句鑑拾遺＝「天下一枚うち曇」　出典＝「俳諧句鑑拾遺」追加

10 から声になくは蓼くふ虫候歟　真蹟短冊

出典＝「真蹟短冊」「蛙井集」追加

11 連歌座にうち越嫌ふきぬたかな　真蹟短冊

詞書＝真蹟短冊「当座誹諧」　出典＝「真蹟短冊」追加

明暦二年（丙申）

12 一巡の四句めぶりなる時雨かな　真蹟短冊

出典＝「真蹟短冊」追加

13 明暦や梅の新にひらくる日　真蹟短冊

詞書＝真蹟短冊「改元のはじめ」。境海草「年号かはりし元日に」。素外「年号改元の歳旦」

出典＝「真蹟短冊」追加

明暦三年（丁酉）

15 新春のことばゝふるき御慶かな

異同＝（中七下五）昔口・蓬が室・独喰・誹諧句鑑拾遺・素外「御慶はふるきこと葉かな」

出典＝「誹諧句鑑拾遺」追加

明暦四年　万治元年（戊戌）

17 ながむとて花にもいたしくびの骨

→明暦三年に移動

万治二年（己亥）

18 なには津に昨夜の雨や花の春

詞書＝「宵の年雨ふりければ」の出典から「知足書留歳旦帳」を削除

29 いかな〱花もこよひの月一輪

出典＝「真蹟短冊」追加

30 始終まん丸月に雲もなし

出典＝「蛙井集」追加

33 長月も大かた丸し十三夜

出典＝「誹諧句鑑拾遺」追加

35 時雨の雨あらそひ金のわらじ哉

→時雨の雨あらそひ金のわらぢ哉　懐子

出典＝「蛙井集」追加

36 里人のわたり候かはしの霜

出典＝「蛙井集」追加

38 鴨あつうしてや料理の水いり菜

出典＝「蛙井集」追加

39 積れ〱書々の初学の窓の雪

詞書＝蛙井集「学問する人興行に」。難波草「初学の人に」　蛙井集

出典＝「蛙井集」追加

40 雪にとめて袖打はらふ駄ちんかな

出典＝「蛙井集」追加

41 雪の松そねも久しき名所哉

詞書＝懐子伽「播州曽祢と云所にて」→佐夜中山集・蛙井集

出典＝「蛙井集」「誹諧句鑑拾遺」追加

43 思ひつつぬればや壁も雪の色
出典＝「蛙井集」追加

万治三年（庚子）

48 むめの花とんでをごらぬ小宮かな
詞書＝懐子「お壬生天神（下略）」→「於壬生天神（下略）」
出典＝「捨子集」削除、「懐子」追加

60 頓作をいかにせよとか郭公
異同＝（中七）懐子「いかにせよとて」

63 ほと、ぎすそのかみがたのつてもがな
出典＝「蛙井集」追加

66 右の酒気さますは左あふぎ哉
出典＝「ねぢふくさ」追加

万治四年　寛文元年（辛丑）

71 東風ふけば御詠かふかしむめのはな　　真蹟短冊
出典＝「真蹟短冊」追加

75 あかしがた色なき下戸の月みかな　　真蹟短冊
出典＝「真蹟短冊」追加

寛文二年（壬寅）

77 相生の陽にむかふや門の松
出典＝「浄晃院様御詠草」追加

99 類船と見ゆるや一葉二葉三葉
出典＝「蛙井集」追加

100 常陸野に咲やてるての姫小萩
出典＝「蛙井集」追加

104 此月になこその関やいるまやう
異同＝（初五）昔口「文月に」

107 月や後の名残千万おくの海
詞書＝蛙井集「奥州にて」　異同＝（初五）蛙井集「名月や」
出典＝「蛙井集」追加

113 いとま申かへる山々しぐれ哉
詞書＝蛙井集「去御方にて」　出典＝「蛙井集」追加

117 けふとなふ仏の御名〳〵弟子子かな　真蹟短冊
詞書＝真蹟短冊「千句題、仏名」　出典＝「真蹟短冊」追加

寛文三年（癸卯）

119 花むしろ一見せばやと存候
異同＝（中七）ねぢふくさ「一間せばやと」　出典＝「ねぢふくさ」追加

124 宇治橋の神や茶の花さくや姫
出典＝「蛙井集」追加

寛文四年（甲辰）

130 竹子を十づゝ百やち世のたね　真蹟短冊
詞書＝真蹟短冊「誹千句に」　出典＝「真蹟短冊」追加

寛文五年（乙巳）

134 書初の文字のむかひや関硯
詞書＝ねぢふくさ「豊前国より元日」　出典＝「ねぢふくさ」追加

142 茄子あへや若紫の擂粉鉢
出典＝「誹諧句鑑拾遺」追加

145 岑入は宮もわらぢの旅路哉　真蹟短冊
詞書＝時勢粧「天満に宮の前の禅門聖護院御門主御岑入之時」
出典＝「真蹟短冊」「時勢粧」追加

148 七色に雪や一色まさる待　　真蹟短冊
詞書＝真蹟短冊「庚申」　出典＝「真蹟短冊」追加

153 笹竹をふる宮人や煤はらひ
詞書＝奉納于飯野八幡宮発句「煤払」
出典＝「奉納于飯野八幡宮発句」追加

寛文六年（丙午）

155 立春や二日路はやし午の歳
詞書＝桜川「午のとしの立春三日なりける元日に」
異同＝（初五）寛文六年歳旦俳諧発句書留・桜川「立春に」
出典＝「寛文六年歳旦俳諧発句書留」追加

157 春や先貴方にむかつて岩城山
春のはじめ貴方にむかつていは木哉　　家塵
↓寛文四年に移動

164 こまう人に見せたや光るこもち月
異同＝（初五中七）蛙井集「高麗人にみせばや」
出典＝「蛙井集」追加

寛文七年（丁未）

169 言の葉の花や長者のけしの種
異同＝（中七下五）蛙井集「種や詞のけしの花」
出典＝「蛙井集」追加

172 登蓮が蓑きて笠きて花見かな
出典＝「蛙井集」「昔口」追加

174 もとむるやよりあひもちの家桜
↓明暦三年に移動

178 やくはんやも心してきけ郭公
出典＝「誹諧句鑑拾遺」追加

179 見ぬ人や浦の苫屋のあき目くら
異同＝（初五）蛙井集「ながめぬや」　出典＝「蛙井集」追加

寛文九年（己酉）

185 此春の声や若ゑびすく
異同＝（初五中七）素外・誹諧句鑑拾遺「是ぞ春の声若恵比須」
出典＝「誹諧句鑑拾遺」追加

188 うぐひすも椎の葉せゝる飯野哉
出典＝「奉納于飯野八幡宮発句」削除

195 やどれとは御身いかなるひとしぐれ
詞書＝真蹟懐紙「或人興行せんとて所望に」。昔口「江口のさとを過るに」
異同＝（中七）蛙井集「御身は」
出典＝「蛙井集」「昔口」追加

197 小家なれど膝をやとくと置こたつ　真蹟短冊
詞書＝寛伍集・続境海草「私宅にて」
異同＝（中七下五）寛伍集・続境海草・素外「ひざをゆるりの火燵哉」
出典＝「真蹟短冊」追加

寛文十年（庚戌）

200 春の野に何よけんくきじの声
出典＝「時勢粧」追加

205 やら涼し不二は磯打波の雪
出典＝「昔口」追加

207 ふしておもひおきひとつほし若たばこ　真蹟画賛
出典＝「真蹟画賛」追加

208 すりこ木も紅葉しにけり唐がらし
詞書＝真蹟懐紙「西国をめぐりし時、ある山寺に四五日ありし。つれぐなりければ、独吟誹諧せしに」
↓寛文九年に移動

212 しらばしの夜るのちぎりや亥子餅
出典＝「蛙井集」「昔口」「俳諧温故集」追加

215 雪礫あたりや払ふ袖まくり
出典＝「蛙井集」追加

221 かぞふれば親ゆび恋し年のくれ
詞書＝誹諧句鑑拾遺「三十三年忌に」
出典＝「誹諧句鑑拾遺」追加

寛文十一年（辛亥）

234 あふげ〳〵いづくか王地なら団
出典＝「誹諧句鑑拾遺」追加

237 三国の湊や秋の泊り舟
↓寛文九年に移動

238 月の七日嫌はで星の出舟哉
出典＝「蛙井集」「俳諧温故集」追加

241 天にあらば地にはれんぼの思草
天にあはばひよこの羽も星の妻
詞書＝誹諧温故集「天地を題として」　俳諧温故集
↓寛文十年に移動

242 秋の葉やみ山もさやにひぢりめむ
↓寛文九年に移動

248 箱崎や浦島たらふた秋の景
詞書＝蛙井集・桜川「筑前箱崎にて」　出典＝「蛙井集」追加　蛙井集

249 駕篭はあれどたゞすねはぎの花みかな
出典＝「蛙井集」追加　真蹟短冊

252 月いでゝ一灯むなし谷の庵
詞書＝誹諧句鑑拾遺「道心者のもとにて」
出典＝「真蹟短冊」「誹諧句鑑拾遺」追加　真蹟短冊

254 月千金こよひ一輪かけねなし
出典＝「真蹟短冊」「誹諧句鑑拾遺」追加　真蹟短冊

255 月は爰ぞ諸国一見のそうまくり
↓寛文九年に移動

256 うつ音やわたり拍子のから衣
↓寛文九年に移動

257 おらんだの文字かよこたふあまつ雁　真蹟短冊
詞書＝真蹟短冊「於長崎」。真蹟短冊・晴小袖「長崎にて」
異同＝（下五）時勢粧・晴小袖「旅の雁」　出典＝「蛙井集」追加
↓寛文九年に移動

259 練酒や白ひが後の紅葉㒵　蛙井集
新酒をねるやねりその蕨樽　時勢粧　素外
詞書＝蛙井集「はかたねり屋にて」

260 松茸も笠ほす雨のはれまかな　真蹟短冊
出典＝「真蹟短冊」追加

261 はるかなる唐茶も秋のねざめ哉
↓寛文九年に移動

266 雪をこそ落すや昔男山
↓雪をこそと落すや昔男山　手繰舟　素外

寛文十二年（壬子）

280 まいりさふとゆふだちかゝる鑓戸哉　蛙井集
出典＝「蛙井集」追加
↓寛文十一年に移動

寛文十三年　延宝元年（癸丑）

292 津国の小屋形涼し迎船
出典＝「真蹟書簡」追加

298 目の玉も清渚の月見かな
詞書＝誹諧句鑑拾遺「二見浦」　出典＝「誹諧句鑑拾遺」追加

305 篠うたふ五盃機嫌や伊勢神楽　真蹟画賛
詞書＝真蹟画賛「太神宮奉納誹諧独吟」　出典＝「真蹟画賛」追加

延宝二年（甲寅）

308 書初や七十歳筆摂州の住　真蹟懐紙
出典＝「真蹟懐紙」「伊勢神楽」「ねぢふくさ」追加

330 月みよと告ぞまかせて紀三井寺
↓月みよと告にまかせて紀三井寺　真蹟書簡

338 となん一つ手紙のはしに雪の事
出典＝「誹諧昼網」追加

339 七十やあとのしらなみ宝船　真蹟短冊
出典＝「真蹟短冊」追加

延宝三年（乙卯）

357 ともかくも申さば古しほと、ぎす
異同＝（中七）俳諧絵合「申せば」　出典＝「俳諧絵合」追加

368 新地にもかくなるものか梅の核
出典＝「梅の牛」追加

387 よれくまん両馬があひに磯清水　真蹟懐紙
詞書＝真蹟懐紙「江戸より送りし人、三吟し待しに」。誹諧温故集「忠度と六弥太組討の事」
出典＝「真蹟懐紙」「俳諧温故集」追加

ひと、せ、鎌倉一見せしに、源家三代・北条九代のいにしへおもひやられて
388 根やのこる玉まく葛のつるが岡　真蹟懐紙
異同＝（初五）糸屑・宗因三百韻・誹枕・昔口・素外「何代か」。（中七）宗因三百韻・昔口・素外「玉まくず葉の」。誹枕「玉まく葛葉」

392 蛍火は百がものありなめり河　真蹟懐紙
詞書＝真蹟懐紙「なめり川にて、青砥氏が金言おもひいでゝ」。俳諧温故集「青砥左衛門なめり川を渡る事」
出典＝「真蹟懐紙」「俳諧温故集」追加

延宝四年（丙辰）

445 京を下にみるや祇苑のゑひもせず
出典＝「佐良会佳喜」追加

451 寄相撲げに淀鳥羽もみえたりやあ
異同＝（中七）江戸通町「淀鳥羽迄も」　出典＝「江戸通町」追加

456 葉茶壺やありとも知らで行嵐
出典＝「卯辰集」追加

延宝六年（戊午）

476 たつあとや与七かざゝんざ花の陰　真蹟短冊
詞書＝「延宝六年二月一日」→「三月十日」
出典＝「真蹟短冊」追加

484 秋は此法師すがたのゆふべ哉
西行のすがたを秋のゆふべかな　倭漢田鳥集　俳諧温故集　素外文政
詞書＝倭漢田鳥集「ふるき屏風にありしを感じおぼえて」
異同＝（中七）俳諧温故集・素外文政「姿は秋の」

延宝七年（己未）

503 野遊はすみれのみして菓子もなし　真蹟短冊
出典＝「真蹟短冊」追加

510 なんにもはや山もゝの実むかし口
出典＝「昔口」追加
↓延宝八年に移動

520 此上は何かあこぎが浦の月
↓延宝五年に移動

529 行客の跡をうづむやこたつの火
異同＝（下五）素外・誹諧句鑑拾遺「置ごたつ」
出典＝「誹諧句鑑拾遺」追加

532 さなきだにあゝ音高し節季候
異同＝（中七）素外・誹諧句鑑拾遺「あら音高し」
出典＝「誹諧句鑑拾遺」追加
↓延宝六年に移動

延宝八年（庚申）

537 初会や殊にすぐれて時めき給ふ
↓延宝七年に移動

538 鶯や浅香の山のふところ子
↓延宝七年に移動

554 きのふこそ水にたてしが葛の葉の　真蹟短冊
異同＝（初五）東日記・反故ざらへ・俳諧温故集・葛の葉の・昔口・素外「きのふ迄」。（下五）東日記「葛のはら」

出典＝「真蹟短冊」追加

556 天も酔りげにや伊丹の大灯篭
詞書＝誹諧句鑑拾遺「七月廿四日、愛宕火に詣て」
出典＝「誹諧句鑑拾遺」追加

561 予が年の大暮きらふ時分にあらず　真蹟懐紙
出典＝「真蹟懐紙」追加

延宝九年　天和元年（辛酉）

562 心友あり初陽うるほふ今此花
異同＝（初五）家土産「かならず友有り」出典＝「家土産」追加

563 年玉や庭にこざゝにふるじやまで　真蹟懐紙
詞書＝真蹟懐紙「初会とて所望」
異同＝（初五中七）氏富卿日記「年玉は庭やこざゝに」
出典＝「真蹟懐紙」追加

天和二年（壬戌）

580 いるといなきくや湯の山郭公
↓延宝五年に移動

年次未詳

590
星と申昼をば何とむめのはな
出典＝「誹諧句鑑拾遺」追加

595
おく歯には何を歎くぞ川柳　真蹟懐紙
詞書＝真蹟懐紙「老後即事」「老人即事」
異同＝（下五）俳諧吐綬鶏・素外「古柳」

↓延宝九年に移動

611
みよし野や人麿時代お室の花　真蹟短冊
詞書＝素外「仁和寺の花を見て」　出典＝「真蹟短冊」追加

612
花に計樽みなをいてきた有様也　真蹟短冊
出典＝「真蹟短冊」追加

627
江戸を以て鑑とすなり花に樽
詞書＝誹諧句鑑拾遺「国々の貴賤爰に群つゝ」
出典＝「誹諧句鑑拾遺」追加

632
急いで見む三里一肩桜塚
『誹諧書籍目録』「西吟さくら」の項に「西翁巻頭」として初五「いそぎ見ん」の句形で掲出

↓延宝四年に移動

637
松にふぢ蛸木にのぼる気色あり
出典＝「飛泉見聞記」追加

638
廿日草扨四五日や春の草

↓延宝六年に移動

651
薄うしてあつき事あらじ夏羽織
出典＝「誹諧句鑑拾遺」追加

656
夕立の目利は山のあなた哉
出典＝「真蹟書簡」「ねぢふくさ」追加

夕立の出来や十分の作の物　真蹟書簡

↓寛文元年に移動

659 をどり子や両町互にかけむかふ
出典＝「昔口」追加

666 しらつゆや無分別なる置所　雑談集
異同＝（初五）歴代滑稽伝「下露や」　出典＝「雑談集」追加

670 とりあえず玉にもがもな萩茶碗
出典＝「誹枕」に初五「取かへす」の句形で三輪一鉄句として入集

703 住吉の市郎大夫殿さらば〳〵
異同＝（中七）素外・誹諧糸切歯「市太夫殿へ」
出典＝「佐良会佳喜」「誹諧糸切歯」追加

万句雪題、遠国よりこはれしに
722 万にひとつとゞけやつとぞ雪礫　真蹟短冊
出典＝「真蹟短冊」追加

730 蕎麦切の先一口やとしわすれ
出典＝「薦獅子集」追加

付　句

1 新続犬筑波集

【刊　行】万治三年正月序刊
【編著者】季吟編

1 紅葉々や鉄炮の火にまがふらん
2 すぎゆく秋は矢よりもはやし　一幽
恋の句の中に
3 雨露の俄に君がふりごゝろ
4 はだしになりて出るわかれぢ　一幽
5 はうきをもちてにぐる寒山
6 こはさればこそ城外の御成なれ　一幽
7 誉《メテ》レ露《ヲ》欲レ喩《ント》レ瑄《ニ》
8 うすばたの花の水ぎはいさぎよし　一幽天満
9 下-紐望《テ》レ期擲《ニツ》

10 いさかひ出してやぶれきぬ〴〵　一幽

11 愚-痴《モ》習-得《レハ》賢

12 みだれ棊(碁)をうつゝしやうねやぬがすらん

2 引導集

【刊　行】貞享元年八月刊

【編著者】西国編

1 年の程かたぶく月は合点か

2 まくらをかざゝす夢の面かげゝ

3 立別跡は比翼《ヒヨク》の鳥目にて　梅翁《西山》

4 釣た所がゝよきかけ作り

5 乗物の向ふに見ゆる空の月

6 桃灯吹けす秋の初風　梅翁《西山》

7 霞の衣腕に生きず

8 今首尾渡部心に春立て

9 御目見え申其時判官　梅翁

10 我通路の末の追剥

11 此上はころせ〳〵と口説より

12 扨は四てうにかけはづゝす中　梅翁《西山》

補訂

13 追手からめてあくる谷の戸

14 捨てだに曖ならばあはふ迄

15 命ひとつを半分〳〵

西山梅翁

現存真蹟一覧

短冊

連歌

摂州難波わたりに居住のはじめ、元日
1 今も此花より四方の春辺かな　宗因　個人

元日
2 うるふ世の年の花見ん今日の雨　宗因　個人

歳旦
3 あさ夕の人もめづらし今日の春　宗因　個人
『自閑堂蔵古俳人真跡短冊帖』昭和三十八年十月

元日
4 これぞまちし春の海頭朝霞　宗因　個人

元日
5 老の後はなをめづらしや今朝の春　宗因　個人

6 霜の葉も香をやは染し梅花　宗因　個人
名古屋市博物館『古風檀林蕉風俳人短冊帖』

7 霜の葉も香をやは染し梅花　宗因　個人

8 軒ばもる梅がゝしろし夕月夜　宗因　個人

9 きませ人みゆらんものを宿の梅　宗因
八代市立博物館

10 きませ人みゆらむ物を宿の梅　宗因
夢望庵文庫

11 色はちしほ限ある梅のかほり哉　宗因
「近世連歌師等短冊・消息等貼交屏風」
『思文閣墨蹟資料目録別冊屏風特集』平成十四年三月

12 さけば梅かならず春を隣かな　宗因
名古屋市博物館高松木兎子コレクション

13 むつまじとしらずやなれし梅花　宗因
岸和田市立郷土資料館佐々木勇三コレクション

宰府社法楽

14 梅が香も心づくしのこのま哉　宗因　『福地書店和本書画目録』平成二十六年十一月

高和公御作代

15 松梅の在所さかへむ宮居かな　宗因　岐阜市歴史博物館陶玄亭コレクション

16 ほの白し風やながれ江朝霞　宗因　柿衞文庫

17 朝曇日たけて四方の霞哉　宗因　個人

18 朝曇日たけて四方の霞かな　宗因　八代市立博物館

於南都

19 山はそれいでし月かも夕霞　宗因　個人

20 中垣に主さだまらぬ柳哉　宗因　石水博物館

21 花の春とばかりみしを柳哉　宗因　個人

22 青柳の追風ゆづる船路かな　宗因　個人

23 ふく風もあらだつまじき柳かな　宗因　『鉄心斎文庫短冊総覧むかしをいまに』平成二十四年八月

24 空ふくをは風にかれるこ蝶かな　宗因　天理図書館綿屋文庫

25 問そめてとし月くやし花の宿　宗因　個人

26 花にゆくこゝろも秋のね覚かな　宗因　個人

27 立たゝずゆふべを花の霞かな　宗因　個人

28 さきの日にみしやそならぬ花盛　宗因　個人　『連歌師俳諧師短冊帖』

29 思こめて見るべき花の青葉哉　宗因　天理図書館綿屋文庫

30 ながらへぬ盛を花のこゝろかな　宗因　個人

31 わすれこしわが世に花の老木かな　宗因　八代市立博物館

32 かくしこそ有べかりけれ花の庭　宗因　柿衞文庫

33 あかでこそ立はなれにき花の庭　宗因　内藤記念くすり博物館大同薬室文庫

34 色よ香よかゝればこそはをそ桜　宗因　『潮音堂書蹟典籍目録』平成二十七年五月

35 さればこそおもひ越路の遅桜　宗因　個人

36 北国に下し時
さればこそおもひこしぢの遅桜　宗因　個人

37 北国にくだりし時
さればこそおもひこしぢの遅桜　宗因　個人

38 いざ桜われもそなたの夕あらし　宗因　神奈川県立図書館飯田九一文庫

39 修行の道にて
いざ桜われもそなたの夕あらし　宗因　個人

40 主やたれ見ん人ぞみむ浦の春　宗因　個人

41 長州一宮奉納
神爰もひとしき春の海辺かな　宗因　下関市住吉神社

42 万代やつもる砂の山の春　宗因　九州大学附属図書館支子文庫『松年帖』

43 花の木とみつゝをゝらむ若葉かな　宗因　個人

44 花にのみ尋しことよ夏木立　宗因　個人

45 今桜わか葉にも其梢かな　宗因　個人

46 久しき友にあひて
つもりにし朽葉とおもへば夏木立　宗因　個人

47 おりふしをみるや桜戸卯木垣　宗因　『柿衞文庫目録短冊篇』平成十一年三月

48 またるゝもよしやそこそは子規　宗因　個人

49 まつ宵の鐘は幾声ほとゝぎす　宗因　八代市立博物館

50 まつ宵の鐘はいく声ほとゝぎす　宗因　逸翁美術館

51 今よりは雨をやまたんほとゝぎす　宗因　個人

52 ゐる鷺の羽風も青し夕さ苗　宗因　九州大学附属図書館支子文庫『松年帖』

53 おほみ田に先取苗や手向草　宗因　八代市正教寺

54 五月雨はつのぐむほどの芦辺哉　宗因　今治市河野美術館

55 まかなくに種や若竹千世の陰　宗因　個人

56 ゆふだちにぬれてぞかろき夏衣　宗因　個人

57 行舟をみるさへ涼し志賀海　宗因　関西学院大学図書館

58 涼しさを引取網の綱手哉　宗因　『俳人真蹟短冊屏風』
大阪古典会『中尾堅一郎氏追悼古典籍善本展観図録』平成二十二年五月

59　都人になにか難波の夕涼　宗因　個人

60　ながしやる祓の具して夏もなし　宗因　個人

61　ながしやる御祓の具して夏もなし　宗因
『柿衞文庫目録短冊篇』平成十一年三月

62　露ふけば風もさやけし今朝の秋　宗因　個人

63　露ふけば風もさやけし今朝の秋　宗因
『柿衞文庫目録短冊篇』平成十一年三月

64　風にき丶露にみよとや今朝の秋　宗因
内藤記念くすり博物館大同薬室文庫

65　星あひの空いさぎよし秋の風　豊一　個人

66　桐の葉はをのれとすかす木間哉　宗因
『鉄心斎文庫短冊総覧むかしをいまに』平成二十四年八月

67　桐の葉はをのれとすかす木間哉　宗因
『思文閣古書資料目録』平成二十一年七月

68　桐の葉はをのれとすかす木間かな　宗因　個人
『渡辺次郎右衛門家伝来古筆鑑』

仙廟旦霧

69　朝霧にかくれぬ浦のむかし哉　宗因
東京古典会『古典籍展観大入札会目録』平成二十三年十一月

70　蔦紅葉外にはか丶る松もなし　宗因
天理図書館綿屋文庫『連歌・俳諧師短冊帖』

外宮

71　なべて世は山田の秋の盛かな　宗因
江東区芭蕉記念館

於八幡山

72　入空や峇よりみても嶺の月　宗因　個人

人丸法楽

73　島がくれなを有明の御かげ哉　宗因
長門市八幡人丸神社『人丸之影披奉納連歌発句』

74　遠山や岸による波よるの月　宗因　個人

75　もとよりの名をばかすむな秋の月　宗因　個人

拝外宮

76　月に見よすめるは空に神ご丶ろ　宗因　個人
『連歌師俳諧師短冊帖』

朝熊山の月をみて

77　松が根より待出る月やわたの原　宗因
『柿衞文庫目録短冊篇』平成十一年三月

78 赤石秋月
月も此所やおもふ明石がた　宗因　個人

79 月みればこよひなりけりたびの空　宗因　八代市正教寺

80 月みればこよひなりけり旅の空　宗因　『近世俳人短冊帖』『思文閣古書資料目録』平成二十一年五月

81 羇中名月
月みればこよひなりけり旅の空　宗因　『京都古書組合総合目録』平成二十八年十一月

82 よしや月物はかくこそ今日の雨　宗因　個人

83 和歌浦一見
たづ鳴て雁さへ渡る芦辺かな　宗因　個人

84 菊の露世々にうるほすやどり哉　宗因　個人

85 もみぢより出る紅葉の夕日かな　宗因　個人

86 紅葉よりいづるもみぢのゆふ日哉　宗因　個人

87 紅葉よりいづるもみぢの夕日かな　宗因　新古美術わたなべ『墨彩』平成二十三年十月

88 たかお山にて
紅葉よりいづるもみぢの夕日かな　宗因　個人

89 まねき返すそでか入日の下紅葉　宗因　個人

90 まねき返す袖か入日の下紅葉　宗因　個人

91 これさへやあるじのめにはうす紅葉　宗因　下関市忌宮神社

92 船人よしばしまて此浦の秋　宗因　個人　『上方俳星遺芳』昭和七年七月

93 伊勢西行谷にて、当座
なげゝとて松やはうへし秋の庭　宗因　個人

94 秋よたゝむべもいひけりゆふは山　宗因　『思文閣古書資料目録』平成二十七年五月

95 春は宮古秋は嵯峨のゝ錦かな　宗因　八代市立博物館

96 春は宮古秋は嵯峨のゝ錦哉　宗因　八代市正教寺

97 紅葉ちる風のなか行山路かな　宗因　『京都古書籍古書画資料目録』平成二十二年六月

98 君ませと庭は木葉の塵もなし　宗因　個人

99 木枯の吹こゝろむる草葉かな　宗因　八代市立博物館

100 こゝろあてに雪こそたてれ杉の門　宗因　『柿衛文庫目録短冊篇』平成十一年三月

法会の所にて雪のふりけるに

101 花ぞふる雪とみましや法の場　宗因　個人

102 松をうへて雪のかげ見むちとせかな　宗因　個人

103 松を植て雪のかげ見ん千年哉　宗因　個人

古松雪

104 うへし時か丶れとてこそ雪の松　宗因　八代市正教寺

高砂の浦人所望に

105 たれをかも松こそしるべ雪の宿　宗因　MOA美術館『清渚玉』

高砂の人所望に

106 たれをかも松こそ知べ雪の宿　宗因　八代市正教寺

107 花にあかぬ夜はにも似たり雪の窓　宗因　個人

108 小草かれむら松青き野筋かな　宗因　ぎゃらりぃ思文閣『たんざく』平成十四年四月

109 神の道弥照まさる燎かな　宗因　個人

110 月は冬むめがゝおかしよるの窓　宗因　個人

111 旅もよし事しげからぬ年の暮　宗因　逸翁美術館

年内立春

112 春は立ぬ何いそぐらむ歳春　宗因　大阪大学文学研究科『短冊帖』

113 豊年の暮よりしるし春の宿　宗因　個人

【注】

50は俳諧短冊23 42 99と同一体裁の小短冊で一連のもの。

31 49は俳諧短冊64 101と同一体裁の打曇短冊で一連のもの。

17 60 83 103は同一体裁の打曇短冊で一連のもの。

俳諧

改元のはじめ

1 明暦や梅の新にひらくる日　一幽　個人　『誹諧短冊手鑑』

2 古歌にいはくかねてぞみゆるかゞみ餅　梅翁　個人

於豊前元日
3 書初の文字のむかひや関硯 西翁 名古屋市博物館『古風檀林蕉風俳人短冊帖』

梅花を見て、当座
4 窓梅改暦すでに異なり 西翁 個人

5 東風ふけば御詠かふかしむめのはな 西翁 個人

6 柳上に鴬とんだ作意かな 梅翁 山寺芭蕉記念館「去来宛芭蕉書簡等貼交幅」

7 小初瀬や目がねもよその夕霞 郡上市島津忠夫文庫

8 をはつせやめがねもよその夕霞 西翁 個人「貞門談林貼交屏風」

9 小初瀬や目がねもよその夕霞 梅翁 個人

10 ながむとて花にもいたし頸の骨 一幽 MOA美術館『清渚玉』

11 ながむとて花にもいたしくびの骨 西翁 早稲田大学図書館雲英文庫

西行法師が歌をみ侍て
12 ながむとて花にもいたし頸の骨 西翁 八代市立博物館「談林六世像賛」

13 ながむとて花にもいたしくびの骨 梅翁 個人

14 ながむとて花にもいたしくびの骨 野梅 八代市立博物館

15 宵々にぬぎてははな見小袖かな 一幽 『思文閣古今名家筆蹟短冊目録』平成三年三月

16 いかな〳〵花もこよひの月一輪 西翁 個人『誹諧短冊手鑑』

17 みよや是小夜の中山花は昼 西翁 個人

18 はまづとは出されぬ華の宮古哉 西翁 八代市立博物館

19 関はなのみ花になこその御意はなし 西翁 個人

20 駕籠はあれどたゞすねはぎの花みかな 西翁 八代市正教寺

21 たつあとや与七かざゞんざ花の陰 梅翁 個人『誹諧短冊手鑑』

22 みよし野や人麿時代お室の花 梅翁 今治市河野美術館

23 花に計樽みなをいてきた有様也 梅翁 逸翁美術館

会所をもとめて月次はじむとて

24 もとむるやよりあひもちの家桜　一幽　松平文華館

25 山寺のちご桜みてあそ坊主　梅翁　個人『山茶花帖』

26 われもともにちりぬべら坊山ざくら　梅翁　個人

27 からしずにふるは涙か桜鯛　西翁　早稲田大学図書館雲英文庫

28 囀るやこゝに数ならぬむらすゞめ　梅翁　個人

29 囀るや爰に数ならぬむら雀　梅翁　愛媛大学図書館『俳家先哲墨蹟鑑』

30 野遊はすみれのみして菓子もなし　梅翁　個人

宇治にて

31 藤なみにしばらく御座やかゝり舟　西翁　『一誠堂古書目録』平成十六年六月

32 しげる木は中つ川原や崇禅寺　梅翁　個人

33 から声になくは蓼くふ虫候歟　宗因　個人

34 ほとゝぎすまつやらよどの水車　宗因　個人

35 ほとゝぎすまつやら淀の水車　西翁　MOA美術館『清渚玉』

36 ほとゝぎすまつやら淀の水車　西翁　『柿衞文庫目録短冊篇』平成十一年三月

本願寺御内衆にて、当座

37 かけたりと申物かや子規　一幽　個人『上方俳星遺芳』昭和七年七月

38 有明の油ぞのこるほとゝぎす　西翁　東京古典会『古典籍展観大入札会目録』平成二十六年十一月

39 有明の油ぞのこるほとゝぎす　西翁　八代市正教寺

40 有明のあぶらぞのこる郭公　梅翁　致道博物館

誹諧いひすて

41 またるゝやむさしの長ゐほとゝぎす　宗因　個人

42 すり鉢やさて琵琶和琴郭公　梅翁　逸翁美術館

43 やらんやら此うら船にほとゝぎす　野梅子　内藤記念くすり博物館大同薬室文庫

44 岑入は宮もわらぢの旅路哉　梅翁　個人

45 五月雨や天下一枚のうちぐもり　宗因　早稲田大学図書館水口豊次郎旧蔵短冊集

46 さみだれやだんだらすぢのすり衣　梅翁　個人

47　うへになをあまりて其竹わか葉哉　西翁　個人
「貞門談林貼交屏風」

誹千句に
48　竹の子を十づゝ百やち世のたね　西翁　個人

49　ゆふだちの目利は山のあなた哉　宗因
八代市正教寺

50　津国の小屋形すゞし迎舟　西翁　個人
『上方俳星遺芳』昭和七年七月

於江戸
51　清水門や民のとゞまるところてん　梅翁
江東区芭蕉記念館

於江戸
52　清水門や民のとゞまるところてん　梅翁　個人

鎌倉一見、同行両吟
53　よれくまん両馬があひに磯清水　梅翁　個人

東よりのぼるとて
54　夏帯やすゞかのみそぎせしめ縄　梅翁
九州大学附属図書館支子文庫『松年帖』

55　こゝろしておやじやはいるふたつ星　梅翁　個人

56　心して親仁やはいるふたつ星　野梅翁
『柿衛文庫目録短冊篇』平成十一年三月

57　明石船一夜かぎりか朝霧か　一幽
天理図書館綿屋文庫『連歌・俳諧師短冊帖』

58　明石舟一夜かぎりか朝霧か　一幽　個人

59　いろはにほへの字なりなるすゝき哉　宗因
八代市正教寺

60　きのふこそ水にたてしが葛の葉の　梅翁　個人

61　あかしがた色なき下戸の月みかな　西翁
『俳人真蹟短冊屏風』
大阪古典会『中尾堅一郎氏追悼古典籍善本展観図録』平成二十二年五月

62　いもは〱先月をうるゆふべかな　梅翁　個人

63　いもは〱先月をうる夕かな　梅翁
『柿衛文庫目録短冊篇』平成十一年三月

64　うす雲に月や三五夜中の上　西翁
八代市立博物館

65　月いでゝ一灯むなし谷の庵
明治古典会『七夕古書大入札会目録』平成二十年七月

66　月千金こよひ一輪かけねなし　梅翁　個人

十五夜
67 月は花の真盛にや二八月　一幽
『柿衛文庫目録短冊篇』平成十一年三月

68 月やはらり三五の十八二九の雨　梅翁　個人

医師のもとにて
69 よき友や三がひとつの宿の月　西翁　夢望庵文庫

勢州松坂にて物語講ぜし時
70 人有けり伊勢物がたりによるの月　梅翁
『鉄心斎文庫短冊総覧むかしをいまに』平成二十四年八月

於長崎
71 おらんだの文字かよこたふあまつ雁　西翁　八代市正教寺

長崎にて
72 おらんだの文字かよこたふあまつ雁　梅翁　個人

当座誹諧
73 連歌座にうち越嫌ふきぬた哉　西翁　個人

74 にしき手やいまりの山のうす紅葉　宗因　個人
『上方俳星遺芳』昭和七年七月

75 錦手やいまりの山のうす紅葉　梅翁　個人

長崎にて
76 にしきてやいまりの山のうす紅葉　梅翁　個人

77 あきの葉やみ山もさやにひぢりめん　梅翁　個人

於宇治
78 さればこそ大事のお茶をうす紅葉　西翁　個人

79 すりこ木ももみぢしにけり唐がらし　西翁　個人
『郭公帖』

80 すりこ木ももみぢしにけり唐辛子　西翁　個人

81 すりこ木も紅葉しにけり唐がらし　梅翁
岸和田市立郷土資料館佐々木勇三コレクション

82 すりこ木も紅葉しにけり唐がらし　梅翁
八代市立博物館

83 すりこ木も紅葉しにけり唐がらし　梅翁　個人

84 すりこ木も紅葉しにけり唐がらし　野梅
名古屋市博物館『古風檀林蕉風俳人短冊帖』

85 引幕や釘貫松茸紅葉狩　梅翁　個人

86 ふたもとの杉やきにさすや古酒新酒　西翁　個人

87　松茸も笠ほす雨のはれまかな　西翁
『思文閣墨蹟資料目録』平成二十年十月

京へつかはしける
88　こき入て一篭にみばやさがの丶秋　梅翁　個人

因幡衆たづねられしに
89　やき米やそれはいな葉の遠山土産　梅翁　個人

90　時にあひたり南無妙の字の煙雲　野梅　八代市正教寺

91　一巡の四句目ぶりなる時雨かな　一幽　天理図書館綿屋文庫

92　ものまうはいづくいかなる人時雨　一幽　個人

93　やどれとは御身いかなる人しぐれ　梅翁
『思文閣古今名家筆蹟短冊目録』平成三年七月

94　しらはしの夜るのちぎりや亥子餅　梅翁　個人
『上方俳星遺芳』昭和七年七月

95　霜おひや黄菊紫蘭の秋だはら　西翁　個人

於宇治
96　里人のわたり候かはしの霜　梅翁　個人

97　よむとつきじ人丸つらゆき玉あられ　梅翁
MOA美術館『清渚玉』

古歌なをしの発句とてつかうまつりしに
98　雪にとめて袖打はらふ駄ちんかな　一幽　個人
『上方俳星遺芳』昭和七年七月

播州曽祢にて
99　雪の松そねも久しき名所哉　梅翁
逸翁美術館

庚申
100　七色に雪や一色まさる待　西翁　個人
「貞門談林貼交屏風」

四吟をせしに
101　さしあふな三本から笠雪の友　西翁
八代市立博物館

万句雪題、遠国よりこはれしに
102　万にひとつとゞけやつとぞ雪礫　梅翁
東京古典会『古典籍展観大入札会目録』平成十七年十一月

103　玉ざゝに紀のつら雪もながめて候　梅翁　個人

賀茂川のほとりにて
104　青首の名こそながれて千鳥なく　梅翁
『近世俳人短冊帖』
『思文閣古書資料目録』平成二十一年五月

105 小家なれど膝をやとくと置こたつ　一幽　江東区芭蕉記念館

106 山かぜや旅人の夢を紙子夜着　梅翁　個人

千句題、仏名

107 けふとなふ仏の御名〳〵弟子子かな　西翁　個人

108 七十やあとのしらなみ宝船　梅翁　個人

【注】

7 65は短冊下部の欠損により作者名表記を欠く。23 42 99は連歌短冊50と同一体裁の小短冊で一連のもの。64 101は連歌短冊31 49と同一体裁の打曇短冊で一連のもの。

色紙

天満宮月次再興

1 風をしたひ香を継梅や千々の春　宗因　個人

紅葉見にまかりて即興

2 紅葉よりいづるもみぢの夕日哉　宗因　個人

3 露のぬれとんと落たるためしあり

4 中々六蔵がまうし女郎花　梅翁　『思文閣墨蹟資料目録』昭和五十五年九月

太神宮に参りし時

5 御鎮座の床めづらなり伊勢桜　梅花翁　八代市正教寺

すみよしにて

6 三月の三日じや堺にしほひ哉　梅翁　八代市正教寺

兵庫築島寺松王像縁起をみて、十七歳とありければ

7 其春や松王十七寅年　梅花翁　八代市正教寺

8
伏見衆竹子送られしに
竹の子はうぢよりふし見そだちかな　梅翁
八代市正教寺

9
此里にたびくヽやどりて
こりずまの宿や蚊ばしら竹のかき　梅翁
八代市正教寺

10
紅葉に鹿をかきたる絵をみて
声もがなしからばすなはち立田山　梅翁
早稲田大学図書館雲英文庫

11
伊勢のあひの山にて、酒のみしあそびしに、つると
かいひしをもて興ずるをみて
ま葛葉のおつるにさはぐ座中かな　梅翁
八代市正教寺

12
長崎旅館にて
はるかなる唐茶も秋のねざめ哉　梅花翁
八代市正教寺

13
下野国さつた《て》《ミ》といふ所にやどりて
里の名にあへるしぐれやさつてさて　梅翁
八代市正教寺

14
かたぶけよ爰は八幡のかみ頭巾　梅花翁
八代市正教寺

15
すみよしにて
ざゞんざやあられ松ばら酒のかん　梅翁
八代市正教寺

16
遠江浜松をすぐる時
おなじくはまめ板にしてたまあられ　梅翁
つれの人々みなうなづきけり
八代市正教寺

17
草津をとをるとて
餅がなると申すや姥がとしのくれ　梅翁
八代市正教寺

【注】
3 4は同一色紙染筆の二句。5—17は同一体裁の別色紙で旅をモチーフとした一連のもの。

扇面

1 いも〱先月をうるこよひかな　西翁
『三都古典連合会創立十周年記念古典籍下見展観大入札会目録』昭和四十七年十二月

2 よむとつきじ人丸つらゆき玉あられ　梅翁
『潮音堂書蹟典籍目録』平成二十二年五月

【注】
1 2とも金扇。1の表面には掲出句、裏面には「梅翁が句ゐを返転して　芋は〱凡僧都の二百貫」との其角句が各自筆により染筆される。

懐紙

歳旦

1 歳旦和歌連歌懐紙

【成　立】明暦三年以前正月
【所　蔵】八代市立博物館

元日

1 常盤なる松もめづらし門の春　宗因
2 花鳥もさそはれなまし今朝の春　以春
3 神代よりかはらぬ《や》今日門の松　三春
4 ゆたけさや君が代を知今日の春　吉種
5 試る筆にや入し今朝の春　種定
6 一年の本やつとむる今朝の春　安行
7 山や雪此花ぞこれ今日の春　休可

8 春霞たちにけらしなきのふより
をちのたかねは雪もけなくに 宗因

【注】
⑤口絵1参照。

2「朝夕の」歳旦発句

【成立】万治三年以前正月
【所蔵】榊原家史料『浄晃院様御詠草の60』

元日

1 朝夕の人も珍し今日の春 宗因
2 けふといへば天先成や春霞 宗春
3 益人や豊年よばふ今朝の春 種定
4 くらべ見よ去年とやいはんけふの春 安陸
5 今朝や世の満るはじめの春霞 安行
6 そめてきんけさから衣はる霞 一詠
7 誰世にかけふの種まく門の松 宗知
8 老の波たつ日はきかじけさの春 玖也
9 若水にうかぶ心や花の陰 以春
10 去年は去年けふこそは我宿の春 陳一
11 ふる雨も心有てやけさの春 一信
12 けさは今朝空は空にて四方の春 家継
13 おなじ霞立こそかへれけさの春 重好
14 のどけさや思しよりも今日の春 俊佐
15 夜はにきてけさやはへ有春の色 春倫
16 ふる年と雨にもけふやけさの春 吉教
17 明てけさ花にぞ成しけさの春 重治
18 心より空より立や春霞 宗久
19 たが里を始ともなし四方の春 是閑
20 なづさはるちとせの松や門の春 宗矩
21 難波潟三の元たつ霞かな 由貞
22 一夜明てかくなる物か春の空 久任
23 夜の雨や清めて来るけさの春 重吉
24 世にとよむ豊年知しけふの春 素全

3「相生の」歳旦発句

【成　立】寛文二年正月
【所　蔵】榊原家史料『浄晃院様御詠草の61』

元日

1 相生のやうにむかふや門の松　宗因
2 春きぬと人は優なる衣装哉　三助
3 門松に子日を三木やまさり草　空存
4 名やことし若く改めてよ三津老　玖也
5 礼者もや行あひの間え門の春　藤昌
6 鶏旦や高麗までの御代の春　保友
7 蓬莱や熱田のいねのほん俵　如貞
8 春やとき花やをそらく花の春　春倫
9 唐の歌もかくぞ有べき筆始　俊佐
10 かざり竹有とや爰にとらの年　重安
11 春やくるくるりとあらた丸の丶字　宗久
12 とそさんも三津やいはゝん難波人　由貞
13 今日こそは初子の巻のはんはじめ　以春
14 唱たまふほしいまゝなり御代の春　久任
15 書初や我は天筆和合楽　知徳
16 女松男松たつるや人の世の始　吉武

4 延宝二年歳旦発句懐紙

【成　立】延宝二年正月
【所　蔵】個人

元日

ことし七十歳なれば

1 まれなりといふや老土産としの春　宗因

誹諧

2 書初や七十歳筆摂州の住
3 にぎはふや弥生をもどく年の花　松江維舟

郵便はがき

料金受取人払郵便

神田局
承認

3067

差出有効期間
平成30年5月
25日まで

（切手不要）

101-8791

514

東京都千代田区神田小川町 3-8

八木書店 古書出版部

出版部 行

ご住所 〒 TEL	
お名前（ふりがな）	年齢 歳
Eメールアドレス	
ご職業・ご所属	お買上書店名 都 市 府 区 県 郡 書

お願い このハガキは、皆様のご意見を今後の出版の参考にさせていただくことを目的としております。また新刊案内などを随時お送りいたしますので、小社からのDMを希望の方は、連絡先をご記入のうえご投函賜りたく願いあげます。ご記入頂いた個人情報は上記目的以外では使用いたしません。

お買上げ書名

＊以下のアンケートに是非ご協力ください＊

1、ご購入の動機

□書店で見て　□書評を読んで（新聞・雑誌名：　　　　　　　　　　　　）
□広告を見て（新聞・雑誌名：　　　　　　　　　　　　　　　　　　　　）
□（　　　　　　　　　）さんの推せん　　□ダイレクトメール
□その他（　　　　　　　　　　　　　　　　　　　　　　　　　　　　　）

2、ご意見・ご感想をご自由にお聞かせください。

、機会があれば、ご意見・ご感想を新聞・雑誌・広告・小社ホームページなどに掲載してもよろしいでしょうか？

□はい　□匿名掲載　□いいえ

ありがとうございました。

【注】
2まで宗因筆、3は維舟自筆。⑥口絵2参照。

5 延宝六年歳旦発句懐紙

【成　立】延宝六年正月
【所　蔵】個人

延宝六午年
　歳旦
1 あらたなり万の言の葉今朝の春　宗因
　誹諧
2 万民申すあつぱれ御年候世

6 延宝九年歳旦和歌発句懐紙

【成　立】延宝九年正月
【所　蔵】個人

　歳旦
1 雪をうけて袂ゆたけし民の春　宗因
2 我年やこれにそはれる門の松　宗春
　歳暮
3 こしかたはのどかにてはやし年の暮　因
　誹歳暮
4 予が年の大暮きらふ時分にあらず
　試筆
5 けさみれば伊駒の梢みよしの丶
春をこめてもたつ霞哉
　初会とて所望
6 年玉や庭にこざゝにふるじやまで
梅の盛に兼約

7 ちかゝりき枕上庾嶺春之風

夢にみしかば、古今の歌

老後即事

8 おく歯には何を歎くぞ川柳

おどりの古歌にて候

【注】

⑥口絵6参照。

7 延宝九年歳旦発句懐紙

【成　立】延宝九年正月

【所　蔵】柿衞文庫

元日

1 雪をうけて袂ゆたけし民の春　宗因

歳暮

2 こしかたはのどかにてはやしとしのくれ

同誹諧

3 予が年の大暮きらふ時分にあらず

老人即事

4 おく歯にはなにをなげくぞ河柳

句懐紙

1 「みそなはせ」発句懐紙

【成　立】寛文二年冬

【所　蔵】個人

江戸

天神喜見院興行

1 みそなはせ外にはあふぐ神無月

2 峰の雪さやは待こし朝曇

3 霜の花に野は又ひとつ草ば哉

4 たまれ雪そをだに後の花葎
5 庭におふる松としつもれ世々の雪
6 凌こし雪にめでけり庭の松

加州本田安房殿

7 庭や是うつし越路の雪の山
8 夜舟さす跡さへみゆる氷哉
9 庭はしばし朝清めすな玉霰
10 色々にみしより雪の花野哉
11 音清し真木の板屋の朝時雨

【注】
⑤口絵2参照。

2「あふぎ見ん」発句懐紙

【成　立】寛文三年八月
【所　蔵】個人

太宰府にまうで、

1 あふぎ見ん空がくれせし松の月　宗因

箱崎にて

2 はこざきや松をのこして霧海

3「すりこ木も」三物懐紙

【成　立】寛文九年九月頃
【所　蔵】個人

西国をめぐりし時、ある山寺に四五日ありし。つれぐ\なりければ、独吟誹諧せしに

1 すりこ木も紅葉しにけり唐がらし　西翁
2 田楽ぐしの竹のした露
3 小刀の白きを見れば月ふけて

或人興行せんとて所望に

4 やどれとは御身いかなるひとしぐれ

【注】
⑤口絵3参照。

4「和田のはら」和歌発句懐紙

【成　立】寛文―延宝年間
【所　蔵】個人

播州赤石にて
1 和田のはらはてなきはては在明の
月落かゝる雲の浮浪
柿本廟にて
2 島がくれ猶在明の御影かな
又口ずさびに
3 赤石舟一夜かぎりか朝霧か　宗因

5「月の色や」発句懐紙

【成　立】延宝二年七月頃
【所　蔵】個人

そも〳〵是は播州赤穂郡なにがし寺のそれがしとなのる有。帰命無量のすみ頭巾引かぶり、つとめ行ふひま〳〵には、誹諧の道に赤ゑぼしきて、一座をしむる人、前句所望あり。いなみ野のいなともいはすまじきけしきなれば、明石の海原うな月の夜につきにけり。
1 月の色や杉原一枚はりまがた　西翁

【注】
⑤口絵4参照。

6「風次第」発句懐紙

【成　立】延宝三年五月頃
【所　蔵】個人

江戸へ下りし時、爰かしこにてたしかなるやどりもさだめざりしに、旧友従古といふかたよりたづねきたりけるに、申つかはしける。

1 風次第居尻さだめぬほたるかな　梅翁

7「根やのこる」発句懐紙

【成　立】延宝四年
【所　蔵】個人

ひととせ、鎌倉一見せしに、源家三代・北条九代のいにしへおもひやられて

1 根やのこる玉まく葛のつるが岡　宗因

なめり川にて、青砥氏が金言おもひいで、

2 蛍火は百がものありなめり河

江戸より送りし人、三吟し侍しに

3 よれくまん両馬があひに磯清水

【注】

⑥口絵3参照。

8「此山の」発句懐紙

【成　立】延宝四年十一月
【所　蔵】神宮文庫『〔宗因発句〕』

朝熊嵩にて　宗因

1 此山の雪にぞありける富士の嶽

誹諧

2 嵩なれやくもる炭がま風呂屋敷

9「すき鍬や」表八句懐紙

【成　立】延宝七年以前春
【所　蔵】柿衞文庫

摂州打出村、吉田五郎兵衛重吉亭にて

1 すき鍬やいづれも田子の打出村　梅翁
2 めぐむ芦屋につづく浜端　重吉
3 殿の御意あまねく波ものどかにて　以仙
4 取わけ声もたつ諷初　政長
5 鶏も上吉日や知ぬらん　光如
6 月もま白な関の杉原　梅翁
7 露ほどもくもらぬ刀ぬぐひたて　政長
8 放下の手品めぐる秋風　以仙

おなじ時、又

9 春雨やすはかくれ蓑うちで村　翁

10「神風や」発句懐紙

【成　立】延宝七年六月
【所　蔵】個人

伊勢山田衆杉村氏光治は、誹諧に心ざしふかく、予参宮のついでに内宮に久しく旅居のほど、たび〳〵心づかひあさからず。発句所望有し時は、水無月晦日なりければ

1 神風やなごしの波もてん〳〵てん　梅翁

【注】
⑥口絵4参照。

11「ちりうせぬ」発句懐紙

【成　立】延宝九年三月
【出　典】『思文閣墨蹟資料目録』昭和五十三年七月

洛陽当風の好士玉柳、これをいだして、是になにゝてもと有し時は、延宝九年やよひばかりなりけり。

1 ちりうせぬ筆のためしや松の春

誹諧

2 にほひの句あるじのこのむ木なりけり

七十七歳宗因

12「よしあしの」三物懐紙

【成　立】年次未詳
【所　蔵】個人

筑後柳川好士吉田氏上洛の次、於草庵

1 よしあしの言の葉種や浦の春　重正
2 出さ入さの霞む江の舟　宗因
3 蜑衣うらゝかげなる雨晴て　宗春

【注】

2まで宗因筆、3は宗春筆。「吉田弾右衛門上洛之刻興行」と詞書する里村昌程・昌陸・昌純の連歌発句各一句を各筆により書した連歌懐紙幅と対になる掛幅。

13「おもひこめて」発句和歌懐紙

【成　立】年次未詳
【出　典】『思文閣墨蹟資料目録』昭和五十五年二月

一通亭興行　　　　宗因

1 おもひこめてみるや春秋冬の草

餞別に

2 たのまれぬ老の身ながらわかれぢは
ちぎるならひの行すゑの空

14「難波津に」発句脇懐紙

【成　立】年次未詳
【出　典】個人

こゝに、国所いよ簾のすき人あり。なには津の塩ぐちたる梅ぼうしをしたひて、山海万里が心ざしふかし。文のはしに発句を送られし、すてがたくおぼえて、脇をしかきつけてつかはしける。

1 難波津にさくやひろむる梅ぼうし　画水
2 どうきかれたぞうぐひすの声　梅翁

15「花たちばな」発句懐紙

【成　立】年次未詳
【出　典】『書跡文藻堂書画目録』平成三年十二月

一鴎の家に年久しく伝来の人麿の御影、たぐひまれなる名筆とみえたり。しかも立像のめづらしく、有がたく拝したてまつるついでに

1 花たちばな古今のあいだに芬々たり　梅翁

16「時に御状」発句懐紙

【成　立】年次未詳
【所　蔵】個人

九州松浦山のほとりに無類の作者あり。鳥居氏なにがしとなん。今又東国にうつりいまして、むさし野の風をうかゞひ、檀林のちりひぢもみつゆびにこそとおもひやらる。とし比心ざしふかく、おりからたより有しに申をくりける。

1 時に御状きたれる事あり雁の声　梅翁子

画　賛

1百椿図

【成　立】寛文―延宝年間
【所　蔵】根津美術館

1 玉つばきむらごににほふ夕日哉　　宗因

【注　】
明石藩主松平忠国・信之父子の発注にかかる伝狩野山楽筆の椿図巻に、近世初期文人が自詠自筆の歌句を寄せたもののうち。

2水辺柳自画賛

【成　立】年次未詳
【所　蔵】個人

1 袖ひちてかはくもおしき清水哉　　宗因

【注　】
伝宗因自画の水辺柳画賛。

3芦葉達磨自画賛

【成　立】寛文年間
【所　蔵】個人

如何是初祖、清濁一河のながれ、御免候へかくばかり

1 しげり芦に乗しやもとは浮蔵主　西翁敬書

【注】
伝宗因自画の芦葉達磨画賛。

4　布袋美人若衆図賛

【成　立】寛文年間
【所　蔵】福岡市博物館吉川観方コレクション

1 世中や花色ぞめのだん袋
2 頸すぢにとりつきかつらの色も香も
さらりさんさとすて坊主也　　西（花押）

【注】
等哲筆の布袋と美人と若衆図賛。⑥口絵1参照。

5　伊勢神楽画賛

【成　立】延宝元年十一月
【所　蔵】柿衞文庫

太神宮奉納誹諧独吟

1 篠うたふ五盃機嫌や伊勢神楽　　梅翁子
2 みもすそ河の波の寒声
3 友千鳥ちりや千世〳〵八千代へて

【注】
筆者不明の烏帽子・中啓・神楽鈴画賛。⑤口絵5参照。

6　莨葉画賛

【成　立】延宝―天和年間
【所　蔵】内藤記念くすり博物館大同薬室文庫

1 ふしておもひおきひとつほし若たばこ

梅花翁（花押）

【注】

正甫筆莨葉画賛。

7 花見西行偃息図賛

【成　立】延宝―天和年間

【所　蔵】柿衛文庫

かくれもなき法師すがたと見奉りて

1 ながむとて花にもいたし首の骨　梅翁

【注】

西鶴筆の西行横臥図賛。

8 西行鴫立沢図賛

【成　立】延宝―天和年間

【出　典】『書跡文藻堂書画目録』平成九年十二月

こゝろなき身にもあはれはしられけり

鴫たつ沢の秋の夕ぐれ

1 秋は此法師すがたのゆふべ哉　梅翁子

【注】

筆者不明の飛び立つ鴫を見つめる西行座像賛。

9 楊梅自画賛

【成　立】延宝—天和年間
【所　蔵】柿衞文庫

1 なんにもはや山もゝの実むかし口　野梅子

【注】
伝宗因自画の楊梅画賛。⑤口絵6参照。

資料解題

資料解題凡例

一、本全集に翻刻収録した作品・資料の全底本の解題について、書名の五十音順に配列して収録する。ただし、図録・翻刻を底本とした場合、その解題は省略した。また、対校本のうち特に重要な資料については、適宜、関連する底本の解題中で言及した。

一、解題には、底本の名称を掲げたあと、その読み、資料種別、刊写の別・書型・冊数、編著者、序跋者名および序跋年次、所蔵者、資料の概要、翻刻および影印情報を記した。

一、写本の場合にあっては、書写年代および書写者名を、刊本の場合にあっては、刊年および書肆名を付記した。年代を推定する場合は、担当者の判断に従って〔　〕で括ってこれを示した。

一、写本のうち、特に宗因自筆本等の重要資料については、料紙、表紙、外題・内題、奥書等の情報も適宜注記した。

一、本全集各巻所収資料との対応を示す場合は、次の要領で巻数および資料番号を注記した。

(①発句集2)　↓第一巻連歌篇一　発句集2＝宗因発句帳

(⑤西山家肖像1)↓第五巻伝記・研究篇　西山家　肖像1＝歌仙大坂俳諧師

(⑥補訂連歌1)　↓第六巻解題・索引篇　補訂　連歌1＝明石千句

明石浦人丸社千句《あかしうらひとまるしゃせんく》 連歌千句。写横一。宗因・信之ほか著。〔江戸前期〕写。綴葉装。料紙、楮紙打紙。紺地に金砂子・金箔で雲霞、金泥で草花を描いた装飾表紙。表紙中央題簽「明石千句連哥」は宗因筆。早稲田大学図書館雲英文庫蔵。永田文庫・紫水文庫・中村俊定文庫旧蔵。寛文十二年正月十七日―二十一日興行。明石藩主松平信之の当厄祈祷として興行された、明石浦人丸社法楽の連歌千句（⑥補訂連歌1）。

赤石山庄記《あかしさんしょうき》 一名「明石山庄記」「神出別荘記」。紀行。写巻一。宗因著。寛文十二年頃宗因写。奥書「此道之好士依二所望一、染二老筆一者也。 西（花押）」。柿衞文庫蔵。本文末尾に「時に寛文十二年十二月はじめになむ」とあるが、明石藩主松平信之献上本と推測される天理図書館綿屋文庫蔵の宗因自筆『明石山庄記』に「時に寛文十一年十二月はじめになむ」とあることにより、寛文十一年十二月の成立。信之の鷹狩に相伴して訪れた明石郡神出庄の山荘一帯の風雅と風光を愛でた文章に、明石八景題の連歌発句を添える。他の宗因自筆別本に『上方俳星遺芳』掲載の河本紫香氏蔵『神出別荘記』（⑥補訂文章3）がある。図録『宗因から芭蕉へ―西山宗因生誕四百年記念』に影印所収。

明石山庄記《あかしさんしょうき》 一名「赤石山庄記」「神出別荘記」。紀行。写巻一。宗因著。寛文十一年頃宗因写。奥書「右、或人依二所望一染二老筆一。 西翁（花押）」。天理図書館綿屋文庫蔵。明石藩主松平信之の鷹狩に相伴して訪れた明石郡神出庄の山荘一帯の風雅と風光を愛でた文章に、明石八景題の連歌発句を添える。綿屋文庫本は信之献上本か。宗因自筆別本に柿衞文庫蔵『赤石山庄記』および『上方俳星遺芳』掲載の河本紫香氏蔵『神出別荘記』（⑥補訂文章3）がある。俳書集成25および図録『宗因から芭蕉へ―西山宗因生誕四百年記念』に影印所収。

蛙井集《あせいしゅう》 俳諧撰集。刊中五。清勝撰。寛文十一年大坂近江屋次郎右衛門刊。自序。自跋。龍谷大学図書館写字台文庫に完本蔵。巻一から巻四までは四季類題別の諸家発句集、巻五は「花之付句之事」以下十七条にわたって付句を例示した俳諧式目作法。「西翁」号で、宗因俳諧発句三十六句入集。

あひるなべ《あひるなべ》 書簡集。写半十八。竹清編。天理図書館蔵。昭和二十六年から二十八年にかかる三村竹清宛諸家自筆来簡集。第三冊所載の昭和二十六年五月十五日付竹清宛咄斎書簡のなかに、咄斎蔵の「西山宗因尺牘」（延宝七年七月六日付岡山為右衛門宛宗因書簡、④書簡13）を抄録する。

綾錦《あやにしき》　俳諧系譜。刊半三。沾涼編。享保十七年江戸西村源六ほか刊。同十六年自序。卜宅跋。天理図書館綿屋文庫ほか蔵。宗鑑・貞徳・守武から当代にいたる俳諧宗匠の系譜を示し、俳諧発句を収録する。俳諧叢書3・普及版俳書大系31に翻刻所収。

生玉万句《いくだままんく》　俳諧万句。刊横一。鶴永（西鶴）編。大坂板本安兵衛刊。寛文十三年奥。現存唯一の天理図書館綿屋文庫本は外題を欠き、書名は旧蔵者知足の蔵書目録による。寛文十三年春、大坂生玉社南坊（法案寺）で催された西鶴主催の万句から、各百韻の第三までと追加の鶴永・方由（元順）・西翁（宗因）の唱和（③連句30）、付録として諸家から寄せられた発句五十三句を上梓したもの。天理図書館善本叢書39に影印所収、定本西鶴全集10・古典俳文学大系3に翻刻所収。

以春百韻《いしゅんひゃくいん》　連歌百韻。写横一。以春著。〔江戸前期〕写。天理図書館綿屋文庫蔵。和露文庫旧蔵。宗因・祖白・昌程評点の以春独吟「夏の夜は」連歌百韻（④評点連歌6）を収め、巻末に延宝三年三月祖白奥「清濁紹巴相伝分」を付す。

伊勢神楽《いせかぐら》　俳諧百韻。写大一。宗因著。潁原謙三写。巻頭識語は潁原退蔵筆。京都大学文学研究科潁原文庫蔵。三村竹清蔵本を影写した木村仙秀蔵本の転写本。竹清蔵本の依拠本は宗因自筆本と推測されるという。延宝元年十月興行の西翁（宗因）独吟「さゝうたふ」俳諧百韻（③連句32）を収め、巻末に延宝二年歳旦ほか宗因俳諧発句四句（⑥補訂小発句集3）を添える。

伊勢道中句懐紙《いせどうちゅうくかいし》　句日記。写幅一。宗因著。〔寛文十三年頃〕宗因写。早稲田大学図書館雲英文庫蔵。寛文十三年秋の伊勢・松坂下向中に成った連歌発句九句を書き留めた宗因自筆の懐紙（④句日記3）。尾崎千佳「宗因の伊勢道中句懐紙」（『会報大阪俳文学研究会』38）に影印・翻刻所収。

伊勢内宮長官氏富家千句《いせないくうちょうかんうじとみけせんく》　一名「延宝

千句」。連歌千句。写横一。氏富ほか著。延宝七年宗因写。料紙楮紙。題簽「伊勢内宮長官氏富家千句」（宗因自筆）。奥書「延宝七年初冬、染二七十五歳禿筆一、吉村允哉随二所望一者也。西山翁宗因（花押）」。延宝七年七月二十五日―二十七日興行。柿衞文庫蔵。宗因伊勢滞在中、内宮長官荒木田氏富邸で興行された連歌千句。内宮・外宮の神官や松坂衆岡山俊正等が出座。

一夜庵建立縁起《いちやあんこんりゅうえんぎ》　俳諧撰集。刊半一。惟中撰。延宝九年大坂本屋平兵衛愚常刊。天理図書館綿屋文庫蔵。讃岐国観音寺の興昌寺に宗鑑ゆかりの一夜庵を再興した折の記念集。巻首に「宗鑑法師一夜庵建立之縁起」として惟中の来由状、宗因の願文、宗鑑の同寺釈迦堂再興勧進帳を掲げ、ついで延宝九年八月二十四日興行の一時軒（惟中）・宗実（興昌寺前無妄庵主）・梅翁（宗因）等二十七名による百韻（③連句98）、追加として梅翁発句による一時軒の脇起独吟歌仙を収録。惟中・宗因・宗鑑の来由状・願文・勧進帳は各自筆の巻子が同寺に伝わり、宗因自筆巻子の末には二十四名の自筆献納発句が記されている。なお、季吟が貞享元年四月十三日に記した「一夜庵再興賛」と題する自筆巻子本も伝わる（柿衞文庫蔵、⑤雑抄1）。俳書集成19に影印所収、古典文庫193には版本翻刻とともに自筆巻子との異同も記される。

厳島大明神法楽連歌三百韻《いつくしまだいみょうじんほうらくれんがさんびゃくいん》　連歌百韻集。写中一。正方・宗因著。穎原退蔵写。京都大学文学研究科穎原文庫蔵。厳島神社野坂家蔵本の写か。正保二年六月二日―四日に興行された正方・宗因両吟連歌百韻三巻を収める。

氏富卿日記《うじとみきょうにっき》　記録。写大三十五。氏富著。江戸前期写。神宮文庫蔵。伊勢内宮長官荒木田氏富が公私の出来事を執筆させた慶安元年から貞享四年までの日記。宗因書簡（④書簡4 12 14 15 18 19 20）および宗因宛書簡（⑤記録7）を豊富に含み、寛文末年から晩年にいたる宗因伝記資料としてきわめて重要。

うちくもり砥《うちぐもりと》　俳諧撰集。刊大一。秋風撰。天和二年季吟序。任口跋。天理図書館綿屋文庫蔵。宗因・常矩の追善集。前半に「鳴滝颪」と前書のある宗因の独吟歌仙（③連句100）、秋風の独吟歌仙、秋風・常矩の両吟歌仙（二十八句目まで）の三巻、後半に京都の諸俳人による追善句を収録。なお、宗因の独吟歌仙には、自筆の巻子本「誹諧歌仙」（綿屋文庫蔵）があり（③連句99）、四句目まで共通するが、五句目以降はまったく異なる。書名は、秋風の住む辺の鳴滝山から産出する砥石に因んだもの。俳書叢刊3に翻刻所収。

延宝五年仲秋　於北野三吟連歌《えんぽうごねんちゅうしゅううきたのさんぎんれんが》　連歌百韻。写横一。〔江戸前期〕写。延宝五年八月興行の能順・随珍・能通三吟連歌百韻宗因評点巻に、浅井政右が注釈を添えたもの（④評点連歌7）。宗因点および政右注釈は朱筆。小松天満宮北畠家蔵。能順・随珍・能通は北野宮仕で、能順は加賀小松の梯天神社別当も兼務していた。浅井源左衛門政右は加賀藩士で能順と親しく交わった連歌好士。棚町知弥「宗因点『延宝五年仲秋　北野三吟連歌』」（『近世文芸資料と考証』X）に翻刻所収。

奥州一見道中《おうしゅういっけんどうちゅう》　句日記。写巻一。宗因著。〔江戸前期〕写。内題「奥州一見道中」、内題下に「宗因」と署記。国文学研究資料館蔵。寛文二年の奥州下向道中に成った連歌・俳諧の発句三十八句（④句日記2）を録する。

奥州塩竃記《おうしゅうしおがまき》　紀行。写巻一。宗因著。寛文八年宗因写。料紙、布目地と各種紋様を刷り出した鳥の子を交互に継ぐ。奥書「或人依二所望一、染二老筆一者也。寛文八年季秋　有芳庵宗因（花押）」。表紙見返貼紙に「光之公より仙光院様江被レ進軸物歟。宗恩は連歌師也。此巻物仙光院様へ被レ進候はたしかならず候へども、光之公御賞翫の一巻之由相伝ふる也」と墨書し、福岡藩主黒田光之の遺愛の品と伝える。福岡市東長寺蔵。承応二年成「美作道日記」（④紀行3）・寛文三年成「奥州塩竃記」（④紀行6）・明暦二年成「有芳庵記」（④句文・歌文・雑3）を同一の巻子本に宗因みずから浄書した献上本。白石悌三「西日本俳諧資料散歩㈠」（『近世文芸資料と考証』Ⅰ）に翻刻所収、熊本文化研究叢書4『西山宗因自筆資料集』に影印所収。

大坂独吟集《おおざかどくぎんしゅう》　連句集。刊横二。書肆編。延宝三年京都村上平楽寺刊。表紙左肩題簽「大坂独吟集西山宗因点取十百韻上(下)」。目録題「大坂独吟集西山宗因批判十百句」。国会図書館ほか刊。宗因評点の独吟俳諧百韻十巻を収める。作者は全員大坂の人で、幾音・素玄・三昌・意楽・鶴永（西鶴）・由平・未学・悦春・重安の九人。宗因評点の時期は寛文―延宝期にわたる（④評点俳諧9 12 13 14 15 16 17 18 19 20）。書肆が成立・加点時期の異なる宗因評点巻を取り集め、新興俳壇「大坂」と「宗因」の名を書名に謳って刊行した書で、夥しく版を重ねた。近世文学資料類従古俳諧編29に影印所収、普及版俳書大系15・古典俳文学大系3・新日本古典文学大系69に翻刻所収。

岳西惟中吟西山梅翁判十百韻《おかにしいちゅうぎんにしやまばいおうはんとっぴゃくいん》　連句集。刊写横零一。惟中著。延宝四年刊か。石田元季写。延宝四年自序。天理図書館綿屋文庫蔵。石田文庫旧蔵。宗因評点の惟中独吟俳諧千句（④評点俳諧21）のうち、前半五巻分の新写本のみ存。

阿蘭陀丸二番船《おらんだまるにばんぶね》　俳諧撰集。刊横二。宗円編。自序。延宝八年自跋。上巻は個人蔵、下巻は東京大学総合図書館竹冷文庫蔵。上巻に諸家四季発句・付句（③付句18）と宗因独吟「なんにもはや」俳諧百韻（③連句89）、下巻に雑以下の諸家付句（③付句18）と宗因独吟「今筑波や」俳諧百韻（③連句95）・「蚊柱や」俳諧百韻（③連句36）を収める。宗円自序に「今の俳風、老師の頓作名句のながれ、天下にみちてさかん也」と述べ、宗因流俳諧の隆盛を謳う。古典俳文学大系4に翻刻所収。

温故日録《おんこにちろく》　連歌作法書。刊大四。友春編。延宝四年刊。自序。宗因跋（④句文・歌文・雑6）。真珠庵（如泉）跋。天理図書館綿屋文庫ほか蔵。連歌四季詞の解説書。連歌新式に定めがなく諸説混乱した語については、宗因の助言に従って昌程説を採用したという。島居清「温故日録」（『親和女子大学研究論叢』1―6）に翻刻所収。

家塵《かじん》　一名「楓園家塵」。記録。写横二百三十一。直條著。〔江戸前中期〕直條写。祐徳博物館中川文庫蔵。肥前鹿島藩四代藩主鍋島直條の生涯にわたる文事の記録。巻第九に正方・吉真・宗因三吟「鴬よ」百韻（②33）、巻第十一に『正方・宗因両吟千句』（①千句1）の各巻三物、巻第百七十五に宗因和歌（④和歌3）、巻第百七十八に宗因俳諧発句（⑤記録10）、巻第百七十九に夢想の宗因和歌・連歌発句（⑤記録10）、巻第百八十および巻第百二十八に宗因連歌発句各一句（⑤記録10）を含む。

歌仙《かせん》　連句集。写半一。〔江戸中期〕写。西翁（宗因）ほか著。外題、墨書枠中に「哥仙　全」。唐津市立近代図書館岸田文書蔵。肥前滞在中に宗因の残した墨蹟類から独吟や一座した連句などを書き留めたもの。宗因独吟俳諧百韻四巻（③連句5 12 16 27）、如自との両吟百韻一巻（③連句21）、素質等との五吟百韻一巻（③連句28）、作者不明点取百韻一巻（宗因加点か）の七巻を収録。このうち五巻は『宗因千句』や『宗因後五百韻』に収録されるが、それら版本とは別の祖本によったらしく、本文に異同が認められる。また、如自との両吟「やとれとの」百韻（③連句21）は他に伝本がなく貴重だが、脱落や誤写があって忠実な書写態度でないのが惜しまれる。関澤智子「宗因佐賀来遊時の一資料」（『語文研究』77）に翻刻所収。

歌仙大坂俳諧師《かせんおおざかはいかいし》　俳諧撰集。刊大一。西鶴撰。題簽「哥仙大坂俳諧師」。延宝元年序刊。天理図書館綿屋文庫蔵。歌仙絵の形式にならって大坂の俳諧師三十六名を左右につがえ、各俳諧師の肖像を描くとともに、その上部に各人の真蹟を模刻した俳諧発句を掲げる。一番左は大坂俳壇の古老空存、宗因はその右座に据えられる（⑤西山家肖像1）。稀書複製会叢書9に覆刻所収、定本西鶴全集10に翻刻所収。

歌仙ぞろへ《かせんぞろえ》　連句集。刊横一。元隣編。自序。東京大学総合図書館竹冷文庫蔵。季吟・宗因・維舟（重頼）・玖也による磐城平飯野八幡宮奉納の独吟歌仙四巻に、元隣の独吟歌仙四巻と七十二候一巻を付して上梓したもの。季吟の一巻には「寛文六年正月三日」、玖也の一巻には「寛文五仲秋日」の日付があるが、刊行時期は明確でない。普及版俳書大系14・俳書集覧2に翻刻所収。

加藤正方遺品覚《かとうまさかたいひんおぼえ》　一名「加藤風庵遺品覚」。目録。写巻二。慶安元年写。八代市立博物館未来の森ミュージアム蔵。広島加藤家旧蔵。加藤正方の没後、芸州浅野家に仕えた正方養子清九郎の子孫に伝来。慶安元年九月二十三日、広島で病没した正方の遺品分けにかかる目録。金銀と道具の目録に分かれ、正方が牢人となって以後も強大な経済力を有していたことが知られる。「小判三両」として「西山宗因」の名も見える（⑥補訂加藤正方関係資料3）。図録『八代城主・加藤正方の遺産』に影印所収。

加藤正方広島下向記《かとうまさかたひろしまげこうき》　紀行。写巻一。正方著。〔江戸前期〕写。八代市立博物館未来の森ミュージアム蔵。浅野光晨お預けの処分を受けた加藤正方が、寛永二十一年九月、京都から広島に下向するまでの心情を綴った紀行（⑥補訂加藤正方関係資料2）。宗因は難波津まで同道、『正方送別歌文』（④句文・歌文・雑1）を呈して正方の出船を見送ったが、本書の原本はそれに対する返答として宗因に送られたと思しく、巻末に「正方」の署名と「宗因法師」の宛名がある。本書の筆跡は正方とも宗因とも異なり、正方から宗因に贈られた原本を宗因周辺の何人かが書き写した一本か。図録『八代城主・加藤正方の遺産』に影印所収。なお、対校本に用いた宗因筆『加藤正方広島下向記』断簡は、宗因自筆『正方送別歌文』未装楮紙一葉（⑥補訂加藤正方関係資料1）と同一体裁の楮紙二葉に認められたもので、八代市立博物館本とは本文に若干の異同がある。

蚊柱百句《かばしらひゃっく》　俳諧百韻。刊横一。西翁（宗因）著。題簽「西山宗因蚊柱百句」。内題「西山西翁百句」。自序（前書）・自跋（後書）。祐徳博物館中川文庫蔵。寛文十三年夏、宗因が詠んだ独吟百韻を上梓したもの。貞門俳諧では忌避された無心所着体を大胆に導入した作風で、貞門旧派側の去法師が『しぶうちわ』（延宝二年三月序、⑤俳論抄・雑抄『蚊柱百句』論難書1）を述作・刊行して攻撃、談林・貞門両派の論争をひき起こすことになった。諸本には、自筆巻子本「蚊柱百韻」（綿屋文庫蔵）のほかに『宗因五百句』所収本、それを復刻収録した『新続独吟集』所収本、俳諧書留『ふみはたから』（洒竹文庫蔵）所収本（「延宝元年丑十月吉日」奥）がある。近世文学資料類従古俳諧編28に影印所収、古典俳文学大系4に翻刻所収。自筆本は俳書集成25に影印所収。

寛永十年正月二十日山何連歌《かんえいじゅうねんしょうがつはつかやまなにれんが》　連歌百韻。写横一。昌琢ほか著。〔江戸前期〕写。外題、表紙左肩に「寛永十年正月廿日連歌」と打付書き。岐阜市立図書館楠堂文庫蔵。元和—寛永期の昌琢宗匠連歌百韻十三巻を収める。「豊一」名で宗因が出座した、寛永元年八月二十八日興行「いざ爰に」百韻（②12）、同三年二月六日興行「さそひ行」百韻（②17）、同五年七月二十九日興行「松の声」百韻（②27）を含む。

季吟十会集《きぎんじっかいしゅう》　連句集。刊横一。季吟編。寛文十二年京都長尾平兵衛刊。天理図書館綿屋文庫・柿衛文庫・祐徳博物館中川文庫蔵。寛文五年から十二年にかけて季吟が一座した、東本願寺の白話等との十二吟、奈良御祭馬を見た折の政令等との七吟、竹瑞興行の十吟、銀座尚光興行の十二吟、井狩友静興行の九吟、埋忠重義興行の十二吟、三井祐俊等との夢想十吟、友静亭夜会の十一吟、酒家宗英興行の十吟、香具屋浄治興行の十吟の俳諧百韻十巻を収録。最後の一巻は京都霊山重阿弥で催され、西翁（宗因）等大坂連中や伏見の任口が参加している（③連句15）。俳書集成15に影印所収。

季吟廿会集《きぎんにじっかいしゅう》 連句集。刊横二。季吟編。延宝四年京都中村七兵衛刊。天理図書館綿屋文庫・柿衛文庫蔵。『季吟十会集』の続集で、寛文四年から延宝三年までに季吟が一座した百韻二十巻と独吟百韻二巻を収録。巻頭は東本願寺東泰院七回忌に白話等が興行した十吟、二巻目は寛文五年六月に並河検校順正が興行した九吟で、西翁（宗因）も出座（③連句13）。ほかには、延宝二年霜月、上京中の信章（素堂）が興行した九吟、万治二年九月、古今伝授を受けた竟宴に興行した蔦（妙法院尭然法親王）ほかとの十吟、巻軸は寛文十三年二月十三日、貞室翁一七日追悼の独吟。俳書集成15に影印所収。なお、順正興行巻を含む三巻が『季吟興行之巻』（延宝二年頃写、横一、中京大学図書館蔵）にも収められる。

北嶋江庵宛宗因書簡《きたじまごうあんあてそういんしょかん》 書簡。写軸一。宗因著。〔延宝九年〕宗因写。柿衛文庫蔵。江庵は、肥後熊本加藤家侍医北島宗宅の男で、書家北島雪山の兄。寛文九年九月、長崎で再会した宗因と江庵は、「ありし世は」百韻（②92）および「ことそへて」百韻（②91）の連歌百韻二巻を成就している。宗因最晩年の動静と心境を伝える点で貴重。⑤口絵10参照。図録『宗因から芭蕉へ―西山宗因生誕四百年記念』および熊本文化研究叢書4『西山宗因自筆資料集』に影印所収。

北野社関係連歌懐紙《きたのしゃかんけいれんがかいし》 連歌百韻。写。料紙、薄手鳥の子。懐紙裏面を白紙としたいわゆる裏白連歌。筑波大学附属図書館蔵。北野社年頭恒例連歌の懐紙で、弘治―寛永年間の原懐紙が現存する。元和十年正月三日興行「梅は春に」百韻（②11）・寛永二年正月三日興行「春をうる」百韻（②13）・同四年正月三日興行「木々は皆」百韻（②22）に、「豊一」名で宗因出座。

銀葉夷歌集《ぎんよういかしゅう》　狂歌撰集。刊半五。行風撰。延宝七年大坂伊勢屋山右衛門刊。延宝六年自序。柿衛文庫ほか蔵。巻第十釈教に「西翁」号で宗因狂歌一首入集（④狂歌5）。「作者之目録」の「摂津大坂并所々」に「同（天満）西山氏　西翁一々（首）」とする。狂歌大観に翻刻所収。

近来俳諧風体抄《きんらいはいかいふうていしょう》　俳論。刊横三。惟中著。大坂深江屋太郎兵衛刊。吾匏翁序。延宝七年梅林逸人跋。東京大学総合図書館洒竹文庫蔵。書名は二条良基『近来風体抄』にちなむ。談林俳諧を理論的に位置づけるべく、宗因をはじめとする俳諧宗匠の教えを惟中が体系化した書。「梅翁」号で宗因俳諧発句十一句・付句七句（③付句17）入集。宗因逸話を多く含む（⑤同時代俳書抜抄12）。古典文庫193に翻刻所収。

草枕《くさまくら》　連句集。刊横二。旨恕編。自序。跋および刊記、不明。現存唯一の天理図書館綿屋文庫蔵本は上巻のみの零本。続集『難波風』（延宝六年）の序により、その二年前（延宝四年）のもので、歌仙二十巻を収めることが知れる。現存の上巻には、梅翁（宗因）との両吟（③連句50）を巻頭に、旨恕が元順・西鶴・季吟・湖春・信章（素堂）等と一座した九巻を収録。定本西鶴全集13に西鶴出座の歌仙二巻のみ翻刻所収。

葛の葉《くずのは》　俳諧撰集。刊半一。孤舟撰。寛政元年八月石丈道人序。念四房跋。京都大学文学研究科潁原文庫蔵。寛政元年八月、孤舟が吉野山本禅院に宗因句碑を建立した際の記念集。

雲喰ひ《くもくらい》　俳諧作法書・付句集。刊横三。西国編。延宝八年大坂深江屋太郎兵衛刊。延宝八年自序。天理図書館綿屋文庫蔵。談林の俳諧作法を説いた「俳諧面壁」（上巻）、俳諧用語集「詞ノ筋」（中巻）、談林諸家付句集「当風抜句」（下巻）の三巻より成る。「俳諧面壁」に延宝七年夏に成就した西国・梅翁（宗因）の俳諧唱和（③連句88）、「当風抜句」に「西山梅翁」号による宗因付句九句（③付句19）を含む。古典俳文学大系4に翻刻所収。

黒田新続家譜《くろだしんぞくかふ》　記録。写半十五。〔江戸後期〕写。福岡藩三代藩主黒田光之・同四代藩主綱政の代、承応三年から正徳元年までの黒田家記録。東京大学総合図書館蔵。光之記三、光之四十二歳の寛文九年条に宗因記事を含む（⑤記録5）。

見花数奇《けんかずき》　連句集。刊半一。西国編。延宝七年大坂深江屋太郎兵衛刊。題簽「俳諧十歌仙見花数寄松葉軒西国両吟」。内題「見花数寄」。延宝七年自序。その左余白に作者十名の名を列挙。天理図書館綿屋文庫蔵。日田の西国が上坂して師西鶴をはじめ、由平・遠舟・惟中・益翁・元順等と両吟した歌仙十巻に、梅翁の草庵を訪ねた折の挨拶吟とそれに和した梅翁脇（③連句88）を追加し、上梓したもの。初版本のほかに京都井筒屋庄兵衛が再版した横本一冊（重徳版下、新潟大学附属図書館佐野文庫蔵）もあり、少なからぬ異同が認められる。『年刊西鶴研究』復刊2・俳書集成19に影印所収。

玄的時代連歌《げんてきじだいれんが》　連歌百韻集。写横一。〔江戸後期〕写。朱筆書き入れ長昌筆。大阪天満宮御文庫蔵。玄的時代の連歌百韻七巻を収める。慶安二年以前冬興行の玄的・宗因両吟「日々にうとき」百韻（②68）、年次未詳の宗因独吟「時しあれや」百韻（②120）、慶安元年五月興行の正方・宗因両吟「しのぶ世も」百韻（②65）を含む。

玄的時代連歌千弐百《げんてきじだいれんがせんにひゃく》　連歌百韻集。写横一。〔江戸後期〕延宗写。大阪天満宮御文庫蔵。岡延宗奉納本。寛永期興行の連歌百韻十二巻を収める。寛永十七年春興行「見ばや見し」百韻（②45）、寛永十八年九月三十日興行「おしむとて」百韻（②53）、および、興行年次未詳の宗因・宗軒両吟「ねやの月に」百韻（②119）を含む。

向栄庵記《こうえいあんき》　一名「有芳庵記」「告天満宮文」。句文。写軸一。宗因著。〔江戸前期〕宗因写。本文料紙、奉書紙。表紙左肩に後人の筆で「西山宗因文」と墨書。天理図書館綿屋文庫蔵。明暦二年九月、天満碁盤屋町の宗因私邸向栄庵に入居するにあたって、神明の加護を祈念すべく草した文章。東長寺蔵『有芳庵記』（④句文・歌文・雑3）・桜井慶二郎氏蔵『有芳庵記』（④句文・歌文・雑4）・大阪天満宮御文庫蔵『富士紀行』所収「告天満宮文」（④句文・歌文・雑5）とは異同がある（⑥補訂文章1）。牛見正和「新収西山宗因自筆連歌資料『向栄庵記』」（『ビブリア』129）に影印・翻刻所収。⑤口絵9参照。

後集絵合千百韻《こうしゅうえあわせせんひゃくいん》　連句集。刊横一。高政編。延宝五年京都如輪刊。天理図書館綿屋文庫および愛知県立大学蔵本はともに一冊本だが、『故人俳書目録』などに二冊とある。高政が出座あるいは独吟した六巻等談林派の百韻十一巻を収め、『誹諧絵合』の後集としたもの。巻頭の梅翁（宗因）・高政両吟（③連句64）、葎宿・梅翁・如風・高政の四吟（③連句62）、宗因・弘氏両吟（③連句56）など、宗因への接近が顕著で、ほかに保友・友静・木因等が出座する。

古今夷曲集《ここんいきょくしゅう》　狂歌撰集。刊大四。行風撰。寛文六年安田十兵衛刊。自序。柿衞文庫ほか蔵。巻第六羇旅に宗因狂歌一首入集（④狂歌1）。巻末「作者之目録」の「摂州大坂并所々」に「天満住西山氏宗因一首」とする。狂歌大観・新日本古典文学大系61に翻刻所収。

後撰夷曲集《ごせんいきょくしゅう》　狂歌撰集。刊大七。行風撰。寛文十二年京都西田勝兵衛刊。自跋。柿衞文庫ほか蔵。巻第九雑下および巻第十釈教に宗因狂歌各一首入集（④狂歌234）。巻末「作者之目録」の「大坂并所々」に「同所（天満）宗因二」とする。狂歌大観に翻刻所収。

後撰犬筑波集《ごせんいぬつくばしゅう》　俳諧撰集。刊中四。蘭秀撰。京都井筒屋庄兵衛刊。延宝二年自序。延宝四年頃刊。東京大学総合図書館竹冷文庫蔵。諸家の俳諧発句・付句を四季別に部類する。「梅翁」「梅翁法師」号で、宗因俳諧発句三句・付句七句（③付句7）入集。

五徳《ごとく》　連句集。刊横一。西翁（宗因）ほか著。書名は、阿誰軒編『誹諧書籍目録』に照らし、連衆がほぼ一致するので「五徳」と判明する。京都井筒屋庄兵衛刊（ただし、現存の早稲田大学図書館本の刊記は入木か）。西翁（二巻目以降は梅翁）・西鬼・次末（鳥取住、三巻目は正甫）・西鶴・西随の五吟百韻三巻（③連句72 73 74）を上梓したもの。刊年ははっきりしないが、発句はいずれも春季で、梅翁の付句三組が『物種集』（延宝六年九月刊）に収められることから（③付句14）、延宝六年春の興行か。近世文学資料類従古俳諧編29に影印所収、島居清「五徳―翻刻と解題」（『ビブリア』28）・定本西鶴全集11上に翻刻所収。

於小堀遠州殿独吟四百韻《こぼりえんしゅうどのにおけるどくぎんよんひゃくいん》　連歌百韻集。写半一。宗因著。元禄十二年写。寛永十九年九月三日興行。大阪大学文学研究科含翠堂文庫蔵。小堀遠江守政一の伏見奉行屋敷における宗因独吟百韻四巻（②56 57 58 59）を収める。

古連歌写《これんがうつし》　連歌百韻集。写横一。元禄六年貞恒写。個人蔵。寛永―天和期の連歌百韻十三巻を収める。宗因・祖白両点を得た以春独吟「忍ぶ世の」百韻（⑥補訂評点1）、および、松平信之発句の天和二年五月十七日宗春興行宗因追悼「花散て」百韻（⑥補訂追善1）を含む。

古連歌千六百又四十八句《これんがせんろっぴゃくまたしじゅうはちく》　連歌百韻集。写横一。〔江戸後期〕延宗写。大阪天満宮御文庫蔵。岡延宗奉納本。書名は延宗編『古連歌目録』による。慶長から承応に至る連歌百韻十六巻および宗因独吟「けぶりだに」四十八句（②117）を収める。同四十八句は、興行年次未詳、四十八願になぞらえた立味懐旧連歌。

西翁道之記《さいおうみちのき》　俳諧書留。写横一。〔江戸後期〕由誓写。題簽「西翁道之記并独吟／鎌倉三吟」。宗因（西翁・梅翁）ほか著。早稲田大学図書館蔵。幕末期の俳人豊嶋由誓による筆録で、寛文二年に松島に遊んだ折の「西翁道之記」（④句日記1、③連句8）を巻頭に、『宗因五百句』から百韻三巻（③連句6 25 32）、明石で独吟した「月代や」百韻（③連句34）、肥前作者から送られた歌仙に応えて詠んだ歌仙（③連句22）、再びこれに応えて詠んだ肥前作者の恋歌仙、作者不明の歌仙、梅翁・似春・幽山の「於鎌倉三吟」百韻（③連句45）、「薬鑵屋も」百韻の版本『宗因千句』では省略されている前書と発句のみ（③連句17）を書き留めている。早稲田大学蔵資料影印叢書23・小磯純子「西山宗因の紀行について」（『俳諧と紀行文学』）に翻刻所収。

西鶴大矢数《さいかくおおやかず》　連句集。刊横五。西鶴編。延宝九年大坂深江屋太郎兵衛刊。鬼翁序。自跋。天理図書館綿屋文庫（第一冊のみ）・東京大学総合図書館（萩原乙彦旧蔵写本）・東京大学総合図書館洒竹文庫（仙果写）ほか蔵。延宝八年五月七日、大坂生玉社の南坊（法案寺）で催された西鶴の一昼夜四千句の矢数俳諧を上梓したもの。序についで「大矢数役人」として指合見・脇座執筆等五十五人の名を挙げる。「大矢数第一」の面八句は西鶴・保友・梅翁（宗因）・大鶴・木因（大垣住）・萍々子・孤松・鶴爪で九句目は執筆、以下が西鶴の独吟（③連句97）。近世文学資料類従古俳諧編31に乙彦旧蔵写本の影印所収、普及版俳書大系16・定本西鶴全集11下に翻刻所収。

歳旦和歌連歌懐紙《さいたんわかれんがかいし》　和歌・連歌懐紙。写軸一。宗因ほか著。〔江戸前期〕宗因写。料紙楮紙。八代市立博物館未来の森ミュージアム蔵。宗因が大坂天満宮連歌所宗匠に就任して間もない時期の歳旦懐紙。宗因および大坂天満宮社人に天王寺以春を加えた七名による歳旦連歌発句と、宗因の和歌一首から成る（⑥補訂現存真蹟一覧懐紙歳旦1）。大坂天満宮神主神原三春存生中、明暦三年以前正月の成立。宗因発句を巻頭に掲げ、以春発句を続けて配し、大坂天満宮神主・社家の発句はこれに継ぎ、さらに宗因和歌一首を巻末に据えるところから、天満宮奉納の歳旦懐紙ではなく、西山家の手控えと推測される。図録『宗因から芭蕉へ―西山宗因生誕四百年記念』・『華麗なる西山宗因―八代が育てた江戸時代の大スター』・熊本文化研究叢書4『西山宗因自筆資料集』に影印所収。⑤口絵1参照。

境海草《さかいぐさ》　俳諧撰集。刊横二。盛之・顕成撰。万治三年京都中村長兵衛刊。万治三年自序。神宮文庫蔵。はじめ那賀盛之が撰集に着手したが急逝、阿知子顕成がその遺志を継いで完成させたという。堺俳壇による俳諧撰集の嚆矢。上巻に春夏の俳諧発句、下巻に秋冬発句と付句を収める。「一幽」号で、宗因俳諧発句二十八句・付句十句（⑤付句2）入集。古典俳文学大系3に翻刻所収。

桜御所千句《さくらごしょせんく》　一名「寛永千句」。連歌千句。写横一。信尋ほか著。料紙、鳥の子。題簽「桜御所千句」（宗因自筆）。題簽右下に昌察筆で「西山宗因筆」と墨書。〔江戸前期〕宗因写。大阪天満宮御文庫蔵。西山家伝来本。寛永十六年四月十一日から十三日の興行（①千句3）。前関白近衛信尋が近衛殿桜御所において主催した連歌千句で、加藤家退転後、京都に居を移して六年足らずの宗因が、堂上方や里村・猪苗代・石井家の連歌師にまじって出座を果たしている点で注目される。天理図書館綿屋文庫蔵『連歌集於近衛様千句等』所収本ほか多くの伝本がある。

雑記拾番《ざっきじゅうばん》　連歌雑記。写横一。〔江戸後期〕長昌写。長昌編。大阪天満宮御文庫蔵。編者は大坂天満宮神主滋岡氏。反故紙の紙背に紹巴・立圃・宗因等の連歌俳諧作品等を書き留める。宗因独吟「けぶりだに」連歌四十八句（②117）および西山昌林著「向栄庵昌林紅葉のつと」「向栄庵西山昌林文庫造立の記」（⑤西山家什物1）を含む。

佐夜中山集《さよのなかやましゅう》　俳諧撰集。刊横六。重頼撰。寛文四年自跋。国会図書館ほか蔵。巻第一―巻第三には諸家の俳諧発句を典拠別に分類して配列する。巻第四に諸家付句、巻第五に重頼の俳論、巻第六に諸家の名所付合を収める。「西翁」号で、宗因俳諧発句十七句・付句二十句（③付句4）が入集する。近世文学資料類従古俳諧編78に影印所収。

山月集《さんげつしゅう》　漢詩集。刊大一。元鶴著。道肇編。貞享二年序刊。祐徳博物館中川文庫ほか蔵。上巻に「長短篇」、下巻に「七言律」「七言絶」を収める。元鶴の「懐レ西翁併引」「臘八雨雪思梅花翁」（⑤伝記資料78）を含む。

滋岡家日記《しげおかけにっき》　記録。写。〔江戸中後期〕写。大阪大学大学院文学研究科日本史研究室蔵。大坂天満宮神主滋岡家歴代の日記。滋岡家三代業長代の享保年間から幕末にいたる日記が現存。天満宮奉納の法楽連歌や、同社境内の内外で興行された芸能に関する記事を豊富に含む。文政四年五月六日条には、西山家末葉の老婆が同家伝来の連歌書を滋岡家に譲渡した記事がある（⑤西山家什物3）。

十花千句《じっかせんく》　一名「北野法楽千句」「北野千句」。連歌千句。写横一。宗因著。綴葉装。料紙、鳥の子。題簽「十花千句」（宗因自筆）。〔江戸前期〕宗因写。巻末貼紙に昌察筆墨書「此一冊も西山宗因筆と見えたり」。大阪天満宮御文庫蔵。西山家伝来本。興行年次の記載を欠くが、「北野法楽千句」と題する大阪天満宮御文庫蔵別本（文化十四年長昌写）端作に「寛永十五年」とする。加藤正方の政界復帰を北野天満宮に祈願する目的で賦された宗因独吟連歌千句（①千句2）。太宰府天満宮小鳥居家蔵『百韻連歌集』所収本ほかの諸本がある。

岫雲代諸連歌《しゅううんだいしょれんが》　連歌百韻集。写横一。〔江戸中期〕写。「八雲御抄世俗言由緒言抜萃」「歌林拾葉抜書」

を合綴。太宰府天満宮小鳥居家蔵。昌陸・昌純・宗因・宗春点の博多連歌師岫雲とその周辺の連歌百韻十四巻を収める。岫雲の根本資料であると同時に、宗春の筑紫下向の事実が知られる点でも重要。宗因点延宝六年暁春興行重広・一清（岫雲）両吟「曙の」百韻（④評点連歌9）は、太宰府天満宮連歌史資料と研究Ⅳに翻刻所収。

什物目録《じゅうもつもくろく》　一名「西山家什物目録」「向栄庵文庫什物目録」。目録。写横一。折紙綴。宗珍編。宝暦十四年宗珍写。大阪天満宮御文庫蔵。西山家伝来本。宗因以来の向栄庵文庫の軸物・書冊が列挙され、西山家歴代の自筆発句帳等の資料が西山家に秘蔵されていたことが知られる（⑤西山家什物2）。宗珍は西山家四世昌林の次男で、五世昌森の弟。宝暦九年頃、昌森から天満宮連歌所宗匠職を継承したか。

承応三年冬月五日於権現千句《じょうおうさんねんとうげついつかごんげんせんく》　連歌千句。写半一。長秀ほか著。（江戸前期）写。内題「承応三年冬月五日於権現千句」とするが、平野庄熊野権現の千句興行は四月恒例であり、「冬月」は「卯月」の誤写と推測される。従って承応三年四月五日より興行か（①千句5）。大阪大学文学研究科含翠堂文庫蔵。宗因を宗匠に招いての興行。

浄晃院様御詠草《じょうこういんさまごえいそう》　和歌・連歌・漢詩詠草。写。忠次ほか著。（江戸前期）写。榊原家蔵、財団法人旧高田藩和親会管理榊原家史料。浄晃院こと姫路藩主榊原忠次の詠草。赤漆塗大型木箱に未装の詠草七十四点が収められて伝わる。宗因出座の和歌・連歌資料六点を含む。「浄晃院様御詠草の17」は、万治二年八月十五夜・十六夜に姫路藩邸で興行された詩歌会の詠草（⑥補訂和歌1）。「浄晃院様御詠草の52の1」は、忠次発句・宗因脇句にかかる大坂天満宮奉納「言の葉の」連歌百韻（⑥補訂連歌5）の写。「浄晃院様御詠草の52の2」は、前項と同一発句・脇句をもとに姫路榊原家中で巻いた「言の葉の」連歌百韻（⑥補訂連歌6）の写。「浄晃院様御詠草の55」は、万治三年三月三日頃興行「こゝろよく」百韻（⑥補訂連歌8）の写。「浄晃院様御詠草の60」は、宗因真蹟にかかる天満・大坂衆の万治三年以前の歳旦連歌発句（⑥補訂現存真蹟一覧懐紙歳旦2）。「浄晃院様御詠草の61」（⑥補訂現存真蹟一覧懐紙歳旦3）は、天満・大坂衆の寛文二年歳旦俳諧発句。なお、「浄晃院様御詠草の59」は、玄俊・紹因・玄心・吉任・玄陳・昌通・昌隠による歳旦連歌で、宗因筆。

昌琢時代百韻連歌集《しょうたくじだいひゃくいんれんがしゅう》　連歌百韻集。写横一。天和三年写。太宰府天満宮小鳥居家蔵。慶長―寛永期興行の昌琢宗匠連歌百韻二十八巻を収める。「豊一」名で宗因が一座した寛永三年九月十六日興行「谷の戸は」百韻（②18）・同五年七月二十九日興行「松のこゑ」百韻（②27）・同四年七月二十四日興行「おどろくや」百韻（②25）、および、宗因出座の寛永十四年二月五日興行昌琢一周忌懐旧「人の世や」百韻（②36）を含む。

昌琢宗匠連歌《しょうたくそうしょうれんが》　連歌百韻集。写横一。昌琢ほか著。〔江戸前期〕写。天理図書館綿屋文庫蔵。慶長―寛永期興行の昌琢宗匠連歌百韻三十五巻を収める。「豊一」名で宗因が一座した寛永三年九月十六日興行「谷の戸は」連歌百韻（②18）を含む。

昌琢等連歌十百韻《しょうたくとうれんがとっぴゃくいん》　連歌百韻集。写横一。昌琢ほか著。〔江戸後期〕写。天理図書館綿屋文庫蔵。慶長―寛永期興行の昌琢・昌程・玄的宗匠連歌百韻十巻を収める。「豊一」名で宗因が一座した寛永三年九月十六日興行「谷の戸は」連歌百韻（②18）、および、宗因出座の寛永十七年三月二十五日興行「中々に」百韻（②49）・同年五月一日興行「朝露に」百韻（②50）を含む。「朝露に」百韻の興行年次は、玄的筆連歌懐紙では「寛永十七年五月十九日」とする（綿屋文庫蔵『連歌懐紙巻子本集』47）。

昌琢発句連歌《しょうたくほっくれんが》　連歌百韻集。写横一。〔江戸前期〕写。京都大学附属図書館平松文庫蔵。昌琢発句の連歌百韻四十巻を収める。豊一（宗因）一座の連歌百韻五巻、寛永二年十月二十二日興行「たちぬはぬ」百韻（②14）・同四年三月十八日興行「散積る」百韻（②23）・同三年十月五日興行「吹出す」百韻（②21）・同四年以前夏興行「耳ときや」百韻（②24）・同三年九月晦日興行「西ぞ見ん」百韻（②20）を含む。

昌程・宗因両判連歌百韻《しょうていそういんりょうはんれんがひゃくいん》　連歌百韻。写巻一。〔江戸前期〕写。個人蔵。昌程・宗因両点の連歌百韻（④評点連歌11）。作者は福岡藩家老黒田重種と正一。昌程の評点と奥書は自筆と思われ、別に得ていた宗因点巻から宗因評点・奥書を書き写したと見られる。寛文末年から延宝年間の成立か。

紹巴独吟千句等《じょうはどくぎんせんくとう》　連歌百韻・千句・紀行集。写横一。嘉永六年信亨写。太宰府天満宮小鳥居家蔵。宗祇判七句付、永禄六年十二月興行紹巴独吟「称名院追善千句」、承応三年九月如羊（任口）興行「伏見千句」（①千句6）、寛永八年三月興行「正方・宗因両吟千句」（①千句1）、および「西山宗因船路之記」と題する宗因紀行「肥後道記」（④紀行1）を収める。「伏見千句」は孤本。

次郎五百韻《じろうごひゃくいん》　→太郎五百韻・次郎五百韻

神宮引付日用記《じんぐうひきつけにちようき》　一名「神宮引付」。記録。写五十五。〔江戸前期〕写。神宮文庫蔵。伊勢外宮方の日々の記録。第十八・十九巻に宗因出座の連歌記事を含む（⑤記録9）。

石鼎集《せきていしゅう》　聯句連歌集。刊横二。寛永年間梅村弥白寿刊。個人ほか蔵。上巻に貞和―元和年間興行の和漢聯句十一巻、下巻に永禄―寛永年間興行の漢和聯句八巻を収める。下巻に、「豊一」名による宗因出座の「漢和聯句　尤韻」（②29）を含む。

宗因高野詣《そういんこうやもうで》　一名「高野山詣記」。紀行。写半一。宗因著。〔江戸後期〕写。松宇文庫蔵。延宝二年八月、高野山に参詣したのち、和歌山の名所を巡遊した折の紀行（⑤紀行13）。往還の途次に泉州に立ち寄り、同地の伏屋重賢・吉田清章を同道する。巻末に、宗因・重賢・清章の三吟で道中言い捨てた「高野那智の」俳諧百韻（③連句37）を付す。校註俳文学大系7・小磯純子「西山宗因の紀行について」（『俳諧と紀行文学』）に翻刻所収。

宗因三百韻《そういんさんびゃくいん》　連句集。刊横一。梅翁（宗因）ほか著。寺田重徳版下。天理図書館綿屋文庫蔵。延宝三年夏、宗因が江戸から帰坂する折、鎌倉まで随行した似春・幽山と三吟した俳諧百韻一巻（③連句45）と三物二組（③連句46 47）、鎌倉や金沢での発句十二、これらに「西翁（宗因）独吟」百韻（③連句49）と宗因・弘氏の両吟百韻（③連句56）を付して上梓したもの。巻末両吟百韻が延宝四年冬の成立なので、宗因人気にあやかって、翌五年頃、刊行したのであろう。重徳は、本書に宗因出座の百韻二巻と歌仙一巻、加点の三吟百韻一巻を加え、『宗因七百韻』と題した増補版も刊行している。牛見正和「宗因三百韵」（『ビブリア』93）・俳書集成25に影印所収。

宗因七百韻《そういんしちひゃくいん》　連句集。刊横一。梅翁（宗因）ほか著。版下寺田重徳。柿衞文庫ほか蔵。延宝五年頃刊行された『宗因三百韻』に、延宝五年に興行された梅翁等十一吟の「萩何」百韻（③連句63）、元順・春澄・梅翁の三吟歌仙（③連句53）、延宝四年七月八日に興行された梅翁等十吟の「玖也追善」百韻（③連句52）、梅翁加点の素玄・定祐・保俊三吟百韻（④評点俳諧23）を増補したもの。刊年ははっきりしないが、宗因人気に便乗した刊行物と見られる。近世文学資料類従古俳諧編28に影印所収、近世文学未刊本叢書『談林俳諧篇一』・古典俳文学大系3に翻刻所収。

宗因自筆懐紙《そういんじひつかいし》　連句。写軸一。宗因ほか著。〔延宝年間〕宗因写。延宝七年以前春興行。柿衞文庫蔵。宗因発句「すき鍬やいづれも田子の打出村」に始まる表八句に、同時期に成った翁（宗因）発句一句を付した宗因自筆の俳諧懐紙（③連句86、⑥補訂現存真蹟一覧句懐紙9）。図録『宗因から芭蕉へ—西山宗因生誕四百年記念』に影印所収。

宗因自筆巻子本《そういんじひつかんすぼん》　連歌百韻。写巻一。玄的・正方・宗因著。〔寛永年間〕宗因写。料紙、楮紙。個人蔵。興行年次未詳の「又やみん」百韻の宗因自筆巻子本（⑥補訂連歌2）。寛永十七年二月中旬興行「みるめおふる」百韻（②46）と同一連衆による三吟で、三物に含まれる語彙や趣向も一致するところから、翌十八年二月、前年の東下を追想し、玄的に発句を請うて、正方・宗因の両吟で成就した連歌百韻と推測される。図録『八代城主・加藤正方の遺産』に影印所収。

宗因自筆巻子本《そういんじひつかんすぼん》　連歌百韻。写巻一。宗因著。〔万治三年頃〕宗因写。料紙、鳥の子。個人蔵。万治三年二月五日興行、里村昌琢二十五回忌追善宗因独吟「年月や」百韻の宗因自筆巻子本（⑥補訂連歌9）。綿屋文庫蔵『連歌集宗因太神宮法楽等』所収本（②76）とは本文に異同がある。

宗因自筆紙片《そういんじひつしへん》　句歌文。写。宗因著。〔寛永―正保年間〕宗因写。未装楮紙一葉。個人蔵。寛永二十一年九月中旬、京都から広島に下る加藤正方を難波津で見送る際に進呈した宗因自筆の正方送別歌文（⑥補訂加藤正方関係資料1）。宗因筆『加藤正方広島下向記』断簡（⑥補訂加藤正方関係資料2）と同一体裁の楮紙に認められる。

宗因釈教誹諧《そういんしゃっきょうはいかい》　俳諧百韻。刊横一。題簽角書「西山」。延宝二年大坂板木屋権兵衛刊。自序（前書）。天理図書館綿屋文庫・小田家博物館蔵。寛文十年二月、小倉で受戒出家した宗因が、その年末、独吟した俳諧百韻（③連句26）。前書につづいて「おどろけや念仏衆生節季候」以下、毎句に釈教の詞を詠み込む。宗因代表作の一つとして好評を博し、『宗因五百句』所収本のほかに、江戸後期の自筆本模刻版『釈教百韻』（鴨之編、「延宝二年初冬中旬」奥）、自筆本による素外の写し『釈教百韻他』（洒竹文庫蔵、「延宝二年菊月日」奥）などの異本がある。俳書集成25に影印所収。模刻版『釈教百韻』は近世文学資料類従古俳諧編28に影印所収。

宗因書簡《そういんしょかん》　書簡。写巻一。宗因著。〔延宝三年〕宗因写。天理図書館蔵『近世名家書簡集』第七巻所収。『近世名家書簡集』は、沢庵宗彭・小堀遠州・狩野探幽・西山宗因・熊沢蕃山・藤村庸軒・寺井養拙・浅見絅斎・貝原益軒・稲生若水・新井白石・後藤艮山、以上十二名の真蹟書簡集。宗因書簡（④書簡6）は、延宝三年四月、江戸下向中の宗因が上方の某人にあてたものと推定される。

宗因書簡（高野山詣記）《そういんしょかんこうやさんもうでのき》　書簡。写巻一。宗因著。〔延宝二年〕宗因写。天理図書館綿屋文庫蔵。延宝二年八月、高野山に参詣した宗因が、帰坂直後の同十七日に認めた書簡（④書簡5）で、宛先は未詳。旅中吟十一句を添える。俳書集成25に影印所収。

宗因書之軸　六月廿日《そういんしょのじくろくがつはつか》　書簡。写軸一。宗因著。〔承応―寛文年間〕宗因写。柿衞文庫蔵。書簡前半を欠くか。「一幽」号の書簡は他になく、宗因真蹟書簡として最初期のもの（④書簡1）。

宗因真蹟懐紙《そういんしんせきかいし》　文章。写幅一。宗因著。〔延宝年間〕宗因写。個人蔵。江島山水独吟の延宝七年三月奥刊『十百韵』（④評点俳諧27）第四「兵俳諧」百韻の発句ならびに同巻末の宗因評点奥書を、宗因みずから認めた懐紙。同百韻は綿屋文庫蔵の写本『談林俳諧』にも収録されるが、刊本・写本・真蹟懐紙間に小異がある。

宗因真蹟書簡《そういんしんせきしょかん》　書簡。写軸一。宗因著。〔寛文十三年〕宗因写。個人蔵。宛名と年記を欠くが、延宝二年五月刊『大井川集』入集句が含まれること、および、本文中で勢州下向を予告していることなどから、寛文十三年六月十四日付と推定される（⑥補訂書簡1）。新出の宗因俳諧発句六句を含む。佐藤勝明「新出資料六点―貞徳・季吟・宗因・其角・去来」（『連歌俳諧研究』118）に影印・翻刻所収。

宗因真蹟書簡《そういんしんせきしょかん》　書簡。写軸一。宗因著。〔延宝八年〕宗因写。個人蔵。宛先の浅河宗則は未詳。本文中に大坂に下向した西岸寺任口歓迎の俳席について述べる件があるが、任口の大坂下向は延宝八年春と推定されることにより（『阿蘭陀丸二番船』所収任口句）、延宝八年二月晦日付と推測される（④書簡22、⑥補訂書簡3）。⑥口絵5参照。

宗因真蹟書簡《そういんしんせきしょかん》　書簡。写軸一。宗因著。〔寛文―延宝年間〕宗因写。前半部を欠くか。天理図書館綿屋文庫蔵。宛先の臨幽は藤井氏、京都の人。延宝二年三月二十七日、昌程ほかの連歌師を招いて盆山開の連歌百韻を興行している（『連歌合集』15）。大坂下向中の臨幽に再訪を促す内容（⑥補訂書簡2）。尾崎千佳「新出　宗因資料二点」（『ビブリア』143）に影印・翻刻所収。

宗因真蹟書簡《そういんしんせきしょかん》　書簡。写軸一。宗因著。〔延宝年間〕宗因写。個人蔵。宛先の灰俵は未詳、地方在住の俳諧作者と推測される。もと俳諧評点巻に添えられていた一通か。歌学書『愚秘抄』に由来する皮肉骨説を引き合いに出しつつ、句作をめぐる宗因の意見を述べる（⑥補訂書簡4）。図録『華麗なる西山宗因―八代が育てた江戸時代の大スター』に影印所収。

宗因真蹟書簡《そういんしんせきしょかん》　書簡。写軸一。宗因著。〔天和元年〕宗因写。個人蔵。大坂の日下玄隆・渡辺宗賢にあてて、某所における冬籠生活の様子を報じた、宗因最晩年の書簡（④書簡25、⑥補訂書簡5）。⑤口絵11参照。図録『華麗なる西山宗因―八代が育てた江戸時代の大スター』に影印所収。

宗因千句《そういんせんく》　連句集。刊横二。宗因著。寛文十三年刊。題簽角書「西山」。内題「西翁十百韻」。柿衞文庫ほか蔵。はじめ以仙編『落花集』全五冊中の付録一冊として刊行されたものを、後に単行本化したもの。百韻十巻（③連句4 5 9 10 12 16 17 18 19 23）から成るが、春季発句八巻、夏季・秋季発句各一巻という構成や、各巻の成立が万治二年から寛文十年にかけてとばらばらであることから、宗因のあずかり知らぬところで以仙が編刊したものと推定される。復刻版のほか、「宗因」を謳う類似の連句集が数多く刊行され、宗因ブームの端緒となった。近世文学資料類従古俳諧編28に影印、俳諧文庫3・古典俳文学大系3に翻刻所収。

宗因点俳諧百韻《そういんてんはいかいひゃくいん》　連歌百韻。写巻一。〔江戸前期〕写。九州大学附属図書館支子文庫蔵。題簽に「俳諧百韻　宗因点」とあるも、内容は作者不明の宗因評点連歌百韻（④評点連歌13）。評点および奥書は宗因自筆。

宗因点俳諧百韻　初欠《そういんてんはいかいひゃくいんしょけつ》　連歌百韻断簡。写巻一。〔江戸前期〕写。九州大学附属図書館支子文庫蔵。題簽に「宗因点俳諧百韻　初欠」とあるも、内容は作者不明の宗因点連歌百韻（④評点連歌14）。初折から二折表三句目までを欠く。評点および奥書は宗因自筆。

宗因点百韻《そういんてんひゃくいん》　連歌百韻。写巻一。〔江戸前期〕写。早稲田大学図書館蔵。作者不明の宗因点連歌百韻（④評点連歌15）。評点および奥書は宗因自筆。

宗因独吟俳諧之連歌《そういんどくぎんはいかいのれんが》　俳諧百韻。写巻一。宗因著。寛文八年宗因写。前半の二折（五十句）を欠く。奥書「此道好士依二所望一、染二老筆一畢。寛文八暦初秋宗因（花押）」。柿衞文庫蔵。寛文七年三月に詠まれた宗因独吟「関は名のみ」俳諧百韻（③連句16）で、『宗因千句』所収本と大きな異同があり、唐津市立近代図書館岸田文書蔵の『歌仙』と一致する句形が少なくない。

宗因後五百韻《そういんのちのごひゃくいん》　連句集。刊横一。題簽角書「西山」。西翁（宗因）ほか著。天理図書館綿屋文庫蔵。西翁独吟の「何蓼」百韻（③連句25）と「恋」百韻（③連句6）、西翁・信之両吟「よむとつきじ」百韻（③連句33）、および、肥前連中との百韻二巻（③連句27 28）を上梓したもの。成立は万治頃が一巻、あとの四巻は寛文十年以降と詠まれた時期も場所もまちまちなので、『宗因千句』の好評に気をよくした書肆が、その後集として企画したものであろう。刊年ははっきりしないが、延宝二年頃か。なお、「何蓼」百韻は『誹諧渡奉公』などに「唐辛子百韻　一冊　宗因作」として見え、はじめ単行本として刊行されたらしい。また、「よむとつきじ」百韻には、綿屋文庫蔵の宗因自筆巻子本「玉霰百韻」がある。牛見正和「西山宗因後五百韻―刊年の再検討」（『ビブリア』90）に影印・翻刻所収、俳書集成25に「玉霰百韻」を含めて影印所収。

宗因筆俳句《そういんひつはいく》　国会図書館蔵『不忍叢書』三所収の俳諧百韻。写大一。梅翁（宗因）ほか著。〔江戸後期〕写。端作「延宝六年三月十日」、賦物「賦何罷誹諧」。扉に「宗匠（「宗因」と脇に訂正）梅翁筆」とあるも、書風は宗因筆には見えず、脇の高政筆本の写と見るべきであろう。別本に筑波大学附属図書館蔵『十人誹諧百韻』がある。その表紙には、「幽斎臨江斎両吟連謌百韻／重頼独吟百韻／十人誹諧百韻梅翁宗因筆／宗祇百韻連歌師宗長筆」とあり、四作品の原懐紙を忠実に模写したもので、巻末識語に「于ㇾ時文政六年癸未八月十三日源義路摹」とあり、書写年次が判明する。作品は、梅翁（宗因）・惟中師弟を迎えて京都談林派が興行した十吟百韻（③連句71）で、発句梅翁、脇高政、以下、友静・如風・一時軒（惟中）・江雲等。茂木秀一郎「西山宗因に関する二つの資料」（『連歌と俳諧』2―3）に翻刻所収。

宗因評点俳諧百韻（初折欠）《そういんひょうてんはいかいひゃくいんしょおりけつ》　俳諧百韻。写巻一。初折表欠。柿衞文庫蔵。題簽「連歌百韻　西山梅翁□□□」とあるも、内容は作者未詳の宗因評点俳諧巻（④評点俳諧31）。評点および奥書は宗因自筆。桃青（芭蕉）点俳諧百韻巻・幽山点俳諧百韻巻と同一箱に収められて伝来する。図録『宗因から芭蕉へ―西山宗因生誕四百年記念』に影印部分掲載。

宗因文集《そういんぶんしゅう》　俳諧句文集。刊半一。一炊庵編。浪花正檀林一炊庵蔵版。寛政十二年自序。柿衞文庫蔵。宗因の連歌・俳諧の発句三十二章を取り混ぜて列挙、『津山紀行』（ただし冒頭部を欠く）の一本を掲載し、俳文を学ぶ当代人に供した書（⑥補訂文章5）。宗因以外の作を含むなど誤謬も多いが、江戸後期における宗因受容の一端が知られる。巻末に、編者一炊庵以下、大江丸・二柳・月居・成美等の著名俳家による「四季混雑」の俳諧発句四十句を収録。

宗因発句帳《そういんほっくちょう》　連歌句集。写横一。宗因自撰。〔天和元年頃〕宗因写。料紙、鳥の子薄葉。題簽「宗因発句帳」（宗因自筆）。内題「発句帳」。大阪天満宮御文庫蔵。西山家伝来本。宗因の連歌発句千三百四十六句を季題別に配列する（①発句集2）。自筆稿本をもとにした晩年の編纂か。『西山三籟集』の編纂資料となるが、前書には異同が多い。俳書叢刊1に翻刻所収。

宗因連歌《そういんれんが》　連歌百韻集。写横一。宗因ほか著。寛文十年直世写。祐徳博物館中川文庫蔵。佐賀遊歴中の宗因が宗匠をつとめた連歌百韻三巻、寛文九年十月十八日川上実相院興行「冬枯ぬ」百韻（②94）・同年同月十一日梅雪庵興行「けふ来ずは」百韻（④93）・同年同月頃興行「松の葉は」百韻（②96）を収める。巻末に「早速之砌《清歎》書にて、重而差合等吟味之後、可レ令二清書一候。宗因　当石先生」との本奥書、「寛文十月《ミ》《年》正月廿三日藤氏直世於二幽意軒一写レ之」との書写奥書を記す。両奥書の間に、別筆で、宗因連歌発句三句・俳諧発句一句を録す（⑥補訂小発句集2）。田中道雄「鹿島鍋島家蔵『宗因連哥』」（『佐賀大学文学論集』3）に翻刻所収。

宗因連歌懐紙残闕《そういんれんがかいしざんけつ》　連歌百韻。写。初折・名残折を欠く打曇懐紙。氏富・宗因著。〔延宝七年頃〕宗因写。神宮文庫蔵。延宝七年六月頃興行の氏富・宗因両吟連歌百韻の断簡（②114）。

宗因連歌集《そういんれんがしゅう》　連歌百韻集。写横一。宗因ほか著。潁原退蔵編。潁原謙三写。京都大学文学研究科潁原文庫蔵。宗因出座および宗因関連の連歌百韻十巻（②25 27 39 40 41 48 53 54 74および加藤正方追善玄的・仍春両吟百韻）を収める。大部分が京都大学国文学研究室蔵『名連集』から転写したものであるが、寛永十五年前後冬興行「川水に」百韻（②41）は浅田善二郎蔵『古連歌』からの転写という。

宗因連歌集《そういんれんがしゅう》　連歌百韻集。写中一。宗因ほか著。綴葉装。料紙、鳥の子。寛文四年宗因写。奥書「或人依二所望一不レ顧二老筆不堪一書二与之一畢。　寛文四年七月下旬　宗因《西山翁》（花押）」。天理図書館綿屋文庫蔵。寛永十七年二月興行玄的・宗因・正方三吟「みるめおふる」百韻（②46）および明暦二年二月興行宗因独吟「たのむ陰」百韻（②79）を収め、巻末に四季部類の宗因連歌発句二十五句（⑥補訂小発句集1）を添える。俳書集成25に影印所収。

宗養外四名独吟連歌百韻《そうようほかよんめいどくぎんれんがひゃくいん》　連歌百韻集。写半一。〔江戸後期〕写。山口県文書館多賀社文庫蔵。宗養・紹巴両吟連歌百韻を巻頭に、昌琢評点連歌百韻等、室町後期から江戸初期にかかる連歌百韻五巻を収める。宗因評点松田好則独吟「匂はずは」連歌百韻（⑥補訂評点2）を含む。

続境海草《ぞくさかいぐさ》　俳諧撰集。刊横四。顕成撰。寛文十年跋刊。同年玄周・顕成跋。東京大学総合図書館洒竹文庫蔵。現存本は春発句部を欠く零本。「西翁」号で、宗因俳諧発句四十九句入集（ただし現存本入集句数は三十一句）。宗因付句は「西翁《天満》」号で十七句、作者不知・別人の作として三句入集（③付句5）。古典俳文学大系3に翻刻所収。

それぞれ草《それぞれぐさ》　俳諧撰集。刊半三。友悦撰。延宝八年宗穫散人跋。同九年比川子跋。天理図書館綿屋文庫蔵。徒然草に擬した戯文とそれにちなむ諸家発句を収める。追加として、梅翁（宗因）の「立春から待や陸奥山桜」句を巻頭に据えた友悦独吟万句の発句、諸家による四季混雑の俳諧付句を付す。「梅翁《大坂》」「梅翁」号で宗因俳諧発句二十六句・付句六句（③付句20）入集。俳書集成19に影印所収。

琢出座《たくしゅつざ》　連歌百韻集。写横零一（もと二冊本以上か）。昌琢ほか著。〔江戸前期〕写。大阪大学文学研究科含翠堂文庫蔵。元和年間興行の昌琢宗匠連歌百韻十巻を収める。「豊一」名による宗因出座の元和九年十一月頃興行「思ひ出や」百韻（②10）を含む。

玉霰百韻《たまあられひゃくいん》　俳諧百韻。写巻一。宗因・信之著。〔延宝初期〕宗因写。料紙、鳥の子。天理図書館綿屋文庫蔵。水木直箭旧蔵。延宝元年十一月に興行された明石藩主松平信之・宗因両吟の「よむとつきじ」俳諧百韻（③33）。俳書集成25に影印所収。島居清・木村三四吾「延寶元年宗因俳諧資料其の他」（『連歌俳諧研究』9）に翻刻所収。

玉手箱《たまてばこ》　俳諧撰集。刊中四。蝶々子撰。延宝七年京都笹屋三良左衛門良三刊。同四年可雪序。天理図書館綿屋文庫蔵。四季類題別の諸家俳諧発句集。延宝四年

刊『誹諧当世男』序に本書を範とした旨記されていることから、延宝四年にはある程度編集が整っていたものか。「宗因」号で宗因俳諧発句二十八句入集。宮嶋一郎・大西光幸・白石立春・牛見正和「翻刻『玉手箱』(一)〜(五)・補訂」(『ビブリア』80 81 83 84 89 103)に翻刻所収。

太夫桜《たゆうざくら》　俳諧撰集。刊横一。遠舟撰。延宝八年大坂深江屋太郎兵衛刊。同年自序。東京大学総合図書館竹冷文庫蔵。敦盛五百回忌須磨寺開帳記念として、同寺境内の太夫桜にちなんで編集された、桜題の諸家俳諧発句集。宗因を巻頭に、七百十二人の談林俳人の俳諧発句各一句を録する。巻末に、延宝四年春、遠舟の東柳軒で興行された藤万句の三物(③連句51)および発句を収める。俳諧文庫3・『須磨寺御開帳古俳書集』に翻刻所収。

太郎五百韻・次郎五百韻《たろうごひゃくいん・じろうごひゃくいん》　連句集。刊横二。一時軒(惟中)編。題簽角書「一時軒会合」。「太郎五百韻」は延宝七年春翁序。「次郎五百韻」は春翁・任口序。東京大学総合図書館洒竹文庫蔵(合一冊)。「太郎五百韻」は巻頭が延宝六年五月十二日大坂住宅初会興行で、梅翁(宗因)・一時軒・益翁(以仙)・由平・西鶴・如見・幾音・旨恕・貞因の九吟(③連句80)、ついで惟中が催した任口との両吟、三ケ・任口との三吟、西鶴との両吟(二巻)を収録。「次郎五百韻」は続集で、巻頭は任口との両吟、ついで朋之(肥前住)・梅翁・益翁・由平・幾音・如見・旨恕・西鬼・保友との十吟(③連句65)、貞因との両吟、西海(筑前住)との両吟、巻軸は江雲・梅翁・益翁・由平・貞因・旨恕・如見との八吟(③連句84)を収録。最後の一巻には「延宝六年十二月十二日興行」とあり、六年中の成立であろう。刊年ははっきりしないが、本の体裁も同じで、「次郎五百韻」の春翁序に「上下二手にをし分て糸でしつかとかためたるは」と記し、書籍目録に「次郎太郎千句」と記すものもある。二冊セットとして翌七年中に刊行されたのであろう。野村貴次「一時軒会合太郎五百韻　一時軒会合次郎五百韻」(『近世国文学—研究と資料』)・定本西鶴全集13(『太郎五百韻』所収の西鶴出座三巻のみ)に翻刻所収。

談林俳諧《だんりんはいかい》　連句集。写横一。外題、表紙中央に「談林俳諧」と打付書き。正徳五年写。天理図書館綿屋文庫蔵。梅翁(宗因)等の三吟百韻(③連句45)、宗因・磋画・幽山・桃青（芭蕉）等の十吟百韻（③連句44）、似春独吟百韻、宗因判哂求独吟百韻（④評点俳諧28）、信徳等の三吟百韻三巻（『信徳京三吟』所収）、梅翁判山水独吟百韻三巻（④評点俳諧27）の十巻を収める。前半四巻は版本以外からの写で、とくに二巻目の桃青参加の一巻は宗因と同座した唯一の資料として貴重。俳書集成6に影印所収。

談林六世像賛《だんりんろくせいぞうさん》　肖像画。写軸一。紙本着色。素外著・花外画。文化十二年素外・花外写。八代市立博物館友の会蔵。談林七世を標榜する谷素外が、談林俳諧の先達六名（宗因・西鶴・才麿・逸志・旧室・蒼狐）の姿絵を岡部花外に描かせ、宗因と自らを繋ぐ俳諧の系譜を図示した一幅（⑤西山家肖像7）。肖像の上部に貼付された右六名の真蹟短冊のうち、宗因の短冊は「西行法師が歌をみ侍て　ながむとて花にもいたし頸の骨　西翁」。図録『華麗なる西山宗因―八代が育てた江戸時代の大スター』・尾崎千佳「八代市立博物館新収「談林六世像賛」」（『上方文藝研究』8）に影印所収。

千宜理記《ちぎりき》　俳諧撰集。刊横五。宗信撰。自序。延宝三年維舟（重頼）跋。天理図書館綿屋文庫蔵。諸家による俳諧発句と付句を四季別に部類して収める。「梅翁」号で宗因俳諧発句二十七句・付句二十三句（③付句8）入集。

珍重集《ちんちょうしゅう》　連句集。刊横一。石斎編。延宝六年自序。天理図書館綿屋文庫蔵。梅翁（宗因）・葎翁（葎宿）の両吟（③連句68）を巻頭に、梅翁独吟（③連句83）、宗因判元春独吟（④評点俳諧25）、西鶴独吟、石斎・梅翁両吟（③連句67）の百韻五巻を上梓したもの。巻頭の両吟は葎宿編『四人法師』にも収録。近世文学未刊本叢書『談林俳諧篇一』に翻刻所収。

つくしの海《つくしのうみ》　俳諧撰集。刊半零三。橋水撰。（延宝六年）刊（『俳諧書籍目録』）。元順序。天理図書館綿屋文庫（発句集）・東京大学総合図書館洒竹文庫（付句集）蔵。発句集と付句集より成り、付句集は春夏部のみ現存。撰者内田橋水は肥前国長崎の人。「梅翁」号で、宗因俳諧発句八句・付句三句（③付句15）が入集する。また、付句部巻頭に、梅翁奥書を付す元順独吟「誓文で」俳諧百韻（⑥補訂評点3）を収める。中西啓・木原秋好『つくしの海』翻刻」（『太白』402 403 405 407 411 412）に翻刻所収。

津山紀行《つやまきこう》 一名「美作道日記」。紀行。写巻一。宗因著。〔江戸前期〕宗因写。料紙、金銀泥草木花紋様布目鳥の子。相模女子大学図書館蔵。三政自筆『播州下向の道記』を同一巻に書写する。承応二年七月、大坂から美作国津山の寂澄寺に至るまでの紀行（④紀行4）。小磯純子「『津山紀行』翻刻と校異」（『俳諧と紀行文学』）に翻刻所収。

点取連歌発句《てんとりれんがほっく》 連歌百韻。写横一。宗因ほか著。〔江戸前期〕写。祐徳博物館中川文庫蔵。昌琢・玄仲両点を受けた正方・吉真・宗因三吟「鶯よ」百韻（②33）を収める。昌琢評点は墨書、玄仲評点は朱書で記す。

天満千句《てんませんく》 俳諧千句。刊横一。梅翁（宗因）ほか著。現存唯一の天理図書館綿屋文庫蔵本には題簽がなく、書名は内題による。序跋ともにないが、阿誰軒編『誹諧書籍目録』に「延宝四年序」とある。京都井筒屋庄兵衛刊。梅翁（宗因）とその門人西似・素玄・宗恭・如見・直成・西鬼・未学・武仙・利方・西花の十名が興行した千句と追加表八句を上梓したもの（③連句61）。式法では追加の発句は当季吟なので、成立は延宝四年十二月か。俳書集成25に影印所収、近世文学未刊本叢書『談林俳諧篇二』・古典俳文学大系3に翻刻所収。

天満宮千句《てんまんぐうせんく》 連歌千句。写横一。綴葉装。料紙、鳥の子。宗因著。〔寛文五年頃〕宗因写。早稲田大学図書館伊地知文庫蔵。改装表紙左肩に「忠真独吟千句寛文五年追加宗因」とペン字で打付書きし、その右に鉛筆で「大阪天満宮千句」と訂するも、内容は、寛文五年二月、小倉城において同藩主小笠原忠真七十賀を記念して興行された宗因独吟『小倉千句』（①千句7）。宗因自筆別本の大阪天満宮御文庫蔵『豊前小倉千句』が見せ消ち・重ね書き修正を多く含む手控本と見られるのに対し、伊地知文庫本は献上のための浄書本と推測される。なお、本千句の第五百韻には、別に二本の宗因自筆懐紙が伝わる。その一は、天理図書館綿屋文庫蔵。懐紙折にせず八紙継ぎにした打曇懐紙を巻子装に改装したもので、端作「寛文五年二月／於豊前小倉城中／千句第五」、賦物「賦下何連歌」（⑤口絵7）、奥書「播州明石之住宗休依㆓所望㆒染㆓老筆㆒。　延宝二暦極月中旬　七十歳宗（花押）」。牛見正和

「新収西山宗因自筆『小倉千句第五賦下何連歌』」（『ビブリア』130）に影印・翻刻所収。その二は、八代市立博物館未来の森ミュージアム蔵。金泥下絵の装飾懐紙を巻子装に改装したもので、端作「寛文五年二月／於豊前小倉城千句／第五」、賦物「賦朝何連歌」。熊本文化研究叢書4『西山宗因自筆資料集』に影印所収。

天満宮奉納連歌《てんまんぐうほうのうれんが》　連歌百韻。写。宗因ほか著。寛文十一年頃写。料紙、鳥の子。松梅金泥下絵の装飾懐紙。包紙表に「御連歌」、同内側に「右連歌百韻、御武運長久、如意安全之所、於㆓天満宮㆒御祈念申所也」と墨書。篠山市教育委員会青山会文庫蔵。寛文十一年十一月興行。発句は大坂城代青山宗俊、脇は大坂天満宮神主神原至長、第三以降宗因独吟（②98）。上野洋三「西山宗因の御祈祷連歌」（『会報大阪俳文学研究会』28）に翻刻所収。

東海道各駅狂歌《とうかいどうかくえききょうか》　狂歌集。写巻一。〔明暦四年頃〕写。評点および奥書は明暦四年宗因筆。天理図書館蔵。厚手奉書紙継紙。仮表紙左肩に「東海道各駅狂歌京ヨリ四日市迄欠失明暦四年宗因判」と打付書きしたうえで、その右肩に「歌人不知　蓋大名歟」と注記。奥書「右之御詠令㆓拝吟㆒之次可㆑加㆓愚墨判詞㆒之由、雖㆑不㆑少㆑憚、且応㆓尊命㆒、且不㆑堪㆓感慨㆒而已。　明暦四年中夏上澣　宗因（花押）」。桑名から品川までの四十八首に、富士・宇津山詠の二首を後から書き添えた作者不明の宗因評点東海道各駅狂歌（④評点狂歌1）。京から四日市までの前半部を欠く。狂歌大観に翻刻所収。

到来集《とうらいしゅう》　俳諧撰集。刊中四。胡兮撰。京都本屋長兵衛刊。義適序。延宝四年自序。天理図書館綿屋文庫蔵。四季類題別の発句集四巻および付句集一巻より成る。撰者胡兮は豊前国中津住。「大坂梅翁」号で宗因俳諧発句三句・付句一句（③付句11）入集。

通し馬《とおしうま》　連句集。刊半二。梅朝編。題簽「江戸大坂通し馬俳諧両吟弐拾歌仙」。延宝八年大坂深江屋太郎兵衛刊。序跋のかわりに、巻頭と巻軸の巻には前書が付され、成立の事情が分かる。東京大学総合図書館洒竹文庫ほか蔵。延宝八年春から江戸に下り、初冬頃に帰着した大坂の梅朝が、師梅翁（宗因）と両吟した餞別の歌仙（③連句96）をはじめ、江戸の有力俳人幽山・言水・似春・才丸等や、帰坂後西鶴等と両吟した二十巻（一巻は梅翁発句による脇起）

を上梓したもの。俳書文庫3・定本西鶴全集13（西鶴との両吟のみ）に翻刻所収。

遠山鳥《とおやまどり》　連句集。刊横零一。宗旦編。〔延宝二年〕刊（阿誰軒編『誹諧書籍目録』ほか）。天理図書館綿屋文庫蔵。京都から伊丹への移住記念に宗旦が編刊した集で、現存の下巻には維舟（重頼）独吟百韻、西翁（宗因）等四吟百韻（③連句24）、重頼・宗因等十吟百韻（③連句2）、西翁・幽山両吟百韻（③連句29）、宗旦独吟百韻を収める。

得能通広連歌集《とくのうみちひろれんがしゅう》　連歌百韻集。写巻三。柿衛文庫蔵。第一巻には寛文十二年昌程評点の百韻二巻、第二巻には年次未詳の宗因評点百韻（④評点連歌3）、第三巻には宗春評点百韻を収める。いずれも伊予松山藩主久松松平家周辺の連衆によって詠まれた連歌で、初代藩主定行とその孫定盛に仕えた得能通広の家に伝来したもの。図録『宗因から芭蕉へ―西山宗因生誕四百年記念』に影印部分掲載。

十百韵《とっぴゃくいん》　一名「山水十百韻」。連句集。刊横二（上巻は版本写）。題簽「十百韵山水独吟梅翁批判乾（坤）」。山水（為信）著。延宝七年刊か。兼豊序。延宝七年聴雨軒跋。天理図書館綿屋文庫蔵。下巻は和露文庫旧蔵。作者山水は江戸留守居役をつとめる今治藩家老。宗因評点の山水独吟俳諧百韻十巻（④評点俳諧27）を収める。第一・第二・第四の各巻は綿屋文庫蔵写本『談林俳諧』にも所収、第四巻の兵俳諧百韻総評としての宗因奥書は宗因自筆懐紙（⑥補訂評点4）としても伝わる。

夏座敷百韻・維舟独吟歌仙《なつざしきひゃくいん・いしゅうどくぎんかせん》　俳諧百韻・歌仙。写巻一。維舟（重頼）ほか著。延宝六・八年維舟（重頼）写。「夏座敷百韻」の端作は「延宝六年卯月十五日」。「維舟独吟歌仙」を合記する維舟自筆巻子本で、天理図書館綿屋文庫蔵。「違例本復の心を」と前書にある通り、快気祝いに催した維舟・宗吾（保友）・梅翁（宗因）・旨恕・政寛の五吟百韻（③連句79）。旨恕編『わたし船』にも収録されるが、前書・本文ともに若干の異同がある。俳書集成14に影印所収。

難波風《なにわかぜ》　連句集。刊横二。旨恕編。目録題「花月十百韻」。延宝六年自序。天理図書館綿屋文庫・柿衛文庫蔵。前集『草枕』の二年後に旨恕が上梓した俳諧十百韻で、発句には「花」「月」を交互に詠み込む。連衆は梅翁（宗因）以下、大坂の宗因派西鶴・貞因・保友・以仙・如見・幾音ほか（③連句75 76 77 78 81 82）。追加の三吟歌仙にのみ肥前住の任他が出座する。俳書集成16に影印所収、西鶴研究3に翻刻所収。

男重宝記《なんちょうほうき》　事典。刊半五。三径（丈伯）編。元禄六年京都大和屋勘七良刊。同年自序。個人ほか蔵。元禄期の男性に必須の諸知識を項目立てて解説した書。巻二―四「連歌誹諧の仕様」に、貞徳流・宗因流・元禄俳諧の俳風変遷に触れつつ（⑤雑抄11）、「はいかいする所」として貞徳座・宗因座の俳席図を示す（⑤西山家肖像3）。近世文学資料類従参考文献編17に影印所収、現代教養文庫1507に翻刻所収。

西山三籟集《にしやまさんらいしゅう》　連歌句集。刊横二。昌林編。享保十九年西山氏蔵版。自序。同年昌迪跋。大阪大学文学研究科含翠堂文庫蔵ほか蔵。特製本は一冊仕立ての薄葉刷。題簽「西山三籟集　（上）下」。内題「三籟集」。宗因・宗春・昌察の西山家三代の連歌発句を四代昌林が四季別に部類編纂したもの（①発句集1）。寛延三年九月、豊宮崎文庫に奉納された昌林自筆浄書本が神宮文庫に伝わるが、その奥書には刊本にはない西山家三代の略伝がある（⑤西山家家伝1）。

西山宗因紀念碑《にしやまそういんきねんひ》　句碑記念集。刊折一。素塵編。文化十一年英玦序。天理図書館綿屋文庫蔵。江戸談林の谷素塵が、文化十一年春、宗因没後百三十三年を記念して、増上寺境内飯倉神明宮東門の傍らに建碑した宗因顕彰碑の拓印（⑤句碑5）。

西山宗因書状《にしやまそういんしょじょう》　書簡。写。宗因著。〔寛文十三年〕宗因写。神宮文庫蔵（八田兵次郎氏奉納本）。某年七月四日付の宗因真蹟書簡。宗因発句による一順再返に言及しつつ、一両日中に発足の旨を報じる内容が、『氏富卿日記』寛文十三年記所載の八月四日付宗因宛氏富書簡（⑤記録7）とよく呼応するところから、寛文十三年七月四日付の荒木田氏富宛書簡（④書簡2）と推定される。野間光辰「新編宗因書簡集」（『談林叢談』）に翻刻所収。

西山宗因書状《にしやまそういんしょじょう》　書簡。写。宗因著。〔延宝五年〕宗因写。神宮文庫蔵（八田兵次郎氏奉納本）。「後十二月十三日」の日付により、延宝五年閏十二月十三日付と推定される荒木田氏富宛の宗因真蹟書簡（④書簡８）。伊勢両宮長官からの招請を断る主旨で、当時逗留中の津から発信されたもの。野間光辰「新編宗因書簡集」（『談林叢談』）に翻刻所収。

西山宗因書状《にしやまそういんしょじょう》　書簡。写。宗因著。〔延宝五年〕宗因写。神宮文庫（八田兵次郎氏奉納本）。「後十二月十三日」の日付により、延宝五年閏十二月十三日付と推定される雲林院惣左衛門宛の宗因真蹟書簡（④書簡9）。雲林院惣左衛門は伊勢両宮長官からの招請状（『氏富卿日記』延宝五年記所載十二月三日付宗因宛書簡、⑤記録7）を宗因にもたらした人物。寒気を理由として招請を断る主旨の返簡（④書簡８）を託している。野間光辰「新編宗因書簡集」（『談林叢談』）に翻刻所収。

西山宗因書状《にしやまそういんしょじょう》　書簡。写。宗因著。〔延宝八年〕宗因写。神宮文庫蔵（八田兵次郎氏奉納本）。某年正月十四日付の荒木田氏富宛宗因真蹟書簡（④書簡16）。春夏の間に参宮を予告する内容を含み、同趣旨の言及が『氏富卿日記』延宝八年記所載三月三日付宗因宛氏富書簡（⑤記録７）にも見えることから、延宝八年正月十四日付と推定される。野間光辰「新編宗因書簡集」（『談林叢談』）に翻刻所収。

西山宗因書牘《にしやまそういんしょとく》　書簡。写軸一。宗因著。〔延宝年間〕宗因写。柿衞文庫蔵。某年二十六日付元春宛宗因書簡（④書簡24）。図録『宗因から芭蕉へ―西山宗因生誕四百年記念』に影印所収。

西山宗因筆歌書《にしやまそういんひつかしょ》　紀行。写大一。宗因著。大正八年写。東京大学史料編纂所蔵。兵庫県川辺郡園田村宮津三次郎氏蔵本の謄写本。原本は、現在、宮津氏とは別の個人の所有する宗因自筆巻子本一巻。料紙、打曇懐紙裏打ち継紙。鳳凰等織紋絹地表紙に金箔押紙題簽「〔文字剥落〕独吟」。寛文五年宗因写。奥書「右者、寛文三年春独吟也。或人依二所望一染二禿筆一畢。　寛文五年三月廿日　西山翁宗因（花押・扇形墨印）」。⑤口絵８参照。寛文二年に実行された奥州行脚の記の一本（④紀行５）で、巻末に亡娘追悼「春やあらぬ」百韻（②81）を具備する。

西山宗因陸奥行脚記《にしやまそういんみちのくあんぎゃのき》　紀行。写巻一。

料紙、楮紙の打紙。紺色絹地桐唐草金襴緞子表紙、薄茶染紙金銀切箔散らし見返し。外題・内題・奥書なし。宗因著。〔寛文―延宝年間〕宗因写。学習院大学日本語日本文学研究室蔵。寛文二年に実行された奥州行脚の記の一本（④紀行9）で、巻末に亡娘追悼「春やあらぬ」百韻（②81）を具備する。小磯純子「西山宗因の紀行について」（『俳諧と紀行文学』）に翻刻所収。

西山宗因夢想・同人追悼連歌《にしやまそういんむそうどうにんついとうれんが》　連歌集。写半一。〔江戸後期〕写。山口県文書館多賀社文庫蔵。延宝八年九月二十日興行宗因独吟夢想「山霞む」四十八句（②115）を巻頭に掲げ、その奥に天和二年十月付の任口による宗因追悼文と宗因追善連歌歌仙（⑤追善4）を付し、末尾に宗春ほか十二名による宗因追悼連歌発句および由平ほか七名による同俳諧発句（⑤追善4）を付す。

西山宗春書状《にしやまそうしゅんしょじょう》　書簡。写。宗春著。〔延宝末年頃〕宗春写。個人蔵。末吉宗久宛宗春書簡（⑤伝記資料13）。天和二年三月没の宗因について「一段達者に在ㇾ之候」と述べ、天和二年五月没の昌隠への言及も見えるところから、延宝末―天和元年頃の書簡。

西山梅翁点胤及・定直両吟集《にしやまばいおうてんいんきゅうさだなおりょうぎんしゅう》　連句集。刊横一。題簽「西山梅翁点□□定直両吟□」。胤及・定直著。延宝五年大坂深江屋太郎兵衛刊。定直序。梅翁（宗因）跋。財団法人正宗文庫蔵。梅翁（宗因）評点にかかる胤及・定直両吟俳諧百韻五巻（④評点俳諧22）。作者は備前国岡山の住人で十百韻満尾を目指して両吟を試みていたが、延宝四年九月、胤及没するに及んで定直が宗因に評点を依頼、宗因の判詞を得て胤及追善として翌年五月に上梓したもの。最終第五百韻名残裏二句から挙句までは宗因詠。

梅翁宗因発句集《ばいおうそういんほっくしゅう》　俳諧句集。刊半一。宗因著・素外編。安永十年自序（⑤雑抄64）。天理図書館綿屋文庫ほか蔵。江戸談林七世を標榜する谷素外が、宗因百回忌追善として、宗因の俳諧発句二百三十七句を四季別に部類編成して刊行した書。巻末に、「梅翁系伝当流先亡之発句」として西鶴以下十二名の談林俳人の俳諧発句を掲げ、宗因から昌森・宗珍までの西山家系図と、梅翁（宗因）から素外周辺に至る江戸談林俳諧の系譜「江戸誹諧伝系」を付録（⑤俳諧系譜3）。西山家系図と「江戸誹諧伝系」は、文化二年に『西山家連誹系譜』と題する単行本でも行われたのち、素外門人の増減を反映した改訂版も出された。いっぽう、宗因の俳諧発句は、初版に百二十句を追加した天明元年再版本、天明元年版に校訂を加えつつさらに百七十九句を増補し、素外一門による梅題発句集「誹諧一流万梅」を付載した文化二年校正版を経て、文政六年序跋刊・素塵編『梅翁発句集』中本二冊に至って総計五百八十一句の収録を果たし、以後も版を重ねた。『梅翁宗因発句集』天明元年版は有朋堂文庫『名家発句集』に、同文化二年版は俳諧文庫18に翻刻所収。文化二年版『西山家連誹系譜』は普及版俳書大系31に翻刻所収。

梅翁俳諧集《ばいおうはいかいしゅう》　連句集。写横一。宗因（西翁・梅翁）ほか著。〔江戸後期〕由誓写。題簽「梅翁俳諧集」。幕末期の俳人豊嶋由誓の筆録による。早稲田大学図書館蔵。最初の一巻は卜養点松平新平独吟百韻だが、以下は宗因関係の百韻および歌仙十二巻を収録。その前半の五巻（③連句39 40 41 42 43）は、磐城平藩主内藤義概（俳号風虎）に招かれて江戸に下ったときの成立で、他には所伝なく貴重。後半の七巻（③連句27 28 33 52 53 63、④評点俳諧23）は『宗因後五百韻』と『宗因七百韻』による写し。早稲田大学蔵資料影印叢書23に影印所収、前半五巻のみ中村俊定「西山宗因延宝期の資料　一〜三」（古典俳文学大系月報7 10 14）に翻刻所収。

梅翁百年香《ばいおうひゃくねんこう》　俳諧撰集。刊半一。津富撰。安永十年江戸須原屋市兵衛刊。同六年昌森序。同十年自跋。東京大学総合図書館洒竹文庫ほか蔵。『梅翁宗因発句集』と対になる宗因百回忌追善集。巻頭に宗因自画賛像（⑤西山家肖像5）と西山家五世昌森の序文を掲げ、続けて、江戸談林俳家による宗因俳諧発句を立句とした脇起しの俳諧歌仙一巻、および、梅・桜・椿・海棠・桃・梨・花題の宗因追善俳諧発句百三十九句を収める（⑤追善7）。

誹諧当世男《はいかいいまようおとこ》　俳諧撰集。刊中二。蝶々子撰。延宝四年自序。宗伴跋。東京大学総合図書館竹冷文庫蔵。『玉手箱』の続編で、上巻の四季類題発句集と下巻の付句集より成る。「宗因」号で、宗因俳諧発句十二句・付

句四句入集（③付句10）。普及版俳書大系7・古典俳文学大系3に翻刻所収。

誹諧梅のまつり《はいかいうめのまつり》　建碑記念集。刊中一。寛之編。文化七年星運堂刊。同六年自序。三世左簾跋。東京大学総合図書館知十文庫ほか蔵。江戸談林七世を標榜する谷素外が寛政—享和年間に各地に建碑した宗因句碑の概要を、素外門の寛之が書き留めた書。日暮里養福寺境内梅野天満宮の「梅翁花尊碑」（寛政四年八月建碑）、鎌倉建長寺杉ヶ谷弁才天の「鎌倉鶴岡碑」（同八年建碑）、大坂天満宮社頭の「浪花天満碑」（同十一年建碑）、亀戸天満宮紅梅殿の「亀戸飛梅碑」（享和二年二月建碑）の碑文を録し、巻末に「日暮里百梅碑」「墨水碑」の素外句碑二碑の碑文を付す（⑤句碑2）。

誹諧歌仙《はいかいかせん》　俳諧歌仙。写巻一。梅翁（宗因）著。天和元年宗因写。料紙、鳥の子。外題「誹諧哥仙」（宗因筆）。前書のつぎに「歌仙之誹諧独吟」と端作、「野梅翁」と署名。奥書「或人依二所望一染二禿筆一、行年七十六。天和元年仲冬　忘吾庵梅翁（印「西」）」。天理図書館綿屋文庫蔵。延宝九年秋、仁和寺のほとりに滞在した折に独吟した宗因の「おもひ入」歌仙（③連句99）で、四句目までは『うちぐもり砥』所収本と同じだが、前書と五句目以下はまったく異なる。巻末に「連歌四季」四句と「誹諧」四季吟四句を付記する（⑥小発句集5）。俳書集成25に影印所収、杉浦正一郎「俳諧師の連歌についてのノート」（『国語国文』7—4）に翻刻所収。

俳諧家譜《はいかいかふ》　俳諧系譜。刊半二。丈石編。宝暦元年大坂梁瀬伝兵衛ほか刊。寛延四年秋蛙序・自序。鱗子跋。天理図書館綿屋文庫ほか蔵。江戸点者本位の享保十七年刊『綾錦』に対し、貞門を中心に上方点者の俳諧系譜をまとめた書（⑤俳諧系譜2）。追加として点者の俳諧発句と印譜を付す。普及版俳書大系31に翻刻所収。

誹諧小相撲《はいかいこずもう》　連句集。刊横五。桂葉・可全編。寛文七年京都三河屋刊。国会図書館蔵。京都・江戸・大坂・伊勢・岡山の俳諧点者二十名による桂葉・可全両吟俳諧「四方山の」百韻評点巻を収めた点取集。西翁（宗因）評点巻を含む（③評点俳諧5）。

俳諧三部抄《はいかいさんぶしょう》　俳諧撰集。刊横四。延宝五年大坂深江屋太郎兵衛刊。惟中撰。空庵序。天理図書館綿屋文庫蔵。上巻二冊に「俳諧大概」と諸家による四季別俳諧発句、中巻に「寓言体見習記」と題する諸家付句、下巻に惟中の発句ほかを収める。「西山斎梅翁」号で、宗因俳諧発句十二句・付句二句・三物五組入集（③連句20 38 48 65 66、③付句12）。近世文学未刊本叢書『談林俳諧篇一』に翻刻所収。

俳諧集書留《はいかいしゅうかきとめ》　連句集。写横一。〔江戸前期〕写。折紙綴。天理図書館綿屋文庫蔵。寛文十二年正月十日興行季吟宗匠俳諧百韻を巻頭に、梅盛・玖也・卜琴・徳元・立圃・正式など貞門談林諸家の一座する承応―寛文期の俳諧百韻三十二巻を収める。一幽（宗因）出座の承応三年十月三日興行「宿からは」百韻（③連句1）および明暦二年九月向栄庵新造記念興行「あさみこそ」百韻（③連句2）を含む。

誹諧草庵集《はいかいそうあんしゅう》　俳諧撰集。刊半三。句空撰。京都井筒屋庄兵衛刊。元禄十三年自序。学習院大学ほか蔵。撰者は加賀国金沢の俳僧。芭蕉を追懐して編まれた本撰集には、北陸蕉門を中心とする諸家の俳諧発句・連句が収められるが、蕉門入門以前の延宝年間に撰者が文通で交渉したという重頼や宗因の句も拾われている。宗因俳諧発句一句・付句一句（③付句21）入集。加越能古俳書大観下編に翻刻所収。

俳諧続独吟集《はいかいぞくどくぎんしゅう》　連句集。刊横二。重徳編。〔寛文年間〕京都寺田重徳刊。天理図書館綿屋文庫・東京大学総合図書館竹冷文庫蔵。上巻に立圃・維舟・良保・知徳・任口・玖也・立静・胤及・友貞・保友、下巻に正章・湖春・元隣・可全・意朔・由健・定親・一雪・正直・岡田将監の独吟俳諧百韻を収める。西翁（宗因）評点の胤及独吟「花にいはゞ」百韻（④評点俳諧10）を含む。俳書集成4に影印所収。

俳諧塵塚《はいかいちりづか》　俳諧撰集。刊横二。重徳撰。寛文十二年京都寺田重徳刊（阿誰軒編『誹諧書籍目録』ほか）。東京大学総合図書館洒竹文庫（合一冊、巻末欠損）・天理図書館綿屋文庫（上巻のみ）蔵。上巻には長頭丸（貞徳）・立圃（二巻、一巻は漢和）・季吟（五巻、一巻は和漢）等の両吟百韻、下巻には紹巴等の漢和聯句、冥之（沢庵）等の和漢聯句、風虎・維舟・玖也の三吟、一貞等六吟、一幽（宗因）独吟（③連句19）、玖也名所独吟、正式独吟、意春独吟の各百韻と、巻軸に卜圃の俳文「鶯蛙之花見」を収録。古典俳文学大系1に翻刻所収。

誹諧独吟集《はいかいどくぎんしゅう》　連句集。刊横二。重徳編。寛文六年京都寺田重徳刊。西武序。東京大学総合図書館竹冷文庫ほか蔵。上巻に守武・貞徳・立圃・令徳・正章・重頼・梅盛・定清・季吟・安静、下巻に林門跡・徳元・幸和・一幽（宗因、③連句3）・卜養・玄札・昌房・山石・如貞・ステ（捨女）の独吟百韻（ただしステのみ歌仙）を収録、最後に西武の独吟百韻を追加する。貞門期の主な作者の独吟連句を一集とした最初の試みで、好評を博し、復刻版や続集が刊行されている。俳書集成4に影印所収、古典俳文学大系1に翻刻所収。

俳諧之口伝《はいかいのくでん》　俳諧伝書。写折一。西鶴著。延宝五年自奥。西鶴自筆の折本で、天理図書館綿屋文庫蔵。豊後国日田の西国に与えた俳諧作法の秘伝書。西翁（宗因）・西随・西鶴の歳旦三物一組（③連句35）が引かれる。俳書集成35に影印所収、定本西鶴全集12に翻刻所収。

俳諧百一集《はいかいひゃくいちしゅう》　俳諧撰集。刊大一。康工撰。明和二年京都橘屋治兵衛刊。宝暦十四年自序。水竹散人跋。個人ほか蔵。芭蕉を巻頭として、守武・宗鑑から麦林（乙由）にいたる俳家百人の肖像と題句一句を掲げ、撰者の短評を添える。宗因は十一人目に登場（⑤西山家肖像4）。嘉永二年・同三年と版を重ねた。

俳諧百人一句難波色紙《はいかいひゃくにんいっくなにわしきし》　俳諧撰集。刊半一。春林撰・西鶴画。天和二年大坂深江屋太郎兵衛刊。同年自序。天理図書館綿屋文庫ほか蔵。序に、西鶴が描き撰んだ大坂俳家百人の肖像および題句一句を土橋春林がとりまとめて刊行した書という。各面上部に色紙形を配して発句とその句意に基づく略画をあしらい、その下に各人の肖像画を描く。巻頭に西山梅翁（宗因、⑤西山家肖像2）、巻軸に西鶴を据える。稀書複製会叢書9・近世文学資料類従古俳諧編30に影印所収、定本西鶴全集11上に翻刻所収。

誹諧昼網《はいかいひるあみ》　俳諧撰集。刊横二。西吟撰。内題「誹諧昼網」。延宝四年自序（⑤同時代俳書抜抄4）。東京国立博物館ほか蔵。西吟が大坂の自邸に俳諧仲間数十人を招いて興行した俳諧万句のうち、宗因が長点をかけた付句を、四季・神祇・釈教・述懐・懐旧・無常・恋・雑・

賀に分類して収め、巻末に発句七十六を四季に分類して付録する。宗因俳諧発句十句・付句十六句（③付句13）入集。西鶴研究5に影印所収。

俳諧蒙求《はいかいもうぎゅう》　俳論書。刊半二。惟中著。延宝三年大坂深江屋太郎兵衛刊。題簽「俳諧蒙求上守武西翁流」。任口跋。天理図書館綿屋文庫蔵。宗因流俳諧の立場を最初に示した俳論書で、上巻には西翁（宗因）の書簡や作品を多く引用しつつ、宗因を「俳諧悟道の大祖」と揚言する（⑤同時代俳書抜抄2）。下巻に寛文十二年頃西翁（宗因）評点の惟中独吟「文をこのむ」俳諧百韻（④評点俳諧11）を含む。俳書叢刊3・古典俳文学大系4に翻刻所収。

俳諧六祖文寄《はいかいろくそぶんよせ》　書簡。写軸一。宗因ほか著。〔江戸前期〕宗因ほか写。個人蔵。観音寺旧蔵。貞室・素堂・嵐雪の俳文、宗因・芭蕉・乙由の書簡を同一の軸に貼り交ぜる。宗因書簡は某年二月十二日付で宛名を欠く（④書簡3）。

俳家奇人談《はいかきじんだん》　俳諧伝記。刊大三。玄玄一著。青青編。文化十三年江戸鶴屋喜右衛門ほか刊。同十二年臥舫散人序。寥松序。同十三年成美跋。空華老人跋。天理図書館綿屋文庫ほか蔵。室町から江戸中期に至る連歌師・俳諧師の伝記。上之巻「西山宗因」項に、宗因の伝記・逸話（⑤雑抄84）と、天和二年刊『俳諧関相撲』所収の梅翁点「時鳥」俳諧歌仙（④評点俳諧29）模刻を収める。岩波文庫『俳家奇人談・続俳家奇人談』に翻刻所収。

梅酒十歌仙《ばいしゅじっかせん》　連句集。刊半一。梅翁（宗因）ほか著。書名は改装表紙の墨書によるが、『元禄書籍目録』によって確認できる。延宝七年如見序。祐徳博物館中川文庫蔵。延宝七年五月、大坂天満の幸方宅ついで如見宅に、師梅翁を招いて興行した歌仙十巻（③連句90）を上梓したもの。連衆は上記三名のほかに旨恕・尾蝿と執筆。島津忠夫著作集5に翻刻所収。

俳仙群会図《はいせんぐんかいず》　肖像画。写軸一。絹本着色。蕪村編画。柿衞文庫蔵。宗鑑から宋阿（巴人）にいたる俳諧の先達十四人の群会図（⑤西山家肖像6）。群会図には「朝滄写」の落款があり、蕪村二十代の元文年間に描かれたものであるが、上段に需めに応じて認められた天明二年三月の蕪村賛詞を配し、中段の絹本には任口以外の十三名の代表句各一句を蕪村みずから墨書する。蕪村全集6ほかに影印所収。

誹枕《はいまくら》　俳諧撰集。刊横四。幽山撰。延宝八年素堂序。東京大学総合図書館洒竹文庫ほか蔵。「誹枕集」上中下は国別の名所発句集で、「梅翁」号で宗因俳諧発句三十六句入集。第四巻には幽山が奥州を踏査して得た歌枕八所にまつわる名物を題とした漢詩文・和歌・俳諧発句を集成し、さらに追加として梅花翁（宗因）独吟をはじめとする名所俳諧歌仙（③連句87）十二巻を収める。普及版俳書大系16に翻刻所収。

浜宮千句《はまみやせんく》　連歌千句。写。打曇連歌懐紙十畳。宗因著。〔延宝六年〕宗因写。自序。漆塗箱入。箱蓋表に銀泥で「謹賦連歌千句奉納椎田天満大自在天神霊祠所祈丁亥歳生男及壬辰歳生男寿算綿延与浜之砂数無尽福根増長同詞之林永昌者時延宝六年戊午正月吉旦　那須氏紹善」と記す。綱敷天満宮蔵。太宰府天満宮文化研究所寄託。延宝六年正月二十一日―二十五日興行。小倉藩初代藩主小笠原忠真継室で二代藩主忠雄生母の永貞院を願主とする、小笠原門葉繁栄祈願の宗因独吟連歌千句（①千句8）。宗因みずから打曇の連歌懐紙に浄書し、豊前国築城郡椎田村綱敷天満宮に奉納。西日本国語国文学会翻刻双書に翻刻所収。

晴小袖《はれこそで》　俳諧撰集。刊横四。一雪撰。内題「洗濯物追加晴小袖」。寛文十二年西武序。自跋。東京大学総合図書館洒竹文庫蔵。『俳諧洗濯物』につぐ一雪撰の俳諧撰集で、武蔵・尾張両国の住人を中心とした俳諧発句・付句を四季類題別に編纂する。「一幽」号で、宗因俳諧発句四句・付句四句（③付句6）入集。未刊国文資料『誹諧晴小袖と研究』に翻刻所収。

播州明石浦人麿社法楽賦御何連歌百韻《ばんしゅうあかしのうらひとまろしゃほうらくふすおんなにれんがひゃくいん》　連歌百韻。写巻一。宗因著。延宝二年宗因写。料紙、鳥の子。奥書「或人依二所望一染二老筆一。七十歳 宗（花押）」。天理図書館綿屋文庫蔵。延宝二年七月十一日興行の明石人丸社法楽宗因独吟連歌百韻（②101）。月照寺蔵宗因自筆懐紙の端作には「延宝二年八月十一日」とあるが、当該期、宗因は泉州滞在中であり、綿屋文庫蔵巻子本の年記が正しい興行年次と考えられる。綿屋文庫蔵巻子本は明石藩主松平信之献上本か。沖森文庫旧蔵・現関西学院大学図書館蔵の宗因自筆巻子本は、家伝のための手控本と目される。図録『宗因から芭蕉へ―西山宗因生誕四百年記念』に影印部分掲載、俳書集成25に影印所収。

肥後道記《ひごみちのき》　一名「西山宗因船路之記」「宗因西国記」「飛鳥川」。紀行。写小一。綴葉装。宗因著。〔寛永十年頃〕宗因写。巻末に旧蔵者田中光顕の識語を有する。佐川町立青山文庫所蔵。外題・内題ともに欠くため、明治末年以降、冒頭の一節をとって「飛鳥川」の仮称で流布したが、江戸期の写本である天理図書館綿屋文庫本・水府明徳会彰考館文庫本には「肥後道記」の題簽がある。加藤家改易後の寛永十年九月末、親類知友と別れて肥後熊本を発ち、十月十五日、京都本圀寺に隠棲中の旧主加藤正方の許にたどり着くまでの約二十日間の船旅の記(④紀行1)。審美書院版の複製『飛鳥川』が備わるほか、熊本文化研究叢書4『西山宗因自筆資料集』に影印所収、弥富破摩雄「西山宗因の上京紀行」(『近世國文學之研究』)・小磯純子「西山宗因の紀行について」(『俳諧と紀行文学』)等に翻刻所収。

百韻連歌集《ひゃくいんれんがしゅう》　連歌百韻・千句・歌仙集。写横一。宗因ほか著。〔江戸後期〕信豊写。太宰府天満宮小鳥居家蔵。室町中期から江戸初期興行の連歌百韻五十巻を収め、とりわけ宗因独吟百韻を多く含む。宗因独吟「時しあれや」百韻(②120)・寛永十三年八月二十六日興行「橋柱」百韻(②35)・宗因独吟「日比経しは」歌仙(②122)・寛永十三年二月十一日興行宗因独吟「おもはずよ」百韻(②34)・寛文三年正月興行宗因独吟「春やあらぬ」百韻(②81)・万治三年九月二十三日興行宗因独吟「消にきと」百韻(②77)・同二月五日興行宗因独吟「年月や」百韻(②76)・承応三年十一月十三日興行宗因独吟「烟尽」百韻(②74)・延宝二年七月十一日興行宗因独吟「朝霧や」百韻(②101)・寛文八年十月二十日興行「うたゝねの」百韻(②88)・同日興行「見しや夢」百韻(②87)・寛永十八年九月三十日興行「おしむとて」百韻(②53)・正保二年六月二日興行厳島大明神法楽「ゆふだすき」百韻(②61)・正的(玄的)両吟「日々にうとき」百韻(②68)・寛永十五年三月興行宗因独吟『十花千句』(①千句2)・慶安二年九月二十三日興行宗因独吟

『風庵懐旧千句』（①千句4）・同日興行青木宗忠追善宗因独吟「残る名に」百韻（②66）・宗因独吟「たのむ陰」百韻（②79）所収。

風庵懐旧千句《ふうあんかいきゅうせんく》　一名「正方追善千句」「風庵追悼連歌千句」「妙風庵主追善独吟千句」。連歌千句。写横一。料紙、鳥の子薄葉。題簽「風庵懐旧千句」（宗因自筆の原題簽を後補表紙に貼付）。宗因著。〔江戸前期〕宗因写。奥に「宗因書レ之（花押）」と記し、続く遊紙に「此千句一冊は、祖父宗因筆跡にて、浄蓮寺律師照圭、年久しく所持たりしを、ことし享保三戌の仲春に宗珍に付与せらる、所也。永代重宝たるべき物なり。　昌察（花押）」との昌察識語がある。大阪天満宮御文庫蔵。西山家伝来本。慶安二年九月二十三日に興行された、風庵こと加藤正方一周忌追善のための宗因独吟連歌千句（①千句4）。巻末に青木兵三郎宗忠追悼連歌百韻（②66）を付す。大阪天満宮御文庫の昌察筆と目される別本（『正方追善千句』）のほか、大阪大学文学研究科含翠堂文庫蔵本（『妙風庵主追善独吟千句』）等、多くの伝本があり、「西山宗因当流連哥千句」と内題する延宝七年刊本も伝わる。

福岡御城松御会連歌集《ふくおかごじょうまつごかいれんがしゅう》　連歌百韻集。写横一。〔江戸中期〕写。太宰府天満宮小鳥居家蔵。万治三年から延宝八年にかかる福岡城年頭恒例の連歌百韻二十一巻を収める。宗因出座の寛文十年正月二十五日興行「若葉さす」百韻（②97）および宗因評点寛文三年正月二十五日興行「春は世に」百韻（④評点連歌4）は、太宰府天満宮連歌史資料と研究Ⅳに翻刻所収。

富士紀行《ふじきこう》　紀行文集。写半一。〔江戸後期〕延宗写。大阪天満宮御文庫蔵。岡延宗奉納本。紹巴「富士紀行」のあとに、宗因の文章三編を付記する。明暦二年九月成「告天満宮文」（④句文・歌文・雑5）は「有芳庵記」の異文。「東の紀行」は奥州紀行の異文で、巻末に「春やあらぬ」百韻を有し、奥に「依二所望一染レ筆畢。宗因（花押写）」とする。成立年次未詳「贈宗札庵主」（④句文・歌文・雑7）は孤本。

賦物連歌《ふしものれんが》　連歌百韻集。写。〔文明―元禄年間〕写。宮内庁書陵部蔵。桂宮家旧蔵。文明―元禄年間に興行された連歌百韻の懐紙集。寛永年間の連歌百韻懐紙を集成した第十五に、寛永四年七月二十四日興行「おどろくや」百韻（②25）の懐紙が含まれる。「おどろくや」連歌百韻懐紙は原装。懐紙端を水引で綴じるも、二折の表裏を逆に綴じ誤って錯簡を生じている。

賦御何連歌《ふすおんなにれんが》　連歌百韻。写巻一。連歌懐紙を巻子装に改装。料紙、鳥の子。〔江戸前期〕写。関西大学総合図書館鬼洞文庫蔵。承応二年九月二十五日興行の連歌百韻懐紙（②73）。淀城主永井尚政周辺の人々が宗因・以春・玖也等を招請して興行した一巻か。巻末に「スベテ賦物ト云ハ連歌発句ノ題ナリ」に始まる朱筆注記の貼紙があり、旧蔵者が大坂において木村蒹葭堂に質問したときの答えを録した旨の墨書を添書きする。同筆墨書「宗因者浪華ノ連歌者」。

賦何桜俳諧之連歌百韻《ふすなにざくらはいかいのれんがひゃくいん》　俳諧百韻。写巻一。西翁（宗因）著。〔万治年間〕宗因写。料紙、鳥の子。前書について「賦何桜連誹」とし、発句に「西翁」、脇に「同」、以下作者名無記。後書の末に「一幽子（印「宗因」）」と落款。天理図書館綿屋文庫蔵。宗因独吟の恋俳諧「しれさんしよ」百韻（③連句6）で、付句が『懐子』（万治三年刊）に多数入集し、それ以前の成立となる。版本の『宗因後五百韻』などにも収められるが、前書を省略、本文にも少なからぬ異同がある。俳書集成25に影印所収。藤井乙男「自筆本宗因恋百韻」（『史話俳談』）に翻刻所収。

賦何人連歌《ふすなにひとれんが》　連歌百韻。写。打曇連歌懐紙一畳。宗因ほか著。〔江戸前期〕写。延宝四年十一月頃興行。神宮文庫蔵（八田兵次郎氏奉納本）。宗因および昌英（昌穏息）を迎えて興行された、伊勢外宮祠官の連歌（②110）。

賦何人連歌《ふすなにひとれんが》　連歌百韻。写巻一。全面に菊紋・桐紋を空押しした鳥の子料紙を用いる。信之・宗因ほか著。〔延宝五年頃〕写。早稲田大学図書館伊地知文庫蔵。一巻を収める桐箱の蓋裏に「江州彦根城主長寿院御入湯之折節、宗因を浪花より召れてともどもによませられ、乃此壱軸を休所に留たまふ」と墨書するも、発句作者「信」は明石藩主松平信之の一字名。端作を欠くが、延宝五年十一月、明石藩主松平信之の一行が有馬温泉に遊んだ折の興行と推測される（②111）。

賦何人連歌《ふすなにひとれんが》　連歌百韻。写巻一。連歌懐紙を巻子装に改装。料紙、鳥の子。萌葱色地金糸唐草紋様絹表紙。題簽「錦てふ色や植なす萩の庭　宗因」。見返、布目地に金銀泥霞・金銀切箔散らし。宗因ほか著。〔万治二年頃〕宗因写。榊原家蔵、財団法人旧高田藩和親会管理榊原家史料。万治二年八月二十五日、姫路藩邸において、宗因が宗匠をつとめて興行した「錦てふ」連歌百韻（⑥補訂連歌7）の清書懐紙。連衆は姫路藩主榊原忠次嫡男政房とその周辺。廣木一人「「高田藩榊原家史料」中の宗因関係資料」（『緑岡詞林』35）に影印・翻刻所収。

賦何人連誹懐紙《ふすなにひとれんがかいし》　連歌百韻。写巻一。金銀泥下絵の装飾連歌懐紙を巻子装に改装。昌程ほか著。寛永十八年昌程写。寛永十八年六月十八日興行。天理図書館綿屋文庫蔵。飛騨高山藩主金森出雲守重頼が主催し、里村昌程が宗匠をつとめた連歌百韻の清書懐紙。牢人時代の宗因も出座する（⑥補訂連歌3）。尾崎千佳「新出宗因資料二点」（『ビブリア』143）に影印・翻刻所収。

賦何人連歌百韻懐紙《ふすなにひとれんがひゃくいんかいし》　連歌百韻。写巻一。打曇の連歌懐紙を巻子装に改装。宗因ほか著。延宝七年宗因写。端作と賦物の間の余白に「宗因執筆」と墨書し、「西山宗因」の方形印を捺す。延宝七年五月十五日興行。個人蔵。伊勢下向に先だって立ち寄った松坂で、宗因が同地の衆と巻いた一巻（②112）。吉田幸一「宗因自筆延宝七年賦何人連歌」（『連歌俳諧研究』3）に翻刻所収。

賦初何連歌《ふすはつなにれんが》　連歌百韻。写巻一。料紙、唐草文様下絵空摺鳥の子。宗因・宗春著。〔寛文元年〕宗因写。奥書「右両吟者、奉納伊勢太神宮法楽之百韻也。或人依㆓所望㆒染㆓愚筆㆒畢。寛文元年季秋　西山翁（印「宗因」）」。万治四年正月十一日興行「日の御影」百韻（②78）。八代市立博物館未来の森ミュージアム蔵。連歌の料紙としては珍しく唐草文様を空摺した美麗な鳥の子紙に認められており、然るべき貴人への献上本と推測される。図録『宗因から芭蕉へ―西山宗因生誕四百年記念』『華麗なる西山宗因―八代が育てた江戸時代の大スター』に影印部分掲載、熊本文化研究叢書4『西山宗因自筆資料集』に影印所収。

賦初何連歌《ふすはつなにれんが》　連歌百韻。写。金銀泥下絵の装飾連歌懐紙一畳を綴じずに三つ折り。宗因ほか著。〔寛文二年頃〕宗因写。石川県立歴史博物館蔵。寛文二年十一月八日、加賀藩前田家家老本多政長の江戸屋敷において興行された「庭やこれ」百韻（②80）の浄書懐紙。『白山万句　資料と研究』に翻刻所収。

賦初何連歌《ふすはつなにれんが》　連歌百韻。写。打曇連歌懐紙一畳。宗因著。〔延宝二年〕宗因写。綱敷天満宮蔵。太宰府天満宮文化研究所寄託。延宝二年正月、豊前国築城郡椎田村綱敷天満宮法楽として、小倉藩主小笠原忠雄の同母実弟長高・同甥長繁・路一が賦した連歌に、二折裏七句目から宗因と宗春が加わり、三折表四句目以降は宗因・宗春両吟で満尾する（②100）。宗因みずから打曇の連歌懐紙に浄書し、綱敷天満宮に奉納。西日本国語国文学会翻刻双書に翻刻所収。

賦山何連歌《ふすやまなにれんが》　連歌百韻。写巻一。料紙、金砂子散らし鳥の子。氏富ほか著。〔延宝年間〕写。神宮文庫蔵（八田兵次郎氏奉納本）。現存本は連歌世吉の体裁をとるが、延宝七年六月頃興行連歌百韻の前半部分か。伊勢内宮長官荒木田氏富邸に、両宮の祠官および連歌師宗因を招いての一座（②113）。

賦山何連歌歌仙《ふすやまなにれんがかせん》　連歌歌仙。写巻一。宗因著。万治元年宗因写。料紙、鳥の子。奥書「万治元年八月廿五日　向栄庵宗因（花押）」。天理図書館綿屋文庫蔵。万治元年八月、京都壬生に寂静庵順正が構えた聖廟法楽の連歌歌仙（②75）。巻末に宗因の「寄松祝」和歌一首を添える。順正献上本か。図録『宗因から芭蕉へ―西山宗因生誕四百年記念』に影印部分掲載、俳書集成25に影印所収。

於豊前小倉城御賀千句《ぶぜんこくらじょうにおけるおんがせんく》　連歌百韻集・連歌句集。写小一。綴葉装。俊正編。延宝九年俊正筆。石水博物館蔵。宗因独吟にかかる寛文五年二月興行『小倉千句』（①千句7）および延宝二年七月十一日興行明石人丸社法楽「朝霧や」百韻（②101）と、「当地にて宗因老発句」と題する宗因連歌発句二十五句の書留を収める。「当地にて宗因老発句」は、奥書によれば、松坂下向時の宗因発句を俊正が集め、宗因独吟二編のあとに付して重直に送ったもの（⑥補訂小発句集4）。俊正は岡山氏、宗因に親炙した松坂衆。重直は大坂の水守重直か。「当地にて宗因老発句」は、島津忠夫「西山宗因と伊勢松坂」(『語文』100 101)に翻刻所収。

豊前小倉千句《ぶぜんこくらせんく》 連歌千句。写横一。料紙、鳥の子薄葉。題簽「豊前小倉千句」(宗因自筆)。宗因著。(江戸前期)宗因写。巻末に「右千句、宗因六十一歳の独吟也」と墨書する昌察筆識語がある。大阪天満宮御文庫蔵。西山家伝来本。寛文五年二月十七日―二十一日、豊前小倉城において興行された、小倉藩主小笠原忠真七十賀のための宗因独吟連歌千句(①千句7)。巻頭「花之何」百韻発句は忠真。早稲田大学図書館伊地知文庫蔵宗因自筆本(『天満宮千句』)が献上本と考えられるのに対し、大阪天満宮御文庫本は家伝のために清書されたものと思われる。

搏桑千家詩《ふそうせんかし》 漢詩撰集。刊半二。元軌撰。元禄十五年京都上原半兵衛刊。篤信序。自序。遯庵跋。柿衞文庫ほか蔵。上巻に五言絶句、下巻に七言律詩を収める。上巻中に宗因絶句二首入集(④漢詩)。

二葉集《ふたばしゅう》 俳諧撰集。刊横二。西治撰。延宝七年大坂深江屋太郎兵衛刊。題簽角書「俳諧新附合物種集追加」。内題「俳諧新付合千与」。延宝七年自序。天理図書館綿屋文庫(合一冊、欠丁あり)・柿衞文庫(上巻のみ)蔵本のほか、野間光辰氏旧蔵の完本が伝わる(『阪急古書のまち四十周年記念目録』平成二十八年二月)。師の西鶴編『物種集』(延宝六年刊)の拾遺として、当流(談林派)の連句から付合千組を抜粋し、上梓したもの。梅翁(宗因)の付句も多く収める(③付句16)が、『物種集』と重なるものが少なくない。俳書集成16に影印所収、近世文学未刊本叢書『談林俳諧篇一』・古典俳文学大系3に翻刻所収。

懐子《ふところご》 俳諧撰集・辞書。刊横二十。重頼撰。自序。万治三年自跋。同年自足子跋。神宮文庫ほか蔵。本歌取りの発句・付句を中心とする撰集の部と、「懐子傅」「懐子乳母」と題する俳諧辞書より成る。撰集の部に「一幽」号で宗因俳諧発句四十一句・付句百九十九句(③付句3)所収。近世文学資料類従古俳諧編9―13に影印所収。

分葉《ぶんよう》 連歌学書。写半一。(江戸後期)写。大阪天満宮御文庫蔵。宗祇著の連歌学書『分葉』の巻末に、本文とは別筆で「連歌師」「歌人」の覚書を記す。同覚書中に「西山家系図」(⑤西山家家伝2)が含まれる。覚書は大坂天満宮神主滋岡長昌もしくはその周辺の人物の手に成るか。

法雲禅師寿山外集《ほううんぜんじじゅざんがいしゅう》　漢詩文集。刊大二。法雲著・実光編。延宝七年刊。祐徳博物館中川文庫ほか蔵。黄檗僧法雲明洞の詩文集。法雲は豊前小倉の人、藩主小笠原忠真の庇護を受けて広寿山福聚寺の住持となった。巻上に詩偈・讃、巻下に記・序跋・銘・疏啓・書を収める。寛文十年二月、宗因に授戒した折の詩偈「示三宗因隠士授《カルニ》二衣戒《ヲ》一」（⑤伝記資料6）および序「西翁隠士為《ル》レ僧《ト》序」（⑤伝記資料5）を含む。

発句愚草《ほっくぐそう》　連歌句集。写横一。宗春編。〔享保年間〕宗春写。大阪天満宮御文庫蔵。宗因の嫡男で大坂天満宮連歌所宗匠を継いだ西山宗春自撰自筆の連歌発句帳。大阪天満宮御文庫には「発句帳」と題する同種の発句帳が別にもう一本伝わるが、元禄十二年頃に整理された該書に対して、本書は宗春晩年の享保七年以後に改稿されたもの。宗因年忌の連歌発句を含む（⑤追善5）。

正方宗因両吟千句《まさかたそういんりょうぎんせんく》　一名「風庵宗因両吟千句」。連歌千句。写横一。正方・宗因著。綴葉装。料紙、鳥の子。題簽「両吟千句正方宗因」（宗春筆）。〔江戸前期〕宗春写。大阪天満宮御文庫蔵。西山家伝来本。正方と宗因の両吟連歌千句で、昌琢批点。興行年次の記載を欠くが、大阪天満宮御文庫蔵別本（江戸中期写本）の端作に「寛永八年三月廿五日」とあり、京都大学文学研究科潁原文庫本（出雲北嶋家旧蔵江戸前期写本）の端作に「廿五日」から「晦日」までの日付を記すことから、寛永八年三月二十五日から晦日にかけての興行（①千句1）。「宗因」号の初見資料。天理図書館綿屋文庫蔵『連歌集於近衛様千句等』所収本等の諸本がある。

万句之内十百韻《まんくのうちとっぴゃくいん》　連句集。写枡一。計艤著。〔延宝六年〕計艤写。評点および奥書は宗因筆。天理図書館綿屋文庫蔵。紫影文庫旧蔵。絹本題簽「万句之内十百韻　梅翁点　独吟」。梅翁（宗因）評点の計艤独吟にかかる物名俳諧百韻十巻（④評点俳諧26）を収める。奥書「延宝六年戊午極月仲旬　計艤（花押）」。綿屋文庫蔵『万句之内十百韻集』と同一体裁の写本で、評点を除く本文筆蹟も一筆。計艤独吟俳諧百韻百巻を計艤みずから一冊につき十巻ずつ浄書したもののうち。

万句之内十百韻集《まんくのうちとっぴゃくいんしゅう》　連句集。写枡三。計䉤著。〔江戸前期〕計䉤写。天理図書館綿屋文庫蔵。絹本題簽「万句之内十百韻六百西翁点四百玄札点独吟」。寛文五年―十年の間に加点された梅翁（宗因）評点六巻（④評点俳諧2 34678）および玄札評点四巻の計䉤独吟俳諧百韻を収める。奥書「寛文五年ヨリ同十年迄二　計䉤（花押）」（第一冊巻末）。綿屋文庫蔵『万句之内十百韻』と同一体裁の写本で、本文筆蹟も一筆。計䉤独吟俳諧百韻百巻を計䉤みずから一冊につき十巻ずつ浄書したもののうち。

万句発句帳《まんくほっくちょう》　連歌万句三物。写大一。〔江戸前期〕盛栄写。原表紙左肩に「万句発句帳」と打付書き。「於二摂州大坂天満宮一奉レ為二天神七百五拾年忌一万句執行之時之発句脇第三并巻頭百韻　慶安五年正月十八日始同二月朔日満」と墨書する前見返は、裏打ちの際に貼り付けられたものか。大阪天満宮御文庫蔵。慶安五年正月十八日から二月一日にかけて、大坂天満宮で興行された天神七百五十年忌法楽連歌万句の発句・脇・第三。巻末に万句巻頭第一御何百韻を付す（①万句）。対校本とした奈良県斑鳩町大方家蔵『天満宮万句第三付』は江戸中期の写本で、大阪天満宮御文庫蔵本に比して誤写が多いが、巻末に「慶安五辰二月廿五日」と追加千句満尾の日付を録す。

満彦卿日次《みつひこきょうひなみ》　記録。写十七。満彦著。〔江戸前期〕写。神宮文庫蔵。伊勢外宮長官度会満彦が公私の出来事を執筆させた延宝四年から天和二年までの日記。第五巻延宝五年記に、伊勢下向を招請する内外宮長官連署の宗因宛書簡を含む（⑤記録8）。

美作道日記《みまさかみちにっき》　紀行。写巻一。宗因著。寛文八年宗因写。料紙、布目地と各種紋様を刷り出した鳥の子を交互に継ぐ。奥書「或人依二所望一、染二老筆一者也。寛文八年季秋　宗因《有芳庵》（花押）」。表紙見返貼紙に「光之公より仙光院様江被レ進軸物歟。宗恩は連歌師也。此巻物仙光院様へ被レ進候はたしかならず候へども、光之公御賞翫の一巻之由相伝ふる也」と墨書し、福岡藩主黒田光之遺愛の品と伝える。福岡市東長寺蔵。承応二年成「美作道日記」（④紀行3）・寛文三年成「奥州塩竈記」（④紀行6）・明暦二年成「有芳庵記」（④句文・歌文・雑3）を同一の巻子本に宗因みずから浄書した献上本。白石悌

三「西日本俳諧資料散歩㈠」（『近世文芸資料と考証』Ｉ）に翻刻所収、熊本文化研究叢書４『西山宗因自筆資料集』に影印所収。

美作道日記草稿《みまさかみちにっきそうこう》　紀行。写巻一。宗因著。〔承応二年〕宗因写。天理図書館綿屋文庫蔵。紫影文庫旧蔵。承応二年七月の津山下向を題材とした連歌紀行の宗因自筆草稿本（⑤紀行２）。俳書集成25に影印所収。

妙風寺由来旧記《みょうふうじゅらいきゅうき》　記録。写半一。日叡編。文政二年写。八代市立博物館広島加藤家資料。加藤正方の菩提寺妙風寺の由来を、同寺八世日叡が編述した書。同寺伝来の連歌巻子本として、上田宗箇・加藤正方の両吟にかかる慶安元年三月二十八日興行「若葉にも」百韻（⑥補訂連歌４）を書き留める。上田宗箇は広島藩お抱えの茶人で、同藩預中の正方とも交流があった。ただし、正方の死の数ヶ月前に賦された本百韻は全体述懐を主意とする特殊な一巻であり、作者間に相当な信頼関係がなければ両吟し得ない作品と認められることから、「宗固」を「宗因」の誤写と推して本全集に収録した。本百韻の原本は妙風寺には現存しないが、文政五年成『知新集』巻十六・同八年成『芸藩通志』巻百四十三にも写し収められている。

名連集《みょうれんしゅう》　連歌百韻・千句集。写横二。〔江戸前期〕浄教房写。真如蔵（山門東塔南谷）旧蔵。京都大学国文学研究室蔵。昌琢時代を中心とする連歌百韻七十九巻および『正方・宗因両吟千句』（①千句１）を収める。宗因出座の連歌百韻七巻、寛永五年七月二十九日興行「松の声」百韻（②27）・同十五年九月十九日興行「紅葉せぬ」百韻（②39）・同年冬頃興行「時や今」百韻（②40）・同十八年九月三十日興行「おしむとて」百韻（②53）・同十七年春頃興行「苗代の」百韻（②48）・同十七年三月頃興行「見ばや見し」百韻（②45）・同十八年秋興行「見る月を」百韻（②54）を含む。

むかし口《むかしぐち》　俳諧発句集。刊半一。宗因著・秋成編。外題「誹諧発句むかし口」、内題「俳諧発句むかし口」。安永六年大坂野村長兵衛ほか刊。天理図書館綿屋文庫ほか蔵。宗因俳諧発句集の嚆矢。巻頭に「梅翁伝」を掲げ、宗因における連歌と俳諧の関係を論じて編者の俳諧観に言い及ぶ。宗因俳諧発句百十三句を四季に分類して収録

（⑤編纂句集）。寛政十二年には一炊庵の序と月居の跋を付し、「宗因俳諧発句集」と改題して行われた（⑤雑抄75）。文化九年成の写本・由誓編『増補むかし口』もある。高田衛「翻刻・宗因俳諧発句集」（『東京都立大学人文学報』173）に改題本の翻刻所収。

武蔵野《むさしの》　俳諧撰集。刊横零一。維舟（重頼）撰。延宝四年奥刊。下巻の秋冬巻のみ存。天理図書館綿屋文庫蔵。和露文庫旧蔵。「梅翁《西山》」号で、宗因俳諧発句十三句・付句九句入集（③付句9）。鬼貫全集に翻刻所収。

夢想之連歌《むそうのれんが》　連歌百韻。写。連歌懐紙一畳。延宝二年写。料紙、鳥の子。早稲田大学図書館蔵。浅田善二郎旧蔵。延宝二年八月興行夢想「あふ坂の」百韻（②102）の懐紙。

夢想之連歌懐紙《むそうのれんがかいし》　連歌百韻。写。連歌懐紙一畳。宗因ほか著。寛文四年宗因写。端作と賦物の間に連歌語彙の解説八条の後筆書き入れがある。個人蔵。豊前俳壇の重鎮井上元翠旧蔵。寛文四年九月十三日興行。小倉藩滞在中の宗因が、肥後八代出身で小倉藩医に転じた一鴎とその一族とともに巻いた「これのりや」百韻（②83）の懐紙。尾崎千佳「再会の一座―新出の宗因筆連歌懐紙をめぐって」（『鯉城往来』10）に影印・翻刻所収。

物種集《ものだねしゅう》　俳諧撰集。刊横一。西鶴撰。延宝六年大坂生野屋六郎兵衛刊。題簽「俳諧物種集新附合」（石田元季筆写本）。内題「俳諧新附合物種集」。延宝六年自序。版下、西吟筆。天理図書館綿屋文庫蔵。序によれば、五年余の間に耳に触れた当流の連句の中から付合五百組を抜粋したもので、追加として『二葉集』（翌七年刊）の刊行を予告。巻頭以下に梅翁（宗因）の付句を多数収める（③付句14）。俳書集成16に影印所収、古典俳文学大系3・定本西鶴全集10に翻刻所収。

紅葉草《もみじぐさ》　連歌学書。写大零八。〔元禄八年頃〕写。関西大学図書館中村幸彦文庫蔵。柳営連歌師瀬川昌佐と里村昌琢の説を主軸とするいろは引の連歌用語辞典で、最終巻第九巻には連歌去嫌詞を集成する。「豊一」名の宗因付句三句を例句として掲げる（⑥補訂連歌11）。

奴俳諧付岡本个庵宛宗因書簡《やっこはいかいつけたりおかもとこあんあてそういんしょかん》　俳諧歌仙・書簡。写巻合一。宗因点・宗因著。〔寛文年間〕宗因ほか写。天理図書館綿屋文庫蔵。岡本个庵書簡に返信した宗因書簡（④書簡23）一通と、宗因評点にかかる作者未詳「しなものや」俳諧歌仙（④評点俳諧30）一巻を収める。俳書集成25に影印所収。

山の端千句《やまのはせんく》　俳諧千句。刊半二。梅翁（宗因）・四友・似春著。延宝八年近藤氏則親刊。任口序。東京大学総合図書館竹冷文庫蔵。延宝八年二月、江戸から上京した似春・四友と宗因が京都において興行した三吟の千句に百韻を追加して上梓したもの（③連句93）。現存唯一の竹冷文庫本は墨書の後補題簽で、俳諧書籍目録類には「山の端千句」「山端千句」の両表記がある。巻頭の梅翁発句「山の端もなし世間は世間おれも春」による命名。

右筆日記《ゆうひつにっき》　記録。写大。宗因存生中の記録としては、寛文二年―八年・延宝五―六年の九年分が現存。篠山市教育委員会青山会文庫蔵。青山宗俊時代の大坂城代右筆日記（⑤記録3）。宗因をはじめとする文化人が大坂城代下屋敷に伺候する様子がうかがえる。

有芳庵記《ゆうほうあんき》　句文。写巻一。宗因著。寛文八年宗因写。料紙、布目地と各種紋様を刷り出した鳥の子を交互に継ぐ。奥書「或人依二所望一、染二老筆一者也。寛文八年季秋　有芳庵宗因（花押）」。表紙見返貼紙に「光之公より仙光院様江被レ進軸物歟。宗恩は連歌師也。此巻物仙光院様へ被レ進候はたしかならず候へども、光之公御賞翫の一巻之由相伝ふる也」と墨書し、福岡藩主黒田光之遺愛の品と伝える。福岡市東長寺蔵。承応二年成「美作道日記」（④紀行3）・寛文三年成「奥州塩竈記」（④紀行6）・明暦二年成「有芳庵記」（④句文・歌文・雑3）を同一の巻子本に宗因みずから浄書した献上本。白石悌三「西日本俳諧資料散歩㈠」（『近世文芸資料と考証』Ⅰ）・小磯純子「西山宗因の紀行について」（『俳諧と紀行文学』）に翻刻所収、熊本文化研究叢書4『西山宗因自筆資料集』に影印所収。

雪千句《ゆきせんく》　連句集。刊横二。重安編か。寛文五年大坂吉野屋刊。題簽「大坂俳諧雪千句点取」。内題「雪千句」。東京大学総合図書館竹冷文庫蔵。作者不知の雪題俳諧百韻十巻を重頼・未得・玄札・一幽（宗因、④評点俳諧1）・玖也・道寸・季吟・立圃・成安・空存に一巻ずつ点評させ、追加の重安・保友・一幽の三吟百韻（③

連句7）とともに上梓したもの。十巻のうち二巻は重安作と判明するが、他は未詳。

ゆめみ草《ゆめみぐさ》　俳諧撰集。刊横五。休安撰。京都安田十兵衛刊。明暦二年奥。同年自序。岩瀬文庫・愛知教育大学図書館ほか蔵。前半四巻は四季類題別の発句集、巻五は廻文発句集・付句集。撰者は当時天満住で大坂俳壇の古老。従来の俳諧撰集が貞門俳壇の本拠地京都を基盤としていたのに対し、大坂・天満・堺の作者の句を中心に、江戸・伊勢など地方作者の句も多く取り込んだ点に特色がある。「一幽」号で、宗因俳諧発句六句・付句二句（③付句1）入集。古典俳文学大系3に翻刻所収。

吉村玄碩・藤波修理宛宗因書簡《よしむらげんせきふじなみしゅりあてそういんしょかん》　書簡。写軸一。宗因著。〔延宝八年〕宗因写。個人蔵。神宮文庫に藤波家伝来という本簡の模写が伝わる。吉村玄碩は伊勢内宮の医官。藤波修理は内宮権禰宜で、名、氏守。「西堂」なる連歌・俳諧好士について報じる（④書簡17）。野間光辰「新編宗因書簡集」（『談林叢談』）に翻刻所収。

四人法師《よにんぼうし》　連句集。刊横一。葎翁（葎宿・江雲）編。延宝六年成。京都井筒屋庄兵衛刊。現存唯一の学習院大学日本語日本文学研究室蔵本は後補題簽に「四人法師」と墨書され、阿誰軒編『誹諧書籍目録』の記述と一致、書名を確認できる。巻頭に「延宝六年二月中旬／薪二百韻」と端作りして梅翁（宗因）・葎翁の両吟二巻（③連句68 69）、ついで堺住の元順独吟百韻と梅翁の第三まで（③連句70、ともに長崎住高嶋茂時追善）、梅翁判葎翁独吟百韻（④評点俳諧24）、その百韻の各句を前句として付けた伏見住任口の百句付「天彦」を巻軸に収録、その奥に「戊午（延宝六年）二月中旬」との日付がある。なお、巻頭の梅翁・葎翁両吟「ひつからげ」百韻（③連句68）は『珍重集』にも所収。中村俊定「宗因資料『四人法師』」（『連歌と俳諧』3）に翻刻所収。

連歌《れんが》　連歌百韻集。写巻一。宗因著。寛文九年写。福岡市博物館蔵鹿島鍋島家資料。承応三年十一月十三日興行宗因独吟亡父追善「煙つき」百韻（②74）に続けて、「去月廿五日」として寛文九年十月二十五日願正寺興行「薄くこく」百韻（②95）を書写。高木昭英「鹿島鍋島家旧蔵『宗因連歌巻』の紹介」（『九州龍谷短期大学紀要』

50）に翻刻所収。

連歌《れんが》　連歌百韻集。写半一。宗因ほか著。〔江戸前期〕写。表紙なし。小松天満宮北畠家蔵。寛文九年九月、長崎において興行された宗因出座の連歌百韻二巻（②91 92）を含む。

連歌《れんが》　連歌百韻集。写横一。宗因・宗春著。〔江戸前期〕写。表紙共紙。料紙、薄茶染紙薄葉。小松天満宮北畠家蔵。宗因亡婦追善の宗因・宗春両吟連歌百韻二巻（②87 88）を含む。

連歌《れんが》　連歌百韻集。写巻五。宗因ほか著。〔江戸前期〕写。九州大学記録資料館文化史資料部門三奈木黒田家文書蔵。福岡藩家老の黒田重種・一貫ほかの連衆と宗因が一座した連歌百韻四巻（②124 125 126 127）、および、重種・一貫両吟連歌五十韻宗因評点巻（④評点連歌12）。いずれも貼紙・見せ消ち・重ね書き修正を多く含む。

連歌一座式《れんがいちざしき》　連歌作法。写。原軸装。昌琢著。寛保元年関南老風子写。天理図書館綿屋文庫蔵。昌琢より相伝した連歌会席の作法五条を、承応二年五月、宗因が人に書き与えたものの写（⑤西山家作法1）。

連歌懐紙巻子本集《れんがかいしかんすぼんしゅう》　連歌百韻集。写巻八十一。天理図書館綿屋文庫蔵。連歌懐紙を巻子本に改装した文安期から天明期までの連歌百韻七十八巻および千句三編を収める。「朝露に」百韻（②50）は、金銀泥下絵を配した里村玄的筆懐紙で、興行の寛永十七年五月十九日より間もない頃の清書と見られる。「夢かとよ」百韻（④評点連歌1）は、評点と巻末「付墨廿七句／此内長五／宗因（花押）」のみ宗因筆。「草の屋の」百韻（④評点連歌5）は、宗因・里村昌程両点巻で、巻末「愚墨廿九句／此内長三／宗因（花押）」は宗因筆。「付墨廿六句／此内長二／昌程判」は昌程筆ではなく、昌程点巻末からの転写と見られる。

連歌懐紙十集《れんがかいしじっしゅう》　連歌百韻集。写横一。〔江戸前期〕写。大阪市立大学学術情報総合センター森文庫蔵。寛永頃興行の連歌百韻十巻を収める。元和八年二月二十九日興行の豊一（宗因）出座「朝な〳〵」百韻（②2）を含む。伊藤正義「大阪市立大学森文庫蔵連歌懐紙集―紹介と翻印」（『神戸女子大学文学部紀要』27）に翻刻所収。

連歌懐紙十《れんがかいしじゅう》　連歌百韻集。写横一。〔江戸前期〕

写。大阪市立大学学術情報総合センター森文庫蔵。寛永―慶安期興行の連歌百韻十巻。宗因独吟の夢想連歌をとりわけ多く収める。宗因出座の連歌百韻八巻、慶安五年三月興行宗因独吟「時しあれや」百韻（②72）・宗因独吟夢想「己がやも」百韻（②129）・夢想「春の日や」百韻（②118）・慶安四年正月興行夢想「日の光」百韻（②71）・宗因独吟「人は夢」百韻（②121）・「風の前の」百韻（②70）・寛永十八年九月三十日興行「惜むとて」百韻（②53）・「郭公」百韻（②69）を含む。伊藤正義「大阪市立大学森文庫蔵連歌懐紙集―紹介と翻印」（『神戸女子大学文学部紀要』27）に翻刻所収。

連歌合集《れんががっしゅう》　連歌叢書。写六十一。〔室町―江戸前期〕写。国会図書館蔵。東山御文庫旧蔵。宗因出座の連歌百韻十一巻、元和九年十一月十五日興行「風よたゞ」百韻（②9）・寛永元年八月二十八日興行「いざ爰に」百韻（②12）・同二年十月二十二日興行「たちぬはぬ」百韻（②14）・同三年九月晦日興行「西ぞみん」百韻（②20）・同三年十月五日興行「吹出す」百韻（②21）・同四年七月二十四日興行「驚くや」百韻（②25）・同四年九月六日興行「あらき瀬の」百韻（②26）・同五年七月二十九日興行「松の声」百韻（②27）・同七年以前秋興行「すきものと」百韻（②30）・同十二年以前夏興行「一方に」百韻（②32）・同十五年九月十九日興行「紅葉せぬ」百韻（②39）を含む。

連歌十会集《れんがじっかいしゅう》　連歌百韻集。写横一。貞享四年写。大阪市立大学学術情報総合センター森文庫蔵。元和―寛永期興行の連歌百韻十巻を収める。「豊一」名で宗因が出座した、寛永二年十月二十四日興行「枯はてぬ」百韻（②15）および同年十一月十五日興行「川風の」百韻（②16）を含む。伊藤正義「大阪市立大学森文庫蔵連歌懐紙集―紹介と翻印」（『神戸女子大学文学部紀要』27）に翻刻所収。

連歌十巻《れんがじっかん》　連歌百韻集。写横一。文政元年長昌写。大阪天満宮御文庫蔵。天正から慶安に至る連歌百韻十巻を収める。「豊一」名で宗因が一座した、元和八年十月十九日加藤三正興行「空にみつ」百韻（②8）を含む。

連歌集《れんがしゅう》　連歌百韻集。写半一。〔江戸前期〕写。

『承応三年冬月五日於権現千句』と同筆。大阪大学文学研究科含翠堂文庫蔵。表紙に所収百韻の発句を記すのみで、書名はない。元和四年正月二十六日興行昌琢宗匠百韻以下の連歌百韻十巻を収める。寛永十七年三月頃興行の宗因独吟「見ばや見し」百韻（②45）および同十八年秋頃興行の英方・宗因両吟「見る月を」百韻（②54）を含む。

連歌集《れんがしゅう》　連歌百韻集。写横一。〔江戸中期〕写。小松天満宮北畠家蔵。能順とその同時代人による寛文十一年から宝永四年までの連歌百韻四十六巻を収める。宗因評点・浅井政右独吟「初秋も」連歌百韻（④評点連歌8）を含む。『白山万句　資料と研究』に翻刻所収。

連歌十一巻《れんがじゅういっかん》　連歌百韻集。写横一。文化十一年長昌写。大阪天満宮御文庫蔵。宗祇名所百韻以下、文明―寛永期興行の連歌百韻十一巻を収める。慶安元年以前春興行の正方・宗因両吟「末の露」百韻（②64）を含む。

連歌集玄仲等百韻外《れんがしゅうげんちゅうとうひゃくいんほか》　連歌百韻集。写横一。玄仲ほか著。〔江戸中期〕写。天理図書館綿屋文庫蔵。元和―寛永期興行の玄仲・昌俔・玄陳宗匠連歌百韻十四巻を収める。宗因一座の連歌百韻二巻、寛永十九年二月五日興行「今ぞ知」百韻（②55）・同二十年三月興行「植分し」百韻（②60）百韻、および、「豊一」名で宗因が出座した元和七年十月二十四日興行「消てふれ」百韻（②1）を含む。

連歌集宗因太神宮法楽等《れんがしゅうそういんだいじんぐうほうらくとう》　連歌百韻集。写横一。宗因ほか著。〔江戸後期〕写。天理図書館綿屋文庫蔵。紫影文庫旧蔵。寛永―延宝期に興行された宗因一座の連歌百韻十二巻、および、「宗因東の紀行」、長享三年八月宗祇在判「連歌会席二十五禁」、慶長六年二月昌叱奥「千句法度」、安楽寺聖廟託夢「連歌二十五徳」、十二月季寄、水無瀬三吟百韻、於高野山青厳寺秀吉興行何人百韻を収める。万治四年正月興行「日の御影」百韻（②78）・寛永十三年二月十一日興行宗因独吟「思はずよ」百韻（②34）・明暦二年二月十八日興行宗因独吟「たのむ陰」百韻（②79）・万治三年九月二十三日興行宗因独吟「消にきと」百韻（②77）・興行年次未詳「秋よたゞ」百韻（②123）・寛文七年十月二十日興行「みしや夢」百韻（②87）・同日興行「うた、ねの」百韻（②88）・寛文九年六月上旬興行「祇園」百韻（②89）・延宝二年七月十一日興行「朝霧や」百韻（②101）・万治三年二月五日興行「年月や」百韻（②76）・承応三年十一月十三日興行「煙つき」百韻（②74）・延宝九年六月十四日興行「老かくる」百韻（②116）を含む。

連歌十七巻《れんがじゅうしちかん》　連歌百韻集。写横一。文政元年長昌写。大阪天満宮御文庫蔵。永禄—承応期興行の連歌百韻十七巻を収める。「豊一」名による宗因出座百韻二巻、寛永三年以前秋興行「見し人の」百韻（②19）、および、同三年九月晦日寛佐興行「西ぞみん」百韻（②20）を含む。

連歌十二巻《れんがじゅうにかん》　連歌百韻集。写横一。文政八年長昌写。大阪天満宮御文庫蔵。天正期興行の連歌百韻六巻、および、寛永—寛文期の連歌百韻六巻を収める。宗因出座の連歌百韻三巻、寛永十七年二月中旬興行「みるめおふる」百韻（②46）・興行年次未詳「見し宿や」百韻（②128）・寛文十二年四月十日興行「植わけて」百韻（②99）を含む。

連歌十四巻《れんがじゅうよんかん》　連歌百韻集。写横一。文政三年長昌写。大阪天満宮御文庫蔵。文明七年九月二十五日興行宗祇一座百韻等、室町期の連歌百韻四巻のあとに、昌琢発句の連歌百韻十巻を収める。「豊一」名による宗因出座連歌二巻、元和八年四月十三日興行「えぞ過ぎぬ」百韻（②4）、および、同年夏頃興行「郭公」百韻（②6）を含む。

連歌書籍目録其二《れんがしょじゃくもくろくそのに》　目録。写小一。（江戸後期）長昌写。長昌編。大阪天満宮御文庫蔵。有罫料紙に記された大足軒滋岡長昌の蔵書目録。前見返に「西山蔵書伝来一箱ノ目六、此末ニ記セリ」と朱書し、巻末余白に「西山伝来之蔵書目録」（⑤西山家什物4）を記す。文政四年五月、宗因末葉の老婆から滋岡家に譲渡された西山家旧蔵書群が知られる。

連歌千三百韻《れんがせんさんびゃくいん》　連歌百韻集。写枡一。（江戸中期）写。広島大学附属図書館蔵。元和—寛永期興行の連歌百韻十三巻を収める。宗因出座の百韻四巻、寛永三年九月晦日興行「西ぞ見む」百韻（②20）・同十五年夏頃興行「年を経ば」百韻（②38）・同年春頃興行「消かへれ」百韻（②37）・同十六年四月二十一日興行「草に木に」百韻（②43）を含む。

連歌帖《れんがちょう》　連歌俳諧百韻集。写横二。表紙中央に「連歌帖」と打付書き、同左肩「延宝四丙辰年冬」。〔江戸中期〕写。個人蔵。延宝四年十月―十一月の宗因伊勢下向時に成就した連歌百韻七巻（②103 104 105 106 107 108 109）および俳諧百韻七巻（③連句54 55 56 57 58 59 60）を収める。京都大学文学研究科穎原文庫蔵『連歌俳諧』は本書の写本。

連歌付句集《れんがつけくしゅう》　連歌付句集。写横一。〔江戸後期〕写。太宰府天満宮西高辻家蔵。宗祇から宗因にいたる室町―江戸期連歌師の連歌付句、昌逸点の上座坊実雄付句、および、宗因付句（①付句）を収める。

連歌点　延宝八年北野点取《れんがてんえんぽうはちねんきたのてんとり》　連歌百韻。写半一。〔江戸中期〕写（天和四年写本の転写）。小松天満宮北畠家蔵。能順出座の連歌百韻八巻を収める。宗因評点の能順・随珍・能通三吟連歌百韻「荻の声」百韻（④評点連歌7）および「朝夕に」百韻（④評点連歌10）を含む。

連歌十百韻《れんがとっぴゃくいん》　連歌百韻集。写横一。貞享五年写。大阪市立大学学術情報総合センター森文庫蔵。元和―正保期興行の連歌百韻十巻を収める。寛永十六年春興行の宗因出座「花やあらぬ」百韻（②42）を含む。伊藤正義「大阪市立大学森文庫蔵連歌懐紙集―紹介と翻印」（『神戸女子大学文学部紀要』27）に翻刻所収。

連留《れんどめ》　連歌百韻集。写中零一。〔江戸前期〕写。山梨県市川三郷町表門神社蔵。「連留天」と小口墨書。「連留」は「連歌書留」の略称で、「天」は天地人三巻のうちであることを示す。永禄―寛永期興行の連歌百韻十四巻を収める。宗因一座の連歌百韻二巻、寛永十七年九月十日興行「むら紅葉」百韻（②51）・同十八年春頃興行「梅が香を」百韻（②52）を含む。池原練昌「加藤風庵、西山宗因の連歌紹介」（『俳文藝』17）に翻刻所収。

わたし船《わたしぶね》　連句集。刊横一。旨恕編。延宝七年自序。東京大学総合図書館洒竹文庫・竹冷文庫蔵。旨恕が『草枕』『難波風』につづき、師梅翁（宗因）等との百韻五巻を上梓したもの。江戸の似春（③連句92）、肥前国佐賀の朋之・一瓢（③連句85）、京都の維舟（重頼、

③連句79）、長門国萩の昌次（③連句91）、巻軸は京都の江雲（葎宿、③連句94）を旨恕の松門亭に迎えて興行。定本西鶴全集13に西鶴が出座する一巻目と五巻目、米谷巌「旨恕編『わたし船』翻刻・初句索引」（『近世文芸稿』7）に残り三巻の翻刻所収。

初句索引

初句索引凡例

一、『西山宗因全集』に収録し、頭に番号を付したすべての連歌・俳諧・聯句・和歌・狂歌・漢詩の初句による索引である。

一、見出し語として、発句・付句・和歌・狂歌の初句を掲げた。聯句の場合は本文を二分した前半部、漢詩の場合は第一句の本文を二分した前半部を、それぞれ読み下して掲げた。

一、見出し語の配列は現代仮名遣いによる五十音順とした。

一、初句同音の句が複数存する場合は、次に続く句を部分的に示して配列した。

一、本巻本文との対応については、次の例に示すとおり、巻数および頁数をもって略記した。

③146 → 第三巻俳諧篇146頁

一、本文中に存する二音以上の踊り字符号は、索引の便宜上、適宜平仮名に置き換えて掲出した。

一、初句中もしくは索引本文に掲出した第二句中に不読文字の存する場合は、索引の対象からこれを除外した。

一、本文中に見せ消ち・傍記等の修正の存する場合、索引本文はあくまで本行によった。

一、本文中に明らかな誤字・脱字・衍字・当て字を含む場合にあっては、索引の便宜上、索引本文には本行を掲げつつ、配列は推読によった。

【あ】

あゝ梅なし
　うめよりさ　⑤240
　梅より先も　⑤102
あゝ辛気　③469
あゝ春や　④257
嗚呼独　⑤94
あゝ下手に　③473
あゝら心す　③377
あゝら物すこの　③451
あひあひ牛の　③327
相逢も　①382
相あふや　①86
相生の
　もみぢぬ陰　①110
　やうにむか　⑥162
　陽にむかふ
　③17, ⑥134
あひをへの　③165
あひ思ひぬる　⑥29
あひおもふ
　契ながらも　①432
　中のちぎり　⑥55
あひ思ふ
　えにしも今　⑥32
　心や空に　②434
　中に年ふる　②40
あひおもへ
　旅寝する山　①51
　年へてなれ　①31
　花に馴こし①42, 150
あひ思へ　①153
愛河　②100
相蚊屋の　③288
相かはらさる　③386
相替らす　③464
あひ言葉とて　④171
あいこの若の　③409
挨拶かたき　③284
あいさつの　③499
挨拶の
　かたひ中よ　③334
　発句の脇に
　③149, 518
挨拶は　③392
あいさつはかり　③263
あいさつも　③466
挨拶もはや　③420
逢し日ぞ　①124
あひし子は　①310
愛してそたつ　③512
愛着の念　④266
愛す子共等　③272
相図にも　③265
相図の太鼓　③347
相図のつま戸　③504
あひそめし夜の　④143
相槌の　③293
合て何段　③229
相手むかしの　③271
相とりの　③516
あひにあひて　①374
あひにあひぬ　①40
相にあひぬ　①18
間の銭をとる　③440
あひ乗し　②172
あひ引にひく
　陸は松風　④252
　茶うす成ら　③405
愛別離苦の　③226
相見つる　①93
逢見ての
　後の思ひを　①363
　別をいかに　①355
あひみては
　常にもがも　①30
　涙もつきぬ　②421
逢見ては　②112
あひみては猶　②385
逢みても　①276
あひ見なば　①246
あひみぬ数の　①301
逢見まく
　星うつりき　①9
　ほしなかふ　③204
あひみむ月は　③166
逢見んまでの　①258
相むしろ　③326
あいらしき　④220
あひらしや　③442
哀ヲ扶テ　②101
あふ事かたき　⑥52
逢事の　②72
逢事は
　さすがゆる　②328
　中々牛の　③181
あふ事まれの　①464
逢ふ事も　③211
逢事も　③507
あふ事や　③251
逢期なき　②382
あふ度に　①147
あふ時は　③457
逢時は
　恨の程を　①397
　恨をもかつ　①270
　袖の涙も
　①325, ②199
逢時も　②424
あふとても
　かたるまも　①471
　心のどめぬ　②129
あふ友鶴の　③515
逢にしかへば　④109
あふのく空に　③233
逢はいよいよ　②189
あふはかたゞの　①399
逢は更衣の　③443
あふは稀　④332
あふは夢かと　②364
あふは別　③412
あふはわかれの
　願以此功徳
　③241, ⑤200
あふは別れの
　願以此功徳　⑤178
　程ぞ身にし　②300
あふ人も　②55
逢程も
　空おそろし　①350
　泪て児に　③504
逢迄と　②147
あふまでの　②434
あふものからに　②306
あふ夜はに　②394
逢夜半の　②137
逢夜半を　①364
あへず氷の　⑥16
あへば涙ぞ　②325
あへば先
　みないふこ①35, 148
あへ物や　④302
あへるによする　②278
青々と
　岩ほの肩の　③146
　樒は春の　④183
葵草　④230
あをい葉は　③427
あを馬や　③114
青海の　①62, 156
青梅の　③197
青梅は　①58
あを梅も　①58
あふがざらめや　⑥22
あふがぬや有　①483
あをきかはらの　③423
あをきか原を　③399
あふぎ来ぬ　①43
仰きぬ　①152
あふぎ来し　①15
仰そへけり　②235
青き谷
　菊しろたへ①99, 177
あふぎ見よ
　天つ宮木の　①209
　千わけに分　①91
あふぎみる
　秋の山々　⑥10
　鈴鹿の峰や　⑥13
あふぎみん
　これや上な　①187
　空がくれせ　①172
あふぎ見ん
　これや上な　①120
　空がくれせ
　①89, ⑥88, 165
仰見ん　④42
あふぎよる
　陰も陰なり　①32
　南祭の　①426
あふぎ寄　②435
仰ぎよれ　④132
あふぎよれば
　いよいよ涼①66, 160
あふぐ内外の　②358
あふぐこそ
　けふを見あ　②196
　位の後も　①421
　まれなる神　①414
仰ぐこそ　②52
仰こそ　②96
青草むらも　②301
青草も　⑥44
あふぐにぞ　①469
青首の
　名こそなが
　⑥131, 157
あふぐも高し　②325
あふぐや君は　②317
あふぐ八幡の　⑥49
あふぐを月も　⑥29
あふげあふげ
　いづくか王

③47, ⑥138
あふげ猶
　あふがば名
　　①133, 194
あふげば神の　②290
あふけは雲に　④241
あふげば空に　⑤102
あふげば空も　⑥115
あふけはたかし　③227
青さしの　③401
青竹の　③203
青つゞら　②336
青菜ちつくり　③359
青女房の　③445
青根がたけの　②334
青根か嵩を　③222
あふのいてゐる　③435
青のうれんの　③376
青暖簾の
　きりつほの　③241
　きりつぼの　⑤203
　桐壺のうち　⑤180
青野かはらを　④265
あふのかれもせす
　③459
青のりを　③365
青葉と見しは　①459
青葉になりぬ　①453
青葉になるや　⑥25
青葉迄　②188
青み出たる　①369
青む柳を　②81
青やかに　①337
青柳うたひ　③178
青柳うたふ　⑥53
青柳に
　船つながる　①21
　みいれさか　①142
　見入さかふ　①21
青柳の
　追風ゆづる　⑥148
　梢に風は
　　①203, ②347
　下葉秋待　②107
　見越に白く　④113
　よはよはと　⑥100
青柳は　①18
青柳も
　こきまぜに　⑥43
　殿にやこし　④174
青柳や　①238
青柳を
　ならしの枝　①21
　まさ木のつ　①21
　正木の綱の　①143
青山の
　下もみぢと　①41
　下紅葉とや　①150
あかい月夜に　③395
あか井の底も　①438
あかい羽ころも　④205
あか桶あれは　④267
銅や　③435
あかゝりの　④274
あかゝりや　④304
あかくかゝげし　②198
赤く見えしは　④288
あかく身は　④225
あかざらを　②122
あかざりし　④95
あかしがた
　色なき下戸
　　⑥134, 155
　よせては波　①470
明石がた　③17
明石潟
　心とまれる　①232
　やゝ吹出る　⑥21
　落霞と孤鶩　④315
明石かたかた　③173
あかしがたがた　⑤292
明しくらしも　①477
あかしてふ
　月はもみぢ　①102
　月は紅葉の　①177
明石にとをき　①424
明石の上の　④305
明石のうへを　③300
明石の浦は　③280
明石のうらを　②433
赤石のお方　③180
あかしの岡の　②386
あかしの泊門に　②290
明石の迫門や　②294
明石の門より　④109
明石の舟を　①455
明し果たる　②361
あかし舟
　一夜かぎり
　　④22, ⑥132
　一夜がきり
　　③３, ⑥132
あかし船
　一夜かぎり　④16, 19
赤石舟　⑥166
明石舟　⑥155
明石船　⑥155
明しわびたる　①233
あかず聞ぬる　②181
あかず清水を　②209
あかずしも
　起臥かたる　①236
　春の御前の　①415
　よむ歌人の　②325
飽ずしも
　かすみ酌ぬ　⑥55
　伴ふ鞠の　⑥49
あかずしも猶　⑥25
あかずとや
　年のおもは
　　①132, 194, ⑥84
あかず猶　⑥29
あかず見ば　①96
あかだなに　①454
あか棚に　①267
あか棚の　④93
県のめしに　③150
県の召に　①352
あがた見に　①132
県見に行　⑥７
あかつき起に　②259
あかつきおきの　②23
あかつき起の
　衣手の霜
　　①202, ②345
暁起の　④110
あかつきかけて
　うたひ酒も　④225
　すりのあい　③212
　はげし松風　⑥53
あかつきがたの　②73
暁がたの　①271
暁毎に
　おきなれし　②298
　なるゝ行ひ　②377
あかつきさびし　①249
あかつき寒き　②218
あかつき知て　⑥39
あかつきちかく　①445
あかつき月に　①408
あかつきに　①458
暁に　①225
あかつきの
　袖にこたふ　①448
　露霜まよふ　①333
　とりおどろ　⑤200
　鳥おどろか　⑤178
あか月の　④276
暁の
　かねもろ共　④289
　かねやたゝ　④219
　雲に起伏　③341
　雲行尽す　②160
　寒さに酌む　③150
　霜のふる蓑　⑥93
　空こそ鐘の　④107
　露打払ふ　①358
　とりあへぬ　①387
　とりおとろ　③241
　鳥と共にも　⑥46
　なからまし　③360
　枕の雨に　②274
　道もしら露　②424
　わかれの鐘　③207
　わかれの耳　③199
五更の　②８
暁は　②349
あかつきは猶　②70
暁またず　②318
暁も　④149
暁や　④320
あかつきを　①20
あか月を　②156
暁を　⑥18
あかでこそ　⑥148
あかでこそくめ　②74
あかでこそと
　立はなれに①28, 146
あかでも春を　①449
あかても人に　③505
あかでも人の　②311
あかで夜の　②312
あかてわかるゝ　③386
あかでわかるゝ
　年々の花　①260
　中はかなし　①242
赤とんはうも　③184
あかなくも
　はこやの山　①486
　初狩衣　①213
　ひとつ蓮と　⑥46
　別れし空の　①476
あかぬかざしに　①430
あかぬ賀の日の　②395

あかぬこそ
　御前にちか　①414
　加茂の祭の　②28
あかぬ菫は　④101
あかぬちぎりを　②276
あかぬなごりの　②345
あかぬ名残の　①202
あかぬにぞ　①28
あかぬ端居に　①479
あかぬは春の　②225
あかぬやよひを　①438
あかぬ別　③368
あかぬわかれに　②363
あかぬ別に　③311
あかぬわかれの　③201
あかねさす日の　②428
赤旗は　③176
垢ふかき　④257
赤前垂や　③249
赤松の　③305
あか水むすぶ　②162
あがむる神の　②159
あがめ置　⑥29
あからさまなる　②212
あからさまにも　①391
あからさまの　①458
あがりての
　世の涼しさ　①68
　世の春ぞし　①36
あがりての代を　②63
あかり窓より　③289
あかりを得たる　③321
あがる雲雀の　①380
あかれ出る　②395
あかれ出たる　④131
あかれしらるゝ　⑥118
あかれはやかて　③174
あかれやあかれや
　③388
あかれやはする　③179
秋あはせ　③164
秋いく世
　如例なる　①107, 180
秋幾世　①108
秋いろこのむ　④207
秋歌一首の　④279
秋おくり状　④269
秋かけて
　いひし詞も　①411
　いひし友か　①76
　蚊やり火し　②43
　旅をするか　④144
　月にイむ　②187
秋風あつる　③310
秋風落る　①489
秋風きよし　①304
秋風涼し　②313
秋風ぞ問　⑥7
秋風つらき　②233
秋風とをす　③316
秋風なぎぬ　⑥92
あき風に　②24
秋かぜに
　かこふめぐ　①445
　みどりさは　①109
秋風に
　いたむか蜘　③436
　ゐのこと申　③285
　あふた時こ　④200
　毛を吹疵の　③289
　さめ行夢の　②315
　すへすへう　③212
　背戸の薮垣　③145
　波の関もる　①420
　ふかれて帰　②194
秋かせの　③190
秋風の
　至た上の　③396
　音信すぐる　②191
　かすかにを　②384
　かち声あけ　③430
　こわたかに　③313
　さそふ枕の　⑥25
　覚せと旅の　②419
　大音あけて　③389
　たえても涼　②33
　立まふすか　④145
　立中とだに　④102
　手先を折て　③343
　手分し尋ぬ　④206
　錦をりしく　①333
　西にさそふ　②104
　はやくもみ　③223
　便宜待ゑし　④139
　吹おくらる　③327
　吹をとづる　①479
　ふくにつけ　④276
　吹につけて　③303
　吹にも晴ぬ　①232
　松が枝たか　①109
　むかふ敵は　③293
　柳に残す　②62
　行衛を頼む　④291
あきかぜは　③271
秋風は
　尾上の松に　①348
　敷ふすまを　③267
　順の拳に　③384
　麓の松に　②356
秋風はやく　②342
秋風吹ば　②234
秋風まつや　④273
秋風見する　⑥93
秋風も
　あらのゝ原　②123
　心してふけ　①247
　しづけき御　⑥65
　しらでや袖　②112
　しらぬ砌に　②98
　それとおど　②381
　たよりとな　④153
　まだ長閑な　①75
　松におさま　②39
　八束の穂な　⑥14
あきかせや　④171
秋かぜや　①108
秋風や
　浦のひがた　①312
　大盃に　④311
　蛾といふ虫　③402
　雲に分入　③334
　けさは広間　③237
　腰の骨まで　④186
　ことの葉の
　　①75, 165, ④57
　言の葉のこ　④55
　しはぶきや　①450
　杉の梢を　①379
　瀬ぎりにわ　①70
　たがいひあ　①77
　ぬるさ寒さ　①367
　吹上にたて　④50
　北国むきに　③312
秋風わたる　②389
秋かぜを　①64
秋風を
　荻にはまた①71, 162
　きかぬ窟の　②381
　はらひかね　③283
　葉分にみす　①236
　引に付ても　④324
　もつて参た　③351
秋きたる　③217
秋来ていとゞ　②16
秋きても　②218
秋来ても
　色やはかは　①272
　風をばしら　⑥24
秋きにけらし　②407
秋来にけらし　①255
秋きにけりな
　三日月の影　①265
　山路ゆく比　①234
秋来にけりな　①280
秋きぬと
　おとろかれ　③237
　かた敷衣　②269
　袖におぼゆ　②341
秋来ぬと
　風のふき入　⑥37
　鬂にはつげ　①243
　目病の地蔵　③444
秋霧に
　いよいよほ　①169
　いよいよ程　①83
秋霧は
　しづくの森
　　①82, ④56
　雫の森を①168, ④54
　富士の麓に　①247
秋霧や　②285
秋霧分て　①339
秋霧を
　霞の関に
　　①199, ②116
秋草の
　露を胡蝶の　①363
　花をあはれ　①276
秋くるかたや　①334
秋来るからに　②304
秋暮て　①263
秋くれば　②142
秋暮果て　④88
秋こぐ船は　②200
秋ことさらに　②321
秋毎にきく　①212
秋このむ　①104
秋寒き
　こしの旅人　①335
　堤がくれに　①321
秋さむく　①455
秋寒く　①253
秋さむくなる
　あかつきの　①300

禅寺のうち　③162
秋寒くなる　③503
秋雨の　③330
秋涼し　⑥101
秋涼しさや　④87
秋すてに
かまとを塗　④257
立渡りたる　③342
秋すでに　⑤217
秋既に　③296
秋ぞ猶　①349
秋大根　④269
秋大根の　④148
秋たくる　②233
秋たちて
こゝちもか
①106, 179
秋立なから　③201
秋たつ方の　②220
秋立旅の　③531
秋立浪や　⑥49
秋たつ日より　⑥102
秋田の水の　③170
明樽に　④277
あき樽を
ふりさけお　③152
ふりさけ惜　③510
あき俵にも　③223
秋ちかゝらし　②288
秋近き　②404
秋ちかくなる　①275
秋近しとや　④100
秋ちかみ
塩風むかふ　②207
涼しき風の　②173
秋遠し
けふこそ三①89, 172
秋としらする
風のすゞし　②355
ふじの根お　①463
秋としらせて　①288
秋とたのみし　②91
秋と契りて　①400
秋とならむ　③208
秋と吹なり　①388
秋とや風の　①412
秋とや露の　⑥12
商口の　③524
商と　⑥100
商に　③173
商の
田舎くたり　③161
仕合祈る　④146
なれは一度　③158
利と云みち　④160
商は　④216
秋猶侘し　④129
秋半　③294
秋半今宵　⑥66
秋なから　④226
秋なき浪も　①329
秋ならで　②８
秋なるを　①91
秋なれや　②293
秋に逢し　④134
秋にうつる　②281
秋にうゆる　①200
あきにおどろく　②335
秋にしほれし　②318
秋にちる　①105
秋になさるゝ　①491
秋になしてや　②278
秋に成より　②185
秋にもかへし　④149
秋の哀を　①360
秋の雨
おもしろげ　⑥85
自力の心　③335
古薦古縄　③169
秋の雨ふる　⑥45
秋の嵐も　⑥46
秋のあらしや　③403
秋の哀は　②184
秋のあはれを　②85
秋の色に
春の海べや
①107, 181
まづそめ川　①108
秋の色は
移すともな　②403
末葉にあま
①102, 178
事みなつき　①96
さもあらば　①49
秋の色も
おく有山の　①87
たかしみや　①110
秋の色や　①93
秋の色を
露にこぼさ　⑥21
松にかしけ　①98
秋の色をも　①395
秋の海　④191
秋のうれへも　②305
秋の愁も　②222
秋の扇ぞ　①409
秋の扇は　①225
秋の風
かゝりはな　③436
門のほとり　③321
錦の小路　③296
寝耳に是は　③458
棒にかけた　③282
南の楼に　①216
よい時分に　③312
秋のかたみに　③431
秋のかたみの　①270
秋の賀の　④128
秋の狩ばの　②125
秋の季は
渋鮎の鮨　③534
又いつくに　③173
秋の草　③487
秋の雲風　③356
秋の来る　②325
秋の景気は　③211
秋のけしき　①110
秋のけしきも　①466
秋のこゑ
西南よりや
③66, ④346
秋のこてふの　①483
秋の胡蝶の　②242
秋の胡蝶は　②259
秋のこぬ　②275
秋の木の葉は　①399
秋のさひしさ　③417
秋のしぐれに　①492
秋の時雨の　②191
秋の鳥もる　①494
秋の霜　①257
秋の霜おく　①361
秋の霜かと
月のさやけ　①330
まがふしろ　②135
秋の霜ふむ　②427
あきの蝉　③270
秋の蝉
いまいくほ　②346
せつきやう　③203
秋のたつ　①452
秋の田に　②247
秋の田の
御代官へも
③177, 529
仮初なから　③470
かりねの床　②208
かりほの庵　③183
小町か元へ　③254
其まゝそこ　④194
なびくは国　④24
道分まよふ　①409
秋の田は
朝ゆふ民の　①87
朝夕民の　①171
秋の旅　④258
秋の田を　③339
あきの千鳥の　②20
秋の千鳥の
いる方もな　①397
立居なく声　①462
友まどふら　②423
秋のとまやの　⑥41
秋の友とは　②424
秋の浪　③472
秋のならひの　②320
秋のね覚を　③277
秋の野うつす　⑥18
秋の野に
弁当持や　③316
みるや自体　④50
虫なく比は　②55
秋の野守は　⑥44
秋の野や　①335
秋の葉と　①105
秋の花の　①57
秋の葉も
色に出けり　①103
色に出にけ　①178
あきの葉や　⑥156
秋の葉や
み山もさや
③48, ⑥138
秋のひかりの　④77
秋野引　④270
秋の日の
暮やすきを　②353
めぐり行ま　②387
秋の日は　③146
秋の日よしの　④214
秋の部の　④249
秋の麓の　③235
秋のへだての　②127
秋のほたるの

影かすかな　②303
たかくとび　①451
秋の虷は　①226
秋の蛍は
いづちなる　②161
消し夜の月　②178
秋のみか
木の間の月　①52
木間の月に　①154
秋の水すむ　①230
秋のみひとり　①377
秋のやまふし　④285
秋のゆふべや　②225
秋の夕を　②62
秋の行衛は　①470
秋の夜汐も　①433
秋の夜ながら　②189
秋の夜の
うさを誰に　①397
心はいたく　①343
今宵は最早　③441
ね覚幾度　⑥28
虷かなしむ　②146
秋のよは　①376
秋の夜ぶかき　②248
秋の夜ふかく　②99
秋の夜舟は　②296
あきの夜も　②18
秋の夜も　②308
秋の夜や　②360
秋は雨の　②94
秋は今
幾日もあら　②262, ⑥60
ひとへに菊　①177
秋は今は　①100
秋は色々　③467
秋は梅
みなみの枝　①86
南の枝や　①170
秋は金　③418
秋は来つゝも　②315
秋は来て　②83
秋はきぬ　③413
秋は来ぬ　⑥15
秋はぎの
下葉かつが　①459
古枝にかへ　①165
秋萩の
花すりころ　④80
ふる枝にか　①78
秋はこほらぬ　②80
秋はことさら　②147
秋はこの
法師すがた　⑤168, 290
秋は此
法師すがた　③95, ⑥141, 174
秋はすぎても　①301
秋はたゝ　③398
秋はたゞ
あまりさび　①485
皆くれなゐ　③132
秋は月　⑥100
秋は月の
色にやゆづ　④54
光やちらす　①90, 173, ④56
秋は露　①81
秋はてし世に　①248
あき果たりな　③500
秋はてぬれは　③325
秋は猶
うき世のさ　②414
山のおくに　③409
秋は猶や　①447
秋はゝや　②288
秋ははや　①344
秋はふけ　⑥36
秋は更ても　④132
秋はまだ　①323
秋は無也　③111
秋はゆふべを　①318
商人の　③169
あき人や　①447
商人や　①380
秋ふかき
田中の小屋　②167
山の木葉や　⑥42
秋ふかく　①261
秋ふかくなる　①303
秋ふくる　②281
秋更る
老眼の通路　③455
小野々小町　③185
風につけて　②408
けしき計の　①249
外面の月に　①220
ふしみの田　②406
みよしのん　③343
秋ふけかたに　③176
秋更て
かじかなく　①298
猶音すめる　②54
野守や侘る　②27
秋深て　①478
秋更ぬ　④77
秋ふけぬとや　⑥63
秋更ぬとや　②292
秋ふけはつる　②266
秋ふる徳利　③189
明弁当に　③359
秋まだ暑き　②107
秋またで　①344
秋まつり　④201
秋まつり客　④208
秋までも　③212
秋までも
蚊のほそ声　⑥48
蟬の鳴音や　⑥8
秋迄も　③149
秋も今はの　①467
秋もかぎりの　②138
秋も神の　①109
秋も来て　②377
秋もけふ　②59
秋も曇らぬ　③435
秋もくれ行　③173
秋も暮行　③527
秋も時雨は　①311
秋もたゝ　③203
秋もたゞ　②152
秋もちかづく　①471
あきもなかばの　②23
秋もはや
かせぎの声　①486
けふばかり　①407
末野の霧の　②175
空さだまら　①283
秋もまだ
涼みになら　①291
露かと見え　①349
秋もやゝ
過行山の　①454
更るをまゝ　①418
秋も夕は　①311
秋やあらぬ　②300
秋やくる
いつかは人　②193
風や木末に　①448
秋や来る
なふなふそ　③47
のうのうそ　⑤167
秋やけさ
荻よりいで　①165
荻より出て　①76
秋やしる　③285
秋や底に　①109
秋や契し　⑥93
秋やまだ　①389
秋山や
雲の林に　①419
住にさびし　②27
麓をめぐる　②408
秋やゝちかき　②318
秋よこよひ　③130
秋よたゝ　⑥151
秋よたゞ
それとはな　②156
むべもいひ　①106, 179, ②415
秋より白き　②128
秋よりもやゝ　②286
秋来月に　④234
あきらかに　④250
あきらけき
空はうし満　①184
日の本遠し　①192
明らけき
砂や庭の　①119, 186
空はうしみ　①115
日の本遠し　①129
あきれたる　③431
あきれ坊主の　④139
秋をゝきて　①58
秋をおこす　③47
秋をかへす　①103
秋を返す　①178
秋をかさねて　⑥29
秋をしも　②41
秋をしる　①418
秋を千代と　⑤117
秋をとへは　④171
秋をとへば　⑥122
秋を見せて　①91
秋をもかこつ　①377
あくがるゝ
袖を染るは　⑥11
玉むすびを　①338
あくがれいづる　①464
あくがれ出る　④310
あくかれ出て　④251
あくがれつゝも　②374

悪逆無道の　③391
悪銀の　③433
あく期なき　⑤276
あく期もあらず　⑥6
悪事千里
　吉次が墓や　③24, ④57
悪主の　④301
悪女にひとり　③316
芥火の
　かげさだめ　②170
　煙いぶせき　①274
あくたも露も　④264
あくともあらず　①495
悪につよ弓
　善にもつよ　③170
　何にかはせ　③234
悪念も　④266
あくひかうつつて　③443
あくびましりの　③190
あくひ三四つ　③230
悪魔をはらふ　④210
あく世なく
　花にみゆら①27, 145
あく世はあらじ　①448
悪より善に　④142
明る朝けの　②327
明るあしたの　②380
明る浦はに　①387
明る霞の　②426
明るか月も　②181
明る境も　②196
明る田づらに　⑥24
明る難波の　④126
あくるにも　③147
明る軒端の　⑥30
明る野すぢの　①465
明るまつまの　①263
明るまで　②39
明る砌の
　沓のあやし　⑥98
　鳥の囀り　⑥9
あくる汀に　②400
明る夜の　③177
明るより　⑥17
明る夜をまつ　②87
明るをぞ　①125
明るをも　①470
明置谷の　②191
明がたいそぐ　②414
明方霞む　④132
明方寒き　②138
明がたちかみ　②430
明方に　①250
明がたの　①325
明方は
　神楽の場の　②425
　神代に聞し　①218
明からも　③378
あけ句のはては　④166
明くれごとの　②14
明暮ならす　②332
明暮に
　おもひはた　①285
　思ひをそふ　①473
　おもふこそ　②395
　折蕨こそ　⑥22
　塩なれごろ　②231
　絶こそやら　②356
　ふつと吹出　③270
　みても詮な　④168
　むかししの　④94
　向ふてねか　③264
　持しも抜も　④290
明暮に聞　②147
明暮にしも
　釣垂る人　①221
　むかふ御仏　①487
明くれの
　嵐は松を　②424
　まじはりあ　②303
明暮の
　こゝろも小　①460
　境もしらぬ　②8
明暮は　①394
明暮はたゞ　④93
旦暮を　②16
あけこそわたれ　②48
あげし扇に　①382
明過る
　浦より浦の　①478
　大井のわた　②312
　川辺のお花　⑥15
　浪路乗行　②319
　波の千里を　①307
　真砂に鶴や　②377
　真砂の上の　②103
　翠の空の　④96
明すぐるまで　①305
明過るより　⑥57
あけ銭はらふ　③173
明初る
　江の水寒く　①216
　道やいらか　②90
明そむるより　②33
明初るより　①486
明そめて　②166
明たゝば　⑥63
明つゝいそぐ　②104
揚詰にして　③430
あけて嵐の　②69
あけてくやしき　③262
明て悔しき
　銀箱の蓋　③445
　佐渡島か子　③463
明てけさ　⑥161
明てしる　①219
明てすゝしき　④281
明て見る　⑥49
明ても月に　①312
明ながら猶　②131
明なは白の　③508
明にけり　①293
明ぬとて
　起別れ行　④176
　田づらに人　②394
　物ごしなが　②180
あけぬべき　②159
あけぬまを　①83
明ぬ夜に　②215
明ぬ夜の　⑥34
明ぬるか　①248
明ぬるや　①371
明ぬれば
　くるゝ瀬も①74, 164
　暮る瀬も何　⑥87
　目路近から　②203
明残りたる　②425
あけば浦の　①83
明はつる
　佐保の渡り　②367
　水上遠く　⑥3
明はつるまで　②140
明はつるまの　②121
明はつるより
　かすむ遠か　②231
　ひぐらしの　⑥26
明はてゝ　①326
明はてぬ　①252
明果ん其　①382
明はなれたる
　輿つしら浪　①270
　賀茂の山も　②317
　末の篠はら　⑥28
　田面杳けし　⑥6
　遠き川頭　⑥55
　浪の川づら　②160
　庭鳥の声　①329
　松の下みち　②361
　むらの中道　①408
明離たる
　岡越の月　①368
　里のかたは　①490
　春の山々　②114
明離れたる
　草のかり臥　②427
　野は長閑也　④87
明離ても　②246
明はなれてや
　帰るよはい　③308
　近き比良の　②70
明離れぬる　①275
明ばまづ見む　②347
明ばまづみん　①203
明ぼのいそぐ　②300
あけぼのに　①36
曙に　①209
明ぼのに　①17
あけぼのゝ　⑥42
曙の
　浦のけしき　④10
　月のゆくゑ　②110
　時をうつさ　④110
明ほのゝ　④216
明ぼのゝ
　そらにわか　①442
　山子規　②274
　雪こそうた　②34
　雪みんやど　②46
明ぼのは　①9
明ぼの見する　②13
曙や　①238
明ぼのや　⑥38
曙を　②328
あげまきが　②271
あげまきの
　いざなひ出　①366
　おなじ笛の　①459
　をのが伴ひ　②431
　こは無常や　④259
　引手の綱も　①421
　ひとりふた　②133
　休ふ道も　①361

あげまきや　①383
総角や　⑥20
揚鞠を　④207
明もはなれず　①259
あけもみどりも　①460
あけもやすらん　③247
あけやかよひの　③196
揚屋かよひは　③397
明やすき
外面の山に　①354
空や木の間　①56
月に清見が　①56
春の朝いを　②104
明やすし
それもや月①55, 155
夜日三日に　③77
揚屋にて　③333
挙屋には　③202
揚屋には　③353
あけ屋に渡す　③314
揚屋へいては　③324
あげやより　③188
揚屋より　④320
明やらぬ
月さへ悲し　①377
松の梢の　②411
明ゆく月の　④269
明行月の　③235
明ゆくを　②370
楊弓三味線　③439
あげろ越　③427
明渡りぬる　①253
明わたる
梅にこゝろ　⑤126
苔の莚の　②199
ま砂の上や　①315
山の裾野は　②196
あこがるゝ　①399
あこきか浦や　③282
あこ鼓　④284
網子とゝのふる　①432
網子とゝのへし　②361
朝明の　①415
朝いする　②238
朝いせし　①259
あざ一牧　③484
朝いの夢は　①253
あさがほに　①133
朝顔に　①246
槿に　②185
あさがほの
花はゆふべ　①84
花もて柴の　①169
朝皃の
浪真如の夕　⑤98
花に夕栄の　①213
朝がほの
色にも身を　①428
色はゆふべ　①330
花さく垣ね　②259
花はゆふべ　①169
花もて柴の　①84
朝がほの花　①84
朝顔の
花に此世を　①477
花のあるし　④202
見る間程な　①387
槿の
秋待あへぬ　②7
花をさかせ　①366
朝がほは　①84
朝顔は　③426
朝がほも　①314
朝皃や　①369
あさがほを　①169
朝皃を　①84
朝がすみ
立かはる世　①18
むら風なび　①16
朝霞
歌学のさた　③359
是は渋地の　④291
盃のみに　③319
立こそあか　②31
たばこのけ　⑤260
むら風なび　①142
横手をうつ　③362
朝風落て　①240
朝かぜ涼し　②251
あさ風に　②335
朝風や　①252
朝髪ながら　①417
安積山　④85
浅香山　②235
あさからず　①335
浅からず
祈をかくる　②91
くむや流れ　⑤107
したしむ中　②329
つらねし歌　②123
あさからずしも　①233
あさからぬ
心ばへをも　①263
千話のあま　③206
朝から昼から　③448
浅かりし　②191
朝川をぶね　②30
朝川水の　⑥37
浅きえにしぞ　⑥8
あさき方より　⑥36
あさき清水は　①231
あさき瀬にこそ　③200
浅き瀬も　①215
浅き瀬を　②182
浅き流の　②222
浅衣きせて　③382
あさ衣の　①273
朝清め　①80
朝ぎよめ　⑥89
朝ぎよめする　⑥57
浅黄より　①380
あさ霧に
かくれぬ浦　④48
末しら川の　①480
朝霧に
いとゞ小倉　②83
海より出る　④50
かくるゝ月　②433
かくれぬ浦①83, 169, ④45, ⑥76, 150
鳥のね寒き　①83
やかて歩立　③250
朝霧の
海よりいづ　①168
海より出る　①83
かくすも山①82, 168
沢も鴫たつ　①83
立なをるべ　④60, ⑥108, 109
立役者迄　③400
とだえめづ　①83
と絶めづら　①169
なびけばな①82, 168
晴て見付た　④335
まがきに月　①448
まがきは近　①303
山けづりな　①83
朝霧は　②412
朝霧まよふ　⑥4
朝霧も　③180
朝霧や
風の行衛に　①390
のぼりての①82, 168, ②344, ⑥81
前には海上　③100
八重垣つく　①213
朝霧よ
かゝればこ①82, 168
あさ霧を　①83
朝霧を
みる人みゆ　①168
見る人みゆ　①82
渡す小川の　④54, 56
わたる小川①82, 168
あさき椀　④182
浅きをば　②421
あさくささして　③231
浅く見えんも　①391
朝ぐもり　①16
朝曇
日たけて四　①141, ⑥87, 148
朝暮と　④265
朝け寒けき　②132
あさけ静に
かはづなく　②23
ひらく谷の　②18
朝けにそよぐ　①348
あさけの霞　②64
朝気の霧や　②190
朝けのどけき　④111
朝けのひかり　②75
朝けはかぜの　②44
朝けばかりに　②50
朝気ばかりや　①308
朝煙たつ　②275
朝食もあるに　③507
朝気より　②5
朝ごほり　①118
朝氷　①185
朝ごとに　②334
朝毎にしも　①221
朝ごとの
かまどさび　①438
さむさをわ　②276
朝こゆる　①17
あさ衣
あさはかな　②293
うつころほ　①307
かたのまよ　⑥46
麻衣
木曽路の末　②237
たつ名もし　④196
夜さむおぼ　②331

綿かなあつ　④168
麻衣に　①74
浅沢小田や　②283
あさ沢の
ながれも絶　①406
橋に夜わた　⑥41
ほとりかつ　①322
ほとりの霞　①312
浅沢の
流音する　②141
水のすゑず　⑥47
浅沢水の　②412
あさ沢水は　①412
浅茅生に　②201
あさぢふの　①449
浅茅生の
陰にさはら　②118
草履草鞋　③464
宿がへする　④309
宿かへすれ　③201
あさぢ生る　②400
朝塩や　②46
あさぢかへとの　⑥42
あさ茅が末の　①491
浅ぢがすゑの　②32
浅茅が末の　②435
あさぢが末や　①249
浅茅が庭の　②411
浅茅が原の　②50
浅茅が原も
色かはる比　②184
まだすめる　②５
浅茅がもとに　②367
あさぢがもとの　①283
浅茅が本の　②233
あさちかやとの　④226
あさちか宿の　③239
朝しぐれ
はるゝとみ
①111, 182
はるゝと見　⑤163
あさぢの中に　②62
浅茅は秋の　②310
あさぢ原　①447
朝清水　①167
あさぢみだるゝ　①231
朝霜の
置にし日よ
②263, ⑥60
けぶりけぶ　①482
朝霜ふめる　②405
朝霜を　③374
朝涼　①159
朝涼み
風のゐて行　①67
夕日にかへ　①65
浅瀬とめてや　⑥116
あさ瀬のなみに　②275
あさ瀬ふむ　①441
あさ瀬もとむる　②207
朝掃除　⑤125
朝鷹狩の　⑥98
朝鷹の　④300
朝鷹人の　①226
朝鷹を
末野の原に　①207
まがふ雹の　②159
朝たち出る
かり臥の袖　②236
袖の寒けさ　①248
朝だちて　②310
朝立てゆく　②401
朝茶湯　③321
朝手水
筧の音の　③211
つかふては　③205
朝勤　④135
旦妻の　④85
朝妻や　②69
あさ露に　①149
朝露に
色香やまし　①39
えも岩沼の　②165
しめる風見　①58
月落かゝる　①234
朝露の
しづくにか　②192
籬にあるゝ　②212
乱て落る　③445
あさ露のこす　①445
朝露は　①232
朝露や
ちぐさの花　①85
花にも葉に①39, 149
あさでほす　①422
朝戸明に
めざまし草　①169
目覚し草の　①84
朝戸明の　①300
朝戸霞まず　⑥55
朝戸出かほる　⑥26
朝戸出に　①83
朝鳥に　①208
朝鳥の
さへづりか　②175
つばさ双ぶ　②217
日影もとむ　①309
あさなあさな　①118
朝な朝な
岩間の氷　②311
風吹のばす　②６
鉤簾の外山　⑥20
霜白妙に　②66
袖はへてつ　②241
摘帰りぬる　①357
つむもすく　①331
初はなさけ　①85
初花さける　①169
花房おもし　①216
日影しづけ　①306
まがきの山　①436
真砂地白き　①207
真砂路白き　①219
みなぎはか　①185
疑おどろく　②182
あさなあさなに　①321
朝な朝なに
つみやそへ　①379
雪解る嶺　①207
雪は消ぬめ　①248
あさなあさなの
霜やをくら　②218
露やふかけ　①460
あさなあさなは　②186
朝なぎに　①447
朝なけに
門あらたな①21, 143
朝なゆふなに　②387
朝な夕なに　⑥13
朝なゆふなの　④216
朝に日に　①218
あさの衣は　④282
あさの葉に　①162
麻の葉に　①70
あさの葉を　①495
朝の六つ時　④289
朝はうつら　③487
あさはかならぬ　②279
浅はかに　②381
朝速より　②409
朝日いざよふ
圃の一かた　⑥５
野辺の末々　②305
朝日影
出ばへしけ　①６
うつるかた　①231
霞につゝく　③235
けふも詔詔　③450
殊に東方　⑤108
こやそなる　①７
朝日くるりと　③441
朝日さやかに　②123
旭照る　⑤127
朝日にさはく　③356
朝日に霜の　②164
朝日にもろき　②294
朝日待　①257
朝日和　③315
朝びらけ
花の外なき
①26, 144, 258
朝ふく風の　⑥10
朝臥とみる　②272
朝臥庭の　①316
あさ衾　②346
麻衾　④115
あさぼらけ　②39
朝ぼらけ
秋の小とり　②166
けしきかす　②63
空は霞る　②73
月も入ぬる　②119
日もうす雲　②154
淀の川長　②407
朝朗
岩田の小野　①328
鶯の音の　①208
うごかぬ水　②191
かすめる空　①260
皿の口程　④309
沢辺の雁の　②184
志賀の浦風　②27
滝の水上　①210
花しや時節　④296
姫路の城の　③324
みどりの空　①366
むかへばは　①305
山のすそ野　①249
老眼慥に　③298
朝まだき
東よりこそ　②406
通ふ小鹿の　②373
狩場の道は　①355
北にむかへ　①447

　下す筏の　②386
　煙りて竹の　②230
　小雨降のゝ　①359
　里の童の　②382
　敷すてゝ行　①490
　そこともし　②341
　そり行鷹の　①380
　露うちはら　①421
　ねぐらを出　①342
　ねぬる胡蝶　②318
　ひらく戸ざ　②281
　船もよひす　①432
　峰に別るゝ　②117
　山のあはひ　①313
朝未き　①208
朝まだきより
　出し狩人　②145
　関越る道　②424
朝窓に
　入や青海　①190
　入るや蒼海　①123
浅間のけぶり　②237
あさみこそ　③148
浅みこそ　③510
あさ緑　①255
浅緑　④124
あさみどりなる　②222
朝脈や　④282
浅みより先　②134
朝夕御そはに　③328
朝夕かすみ　②45
あさ夕に　②305
朝夕に
　うつるこゝ　④113
　汲こそなる　①319
　くはねはな　④319
　十里ばかり　⑤106
　随縁真如の　④164
　撫つさすつ　③335
　はこぶ薪の　①466
　真を尽す　⑥16
　見れは社あ　④297
　物歎する　①362
　山こそかは　⑤45
あさ夕の　⑥147
朝ゆふの　⑤164
朝夕の
　あらしや侘　①261
　人もめづら
　①6, 138, ⑤271, 284
　人も珍し　⑥161
　食の過たる　③344
朝夕を
　ときはに涼　①65
　常盤に涼し　①159
朝行すゑは　①318
朝行たびの　①462
朝行月の　①461
朝行野べは　②301
朝行道の　②291
朝行道は　②265
求食して　②308
あさりしも　①418
鲨する　④129
求食にと　②240
あさるわらびも　①312
あされるも　④112
朝分て行　⑥53
芦垣の　④96
芦牆の　①410
芦垣や　①116
あしかなへ　③358
簣の縄の　③470
芦鴨の　⑥14
あしからし　③401
あしからじ
　とてこそ茂　⑤288
　人もめづら　⑤166
　よしやわか　②220
あしからじとて　③94
あしがらの　②336
足柄の
　関路を過る　②122
　関を過れば　②91
　山路は雲を　②351
あしがらや　②357
足軽かへつて　③425
足軽は　④207
あぢきなく
　をくるやも　①455
　またじ今は　①274
　身を知雨に　①286
　夢てふもの　②155
　他目忍ぶの　①375
あぢきなし　⑤101
あしこしも　④214
足先も　③431
あぢ酒の　①450
足代の　③406
足すりをする　④332
あしたごとにも　②353
あしたづに　①330
芦鶴の　①301
芦丹鶴の　①216
芦雫の
　かけるや月　①387
　立る洲崎の　②229
明日誰々　③452
朝ながらの　②434
あしたには　①488
朝のかすみ　②105
あしたの月に　①474
あしたの月や　②292
朝の露と　④240
あしたの原に　③376
あしたのほどや　①457
あした夕に
　うつる汐時　①416
　よみ書の道　③391
あした夕の　②198
足たゆく
　来るともあ　①460
　ゝかへる　②11
あしにまかせて　④180
芦根はふ
　あたりは舟　①281
　塩瀬に舟の　①418
芦根はふ江を　②188
足の裏　⑥101
芦の末葉に　②35
あしのうれ葉の　①457
芦のうれ葉の　①476
芦のかりねも　①252
芦の枯葉に　①217
蘆の枯葉も　②85
芦のかれ葉を　①297
あしの疵　③376
あしのしの屋に　④111
芦のしの屋に　②13
芦のは伝ひ　①381
あしの葉の　②214
蘆の葉の　②43
芦のは向の　①400
あしの葉向を　①321
あしの葉や　②12
芦の葉を　①231
芦の穂ずへも　②5
芦のほのほの　③188
芦のほのぼの　①416
足の俣より　③348
あしのまろやの　④171
芦の丸屋の　③526
芦の丸屋を　③500
芦の屋に
　櫓音高し　②11
　折たく柴や　②234
芦の家に　⑤116
あしの屋の
　あたり寂き　②100
　たく火や外　①285
芦の屋の
　内もあらは　①229
　透間の月に　⑥32
　灘の釣船　②17
　灘へ遊ひに　③291
芦の屋は　②185
蘆の屋も　②395
あしはきを　④221
芦原の　①350
芦原は　①72
足引なやむ　③220
あし引の　③484
芦曳の　⑤76
足引の
　砂おろしぞ　③493
　山風寒く　①218
　山風高く　②194
　山に入ぬる　④247
足曳の　⑤103
芦火焼けち　②283
あし火たきぬる　②44
芦火たく　①300
芦火焼　②391
芦火たくやに　②123
芦火焼屋は　②244
芦火の影は　②201
あし火ほのぼの　②208
芦ぶきに　②304
あしぶきの　①270
芦茨の
　透間もり入　②380
　隙こそなけ　③500
芦ぶきは　①308
芦茨は
　それと計に　①241
　たが住捨し　⑥4
芦葺は　④91
芦茨や　①220
芦ふきを　③511
足踏も　①352
芦辺をしなみ　②244
あしへほのみし　④212
あしべより　①262
芦べより　①490

あし辺をめくる ③452
芦間しらせて ②49
芦まより ①158
芦間より ①61
芦間わづかに ⑥9
芦間を分て ②230
味もことなる ④138
あしもすゝまぬ ②311
足もとむさく ④304
足もとも ③507
あしもとよりも ①453
足ものはさぬ ④242
あしもまこもゝ ①339
芦やつゞきや ②83
芦屋なだの ③57
芦屋の沖も ①299
芦屋の門は ②55
芦屋の灘に ①351
あし屋の松に ②30
あし屋のめぐり ①459
あしや引らん ④221
会釈の ④325
あじろうつ ②34
あじろうつなる ②343
網代木に
　釘を打てや ③322
　浪のよるよ ①268
網代木は ②240
あじろに散し ①331
網代のあたり ②68
網代の床ぞ ①243
網代の床の ④87
あじろの床は ①456
網代の床を ②48
あじろの波の ①313
網代守 ①477
あじろもり侘 ①249
網代やてらす ②293
あちはひはまた ③146
あし分小舟 ①264
足を空にして ③330
足をはかりに ③318
明日あはふ ③164
明日あらん ③302
あすかゐの ②45
飛鳥井の ③367
飛鳥川 ②126
あすか日も ③410
預り所 ③360
あづかりまうす ①495
小豆さゝけ ④192
小豆のめしや ③417
あづさ弓 ①457
梓弓
　さし引残る ③475
　末をおもふ ①476
　屋形町もや ③168
　やなかに立 ③72
　八幡の宮を ①432
あすしらぬ ①267
明日しらぬ身と ⑥17
あすしらぬ箕は ④273
あすつまん
　日数にしる ⑤64
　若菜も千世 ⑤63
明日の上も ②207
あすの御能は ③322
明朝の御用に ③485
あすの空や ①112
明日の道 ①8
明日は雨気に ⑥19
あすはいづくの ②54
あすはすさもて ③307
明日はとうから ③329
あすはともあれ ③476
東方
　心づくしも ①475
　関をこゆれ ②250
東路さして ③213
東路の
　えにこそ有 ⑤77
　えにこそみ ①35
　えにこそ見 ①148
　霞の関も ②318
　とをさしら ②122
　なかばにく ①438
　人を待けり ①36
　亡者是まて ③407
東路も ④159
あづま路や ①90
東路や
　江戸のはし ③473
　かりねにき ①453
　とを野中に ④101
　時しも野山 ①173
あすまたきかん ④188
あすまた琴を ④215
あすまでは ①282
明日までは ①327
東の方に ④326
東のかたの ②347
あづまの方は ①202
四阿の ①399
東屋の ①261
吾妻より ①222
あす見むと ②387
あす見ん菊に ①299
明日もいかに ①133
明日も来む ②181
あすもとちきる ④153
明日や銷なん ①245
あすよりは ②367
明日よりは ①241
汗気をさつて ③345
あせたる池に
　羽ぶく水音 ①202
　はぶく水鳥 ②346
あせたる園に ②343
あぜづたひ ①464
汗になりつゝ ③230
汗になりぬる ④196
汗はかけとも ③300
あせほすほどの ①463
汗水の ③460
あぜみぞを ⑤245
あせみちくれは ③475
あせみにそへて ④231
汗もかく ④153
汗も鼻血も ④137
汗をさへ ③309
汗をして ③421
あそこ爰
　河原の石の ③270
　ほこる蕨や ④159
あそこよ爰よ ④147
あそはした ④195
あそひたはれめ ③500
遊び寺 ⑤99
あそぶ日の ②267
あそへ春 ③380
あそべ春 ③92
あだあだしきは ②62
価あらば ⑤168
あたひには ④130
あたひ百両 ③301
あだ雲の
　遠山桜 ②261, ⑥59
あだくらべする ②97
あだけつきぬる
　袖のよそほ ②346
　袖の粧ひ ①202
あだ心 ①479
あだ心ある ①332
愛宕そ秋の ③423
あたごそ愛岩 ③190
あだごとの ①167
あだ言の ①80
あたことの葉は ③343
あだことの葉は ②174
あだことの葉を ①427
あたこの坂や ③261
あたこの札も ③437
あたこの坊の ④192
愛宕火や ③126
愛岩山迄 ③532
あたご山より ④288
あだし記念の ②242
あだし心を ①292
あだしさしらで ②19
あだしさを ①492
化しさを ④129
あたし名は ③471
あたし野の ④150
あだし野の ④123
化し野や ④132
あだし身に ①343
あたし世と ③289
あだし世と ①474
あたし世に ③325
あだし世の ②139
化し世の ①20
化しよを ①54
暖な ③163
あたゝかなれや ②425
暖に
　朝日ほのめ ⑥7
　日影はうつ ⑥17
暄に ②167
あたゝかに置 ①471
あたゝ此世は ③196
あたゝめかはす ①487
あたゝめ酒に
　あかぬ友な ①271
　秋おしむ暮 ②76
あたゝめ酒の
　酔のまじは ②95
　酔は何ぞも ⑥48
あたゝめ酒も ②188
あたゝめ酒を
　くめる度々 ④125
　汲る道種 ④136
　木かくれて ③316
あたゝめし
　酒にも顔や ③513

酒にや㒵の　③177
あたゝめつゝも　①302
あたゝめて
とりどり酒　②164
ひたもの酒　④263
暖めて　①376
あたゝめよ
三金輪にて
③288, 520
安達かはらの　④161
あだ名いとはぬ　①360
あたな立　④202
あた名たつ　③245
あた名立　③399
仇名立　⑤257
あだなたてられ　④282
あた名のみ　③174
あだ浪絶し　②195
あた波の　④319
あた浪の　④260
あだ波の　②168
あだ波も　①67
あだ浪よする　③285
あた名や立ん　④305
あだなりし　②381
あたなりと
存切ての　③234
三所紋の　③223
あだなりと　②238
あたなる児の　④167
あだなると　②231
あだなる中の　②121
あだなるに　⑥44
あだなるになど　①320
あだなるは
たまたま来　②295
つゐのえに　②285
化なる人に　④109
あだなるも　②385
あだなるやたゞ　②208
化名をば　①346
あだに置
物かはけふ①99, 176
化にかよはす　①390
あだにきえしは　②407
あたに島田の　④143
あだにしも　①241
あたに出家　③272
あたに立　④257
あだに立　③425
あたにたつ名は　③257
あたにちる　④139
あだに積し　②125
あだに我が世や　⑥43
あだ人に
かけとめら　①420
馴て悔しき　④96
化人に　⑥97
あだ人の
心をいかで　①264
ちぎりはよ　①301
あだ人は
度々待も　①238
情めくこそ　②325
あたひなき　①280
あたま打て　③302
あたまかきくれ　④167
あたまかく　④242
あたま数にも　③383
あたまから
片耳かけて　③295
手桶一はひ　③375
水申請　③332
あたまにこたへて
③432
あたまのやめは　③314
頭ふらめく　③235
あたまより　③465
あたみのおくより
③385
あだめくは　②378
化めくをなど　⑥14
あだめける　①250
あだものゝ
露は三とせ　①80
露は三年の　①167
あたらうつろふ　①273
新しい　⑤116
新らしい鯛　③354
新しき
詞となるや①4, 137
月の名をか　①96
ものゝ司や　⑤125
新敷　①369
あたらしく　①348
あたらしや
爪木が中の　①244
花さへ須磨　②294
あたら月　④185
あたら花　⑥45
あたら花野ゝ　①348
あたら雪に　⑤245
あたら世を　③305
あたりきよむる　①294
あたり近辺　③529
あたりさびしき　①276
あたりすさまし　④261
あたりたゞしき　①303
あたりつる　①104
あたりて過る　③278
あたりに舟も　②184
あたりの原に
惜き梅がゝ　①389
まよふ夕霧　①300
あたりの原の
菫みじかき　②371
春寒き比　①355
あたりの原は
明過ぬめり　②361
往来絶けり　⑥116
あたりはるかに　②124
あたりほとりに　③260
あたりほとりの　③277
あたりもてるての
③426
あたりをはらふ　④141
あたりを払ふ　③181
あたりをも　③149
あたる十月の　③477
あちこちと　③160
あちこち飛んて　③313
あちらむいて
こされとい　③363
五年計は　③382
暑いとて　⑥100
あつかひ口も　④180
あつかひ事も　③197
曖衆　③427
曖に　③405
曖も
左右へはつ　④255
破るゝ雲に　③393
熱釜の　③341
暑かりし　①282
あつき社　②353
暑きころ　③150
暑きひかりを　②91
暑日は
扇つかふつ　③170
立ならした　②300
暑き日も　②248
暑日も　①491
暑日や　①218
あつき日を
おぼへぬ池　②77
かねてぞ植　①65
暑き日を
かねてぞ植　①160
くらす山べ　②80
暑き間は　②128
暑き夜は
人すだくな　②212
屏風几帳も　②112
悪口は　③301
暑さあまりて　⑥30
あつさきゆれば　②13
暑さこそ　②41
暑ぞまさる　①221
暑さたへうき　①274
暑さつれ行　④324
暑さに出て　②114
暑さにや　①240
暑さのこらず　①308
あつさのこらぬ
池のさゞ浪　①263
山かげの暮　②305
あつさ残らぬ　①229
暑さのこらぬ　①267
暑さのこりて　⑥8
暑さまだ　②166
あつさも波の　②72
あつさやさそふ　①300
暑さやゝ　②65
あつさ忘れて　①277
暑さを風の　②10
あつさを凌ぐ　⑥22
あつさをすぐす　①344
あつさをはらへ　⑥39
暑さをも
忘るゝ道に　⑥46
忘るゝ道の　②236
あつしさは　①64
あつたことては　③246
あつたら月を　③300
あつちやむくむく
③166
あつはれ馬じや　③258
あつはれ小栗の　④160
天晴をのれ　④325
あつはれ軍士と　③364
あつはれ是は　③313
あつはれ献立　③278
あつはれ大将　④284
天晴月毛の　④257

あつはれ武者ふり　③337
あつ火とて　④147
厚ぶすま　①134
厚衾　①194
あつまりつゝも　④106
あつまりて
　をのがさま　⑥15
　鳥鳴くろの　①240
　見るや日本　④161
集りて
　かすみくみ　②133
　小鳥囀る　⑥26
あつまれる　②35
あつむるや　②329
集め置ぬる　①369
あつめけん　①124
集て蛙の　⑤101
あつめて愛る　②335
集て雪を　②358
集めそめたる　①402
あつもり切の　④153
あつらへ官に　③471
あつらへの
　釘とはいへ　③438
　念を入たる　③399
あてかひは　③492
あてかふめしの　④240
あてがふて　④290
あてなしに　③42
あてなるもさぞ　⑥116
あてのみの　③281
あてられにける　④140
あといかばかり　①440
あとかえり見す　④283
跡きえて　②430
跡恋々て　③181
あとこそつゞけ　①454
あとこそ見ゆれ　②392
跡先つるゝ　④129
あとさきに　②423
跡先に
　出れば帰る　①384
　大路の車　①376
　をくれて渡　①370
　かへる尾上　③195
　駒いばふ野　②106
　塩くみ運ぶ　①351
　鵜かけり行　①294
　翅つらねし　⑥21
　つれてしか　③181
　運びもてく　①471
　行をみだせ　②276
あとさきにしも　②12
あと先にしも　②286
跡先にしも　①346
跡先の　④106
あとさびしくも　①440
跡職ならひに　③343
跡識の　④181
跡式は　③371
跡職は　③197
跡しきも　④236
跡式を　③292
跡職を　③429
跡したひ　②4
跡しら浪と　③216
跡たえし　①20
跡絶て　②28
跡垂し　④116
跡たれて　①45
跡つくる　②349
跡つけし　①280
跡とつけし　②189
跡つけて　①72
跡付の　④295
跡付や　③386
跡遠く　②95
跡遠し　②377
あとゝむる　①155
跡とむる
　千世の古道　①341
　道や三とせ　①55
跡とめて入　⑥24
跡とめてしも　②163
あとゝはむ　⑤165
跡問ん
　他力本歌の③45, 229
あとなかれ　①184
跡なかれ　①116
跡なき雲や　①279
跡なつかしき　④92
あとなるは　④262
跡にをくれし　②363
跡にさきにと　②387
跡にさきにも　②62
跡につくも　③388
あとのしらなみ　④217
跡の白浪　③300
あとの舟場に　③362
あとのまつりに　④166
あとは霞に　①276
あとは霧まに　②282
跡はこゝに　①123
跡は爰に　①190
あとはたゞ
　有とばかり　②281
　ふりすてゝ　①492
あとは残て　③460
跡ははた　①473
跡は花　①200
あとははるけき　②279
跡はむつちやと　③416
あとは山々　②343
あと晴て　②272
あと久し
　文字関路の　①428
　文字の関路　①191
跡久し　①127
あとまでもみむ　⑤285
跡見えず　①316
跡もなき　④107
跡も見す
　いそき越路　③508
　すんといと　③317
あとやさきにと　③274
あとより恋の　③474
跡をあとに　①146
跡を跡に　①28
跡を先なる　④288
跡をしたひて　②109
跡をだに　⑥7
跡をはるかに　③352
あなあきの　③375
穴一の　③323
案内もう　④189
案内者　④275
あなうれし　①57
あなかま蛙　①467
あなかまゆかに　②129
穴蔵の
　沙汰もほつ　④187
　行衛いかに　⑤257
穴蔵の露　③486
穴蔵ゆけは　③437
あなさやけ
　星うたふ夜
　①129, 192
あなさやけ　①77
あな殊勝　④286
あなつつて　③339
あなた面か　①318
あな楽し　①129
あなたの玉章　③254
あなたの使　③475
あなたの娘　④169
あなたへの使者　③399
あなめあなめに　③185
あなめづら
　神も旅ねの　①180
　神も旅寝の　①106
　野中にたて　①454
　花にさくら　①86
　花に桜の①171, ④58
　花のみこし　①145
　花の見こし　①27
あなやといへと　③337
穴より出る　④301
穴を出る　③419
兄の子を　③146
姉か小路を　④175
あねはといふは　③410
あねはの松を　③265
あね娘　③245
あの馬士は　③328
あのくたら
　三百石の　③497, 500
　花も三百　③275
あの雲行ては　③436
あのざこが　④247
あの島先を　③333
あの滝の　③340
あの体て　③449
あのゝものゝ　③312
あの人は　③405
あの間此間に　③280
あのやまざくら　⑤196
あの山桜
　爰のかしこ　⑤175
　こゝのかし
　③240, 515, ⑤258
あの山の　③281
あの様な
　咄す中にも　③341
　虫もころさ　③429
あの世このよを　④274
あばら垣ほや　②410
あはら三まひ　④197
あばらなる
　庵や月に　②254
　籬も春の　④119
あばら籬は　②273
あはら屋の　③175
あはれたる　③400

網引すと
もよほす浦　②391
よび声遠き　②315
網引する
蜑の呼声　②395
波に嵐の　①252
網引の蜑や　⑥11
あふ期になれば　②285
あぶと船　⑥73
あぶなしや　③116
虻の行　⑤95
油垢なき　④302
油きつたる
談議せつほ　④268
月の出汐　③377
油木や　④236
油薬の　③231
油こぼせば　⑤97
あふらしみたる　④218
油しめ木も
しめるなつ　⑤289
しめる夏の　③199, ⑤289
油銭　③326
油とろとろ
かね付さら　④276
まさに長き　③222
油屋の　④202
油をこほす　③396
あふり餅　④274
あべ河の　③20
阿べ河の　④53
安部の市や　③79
あほう犬や　③260
あほう狂ひの　③270
あほうけすつきり　③339
あほうけな
心の馬を　④204
鳥かかいつ　③356
あほうけなりし　③184
あほうけなるは　④270
あほうけにねて　④229
あほうの名　④261
あほうらしくも　④156
あほとあふらし　②216
あまひ物　③528
甘ひ物　③523
あまへてとゝの　③465
天乙女
かたるてふ　①461
まちつと先　④204
あま小舟　①275
海人小船　①228
蜑小船　③429
雨合羽　⑥101
天くたらるゝ　④320
あまくだります　③257
尼口説　⑤95
雨雲さそふ　①237
雨雲たな引　③403
雨雲に
端居の月や　②297
春きそひ来　①7
雨雲の
色わかれ行①59, 157
下ゐて深き　②327
天雲も　①415
雨気に成て　③337
雨こひは　③499
雨乞は　③502
雨乞はやし　③180
あま衣
うら風さむ　④9
かさばかへ　①47
蜑衣
うつ音高く　⑥115
うらゝかげ　⑥169
あま酒の　③476
あますましとて　③278
雨そゝき
沖の島より　②342
夕を急ぐ　①467
あまそゝきする　②322
あまた有　③512
あまたおりゐて　①293
あまたか中の　③507
あまたゝび　②395
あまた契て　①292
あまたつどふ　①454
あまた所を　①385
蜑だにすまで　⑥49
あまたにも
したはれぬ　①416
つめる薪の　②74
海士だにも　②131
あまた人　②433
あまたみし　①139
あまた見し　①6
あまた巳の日の　⑥57
雨たれの　④200
雨だれの　④290
天津乙女と　①257
天津良　⑤99
天つ風　①393
天津風
乙女のすか　④172
雲に起ふす　③375
立まふ舞に　③500
はるかにわ　①278
天津雁
かやうかや　④303
中剃一筋　③384
何を分別　③470
寄合をして　③464
天津露　②391
天津御空の　①218
天露の
とこなめに①80, 167
あまてらす　②123
天照す　①292
あまとなる身の　②322
天とふ雁も　④134
あまねき春の　①465
普くちかひの　③480
あまねく照す
海山の月　①213
夏の夜の月　②319
あまのあか子も　④165
海士の家　④226
海士の家路は　④91
あまのうけなわ　③356
あまのうす目は　④285
あまの小ふねの　④197
海士の小船の　②432
海士のかつくや　③499
蜑のかる藻に　③354
蜑の刈藻は　④236
銀河　⑤106
銀川　①263
あまの子も　①462
あまの子や　②364
あまのざこさへ　③367
海士のしわざは　②294
蜑のしわざも　②241
あまのしわざを　②343
あまの栖の　②226
蜑の住家も　②329
あまの住家を　①413
海士のすむ　②50
蜑の袖たに　④242
蜑のたくひに　①375
海士の晩火は　②222
蜑の釣針　③480
天野戸口は　③148
天の戸の
明る日影に　①208
鑰こそ残れ　③450
果なき方を　②152
海人の苦屋に　①314
天の戸も
ひらくや花　①465
山かづらせ　①129
あまの羽衣　③395
天のはら　①24
天の原
おもへばは　①29
照ゆく月や　②402
天原　①143
天の御戸　①8
あまのみや　②325
雨晴を　①95
天顔も　①354
天彦も　①394
蜑人の　①299
あま人や　①266
あま舟や　②44
天満神の　④85
あまみの過し　④307
あまやかされし　③300
あまやかす　③311
雨舎り　③182
雨夜妙なる　①486
雨夜の蛍　④130
あまりうつふき　③319
あまりしうねく　①323
あまり下なる　①427
あまりたかき　①95
あまり只　⑥20
あまりちぎりの　②62
あまり長かる　⑥28
あまりに雨の　②179
あまりにくどう　③454
あまりには　①310
あまりにふかき　②424
あまりまて　④138
あまり笑ふて　③356
あまれりや　②277
あみかさかきと　④142
編笠に　③389
編笠まふかに　③253
編笠も　④323
あみ笠や　④321
阿弥陀笠　③488

あみだが岑の　④267
あみた経　③226
網ならば　①23
網ほし捨て　②421
網を引　③188
雨いたく　②373
あめうしひける　④145
雨うちけぶり　②271
雨打けぶる
　里の淋しさ　②433
　里のしづけ　①337
飴うり餅うり　③516
雨落て　②325
雨落る　②144
雨おつるかと　②279
天か下
　残らすけふ　③234
　のとけかる　④238
天が下いのる　⑥116
天か下地は　③290
天か下照る　③262
雨かすむ
　田中の道は　②136
　花にわかる　②349
雨風も　②387
飴かたにかへて　④230
雨かとばかり　②179
雨こまやかに　①385
雨淋しくて　②116
雨さみだるゝ　①390
雨さみだれし　②67
雨しづかにも　②72
雨しはし　③284
雨しばし　①250
雨しるき　②169
雨過て　②26
雨すぐる　①459
雨過る　①258
雨そぼふりて　①301
雨つきの
　おもふやう
　　③159, 528
雨つきは　③309
天地と　①417
天地の　②235
天地は　①306
天地も
　動き和らぐ　①399
　月にひらく　①215
　やはらぎあ　②351
天地を動し　④224
雨つゝみ　②377
雨露の　⑥144
雨ならぬ　⑤116
雨に岩ねを　⑥21
雨にをとそふ　②363
雨にかす　③367
雨にかすめる　①361
雨に暮　①282
雨に暮し
　年あきらけ　①138
　年明らけき　①6
雨にさへ　②195
雨にしも　①299
雨にぞまさる　②367
雨に成たる　②121
雨になりぬと　②180
雨になるべく　②391
雨になるらし　①340
雨にぬれぬれ　②173
雨に明ゆく　⑥3
雨にも風にも　③282
雨によし　⑤108
雨により　①96
飴ねふらせて　④247
雨の糸も　①11
雨の牛　⑤94
雨の声さへ　①313
雨の声に　①133
雨のこす　②226
雨のこるかと
　すさぶ秋か　①439
　山はるか也　②153
雨の空に　①53
あめのなごりの　②334
雨のなごりの
　涼しかよい　②76
　ふかき沢水　①479
雨の名残の
　月かすか也　①354
　庭の夏山　②236
　ひかりしづ　①284
雨の余波の　①219
雨の名残や　①291
雨の名も
　月よりいづ　①174
　月より出る　①94
雨の後
　なを残る日　②213
　花鶯に　①199, ②409
　花に分入　②5
雨のはれまを　①480
雨の夜は
　いとゞ思ひ
　　②263, ⑥60
雨の夜を　①53
雨はいづちに　①411
雨はしきりに　③258
雨はたゞ　②285
雨ははれつゝ　②380
雨はるゝ
　跡や端居の　⑥55
　沢辺の水に　②303
　真砂地清く　①211
雨晴る
　かりねの舎　②266
　岸の下水　①253
雨はれしより　②219
雨はれつゝも　②102
雨はれて
　西にまち出　①58
　西に待出る　①157
　一かはへれ　⑤77
雨晴て
　玉の階　⑥25
　残る日影や　①354
　真砂地きよ　②47
　水かさや増　②236
　やかて都を　③405
雨はれぬとて　②81
雨はれのこる　⑥40
雨はれわたる
　空の日の色　①412
　夏川の末　①218
　四方の山々　①434
雨晴わたる
　竹の下道　②417
　山あらは也　⑥47
雨一とをり
　そゝく道の　②310
　願ふ川こし　③281
雨ふりしきる　⑥16
雨ふりすさぶ　①481
雨ふりそうに　③307
雨間しづけき　①232
雨まに春の　①285
雨まの月を　①291
雨間も見えず　⑥35
雨もあはらな　④138
雨も哀れ　②307
雨も今　②314
雨もしつほり　③198
雨もたゞ
　汲しがほど　①221
　はれわたり　①431
雨もたまらぬ
　篭耳ぞうき　④308
　この関の住　③178
雨ものこらぬ　②371
雨もはらりと　④153
雨もふせがで　①363
雨もふせがぬ　①348
雨も漸　②182
雨も夜に　③532
雨やさはりと　⑥14
雨やたゞ　①319
雨や只　②283
雨や名に　①95
雨やまだ
　蛙の声に　②145
　雲ゐる山に　②421
天よりくだる　②395
雨より詩作　④207
あめより後の　②22
雨よりのちの　①458
雨より後の
　月をまつ空　①239
　野は静也　②259
　ひかり閑け　①345
　虫のこゑご　②355
雨をうかぶる　⑥92
飴を売　④201
雨を帯て　①7
雨をさそひて　②388
雨をしり　③451
雨をもよほす　②341
あやうかりし　④332
あやうきを　④125
あやかりたしや　④158
あやかるならは　③315
あやしかりける　①402
あやしきは
　小舟たゞよ　②305
　けふのひを　②420
　声かはりせ　③238
　忍び車を　②87
怪しきは　①390
あやしき物は　③182
あやしきものや　①461
あやしきものを　④269
あやしく人を
　垣間見てけ　①234
　見し夢語　①283
あやしくも

　秋の泪の　②317
　あまたが中　②361
　雲の桟　②233
　まねびし声　①238
あやしさは　②196
あやしさや
　はひかくれ　①244
　はなたち花　①464
あやしたがひに　②123
あやしやいかに　②228
あやしやいづち　②189
あやしや作る　②378
あやしや釣の　①429
あやしや物の　①240
あやしや雪の　⑥53
あやし我をや　②301
あや杉に　①83
綾棺の　⑤97
あやなくも　②159
あやなしや　②43
あやな虫はむ　④136
あやにく恋る　②420
あやにくに
　雲こそかゝ　⑥67
　忍ぶあたり　①328
あやまちは
　今にはしめ　③356
　神もゆるさ　④284
あやめ刈　③340
菖蒲かる野々　④176
あやめ草
　あやにこひ　③238
　かくるよど　①443
　引かへぬ世　①156
あやめたえだえ　①235
あやめのみ　①57
菖蒲ふく　④141
菖蒲もかほる　②177
あやめも軒の　②430
鮎釣つた　③335
鮎はしり行　④85
鮎はしる　①458
荒磯がくれ　②283
あら磯ぎはは　②197
あら磯づたひ　②313
あら磯に　⑥115
あらいたはしの　④145
あらいたはしや
　なくきりぎ　③203
　鳴きりぎり　③514
あらうつくしの　③511
あらふや水に　③170
あら小田の　①451
荒小田の　④108
あらおもしろの　③409
荒垣こそは　①369
あらかりし　④7
あらき小倉の　②431
あらき風
　いかにはゝ　①101
　しづまる秋　①425
あらき瀬の　②90
あらきとまふく　①457
荒熊出る　①372
あらくまのゐも
　やはらくる　③240
　やはらぐる　⑤177, 198
あら熊は　①479
あら寒や　④335
あらざらん　①419
あらし置　①285
嵐音する　⑥14
あらし折込　⑤99
あらしすさびて　①348
あらし冷じ　①424
あらし捨田も　①385
あらしすてたる　①300
あらしぞ寒き　②150
嵐に池の　②4
あらしにきほふ
　雨にはか也　①262
　滝川の声　①331
　滝つ川音　②323
嵐にきほふ　⑥11
嵐に暮る　④98
あらしにつるゝ　①301
あらしにむかふ　①415
あらしぬる　①312
あらしの跡は　②178
あらしの遠の　④76
あらしの音の　②62
あらしの風も　①272
嵐の風も　⑥16
あらしの寒さ　③459
あらしの下に　②314
嵐の末に　②240
あらしの末の　①404
嵐のすゑの　②209
嵐の末は　①387
あらしの底の　②290
あらしの月の　①243
嵐の後の　②52
あらしのゝちは　②303
あらしの後は　①338
嵐の後や　②297
あらしの窓に　①401
あらしのまゝの　②88
あらしの下の　①339
嵐の山に　②251
あらしはいづち　①386
あらしはげしき　①438
嵐はけしく　④237
あらし果せる　②129
あらしは松の　①453
嵐ふきしく　④97
あらし吹そふ　②138
嵐吹行　③377
あらし吹
　花の杉むら　⑥49
　不二の川瀬　②260
　松がね枕　①217
嵐吹
　音もさなが　①214
　末野や行て　②147
　とま屋はい　②110
　早瀬の小舟　②327
　嶺の夜鴉　②134
　三輪の杉村　③439
嵐ふせがぬ　②109
あらしも北の　①462
嵐も雲に　②72
あらしもさぞな　②345
あらしも嘸な　①202
あらしもしろく　②267
あらしもたえて　①313
あらしも遠き　②305
嵐や鐘に　②160
あらしやさそふ　②334
あらしや寒き　⑥97
あらしや底に　②170
嵐や袖を　②412
あらしや花の　③333
嵐山
　松の声にや　②263, ⑥60
あらしや嶺の　②22
あらしやむせぶ　⑥39
あらしよかすめ　②143
あらしよみがけ　④294
嵐を凌ぐ　②125
嵐をふるゝ　②145
嵐をも　②51
嵐を分る　⑥13
あらしを侘る　②230
嵐を侘る　②433
あら鋤ならし　②259
あらすなよ
　今帰こむ　①149
　いまかへり　①36
　今帰りみん　④52
あらせるかたも　①437
あらそひいづれ　①445
あらそひし
　国の境も　②378
　花も念者も　③468
あらそひぬるも　②315
あらそふ今日の　①429
あらそふも　②78
あらだつ浪の　②405
あらたなり
　万ことのは　①6
　万の言の葉　⑥163
新也　①139
新なる　①21
新来テ　②101
あら田にも　②62
あら田の面の　②68
荒田の原に　②4
あら田のほとり　①268
あらたまの
　年立帰る　②318
　年をかぞへ　②313
あら玉の
　年子にそた　④135
　年の始に　③147
　年も明行　④233
　としより女　③425
　としをむか　①443, ②99
　年をむかふ　①255, 374, ②343
　春たちすか　③185
　先一礼は　④151
　めでたさは　⑤50
改玉の　②361
新玉の　②177
あらたまらぬは　②129
あらたまりてや　②380
あらたまりぬる
　初子初寅　③159
　春の山風　①238
あらたまる
　年におりあ　②44

年をむかふ　②413
春ともしら　②294
改る　①484
あらたむるにや　②96
あらためし
気色もしる　④123
政こそ　②122
改め作る　②353
あらためつゝも
作る御社　②375
殿づくりせ　②52
改めつゝも　④131
あらためて
怠りやらぬ　②13
霜やひと夜　①117
猶あふぐな　⑥54
改て　③312
改めて
千世を数へ　①377
露の白木綿　③220
あらためて又　②147
あらためぬ
筧は朽て　②434
道ぞたゞし　②289
みどりの衣　①275
改めぬるは　③149
あらためぬるや　⑥5
荒田も道の　①241
有乳の山に　②352
あら天狗　③222
あら名残　③53
あら名残おし　③178
あらぬ心地に　①278
あらばあたひ
何かをじま
③23, ④57
あらはさん　①409
あらはに月も　①350
あらはには　①371
あらば世に　①100
顕ハレテ微ナリ　②99
あら人かまし　④219
あらましかはと
思ふたらち
①199, ②120
あらましき
尾上颪の　②420
風聞侘る　④125
浪の音して　④112
あらましく　②172
あらましく成　①370
あらましに　⑥52
有増に　②336
あらましの
本意遂て住　②314
山や栖に　②424
あらましのみの　②435
あらましは　②371
あら珍しや　③399
あら目出度　④141
あらめ橋　③75
あら山中は　①400
霰打ちり　②417
あられ打散　②391
あられこんこん　③165
霰たばしる　②245
あられ玉ちり　①233
霰ちる　④88
あられの音も　⑥38
あらればしりに　①310
あられふり　②19
霰ふる
時にふしき　③391
軒ばは玉の　①216
窓の鶯　②79
霰降　①394
霰降夜や　④115
あられみだるゝ　①226
あらはなる
庵や月に　①201
垣ねをすぐ　②429
賎が栖の　②427
あらはにたてる　②40
あらはに花の　⑤95
あらはに見えし　④131
あらはにも　⑥20
あらはるゝ
心の色の　②234
峰や霞の　②20
顕はるゝ　③367
あらはれし　①162
顕れし
神代もかく　①91
神代をけふ　①70
あらはれそめて　①418
あらはれて　④211
あらはれにけり　③183
あらはれん　①185
顕はれん　②231
あらんかきりは　④181
在明に　①172
有明に
おさまる秋①88, 245
つきぬなが　①91
冬のおく見　①118
道一筋の　③236
在明の
油ぞ残る　⑤294
影おぼろげ　②430
影や、寒き　⑥59
比とや月も　①407
つきぬ齢を　⑥93
月の夜ごろ　②387
残りすくな　①341
有明の
あぶらぞの
③54, ⑥154
油ぞのこる
⑤166, ⑥154
油ぞ残る
⑤270, 284, 297
入江の東　①282
入さの空や　①272
尾上に残る　②41
おぼろおぼ　③289
陰うすくな　②80
かけなる馬　③313
かげは氷ら　②74
影やゝ寒き　②261
かたぶく空　①252
つきじ松島　③23
つきぬおも　②289
月の朝顔　①260
月の入さを　①470
月はかくれ　①468
月みてこそ　②137
月も袂に　①243
月も泪に　②189
月もほのぼ　①269
月も夜の間　③211
つれなやた
③23, ④31, 34, 37, 58
長閑に残る　②232
光のどかに　②403
人々御中　③377
晨明の
かたぶく空　①211
月は霞ぬ　①218
夜すがら語　④132
有明は
遠山の端に　①294
夏のふた夜　①56
在明も　②14
有明や
をくれぬる　②381
おもへばま　①93
只百石を　④315
有々てうき　①424
ありありと　⑤121
ありかひも　③27
有家さだめず　①409
有難き　③271
ありかたや　④267
ありかをも　⑥25
ありきやうかりの
③220
ありく手代の　③360
ありし面かげ　②391
有し情を　①473
ありし名や
こよひ清む　①97
今宵きよむ　①175
有しにかはる　①264
ありしにまさる　②308
ありしにも　①349
有しにも
おもひます　①170
思ひますほ　①85
有しにもにぬ　①260
有しみかどを　①367
有し御幸の　①401
ありしむかしの　①452
有しめぐみを　①458
ありしや古き　①376
ありし世したふ　①363
有し世に　①440
ありし世にだに　②128
有し世になど　①253
有し世の　①467
ありし世は　②306
有し世は
猶のこりけ　①173
猶残りけり　①90
有し世も　①90
ありし世を　④122
有し世を
思ひ返せば　⑥8
おもひ返せ　②305
おもふもは　①424
有し夜を　②370
有栖川原の　①385
有そめし　②146
有つきし　②345
有付て　③344

ありつきをきく ③474
有て行 ①114
ありとほし ①62
ありとほしとも ③432
ありとしる ②85
有とても ②136
ありとは見えて ④175
有とはみゆる ①415
蟻ともの ④271
有なしに ①379
蟻の思ひや ③318
ありふるかひも ②66
有ふるは ①259
有経るも ②251
ありふれば ①122
有ふれば
住つきがほ ②343
其夜の雪の ①190
有経ん末を ⑥33
有馬の状は ③289
有馬山
出湯の末は ③440
やまとよむ ③448
山とよむま ③249
湯口に春や ③388
ありやありや月こそ ④266
在原寺に ④251
或は曰 ③280
あるひは雁鶴 ③364
あるひは猿楽 ④177
あるかひもなく ②308
有か上に ③317
あるかとみれば ①387
有か中に ④150
有が中に
すくなき物①27, 145
あるかなきかの ①337
あるかなきかも ②308
あるかやい
風も荻ふく ③458
御前には此 ③529
有かやい
御前に此 ③196
これに候 ③325
有かやいとて ③257
ある御所の ③133
あるじがほなる ⑥57
あるじからにや ②3
あるじする
折とや梅も ②104
今日の御肴 ②302
宿のよそほ ①321
ある詩に曰 ④313
あるじにや ⑤83
あるじはいづく ④125
あるじはいもて ②125
あるじまうけの
桜戸の内 ①233
春の盃 ②200
あるじまうけも ①455
あるじまうけや ②92
あるじや梅を ②67
あるじゆかしき
いにしへの ②31
桜一もと ①266
ある時なさう ③476
あるときは ④185
ある時は
愛宕高尾の ③378
かり衣のす ④203
四条の芝居 ③357
はたか代待 ③468
或時は
おも荷にか ④278
爪に紙燭を ③484
富士のけふ ③237
横川の杉立 ③298
ある時は恋の ④324
有にまかする ④115
あるにもあらで ②312
あるは木練 ③112
あるはなき ①154
有はなき ①52
有は無 ③212
有はなき世の ③491
あるはなく ③476
或は人参 ③391
或人の曰 ③252
有ほとは ③412
あるよとおもへ ④219
ある夜の牛王 ③426
ある夜の夢や ③454
ある丶栖は ⑥98
ある丶田づらの ④127
ある丶とや ④193
ある丶をま丶の
草ぶきの内 ①433
室の戸の内 ①267
有をみて ①37
あれかな一つ ③529
あれかなひとつ ③177
あれからこの峰 ⑤199
あれから是峰
はへたむさ ③240, ⑤177
あれける跡に ①241
あれこれと ④142
あれしかきねは ②270
あれし垣ねも ①252
荒し名残や ①259
荒し果たる ②198
あれしやいの ③420
荒添て ①373
あれたる小田ぞ ①250
あれたる小田の ①342
あれたる門は ①321
あれたる駒を ④199
荒たるは ②91
あれたる宿に
添臥の袖 ②413
一人女房 ③191
あれたる宿の
けしきすさ ①449
春のあはれ ①297
荒てうれたき ②193
あれて塩屋の ①453
あれて冷し ③178
あれてだに ②5
あれて露けき ④98
あれて猶 ⑥57
あれての後は ③322
荒てやどりも ④76
荒にける
砌も花に ②67
村のめぐり ②54
あれにし後の ①328
あれにたる ①234
荒にたる ②424
荒ぬるは ②238
荒ぬるを ④131
あれぬれど ①419
あれねすみ ③357
あれはかの ③285
あれは河原の ③459
あれは娑婆の ④268
あれはつる ⑥52
あれはて丶 ①458
あれは何者 ③249
あれまくいかに ①456
あれまくも
おしけき秋 ②263, ⑥60
浪もてゆへ ②384
あれませる ①91
あれまつくろふ ①470
あれまてか ③245
あれ見給へや ③190
あれみよ蛇体 ③328
あれ見よ月は ④270
あれも一筆 ④155
あれわたりたる ①273
あれ渡る ②391
あれわびにたる ①366
あれを見よ ③378
荒う出る ③484
淡路島 ④131
あはづ野や ②405
合ぬる香は ①414
粟田口 ③246
あはた口とそ ③312
粟津野の ②113
粟津野は ⑥116
あはで幾夜の ②364
あはで命や ①263
あはでうき ②51
あはでかへさの
今朝の明方 ④110
道はわびし ⑥28
あはで帰し ②262
あはで帰りし ⑥60
あはでかへる ①121
あはで帰る ①188
あはでぞちゞの ②45
あはて丶や ④279
あわでなげきの ⑥48
あはで独の ④78
あはで空しく ①375
あはぬ思ひに ②59
あわぬはじめを ②139
逢ぬ間の ②307
あはぬものから ②273
逢ぬ物から ②150
あはぬ夜は ③437
あはの守より ③375
逢ばなにより ①354
あはゞやとはぬ ②39
蚫貝 ③310
あわひの貝の ④151
あはゆききゆる ②68
淡雪そ丶く ②233
あは雪と
みつるは袖 ①187
見つるは袖 ①120

淡雪と ②434
あは雪ながら ②209
淡雪に ①249
あは雪の ②156
淡雪の
　散あへぬ空 ②297
　ちりかい消 ②316
あは雪は ①409
淡雪は
　けしき計の ②372
　たまりもあ ②352
あは雪や ①493
淡雪や ③67
哀ありしを ②181
あはれあはれ ⑥71
哀々 ②361
哀れ哀れ ①111
あはれあはれと ①182
あはれいかに ②77
あはれいづくを ②279
あはれいつより ①454
あはれおほき ①447
哀をし ②96
哀おもふも ②229
哀おもはゞ ②14
あはれ女 ③166
あはれ霞の ⑥59
あわれ霞の ②261
哀かすみの ②357
あはれかたみと ①249
あはれ枯つ ①134
あはれきえぬ ①81
あはれきけ ③469
あはれきのふは ①347
あはれ具足も ③512
哀くちぬ ①22
哀れけに ③388
あはれ今年も ②143
あはれこの ④40
あはれ在所の ③498
あはれ桜は ⑥42
あはれさは
　妹をゝきて ①317
　鴫立沢も ④219
哀さは ②251
あはれさや ②139
哀さや
　月にかなし ②132
　鴫よはりた ②328
　なにをたよ ①461
　やもめ鴉の ①241
　わが里のみ ②101
あはれしもとや ④81
哀しる ②68
哀しれ ③237
あはれしれとや ①364
哀しれとや ①410
哀すかたの ③265
哀すゝめて ②31
哀捨子の ③308
あはれ袖に ①119
あはれたへつゝ ④78
哀れ只
　打重ねばや ①380
　年ふる塚は ①388
哀れちいさき ④302
あはれちぎりも ①413
あはれてふ ①193
哀てふ ①131
哀月 ①221
哀としるも ⑥17
哀とぞみる ④77
あはれとて ①43
哀とて
　三年になり ①151
　やむ世はか ①108
あはれとゞむる ②405
あはれとは ②234
あはれとよ ④158
哀なを ②45
哀猶 ①352
あはれながめは ②238
哀なからに ③234
あはれな恋の ③464
あはれ名残を ①302
あはれなそへそ ①490
哀なり ③274
哀れ也 ①403
哀也 ④301
哀也けり ②364
あはれなりける ⑥19
あはれなる ②336
あはれ成 ④326
哀なる
　歌ながめす ②178
　契ならずや ①270
　ひとり坊主 ③162
　夕や秋の ①239
哀成 ②5
あはれなるかな ③465
あはれ西こそ ⑥60
あはれ西社 ①201
あわれ西こそ ②263
あはれに匂ふ ②221
あはれに残る ②81
あはれに虫の ⑥34
哀にも
　朽果にたる ①250
　させもが露 ①372
　それかとば ②111
　たへつゝ賎 ②284
　たてる真柴 ②73
　手向をなせ ④88
　月に行ふ ②180
　友なき雁の ①226
　なきて乳房 ①494
　ぬしなき園 ①232
　みつはぐむ ②34
　山田の鹿の ①260
あはれ寝覚の ⑥92
哀きえつ ①116
哀はさぞな ②58
あはれ又聞 ②207
あはれみし世の ②114
あはれみせばや ①442
あはれみの ①366
あはれ身の ②254
あはれ身は
　一河のなか ③178
　新島もりと ②271
あはれみ深き ②20
あはれみや ①462
あはれ身を ②190
哀れ身を ⑤101
哀れ昔と ①393
あはれむかしの
　月は有明 ②363
　遠く成春 ②409
あはれ昔の ①378
哀むなしく ①272
哀世に ②170
哀世を ①353
あはれ吾 ②417
哀わが ②109
あはれ我身の ⑥18
あはれを色の ②324
あはれをそへて
　鳴虫の声 ①393
　むしの鳴な ①476
あはれを告る ①433
あはゝあはゝ ④252
あはゝして ③471
あはゝやあはゝ ③354
あはん命も ②103
あはんとの ②121
逢んとの ⑥97
あんあみの ③227
庵室の
　さひしさ誰 ③228
　茶はせんし ③247
庵室は ③370
庵室を ③414
案しもしやらぬ ③435
晏如タリ ②99
安堵の誓紙 ④188
行灯の
　影に立よる ③269
　影も木の間 ③233
　ひかりのと ④165
行灯も ③486
案内者する ③169
案内しりの
　旅の同行 ③161
　旅の道行 ③507
案内を ④136
あんなすかたに ③529
あんはゐはよき ④271
塩梅も ③441
按摩とる ④254
あんまにかゝる ③303
按摩もなつる ③407
安洛外の ③226
安楽国土の ④268
安楽を ④184

【い】

帷幄の中に ④289
云合せ ③409
いひ替てふたつ ③523
言かはさんと ④131
言かはす ②150
いひけたるべき ①341
いひ事の ④254
いひしらぬ ②434
いひ捨を ③24
いひたいがいに ④188
いひ伝へ ④321
いひとけずやむ ①265
飯にうへてや ①359
いひにくい ③490
いひはれん ①285
云分を ③486
いゝや御入も ③462
いひよるも ②324

いふうれしさに ②100
家々にくむ ④90
家々の
　木立さびし ①227
　駒かひいづ ②18
　年の花こそ ②275
　中にあやし ②58
　円居ぞこよ ①95
家々の旗 ③324
家柄は ⑤116
家路思はぬ ②58
家路の方に ⑥20
家路の方は ②199
家路忘ず ①230
家路をも ④101
家隆の卿 ③464
家づとに
　いざかざし ④114
　茅花ぬきつ ①347
家土産に ①407
家つとの ③501
家づとの ①276
家出をもせし ①410
家並に ③432
家主は ④192
家の風
　さすか数代 ③358
　それかしつ ③431
家風 ①414
家の風は ①179
家の風みん ①434
家の系図 ③316
家の景図を ④151
家のさかへを ②132
家の仕置を ③271
家の紋 ④289
家のゆつりの ③197
家のゆつりも ④160
家はあれど ①67
いへばえに
　いはぬ色こ ①364
　恨かねたる ①240
　おもふ心を ①262
　こと葉の露 ②300
　言もつゞか ⑥13
家鳩の ①464
家鳩を ④168
家も富 ④61
家もなし ④167
家業も ②297
家を出る
　こゝろにも ①449
　身ならでも ②226
家を出つゝ
　すむ椎がも ②311
　露しぼる袖 ②110
家を出ぬる ①343
家を出て ⑥95
五百年に ①30
庵のあたりぞ ②154
庵の内は ⑥28
庵の月に ①95
庵の春も ①10
庵もるいぬの ①438
五百夜つぎ ①53
庵さす ①423
庵りにいかゞ ①320
庵りのあたり ①337
庵の西に ①407
庵の留守は ③211
庵りも道も ①240
庵やあるゝ ⑥45
庵りをむすぶ ②260
いかひかね目の ④315
いかひ御馳走 ④291
いかひ事 ④300
いかいせきてしや ③363
いかいやつかい ④187
いかゝこたへん ④317
如何はせんは ③400
いかゞ申さう
　ことのはゝ ③126, ⑤240
井がきの内も ①208
井垣の梅の ①218
井垣まばらに ⑥96
いがきを越る ①286
いかさまあやし ③204
いかさまに
　仙の鶴には ③190
　雪ふりさう ④158
いか様に ④316
いかさまゆへある ③220
いかさまよめぬ ③431
筏くみそへ ①467
筏士に ④149
いかだしの ①422
筏士の
　棹さし過る ②412
　竿もとりあ ④94
　袖はあらし ①245
　袖吹をくる ②123
　払ひわぶら ⑥31
いかだしや ①179
筏士や
　滝つ浪にし ②314
　紅葉にあけ ①104
筏士よ ⑤110
筏の竿も ①379
いかであかしは ②80
いかでうへまし ⑥116
いかでおもひに ②195
いかでかあはむ ②84
いかでかく
　祈るを神や ①363
　空にうかる ④100
　夢てふもの ①409
いかでかは ②373
いかてか鼻を ④168
いかでか人を ①268
いかでか文を ②378
いかでかやめん ②335
いかでか分ん
　道の朝霧 ①243
　行末の道 ①261
いかでしのばん ①232
いかで尋ん ②96
いかで人 ①276
いかで身にしむ ①272
いかで世を ①464
いかないかな
　花もこよひ ③９, ⑥133, 153
いかならん ①340
いかなりし ①415
いかなる鬼も ③388
いかなるか
　此庭前の ③162
　是庭前の ③503
いかなる風の ③305
いかなる国か ③246
いかなる工夫 ④224
いかなる宗派に ③468
いか成天魔 ③329
いかなる論を ③200
いかに明石の ②63
いかに天地 ②188
いかにあらしの ②24
いかに嵐を ⑥116
いかにいかに ③457
いかにうへけん ①412
いかに浮木に ①349
いかにうらみて ②343
いかに夷の ①236
いかに掟も ②178
いかに思ひの ②318
いかに御僧 ④289
いかにかく ②349
いかに篭かき ④273
いかに風 ⑤99
いかに消し ①101
いかに木仏 ④318
いかに心も ②54
いかにこぼるゝ ①470
いかに今宵の
　かりねさだ ①336
　星合の空 ①228
いかに桜の ②345
いかにさほひめ ③310
いかにして
　あひ見んほ ②175
　おとしめら ①477
　近きまもり ①472
　なのらぬ行 ①311
　聖の道を ①346
　人まどはせ ①492
　もとめ出ま ①334
いかにしてかは ②95
いかにしのぶの ②69
いかに諸礼の ③329
いかにしれば
　かならず秋①75, 164
いかにせば
　悟に入らん ①356
　野分にたへ ②105
いかにせむ
　逢人もなく ④98
　逢瀬もあら ④77
いかにせよとか ①308
いかにせん
　今はの涯を ④129
　かゝらん後 ①494
　火事ほとも ④175
　手ふれしま ②32
　両眼迄も ③299
いかに禅師 ③96
いかにせんたゞ ④132
いかに染る
　時雨むらさ ①49
　時雨むら雨 ①153
いかに絶ぬる ②５
いかに立どを ②81

如何にたび立　②409
いかに契りて　⑥96
いかに当座を
　よみ出すら　③161
　読出すらん　③507
いかにとかせん　①483
いかに殿の　③347
いかになるべき　①492
いかにぬる　①269
いかには山の　②59
いかに日たけて　①343
いかに人　①109
いかに響の　②65
いかにふきたつ　②229
いかに吹　①466
いかに吹らし　②246
いかに平家の　③213
いかにほどなく　②365
いかに又　③230
いかにまたるゝ　②91
いかに松浦の　①488
いかに御嵩の　⑥31
いかに水無瀬の　②267
いかに身は　⑥48
いかに見る　③25
いかに見るらん　②33
いかにもあつう　③481
いかにもいかにも
　時雨ふる秋　③519, 521
　霊といふ物　③474
いかにもすいの　③462
いかにもりぬる　②138
いかに盛久　③465
いかに横川の　②301
いかにわかれも　②20
いかに我　②222
いかのほり
　いかになり　③498
　糸をひかへ　④286
　朧にみゆる　③292
　行衛もしら　③398
いかのぼり
　かみはあが　③140, ⑥89, 129
いかばかり
　うらみのほ　②23
　茅原に霜の　①289
　露けかるら　①449
いか計
　あれよと宿　②408
　心をすます　②353
　つま恋すら　①323
　はこび来ぬ　①247
如何計　⑥56
いか計置　①267
いかばかりかは
　霜のふる跡　②328
　高がやの陰　②196
いか程に　③219
いか様に　③343
いかり猪の
　跡はさつお　①322
　跡をいづく　①358
　床あまたな　①300
碇打こむ　③407
錠をおろす　①495
衣冠たゝしく　③460
いきうしと
　いはぬをし　①189
　いはぬを知　①121
行かひも　②235
いき上手　③364
いぎたなき　①328
生たるものを　③317
いきつかひ　③320
行つかれての　②115
いきつくは　③358
行てはかへり　④189
いきてはたらく　④195
いきとしいける　④249
いきのをも　②133
いきの松　④13
息引きれは　③530
息ひきとつて　③468
いきぶれいとふ　②5
いきぶれに　①221
いきやうくんし　③150
生霊や　③308
息をしかけて　④239
幾秋色を　①374
幾秋を経し　①355
幾有明に　②331
居喰の跡は　③427
幾重かさなる　②318
幾重霞の　④93
いくへかは　①311
幾重かは　①315
幾重氷を　⑥28
いくへたつらし　②22
いくへともなく　①302
いく重の雲を　②334
幾重はへたる　⑥5
いく重ばかりか　②34
いく日あらば　①178
幾日あらば
　今いくしほ　①103
　今幾しほの　⑥89
幾日ありて　②245
幾日交野の　⑥55
いくかばかりに　①407
いくかふるらし　②343
幾日もあらじ　②212
いくかもあらぬ　①417
幾日もあらぬ　①412
幾草々を　①347
いくさの跡は　②280
軍の勝負　④306
軍のはたらき　③390
戦場に　③201
軍場や　③461
軍みて　③290
軍をは　③223
いくしぐれ　①444
いく筋つゞく　①421
幾筋つゞく　②402
幾筋に　①339
幾節分を　③177
幾千里とも　③204
いくそ度　⑥10
幾十度　②126
いく駄賃をか　③291
生田の小野に　①344
生田のをのを　①482
生田の川の　③527
生田の森の　④303
いくたのもりを　③417
いく度歌を　①386
いく度か
　あかず霞を　①296
　重ねかはら　④77
　木丸殿を　①304
幾度か
　おもひ定て　④315
　袖に音する　②94
　袂沾す　④94
　月にいざと　①314
　露にしぐる　⑥33
　廻る軒端の　④120
いくたひか湯に　④225
いく度かよふ　②271
いく度しらべ　①382
いく度々か　①470
いくたびはらふ　①443
幾度見るも　②159
幾度わたる　②248
いくたりか　④192
いくたりもある　③527
幾千しほ　①104
幾千町田も　②202
幾千代千代と　③235
幾千世の　①461
幾行に　①336
いくつらばかり　⑥38
幾としかへて　②72
幾年かけて　⑥34
幾年も　①319
幾とせか　②396
いく夏をへん　①315
幾人の　③159
幾ね覚して　①256
生野のすゑも　④160
いくはくの
　米干飯も　③509
　酒作れはか　③470
いくばくの　①334
幾はなしけん　③158
幾春しづむ　①430
幾春ぞ　①45
幾春絶ず　②353
幾春の　①38
いくほどか　②295
幾程も
　あらじとお　①447
　あらぬに文　①265
幾湊をか　④125
いくむら芦を　②168
幾むら烏　④131
幾むら竹の　②352
幾むら千鳥　②146
幾むら松の　①210
幾めぐり
　酔をそへた　①358
　酌かはしぬ　⑥15
いくめぐりする　①452
幾宿々の　③355
幾やどりをか　②308
幾山ぶみの　②427
幾ゆふかづら　⑥27
いく夕風か　⑥94
幾世かく　①81
幾夜か夢に　②140
いく夜さり　④155
幾夜露けき　②85

幾世馴ぬる　①225
いく夜ね覚に　③357
いく夜ふしみの　②304
幾代ふる　④139
幾世へて　①281
幾夜経て　④101
いく世へぬらん　②273
幾代見ん　①22
いくよ目さます　②406
幾よりか　②368
幾世をか　②321
いく世をふるの　①488
いくらか布を　③219
幾らの夕　②353
いくらむれいる　④265
いくらも立て　③289
幾若葉　①11
いけおくかふら　④145
池清き　②294
池清み　①36
池すこし　①452
池田とや　③30
池田の市町　④208
池波の　④176
池にむなしき　①323
池の面に　①334
池の鏡　③470
池のかたへに　①474
池のかたへの　①291
池の蛙　③512
池の氷は　②16
池の氷や　①345
池の島輪に　④94
池の島輪の　②230
池の玉藻の　②208
池の辺は　②19
池のほとりの
　竹寒き陰　②413
　ふねぞから　②332
　室のしつら　⑥43
池の涯の　①373
池の松さへ　②135
池の水
　久しかれと　②227
　柳にいそぐ　①21
　柳に急ぐ　①143
池は霞に　⑥30
池は煙に　①414
池広く　②196
池ひろくして　②392
池ふりて
　月さへすご　②62
　古ぬははな　①64
池辺の霞　①429
池辺の松に　②267
池水けぶる　②355
池水に
　うかべる霧　②284
　月をひたせ　①213
　つぼめる花　②219
　ゆふだつ雨　④124
池水の
　鏡もはるゝ　①493
　心も直き　①212
　底ぬけ共が　③430
　月ほのしろ　②59
　波間に星や　①355
　汀や塵も　①247
　みさびや風　①391
池水は　①396
池水も
　長閑き庭の　②92
　増らむ春の　①242
池水を
　かゞみや花　①57
　たかいにか　④160
池やけさ　①119
生るをは　④208
生るをも　①96
異見いへとも　③341
異見説法　③227
異見にかゝる　③375
異見には　④269
いけんの分は　⑤204
異見のふんは　④253
異見の分は
　よその夕く　③241
　よその夕暮　⑤249
　余所の夕暮　⑤181
異見はそちの　③370
異国のいくさ　④161
異国はしらす　③486
異国もなひく　④178
異国より　③277
伊駒難波津　③255
伊駒の嶽ぞ　②359
伊駒の嶽に　④321
伊駒の峰の　④119
生駒のや　④269
生駒の山は　②252
生駒山
　秋の時雨や　②288
　へだつる中　①469
いさいさと　③413
委細の事は　④192
いざ梅見　⑤125
いさをしに　①476
いさをし人と　①432
いざ折て
　人中みせん　⑤257
　人中見せん　⑤136
いさかひ出して　⑥145
いさかひに　③208
いさかひは　③291
いさぎよき
　池の蓮の　②164
　苔踏きぬる　①378
　橋の下行　②195
　水ながれゆ　①262
いさ清く
　霽たる雪や　①126
　むすびこそ　②428
いさきよく　③212
いさぎよく
　岩より落る　①395
　月も沈める　①395
いさぎよく聞　⑥55
いさかふて　③196
いさ爰て　③400
いさ爰に　③506
いざ爰に
　家路忘れて　②368
　遠島うつせ　②39
　花野の程は　①343
いざ爰の　②209
いさことゝはん　④155
いざこども　③13
いざ子ども　②308
砂につゞく　①383
いさごにまじる　①454
砂の上に　①372
いさごをみだす　①393
聊々　③233
いざさくら　①35
いざ桜
　風にまかせ　①495
　われもそな
　　⑤131, ⑥149
　我もそなた　①148
　我も其方の　⑤86
いささらたはこ　④169
いささらば　④311
いさしら露の　③228
いさしらぬ　①429
いさしらぬにも　①342
いさたまへ　④146
いさ給へ　④285
いざ泊り山　①479
いざともなはん　②252
いざともに　③121
いざなひ急ぐ　②370
いざなはゞ　⑥24
鯨よる　④201
鯨よるかと　①394
いさはいらしやれ
　③420
いざ一いのり　④293
いざ二人　①413
いさふもしるし　②182
いざ発句　③109
いざ馬士ら
　はや東見ん
　③18, ④52
いさましき　⑤117
勇みあり　⑤109
いさみなかはん
　鱸釣人　③154, 499
いさむる筋の　②177
諫るも　②238
いさめうけぬは　①369
いさめ置ぬる　②191
諫し筋も　④108
いさめても　②378
諫にかたき　⑥26
いさめにつくす　①424
いさめばいさみ　②28
いざやこゝ　①336
いさやちよいとしよ
　③164
いさやなりひら　③338
いざ行て　①367
いざよひし
　入日の後の　①459
　雲井の日影　①384
いざよひて　①429
いざよひと　⑥66
いさよひの　④207
いざよひ残る
　明ぼのゝ月　①235
　入日すくな　②425
いざよひは　⑥86
いざよひや　①56
いざよふは　②247
いざよふも　②207

いざよふや ①496
いさら井の ①481
いさりする ②142
いさりのためか ②322
いさり火消て ②433
漁火の
　影だに見え ②254
　浪を照して ①262
　銷残りたる ①248
いさ笑へ ③302
医しいへは ③177
石うすの ③505
石臼の ④153
石臼も ③253
石臼や ③384
石磨を ④237
石垣なんけん ③312
石神も ③388
石切鶴か ③388
石蔵の ③119
石すへに
　むかし忍ふ ③149
　昔しのふの ③510, 519
石ずへの ①492
石ずへは
　たが古跡の ①291
　たゞ草むら ①445
石摺りに ③431
石たゝき ③444
石たゝむ ②426
石壇よりも ③280
石つきの ④158
石灯篭 ③281
石灯篭に ③147
石にかけぬる ④246
石の床のみ ②182
石の鳥井に ③269
石はし山を ③461
石原や ④204
石火矢の ③456
石火矢の音 ③337
石まに残る ①494
石まのながれ ②389
石焼て ③406
医者にあふての ③510
医者は医心 ④184
石山の ⑤127
石山や
　石切出して ③268
　これも清水 ③124
いしやもおよはぬ ③304
医者もかなはぬ ④164
医者をよふ ④221
以上何人 ③276
以上八百 ④307
石六升や ③491
石はわれても ③371
いづかたに
　須磨の住居 ②126
　鳴わかれた ①336
何方に ①256
いづ方も ①321
いつくいつれの ③517
いづくか王地 ③257
いづくかさびし ①470
いづくか寺の ①421
いづくかは ①427
いづく雲井の ④95
いつくそと ③192
いづくに月の ②187
いづくとも
　方をさだめ ①456
　末わかぬ野 ②412
　滝の水上 ①443
いづく共
　きゝすへか ②327
　道の向後は ②316
何所とも ①270
いづくともなく ②417
いづくなるらし
　鐘かすむ音 ②332
　鐘の一声 ①328
いづくなるらん ④115
いづくに移る ④109
いづくに落る
　初雁の声 ②294
　花の滝川 ②301
いづくにか
　鹿子のふし ⑥24
　過ぬる雨の ①377
　伏猪の床は ①488, ②70
　冬はかせぎ ①476
何所にか ①274
いづくにかへる ②291
いづくにかける ①408
いつくに霞む ③221
いづくにかりの ②349
何国に雁の ②180
何所に霧 ②152
いづくにて ②73
いつくになかし ③238
いづくに春の ①320
いづくにも ②171
何所にも ①282
いづくの方か ①303
いづくのかたに ②303
いづくの方も ②39
何国の国で ③354
いづくの里か ②17
いつくの里の ③229
いづくの里も
　けぶるかや ②137
　衣擣なり ②50
　春至るらし ④100
いづくの峰に ②111
いづくはありて ②306
いづくはあれど ②248
いづく船路の ①341
いつく迄 ③226
いづくまで
　玉の有かを ①323
　月の夜道の ①426
いづくもいまは ①447
いづくも今は ①417
いづくもいまや ②271
いつくもおなし ③245
いづくも春の ②140
いつくより
　追出され行 ③215
　狂ひ来れる ③517
いづくより
　うかびて春 ②68
　かよひし夢 ①439
　はこぶ重荷 ①441
何所より ①262
いづくより来る ①448
いづくをいつか ①463
いづくをか
　さしてむれ ②63
　春の行衛と ①411
　世を出し身 ②45
いづくんぞ ③115
いづこしら波 ⑥42
いづことか ②245
いづこにか ④85
何所にか ②125
いづこに鳴の ①347
いづこに妻を ②220
いづこの里も ①382
いづこの空に ②341
いづこ臥 ②52
いづこより ①458
いづこわかれず ①394
いづこをたびの ①463
いづこを宿と ②209
五十鈴川
　河なみ清く ①274
　絶せぬ水の ①491
　ながれにう ①343
いすゞの川の ①447
いづちいづちを ②121
いづち帰りし ⑥34
いづち霞の ⑥10
いづちさそひし ⑥118
いづちしぐるゝ ②404
いづち過けん ②154
いづちたゞよふ ①260
いづちとか ②234
いづち伏所を ①370
いづち臥 ②85
いづちまくらの ②215
いづちまどはす ①450
いづちもとめむ ②382
いづち夕 ①307
いづちゆかんの ①234
いづち行ての ②281
いづち行らん ②117
いづち蓬が ①415
伊豆と相模の ③274
泉とび ①69
泉飛 ①161
和泉灘 ④201
泉より ③169
いづらからすの ②288
いづら住居を ①480
いづらに空を ②296
いづらは秋の
　虫のねもな ⑥61
　虫の音もな ②264
いづらは消し ②274
いづらむかしの ①244
いづる朝日の ①404
出るかや ④265
出るかりばの ②387
出るつかへの ①337
出る日影や ④195
出るひかりぞ ①493
いづるひかりの ①481
出るひかりの ②209
いづる日に ①210
出る日の

影や高根の　⑥27
光は霧に　①304
出る日も　④95
出る都の　①288
出るもはやき　①331
いづるや野べの　②148
出るより
有明比も　④125
入迄月の　①392
月陰きよき　②287
月は曇らぬ　②163
光さやけき　①434
光満たる　①476
いづれ撰ばん　④85
いづれかまさる　⑥99
いつれか和歌の　③270
いつれ勝負は　③415
いづれとわかぬ　②246
いづれにか
戦ふ国は　①469
枕をからん　②77
いつれにも　③433
何れの家か　③473
いつれの歌書の　④184
いつれの御所の　④154
いづれの里に　②354
いづれの里も　①293
いづれの瀬より　②399
いづれの谷に　①459
いつれの所　③493
いづれの鳥と　①277
いづれの道も　②243
いづれの世　⑥73
いづれはあれど　①327
いつれもいつれも
③362
いつれ餅やの　③201
いつれもの　③406
いづれわかたん　⑥92
いづれをか
えらびとら　②79
まことの道　②62
伊勢海老は　③193
いせおとり　③242
いせおどり　⑤214
伊勢踊　⑤190
伊勢尾張の　③310
井関の水の　①387
井ぜきをこゆる　②26
伊勢講中を　③392
伊勢路にて　③343
いせ島や　③366
伊勢使　①455
伊勢業平　③437
伊勢の蜑　③431
伊勢の海　③500
いせのうみつら　④203
伊勢の海に　①90
伊勢海に
ゐで行月の
①173, ④58
伊勢のおたまが　④281
伊勢の神垣　③395
伊勢の二字や　③334
伊勢の浜　④276
伊勢の浜べの　⑥117
伊勢人の　①83
伊勢まいり　③222
伊勢武者は
皆茶磨にそ　④239
みな緋威の　③450
いそいてまいれ　③196
急いで見む
三里一肩
③121, ⑥143
磯うつ波も　①241
磯うつ浪や　③468
磯がくれ　①416
いそかしき　③311
いそかしく　④307
いそがしく　④292
いそかはまはれ　③245
急がれて　①323
いそがはしきは
旅ねなるら　①448
旅の行末　①470
急けり　③329
急ぎしは　②276
急ぎたつ　⑥116
いそぎつれつゝ　②323
いそぎて下す　①385
磯ぎはちかき　②174
磯ぎはに　②138
磯際に　④169
いそぐ旅人　①439
いそぐにも　②389
急ぐべき　①419
いそぐわかれを　①259
いそけ共　③216
いそけふり　③488
磯崎に　④320
五十年ふる　①112
五十年経て　①49
五十年みつ　①116
磯ちどり　①127
磯千鳥　①191
磯伝ひ
漕はなれ行　②134
花にたな引　②164
磯つたひして　③231
五十年の　③483
五十年も　③340
磯波や
われてもす　①127
われても末　①191
いそのかみ　①362
石上
ふるきなか　④225
ふるく目出　③184
布留の里橋　④107
布留の中道　②184
磯辺には　②142
磯部の松の　④181
磯枕　③220
磯山かげに　②100
磯山の　①340
磯山や　①295
磯山を　⑥20
いたいけを
そゝのかし　③354
たゐてのま　④147
抱て恨の　④192
板井の月の　④76
板井の水も　①398
板返し　③447
いたくうつけて　④295
いたく霞て　①427
いたくかすめる　②191
いたく氷れば　⑥31
いたくさえたる　①323
いたくな置そ　⑥19
いたくな侘そ　④239
いたくふる
霜をもしら　⑥8
雪に袂を　②59
居たけ高に　③481
いたさこらへて　④151
板敷の　③201
出す茶の　④162
いたつらくるひ　④177
いたつらな　③212
いたづらな　③295
いたづらに
過にけらし　①273
ながむる暮　①320
花咲すつる　②225
春の日数も　①489
徒に
月の幾夜か　④98
やみねとい　④115
いたづらにのみ　①485
いたつらに待　③151
徒の　③234
いたつらも　③209
いたつらものゝ　③387
いたつら者よ　③302
いたさうやうも　③465
いたゞきまつる　①441
板田のはしは　②427
板天神の　③477
板ひさし　④224
板庇　③386
板びさしより　①323
板間あらみ　①242
板間の霜や　②271
板間の月の　①391
板間もり来る　②115
板間より　①256
至らまほしき　⑥16
いたりふかき　①172
いたり深き　①89
射たりや射たりや
③371
痛はしや　③262
いたはるは　②129
一々次第　③452
一々に　④70
一栄一楽
秋の夜の友　③405
こうた一ふ　③235
一栄一落　③461
一か二か　④285
一河のなかれ
長月の友　③148, 510
一期ぐすぐす　④315
いちごの面目　④279
一字二字題　③451
市柴は　①444
一順に　③516
一巡の
四句めぶり
③5, ⑥132
四句目ぶり　⑥157
一順の

　おとろかれ　③242
　おどろかれ　⑤214
　驚かれぬる　⑤189
　四句めぶり　⑤168
一順箱　③343
一順箱に　③277
一順箱は　④164
一条通り　④199
一代は　③464
市立さはく　④198
一度は死手の　③476
市に隠れし　③447
一二三四五
　六月七日　⑤67, 262
一日が　③6
一日かけの　③264
一二の木戸を　④249
一二本有　③190
市にまじるも　①493
一人も　③315
一念化生の　④267
一念の　③474
一念の蛇の　③271
一念の旅　③488
一念発起　③252
市のうちに　①188
市の中に
　こゝろ涼し　①68
　山里得たり
　①121, ⑥84
市の中も　①67
市の帰さは　②227
市の帰さや　④109
市のかり屋に
　かたしきの　①416
　つゝく陣小　④219
　つどふ里人　①473
市のかり屋の　②285
市の声に　①112
一の谷の　③234
一の谷の戸　④16
一の難　③325
一の湯に　③408
市は立なり　④167
市場にて　③278
いちはやき　②191
いちはやき世の　②146
いちはやく　①492
一番鳥も　③309
市人の
　笠の端分ぬ　④129
　つどふもか　②351
市人わやくや　④263
一分なりとも　③435
一棒とらせん　③479
一棒を　③308
一僕が　④288
一僕の　③465
一まいしきの　③450
一牧とをり　③284
市町の　③196
一万両の　③430
一無壱　④315
一もつて　③74
一門をのをの　③414
一門衆の　④290
一文銭も　③506
一門に　④295
一門にも越て　③380
一門の　④173
一門みなみな　④326
一夜明て　⑥161
一夜検校　③332
一夜鮨　③529
一夜のちきりて　③525
一より十に　④171
一里あなたの　③473
一里には　③304
一輪も　③382
一類その以下　④190
一礼は　④266
一羽にのして　③275
いつあわう　④270
いつあらましの　②182
いつ幾日　③354
五色の　①440
いついはひをく　①456
いつ栽て　②418
いつかいつか　③138
五日五日　③414
五日一風　③309
いつかいつ迄　③145
いつか浮世の　③317
いつかきゆべき　⑥15
いつか莓地の　⑥57
いつかさくろの　④215
いつかさて
　さすらへぬ　②47
　さとりの胸　①338
　月の桂を　①413
いつかつくさむ　②269
五日にきりし　③250
一荷に担ふ　④259
いつか女房に　③207
五日の大風　④302
五日の風も　①441
いつかのどかに　①473
いつか乗へき　③290
いつかは墨に　①275
いつかはれなん　⑥8
いつかは西の　⑥93
いつかははれん　①484
いつかは晴ん　②436
いつか枕に　②139
いつかわが　①99
いつか我　①176
いつか吾　①231
いつ聞た　③122
いつきえはてし　②167
一揆起る　④219
いつ聞ん　①376
いつきゝ捨ん　②250
斎の院の　④230
いつきの宮に　②251
いつきの宮の
　秋の祭礼　③220
　秋はさびし　①369
　住居いつ迄　②108
　夕しづけし　②381
いつきの宮は　①298
斎宮は　①344
斎宮も　②414
いつきの宮や　②196
斎の宮を　④111
一休に　④204
一休の　④172
一鏡はれ飛　④298
一揆落居の　③427
いつくしみ　①373
一句しめせ　⑤86
いつくたまゝそ　④191
一句の趣向　④322
いつ汲捨し　①353
一句も出ねば　④291
一見は
　奈良三輪初
　③161, 507
一間半の　④250
一間まなかの
　秋のゆふ暮　③245
　床の橘　⑤268
いつ越て見ん　①356
一国に　④292
壱石に　④143
いつこゝろみし　②143
いつ咲そめし　⑥48
いつさめん　①44
一算置　③490
いつしか秋の
　衣さむしろ　①418
　寒さそふこ　⑥35
いつしか秋も　②331
いつしかかゝる　②73
いつしか風の　①263
いつしか過る　②162
いつしか立し　②285
いつしかと
　けしきだち　①294
　すぐる弥生　①332
　ほは雲井の　⑥73
いつしか年の　②416
いつしかと待　②177
いつしかに
　秋もいぬめ　②251
　色めきわた　①284
　岩の氷柱も　②195
　鶯の音も　②424
　陰たかくな　①319
　春日祭の　②306
　枯野の原の　①322
　消つくした　⑥16
　氷とけ行　②389
　しほるゝは　①467
　田面の早苗　①228
　月も有明に　①478
　年の三とせ　②240
　難波田舎と　①381
　錦たつ田の　②175
　春立かへる　②314
　ふりにふる　①470
　嶺の白雪　②373
　詣絶ぬる　⑥15
　山寒く成　②110
　山辺は秋の　①443
いつしかにはや　①307
いつしか野べと　②91
いつしかはれし　①303
いつしか晴し　②105
いつしかふかき　②26
いつしかも　①337
いつしか雪は
　消し山々　②201
　ふかくなり　①472
一色一香　⑤103

いつ時分 ③455
一尺か ③473
一尺八寸 ③478
壱尺八寸 ③381
一種有しを ③428
一首うかふた ④275
一しゆはかうぞ ③286
一首はかうそ ③378
一生の ③226
一生は
　定り事しや ④253
　たゝほろ味 ④197
　棒ふり虫の ④175
一生はたゝ ③280
一心不乱 ③226
いつすぎそめん ①244
いつ捨果し ②118
一寸さきは
　切てやるゆ ③504
　名もたゝは ③206
　萩の上露 ③201
一寸先は ③508
一寸さきを
　きつてやる ⑤290
　切てやるゆ ③153
一寸坊か ③517
一銭つゝで ④266
一銭千貫 ③425
一せん二せん ③374
一銭二銭 ③395
いつそは開けん ③377
日外の ③355
五度の ④223
いつ玉札の ②358
一挺の ④250
一町を ④247
一対の ③161
五つ歟よ ⑤124
五つのいましめ ③343
五の緒琴
　しらべあや ①299
　しらべえな ①433
井筒の影の ①488
五つ三つの ③254
いつゝもとつゝ ③414
五つや三の ③425
一滴の ③485
いつて舟 ③218
いつとてか ①321
いつとてなかぬ ①336
いつとなき ②354
いつとなく
　岡辺の雪の ②171
　おとろふ民 ②256
　門さし篭る ⑥116
　苔むしにけ ①340
　都の事は ⑥26
一斗のさけも ④213
いつとわかぬも ②88
いつならひてか ①423
いつにすくれて ③460
いつの秋にか ④161
いつの年 ②13
いつのまに
　秋と吹らし ②363
　秋は末野と ①469
　扇やをきも ④78
　扇をとられ ①77, 165, 451
　暮て侘しき ②315
　野らと成ぬ ①220
いつの間に
　秋はきにけ ①475
　遠方人の ③372
　鏡に雪の ①455
　此山里の ③235
　是程迄は ③445
　しはのより ④318
　立や我身の ④82
　契し末の ①225
　初風か吹 ③480
　臥所かへぬ ②230
いつのまにやら ③187
いつの世に
　うへける松 ①450
　別の鐘を ③402
いつはあれど
　朝戸を雪の ①123, 190
　常井に清し ①72
　猶さびしき ④115
　名にしおひ ①275
一盃すきて ③490
一はいの ④200
一盃半に ③342
いつはとは
　わかのうら ①42
　和歌の浦み ①151
一半秋風 ⑥65
一筆の ③366
一封の ③505
一ふくありと
　茶かまかけ ③153
　茶釜かけた ③509
一ふくの ④278
一ふくは ③250
一幅は ④156
一遍上人 ③420
一遍の ④134
壱歩かと ③232
いつ程に ①492
一歩のなる木 ⑤99
一本もたする ③483
いつまで秋の ①481
いつまで有し ②245
いつまでか
　思ひ渡らん ④81
　親のゆるさ ②129
　かゝる緑の ②25
　爰にいつき ④119
　つばめかへ ⑥40
　遠つ田舎に ①318
　見て楽しま ②56
　守つる小田 ②111
いつ迄か ②374
いつまでかくて ⑥32
いつまでかさて ①307
いつまでかもる ①483
いつまて草の ③165
いつまでこもる ①467
いつ迄そひし ①357
いつまでたへて ①407
いつ迄と ②353
いつまでの ①469
いつまても ③300
逸見竹田も ③454
いつみん七重 ③485
いつもあけ屋て ④157
いつもいつも ③478
いつもきく ③472
いつも聞
　物かは秋の ②198
　物まうなら ③180
いつもくる ③177
五文字きえて ⑥101
五文字は ④306
五文字や ③80
いつもたゝ
　香炉の煙 ③151
　やみほうけ ③207
いつもの棒に ③431
いつもふく ①21
いつも吹 ①143
いつも見る ①259
いつ山里は ②112
いつよりか
　浦なれにけ ①259
　おもひをは ①292
　かみさびに ①314
　汲人もなき ④133
　氷の消て ②39
　爰に斎の ①385
　つくり捨田 ②89
　難波田舎と ②208
　野は吹かは ①237
　二道かくる ④124
いつよりかくは ②395
いつより鹿の ③470
いつよりすめる ①416
いつより月の ①428
いつより弥生 ②151
いつよりよそに ②136
いつ別れ ①201
いつはらぬ ①211
いつはりならし ①379
いつはりならぬ ②333
いつをかきりの ④281
いつをかぎりの
　五月雨の空 ④129
　旅のあはれ ②57
いつを恋路の ②409
いつを扨 ②189
出入も ②９
出入息や ④165
出がてに
　花おしげな ①410
　やすらふ春 ①259
出がてや
　むべ山ざと ①53
　むべ山里の ①155
夷狄すら ④314
出こしあとは ①443
出こしかたは ①468
出こし里は ②232
ゐて来しは ④102
出こし道の ①451
いで比は ③256
いてさらは
　僧を吊ひ ③178
　屏風細工を ④264
出じとおもふ ①458
出しはいづら ①324
出しみやこの ①356
出し都の ⑥４

出し都を　①303
出しより　①277
いて其比と　③311
出その比の　③379
出立ん　④273
出たつ旅の　②209
出たつは　②278
出たつや　①31
出ていなは　④167
出ていにし　②354
出ていにしが　⑥45
出ていにしも　①337
いでゝいぬるを　①247
出てかたらひ　②138
出てこし
　あとたに今　④161
　さとはそれ　②255
　関路はあと　①274
出て来し　①201
出てしも　①475
出てたゝずむ　①339
出て月　①125
出てつむ　②20
出て後　①118
出ては海に　②8
出てはや　⑥32
いでゝ道辺に　①422
出て見よ　③273
いでゝも月の　①456
出ても月の　①297
出て行
　おきは日和　②234
　空は霞の　②96
　薪の道を　②363
　世の有さま　③300
いでとつたりに　③368
出ぬ日数は　⑥116
井手の蛙の　④88
井手の玉水　①446
出ばへを
　月もおもへ①94, 174
出舟や　②406
射て見たが　⑤253
いで物見せん　③356
出やらで　②84
ゐでゆかば　①91
出湯のあたり　①458
いで我を　④5
糸遊ぶ　②296
いと暑き
　日の色もや　①450
　ほどはやす　①453
いと暑き日も　①466
いとひがほかと　①421
いとひし夏の　①495
いとひし世にも　④90
いとひぬる　②385
いとひぬる世も　①229
いとふべき　①357
いとふへし　④331
いとふ身も　①344
いとふも月の　②104
いとふをしたふ　①296
いとかりそめの　②353
いと辛うして　③460
井戸輪の　④165
いときなき　②267
いときなきも　②420
井戸車　⑤95
いとけなく
　いとあひら　③185
　なまさかし　②179
いと寒し　②184
いとしいあまりに　③395
いとしほや　③192
いとしげき　①320
いとしさは　④330
いとしやこゝえて　③477
いと冷じき　⑥18
糸薄　③188
いと涼しき
　大徳也けり③73, 280
いと絶ず　②392
糸たえず　①36
糸たえずみる　⑥94
いとたえずみん　①409
糸たえぬ　①209
いと高き　②189
いと高く　①324
糸竹に　②378
糸竹の
　えならぬし　②104
　かすまぬ音　②380
　しらべえな　①441
　調の音は　⑥14
　常にもまさ　②290
　道は名をえ　⑥53
糸竹の音や　②96
糸竹も　②147
糸竹や
　あはする声　②109
　いく日もあ　②133
いとゞあら田の　①321
いとゞ心ちの　①388
いとゞさへ
　秋はかなし　④124
　みじかき夢　②306
いとゞさびしく　②131
いとゝしく　④203
いとゞしく
　老をかなし　①461
　暮てや雪の　①366
　関路は霧に　②211
　たれこめて　①377
　月に都の　①346
　はづるは鄙　①413
　更行夜半の　⑥48
　冬はさびし　①286
いとゞ袂を　①477
いとゞ露けき　④127
いとゞ名残や　①364
いとゞはかなし　②311
いとゞ深田の　②234
いとゞ籬や　②311
いとゞむかしを　②321
糸にもたるゝ　②120
井戸硯　③327
いとはかなしや　①446
いとはやく　①476
いとはや寒き　②368
いとはや時雨　②430
いとはや露も　②343
いとはや結ぶ　②375
いとはやも
　暮かゝりた　①406
　此みなかみ　①440
　島がくれ行　②294
　鋤渡したる　②301
　関の此方に　②281
　むすぶか霜　②344
　結ぶか霜の　①202
　夜寒の衣　②169
いと早も
　関の此方に　①200
　みなぎり落　①397
糸ほとかゝる
　えんのはか　③157, 501, 504
糸程に　③304
いとまある身ぞ　②77
いとまあるらし　①228
いとまをしきは　②241
いとまこひ　③345
いとまなき
　賤がいとな　②400
　身はあらま　①481
　わが身の上　②354
いとまなき身は　②364
いとまなく
　塩やく袖の　②250
　賤が山田の　②119
　作る田面や　②366
いとまなげにも
　小舟さす袖　②321
　わたす船長　①428
いとまなみ　①412
いとまの儀　③330
いとまの太鼓　③325
いとまの文は　④260
いとまもあらず
　灘の塩焼　①355
　はこぶ山柴　②115
いとまもあらぬ　②285
いとま申
　かへる山々　③24, ④27, 37, 39, 58, ⑤168, ⑥135
いとまもなみの　①343
いとまやる　③219
糸水の　②55
いともかしこき　①473
いともかしこく　①341
糸もてぬける　③331
いともはや　②385
いと安ひ事　④306
いと柳　④331
いとゆふなれや　④261
糸遊の　②286
いとゆふは　①39
田舎とは　①9
田舎ほとりの　②256
田舎土産の　④245
居なから歌の　④148
居ながらも世を　①388
稲くきに　①195
稲茎に　①134
いな妻と　③196
いなづまの　①446
いな妻の　⑥5
稲づまの　②253
稲妻の
　影幽にも　①475

影しもいづ　①201
影はいつし　②435
しばしや露　①226
ひかりはそ　①351
夜寒の空に　④97
いな妻のごと　②416
いなづまは　①84
いなづまは消　①84
稲妻は
あだ物と見　①84
いなづまも
あだ物と見　①333
かよふや光
③3,④16
稲づまや　②220
稲妻や　①238
いなのさゝ原　③249
猪名野の草の　②413
いな葉をしなへ　③256
いな葉をしなみ　⑥46
いなばかる　②122
いなは靡て　③325
稲葉の色に　①214
因幡の山の　④295
いなはの山も　④239
いなばもる　④49
いなば守
里や泉州③63,④346
稲葉もる　①235
稲ばよられて　①403
いな葉より　①75
いな光して　①460
いなびもはてぬ　①304
いなみ野は　④45
いなみ野を
こゝにみぎ　①86
まがきにし　④48
笹に鹿の　①79,⑥76
稲むしろ　④244
いなりの杉の　①408
稲荷山
杉間の月も　④131
のほればす　④307
いにし秋
みしあさが　①84
見し朝がほ　①169
いにしへこふる　②35
いにしへに
立かへりぬ　①247
ならの仕置　③219
いにしえの　④138
いにしへの
跡は有けり　①279
あとをたづ　①426
御跡いさや　③174
神代もきか　④213
ことかたら　④69
たぐひにゝ　①286
ためしたが　①257
ながれ久し　①445
七のかしこ　①274
人まねなが　⑤67
文の巻々　①469
三浦の助べ　③484
世のありさ　①346
よろづは夢　④42
若髪ならず　②118
いにしゑの　②77
往古の　⑥23
古しへの
影や鏡に　①414
賢き人の　③441
ならの都の　③250
馴にし月を　②270
人まねなが　②390
昔がたりを　②58
古の
しづのをだ　③190
聖といふも　②356
古しへは　③301
古へは　③325
いにしへも
恋や替らぬ　②199
月の名に見　②378
いにしへを
思ふ小町の　③499
語に憂も　②96
とへば故あ　②55
古しへを　①448
古を
思ひ出羽に　③238
さらにわす　②313
いにしは羽柴　⑤104
犬飼も　③219
犬ほふる
声ばかりし
②264,⑥61
犬吠る　①394
いねいねとてや　④169
いねがたき　②285
いねがての
月をかごと　②85
枕に過し　①330
いねつゝ起つ　④129
いねふりが出る　③260
いねふりしつゝ　③178
稲やその　①87
いねわるの　③400
猪の牙より猶　④202
亥の刻の　③479
いの字といふて　③332
いの字のついた　④204
いの字をも　③178
猪の早太只　④298
命終れは　③356
命かけぬる　③304
いのちからがら　③162
命かはりに　④293
いのちこそ
うれしくみ　④33,36
うれしく見　④31
嬉しくみつ　④27,39
命こそ
消ともきえ　①358
棹なくるま　④203
命さへ　②162
命しらすの　④181
命ぞしらぬ　②114
命たすかる　④154
命長さも　④112
命なり　③265
命也　③80
いのち也けり　③361
命也けり　③196
命の内に
篭にのり行　④297
とはおもふ　④289
いのちのほどは　⑥63
命ひとつを　⑥146
命もきえよ　⑥11
いのちをのぶと　①341
命をまとふ　③251
井の水を　②118
医のみち筋に　③325
祈ぬを　①208
祈りいのられ　③354
祈加持して　③298
いのりこし　①489
祈し縁は　③332
いのりつる　⑥48
祈つる
神のちかひ　⑥6
社のしるし　⑥32
祈りつる　①302
祈ても　②426
祈ぬる　④238
祈をば　②315
いのるおもひの
かひは嬉し　②41
はてをしら　①415
いのる貴布祢の　③290
いのるしるしの　②139
祈るしるしの
なくて悲し　④128
などてなか　②361
いのるたのみの　①277
いのるちきりの　④169
いのる契よ　④78
祈るにや　①382
祈る初瀬に　③215
祈る仏に　⑥11
祈るも深き　②357
いのるや君が　①437
祈れば雨の　①402
いはへて過る　③289
いはらきの　④254
いぶかしく　④116
いぶせさや　②123
今いくあした　①482
今幾日
ちらで野山　⑥35
みやこのよ　①120
都のよそに　①187
今幾日あらば
桜戸の前
①200,②267
今幾日にか　①283
今幾度か　②358
今いくとせか　②276
今いくほどか　①458
今いくほどゝ　①428
今幾程に　①244
いまいくほどの　②97
今幾程の　②142
いまいくほどは　②192
今いく世　①107
今いく夜　①181
今起々の　③321
今落る　②196
今かへりこむ　④77
今からは　④331
今かうたんに　③292
いまこゝに　①71
いま爰に　③337

今爰に
　檀林の木あ　⑤279
　松虫すゞ虫　③258
　見せの下迄　③334
　夕風おろせ　①162
今爰を　③426
今こそあれ
　我もその世　①28
　我も其世の　①147
今こそいづれ　②234
今こそと　②193
今此時かや　③344
今こむと
　たのめし秋　①261
　告し計に　②155
いまこむの　②255
今是は　③312
今こん秋も　②137
今こんと
　いひしばか　③9
　たのめし秋　②433
　わかれし花
　　①103, 179
今こんと云し　②173
今こんにやくとて
　　④264
今さかり　①360
今盛　②317
いま桜　①47
今桜
　咲ぬとやち　①341
　まつほども　①439
　わか葉にも
　　①152, ⑥149
いま更に　②255
今さらに　②304
今更に
　あだなとら　①201
　とふ人もな　④241
今更の　③432
今しばし　②211
今暫し　①399
今しはと
　軍の先や　①486
　打や砧の　①475
　小田鋤かへ　①362
　賀茂の祭を　①369
　かり庵つく　①220
　耕す賎の　②418
　月の夜田刈　①478
　苗代小田や　①264
　早田刈しほ　①407
　舟引よする　③263
　祭の場の　②105
今時分とは　③485
いましめの
　縄にそ知る　③317
　道になづめ　②241
いましめを　⑥31
今しもあふぐ　①477
今首尾　⑥145
いま人倫に　④179
今人倫に
　炭かしら也　④252
　のそむかう　③347
　丸き桶の輪　③295
今少
　腫物の針は　③347
　千句の残り　③330
いますごと　①72
いま既　③474
います世の
　影あふぎ来　⑤103
　光やおなじ　①91
在す世の　①17
今ぞ入すむ　①407
今ぞ此　②174
今ぞ知
　とはれし比　②92
　我を待けり　①144
今ぞ知身に　②183
いまそ世界の　④329
今ぞちる　①25
今ぞ見ん
　松のためし　①107
　松の例を　①181
今ぞむかへの　④99
今ぞ最中の　①343
今ぞ渡らん　②434
いまだ暑さの　②346
今奉る　③388
いまだならはぬ
　かくれがの　①444
　此草の庵　②433
　旅に出ぬる　①478
いま筑波　⑤237
今筑波　⑤165
今筑波や
　鎌倉宗鑑が
　　③106, 482
いま貫之か　③341
今時の
　鬼といふて　④289
　仁置のもと　③314
　飛子禿と　⑥102
今に田長の　②121
今に泪の　③434
今にも火宅　⑤98
いまの女の　④221
今の御異見　③421
今の借銭　④269
いまの首尾　③377
いまの天下の　④172
今の世に　③440
今はいつきも　①314
今は恨も　①492
今は君　①341
今はかうと
　揚屋心の　③277
　おもひは高　③491
今はかうよと
　落る軍場
　　③153, 503, 509
今橋や　③468
今はたいもや　①412
今はた妹や　②349
今はたゞ
　苔の衣に　①473
　月もめでじ
　　②264, ⑥61
　わすれんと　①461
今は只　②67
今はた布留の　②58
今はちぎりも　②342
今はとおもひ　②175
今はと雁の
　帰る故郷　①256
　鳴て来るこ　①335
今はとて
　思ひ入たる　①253
　おもむくほ　①413
　かへすもぬ　②70
　莓のたもと　①458
　さすらへ行　①421
　捨文はかり　③153
　別し後の　②247
　別をなくや　②187
今は難波の　②395
今ははせをに　③261
いまは芭蕉葉に　④188
今ははせを葉に　③394
今ははや
　暑さ忘て　③398
　車かけ置　②224
今は都に　⑥49
今は身を　①443
今はむかし　③285
今はやめてよ　①381
今一坂を　②113
いま一たびの　①318
今一度の　④333
今まいり　③159
今まゐり　④284
今参りとて　③214
今迄ありつる　③181
いまゝて爰に　③230
今迄爰に　③257
今迄に　①391
今迄は　③296
今まで見えし　③370
今めきし　②294
今もあの　③394
今もかも　③280
今もこの
　露を初めの　①213
　花より四方　①5
今も此
　花より四方
　　①138, ⑥147
今も只　①386
今以　③475
今も猶
　作るしなじ　②319
　わすれぬ親　①307
今や出らん　①479
今やうつらむ　⑥21
今や帰る　②384
今やふしみの　④110
今ゆくすえを　②191
ゐまよ姥　③493
今よりは
　雨をやまた
　　①53, 155, ⑥149
いまり手に見る　③438
今はとならん　①282
今はに及ひ　④149
今はのきはの
　哀とへかし　①266
　かなしさぞ　②31
今はのきはを　②92
いまはの言葉　③157
今をくや　①117
今を始の　③254
今を初瀬の　③173

いまを春へと　④215
今を春へと　③188
いみさす竹の　①448
いみ竹に　⑥57
いみ竹の　②424
射向の袖に　④259
いむことたもつ　②147
いむ事を
　受るはかた　②14
　思ひ返せば　④129
忌事を　②7
いむてふ月は　①447
いむとても　①455
いむとてや　②163
いもゐ過ても　②132
精進する　②107
精進の日数　②335
いもうとの　③351
妹があたりの　①378
妹がありかを　②371
妹が垣根の　②266
いもが影のみ　①420
妹がきぬたを　②85
いもが住家を　②47
いもが住　①485
妹がすむ　②248
妹が契りも　①355
妹がりに　②359
妹駆に　①221
妹がりの
　道に心も　①323
　道にたどれ　④108
妹恋しらに　①392
妹恋しらや　③224
妹こふる　②259
妹住あらす　②184
芋さうの　③238
妹とひよらむ　②62
妹が園の　①349
妹と背の　②14
いもとわが　②156
妹と我と　①367
妹にこひつゝ　②218
妹に似た　③317
芋の葉　④199
いもはいもは
　先月をうる
　　③33, ⑥91, 155, 160
芋は芋は　⑤168
芋堀て　④186
いもりのしるし　⑥14
妹を置て　①358
妹ををきての　④81
妹をしたへば　⑥20
いやいやこは口　③393
いやいや三はい　③285
いやか上にも　③511
いやかたまれる　①455
いやがられては　⑤257
いやくるしうも　③481
いや此おとり　④299
いやしき身にも　①453
いやしきも　④143
賤も　②9
いやしきもりて　①468
いやしき業を　④114
賎しさ堪ず　②409
いやそれにても　③258
いや高き　①361
いや遠ざかる　⑤101
いや共に　④296
いやなから　④334
いやのならさる　④315
いやまさりぬる　①363
いやましに　②358
いや申　③393
いや急雨を　③355
いやるないの　③131
いよいよ兄分　③406
いよいよ見まく　④240
いよこの契　③253
いよしもかはらぬ
　④330
伊よ簾を高く　①397
いよの湯桁の　⑥101
いらかおきなれ　②20
甍かたぶき　②240
いらかはみえて　②122
甍は見えて　①368
甍やぶれて　①279
いらたかの　④229
いらでたゝずむ　②324
いらぬついへの　③249
入相淋し　②377
入相に　⑤108
日没の　②63
入あひの
　かねて霜夜
　　①115, 184
入逢の　②267
入会の　⑥22
入相の
　鐘おぼろな　②139
　かねなる楼　②24
　鐘に月すむ　⑥34
　鐘に初瀬の　②119
　鐘に花ちる　①363
　鐘に見残す　⑥92
　鐘にも尽ぬ　①368
　かねのこと　④289
　鐘のひゞき　①404
　鐘より後に　①242
　かねを持た　④148
　名残社あれ　①384
いりあひのかね　④214
入逢のかね　④246
入あひの鐘に　①240
入相の鐘も　①393
入あひも　①32
入相や　⑤107
煎小豆の　③388
入あやおしむ　①290
入あやの　①408
入々と　③158
入江にそよぐ　①359
入江のかたへ　①297
入江の方に　①271
入江の波に　①231
入江の浪の　②435
入江の松に　①416
入江の松の　②235
入江の山の　①399
入江を遠み　①306
入かたしらぬ　①433
入くる入くる　④180
入くれば　②251
入込に　③316
煎酒を　④231
入仕廻ふ　⑤107
入しや法の　①328
入そむるより
　かくれがの　①309
　法ぞたうと　②268
　室しづか也　②346
入て芦屋の　①396
いりて休らふ　①220
入にし山も　①232
入ぬべき
　御岳さうじ　②52
　山を心に　②32
　山をし見れ　①318
入ぬる山の　②85
入日いざよふ
　芦茨の末　②135
　影ぞすくな　⑥46
入日がくれに　②349
入日がくれの
　砂きよしも　②336
　里のさびし　⑥36
入日がくれや　①442
入日かげろふ　②389
入日かた分　①423
入日こほるゝ　④197
入日さす
　方にゐる鵜　①452
　外面に蝶の　②181
　真砂の末は　①294
入日さやけき　①297
入日すくなき　①325
入日照そふ　①454
入日になびく　①227
入日の影に　⑥8
入日のこれる　①264
入日のすゑに　①462
入日の空に　①246
入日の庭に　②436
入日の後の　②391
いり日はうすき　②106
入日やうすき　②229
入日や雲に　②96
入日より　①95
入日をおしむ　②273
入船か　④286
入舟は　③320
入みたれ　④177
入むこは　④216
入聟や
　ときとき腹　③159
　時々はらを　③527
入聟を取　③324
入やらぬ　①326
入かげはやき　①354
入陰や
　はなの天地　①26
　花の天地　①145
入方は　②430
入鹿の声を　④298
ゐる鴎　②391
ゐる鴨も
　鴫たつ沢の
　　①127, ⑥83
　鴫立沢の　①191
ゐる鴨や
　水色のこす

①118, 185
入からに　③514
ゐる雁や
冬田の沢の
①134, 194
ゐる雲の
いくへかさ　⑥41
一むら残る　②50
入事かたき　②231
ゐる鷺の　⑥149
ゐる鷺は　②244
入鹿の　②345
入袖たえて　⑥56
入空や
峰より見て
①88, ⑥83
岑よりみて
①172, ⑥150
ゐる塵も　②184
入月の　⑥100
入月は
とこてあら　③523
どこてあら　③298
入月や
こゝにとゞ
①90, ①173
爰にとゞま　④49
いるといな
きくや湯の
③112, ⑥142
入とならば　①413
入とはや　③508
入にうき世の　④125
入は鞍馬の　①343
入まで池の　②95
入迄見つる　①384
入もまことの　②350
入や雲ゐに　⑤100
射る矢の難を　④149
射るや矢数の　③323
入銀も　③437
入子鉢　④257
入なをす　④200
いればぞ法の　①427
入札にする　④318
入札の　③256
入札は　④249
入札も　④235
色青う　③363
色青染と　④257
色有林　③502
色々うるしの　④141
色々つくし　②27
色々と　③245
色々なびく　②401
いろいろに　④119
色々に
岩まの小草　②227
みしより雪
①189, ⑥165
見しより雪　①122
色々にしも　②125
色々の
秋やひとへ①78, 166
糸はた立る　④139
梢の秋も　①240
小鳥やおり　①481
古筆新筆　④273
手向妙なる　①245
鳥の音馴る　②260
花咲まじる　①199
華咲まじる　②119
砌の木葉　⑥44
色々を　⑥88
色おとろふる　①449
いろかへぬ
松の梢や　④197
松のみ残る　④239
色かえぬ　④261
色かへぬ　①108
色かはりても　①414
色かよふ
そのひとも　①78
其一もとの
①166, ④24
其一本の　④18, ⑥82
色かはる　③383
色草を　④318
いろくづや
うけ引網に　②19
ながれの底　①334
色くろく　④232
色こきすみれ　②185
色こきは　①49
色こそまされ　②357
色こそ見えね　①331
色好　③207
色好とは　①495
色ごのみなる　①412
色好みぬる　①383
色このむ　③327
色好む　①349
色上戸　④324
色外に出す　④234
色ぞ松　①22
色つくは　④333
色つく山や　④195
色附を　①388
色づける　②372
色と香の　③149
色鳥に　①108
色鳥にさへ　③326
色鳥も　⑥22
色鳥や　①285
色鳥を　①104
色どれる　①23
色ながら
あたら馬草　①461
木葉は庭に　①273
散てみだる　②231
色なきかぜも　①281
色なき鐘も　②236
色なき衣　②9
色なき岨の　①424
色なき露も　②175
色に出る　③173
色に出るは
うきしのぶ　①342
何忍草　②300
色に出ずて　⑥10
色に出なば　①357
色にえならぬ　②100
色に香に　⑤108
色に木の葉を　④81
色にそむ　③351
色に染ぬる　①481
色に出にけり　③180
色に出やれの　③304
色にないでそ　①266
色に長しの　③488
色になる
小田のいな　①439
草の庵の　③532
田面に続く　①368
深山がくれ　⑥38
山の姿の　④117
色には遠き　①473
色に林の　①304
色に見し野も　②214
色に紅葉の　②211
色にや出ん　①261
色なうて　③338
色のくろきは　④213
色のはつかに　①495
色の水の　①31
いろはあれども　①386
いろはくたりに　④160
色はそのまゝ　③276
色はちしほ　⑥147
色は猶　②405
いろはにほ
への字なり　③8,
⑤275, 276, ⑥155
色はまだ　①314
色はみとりの　③401
色ふかく　②215
色深く　②375
色吹きはらふ　②50
色吹はらふ　②136
色外に見えぬ　③464
色まさる　①208
色またで　①105
いろまつかいに　③275
色めきて　④128
色めく袖の　②209
色めくと　①431
色めく野べの　②98
色めくや　④49
色めける
かねごとの　②407
気色は見ゆ　②199
色めづらしき　⑥54
色めづらしく　①308
色もあやしき　①290
色もかほも　③114
いろも香も　④329
色も香も
幾世つもら　①215
空ぞ目馴ぬ　②47
都にかはる　⑥7
若木にめづ　②187
色もことなる　①368
色もしほるゝ　②321
色も残らず　②229
色もはや　①300
色も又　②97
色もまばらに　①456
色や又　⑥30
色よ香よ
いやつぎつ　①14
かゝればこ
①34, 148, ⑥87, 148
誰袖ふれし　①214
色よりも　③135

色をあらそふ　②326
色をゝす　①92
色を好む　④242
祝来て　②195
いはひによする　①340
いはひによせし　②275
いはひはさて置　③285
悦ひまして　④239
祝をは　③150
いはふ熨斗目に　③279
岩ほがくれも　④82
岩ほ苺むす　①212
いはほ冷じ　⑥99
岩ほにおふる　①420
巌におつる　④77
いはほにかゝる　②25
岩ほにかゝる　④83
岩尾に月も　③517
岩ほに浪の　②124
岩ほにも
　金の色や　①480
　花さく藤の　①41
岩ほにや
　そなれ松む　①79
　そなれ松虫　①166
岩ほの中に
　すめば閑け　①408
　世をやつく　②294
岩ほの肩に　③484
岩ほの滝も　②62
岩ほのつゝじ　①270
岩ほの松に　⑥56
岩ほの松の　②213
岩ほの雪の　②401
岩がきくゞる　②405
岩垣ぬまの　①325
岩かげに　①437
岩かど高き　②314
岩かとに　③266
岩がねつゞき　②28
岩が根に　①240
石根に　③447
岩かねの　③334
岩がねの
　苔の雫や　①290
　雫もまさる　①353
岩が根の
　うつほの蛙　④132
　橋はいつし　②207
岩がねは　②218
岩か根まくら　③487
岩がね枕　②373
岩がねや　②353
岩がねを　②328
岩木とも　①418
岩木にも
　こゝろやつ　①71
　心やつくる　①163
岩きりとをし　①302
岩くゝる　③327
岩くゞる　④94
岩倉の　②389
石蔵山を　④184
いはけなき
　心の程や　④84
　心よりつく　④80
　詞あやしく　①302
　人に契を　②132
　程とも見え　①402
いはけ無　①386
いはけなきが　②123
いはけなきとち　③218
いはけなきどち　②430
いはけなきも
　うらむるす　②44
　賢さしるき　②96
　互につもる　②333
いはけなきより
　しるき生先　⑥30
　学かしこさ　①350
　むすぶ黒髪　②286
いわけなきより　②203
いはけなきを
　すかし寄こ　①354
　添臥してや　①483
いはけなきば　④102
岩しく床は　②234
鰯のかしら　③457
岩関おとす　②346
岩にせかるゝ　①225
岩そゝく
　音いさぎよ　②434
　流の水の　①219
岩淋く　①244
岩高き　⑥13
岩たゝく　②263
岩だゝみ　①434
岩たゝむ
　陰に続きし　⑥10
　陰をたより　⑥55
岩伝ひ　②172
岩づたふ
　ながれの水　⑥43
　道も暮れば　①313
　山路や雲の　②68
岩伝ふ　②180
いわてたゝにや　③212
岩戸あくれは　③295
岩戸あけし　②26
岩戸の前や　③333
岩戸をすこし
　ひらく千話　③403
　ひらく弁当　④196
岩波に　②198
岩波の　①347
岩浪の　②84
岩波や　②43
岩なれつゝも　②114
岩にゑほしを　③183
岩に生　②377
岩にくだくる　②122
岩にをとして　①442
岩ね岩ねに　②10
岩ね岩ねも　④77
岩ねづたひは　⑥115
岩根にをしや　①304
岩ねにかれて　②145
岩根にそゝく　⑥9
岩ねにむすぶ　①310
岩ねにも　①278
いはねの小菅　①459
岩ねの薄　①351
岩ねの床に　④177
岩根の浪の　④124
岩根の松に　②74
いはねはこそあれ　④204
岩ねをつたふ　①274
岩のかくれは　①243
岩の陰路に　②150
岩のしづくに　②334
岩の雫に　②227
岩のしづくも　②19
岩の雫も　①300
岩のはざまに　②223
岩のはざまの　①401
岩橋幾世　②108
岩橋に　①481
石ばしりきて　①407
石ばしる
　池の滝殿　②185
　清水をむす　②281
　滝は霞の　②431
いはゞ名の　①95
岩ふかく　⑥60
岩ふみならす　②271
岩ふむかたは　②345
岩ふむこまや　②336
岩踏みちは　②380
岩ふむ道も　①338
岩ふむ道を　②306
岩ふるゝ　①376
岩ふれぬらし　②202
岩ま岩ま　②275
岩間岩間　④85
岩ま岩まに　①251
岩間岩間に　②158
岩ま岩まの　②386
岩間々々を　③195
岩間にや　⑥31
岩間の小田は　②228
岩まの亀は　③147
岩間の雫
　垂氷ゐにけ　②419
　つらゝ居に　②434
岩間の塵を
　はらふ春風　②267
　払ふ春風　①200
岩間の波の　②348
岩まの舟は　①309
岩間の水の　②102
岩まの水や　②86
岩間の道は　①320
岩間より　①368
岩間寄　①358
岩間をおつる　①341
岩間を凌ぎ　②332
岩もと桜　②293
岩もとすゝき　②272
岩本すゝき
　末みだる也　②409
　はらませに　③250
岩もとつゝじ　①367
岩もる水の　②222
岩もれば　①69
岩屋出つゝ　②66
岩屋にも　③166
岩屋の内は　②31
岩屋の内も　②199
岩屋も出ず　②403
岩行水の　①379
いはれを聞ん　③171
岩を離れて　①396
魚おどる　①209

威をかすめたる ④277
いをねぬ賎が ②89
いをねられぬや ④78
いほやすからぬ ②306
いをやすからぬ
　旅のあかつ ②226
　月のかり臥 ②131
　浪枕せり ②61
　山のかた敷 ②13
因果のめくる ④252
因果の理 ③492
因果はくるまの ③262
因果は袖の ③227
印可ゆるしも ③339
因果れきせん ③222
隠居火動の ③470
隠居所に ④324
隠居所も ③211
隠居そたちの ④255
隠居のあらまし ③486
隠居の望 ③397
隠居は宇治の ④276
隠居屋敷の ③298
隠居屋の ④265
隠居をしては ③340
慇懃に出る ③464
慇懃に見る ③479
いんしんものは ③162
音信物も ③504
引導半 ③350
引導に ④265
院の御前に ③386
院のましਮます ③190
印判の ⑥124
韻ふたぎして ①394
印明に似た ④266

【う】

茴香の ③194
うゐかうふりして
④282
うゐ琴の
　しらべは更 ①277
　しらべより ①327
うゐ琴は ②277
初産とてや ④155
初立の ⑤107
有為転変を ③226
うふる田歌の ①430
植る田に ②244
うふる田よ
　今かへり見①58, 156
うふるや田子が ①406
うへ置し
　竹の葉分の ⑥5
　軒の小松の ①415
栽置し ②208
植おきし ②76
植をきし ②65
植置し
　岸ねの松の ②360
　園生の花の ②51
　園生の真萩 ②318
　軒の呉竹 ①474
　藤やうれ葉 ⑥12
　もとの菊ぞ ①307
植置て
　茂る木陰や ④91
　涼所や ①349
植をく竹の
　茂りぬる陰 ②91
　一村のかげ ②187
植置や ④224
植をける ①488
植木屋も ③185
うへけん時の ③291
上様の ③52
植し小松の ①211
うへし早苗 ③284
うへし早苗の ②363
うへし田面の ①417
うへし時
　かゝれとて
①122, ⑥152
植し時
　老や契し ①152
　かゝれとて
①189, ⑥88
うへしはいづれ ②270
植しはいづれ ②301
うへしはいつの ①486
植し春
　老やちぎり ①43
　老や契りし ⑥80
うへし柳の ②287
栽添し ②177
植立し ⑥33
飢たる虎は ③321
植て家の ①50
植ていつしか ①220
うへて木高く ②125
うへて花待 ②112
植て紅葉を ①369
植なべし ⑥6
うへにける ②73
うへになを ⑥155
上に猶
　あまりて其
⑥104, 128
栽ぬべき ②82
上野の花に ③296
上野山には ③105
上はさかんに ④308
上はしのびて ①279
上人の ⑥22
上人は ④263
うへ人も ①456
上人や ⑥29
うへ見ぬ鷲の ①365
上よりしたを ④259
植分し ②201
植わけて ②334
うへをしたへ
　えいとう山
⑤270, 299
上を下へ ⑤293
上を下へと ③432
魚つりに ④223
魚釣針も ④236
魚とる鳥の ④284
魚荷のかすの ③284
魚荷等も ③440
魚の形躬に ④246
魚の名にあふ ③170
魚の骨 ④265
うかひ手水 ③321
うかうかと行 ③207
うかひ給へ ③419
うかびたる ②47
うかべし舟は ①391
うかべぬる ②95
うかべるは ②189
うかべる舟も ②65
うかりける
　人とおもは ④237
　人に狐白の ④231
　人や隣の ④319
　我玉の緒よ ②426
うかりしいとま ④167
うかるゝ玉は ②69
うかれありきの ①343
うかれありく ④212
うかれ出たる ④80
うかれ出ては
　暮ぞまたる ①469
　詠する暮 ②51
うかれ出ぬる ②317
うかれ鴉の
　友したふ声 ①481
　鳴もさびし ①396
うかれつゝ ②59
うかれつる ①340
うかれば積る ①394
うかれ女なれと
　つよき心中
③206, 529
うかれめに
　言かはさん ②375
　向ふて名乗 ③252
うかれめの
　化なる契 ⑥26
　余波は尽ぬ ②378
うかれめは ①407
うかれめも
　十七八の ④165
　都なりけり ③214
　もとはろく ④264
うきあかつきを ②384
憂秋の ④55
うき秋も ①446
うき磯まくら ②110
うきおもひ
　重きか上の ④185
　懸はつくさ ④262
憂思ひ
　算用事に ③235
　他目忍ぶは ①385
憂おもかげは ①220
うき通路は ④120
浮木しがらむ
　杣川の波 ⑥60
　浪の杣川 ②263
浮木つみし ①81
うききぬぎぬを ③363
うき霧に ①352
浮霧は ③319
萍の
　露にいざよ ④85
　みどりは水 ①345
萍のつる ③331
萍は ⑥18
萍や ②334
萍を ②102
うき雲に ②222

浮雲に
　つれてや竜　①361
　ふけば嵐や　①395
浮雲の
　時雨てめぐ　②110
　後ぞみるべ　②289
　見る見るか　④85
　行衛は人の　②342
うき雲は　①473
うき雲も　②251
浮雲を　④308
うき暮毎の　④111
うき恋風に　③398
うき恋は　③466
うき今年　③187
うき事は　①495
憂事は
　兎の穴の　③384
　猶も身に添　④108
　耳に聞さへ　⑥23
憂事も
　秋のものな　①474
　つもればつ　①477
うきことや　②24
憂左遷に　②203
うき左遷の　②395
うきしつむ　③216
うきしのぶやま　②429
うき島の　④337
うき衆道　③459
うきたつや　⑤108
うき旅衣
　露しほるめ　②145
　露ぞ置そふ　⑥55
うきたびにして　②77
うき旅の
　秋をも後や
　①107, 181
憂旅の　⑥35
うきたる雲ぞ
　岑にかくれ　①448
　わが心なる　②430
憂契り　④315
浮土に　②159
うきつれづれや　②381
浮ておもひの　⑥35
うき時と　④100
憂中や　②227
うきながら　⑥31
憂ながら　①432
憂名さへ　①425
憂名立　③380
うき名とらじの　①444
憂名に身をや　⑥26
うき涙
　天露霜と　①447
　袖に玉散　③290
うき泪　④332
うきならはしに　①393
うき名をなかす　④282
うき名をも　③205
浮ぬしづみぬ　④133
浮寝さだめず　②141
うきねの鴨の　①387
うきねの床に　④236
憂は夷の　⑥97
うきは形見の　②159
憂はさぞなの　②371
憂橋の　④57
浮橋を　③208
うきはたゞ
　親のいさむ　①473
　春ともしら　②279
うきは只　②318
憂はたゞ
　市の中なる　②417
　人目かきほ　②213
憂は只　②241
うきふしに　②375
うきふしも
　つもる恨の　②429
　など身にし　②99
うきふしを
　打諷ぬる　①347
　箸のさきに　③491
浮枕　②283
うき乱世を　④167
うき身のきめの　③350
うき身の湿は　④333
うきみるの　②116
浮みるも　①330
うき身をしれば　①464
浮藻かき捨　⑥7
うき藻にかゝる　②29
浮藻の底に　②191
うき物のけに　④109
うき藻の花や　③276
浮藻のひまの　②421
うき物やみと　②32
憂物やみに　②92
うき世一寸　④146
うき世いとはゞ　①295
うき世狂ひの　③433
浮世とは
　親ちさくる　③274
　みなあらま　①422
憂世にも　①400
浮世の家を　②162
浮世の嵯峨は　③183
うき世の塵を　③267
浮世の外と　②285
うき世は秋の　①443
うき世は一寸　④262
浮世を月の　①409
浮世をば　②260
憂世をは　④317
浮世をめくる　③233
うき別　①44
うきわかれぢに　⑥39
うきは我　②54
うきをしらねば　②154
うき世を捨し　②74
憂をぞならふ　②403
憂を堪　④132
うきをのがれて　①237
うきを二度　④115
憂をわするゝ　②164
憂を忘ず　①363
鴬が　④332
黄鳥かへる　⑥4
鴬来なけ　②28
うぐひすと　①334
鴬と　②143
鴬とへば　②141
鴬とんて　③390
うぐひすに
　とはれて忍　②14
　笛竹ならぬ　①20
　道さだまら　①20
うぐひすの
　かへれば侘　②125
　声も社や　①20
　初音またる　④124
　みぎりをち　②18
　よべばや疎　①20
鴬の
　明る夜告る　②294
　朝鳴声に　①375
　お声も何も　③365
　口に能ねを　③301
　こゑいそぐ　②29
　こゑきゝあ　②43
　声きゝ及て　④274
　声して出る　②253
　声にも暮や　①286
　声にや客を　④135
　声の限と　②163
　声長閑なる　④92
　声の匂ひや　⑤82
　声は古巣に　①365
　声ほころぶ　②353
　こゑめづら　⑥48
　声めづらし
　①218, 246
　声珍敷　④87
　声も朝いに　①294
　声や霞に　②9
　声や霞の　①239
　こゑや夕を　①441
　柴のかきね　①331
　すゝむる経　③512
　巣を離すも
　③263, 520
　たが垣ねよ　②118
　谷の戸出る　①281
　鳴音さだか　②202
　鳴ども風や　①217
　ぬれて木づ　②84
　ねぐらを出　②243
　寝とりとら　④145
　音にぞしら　④131
　音もまだ細　④110
　野べの曙　①406
　春まちあへ　②34
　春まつ声は　②3
　古巣はいづ　②309
　砌にうつる　①253
　砌に来ぬる　①220
　宿はととへ　③284
　やどりいづ　①473
　やどりさだ　④117
　やとる杉折　③205
　行末いづち　⑥96
　和歌を上て　③455
黄鳥の
　声遠ざかる　②342
　露うち羽吹　②156
　ね所さらぬ　②304
　初音きくや　②389
うくひすの声　③341
うぐひすの音も　①357
うぐひすは　①20
鴬は
　帰りし跡の　①209

下馬の亘り　③380
声する春も　②138
宗旨あらそ　⑤44
谷のさゝ水　④213
鳥をもて鳴　①20
啼ふるして　⑤107
又たが里に　①321
もとの古巣　⑥41
春鳥子は　①263
うぐひすも
老をばかく　①142
椎の葉せゝ
③38, ⑥137
楽しむ声や　①8
又生れ来つ　①10
めにかけつ　①20
鶯も
遊ひ所ぞ　③354
居眠をして　③247
いまだ声せ　①451
老かくる竹　①20
老の光陰　③462
老をばかく　①20
聞番の衆　③440
来たる幾日　③298
言の葉そへ　①207
せきはらひ　③315
訴証ありけ　④229
つふりさけ　③310
中人かゝに　③415
花を踏なら　⑤250
夫婦つれに　③224
めにかけつ　①142
物の音しら　①430
世をこゝろ　①20
黄鳥も
あくる待け　①142
明るまちけ　①20
鶯もさそふ　②3
うくひすもりと　③291
うぐひすや　③116
鶯や
浅香の山の
③105, ⑥142
おほへかき　④279
仮名実名　③403
囀り捨てゝ　②182
竹のふしみ　⑤73
千度聞つる　②47
啼かで踏切　⑥85
はね題目を　③227
籬に移る　②187
耳これを得　①8
むかしなが　②229
黄鳥や　②300
春鳥子や　①20
鴬よ　②110
うくひすよりも　③185
鴬を　③359
うくる筧の　①487
うくる身は　①265
請がゝり　③258
うけがたき
身に求べき　②302
身の盃が　⑥101
請状の
跡はしのふ　③414
一通吹　③214
請過す　④271
受ずなりての　②429
請出して　④247
うけ出す中に　③284
請太刀の　③476
うけ太刀を
ひき出物こ　⑤179
引出ものこ　⑤202
引出物こそ　③241
うけたまはつて
猟どめのよ　③482
漸の玉水　③261
うけつがばやと　①378
うけつぐは　①376
うけつぐも　②214
うけ土樋も　③232
うけとむる　②365
請取は　③200
請なき里に　③301
請にたつ　③407
請人立て　③195
請人に　③323
請人にとる　③339
請人は　③386
うけぬべき　①313
うけひかぬ　②34
うけ持て居る　③336
うけ持や　④305
うごかぬや　②200
動きあらじ　⑤130
うこきなき　④184
雨後の梅　⑤124
右近衛を　③173
右近左近か　③327
うさぎ馬も　①29
うさぎのあとを　①483
うさきも霧に　④160
うさしらぬ　①29
うさもあはれも　②27
うさもつらさも　②245
憂をしらねば　①330
うさをなそへそ　①463
烏散なものゝ　④169
潮の落る　⑥24
潮ののぼる　②375
うしほも月も　①460
牛飼の　③290
氏神の　②368
宇治川の
音聞かたに　①331
川音ちかく　⑥93
宇治川を　③481
牛喰ふすぢの　⑤99
氏系図　③324
宇治勢田ならす　④320
宇治瀬田の
灸はしをそ
③523, 527
宇治茶の昼と
人はいふな　③154
人はいふ也
③500, 507
うしとても
捨るはまれ　①320
世を恨むべ　①276
うしとのみ　②354
うしと見し　①154
うしともおもはぬ
④203
うし共おもはぬ　④316
牛の子はなつ　①482
牛の子も　①438
氏のさかへや　②35
氏の栄えん　①394
牛の尻　④263
宇治の僧都の　④160
宇治の茶師まて　④274
牛の綱手を　①389
宇治のやどりに　①268
宇治のやどりの　②104
氏の行衛も　②435
宇治のわたりに　②133
宇治のわたりの　②331
宇治のわたりを　①442
宇治橋の
神や茶の花
③26, ⑤169, ⑥135
宇治はしよりは　③529
宇治橋よりは　③525
宇治はしよりも　③530
宇治橋を　③332
牛放飼　②382
牛はなつ　①410
牛引かへる　⑥23
氏人の　①301
氏人も　②315
氏もひさしき　②133
うしやかたちも　②285
うしやこなたは　①275
うしや住居は　②288
うしやねられぬ　②121
うしやまつる
玉の数にも③87, 294
宇治山や
おろす川風　②343
さやけき月　②421
ふもとにち　②386
うしやわれ　①343
氏より眉目より　④254
うしろ帯して　③282
うしろ髪　③436
うしろかみをも　④154
後から　④176
うしろこうはく　⑥100
うしろすかたに　④218
うしろでいづら　①285
後手いづら　①376
うしろ手したゝか
③448
うしろでの　①406
うしろにおへる
山ほとゝき
③263, 520
うしろのかたき　③229
うしろへまはる　③462
うしろ見も唯　②349
後むく　③450
うしろめたきを　⑥12
後ゆび　④296
後指　④253
後より　③346
うしろを見れは　④326
氏をたのみに　⑥48
薄板の　⑥102
薄板や　③385
うすいなる　④168

薄うして
　あつき事あ
　③124, ⑥143
うす霞
　きゆるゆふ　①335
　すき影にほ　①319
薄霞
　丘隅の末に　④313
今朝はみし　①209
　のべに霰の　①365
うすき煙を　②92
うすきたもとに　①446
うすきながらの　①304
薄きにかへて　④88
薄日に　②70
うす霧がくれ　②415
薄霧しろき　②309
薄霧流す　④107
うす霧ながら　①486
うす霧なびく　①346
薄霧に
　鳥羽田の面　①403
　ほのほの見　③267
　水かすかな　⑥30
　夕詠する　④116
うす霧の
　たえだえの　②271
　なびきも果　②44
　一重は月の　①242
　籬あらはに　②324
薄霧の
　上に衛の　②90
　立のぼりた　②352
　はれて行野　⑥22
　ひまひま月　②391
　笆の山むら　②21
うす霧のまの　①451
うす霧は　④76
薄霧は
　朝気の風の　②407
　立も及ぬ　②57
うす霧も
　竹のけぶり　①325
　八重九重の　⑥109
薄霧も
　風のさそひ　①315
　棚引浦の　①381
うす霧や
　軒のはつか　①357
　見る見る風　①351
薄霧や
　門田の面に　②107
　夕の月を　①348
うす霧分て
　僧帰る暮　②378
　遠く行船　①425
薄霧わたる
　川はしの上　②187
　森の木がく　②11
うす霧を　①310
うすくこき　②76
うすくこく　①468
薄くこく
　かつちる風　①326
　ひとつ心の　②320
　わざとがま　①102
薄く濃　①178
薄く濃く　②412
うす雲に
　月や三五夜
　⑥128, 155
薄雲は　⑥16
うす曇　①159
薄曇り
　そゝやゆふ　①63
　桧原がうへ　②380
うす紅の　①239
うす化粧　③296
薄氷
　ながれの音　②409
　流れの水や　②253
薄衣　⑥92
うすすくばかり　②186
うす墨染の　③239
うつたかき　③489
うす茶うす茶の　③230
うすづくけしき　①457
薄鍋を　④191
うすにごり酒　④273
うすばたの　⑥144
うす花桜　③463
うす紅の　⑤127
うす緑なる　①237
うづみ火に
　うはの空行　①128
　おぼえず小　②271
　聞ぬを聞や　①128
近増りする　①128
埋火に
　うはの空行　①191
　かくかはる　①128
きかぬをき　①191
こゝろ落居　①191
　心おちゐし　①128
　近まさりす　①191
　むかへばま　①217
うづみ火の
　あたりは今　①420
　かごかにな
　①128, 191
　くゆるや形　①128
埋火の
　辺や更に　④122
　狂ひけり君　⑥85
　冬をばみせ　①191
　冬をば見せ　①128
　ほださし合　①257
　もとつぎ馴　①128
うづみ火は
　たゞ故郷の
　①191, ⑥90
　先春をゝく　①128
埋火は　①128
うづみ火や　①33
薄紫の　③472
うつめは土と　④191
うすものと　④127
薄紅葉　①104
うつもるゝ　③249
埋もるゝ　①377
埋れし　③403
うづもれて　①321
碓や歌　③84
碓屋うた　⑤167
うす雪に　⑥53
薄雪の朝　②249
薄雪も　①280
うすらひとけし　②123
うすらひも　①415
うすらひや　①119
うす氷や　①186
うすらかに
　見る見る雪　①344
　雪ふる寺の　①266
　夜のまの雲　②387
うつら衣に　④332
うづらごろもは　①362
鶉たつ　②56
鶉と成て　①398
うつらとりとり　③174
うつら鳴　③349
うづらなく
　野はゆく人　①169
　野は行人の　①98
うづら鳴　⑥90
鶉なく音を　②81
うづら鳴野も　②226
うづらの床の　①349
鶉の床や　⑥31
うづらや床を　①309
うせものとなる
　久かたの雲　③417
　山なみの雲　④217
うせものは　④244
うせ物は　③363
うそ気味わろき　④320
うそくらかりに　③296
うそくらき　④223
うそついたら　④245
うそ咄　③356
うそぶける詩に　⑥52
嘯る詩は　②375
うそふるふ　③415
うそらし事を　③302
うそをまことを　③188
諷すき　④192
うたひそめしつ　③166
うたひ出す　④173
謡なる　④160
うたひぬる　①286
諷の口の　④327
諷のふしを　③343
諷は長し　⑥101
うたひも出ぬ　②164
うたふ声さへ　①336
歌うちずして　①371
うたふ夜の
　声や天満　①218
　榊葉清き　②226
うたふ夜や
　照すまもり
　①129, 192
歌占引に　⑤116
うたへうたへ　④330
うたへ猶　①129
うたへるや　①129
うたかひもなき　④199
うたかたや　②195
うたがはぬ
　道やすゞし　①56
　道や涼しき　①156
歌口よりも
　露そこほる
　③499, 503

歌ずし返し　②266
歌ずして　②395
うたゝね覚し　②83
うたゝねし夜の　①475
うたゝねに　⑥9
転ねに　①482
うたゝねの
　いさめやお　②296
　いさめや忍　①112
　さむる枕の　②313
　しばしが程　②107
　袖こゝろせ　②151
　枕涼しき　②46
　枕すゞしく　②30
うたゝ寝の　②179
うたゝねも　②399
うたゝねもせし　②207
うたゝねを
　おもはん窓　①61
　思はん窓の　①158
うたてなき　②59
歌ながめして　①425
歌詠する　⑥99
歌ながめにも　①298
歌にあらはし　②54
歌にかゝりし　⑥36
歌に心や　②44
歌にぞ秋の　②111
歌にぞのこる　①333
歌にやはらぐ　②380
歌念仏　③368
歌の跡先　④307
歌の風　③179
歌のこと　③280
歌の作　③117
歌の様も　①124
歌の師匠を　④190
うたのながめも　②220
歌の林に　③510
歌のひしりの　③324
歌の批判を　④211
歌の誉の　①266
歌の道に
　なれもさし　⑤165
　なれも指出　③27
歌のむしろに　④91
歌のむしろの
　あく期しら　⑥53
　床し古しへ　⑥49
歌はゑひらの　④258
歌まくら　④172
歌よまず　⑤78
歌よまぬ　⑤125
歌よみて　③5
歌よみまねく　③211
歌よみや　④176
うたれぬを　④332
歌連歌　④311
歌をずしつゝ　①335
歌を連歌を　③512
うちあをのきに　④185
打あふのいて　③398
打あけて　③162
うち出る　②343
打いづる　②160
打出る
　清滝川の　①413
　氷のひまの　①406
　田づらの道　①329
　波の薄氷　②133
　波の氷は　①387
うち出る野の　②280
打出す　③341
打出て　④107
内々の　③339
打おほふ
　雲に雨気や　④108
　軒の呉竹　⑥28
打をかず　①324
打おもふ　①422
打返し
　きるも涙に　②80
　又恋わたる　①412
うち返しつゝ　③312
打かけて　⑥13
うちかさねたる　①227
打かすみ　④111
打霞　①409
うちかすみ降　②117
うち霞む
　すそ野は風　②385
　光もうとき　②251
打かすむ　②277
打霞　①491
打霞む
　奥物ふかき　④84
　西に向へは　③443
うちかたけ行　③230
内方の　③318
うちかたらふも　②428
うちきせばやの　②273
打きせん　⑥7
打きらし
　野は降つも　④124
　ふらぬ日は　②409
　ふる日も幾　①342
　乱れて空に　①408
打切て後　④292
内蔵立る　③174
打煙り　②391
打けふる　③181
打けぶる　②288
うちこし水辺　③261
打越の　③295
打こそすつれ　②34
打さゝやきて　③239
うちし網代の　①401
打しほれ　②199
打しきる　②233
打時雨
　その色見え　④10
　はや冬立し　①331
打時雨つゝ　①384
うちしめり　②76
うちしめりぬる　②160
打すさびつゝ　①364
打すてゝ
　こはなぞ老
　　①193, ④28, 40
打捨て　①131
内ずみは　②332
内住も　①388
内住を　①424
宇治勢田の　③405
打そふとても　②44
うちそへし　②172
うちそばみたる　②424
打背き　②179
打背く　②420
打そむけるは　②132
打そよぐ　①343
打太刀を　③442
うちたれがみの　②296
うちちる雪を　②88
打ちれば　①302
うちつけに
　すまゝくほ　①452
　誰がさかし　②170
　なき世と荒　①44
　目とまる宿　①78
打つけに
　めとまる宿　①165
　物ぞ悲しき　①382
打つけにだに　①326
打つけの　①263
うちつけや
　たゞ年月の①27, 146
打続　①384
打つれつゝも　⑥8
うちつれて　④266
打つれて
　いくたの川　④11
　いざ花みん　②114
　木こりの出　①317
　木こりやあ　②198
　和田の一門　③392
うち出て見れは　③246
打とけし　①286
打とけて　②180
打解て　①434
うちとけてだに　①298
うちとけぬ　③289
打とけぬ　①376
うちとけねたる　①482
内床に　①93
内外の秋の　②361
打止なりと　③374
うちとも雪の　⑥38
うち直す　④143
うちながむれば　④126
打詠れば　②424
打詠　①246
打なかめたる　③514
うちなげかるゝ　①442
打なげき　②212
打歎き　④98
うちなびき　②292
打なびき　①281
打なびく
　あしの葉向　②288
　竹一むらの　⑥36
　茅原が露や　②317
打靡く　④106
内に尾上の　③331
打ぬる枕を　②351
うちぬるまなき　①457
うち眠り　②404
打ねぶる　⑥23
内のものには　③414
打乗つゝも　④320
打乗て　④229
うちはへいそぐ　①447
うちはへ出て　①235
打はへし　①336

打はへて
　色めく袖の　②223
　はるのすゑ　②209
打果す　④321
討果す　③461
打払ひ　①382
うちはらひ行　②128
打払ふ
　露のふる蓑　⑥6
　泪身にしむ　①241
うちはらふにも　④275
打臥程も　②194
うちまかせ置　①251
打またけたる　③389
打まねく　②282
打みだれ　④115
打乱
　薄が本の　①239
　蛍飛かふ　②370
うちみだれ五の　②78
打見やらるゝ　①343
打見るからも　②403
うち見渡しの　①219
打見渡しの
　暮る海づら　④110
　谷の川づら　②236
　つゞく川づ　①411
うち見渡しは　①471
打見わたしは　②315
打向ひては　⑥11
うちむかふ
　明石の岡の　②424
　外山は霧の　②382
打むかふ
　いな葉の山　②156
　かたのゝ日　①481
　壁にや年の　①483
　山ぢははれ　②166
　芳野の奥の　⑥31
打向ふ
　外山のひか　⑥6
　山緑なる　②400
うちむれつゝも
　からす飛空　②381
　衞たつ空　①241
打群つゝも　④101
うちむれて　②135
打むれて
　秋のこ蝶や　②285
　かたのゝみ　①265
　ねぐらの方　②295
　ねに行鴉　①444
　ねに行鳥の　②359
打群て　⑥98
内も外も　②240
うちも寝ず　⑥117
打もねず　④112
打物わさにて　③445
宇頂天にも　④135
うちよする　②35
打よする
　鼓の浪に　③367
　なみより秋　①459
打よせて　①226
うち寄し　①453
打よりつゝも　①355
うちよわる　②137
打忘　④294
打わたす
　空にはふじ　②167
　空はうす霧　①494
打渡す
　岡べのひか　①375
　雲に梯　③383
　関の小川に　②222
　外面いつし　②154
　初瀬の山は　①398
うちわたす野は　①286
打わたす山　③435
団て本末　③463
団扇ならひに　③394
打侘て
　立いづる里　②226
　別今はの　①243
卯杖つき　①460
うつほ木に　②136
うつほ木の　④306
うつを木の
　奥迄花に　①372
　末やすりこ　③318
うつ音に
　こやもかく　①98
　やつれおぼ　②307
擣をとに　②255
擣音に　②59
打音も　②144
うつ音や
　わたり拍子　③51, ⑥139
打音や　④312
鶉つかひや　③524
うつかと外に　③506
うつかりと
　門にたゝず　③311
　五条あたり　③351
　すもゝの陰　③319
　花のゆきひ　④161
卯月つい　③149
卯月七日に　③502
打砧　③151
うつくしき　④150
うつけとも　③526
うつけにきはまる　③412
うつけのやまぢ　⑤205
うつけの山路
　通ひちの露　③241
　通路の露　⑤182
うつけを返せ　③480
うつ声は　②387
うつし植し
　小萩が上の　①295
　軒の橘　②383
うつし植て　②108
うつしゑに　④217
写絵に　②164
うつしゑの　①29
うつし絵の　①288
写絵の　④208
うつしゑや　①110
うつし置　②27
うつし心の　①293
現心も　①382
移して仰ぐ　①390
うつして久し
　氏の神垣　②350
　一むらの里　②238
写し取たる　②234
移しぬる　④84
写しぬる　①339
うつしみる　②81
うつし見る　①327
移し行　④119
うつすこそ
　末かはらじ　①419
　夢に入たる　①309
うつす野寺は　①412
うつすはいつの　②84
移すはじめは　②329
うつすより　②409
移すより　①199
うつせみの
　世に露もろ①60, 158
　世を見て我　①60
うつ蟬の　①60
空蟬の
　いのちは秋　①60
　からこひた　④217
　啼暮すより　①407
　鳴よはり行　②126
　啼に暑さや　④88
うつせみの世ぞ　②250
移せる画師を　①421
うつせるは　④125
移せるも　③265
打たり太鼓　④286
うつゝこそ　①330
うつゝだに　②212
うつゝと見しも　②202
うつゝとも　①457
うつゝながらの　②238
うつゝなの　③166
うつゝにしたふ　①273
うつゝにたつや　②32
うつゝにたのむ　②332
うつゝに旅の　②126
現に誰れか　②175
うつゝにつらき　②280
うつゝには
　云まぎらは　⑥39
　思ひもかけ　①268
うつゝにも　①301
現にも　④132
うつゝの世かは　②234
うつゝはつらき　⑥42
現は遠し　①397
うつてのいたる　③454
宇津の山路の　①337
うつの山辺の　②335
うつはりに　④280
うつ火を友と　①389
うつふくつらや　④333
うつやきぬたの
　そこはかと　①456
　たえぬ手す　①287
うつや砧は　①396
うつや幕に　⑤108
うつらうつら　③165
うつらやきより　④279
うつり瘡
　小鹿の角の　④225
　やみぬるう　④187
うつりがの　⑥55
うつり香の

三十二双　④327
袖もはかな　⑥14
移り香の　⑥52
移香の
袖よりあま　②262, ⑥60
うつり香は　①323
移り香は
捨ても百貫　③368
とがむばか　②346
移香は　①202
移り香も　③299
うつり香ゆかし　①488
うつりかはるぞ　②269
移りて月の　②177
うつりて年も　①455
移飛行　①365
うつります　①476
うつりゆく
雲や日かげ　②404
はやいかの　⑤166
うつり行
月や運気を　③176
はや凧り　⑤300
人にひさし　②300
夕の色に　②271
移りゆく　⑤270
移り行　①391
移行　⑤297
遷行　④95
うつり行や　③98
うつる日かげの　②29
うつる日影の　①255
うつる日影も　②285
うつるひかりの　①262
うつるひかりも　①334
うつる光も　①390
うつる日の　①433
移日も　②127
うつるや宇治の　②226
うつるを歌に　⑥25
うつれはうつる　③301
うつれはかはる　③267
うつればかはる　⑤101
うつろひ方に　①265
うつろひのこる　①444
うつろひ残る　①240
うつろひ果し　②7
うつろひやらぬ　②25
うつろふえだに　②288
うつろふかげも　①362
うつろふ陰を　②139
うつろふかたの　①425
うつろふ菊の
まぜぞかた　②263, ⑥60
うつろふ比の　①306
移ろふ月も　①356
うつろふ奈良の　①279
うつろふは
おなじ心の　②382
霜や重る　②159
うつろふ萩の　②213
うつろふ花は　②238
うつろふ春の　①341
うつろふまゝの　②77
うつろふ宮の　②293
うつろふも　②27
移ふを　②335
うつろへば
なを本あら　⑥40
守捨にけり　②61
うつろへる
萩の下葉に　②411
柳やもろく　①469
うつろはん
ちらんと花　②170
情をいかで　①428
花に歎し　①347
うておしも　④139
腕香の　④244
うて香や　④166
腕先は　③415
腕力　③429
うてなにしばし　②430
台をも　①448
腕に霞の　③468
腕の血に鳴　③427
討手の使に　①485
うては身にしむ　④164
うてるかたきに　④160
うてる極印の　③332
うてる碁に　③316
雨天には　③402
善知鳥はかへつて　③395
うときには　②312
有徳者は　④271
うとましく　①370
うとまれて　④80
うとまれてしも　④132
うとまれぬべき　②421
うとまれはてゝ　②416
温鈍蕎きり　③321
うとんものふる　③502
うなひ子が　②296
海上に　③430
海原に　②101
海原の
かすみ見捨　④111
よせ来る浪　④335
海原は
なぎわたり　①343
備後表を　③192
海原晴るゝ　②414
うねざしの　③42
畴枕　④167
采女なりけり　③527
采女也けり　③217
采女の土器　③290
卯花牆に　①414
卯花垣は　②393
卯花くだし　①234
うの花に　①51
うの花の
雪に先みる　①153
雪に先見る　①50
卯の花の
垣ねを白く　①354
散かゝりた　③327
番衆出て　③374
卯花の　①271
卯の花の垣　④289
卯花は
木のした風　①50, 153
まづ夏山の　①51
雪おれ竹の　①153
雪折竹の　①50
うの花や　①50
卯花や
石ま行てふ　①153
石間行てふ　①51
落てながれ　②148
葉がくれも　①153
うの花を　①50
卯花を　①153
鵜のまねしたる　④185
うはかゝの　③232
姥かそへ乳も　④197
姥が懐たる　③532
姥か火も　④254
うば鳴も
居るやさは　③22, ④57
うばそくが
おこなひ向　②135
物侘しげに　②215
うははみは　③318
うはらたつもゝ　③326
産毛の分は　⑤98
産約束の　③266
うぶやしなひの　②198
産屋より知　③180
うまい物くて　④321
馬追出す　③307
馬追も　③329
馬士や　⑤257
馬からう　④273
馬草に
そへてくは　③4, ④17
馬草を　⑥39
馬さへも　④208
味酒を　②394
馬さしも　③169
馬すきも　③177
うます女と
おもひの外　③173
思ひの外の　③514
馬つなく　④329
馬ならで　②363
馬にくら　③331
馬に鞍　①283
馬につけ行
関の庭鳥　③173, 514
馬にて袖の　③265
午にまかする　①231
馬に養　⑤105
馬ねふりして　④276
馬の口　③237
馬の蹴あけ　③340
馬のすそ　③403
馬の背の　④144
馬のせ分て　④282
馬のせを　③193
馬の背を　④157
馬の手綱に　③284
馬のりや　③416
馬引留る　②160
馬も車も　②336
駅路の　②347
馬よりとうと　③277
産るゝと　③443
生れいでんを　②59

生れきて　③447
生れ子は　④159
生れ付
　心の内に　③340
　木の実計を　③343
　芳野の奥の　③477
生れつたなき　②160
生れ出るから　③479
生れなからの　④319
生れぬる　②67
馬をとゞむる　②216
馬を留むる　①404
うみおといたも　③479
産おとし　③354
うみかえる　④262
海ぎはゝ　①261
海ごしの
　月をよせけ①90, 173
海すこし　⑤67
膿血まじりに　④328
うみ月の　④242
海づらしばし　②304
海づらの　②173
海づらは
　霧も幾重の　②180
　去年のけし　④77
　たな引わた　①437
海づらも　②292
海づらや　①56
海遠き　②222
海遠く　②52
海遠し
　こなたにや①52, 154
海につゞきて　①355
海に船　③255
海はすこし
　遠きも花の①26, 145
海は猶　①48
海は西に
　長くてたれ
　①89, 173, 423
海吹風に　①363
海辺も住ば　②4
海みやらるゝ　①457
うみ物はれもの　④274
海山かけて　④122
海山に　①8
海山の
　ふたつの春①15, 141
膿よ涙よ　④250
海を軒に　①68
海をのむ　⑥128
梅いかに　⑤125
梅一輪　③456
梅かえに　③438
梅がえに　①140
梅が枝に　①11
梅がえを　①140
梅が枝を　①12
梅薫り　④100
梅かほる　⑤124
梅が香いづこ
　明はてぬ空　②407
　明果ぬ空　①199
梅か香いつれ　④135
梅か香に　③369
梅がゝに
　をされて開　①11
　けふぞまど　①9
　しのびてや　①130
　名のみ師走
　①130, 192
　やがてひか①12, 141
梅が香に
　をされてひ　①140
　心や清き　⑤107
梅が香にしも　②119
梅がゝの
　あらたにお　①141
　空におさま①12, 140
梅が香の　①12
梅がゝは
　天に飛あが　①14
　人なつくめ①12, 140
宮もわら屋　①13
梅が香は　①375
梅が香ふかき　②96
梅がゝふかし　①262
梅香かふるゝ　②367
梅がゝも　①11
梅が香も　⑥148
梅がゝや
　あやなおも　①297
　鳥より先の　①7
　むなしくす　①140
　空しく過す　①12
　山路の関と　①403
　四方に枝さ　①13
梅が香や
　風に笑がほ　⑤126
　知らぬ昔に　⑤108
　なにはしら　⑤109
　薫ふが上の　⑤299
　匂ふが上の　③68
　松の花みん　⑥30
梅か香を　③498
梅が香を
　いづくより　②115
　こきまぜ雪　②173
梅が香をくる　①448
梅咲初し　②208
梅咲て　⑥85
梅さく浅茅　②10
梅さく木陰　②55
梅さく比の　②138
梅さく春を　②429
うめ咲や　⑤109
梅さくや
　心から日を　⑤125
　訪るゝ宿も　⑤109
　にほふかう　⑤165
　人目も草も　⑤127
　日和かたま　⑤109
　昨夜のあた　⑤110
梅さくら松　④288
梅さけば
　あかつきか　①443
　朝ゐせられ　⑤63
　稀成人も　①219
梅咲る
　宿には遠き①11, 140
梅四五輪　⑤125
梅白う　⑤109
梅しろし　⑤126
梅ちりたりと　①230
梅ちりて　⑤105
梅ちり残る　②126
梅散比の　④132
梅漬に　③150
梅壺梨壺　③405
梅とよぶ　⑤126
梅なる哉　⑤109
梅にうくひす　④272
梅に月　⑤125
梅に鶴　⑤108
梅になし　⑤126
梅にのこせる　①467
梅にのみ　①86
むめに先　①12
梅に先
　けさぞ開け　①6
　初花ぞめの
　①140, ②187
梅に芽は　⑤110
梅のかほりを　②81
梅の木まくら　④145
梅の木陰に　②417
梅のさかりを　②276
梅の立枝に　④175
梅の立枝の　④96
梅の立枝や　③339
梅の立枝を　③442
梅長閑けし　⑤125
梅の名に　①14
梅の匂ひは　②414
梅のにほひも　①409
梅のにほひを　①322
梅の花　①379
梅のみか　③512
梅はあまたの　①311
梅は五の　③385
梅はかほる　⑤126
梅は花　⑤126
梅は花に
　あらはれに　①192
　顕れにけり　①130
梅は春に　②33
梅は春の
　しづ心なき①11, 140
梅はほろりと　③253
梅は世の　①14
梅春を　⑤124
梅ひとり　⑤106
梅干くふた　③174
梅干の　③502
梅まだ寒き　⑤275
梅見よと　⑤125
梅やその　⑤110
梅柳
　のうのうあ　⑤291
　よきあはひ①12, 140
梅や先
　たゞしきを　①5
　正しきをう　①138
梅や先づ　③114
梅りんと　⑤125
梅若し　⑤125
梅をかさして　③310
梅をかざす
　それより春
　①12, 141, ⑥91
埋木や
　色なきいろ　①103
　色なき色に　④54

鋸の柄に　④196
埋れ果んは　①399
うやまふこゝろ　①465
うやまつて　③228
浦々つゞく　①336
うらうらの　①43
浦々の　①152
浦々よりも　①305
うらか赤ふ　③294
うら返す　③426
裏書は　③376
うら風かよふ　①230
浦風しるし　②188
浦風に
友よぶ千鳥　②344
吹はなされ　③270
浦風の　②402
浦風は　②424
うら風も　②113
浦風も
かよふ明石　①457
さゞ波うた　①129
うら風もやゝ　①271
うら風や　③117
浦風や　①398
占かたに　②59
占かたの　④245
浦がなしきは　①323
うらがなしくも　②114
うら悲しくも　⑥60
うらかにしも　②151
うらがるゝ　②108
うら枯る　①288
うらがれ草も　②108
裏がれさぞな　①253
うらがれし　②393
うら枯て　①300
うら枯の
芦火もきゆ　①294
草の莚の　④81
うら枯果よ　①366
うら枯見する　①221
うら枯わたる
篠のむらむ　⑥13
庭のむら草　①270
浦切手　④195
浦こぐ釣の　②247
うらさびしくも　②262
うらさびしさや　②245
浦さびしさや　②247
浦路にとをき　②111
うら島や　④146
裏背戸よりも　③434
浦近く　②373
浦千鳥　③407
裏付の　③430
うら辻か
筆すてまつ　④50
筆捨松や③65, ④346
浦づたひ
つりをやめ　②388
みるみる汐　①462
浦伝ひ
晴るともな　⑥32
引ゆく汐や　②432
浦づたひして　②331
浦づたひゆく　①250
浦つゞく　②414
占問し　②260
浦とをく　④97
浦遠く　②360
うらなひ笹原　③376
占ひの　④310
占や　③233
うらなみかくる　①429
浦波遠き　①330
浦波に　①7
浦浪に　②110
浦波の
花もさくら　①35
花も桜の　①148
浦浪も
朧月夜の　①256
まじりて月　②174
浦なれし　④10
浦なれて　①83
浦に出たる　①294
浦による　①73
うらの秋　④50
浦の男　③380
占の面も　④317
浦の景気は　③431
浦の気色を　①232
占の御用や　③291
浦の月に　③264
浦の苫屋に　①485
浦のとまやの　④164
浦の苫屋の
明ぼの丶春　①275
門たゝく音　④182
うらの苫屋も
いも時花也　③234
仕舞物店　③330
浦のながめに　①428
うらの眺は　②433
浦のながめも　②66
浦の名に
朝霧たかし①82, 168
浦の名の
杓子果報は　④147
月より出る　⑥90
長ゐせぬよ　①45
浦の名も
月よりいづ　④58
月より出る①94, 174
浦の藻汐や　⑥94
浦は堅田の　③475
裏判の　③335
浦人いかに　②226
浦人に　①67
うら人の　⑥26
浦人の　②429
浦人も　①125
浦人を　③216
浦ふく風や　②411
うら舟は　②350
うらぶれし　①248
うらぶれにけり　①347
うらぶれを
思ひこそや　①476
やすむ計の　①412
浦辺のあまや　①335
うら盆達の　④142
浦松の　①351
恨あまり　③164
うらみありげに　①355
恨ありてや　②69
怨をし　②277
うらみがほにや　①350
恨かね　①323
うらみこうして　④262
うらみずよ　②219
うらみつくして　①449
恨みつもつて　④302
恨積れは　③407
恨つる　②142
うらみていく夜　②294
恨みて帰る　⑥6
恨ても　①472
うらみても猶　②412
恨ても猶　②160
うらみながらも　②116
恨ながらも　①199
恨にも　①327
うらみねの　②388
恨の数の　③192
恨のふしや　②178
恨は秋の　③308
うらみ果たる　②180
恨は残る　③383
恨不足を　④325
恨文　③184
うらみむなしき　②266
恨もえやは　⑥32
うらみも何も　③336
恨やは　②84
うらみらるゝも　②171
恨られ　①343
うらみ侘
小指の先を　③269
ころせとい　③454
恨わび　②288
恨侘　②97
うらみわぶ　⑥48
恨をそふる　②349
うらみをそへて　②229
うらみをなさんと　③322
恨をは　③265
恨をも
いはじとお　①233
書つくした　②284
身のつたな　①377
恨みをや　①298
恨むとも　①266
うらむべき　②162
うらむべしやは　①320
うらむる声に　②360
恨る声に　①399
恨むるに　②65
恨るふしも　②92
うらむれば　②405
うらめしや　②375
浦役からき　③230
浦役を　③216
うらやさんよふ　③473
うら山かげに　①213
うらやまし
塵を出ぬる　①281
人なみなら　②146
仏をねがふ　②108
羨敷
三十六や　③39, 214
うら山しくも　③146

うらやまに　②140
浦山の　⑥98
浦山は
いづくはあ
④27, 31, 33, 36, 39
うらやまれぬる　②315
うらやみに　②268
うらやむは　②127
浦よりをちに　①448
浦より遠の　①258
うらゝかげさや　②294
うらゝかな
咄なかはに　③174
松ふくりを　③162
うらゝかなりし　①426
うらゝかなるや　②327
うらゝかに
池の島ねの　⑥8
風吹比の　①261
暮かゝりた　①289
小屋の往来　②126
立舞ぬらし　①303
無事て着ぬ　④157
砌の鶴や　①468
うらゝかにしも　③189
うらゝかに見し　④99
うらゝなる
なさけに酔　④154
真砂に鷺や　②301
うらゝなる日も　②279
うらゝに見ゆる　①362
うらゝにも　①347
うらゝにもなき　②19
うらわか草に　②209
うら若草の　②180
うら若草を　⑥11
浦半かけたる　②405
浦輪の秋は　④111
浦はの秋を　④324
浦はの波や　①228
浦廻はるかに　②395
浦半はるかに　②98
うり家淋し　③281
売家を　③327
うりかいの　③361
売懸の　③369
爪盗人の　③314
うり火の光　④172
売物も　③222
売馬の　④271
うるふ世の
年の花みん　①138
年の花見ん
①5, ⑥147
うるほふめぐみ　⑤101
うるし細工は　④265
うるし吹こす　④196
うるはしき
色に衣を　④90
友やわか竹　①60
友や若竹　①157
うれへがほにも　①445
愁をなくか　②139
うれしきちかひ　⑤101
嬉しきは
君くらから　①386
南無妙法の　③234
嬉しくも　④135
末葉かたぶく　①228
末葉ちり　②211
うれやらて　③170
有漏無漏の　③228
うろうろなみた　③165
鱗は　①479
鱗も
流よるへの　③506
よどめる波　①248
鱗や　⑥21
うろたへ鴉　④308
うろたへて入ル　③366
上書に　③284
上書や　③436
うはかれこゑの　③488
上毛の霜を　①275
噂する　③442
上荷とるらし　④191
上荷行かふ　③458
上ぬりに　③360
うはの空なる　②63
うはべには
人めをつゝ　①257
みやびをか　②298
うはべばかりの　⑥11
運上も　④316
雲水や　③453
うんとさく　⑤125
運に乗し　③455
海野小太郎　④300
運は天に　④208

【え】

酔心ちさへ　①298
酔さめかねて　③509
叡山に　③451
ゑいさんの　③338
叡山のかたへ　③335
叡山や　③169
ゑいといふ間に　③223
えいとうえいとう
③402
ゑいとなけたる　③375
酔泣を　②390
酔ぬれば　②163
酔のうちにや　①463
酔のみだれや　②9
酔もさむれば　②360
えいやえい　④175
ゑいやゑいやと　③416
ゑいやつと
筏の床を　③337
引揚見れは　③275
えいやと引て　③420
ゑいやとひけど　③284
叡慮にかなふ　③363
酔をすゝむる
袖のまじは　②120
春の祝言　①227
酔をすゝめて　④232
酔をのこして　②405
酔をわすれて　②174
えゝ爰な　④331
酔るが後も　②382
酔るまで
酌かはしぬ　②112
酌盃の　①235
えおとさぬ　④149
得がたき法に　⑥97
得がたきは　①235
駅路の鈴の　④213
ゑくほをすひと　③301
依怙でかためし　④297
えさらぬわかれ　②123
衛士が朝ふむ　①403
絵師かいはく　③326
衛士のたく火ぞ　②332
衛士のたく火は　④185
衛士の焼火や　③385
えしらぬか　③438
江尻から
追風はやし
③21, ④53
えしれさる　③481
えしれぬ鳥の　④211
えしれぬ虫の　③484
餌しはき小鷹　④270
絵師を恨の　②396
恵心の作の　⑤106
恵心の僧都　⑤257
絵草紙と　④180
絵草子はみな　⑥100
えぞ過ぬ
すまの海べ　②250
袖や千引の①63, 159
初卯花の　②12
ゑぞにはいかで　①370
枝々を　③191
穢多か軒ふる　④179
枝かはす
契りは幾代　①46
花も千世経　②249
枝かはすべき　②357
枝きりすかす　③185
枝毎に　①471
枝しげき　④124
枝しげみ　⑥21
枝すかす　①212
枝透にこそ　⑥16
枝長し　①38
枝に歌　⑤125
枝はそれ　①14
枝ぶりも　③53
枝ふるき　①396
枝ほこる　④143
枝も木ぶかく　④121
枝もなき　①330
えたも葉も葉も　③165
枝やけさ　①9
枝わかれ　①427
枝をたれたる　②385
ゑち川や　③136
越前へ　④268
江戸大坂の　③477
江戸廻船や　③252
江戸風恋風　③379
江戸がよひ　③483
江戸からの
たよりはあ　⑤212
便はあらん　③242
便りはあら　⑤188
江戸家老　③343
絵ときする　④268
江戸京大坂　⑥102
江戸京の　③364
江戸下り　④325

江戸桜
　雲介となん③93, 396
江戸中に　③451
江戸中を　③437
江戸住居　③296
江戸棚や　③73
江戸に於て
　見し露も露
　③127, ⑤167
江戸の店　④253
江戸の誰様　③419
江戸の花に　③406
江戸は勿論　④292
江戸まで越る　④177
江戸むきの
　誂いそけ　③467
　誂いそげ　③102
江戸もとゆひの　③399
江戸より通る　④235
江戸よりのほる　③388
江戸をもつて　⑤121
江戸を以　⑤105
江戸を以て
　鑑とすなり
　③120, ⑤165, ⑥143
胞衣見せず　⑤97
えならぬ池に　②300
えならぬ月の　①479
えならぬは
　心見よりの　①324
　のどかに返　②212
　春の別の　②191
えならぬや
　雲より上の　②315
　釣舟帰る　②96
江に洗ふ
　鴛の羽色や　①128
　錦は岸の　①78
枝に入し　①75
江にうかぶ　①108
絵にうつしても
　頼まれぬ中　②356
　見ばやこの　①317
絵にかゝで
　みるや詞の　①147
　見るやこと　①34
絵にかくも　①271
絵にかける　④202
絵に書る　④275
絵にかけるだに　①452
えにこそあれ　①65
絵にこそのこれ　①483
えにしあれば　①201
えにしあれや
　をのれと入
　②263, ⑥61
えにしさへ　②158
江にしつみたる　③190
えにしなりとは
　其方もしれ　①199
　其身にもし　②409
えにしをば　②192
えにしをや　②177
江にちるや
　藻にうづも
　①119, 186
江にとまる　①335
絵に見るや　①14
絵によくにたる
　春をみる岑　②280
　山のべの春　②152
絵によく似たる　①200
榎てつくる　③230
江の西に　①92
江のほとりにも　②203
江のほとり行　①423
江の水白く　②50
江の水とをく　①444
江の水の　④99
江の水晴て　②18
江の水や　②85
江の南にや　②160
江の村いづく　②373
江のむらの　②404
江の村の　①363
ゑびす歌　③57
戎講　④253
夷の国に　⑥7
ゑひす祭つ　④159
ゑひすを祝ふて　③357
元方そと　③477
え方なる　③501
ゑぼしかむふり　⑤103
烏帽子の価　③193
ゑほし長閑に　③498
烏帽子を釘に　⑤95
ゑほしをも　③217
絵馬あり其外　③522
絵莚に見る　③263
絵むしろの上　③310
えもいはぬ
　野べを砌の　⑤101
　蒔絵のさま　①454
江も川も　①96
えもよみやらぬ　②55
衣紋　⑤99
ゑもん流しの　③420
えやは霞まず　⑥19
栄曜つもりて　③351
えらばるゝ　①473
えらびに入し　②421
えらびとらばや　⑥13
えらびぬる　②419
えらぶにしげき　①431
撰ぶに野べの　①490
えらぶべき　⑥51
えらぶもいづれ　②28
えらぶや虫の　②148
ゑりうらに　③357
衣裏に　④52
ゑりにつかるゝ　③504
襟につく　③359
衣裏に成と　③18
えり分髪の　④80
ゑりを見ぬ　③388
江を遠み　①460
延喜の帝　④296
えんきを聞かは　③385
縁組は　③384
猿猴の　③463
猿猴の手も　③274
遠寺の夜食　④291
遠州の　③517
塩硝おろす　③530
縁付遠き　③275
ゑんの下行　③212
縁辺中にも　④282
縁辺は　③245
延宝元年
　こひの山々　③245
　恋の山々　⑤257
延宝第六　④251
延宝二年　④187
えんま王の　③505
焔魔の皃も　③444
閻摩の庁に　④233
遠慮なく　⑤107
遠慮におよはぬ　④333
遠路太義に　③467
遠路と申　④247
遠路のつかひ　③390
遠路を歩行て　④327
縁を結ふの　③379

【お】

お相手に　④311
おあんないもう　④220
生出る　①219
生出し
　とこなつや　①63
　所がらかも　①64
生出しぞ　②73
おひうつ親の　②250
お家におゐて
　うくひすの　③243
　うぐひすの　⑤215
　鴬の声　⑤190
お家まはりを　③429
追かゝる　③353
追かくる　④320
老かくる
　木陰ならな
　①47, 152, ②393
老が来る　⑤293
追かけつゝも
　暮てかへ馬　③503
　はやくかへ　③159
追風かはる　①268
追風そひて　①426
追風に
　入江を出る　②401
　成にけらし　①240
追風も　②361
追風や　③125
老が身の　④83
老が身も　②367
老がよむ　④280
おひかはる　①184
生かはる　①115
老木さへ　②129
老木とも　①13
老木にも　①38
老木の梅の　⑥34
老木は枝も　①250
老木まで　①36
老木もや
　高野におい
　③69, ④347
御池に船を　⑥55
おひさきの　①445
生し立んと　①385
生末いかに　①277
老せずと　①177
老せぬくすり　①451

生そひつゝも　②413
生添て
　岩間も分ぬ　②129
　道うづむら　①466
生そひにたる　①355
生そふかげや　②218
生そふ草に　①241
生そふと　①250
生そふまゝの　⑥12
おひそふる　②276
生そふる　②269
生添る　①381
生たゝむ　①261
生たゝん
　かたちおも　②217
　月日をいか　①108
生たちは　②368
老たる犬の　①253
追ついて　③414
追付いて　③533
追付て
　きゝやうの　④269
　はし鞠さう　④258
生つゞく　①293
御出あらは　③398
御出あれ　④239
をいてきた
　あとの月か　⑤206
　跡の月影　③241
をいて来た　⑤182
老てこそ
　すがたもま　①189
　姿もまされ　①122
老ては老を　②319
老てはなをも　②381
老ては又や　①382
おゐて見たまへ　④308
老てゆるしに　②303
おいとか為の　③412
おいとしや　③328
老となりぬ　①95
御暇と　③213
御暇の　④327
おいとまを
　さあお暇を　③486
　申もあへす　③195
生なをり　①22
老にけらしな　③532
老ニ伴フハ　②100
老ににけなき　③317
老ぬとて　②356
老ぬれど　②275
老ぬれは　③192
老ぬれば
　是やかぎり　④6
　ゆかりもあ　②23
老のうへは　①8
老のかしらに　③146
老の坂
　思ひもよら　③438
　草臥はてし　③459
老のなみ　④12
老の波　⑥161
老の寝覚に　②255
老のね覚や　③250
老のねぶりは　①365
老の後は
　なをめづら　⑥147
　猶めづらし①6, 139
老の後まで　②248
老の葉に　①105
生のぼる
　巌にみばや　①159
　岩ほに見ば　①63
老の枕の　④92
老のみの　①10
老の身の　④127
老の世も　①74
追はきにあふ　③359
老果て　③180
追はらふ　④167
追腹は　③320
追腹や　③378
追腹を　③292
追腹をせし　③354
老ほれか　③474
生まさりせん　②222
おいま女郎　③185
お日待に　③353
老まつの　⑤131
老もよし
　さらずはあ①89, 172
老や猶　⑥19
老やわきて　①132
老らくか　③184
老らくの
　枕に花や　②406
　身しりぞく　①323
老をかくせる　②308
笈をさかせは　③201
老をなげかば　①477
老を養ふ　④278
老を忘れて　②298
老をわびてや　⑥116
追ふ馬かたの　④213
往還の
　ちまたにう　④92
　船をとめた　③430
往還も　④122
扇一本　③312
扇こそ　①477
扇と露と　③405
あふきとりなをし　③288
扇ぬき出す　④294
扇の風　③377
扇の風は　①386
あふぎの風も　①260
扇の風や　①413
扇の芝に　③193
あふきのやつと　③423
扇ひらいて　④321
扇ひろけて　③228
扇ひわ篋　③477
扇まつ　④199
王宮を　③469
扇をあけて　③147
扇をも　②11
黄金を　④140
あふ坂の
　杉の庵りを　②348
　せきたても　⑤165
　せきだでも　⑥79
　関に用る　③342
　関のこなた　①406
逢坂の　⑥24
会坂の
　関もて行く　③19
　関もて行や　④52
相坂の
　杉しゝ料を　③178
　すきし昔の　④213
　関路に駒や　②409
　関路に駒を　①298
　関路は花の　②215
　関路も花に　②70
　関の嵐を　①395
　関より明る　②366
　関を入より　②343
あふさかのせき　③415
あふ坂や　①318
逢坂や　④118
相坂や
　いざなふ袖　②48
　雲行かたの　⑥9
　関越つゝも　①314
　ゆふつげ鳥　②289
　交加袖の　⑥36
逢坂山　④189
逢坂山の　④84
翁死去の後　⑤99
皇子其時　③440
おふしたてゝも　①417
おうちの髭は　③337
奥州の　④204
王春の　⑤125
王城の　③491
あふせなく　②123
あふ瀬にすてん　①416
あふせ待らし　①413
樗咲　④246
樗のほとり　②11
樗まじりの　②281
あふて七十　③266
おふなおふな　③291
翁にあひ　④213
黄檗頭巾　③488
黄檗の　③432
おうへいに　④332
横平に出た　③256
おうへいを　④298
御馬のさきの　④275
近江路の　④316
近江のや　③230
大津ふしみに　④157
近江よりの　④149
あふむの鳥の　③385
往来の　③527
生るかひある　⑥97
おふるがなかに　②65
生ふる蓮を　③146
生るべき　④80
生るをまゝに　②307
お江戸に残る　③481
お江戸の町や　④331
をへる薪や　①340
大あくひ　③233
大雨に　⑤79
大雨の　④149
大井川　④203
大石の　④196
大磯小磯　③457
大磯に
　残すかたみ　③529

残す形見の　③206
大磯に咲　③357
大磯の　④338
おほいにとをる　④226
大井のかたや　②160
大井の里の　⑥19
大井の宿の　③214
大井のわたり
暮かゝるら　①269
冴る明ぼの　②202
日影閑けし　⑥21
大いひき　③522
大臼の　⑥127
大うすは　③388
大内へ
名乗てまい　③162, 527
大内や　②226
大団　④185
大内わたり
いづる夜の　①455
いとまある　①472
袖ぞいろめ　①333
大海や　①356
大江山
生野の宿に　④291
首かけむけ　④244
おほへる霧の　②342
大瘧　④246
大男　④236
大風の　③340
大かた稲葉　③186
大方風も　①389
大方しや　③479
おほかたに　①290
おほかたの
空も秋こそ　①484
月日だにお　①131, 193
大かたの　②317
大方の　①376
おほかたは　③531
大かたは
瘧が出よふ　⑥100
似せかもし　④310
大方は
管絃で出ん　④303
仕着せ計の　④247
大形は負　③364
大釜の前　④308
おほかみ谷の　④143
大神なり　③488
狼に　⑤257
狼の
ある丶と聞　①488
声おそろし　⑥32
衣を着たる　④308
まなこさや　④195
狼を
あますまし　③343
いつれのお　③348
大からくりの　③452
大かはらけの　③336
大勘定の　③352
大きなうそは　③489
大きな顔して　④245
大きな事を　③445
大きな思案　③476
大きな念比　③394
大きな目玉　④309
おほきな物入　③363
大き成　③332
大きに違ふ　③252
大きにも　④180
大君の
御衣の下よ　④262
御意はをも　③290
為とてやき　②302
情ぞつもる　①243
大食と　③415
大鯨　③457
おほくの銭を　④219
おほけなき
おもひあや　①438
思ひは猶も　②93
人に心の　②241
おほけなきえを　①366
おほけなきみを　④80
おほけなきを
忍ぶ思ひの　②103
忍ぶもはか　②230
おほけなきをば　①446
おほけなく
おもひ初る　①424
思そめしは　①277
心づからの　②125
したひ初し　①357
身もほろび　①383
苧桶のそはに
尻もすはら　③157
尻もたまら　③509
大腰に　③431
大坂あめも　③423
大坂出て　④150
大坂陳　③326
大さかつきの　③365
大盃を　③345
大坂に　③363
大坂の　③344
大坂や　③390
大坂を　③284
大酒の　③341
大酒も　③213
大酒や　④294
大酒をして　③320
大雑書　③329
大さはき　③420
大盞て　③415
大算用に　③418
大しほさせは　④176
大地震　④310
大芝居　③397
大島や　①476
大虱　③230
大白の　⑥83
大鱸　③212
大相撲　③391
仰出し　④317
大勢なるそ　③312
負せかたなる　④187
仰にはうき　③264
仰によつて　④232
おほせぬも　⑥66
おほせのごとく　③236
仰のことく
なひく藤か　④190
またん正月　③313
おほ空を　①12
大虚を　①4
大空を
仰ぎてぞし　①137
あふげば梅　①140
おほ大名や
堺のとまり　③196, 529
大たはけ　③362
大児小児　③298
大児は　④147
大茶臼　③474
大ちやく者の　③318
大挑灯の　④218
大筒小つゝ　④258
大鼓
仕れとの　③257
はせをは破　③461
大津のかのを　③200
大津の相場　③465
大礫かと　③437
大手からめて
かへるかり　⑤197
かへる雁か　③240
かへる雁金　⑤249
帰る雁金　⑤175
大手の秋風　③453
大寺は　④207
大寺も　①32
おほとなふらに　③466
大殿の　③485
大とも大　④214
大なゐに　③192
大長刀に　③264
大鯰とる　④168
大浪小波　③508
大波の
長閑しから　④153
よせては帰　③278
大神鳴は　③483
おほぬさの　①156
大ぬさの　①57
大熱の　④315
大ねふと　③460
大のひと　④329
大橋小橋　③337
大袚もひちも　④144
大原の
奥にも里や　①295
おくは静け　①437
清水に独　④149
山のけしき　④125
大原や
おしや切ら　④233
小原の閑居　③190
かき垂積る　②126
げにも木高　⑥56
小塩をます　④173
里も鼠も　④168
里より里も　①360
とまり定ぬ　③413
花に行幸も　②15
ふりさけみ　②133
分入道も　①291
大比叡の　①438
大比えは　①121
大比叡は　①188

大比叡も　①393
大ひえや　①373
大比えや　⑥13
大百姓の　③417
大ふくの春や　④151
大普請　③401
大鮒を　③475
大船小舟　③234
おほ舟に　②307
大船の　④206
大振舞の　③411
大まはしにや　③528
大まんちうや　④280
おほみあそびも　①334
大三寸いはふ　①369
おほみきや
　おさむる手
　⑥104, 128
大水の　③151
おほみ田に
　手向草　⑥149
　先とる苗や　①156
大御田に　①58
大御田の　②139
大乱れなり　③454
大岑の　②234
大峰へ　④139
大嶺よりも　③166
大宮作　①421
大宮の
　内まてきこ　④251
　春のいとま　②433
大宮人の
　口のわるさ　④290
　よそひめづ　②367
大文字や　③460
大紋の　③231
大やくわん　④283
公の　①352
大原や　①299
大床に急度　③425
大よせの　③410
おほ淀の　①82
大淀の　①168
大脇さしの　③181
大和田の座禅　③388
大わらひ　④183
大笑ひ　④237
おほん賀あふく　③280
おほん門や
　箱崎いきの
　③40, ⑤164
おほん時
　勅にしたか　④254
　春もゆたか　③414
おほん評判　③405
お顔のゑくほ　④241
お影にて　③442
岡越の　②232
岡ごえや　①456
をかさきの　④334
岡崎の　⑤76
をかさぬ罪に　②273
小笠原　③454
おかしけに　③185
おかしさはたゝ　④250
をかしさよ　⑤107
おかしてつみに　②69
おかしうや　④264
をかす罪をも　②202
犯せる罪を　①332
緒方が由来　④304
岡谷や　①41
をかであふぎを　②167
をかで扇を　⑥50
岡に寝つ　③202
をかぬ扇の　③398
をかぬ社　②327
岡のべに　②83
岡野辺に　②8
岡のべの
　霜の下柴　②240
　田の面ほの　②106
岡の辺の　②369
岡のべは　②291
岡べにきつゝ　①312
岡辺に馴る　⑥21
岡辺にひゞく　⑥28
岡べの宿に　④298
おかへの宿の　④229
岡辺の末の　②420
岡べの田づら　②57
岡べの田面　①234
岡べの月に　②320
岡べの森の　①253
おがみするより　④116
岡見せしより　②364
おかみぬる　④285
拝みませふ　③385
おがむおがむ　③86
岡山も　③407
小河の末も　②156
おかはもあらひ　④200
置あへず　⑥38
おきあかる　③491
荻いくむらの
　おとな百姓
　③242, ⑤214
　おとな百性　⑤190
起出る
　岡の屋形の　②245
　草の枕の　②249
　勢田の中道　①402
　初瀬の里の　②174
　枕に鐘の　②91
　夜はしのゝ　②317
起出て
　かゞみにむ　①340
　雪打はらふ　⑥52
起出むかふ　②401
起居ても　②431
起出ん　①319
置かさなれる　④90
置かさねたる
　霜の真砂地　⑥11
　夜はの露霜　⑥27
おぎ風に　①166
おぎ風の　①165
荻風に
　心あはする　①75
　我はわれと
　①78, ④58
おぎ風を　①165
荻風の　①77
荻風を　①76
置すつる　①491
おききやる　③349
沖こぐ舟の　②391
沖こぐ舟も　②8
沖漕ふねも　④85
置すてられし　①334
置そふ霜の　②45
置そふ露も　①265
置そふ露や　⑥18
置そふまゝに
　うき袖の露　①307
　ふかき野の　①228
置そふまゝの　①440
置そふる　④87
置初けらし　②327
起たつまくらに　③461
起たり寝たり　③207
おきつ風　①447
沖津風　③392
置尽す　④292
起つころんつ　③452
沖つ塩路ぞ　④114
おきつしらなみ　①423
沖つ洲に　②171
興津洲の　①281
起つゝむかふ　①315
沖つなみ　⑥73
おきつふしみの　③275
おきつ舟　②430
沖つ舟　①36
沖つ船　①112
沖津船　③409
起て幾夜か　②108
起ておもひ　④217
掟たゞしく　①467
置所　④276
置所なき　①257
興中の　①335
翁がむすめ　⑤249
おきなさびたる　②389
翁さびたる　①371
翁さびてや　②181
翁どち　⑥26
興に入江は　③177
沖にをれ
　波はなこそ　①173
　波は名こそ　④54
　浪はなこそ　④56
沖にみるみる　②345
置ぬるも　②301
隠岐の海　③526
隠岐の海の　③217
荻のうわ風　④162
荻のこゑ　③349
荻の声　④97
荻の声して　②385
荻の声にも　②411
おぎのこゑのみ　②217
沖の島根に　②402
荻のそよぎも　②28
荻の葉風の　②359
荻の葉伝ひ　⑥64
おぎの葉も　①444
沖のはやちや　④112
沖の舟　②58
荻のみか　③101
沖は雨気を　①427
沖はいくばく　④271
荻萩すゝき　③415

荻ふく風は　③405
おきふししけき　③350
起臥も　①330
沖べは風の　①387
置まさりぬる　①263
をきまとはせる　③279
置まとはせる　④220
置まよふ　②83
起むかふ
かの岡越ば　②218
空に日影の　⑥35
月はのこり　①336
起向ふ　①413
起もあがらて　④307
起もせす　③512
起もせず　①246
おきやあおきやあ　③420
沖や雪
入舟しろし　①122
入舟白し　①189
起ゆくかたや　②238
をきやうぞ　⑤129
御経のくとき　③469
お経ましりに　④313
沖よりも
雨俄かなる　①394
汐みちくら　④76
沖よりや　②194
置わたしぬる　②113
置わたす
井垣の霜の　②413
露の下道　②40
置渡す　②54
置網の　②160
おくある玉の　②25
奥いかばかり　②200
奥方に　③268
奥方の　④255
奥方へ　③455
奥さま方の　③465
奥様の　③201
置質は　③183
をく霜きえて　⑥31
小櫛もさゝず　①273
をぐしもさゝぬ　①407
をく霜白き　⑥50
置霜に　④239
置霜の
けぬが上に　⑥6
白きをみれ　③233
をく霜は　⑥44
置霜は　②215
置霜も
片岡の辺は　②68
まだら衣の　①349
おく霜や　②57
小櫛をも
さゝぬ女の　①355
さゝねば髪　①382
おくすり一ふく　④189
お薬の　③339
置銭は　④259
をく算盤の　③344
置太刀の　①344
奥月に　⑤127
おく露霜も　②169
置露霜や　④309
置露に
おばなの袖　②386
ことならぬ　④94
千寿重平　④300
猶蕣の　⑥7
乱る色や　②69
をく露の　②237
置露の　④188
置露は　③234
置露も
かれがれに　⑥34
今朝はいろ　②103
散きて花に　①285
日影まつま　①235
世をはやく　①81
置露を　①468
おくて田の　④92
晩田の
庵に人の　①419
庵りはいた　②356
鳴子や風に　②400
をくと見る　②230
奥猶すさぶ　④114
おくなる門は　①363
御国のおのおの　③477
お国のふねも　④182
おくに宮ゐの　①464
奥にやどりを　②59
奥の院より　③262
奥の高岑も　①413
奥の宮ゐは　④123
おくは岩屋の　①464
おくは鳥居の　①445
おくは猶
あさかの山　①441
木しげくみ　②392
奥は猶　②208
おくはなをしも　①248
おく歯にかゝる　③526
おく歯には
なにをなげ　⑥164
何をなげく　③115
何を歎くぞ　⑥143, 164
奥はまだ　①239
臆病風や　③254
臆病な
人こそ見え　③476
虫出しの雲　③491
臆病に　④301
奥ふかゝらし　②40
奥ふかかれや　②193
おくふかき
谷のま柴を　②49
人のこゝろ　④226
森の下道　⑥66
おく深き　②163
奥ふかき
杉の木末に　①259
岑の木をき　①333
芳野の里も　①338
奥深き　③138
おく深く　②88
奥ふかく
冬は男鹿の　⑥56
廊のめぐり　①257
奥深く　②313
奥ふかし　①283
おくまで杉の　⑥97
おくまでは
尋ねじ山の　①104, 179
おくまでやぶし　②34
をくまゝに　②142
奥もさだかに　④131
おくも外山も　②172
奥も猶　②216
おく物ふかき　①278
おく山かげの　②184
奥山陰の　①326
おく山家にも
まつる小社　③163, 502, 506
奥山住は　①378
おく山寺は　②274
奥山に　④177
おく山の　①62
奥山の　⑥28
奥山は　①332
おく山ぶしも　①335
奥山も
くまなき夏　②302
まだ深から　②140
おくや雪　①118, 185
小倉帯　③46
小倉の山へ　③350
小倉の山も　①403
小倉の山を　③230
小倉山
秋は淋しう　③484
安間了願に　④300
おろす恋風　③250
花にたいし　④229
麓の道は　③526
麓めぐりの　①468
弁当しまふ　③236
おくりし余波　④98
おくりぞゝふる　②417
送りつる　①258
送りぬる
位の程は　②364
三年が内は　②382
送火も　③406
をくる位の　①476
おくるこそ　④101
送るこそ
しらぬ山路　①488
夜寒を思　①358
送る木の葉の　④325
送るころもを　①296
をくる名残は　②286
をくる野風も　⑥51
小車の
あかれやそ　②185
さきおふ声　④120
忍ぶけはひ　②237
つゞく淀路　⑥49
錦のけふの　②200
行かへりぬ　②367
よそひあや　①264
小車は
霞の中に　①366
先をおふに　②32
先おばすて　②375
道のかたへ　①356
小車も　②174

小車や　①383
小車を
　しぢにかけ　②126
　しばしたて　①442
　とゞめてぞ　④131
　もれてたき　②35
小車妻と　④299
をくるも宇治の　①411
送る行衛は　①406
送る行ゑや　⑥22
をくるゝ道に　②315
をくるゝも　①80
おくるゝや　②310
をくれをくれに　⑥20
をくれ先だつ
　おもひあや　①288
　花よいのち　①334
をくれ先立
　契はかなき　①236
　中の玉のを　①277
をくれじと
　いひしや三
　　①106, 180
　擣やこゝら　②178
　思ひしもの　②312
　敷捨にけり　①294
　契をかばや　①416
後れじと　①386
おくれじとこそ　①202
をくれじとこそ　②345
をくれじとてや　①349
をくれしも　②349
をくれじも　②324
をくれしもまた　②27
をくれしを　②236
をくれつゝ　①244
後れつゝ　①390
をくれては　②7
をくれても　①38
をくれにし身は　④125
をくれぬる身の　②166
をくれる色も　②55
奥わづかなる　②56
桶なから　③338
桶に汲　①468
涌にわく湯を　③193
桶の輪に　③169
桶ふせの　③350
桶ふせは　③530
をける扇の　③208
苧笥をつかふ　③350
おごけをも　④274
おこゝろ次第　③376
興米　③450
御小性衆　③406
お扈従の　③295
をこす炭火の　④212
おこす火に　①128
おこたらず
　暁毎に　④133
　行ふ法の　①348
をこたらず
　きねがうち　①437
　結びこそす　①226
怠らず
　親にしも只　②401
　まうでまほ　②194
懈らず　②418
怠らずこそ　②200
怠らずしも　①395
おこたらぬ　①484
怠らぬ　①493
をこたりがちの　②297
をこたりし
　人も待けり①36, 149
怠たるなく　①360
をこたり行は　①350
おこたる心ち　①391
懈る比を　⑥32
おこたるとなき　②101
をこたるとなく　①340
おこつて出る　③436
おことこそ
　風狂乱の
　　③121, ⑤289
お言葉ならは　③462
御詞に　③71
お詞の　③393
行ひすます　④96
行ひ絶し　①352
おこなひなるゝ　④81
行に　③318
おこなひの
　声より外に　②389
　ともし火残　②65
行の　①307
行ひの
　あか水結ぶ　②105
　限は過る　②185
　たより也け　②413
　程のみこも　②109
　程は岩屋を　④111
　道に心や　②200
おこなひのまに　②128
行は　③291
おこなひ人は　②212
おこなひ人や　②343
行ひも　⑥31
行も　②50
おこなふ僧の　①251
おこなふ袖や　④128
おこなふ法に　①484
行ふ法の　①481
おこなふほどを　②155
行ふも　①295
お児の供して　③427
おこられにけり　③184
おごり究る　①349
奢り国主に　③488
おこりは落て　③309
瘧ふるひを　③325
おこりましなふ　④193
おこりも落る　③201
おこりもの　③196
おこりも夢も　③175
おこり病　④265
をごるこそ　①440
おさあいか　④145
おさあいが　④278
おさあいは　③313
おさあひを　④207
おさふる袖の　②375
おさふれば猶　②368
をさへしは　③492
御さがしものゝ　④284
御盃　③234
お盃そと　③169
おさかつきなら　③216
おさきにひかする
　　③416
御先を払ふ　③263
小篠が末は　②394
をざゝそよめく　⑥43
小篠にのこる　②220
小篠のかげの　②252
小笹原　①398
小篠むらむら　②293
御座敷に　③269
おさし図次第に　③401
御指図次第に　⑤288
長たちも　②322
御定めの　③133
おさないちこも　④280
おさなひの　③175
おさなひへまつ　③158
おさないを　⑤277
おさなひを
　すかすやう　③164
　露古郷に　③190
　豊等の寺へ　③327
　杜の下道　③218
おさなきを
　生立兼たる　③275
　かゝへて悔　③187
納らぬ　④233
おさまりにける　②385
治りやらぬ　④92
おさまる国の　②303
治る国の　①360
おさまるほどを　①414
おさまる程を　②27
おさまる御代そ　③501
治る御代そ　③163
おさまれる
　国の里々　①406
　時や国民　②245
治まれる
　大君の代は　⑥55
　千世のため　①210
　代々のあつ　④141
治れる　③257
おさむるつかさ　②122
おさむるみつぎ　①441
小沢につゞく　①445
を沢の水の　①255
小沢の氷　②11
を沢の末も　②320
小沢のながれ　②145
おしあぐる　②375
押明て　①399
鴛あそぶ　④77
をし出す　③335
おしいたゝいて　④268
押入の　④208
教置し　①126
教たゞしき　②203
をしへのほどを　②361
をしへのまゝに　②241
をしへはおなじ　②146
をしへもふかき　②382
をしへをきくも　②88
伯父甥とても　③290
お仕置の末　④318
お仕置は　③509

押かゝりたる　③506
をじかさへ　②430
男鹿なく　②411
男鹿鳴野の　②115
小鹿の音の　④224
男鹿のかよふ
　あとはしる　②320
　道はしるし　①220
男鹿の声の　②348
男鹿の立所　④90
男鹿の鳴音　③381
おしからぬ　③481
おしからぬ世は　③196
御しきせを　③381
折敷にかさる　④138
折敷にすへて　③410
折敷の色も　③441
押こみは　④299
をし込て　③410
お閑かな
　春は天下の
　　③140, ④350
お閑に御ざれ　⑤232
お閑に御座れ
　夕陽いまだ
　　③104, ⑤230, 233
御地蔵へ　④150
お地蔵参　③252
をし付る　③361
おし包む　④284
をしつめた　③400
おしてとらるゝ　③457
をして婿入　③260
をしてるや　⑤107
をしとをりたる　③204
鴛鳥の　①352
鴛鴨や　①216
鴛鳴夜半や　②111
おしなへて
　春日の里は　③522
　霞もふかき　④275
　野山の色も　④161
をしなへて
　花のさかり　④215
　備前の国の　③200
をしなべて
　色付けらし　②362
　かほり満た　①490
　田顔や色に　②432
　誰れも哀れ　⑥120
　散や並木の　②28
　戸さゝぬ民　②289
　のこる陰野　②145
押ならへ　④325
をしねに残る　①452
押のくる　③195
おし拭ふ　④153
をしのふすまを　④222
をしはたぬきし　③205
おし跪　⑤95
押ひらき　②181
おしひらく
　竜の屏風　④156
　見るや書物　④143
をしひらく　④78
をし船の　③152
おしまざる　①132
おしまづきにし　④127
おしまるゝ　②81
惜まるゝ　②17
おしまれて
　心とやちる　⑤102
　月のかくる　①274
おしまれにたる　②40
惜み来て　②192
おしみこし　②288
おしみしや
　まだしき老
　　①131, 193
惜みても　④131
惜みもあへぬ　①393
おしむこそ
　ことに師走　①417
　春の別の　①270
　まれの行幸　①269
をしむ社　④124
惜こそ　④88
おしむとて
　とまらばい
　　①105, 179
　とまるべき　①422
惜むとて　②176
おしむに過る　⑥98
惜しむにはやく　②394
おしむに春の　②424
おしむにも
　今はと帰　②181
　けふにとぢ　②27
惜にも　②９
おしむ日影を　②368
おしむべき　②418
おしむも萩の　①230
おしむ紅葉の　②68
惜む紅葉よ　②377
おしむ紅葉を　①407
おしむ弥生ぞ　②281
おしむ弥生の　④78
おしむ夜の　②370
おしめども
　小鷹つかひ　⑥57
　花ももろか　④112
惜ども　①382
惜めども　①379
おしめ稀なる　④130
をしやりてをく　②132
おしやれは分別　③394
お住持の　④201
お住持は　③305
和尚のしめし　③429
おせうの手前て　④266
和尚様の　③431
白粉に　③197
おしろいの　④222
をしろいを　③260
白粉を　③483
お城の上に　③409
お城山　③336
お杉おなつに　③462
お救も　③430
小薄の
　ほのぼのま　②299
　村々靡く　②162
尾薄の　②284
小薄や　⑥29
おす船の　④282
をす舟の　③502
お角力よ　⑤279
お相撲よ
　名のらば是
　　③128, ⑤168
おせきもつ共　④187
をそふまいるは　④285
お僧よなふ　⑤220
御僧よなふ
　くにの垢つ
　　③263, 520
をそかれとかれ　③440
おそくとき
　跡までみゆ　②359
　梅や一木　⑤65
遅くとき
　あとまでみ　①183
　跡までみゆ　①114
をそくとく　①459
遅く共　③449
をそくなり行　①451
をそくもならぬ　③249
遅桜　①326
おそしとしゝと　④269
御袖判　⑤98
お傍には　③469
御傍奉公　③286
おそらくは　③249
おそらくも　④189
おそるべきこそ　①446
おそれつゝしむ　①344
恐なからも　③234
おそれをなして　③390
をそろしき　④161
をそはれて　④215
お代官　③329
お大工の　③254
お台所　③473
お台所に　③252
御代は松原　③437
小田かる跡は　②159
お竹お梅　⑤44
小田すきかへす　①436
小田すき初る　②161
おたすきやれ　⑥122
おたすけたまはれ
　　④192
御尋あらは　③475
御たつね以来　③247
お尋に　③445
御尋に　④326
御尋におゐて　③452
おたゝりあるを　③375
小田にいつしか　②140
小田の庵に　①472
小田のかたへに　⑥47
小田の蛙や　②171
小田のながれの　②421
小田の鳴子は
　風のまにま
　　②263, ⑥61
小田の鳴子や　①373
小田の鳴子を　②143
小田のめぐりは　①309
小田は色づく　⑥24
御為つくいふ　④270
小田もる比の　①475
穏やかな　⑤124
おだやかなれや　②419

をだやかなれや ①417
をだやかに ①292
小田原の
　いなばをし ③484
　浦の荒浪 ④338
小田原や ③78
御短冊 ③360
御旦那に ③290
落合て ①247
おち鮎や ③66
おち入きはの ④219
落人の ③170
落人は ③149
落人を ④275
をちかへりてや ①420
落かへりなけ ②433
落かゝる ③524
遠かたくるゝ ②239
遠方に ①256
遠かたの ②305
遠方の
　空にみだれ ②26
　高根の霞 ②74
　苫屋は深き ⑥94
　松に幾度 ①232
おち方人に ③453
遠かた人の ①230
遠方人の
　みゆる菅笠 ①263
　喚かはす声 ②18
遠かた人は ①236
遠かた人を
　おもひやる ④119
　まつにほど ②284
遠方も ①33
落髪の
　色さへかは ①318
　乱て宵の ①411
落来て涼し ②84
落来ては ②293
落来ぬる ④119
落栗は ⑥13
おちくる滝の ②77
落来るも ②201
落くるや ②229
おちくはゝるは ①450
遠近に
　あさまの野 ②196
　つもりにけ ①237
　船こぎ去て ①438
　真砂の田鶴 ②232
　夕しらする ②103
遠近の
　浦風もやゝ ②396
　空も霞の ①265
　人めまれな ①273
　山は霞の ②324, 341
　山もわかれ ②237
遠近人の ④84
遠近人も ①464
遠近も
　明てしづま ②4
　浅間の野ら ①385
　里の砧に ④109
　しほや干潟 ②382
　わかずくれ ②76
遠近わかず ④118
お児も里へ ③217
落添て ④131
落そふる ②22
落滝つ ①475
落滝津
　末白妙に ②223
　滝の水上 ②318
　浪にや袖を ⑥94
　山石捨石 ③352
落滝つせの ②26
おちたぎる ②406
落たぎる
　川瀬の末や ②267
　河門はげし ②352
落た所で ③366
落たまる ①472
落たる月を ③429
落ちらば ①384
落尽ば ②425
おちつくす ②34
落て行
　潮に月も ②248
　うしほも月 ①330
　潮や月を ②170
落にきと
　語るな馬じ ③127
　鼻紙おしむ ③171
おちの白雲 ③449
をちの空より ①316
遠の田面は ⑥36
遠の田づらや ⑥45
遠の岑 ②391
遠の山辺は ②407
落ばかく ①376
落葉朽行 ①334
落葉こそ ①114
落葉して
　瓦縫の参差 ④314
　夕の色を ①490
落葉すくなき ②127
落葉にうづむ ②310
落葉に木々の ①232
落葉にもれし ②352
おち葉も月も ①301
おちぶるゝ ②20
おちぶるゝ身を ②83
零落し ⑥26
おちふれて
　何うら神子 ④151
　本のなしみ ④136
おちぶれて ②91
をちぶれて ⑥117
零落て ⑥48
おちぶれと ②172
零落を ⑥19
落穂のこらぬ ②225
落武者の ④265
落武者は ③162
お茶に御座れと ③452
御茶はこふ ④236
おちやれなみたの ③166
お蝶お春も ④215
落よどむ ①334
お月様 ③443
仰られ分 ③409
追手からめて ⑥146
追手には ③253
追手八専
　からめて土 ③523, 527
　搦手土用 ③405
おつとしも ②280
をつとつて ④249
おつとりあはせて ③436
おつほて御さる ③534
お壺て御さる ③522
落るあらしの ②220
落る木の葉ぞ ②403
おつる雫も ②214
落るなみだの ②142
落るなみだも ②405
おつる涙を ①270
落る間も ①21
お出入のもの ③352
御出入を ③158
お手がらとのみ ④304
御手柄や ③427
御手のかゝり ③145
お手枕 ③212
お寺様 ③250
お寺へまいらふの ③493
おとかひくたり ③185
頤に ③299
おとかいの ④161
おとがひの ④257
おとかひも ③291
をとかいを ④177
音かへて吹 ①390
をとかすかなる ②158
音きけば ②248
お斎過れは ③457
御斎ときけは ③512
御斎にあふも ③222
お斎には ③324
お伽のとかに ③333
音清し ⑥165
男かと ③267
男こひしや ③469
男こそ ⑤165
音こゝもとに ②132
男自慢も ③230
男にくみの ④199
おとこの口説 ⑥100
男はならぬ ④207
男は左り ④313
男ひてりか ③385
おとこめか ④197
男もすなる ③342
おとこ山
　名だゝる月①94, 174
男山 ①236
をと寒かれや ④117
音寒み ①346
おと寒る ②174
落さるゝ ③212
音しづまれる ②212
音しつゝ
　浪のよるよ ②188
　やな瀬の波 ①300
音しつる
　浪も塩干に ①325
音して苔の ②411
音して空に ①230
音してなみの ②286

おとしむる
　気色としる　②188
　中の契は　②８
おとしめらるゝ
　位みじかき　①473
　身をいかに　②158
音冷じく
　ふく沖の風　①290
　吹滝おろし　②402
音するや
　尾上の寺の　②99
　むなしき空　①313
をとづるゝ　②87
音づるゝ　②334
をとづれぬるは　②370
音信ぬるは　①356
音づれも　②332
音信も　②416
音信物は　④275
をとつれを　③454
音せし霰　②177
音せしは　①303
音せでふるや　②112
音せぬ水や　②145
音添て　②30
音たえだえの　⑥27
音絶て　②22
音たかく　⑥52
音高水も　③220
音たつる　②280
音立る　④87
音たてゝ　①496
おとゞひか　③130
おとゝひなから　③209
おとゝいの梅　③477
弟の徳に　③450
おとゝは手代　③358
音なひも　①300
をとなふものは　①439
音なふものは　①267
おとなしや　④187
音にきゝ　①40
音に聞つゝ
　恋しのぶ中　①260
　恋る俤　②182
をとにきく　④20
をとに聞　④17
音にきく
　今きく井手　①149
　岑の嵐や　③448
音に聞
　跡古にけり　①329
　はなの絵島　⑥81
　花の絵島が　④23
　わけいかづ　①411
音にきくより　②177
音にしらるゝ　①475
音にしられぬ　②180
音にだに　①458
音にのみ　②409
音はいづくぞ　①485
音はからから　④136
音はこほらぬ　⑥94
音はして　①426
音はたゞ　①408
乙姫は　③253
音ひやゝかに　②107
音ほそく　②306
音むせぶ　①427
乙女子か　③443
乙女子が　①495
乙女の姿　①324
乙女の舞や　①369
乙女の行ゑ　⑥14
をともあらしの　②159
音も嵐の　⑥９
音もあらしを　②408
音もかすめる　⑥49
音もさえけり　②422
音も寒けき　①477
をとも閑けき　②322
音もながれの　②129
御供には先　③328
音もはげしき　①383
をともはらはら　①478
音も更ぬる　④113
音もみだれて　②199
音も漲る　④107
御供迷惑　③378
おとりが来るそ　③432
おどりかたひら　③493
をとり子の　③271
躍子は　③８
をどり子や
　盆の前髪　③48
　両町互に
　　③125, ⑤167, ⑥144
をとりざまなる　②31
御取次の　③395
おどりつゝ　②285
おとりの笛の　③219
をとりはいつも　③217
おとりはおとりは
　③232
おとりはしゆんた
　④266
踊も笛も　③388
おとろひて　③167
衰ふうさは　④94
おとろふ影の　①483
おとろふる
　葎の宿の　②388
　世に忍ぶこ　②３
をとろへ来ぬる　①363
衰へし　⑥11
おとろへたる哉　③231
おとろへて　③192
おとろへはてゝ　①252
おとろへも
　栄もかなし　②140
　流石におも　②182
おとろへを　②370
衰を　⑥98
おどろかさじな　②151
おどろかされし　①470
おどろかす
　波冷じき　①433
　ね覚毎にや　①182
驚かす　①111
おどろかで　①328
おどろかめやは　②155
驚かれぬる　①393
おどろくは　②321
驚くは　①383
おどろくばかり　①355
おどろく筈か　③484
おどろくは世の　②47
驚くほどの　④130
おどろくや
　五十をわけ　②86
　たれこめし　①133
　常なき風の　①77
おどろけば
　朝いの衾　②294
　そよ其秋の　①339
おとろけや　③225
おどろけや
　念仏衆生③44, ⑤169,
　　279, 281, ⑥84
驚けや　⑤270
をどろに水も　②66
音羽の里は　①288
音羽の峰の　①250
音羽の岑を　②403
音羽山
　おとした物　③269
　をとやゝ寒　⑥93
おとんとん　③480
御情も　③301
同じあはれを　②379
おなじ江の　②302
おなじえをな　①146
おなじ枝を　①27
おなじ岡へに　③482
おなじ霞　⑥161
同じ草葉を　⑥31
おなしくは　③246
おなじくは
　まめ板にし
　　③12, ⑥159
　雪の時みん　①188
　雪の時見ん　①121
　世をいとふ
　　①200, ②281
おなし雲井に　③400
おなじ車の　②234
おなじこゝろに　②390
おなじ心に　①253
同じ心に　⑥22
おなじ里にや　②357
おなじちひろの　②24
おなじ仕へに　⑥32
おなじ司に　①343
同じ罪にや　②353
おなじ名の
　月や有しに①97, 175
同じ根に　①57
同じ根は　①64
おなし蓮に　③228
おなしはちすの　③522
同し拍子に　④200
おなし拍子を　④222
おなじみどりの
　なみのうき　②34
　ふかき叢　②320
同し舎りを　③302
おなし料理を　③175
御成の名残　③271
鬼ある道の　①331
鬼かせめうそ　④330
鬼神の　③480
鬼さへすまず　①292
鬼して渡れは　③451
鬼すらも　①483

鬼とくんても　③404
おにならなんしや　④216
鬼に瘤をも　④135
鬼にとられて　④203
鬼のかしらを
　桶ふせにし　③523, 528
鬼の門もる　①419
鬼のすさひの　③488
鬼の取にげ　④291
鬼の持　③49
鬼は鞍馬を　③169
鬼はたちまち　③445
鬼一口に　④258
御荷物に　③281
鬼よりも猶　①399
御庭造り　③392
お主のために　③332
おねまきを　③325
御年貢は　④206
尾上おろしに　①201
尾上颪に
　むかふ初瀬　②262, ⑥59
尾上をろしや　②201
尾上に月の　②50
尾上にのこる　①368
尾の上の雨も　③438
尾上のかねに
　一寸の秋　④183
　添し拍子木　③217
尾上のかねの　③230
尾上の鐘の　②130
尾上の鐘は　①310
尾上の鐘も　①407
尾上のかねや　③379
尾上の雲に　②155
尾上の桜　③221
尾上の寺の　②45
尾上の松に　②80
尾上ばかりに　①277
尾上より　①283
をのをの一所に　③246
をのをの心　⑥100
をのをの相談　③518
各々相談　③517
各なみに　③358
をのをのは　③501
各々は　③155
おのおのよりて　⑤218
をのが芦屋に　②150
をのがいくつれ　②342
をのがいくむれ　①439
をのが浦とや　①237
をのが落葉を　⑥35
をのが声々　②369
をのが比と　②403
をのが比とて　①328
をのがころとや
　鶉なくらん　②208
　雁は来にけ　②376
をのがさゝぐる　⑥7
をのが里にや　②434
をのかさまざま　③188
をのがさまざま
　秋の草むら　①264
　春の草村　①229
　世をわたる　②231
をのがじゝの　①9
をのか住　③506
をのがたけ
　松にかけゝ①41, 150
をのが谷をや　①450
をのが妻　①292
をのが時しる　④125
をのが時なる　②271
をのがどち　②281
をのがねぐらに　②160
おのが音を　⑤163
をのがねを　①153
をのが音を　①51
をのが一つれ　①431
己が古巣や　①379
をのがほどゝき　①457
をのがほどほど　①299
をのがまにまに　②394
己がやも　②432
己がやよひを　②170
をのこみ子とて　①492
ほのづから　②139
をのつから　④202
をのづから
　あふげば涼　①212
　かくれ行か　④4
　川づら近き　②405
　凍や池の　①217
　こゝろもす　①458
　琴の調も②263, ⑥60
　囀る鳥の　⑥52
　静也けり　⑥46
　すめば野守　①425
　塵をもすへ　①429
　友を忘るゝ　②54
　のどか也け　①438
　ゆかりもと　②336
御望か　③73
御望の　③68
斧の柄くつる　②31
斧の柄の　②319
斧の柄は　③332
をのゝえも　④6
斧のえも　①66
斧の柄も
　心せん松の　①160
　しらずいつ　⑥56
小野のしの原　④309
小野の住ゐに　②400
小野の住居に　②118
小野の道　③403
をの道や　④8
御乗物行　③238
おのれおのれ　④282
己さへ　③266
をのれ時ある　①464
をのれとなびく　②13
をのれのみ　①491
をのれ春とや　②296
おのれ虻や　②172
をのれ弥生を　②193
おのれをせめん　③374
お歯くろの
　色にふけれ　④212
　かねてちな　④139
　次手おもし　④185
欄干に　⑥50
おばしまの　⑥53
欄干の　①353
おばしまは　①290
おはたに梅の　③249
おはたにも　③165
をはつせや　⑥153
小初瀬や
　霞分つゝ　①369
　花はあらし　②378
　昔の春の　②81
　めがねもよ　③13
　目がねもよ　⑥153
小泊瀬や
　いかなる祈　②147
　行方は猶　②251
おばなが末も　②18
尾花か本に　④250
おばなが本は　①314
お咄のため　③485
御咄も　③55
尾花しやないか　③477
尾花なみよる　③333
尾花みだるゝ　②16
尾花乱るゝ　③451
お花も萱も　①292
尾花やいもが　②140
尾はなを分て　④158
おはゝよさのみ　③161
尾はひらひらと　④167
御祓の　④245
小原に数年　④265
大原の秋に　④161
帯仕なをせは　③305
おひたゝし　④139
帯なされしより　③345
帯にふとしよ　④233
御隙入　③414
お暇下され　③450
お日待の
　光明遍照　④193
　更行空に　④196
お隙の時分　③437
おひめふりとそ　③205
御広間へ　③326
帯をしも　①302
御奉行の
　耳に入たる　③320
　目金の通　③247
尾房引すて　①222
お布施をは　③227
お筆のさき
　ほのぼのと　③107, ⑤166
をぶねさし　②12
小舟さす　②348
小船さす
　袖の川霧　②170
　袖ひやゝか　①219
小舟は月の　①388
小船は波に　③405
小舟引　②43
小船引　②128
御文月　③268
お文の理非を　③356
御振舞　③267
御便宜や　③121
覚えが有そ　④306
覚書　③307

おほえかきみれは　③492
おぼえずこぼす　④132
おぼえず袖に　①438
おぼえず袖は　①458
覚えず月の　②119
おぼえずぬらす　②146
おぼえず橋を　①235
覚えずも　②64
覚えたか　③297
おほえたかとて　③242
おぼえたかとて
　わやわやの　⑤186, 210
おほへたる　④270
おほえよと　④270
おほしき事　③279
おほしめし　③375
おぼしめし　④311
おほしめすまゝの　④221
おぼつかな　⑥45
覚束な
　誰通路の　②435
　程は雲ゐの　①106
おぼつかなきは　②285
おほつかなくも　④169
お堀の月に　③448
おぼろけならぬ　②278
朧月　③369
おほろ月夜の　③397
朧月よの　①209
朧月夜も　②202
朧なる　①492
朧の清水　④233
朧夜に　⑥31
朧夜の
　月に見かは　③268
　月を枕に　④321
おまへさま　④245
御前に遠き　②20
お前にわかつ　④126
お前の春に　④234
御前の山の　②63
御前をさりて　①365
おまかなひ　③491
おまけ申す　③469
御座にも　⑥30
おましもさびし　①308
御真面の　③367
お鞠過ての　③289
御みかたを　③309
おみたうふ　③517
女あるじも　①305
をみなへし
　我とぢかは①87, 169
女郎花　④308
女ごゝろの　①491
女心の　①397
御見廻に　④165
おめでたいか　③390
御目にかゝらん　④236
御目にかゝる　③237
おめぬれは　④260
お目見えは　③318
御目見え申　⑥145
御目見江申　③377
お目もはや　③475
おもひ合　④262
おもひあかしに　③500
おもひあかしへ　③154
おもひ小豆の　③235
おもひあまり
　いもがりゆ　②110
　袖にもれた　②171
思ひあまり　③165
おもひあまりて
　ちとやけた　③433
　もゆるはし　⑥18
おもひあまる　②237
思あまる　②274
思ひあまる
　気色や外に　②420
　心は月に　②367
おもひ有明の　③166
おもひありや　③285
おもひ有身の　②201
おもひ有身は
　いふぞねら　⑥42
　詠やるそら　②174
思ひ有や　②48
おもひあれは　③456
おもひあれば
　おぼえずた　②213
　更にいをね　④80
思ひあれば　①400
おもひ出る
　過にし方の　②268
　たぐひなき①95, 175
　月は今宵の　①327
　常盤はらを　④204
思ひ出る
　けぶりやた　①74
　常盤の山の　④241
　無が着馴し　⑥36
思出る　④4
おもひ出るも　②413
思ひ出せば　⑤99
おもひ出て　④215
思ひ出て　①65
思出て　①160
おもひ出よ　①26
思ひ出よ　①145
おもひ出ん　①172
思ひ出ん　①88
おもひ入つゝ　②245
おもひ入ぬる　②289
おもひ入
　おくそきこ　③491, 492
　おくぞきこ　③112
　かぎりもあ　②270
　山の奥なる　④119
おもひ入ル　③454
思ひ入　③381
おもひ入には　③265
おもひうちにあれは　③196
思ひ内にあれは　④244
おもひ置
　露は久しき①78, 165
おもひをけ　①167
思ひをけ　①80
おもひをこせよ　①252
おもひ思はぬ　②381
おもひおれば　①309
おもひかへすに　④126
思ひかへすに　②119
おもひかへすや　②394
思ひかきそへ　④128
思ひ斯　⑤94
思ひかさなる　④231
思ひかね　③499
おもひきつたら　④312
思ひきつたる　④255
おもひきや
　おなじ舟路　⑥73
　かひのはへ　④205
　とみ貴きも　③356
おもひ草　⑤208
思ひ種　③379
思ひ草
　矢たての筆　③242
　矢立の筆で　⑤185
思種　③441
おもひくまなく　②25
おもひこし
　こやとし月　④21
　こや年月の　①172
思こし
　こやとし月　④24
　こや年月の　④18
思ひこし
　こやとし月　①89
　こや年月の　⑥82
おもひこそ　③162
思ひこそ　③504
おもひこそやれ　②203
思ひ子に　②231
おもひこめて
　みるべき花　①145
　みるや春秋　①191, ⑥170
思こめて　⑥148
思ひこめて
　見るべき花　①27
　見るや春秋　①118
おもひ子を　④169
思ひさそふも　⑥97
おもひさだめぬ　①327
おもひしことよ　①431
おもひしまゝの　②380
おもひしよりも　①487
おもひすゝむる　①346
おもひすゝめそ　②277
思ひすゝめて　②251
思ひせし　②95
おもひそむるや　①451
思ひ初しも　②319
おもひ絶たる　②255
おもひ立　①142
思ひたつ
　経かたひら　③226
　道かへりみ　①16
思ひ立　①228
思立　①277
思立らし　①432
おもひつくみと　②66
思ひつゝ　③11
思ひつつ　⑥134
思ひつゞくる　②242
思ひつもりて　③279
おもひ出も　①301
おもひ出や

しかならひ　①145
なれるさが①27, 145
思ひ出や　②29
思出や　①26
おもひとゞむる　④114
おもひなき　①303
思ひなき
袖をも露の　②233
身にも哀や　②416
思ひにあまり　②59
おもひにいかで　①449
思ひにうとき　⑥7
思ひにかけの　④229
おもひにきえぬ　①267
おもひにしづむ　⑥48
おもひに沈む　④77
思ひにしづむ　②198
思ひに絶む　②47
おもひに月を　②382
おもひに妻戸　③351
おもひには　①283
思ひには身の　②423
おもひにようかん　③434
おもひね起の　③167
おもひね覚に　①429
思ひねに　①385
おもひ寝の
泪や月の　④124
枕刀に　③211
思ひねの　①37
思寝の　③505
思ひ念　③323
おもひの色を　④299
思ひの色を　③376
思ひの数も　②301
おもひの数や　④326
おもひのきつな　④211
おもひの霧の　①365
おもひの煙
火事と云声　③296
雲となるら　②175
思ひの煙　③381
思ひの種の　③419
思ひのたねや　②193
おもひのなみた　④146
思ひの火にも　③419
思ひの火をは　③340
おもひの渕に　④329
おもひの外に　③353
おもひのほかの　④280
おもひのほどを
歌にあらは　①469
月も憐め　①471
おもひの程を　①475
おもひはいろに　④200
おもひは色に　③184
おもひはしづむ　③257
おもひは外に　③463
思ひははても　②116
思ひめぐらす　①393
おもひも秋も　①267
思ひも雨も　④133
おもひもかけず　①344
おもひも恋も　④282
おもひもぞやる　④99
おもひもや
しげきなげ　①425
高灯台に　③237
おもひ催す　②433
思ひやはれし　②125
おもひやらるゝ
九重の秋　①480
明州の秋　③290
おもひやりつゝ　①287
おもひやりての　①314
おもひやる
遠方人に　④92
中の玉章　①230
思ひやる
おば捨山の　①233
野山いかな　①251
都の空は　②427
都の花の　②377
思やる　①481
おもひやるさへ　④76
おもひやるだに
いかに唐土　①364
遠き唐国　②215
遠き唐土　①467
おもひやるも　①443
おもひやれ　②412
おもひよらざる　①289
おもひよはりて　②384
おもひよはるも　①330
おもひよはれど　①418
思ひ侘　③406
思侘び　①415
おもひわびての　⑥42
思ひ侘てや　②5
おもひをかくすか　③488
思ひを篭る　①356
おもひをしれと　②192
おもひをそふる　②327
思をも　②370
おもふあたりの　②276
おもふあたりを　②293
おもふえにしを　②73
おもふ思ひは　③512
おもふが方に　②335
おもふが方の　②378
おもふ方に　①367
おもふかたの　①194
おもふ方の　①110
思ふ方の　①133
思ふが中の　②58
思ふ子あれは　④238
おもふこゝろの
奥の山ずみ　②281
奥の山住　①200
思ふこゝろは　②196
思ふこそ　②434
おもふこと
有をならひ　②155
つくり出た　①410
なをざりご　②172
おもふ事
いはでたゞ　⑤257
かきも残さ　④125
神のいのり　②220
思ふこと　②136
思ふ事
祈るに神や　④118
いはぬもさ　③379
思もふ事　③212
おもふその
袖かともみ　⑥23
玉章かけぬ　②322
おもふ其
飼置れたる　③164
玉の有なし　①335
思ふその　②151
おもふどち
あかす小鷹　①444
打群々て　⑤117
木こり草か　②361
こなたかな　②413
さがのゝ月　①439
栖ならぶる　②7
又は狩場に　①417
鞠小弓にて　①288
思ふどち
酒の盃　②49
待えてみる　②329
おもふ友ある　②133
おもふ中には　③311
思ふ中にも　③399
おもふにいとゞ　④119
おもふにおくれ　②4
おもふには　④85
おもふにも　②155
おもふにわかれ　③428
おもふ願の　①411
おもふばかりは　①263
おもふ肌着の　③351
おもふはなげの　①419
おもふは後の　②34
思ふ都の　②125
おもふ都を　④132
おもふもかなし　①351
おもふも遠き　①306
おもふもゆかし　②236
思ふやうに　③388
おもふをは　③290
思ふをは　③505
おもふをも　②44
思ふをも　②310
思ふを世にし　②80
おもへ只　⑥11
思へたゝ　③211
思へとせむる　③478
思へ共　③12
思へばいかに　②319
おもへばさらに　②417
おもへは腫物の　③273
おもへば旅に　①279
おもへば玉の　①413
おもへばとをき
いにしへの　①458
旅ねなりけ　①441
おもへば遠き　①310
おもへばとをく　①229
おもへば遠く　①425
おもへば何か　①495
おもへばはやし　②65
おもへばよはる　④115
おもへば楽の　④308
おもほえす　③281
面かくすこそ　②394
おも影あやな　①413
俤おとつて　③450
俤くらす　①400
おもかげさそふ　②399

おもかげしたふ ②243
おもかげに ①45
おも影に ①304
面影に
　あるじわす ①344
　忘られがた ①320
俤に ①370
おもかげの
　にたるをだ ②166
　はなれがた ①446
　古きえにみ ①157
　身にしむ方 ①452
俤の ⑥97
面影残す ②159
おもかけは
　にんじんさ ④264
　紫裾濃の ③493
おもかげは ②345
面影は
　つとそふは ①28
　つとそふ花 ①146
　何かばけた ③237
俤は
　いひ懸次第 ③395
　消し世遠き ②394
　しのびあり ①373
　遠く別れし ⑥20
　見まれみず ⑥35
　身をし離れ ①376
面影はぢぬ ①340
俤も ②140
俤や ②414
面影よ ③463
おもかげを ①463
面影を
　又や見ざら ②178
　みせてや竜 ①477
俤を
　おもひかへ ②356
　したにおい ③305
重からぬ ②56
面がはりせも ②191
おもきこそ ①473
おもき薪を ①453
おもき茶うすは ④221
おもきなけきを ③250
おもきなげきを ①282
をもきなげきを ①242
をもきやまひの ①279
おもき露命は ③472
おもげなる ②320
重げなる ①394
おもげになびく ②119
おもげにはこぶ ②194
おも気にも ⑥4
おもしろく ③146
おもしろさ ③503
面白さ ③163
面白し
　雨ににじみ ⑤110
　さすが新月 ④317
おもしろや ③113
おもだかや ①398
御もたせの ④180
おもたては ③195
面疵 ③445
表口 ③410
おもてぶせなる ②58
おもて町のみ ③216
おもてをさらす ④218
大根葉を洗ふ ③353
おもほえず
　誘れ出る ②367
　忍ぶにあま ④92
　つもりにけ ②135
　涙に月や ②321
　昼ねに時や ②216
おもむきし ①415
おもむきて ②244
趣を ④234
おもむくかたは ①464
おもむくすゑや ①455
おもむくは ②137
おもむく道に ②417
おもむく道の ②281
面もちは ②298
おもやせて ①357
思はくは ③489
おもはくみする ④329
おもはくを
　岩根の松と ④317
　月に残すも ④296
おもはざらめや ①417
おもはざりしに ②178
おもはさる ③208
おもはじと ④85
おもはすしらす ④263
おもはず旅に ②250
おもはず人の ②375
おもはずも
　大江関にて ①350
　かゝるやつ ②177
　時うしなへ ②223
　人はむなし ①233
　郭公きく ②255
思はすも
　舟に乗合 ③220
　水かけ祝れ ④260
思はずも
　恋て行衛を ②129
　さそはるゝ ②48
　春のまろう ③189
おもはずよ ①151
思はずよ
　今しも人を ①42, ②114
思はぬ方の ②84
おもはぬ国の ②226
思はねは ③208
おもんみれは
　あやしきも ③350
　ゆかしくか ④333
おやおやおや ⑤293
親さくる
　恨の程は ②308
　えにしこそ ①247
親さけて ③285
親仁か留守に ④188
親仁にも ③436
親仁の異見 ③464
親仁も多分 ③256
親そひて ①105
親竹の ③123
親達の
　いけん突た ④208
　合点まいら ④317
お八つの ④271
親と子の ②267
お宿にかとて ④241
御宿の事は ④226
お宿をかりて ③334
親なしか ③124
親にしたがふ ⑥57
親にしも ①494
親に仕へて ⑥19
親につくせる ①461
親にとはて ③181
親に似かよふ ⑥94
親に似て ③508
親にはしのぶ ②238
親にまみゆる ⑥16
親のあと ④179
親の跡 ⑥121
親のいさめに ②146
親のおやおや ③484
親の親の ④205
親の影 ①30
親の細工を ③282
親の住れし ⑥101
親の代から ④293
親の代より ③200
親の鼓を ③299
親は親はの ③526
を山田に ①339
小山田の
　色につゞき ②226
　霧ほのぼの ②306
　夕の色を ②391
をやみなき ⑥16
をやみなく ①491
をやみもあらぬ ①488
をやむとも ②61
をやむともなき
　五月雨のう ②375
　五月雨の比 ①475
親も子も
　たての世さ ③197
　たての世盛 ③528
親も我 ②66
親をたつねて ③399
御床しき ③311
御床しく ③300
おゆかしく候 ③207
お湯参らする ④299
お弓のことし ③326
およずくる ⑥29
およずけなんを ②372
凡狸の ③444
およばぬおもひ ⑥100
及ぬきはの ②121
およはぬ恋を ③273
及はぬ恋を ③519
およばぬ袖を ②368
及はぬ手にも ③166
及ばぬと ①419
及ばぬも
　恋なば終に ②380
　忍ぶるこそ ④78
　なげの情を ②39
及なき
　おもひにも ④246
　定家卿や ④304
おらせじと
　守も理 ①199

守も理り　②116
折せじの
藤こそ廊の　②185
禿倉歟野路　⑤126
おらばやと　②307
おられじと　①86
おらんだの
文字かよこ
⑥139, 156
阿蘭陀の　③51
おりあやかたり　④173
下居し鷺は　①487
おり居し千鳥　②341
下ゐしも　②27
おりゐつゝ　②384
おりゐてすめる　②100
下ゐても　②182
下ゐる雲の　②8
おりゐる鷺は　⑥38
おりゐるたづの　①279
おりゐるも　①300
折えがほなり　⑥30
折得ても　④278
おりおり風の　①269
折々風の　②51
折々気分の　③417
折々けぶり　②245
おりおりに
簾うごかす　①265
我をことゝ　②110
折々に
狐は見まへ　③353
そゝきて過　②96
ちよつと手　③157
手をかけぬ　③509
問寄けりな　②413
みえつ見え　①488
おりおりの
なさけわす　①452
やしなひた　①157
折々の
風や袂に　⑥3
やしなひた　①59
をりをりは　②140
折々は
頼出合の　④273
野山をかけ　③356
おりおり文を　①486
おりおりもろき　①306
おりおりゆかし　②88
折返せ　⑥19
折かへる　②174
折懸し　⑥17
おりかけぬ　①264
折かざしたる　④128
折かさす　③203
折紙は　③393
折から琴の　②409
折からや　③233
おり釘に　③457
折釘も　④174
折釘や　③489
折釘を　③430
おりくべて　①429
折くべて　①442
おりくべて夜を　①323
折しもあれ　③149
折知露も　②354
おりすぎがたき　②23
折焼し　①271
おり焼ぬるや　①458
折たく柴に　②159
おり焼も　⑥39
おり立つゝも　①322
をりたちつゝも　②366
おり立て　①421
下立て
浅瀬をしら　①220
かへす田づ　②330
手毎にひろ　②307
道のかたへ　②403
御秝かはん　①235
おり立田子の　③264
をりたつ田子や　②429
折もてる　③147
折取は　①359
折とれば　②10
折に逢て　①84
折にあひてや　②203
おりにあふ
霞の洞は　②277
雲居の庭の　②419
折にあふ
あけ羽の蝶　③158
上羽の蝶の　③501
時雨も御茶　③179
関むかへし　①52
関迎しれ　①154
花やみの日　①27
花や巳日の　①146
折にあへば
菖蒲のかほ　①377
声の色ある　①58
声の色有　①156
是も春ざれ　③35
早苗や神の　①58
おりにこし　①145
折に来し　①26
おりにふれ
花もてはや　①283
蜩の音も　①234
折にふれ
性に率ふ　④314
世を侘つゝ　④92
おりにやる　①339
織布の　③289
折残す　②7
折はへ月に　①213
おりは計　③349
折ふし雨も　④305
折ふし郭公　③342
折ふし恋風　④176
折臥て　④88
おりふしの　①495
折ふしの
うつれはか　④248
すさみばか　①467
友よ船路の　④122
おりふしは　③471
おりふしを
見るや桜戸
①153, ⑥149
折ふしを
たがへぬ狩　②20
見るや桜戸　①51
折伏や　②201
おりやらで　②80
折よりて　②125
折わすれ
雪に枝かす　①34
雪に条かす　①147
折を得がほに　②126
おるあやは　④172
おる枝も　①257
居る雲も　②166
居る鷺の
上毛にこぼ　②331
翅をはぶく　①400
おる袖も　①229
おるともと　⑤79
織機の　②20
おるはたひろも　④265
おる花も
帰るさ遠き　①312
道の空にて　①419
折花も　④90
折人に　①101
織細帯も　③266
折もやつさで　②152
織や錦も　②171
居る山も　①468
をるゝ斎の　①350
お礼申て　③435
おれかへり　①124
おれは樗　③429
おれふすまゝの　②55
をれる衣の　②234
をれるにしきの　①263
をろかさの　①481
おろかながらも　②419
愚ながらも　②182
をろかながらや　①352
愚なる　②73
おろかなる子の　②35
おろかなる身を　③268
愚には　⑥26
をろかにも　②31
をろかによむは　①309
おろし置
朝いの床の　②116
鉤簾の隙々　②117
おろし篭たる　②7
おろした跡は　③429
おろす格子の　①386
おろすこそ　①288
おろす簾に　①334
おろす端山の　⑥25
おろせの足もと　④327
おろそか成し　②235
おろそとは　③335
おわかれ時分に　④307
御別れの　④325
をはらん暮も　②133
おわりとて　②78
尾張へ迄と　③318
終をも　②429
をはれば帰る　②346
緒を断ぬれば　①396
御命には　③531
音楽の
声も妙なる　④267
拍子に花や　④213
御筐とて　③525
御后　③340

音曲の　③278
御位　③330
恩光　②100
飲酒戒
　やふれ菅笠　③225
　破れ菅笠　⑤281
恩賞に　③382
温水の　④257
御田植をも
　さしのふる
　③158, 528
御たてゑほし　③325
御契　③431
おんづめは　④313
女有けり　③522
をんなをとりは　③503
女をとりは　③159
女かた　③436
女方　④203
女歌舞妓に　④233
御なかめ　③487
女車と　③337
女ともにも
　ちとあはせ
　③154, 504
女にて　④135
女の声て　③217
女の脛の　④247
女は氏は　③174
女舟　③200
女武者　④257
女もたて　③192
女わらんべ　④302
怨念も　④271
御文ことに　③354
御身いかなる
　門に立らん　④197
　ひえの山風　③359
御水桶に　③391
隠蜜にふく　④291
御身は小知に　③309
陰陽のはかせ　⑤104
怨霊を　③506

【か】

かひある使　②133
甲斐かねを　④177
かひからは　④211
咳気げに　③115
咳気声にて　③171
咳気にしけき　③233
飼下る　⑥19
会稽や　③174
貝子より　②59
開山後は　④254
開山よりの　③228
かいしきの　③119
かいしきも
　椎のはにも　③502
　椎の葉にも　③163
　蒔絵に見ゆ　③181
懐紙とちめの　③307
懐紙の初折　④284
会所におゐて　③388
会所屋に　③390
会席を　③192
皆他の世上の　④250
海中までに　③188
開帳を　④327
海道くたり　③331
海道下りの　④234
海道の　③217
海棠の　⑤108
海棠や
　女に縁の　⑤107
　閑居の眠り　⑤106
　衣引まとふ　⑤108
　少しばかり　⑤108
　人の眠は　⑤107
かひなき名残　②358
かひなつく　④163
かいな引たる　③400
飼なれし　③147
貝の緒の　③516
かいの雫や　①280
かいの隙なき　⑥31
飼はなつ　①359
買はやらかす　③175
開板に　③276
貝ひろひとり　⑥50
貝ひろふ　⑥56
かいま見しより　①265
かひま見の　②401
買もせぬ
　ものことに　③204
　物毎に直を　③514
買もの何々　③226
買物何々　④324
飼よらん　①325
皆令満足　③275
海陸の　③485
かいを作りし　③302
骸をやく　③274
下雨　②101
飼こまも　②13
飼駒も　⑥15
飼駒や　②129
飼鳥も　③188
かへさおもはぬ　②23
帰さなるらし　②419
かへさの道は　①417
帰さは月に　①400
帰さは遠き　①417
かへさ迄　②109
返しすてたる　①414
返し初たる　②209
返し程ふる　②114
かへしませぬそ　④305
返しもあらぬ　②420
返しもやらぬ　②320
返す返す　③207
かへすころ待　①207
かへす田づらの　②145
返す田に
　日外縄を　③268
　水せき分る　①374
返すばかりの　①425
かへすは雪の　③508
かえせかえせ　④161
替名迄　③234
帰らで語れ　④115
帰らぬは　④107
かへらぬ水に
　むかしをぞ
　①202, ②347
かへらぬ水の　②126
帰らぬや
　花の木陰の　⑥63
　よるべ定ぬ　②129
かへらん方や　①419
かへらんと　①24
帰らんとする　①388
かへらんも　①487
かへりあふにも　②15
かへり出る
　山やおもは①79, 166
かへり出ん
　方も露けし①55, 155
帰り出る　④49
帰きて　①323
かへり声　①23
かへりこし路に　②167
返り事見る　③440
かへりこむ　①191
帰こむ　①415
かへりこん　①135
帰来ん
　跡のこしけ　①127
　程は雲井の　①280
かへり住家の　②406
帰りつくせる　①301
かへりて後の　①246
帰りてや　②286
かへり啼　②44
かへりぬる　②77
かへり残りて　②112
帰り残るも　②247
かへり見て　②151
かへり水無瀬の　④100
かへり見ぬ　②289
かへりみやこの　①351
かへり見やれば　①240
かへりみらるゝ　②247
かへり見らるゝ　②312
かへりみる
　跡の駅路　②294
　あとは山ぢ　①423
　跡はるばる　①264
　位の程は　⑥16
　のべのけぶ　①469
　道は遥に　①493
　都の山は　②356
かへり見る
　都の山や　①210
　淀の川瀬の　①235
　我故郷は　③249
帰りみる
　跡は木しげ　②135
　やどりは遠　①416
帰り見る　①367
かへり見るにも　②434
かへり見る見る
　行旅の空
　①201, ②255
かへり見ん
　葛のうら風①87, 171
かへりまうしの　②244
帰ゆく
　雁を船路の　②10
　鳥もや雲に　②434
帰り行
　雁をもつる　④81
　日用の者を　③307
かへる家路は

遠き山陰　①428
遠き野の原　②250
かへる家路や　②425
帰る市路の　②103
帰るか鹿の　①390
帰るか袖の　②209
かへる雁
しるべがほ①23, 143
乗物舁を　③325
帰る雁
声も翅も　②422
遠目がねに　③188
帰雁
一間半の　③524
ながなく音　⑤75
三くたり半　③262
帰る雁とや　④148
かへるか雁の　①426
帰るか雁の　①369
かへる狩場の　②13
帰る樵夫の
道の方々　①239
やすむ山ぎ　②69
かへる古郷の　③285
蛙子の尾も　④224
帰るさいそぐ　②7
かへるさかすむ　②158
かへる嵯峨野の　②47
帰るさ暮る　②87
帰るさゝぞな　⑥46
かへるさたどる
をかごへの　②33
山陰のみち　②363
かへるさとをき　①442
帰るさ遠き　①328
かへるさの　④82
帰るさの
里かけて吹　②155
道にかけ置　③290
帰さは　①281
帰るさは
秋の山土産　①384
草ぶかき野　②384
袖さむき野　⑥47
爪木も袖も　①404
松原遠き　①478
かへるさも　②18
帰るさも
桜が下に　①360
遠きやどり　①339
わする計の　①458
忘れはてた　①431
かへるさや
我もいざよ①88, 171
帰るさや
をのが里人　②177
取あへぬ袖　①237
かへるさわすれ　①322
帰るさを
おしめる花　①485
かくるゝ迄　①378
山柴人や　①319
帰る田中の　①488
かへるてふ
山路わすれ①65, 159
かへるとつぐる　①318
かへるともなき　②31
かへる波
こゝろなつ　①53
ながめじ霞　①16
かへる浪
うち詠つゝ　①442
ながめじか　①141
帰る波　④53
帰る浪　②191
帰る波かな　③214
帰るなら　③68
帰るにはしかしと　④327
帰るはあたら　②359
蛙はをらぬ　③192
帰るべき
折しる雁や　②70
伝だにあれ　④76
かへる水無瀬の　②230
かへるやいづこ　⑥116
帰るやいづら　②249
かへるゆふべの　②156
顔あかふする　④230
買ふもの　③294
かほつきも　③515
顔つきも　③162
皃つきを　④293
皃にかゝる　③506
皃の色
青狩衣て　③505
明石掃部が　④298
皃のけしやうは　④138
皃のよしあし　④147
顔は猿　③480
かほばせの
色もいつし　①462
色もおもへ　①452
かほらずは　②199
かほり出ぬる　④128
かほり来る　④80
かほりし袖に　②226
かほりしも　②51
かほりなうせそ　①303
かほりも深き　⑥20
馥りも深く　①218
かほをしかめて　④279
かゝへても　③437
かゝへてわらふ　④298
かゝか面影　③470
かゝか心　③486
かゝげかゝぐる　①361
かゝげ捨たる　⑥57
かゝげつきぬる　①232
かゝげつくせる　②171
かゝげてむかふ　①469
かゝげねば　②189
かゝさまに　④241
かゝ様の　④305
峨々たる山の　④204
かゝつてみたる　③295
峨々として　③451
峨々とそひゆる　③417
かゞなべし
山のかひあ①35, 148
かゞなべて　⑥66
かゝぬもくづの　②328
かゞまりゐるを　③189
鏡さへ　②248
鏡とをしれ　①491
鏡にだにも
見えし我影　⑥60
見えし吾影　②262
かゞみにはぢぬ　⑤104
鏡にむかふ
朝鳶の声　③230
心はづかし　②322
子路かおも　④312
鏡にむかつて　③260
鏡のかげも　②5
鏡山
いさ立より　③514
いさ立寄て　③519
いざ立より　⑤254
鐘山　③519
かゝみ行　③213
かゝみを鋳たる　③417
鏡をかくる　①431
鏡を見よと　①376
鏡をも　①320
かゝやかし　①7
加賀より幾巻　③407
かゝりける
命もしらで　④40
わかれもし　④28
篝火焼て　④327
篝火に
砌の蛍　②263, ⑥60
篝火の　②92
篝火は　①403
篝火ほそく　①482
篝火を　②241
かゝり舟　③367
かゝりをそとへ　③351
かゝるうき身は　④116
かゝる生れの　②353
かゝる生よ　②191
かゝるおもひに　③303
かゝる思ひの　①400
かゝるくもりや　②49
かゝる歎きを　②403
かゝる歎を　①221
かゝる野原の　①466
かゝる身の　②140
かゝる名句も　④175
かゝる藻屑や　①370
かゝるや月も　①333
かゝる宿にも　①488
かゝれたり　③452
かゝれとて　⑥90
かゝれとや
見しなでし　①63
見し撫子の　①159
かゝを置て　③327
鑰預り　⑤98
かきあつむるも　②40
かきあはせたる　②322
書出ん
詞だになき　②262, ⑥59
垣内も　②13
書置一巻　④250
書置にする　④199
書置の　③304
書置の事　④208
書置めされ　③522
かき送る　②326
書送る
手紙のおく　③173

文のいなせ　②328
かき返す音も　②420
かきくとく　③523
かきくもり　①322
かき曇り　①462
かき曇る　③304
かきくらす　①422
垣越の　①242
かきざまも　②403
書すさびたる　①325
かき捨し　②380
書ぞめに　③113
書初の
文字のむか　③28,⑥135,153
書ぞめや
おほくの年　③96,④350
千秋播州　③53
書初や
七十歳筆　③60,255,⑥89,140,162
棒の先まで　③141,⑤49
よみ奉る　⑤49
我は天筆　⑥162
書ぞめを　③61
書初を　③501
かきたえし　①281
かき焼も　①482
かきたるゝ　①289
かきたれつゝも　②147
かき垂つゝも　①272
かきたれて
麓や雪の　①385
又降積る　②370
雪のふる蓑　①428
書付てとふ　④307
書付て見る　③318
書付は　④267
杜若　①241
かきなす琴の　①442
かきならす
琴をたより　①482
春のしらべ　①346
律のしらべ　④85
かきならすとも　②63
かきならびより　⑥102
かきぬる汗を　③508
垣根あれにし　③213
垣ねなる　③239
垣根にこぼる　①216
かきねにつゞく　①280
垣根にのこる　⑥7
垣ねにほすも　②184
垣根にも　①450
垣根まで　②83
垣ね行　②228
垣ねより　①385
垣のしりへは　②336
柿の本　③53
垣の本の　③149
垣一重さへ　①235
垣ほさへ　⑥45
牆ほづたひは　②303
垣ほつゞきの　②53
垣ほにうつる　②183
牆ほになびく　②153
垣ほにむすぶ　②107
かきほにわたる　①349
垣ほの梅や　④108
垣ほの竹の　①396
垣ほの竹は　①342
書遣文は　③181
かき遣も　①382
かきやれば　②293
蝸牛の角の　④183
かぎり有ける　①296
限ありて　⑥116
かぎり有てや　①260
かぎりある
時をかなし　②280
光にぞ世を　①93
限ある
命に法を　②314
ものばへこ　④108
かきりあれは　④221
かぎりあれば　①449
限あれば　②396
限りあれば　②207
限りおもへば　②328
かぎりつる
年や送らん　②108
日数はあさ　①342
かきりとて　④242
かぎりなき　⑥67
限なき　⑥29
かぎりもあらぬ
片田舎住　②434
鳴神の春　①489
かき分て　①248
額板の　③360
額板を　③275
かく恋やせて　②186
かくしこそ
有べかりけ　①27,145,⑥148
春は一夜に①6,139
かくしつゝ
旅ゐにや見　①122,②376
旅居にやみ　①189
隔心な　③310
かくす事　④337
かく玉章に　②297
かくて幾夜も　③516
かくてしも
あはれすむ　②389
すみかとな　⑥72
身はならは　①280
かくとだに　①265
かくながら　①365
かくならん　①343
かくばかり　④95
かく計
したふも世　②293
また心とも　①494
芳しや　①38
格物千話の　④312
かく文の
返しあやし　①286
詞だになき　②116
書文の　②31
かくふるされて　①489
各別の　③383
覚明と　③315
かくも有ふ　③123
学問を　③299
楽屋淋しき　③386
神楽男子も　①329
かくらくの　①413
神楽ひやうしの　③454
神楽催す　②317
癨乱けにや　④244
藿乱ならは　④183
くわく乱世は　④259
獲麟の夕べ　④312
かくるこゝろは　①425
かくる灯篭の　②332
かくるやと　①12
隠るやと　①140
かくるゝ松に　②401
かくれ家に
いつか見果　②335
ひとりなが　②122
身をまかす　②99
隠家に
便なき身の　②92
我松虫の　①391
かくれ家は
言葉の花の　①33
人気遠きを　②405
隠れ家は　①399
隠家は
思しよりも　②300
花なき山の　②143
隠家ふかく　②189
隠家や　①61
かくれ家を　②15
隠家を
あすはとう　④249
唯等閑に　④109
たのしまば　②270
とふ物とて　②225
求ざるこそ　①489
かくれけり
いかにせよ①71,163
隠れ里はいま　⑤99
隠住　②360
かくれなき　③185
隠れなき　④316
かくれぬ物は　④277
かくれみの
おはりの国　③241
尾張の国に　⑤177,200
かくれみの笠　③212
かくれんほ　③432
かくろへごとも
化名もれけ　②151
あらはれや　②241
かく別れ　②254
かくわぶる
祈うけてよ　②66
ことを都に　②77
影あふげ
まことをて　①172
まことを照　①88
世は昼はれ　①9
懸あほり　④258
陰浅き　①315
陰浅くなる　①351
筧さへ　①221
かけ出駒を　④153

かけひにうくる ①454
懸樋につたふ ②417
筧の水の
　音かすかな ②403
　たえだえの ⑥117
　とをき谷あ ②163
筧より ②192
陰うちおほふ ⑥13
影うつす ②407
影写す ③317
影うつる ①225
影うらゝかに ①420
陰おほふ
　筆のはやし①15, 141
掛置し ③420
かけをくは ③382
欠落の ④250
欠落の跡は ③281
かけ落は ③314
欠落は ③344
かけ落してや ③203
かけ踊 ③125
かげおぼろにも ②294
懸かけや ⑤104
かげ幽なる ④122
かけかねの ④159
かけかねもはや ④177
懸かねを ④281
影消て ①92
かけきやは
　みやこに今 ①137
　都にことし ①5
かげ清き ①374
影きよき ⑥56
影清き ④116
景清の ④317
かけ薬にて ④294
影くらき ②297
陰くらく ①483
掛乞に ③350
懸乞も ④163
懸香を ③391
かけ来し浪の ④123
かけ碁に日 ③353
かげさむき ②80
影寒き
　うしろの山 ④212
　垣ほの月の ⑥28
　日は入やら ②141
陰さゆる ②335
かけざりし
　今のつらさ ④5
　やつれを歎 ④111
陰しげる ②233
陰茂る ①280
かけしすだれも ①373
影しばし ①432
かけぢをならす ⑥18
かげすかし置 ②324
影冷じき ②414
陰冷じく
　そよぐ竹の ②134
　なれる垣う ⑥23
陰すゞし
　とはゞ松さ①65, 160
陰涼し
　よゝを継ゆ ①68
　よはひのば ①67
影涼し ③81
かけ捨し ①329
影澄のぼる ④91
かげすむや ②81
影すめる ①276
影せし宵の ②128
陰そふや ①38
かげそふる ①211
影そへて ②13
かげそへにけり ①257
影たえだえに ④112
陰たかき ②387
陰高き
　しるしの杉 ②318
　中に木玉の ②193
　松や子日に ①236
　森の梢の ②324
かげたのむ ①336
陰たのむ
　年もつもり
　　①120, 187
　身の春なれ①11, 140
かけたりと
　申物かや③25, ⑥154
懸帳を ③392
かけ作り ④246
懸作り ③296
陰つゞく
　あふちの梢 ②389
　道のなら柴 ①478
かけていふ ②311
かけてこし ④119
かけてだに ②119
掛て出る ③279
影てらす ③337
陰とむる ②88
影とめて ①25
影ないそぎそ ②74
陰に来て
　昔をおもふ ②62
　もてなす藤 ②307
陰にさへ ①355
陰にせん ①68
陰に夏の
　日数をみす ①152
　日数を見す ①47
陰には塵も
　すえぬ松風 ②180
　すへぬ松風 ②413
陰に蛍の ②401
かけにまいらぬ ③407
かけねなし ③253
陰の知べと ①307
陰野のすみれ ①433
梯と ②200
桟に ②68
梯に ②35
桟の
　霜はかつが ②243
　たどたどし ①282
桟際の ④107
梯の
　上にもおつ ①476
　おくよりお ①302
　朽たるは又 ②366
　半や朽て ①475
　渡絶を雲や ②180
桟は
　それぞとみ ②146
　岨の行ての ②84
　誰住谷の ①357
　剣の山の ④168
　杳にも只 ②51
梯は
　いとゞあや ①298
　行人見えず ②331
かけはしも ①327
桟も
　木々の木葉 ⑥27
　雪にわかれ ②124
梯も
　あらはにみ ②158
　山の雫に ④110
かけはしや ②213
梯や
　越べき方の ②195
　わたせる霜 ⑥18
かげは千尋の ②211
影は猶 ②158
かげはまだ ②23
影はまだ ①261
影晴て ②28
景晴にけり ①380
影久し ①214
陰ひろく ②235
陰ふかゝらし ②266
陰ふかき
　正木のかづ ①372
　森のあなた ②103
陰深き
　雲の林を ②433
　竹のそよぎ ②362
　森の下道 ②159
陰深くなる ①401
陰深し ①387
影更る ③322
陰ふみしだき ①322
陰ほしにせし ③431
かけほす網は ①333
かげほそき ②171
影ほそき ②292
影細き ①259
かげほのかなる ⑥40
かけまくも
　いかにこと ①35
　いかに詞の ①149
　内外の神の ③261
　かしこき位 ①461
　かしこや爰 ③8
　かしこや蘇 ④269
　忝しや ③171, 393
　夢の浮橋 ③476
影まづ白き ②178
陰まで雲の ②329
陰まばらにも ①351
かげみだす ⑥93
陰みれば ②140
陰見れば ①251
影見れば ②416
かけ目安
　おもひよら ③336
　今日まかり ③435
　進上さいは ⑤215
掛目安 ⑤190
懸目安 ③243
陰も朝けの ①402

影もさ月の　①268
影もさやけき　②217
影もともしく　②302
影もにほてる　②189
かけ物も　②198
かげもはづかし　②289
影も日よしの　②31
影もほのかに　④83
影もやゝ
　入日にさは　②290
　野中の月の　②327
影も漸　②222
陰もよし
　千とせの御　①70
　千年の御祓　①162
　よしや時雨
　　①110, 181, ⑥88
影や海に
　みねもたひ　①34
　峰もたいら　①147
影やこよひ
　半にかへす　①97
　半に返す　①175
陰行や　①41
かけると見しも　②65
かけるや遠き　①473
かげろひて　①457
蜻蜓に　④169
蜻蛉の　④195
蜻蛉もゆる　⑤99
かけろくに　③378
陰分る　①407
陰分て　③516
影をうつす　①37
影をわびし　⑥40
加減してをく　③474
加減して散　④324
駕篭いひつけて　③327
かこひをく　③374
かこひ置
　庭のめぐり　②303
　山もかたへ　①309
かこひくらひの　③232
かこひ天神　③292
かこひなしたる　①484
かこひなす　③345
かこひぬる　⑥7
かこふあたりや　②151
かこふかたへの　②7
かごうせか　③234
かこふとも
　あらでさえ　②78
　見えなくま　①293
かこふまがきの　①304
かこふ砌の　①332
かこふめぐりは
　秋の草むら　②79
　いさゝむら　②267
かこふめぐりも
　嵐はげしき　②21
　広き呉竹　④84
かこふもかげの　②105
篭かきいやかる　④313
駕篭かきか
　此もの語を　③533
　此物語を　③413, 530
駕篭かきかいふ　③363
駕篭かきも
　しゆ道の方　④329
　友達かたら　④183
駕篭かきや　④164
駕篭からふ　③521
篭からふ　④310
過去現在を　④210
かこち顔なる　③449
かこちては又　⑥16
かこちながらも　⑥19
かこちやりぬる　①410
過去帳懸帳　③382
駕篭賃の外　③433
駕ちんも　③382
かこつこそ
　化めく人の　②52
　野々宮人の　②182
かこつべき　②62
篭てやる　④270
駕篭て夜中に　③430
かごとがましく　④80
かごとがましや　④92
篭に入ば　③13
篭にうつらや　③324
駕篭にめすなら　③304
篭ぬけをして　③363
駕篭はあれど
　たゞすねは
　　③49, ⑥138, 153
　只すね萩の　⑤167
駕篭はあれとも　③405
過去未来　③222
駕篭をやめて　③346
風穴通す　③178
下宰共　③331
瘡かきと　③261
笠かけの　④332
瘡かしら　③165
かさかしら　③358
笠か高ひは　④249
瘡気の頭痛　④269
風声水音　③466
かさゝぎの
　伝へし声や　①5
　橋を夜わた　①61
鵲の
　つたへし声　①138
　翅かろげに　⑥118
　翼にわぶる　①254
　翅は峰に　①280
　橋を夜わた　①158
かざゝでも　①13
かざしおる
　さくらは今　②109
　袖にしほれ　①253
かざし折
　袖こそ花の　②248
　袖さへ色に　②223
かざし折べき　②255
風下無事に　③427
かざしていづる　①209
かざしぬる
　色にまがへ　②331
　袖も色有　①400
　袖も色こき　②425
　花もえなら　④125
かざしの竹ぞ　①305
かざしの紅葉　①384
かざしもて
　一木を四方
　　①103, 178, 426
かざす扇も　②203
かさとりあへぬ　②220
重りて　②428
かさなる莓の　①244
かさなるもやゝ　①289
嵩なれや
　くもる炭が　⑥167
　くゆる炭が　③89
かさなれる
　岩ほそびえ　②280
　岩間の水の　②352
　落葉は霜に　②395
　霜の上より　②276
重れる　①200
笠にきる　③56
笠に木葉の　③283
笠ぬぐや
　出あひがし　⑤169
　出合がしら
　　③11, ⑤288
重ぬるとなく　①348
かさぬるはうき　②159
かさぬるもなを　①450
かさぬるを　②306
かさねあげて　①312
かさね置　③264
重きて　②132
かさねさる　③191
かさねて悪趣　③227
かさねて急度　③337
かさねて布を　③376
かさねては　②143
重ねても　①389
かさねても何　②285
重ねぬる
　御衣やぬぎ　⑥18
　衣は緑の　⑥8
重ねゝば　①363
かさねまほしき　①328
笠の緒しめて　③299
笠のはおもく　①478
笠のはつかに　②277
笠のはに　①353
笠の端に
　あへずも雨　⑥49
　霰みだれて　②310
　ちる初雪は　②216
笠のはも　②366
笠のはや　②196
瘡はうみたつ　④333
笠鉾に　③170
瘡骨の　③483
瘡骨残つて　③451
かさ松や　⑤166
笠松や
　和田は大き
　　③86, ⑤221
笠舎　①378
笠やどりして　②423
かざりおろして　①426
かざり竹　⑥162
笠をかたふけ　③309
かし駕篭ぬれて　④246
かし駕篭や　③344
かじかなく　①449
かしがまし

砧の音の　②140
枕にちかき　①271
かしげたる　②47
かしげてさびし　②251
かしげてたてる　①312
かしこうやつて　③256
かしこき諫　①484
かしこきか　③147
かしこきが
出ぬる跡や　②226
心かすまぬ　②419
賢に　②143
かしこきに世は　②13
かしこきは　③321
賢は　④90
かしこきや　②385
賢や
あはれなる　④81
君が仕を　②69
事しげき世　②247
身を山ふか　①271
かしこき世ぞと　①247
かしこきを　①360
かしこくも
集置たる　①477
伝もてこし　①487
道をつぐ名　②322
賢くも　③188
かしこさは　③526
かしこはすみのえ
④200
かしこまり　①383
かしこまりたる　④295
かしこまりなる　②426
かしづかれつゝ　①273
かしづける　④91
かし捨て　③461
かし店にして　③453
かしとりの　③461
梶なをしてよ　①470
梶にまかする　②199
かぢのをとする　①462
樫の木の　③338
かしの木の棒　④219
樫の木も　③353
かちの槌　④212
鍛治のつち　③416
火事の場　④239
梶の葉や
折得がほな　①164
おりえがお　①74
梶の葉を　①74
火事はけしても　③366
火事場へはしる　③471
菓子は前　④323
梶枕　②408
かしましく　④142
借屋もかりの　③154
ケ条に残　④229
かしら煎しに　③330
かしらかいたむ　③438
かしら髪　③295
かしらに雪を　①468
かしらの霜を　②307
かしらの雪や　①338
かしらは猿　④194
頭は申　③67
かしらよりまづ　③187
頭をは　③419
かしらをふまへた
③329
頭をも　③9
柏木は　①400
かしは手や　⑤123
梶原が
さかろの遺　⑤218
逆櫓の遺恨　⑤273
梶原か目に　③441
梶原すこし　③469
楫を絶　①362
梶をたえたる　②82
かす都か　③477
かすかいも　④197
数書絶し　④77
かすかくあせも　③212
かずかず出て　⑥5
かずかずぞ　②3
数々の
文の返しも　⑥52
まゝ子本の　④293
かすか也　②167
かすかなる
庵見えたる　②243
かけ樋の水　②381
声も聞えて　②360
里はをかべ　①442
月に蕉の　②416
野原の道は　①472
松の下道　②373
むらのなは　①440
幽なる
声して里に　②431
里も人けも　②279
栖は遠の　②248
月の河風　②65
水も筧に　②155
水もながれ　②11
道こそつゞ
②157, ⑥34
夕の寺の　①277
幽にかゝぐ　④84
かすかに川の　①380
かすかにきこゆ　②313
かすかに聞ゆ　⑥7
かすかにしらぶ　①232
かすかに鳥の　①247
幽になれる　④76
かすかに見ゆる　②169
幽にむかふ　④95
かすかにも
氷の下樋　①342
わらぶきか　①486
幽にも　②31
春日のお影　④332
春日野に　③150
春日野に出て　③365
春日野の
末はるばる　②402
月もかきく　②34
わか草いそ　①19
若草いそぐ　①142
春日野は　④177
春日野や
床を離て　②315
名残霞る　②203
みながら消　②52
分行末の　⑥4
春日の山の　①301
春日野を　③426
春日山
春ながらま　②371
まつりのつ　⑥39
風かよひぬる　①328
かづきする　①383
かづきせぬ　②13
かづきの蜑も　⑥97
数くはゝりし　⑥31
かづけの衣の　②44
かづけるは　②304
数そひけらし　①236
数そひて
月より先に　②126
夕を急ぎ　②247
数添て　①404
数そふまゝの　⑥23
数たらぬ
友やしのび　①54
ひとりや千①90, 173
数つもり行　②289
かすてら持て　④279
数ならぬ
垣ねもてな①78, 165
身さへ捨る　②196
身は又人に　②4
数ならぬ身の　①233
数ならぬ虫の　③419
数にとらば　①209
数にとれ
ま砂を千世
①115, 184
数の鍋尻　④206
数のなみたを　③360
数ふれば
砧も秋の　①176
星も思ひの　⑥93
数まへん　⑥28
数まさり行　④112
かすまざる　⑥4
かすまずとても　②109
かすまずは　①19
霞ませ置し　②267
かすまであらき　②436
かすまで霞む　②273
かすまで近し　④108
霞ぬひかり　②130
霞まぬや
むべともし　①15
むべ灯の　①141
霞まぬ廊に　②350
霞まぬを　⑤127
霞まねば　①297
数見えて　①283
霞えならぬ　②55
霞かゝれる　①208
かすみがくれに　②199
霞がくれに
駒いばふこ　②367
ねぶるみゝ　⑥26
みゆる横雲　①494
霞がくれの
滝津河をと　②356
日影すくな　②300
ふかき谷の　②389
水しろき末　①237

霞かすまぬ　②138
霞かねたる
　遠近の山　①474
　岑の遠近　①387
霞きえ行　④93
霞機嫌ぞ　④333
霞くみ　②385
かすみ酌過　③180
かすみ酌そへ　②11
かすみ酌つゝ　①347
霞くみつゝ　④88
霞酌つゝ　①221
霞くみての　①266
霞酌なれ
　むつまじき
　①201, ②254
霞くむ
　けふの狩場　②401
　なかれの女　④263
霞酌
　つらぬる歌　②150
　宿のあらし　②417
霞くむべき　②276
霞こそ　②3
かすみこそける　④154
かすみこめたる　②103
霞こめつゝ　②318
霞さへ
　あばら笆の　①403
　おろしこめ　①344
　渡るともな　①363
霞しく　①470
かすみするする　④145
かすみぞとづる　②195
霞ぞわたる　①342
霞たちきえ　②309
霞たつ
　かたこそ人　①328
　西の大寺の　③367
　野守はゆつ　③370
　松皮木村　③403
霞立
　三条小橋て　③200
　関のこなた　①250
　空も八雲の　②428
霞たつ名の　③166
霞たな引　⑥7
霞たな曳　②343
霞つゝ　②395
霞ていにし　①214
かすみてさびし　②81
霞てしばし　①261
かすみてとをき　②216
霞てとをき　①298
霞てほそし　①414
かすみと消し　②185
霞磨たつる　③483
かすみながらに　②25
霞ながらに
　風送る山　②320
　ふれるしら　②399
　夢の明ぼの　②408
霞ながらも　①451
霞ながるゝ　①362
かすみ流れて　②250
霞ながれて　②345
霞にうかぶ　①336
霞にうすき　②135
かすみに酔の　③501
霞にかゝる　②417
霞に雁の　②232
霞に消し　①229
霞にきゆる　①488
霞にくらき　②29
霞にしづむ　②301
霞に袖の　①368
かすみにたえぬ　②35
かすみにたどる　②293
霞につゞく　②433
霞に遠き　①287
霞になして　③471
かすみにのこる　①456
かすみにふかす　②406
霞にへだつ　②394
霞にまじる
　野べの帰る　②233
　鞠の伴　②326
　紫の雲　⑥22
霞にも　①307
霞にもるゝ　①387
霞にや　①337
霞に雪に　⑥10
霞ぬる
　海辺遥に　④84
　小沢の流　②50
霞ぬる夜も　①415
霞の網か　④129
かすみのいづち　②218
霞のいたく　②115
かすみの色に　①364
かすみのうへに　④92
かすみの上に　②185
かすみのうへの　⑥38
霞のうちに　①248
霞の中に　②285
霞の内に　②17
かすみの内の　②198
霞のおくの　①273
霞の奥は　①341
霞の遠に　①356
霞の遠の　①250
霞のかこふ
　あたり広し　①472
　宮井見えけ　①372
かすみの衣　③346
霞のころも　③162
霞の衣
　いかにほす　④95
　いつかきて　⑤45
　腕に生きず　⑥145
　うてに生き　③377
　尻からけし　③290
　手に珠数か　④265
　はつる勾当　③150
霞の下に　①400
霞のしたの　①273
かすみの関も　③422
霞の底に　②352
かすみの底の　②412
霞のそこの　②181
霞の底の　②363
霞の袖を　①396
かすみの隙に　②6
霞のひまに　③397
霞のひまの
　遠のしら雲　②88
　高砂の山　①243
　滝の一すぢ　②218
霞の隙の　②179
霞の渕へ　③326
霞の外に　①326
かすみのまがき
　うちも外も　②175
　消尽す跡　②335
霞のまがき
　しづかなる　①231
　野べをこむ　①275
霞の笆
　かこひそへ　②373
　立て片寄　④89
　引かこふ也　①395
霞の籬
　雨残るらし　④126
　風にみだる　②296
霞のまよふ　①305
霞の間より
　老ほれの恋　③453
　白き浦波　②403
霞のみ　②177
霞みの山を　④311
かすみの酔や　③274
霞ばかりを　②288
かすみばし　③13
霞はてたる　②368
霞引　①253
かすみ引手に　③275
かすみひけひけ　⑤293
霞ひけひけ
　押す車坂　⑤270
　ひくくるま　⑤299
かすみへだつる　②158
霞も雨も　①388
霞も幾重　①210
霞もかこひ　①302
霞も消る　⑥27
霞も霧も　①242
霞もくまず　①309
霞も雲も　②41
霞もそめぬ　①230
霞もて　①406
霞も遠く　③250
霞もなびく
　しめ縄の末　②346
　森のしめ縄　①467
霞も靡く　④95
霞もはやき　①425
霞もはれて　③147
霞もふかき　①471
かすみもふかく　①444
霞もふかく　④273
霞もやらぬ
　遠の山本　①304
　松のした風　⑥41
霞もゆかし　③208
霞八重しく　①402
霞やけぶり　①495
霞ゆく　⑤100
霞行　③469
霞より　②189
霞わけつゝ　②390
霞わたりし　①258
霞わたりて
　なぎぬ汐時　②308
　豊なる比　②403

霞わたれる　⑥8
霞渡れる　④102
霞をあらふ　③303
霞をいそげ　②234
霞を落て　⑥17
かすみを風に　③375
霞を風の　①421
かすみをくめる　①354
霞を凌ぐ　⑥28
かすみをながす　②382
霞をながす　⑥53
霞をも
あはれみて　①308
酌つくしぬ　④80
酌尽すべき　②427
独しくめば　①419
霞をや　⑥25
霞を分る　①415
霞を分て　③151
かすみを分て　②39
かすむ朝けの　②95
かすむ朝日に　⑥34
かすむあなたや　④81
霞む嵐に　①403
かすむ入江に　②293
かすむ巌に　⑥3
霞む浦輪の　①219
霞むおのへの　①447
霞む尾上の　⑥96
かすむ交野の　②240
かすむ座敷の　③272
かすむ塩垢離　④193
かすむ外面の　②83
かすむ園生の　①375
かすむと絶に　②26
かすむとだえを　②44
かすむともなき　②8
かすむともなく　②48
かすむ詠の　④94
霞む長等の　⑥16
かすむなみだの　②28
霞む浪間に　③145
霞むなよ　④107
かすむ野がけに　③189
霞む野筋も　⑥60
霞む野筋を　②262
かすむ野は
今しも去年　①17, ⑤102
霞む野は
今しも去年　⑤102
をのづから　②254
羽音ばかり　①218
霞む屏風の　①483
かすむ広間の　③501
霞む隔の　②126
かすむまぎれに　④260
かすむ間に　⑥49
かすむ間は　④156
霞む砌に　⑥52
霞みぎりや　②378
霞む宮古の　③359
かすむめぐりの　②57
霞むも星の　①443
かすむ山坂　④183
かすむ夕日に　③269
霞む夜の　①388
霞む夜や　②188
かすめ空　①19
霞めやらんも　①433
霞める雨の　①278
かすめる雨は　④113
霞める雨も　①428
霞める池の　⑥25
かすめる谷の　⑥40
かすめる月に　②63
かすめる波に　②327
かすめる庭の　②187
かすめる峰を
越過る道　①359
行うつし騮　②100
かすめる山を　①227
かすめるを　①24
かつらき高間　④265
葛城高間　③466
葛城とをく　①281
かつらきの
神はあから　④196
神も仙家に　④234
かつらきや
ゑへんゑへ　④218
天狗たをし　④216
かづらきや
かけ橋すぐ　①452
雲の果なき　②371
高天も晴る　②93
葛城や
霞の上に　①379
霞も消て　⑥94
月影高く　⑥35
なびきし雲　①329
花に余の木　④243
岑のあらし　②385
峰の楠　③197
かづらはふ　④120
かするはかりに　③278
かずを重ねて　①387
かすんたつらや　③174
風あたゝかに　⑥93
風あらましく　①264
風あれて　③150
花清宮の　③205
風出ん　②209
華清に入より　③489
風嘯けは　③466
風うちそよぐ　②406
風うらゝかに
鐘とをき山　①261
しのゝめの　②190
風絵むしろを　③462
風おさまれる　①287
風遠方の　①280
風かほらせて　③238
風霞　②68
風かすむ　②20
風かよふ
竹の下葉も　②316
田井の畦の　④95
砌すゞしき　④80
風通ふ　③273
風かよふなり　①295
風かはる　④110
かせぎの臥所　①423
風清き
松やこゝろ　①70
松や心の　①162
宿や昼間も　①68
かせくのこ切　④142
かせけ共　③472
風こゝろあれ　②181
風こゝろせよ　②226
風こそかはれ　②288
風こそこぼせ　②14
風こそそよけ　④265
風こそとをせ　②267
風さえて　②14
風さきよりぞ　④85
風さそふ
方にはげし　①481
花のまにま　①329
山沢水に　①215
かせさふらひの
袖垣の露　③362, 521
風寒き　①297
風寒く　③248
風さむみ　②269
風さはぎ　①335
風さはぐ
岩がね松の　②325
篠の戸ざし　⑥44
篠田の森の　②255
信田の森の　①201
柴つみ小舟　⑥36
すゞのしの　②270
風さはぐ也　②328
風しづかなる　①351
風しづまりて　①245
風しづまれる　⑥109
風次第
居尻さだめ　③72, ⑥167
風霜に　①30
かせ所帯
扇ひらいて　④303
過るもおな　③412
破れふとん　③387
風しらぬ　②48
風新柳の　③359
風過る　②230
風すさぶ
あばら笆は　②394
小田の畝野　①347
昆陽野のあ　②238
砌に寒き　②7
淀の川辺の　⑥6
淀のわたり　②224
風荒ぶ　①220
風すさぶなり　②165
風すさまじき　①464
風冷しき　③310
風冷じき　②54
風冷じく
なびく呉竹　①251
宵や過けん　①466
風涼し
こゝ社呑べ　④320
まだ初秋の　②67
かせ世帯
つらつら是　④306
我衣手に　④177
風ぞ秋
ことしもな　①106
ことしも半　①179
風そよぐ　②243

風高き　①469
風たゆむ　②132
風たゆる　①472
かせ杖はもと　④243
風なびく　②324
風にいばへて　①333
風にうそふく　③415
風にかたよる　①344
風にかつがつ　②317
風にきほひて　②268
かぜに聞　①74
風にきゝ
　露にみよと
　　①164,⑥150
風にきく
　秋たしかな①75,164
風に雲　④312
風にこてふの　④111
風にこぼるゝ　②238
風にさそはれ　②215
風に時雨の　②423
風にしたがふ　⑥4
風にしも
　芦のほのぼ　①460
　まかせてい　①423
風にしられぬ　①323
風に涼しき
　浪の夕露　①212
　松がねの道　①330
風にすまふ　①21
風に度々　⑥49
風にちる　①262
風にとぶや　①12
風に飛や　①141
風にながむる　②273
風になひく　③454
風になびく
　そをだにち①75,164
風にのる　④49
風にまかする
　大海の舟　①461
　蝶のはかな
　　②262,⑥59
風に砌の　②10
風にみだるゝ
　陰の草むら　②433
　鶴の毛衣　②240
風に柳の　③340
風によるをは　③289
風のあまりぞ　②51
風の上に　②311
風の荻　⑥102
風の音聞　①239
風の音さへ　①401
風の音して
　月すめる影　①253
　宵更にけり　①226
風の声
　空にすみ行
　　①115,184
風の底なる　②272
風の露　③489
風のどかなる　②77
風のなぎたる　②31
風の吹入　②198
風の吹しく
　ぼてふりか　③350
　むら草の末　②243
風の前の
　夢にあらそ
　　①102,178,②239
風のまにまに
　霧ぞ晴行　②373
　なびくうす　②215
　はるゝ雲霧　⑥33
風の間の
　梅や疵なき　①14
　峰しづかな　①105
風の間は　①21
風のまゝなる　②166
風の間も　①247
風のみ問て　①312
風のみや　①454
風の行衛に　①272
風野分だつ　②346
風はあらしに
　秋ふくる比　①475
　吹かはる春　②132
風は只
　おひたゞし　③147
　北気になり　①346
風は猶　②213
風は野分を　①250
風はやみ
　雲飛空や　①434
　一むら雲の　②220
風払ふ　①83
風一声の　③367
風一とをり　②226
風ひやゝかに
　過る山合　①404
　はやき浮雲　②276
風吹は　③319
風吹ば　①322
風ふかはふけ　③447
風ふき反し　④259
風吹すかす　①455
かぜ吹すさぶ　①464
風吹たゆむ　①305
風吹テ　②100
風吹とおす　②379
風吹とをせ　②297
風ふくはらと　④149
風ふけば
　木毎に山の　①104
　庭の薄霧　②102
かぜ冬めかぬ　②310
風ふるゝ
　尾花が末の　①309
　手蕎麦一種　④327
風ほそく　②427
風細く　①85
風帆にうけて　④129
風まちとりて　②365
風まつほどの　①411
風向ふ　②183
風もいかに　②227
風も治る　①215
風も音せぬ　⑥23
風も音羽の　⑥33
風も霞に　④116
風もかよひし　①293
風も涼しく　①212
風もたえたる　①221
風もなを　②98
風も猶　②236
風もなぎたる　④125
風もなく　①234
風ものすごく　②350
風もはげしき　①240
風もはげしく　①225
風もはた　②326
風も吹そふ　④139
風も南の　②192
風もやゝ
　暁おきの　①432
　なぎわたり　②230
　ひやゝかに　②297
　夜寒になり　②325
風も漸
　寒さ催す　②115
　ひやゝかに　②435
風もゆふべに　②99
風や秋　③129
風やしぐれ
　なすのしの
　　④31,34,57
　なすの篠原　④27,39
風や時雨
　なすのしの
　　①107,181,④37
　那須の篠原　④55
風や空　①98
風や唯　②177
風や又
　つくり出た　①144
　作り出たる　①26
風止て　⑤124
風よこぎりて　②227
風よたゞ　②26
かぜよりあとの　②24
風より後の
　露ぞのどけ　①279
　露のむらむ　②285
風渡る
　岩間岩間の
　　②157,⑥34
　御階の月の　②362
風を急げ　②434
風をいたみ
　滝津ながれ　②332
　庭の秋草　①244
風をさつての　③397
風を去　③48
風をしたひ
　香を継梅や
　　①12,⑥158
風を慕ひ　①140
かぜを袂に　②45
風をたよりの　⑥100
風を待間の　②171
風をもて　①109
香ぞ断ふ　⑤126
かぞいろの　①492
家蔵其外　④192
かぞふる鐘の　①332
かぞふる鐘は　②255
かぞふるに　②146
かぞふるもうき　②8
かぞふれば
　暁ちかき　④78
　秋も末野に　②238
　幾日に成ぬ　⑥31
　幾日もあら　②247

親ゆび恋し ③44, ⑥138
砧も秋の ①98
比も半の ②143
八十ばかり ①416
世にもまれ ②375
計ふれは ③451
算ふれば ⑤106
かぞふればまた ②170
かぞへきつゝも ①421
かぞへて忍ぶ ②104
片糸の ①301
かたいなりかな ③466
片うてを ③404
かたへ秋なる ②271
かたへかれつゝ ①347
片枝枯て ①49
かたへ消行 ②230
片枝さす
老木の松の ②215
垣ほの梅の ②201
片枝散 ①76
かたへになびく ②245
かた枝にひらく ①433
かたへ残らず ②427
かたへは芦の ①448
かたへはきゆる ②345
かたへは朽る ②285
かたへは塵に ②55
かた枝ほのかに ②316
片枝先 ④85
かたえもはかな ②259
かたへより
あせゆく池 ②403
色に成たる ②376
かつがつ雪 ②363
刈はらひぬ ②154
方へより ④88
かた岡かけて ①409
かた岡ごえの ①319
片岡ごえの ④91
かた岡ごえは ②166
片岡に ⑥12
かた岡の ①437
片岡の
草の枕を ①365
雲は残らず ②145
冬田の庵 ①401
片岡の辺の ④131
片岡野べの ①350
片岡山も ④243
片思ひ ④262
くわたくわたくわたと ④238
かたがたに
小沢の流 ①366
下居て鷺や ②52
砧してうつ ②209
漕わかれ行 ②298
こてふみだ ②33
賎が調布 ②331
しどろもど ⑥10
方々に
あなかま音 ①250
網の請縄 ②328
おりゐる鷺 ②45
衣うちぬる ⑥5
妻よびかは ①319
釣して帰る ②135
わかぬ友か ①45
かたがたの ②150
方々の
雲間の鳥の ②66
むらのしる ①315
かたかなつくる ③324
かたきうち ③308
敵うち ④224
敵討 ③254
肩衣も ③176
敵はしらし ③264
かたきは人の ①479
敵持 ③425
かたきもちとて ④283
片口に ④289
かたけてかへる
山さくら人 ③152, 510
片小鬢 ③466
肩さきや ④194
片咲は ①51
かた様や ④330
かたしき衣 ②268
かたしきの ②400
片敷の ②238
かたしき侘る ②326
かたしく苔は ④111
かたしく袖に ②18
かたしくまなき ③265
かた敷も ②280
片敷も ②24
かたしけなくも ③150
片敷ば ①432
片尻かくる ④323
形代を ②198
かたそぎの ①245
片袖ぬぎの ③186
かた岨なる ①453
堅田によする ③268
かたちさぞ ②77
形ばかり ③186
形ばかりに ②240
形よき ①366
容世に ⑥9
かたつ田舎に ①413
かたつ田舎の ②7
方づかぬ ①294
かたつき麦を ⑥14
かたづきやらぬ ①238
かたて風きる ④223
かたなかち ④222
かたなのさやお ④145
肩ぬかせ ④137
かたのうへとふ ③238
肩の上なる ③215
肩の上にて ③218
肩の瘤 ④306
交野鍋 ③484
交野の虚気 ③448
交野の小野の ①220
交野の末に ①349
片野のはらも ③194
交野々御狩 ②108
かた野のみのを ②333
片野の御野を ①386
かたの丶雪の ②407
交野をかりて ③204
交野をすぎず ②223
かたばかりにも
池はふりけ ①408
残る古塚 ②237
片肌脱て ③329
片原や ②222
帷子に ③213
かたひらの
あさきにや ③304
うらにつけ ④338
かた鬢そられて ③394
傾し ②405
かたぶきつゝも
朽る網代木 ②244
ほそき柴橋 ②67
かたぶきて
露伝ひ入 ②103
鳥居ものこ ①454
かたぶきながら ②209
かたぶく笠に ①381
かたふく月も ④136
かたぶく軒の ②34
かたぶくまゝに ⑥4
かたぶく齢 ①363
かたぶくる ①437
かたぶくを ①91
かたぶけよ
爰は八幡の ③31, ⑥159
かたぶける
井牆のあた ①371
竹の垣ほの ②80
松のねざし ①420
砌の松は ②108
齢おもへば ①291
かたへ先 ①288
かたへより
氷ゐにける ①371
氷りし浪の ①275
方辺より ①371
かたほなみ ③238
かたほ波 ④182
かたほに引て ①356
記念あやなく ②95
かたみをくりの ③237
記念こそ ②412
記念そと ④214
形見てふ ①318
かたみとて ③409
かた見とて ③340
形見とて
銭百あまり ④320
摘ははかな ②140
はごくみ立 ①353
筐とて ③452
筐とてこそ ③469
かた見とのこす ①307
かたみとは ③275
形見とは
茂りぞ三と ①73
ちぎらぬも ②274
形見と引も ①294
形見ならねと ③166
形見に置し ①266
かたみにこぼす ②308
かたみにしほる ②119
かたみにしのぶ ②194
かたみに空の ②307

形見にと　②353
記念にとめし　②417
形見には　③149
かたみに春の　②147
かたみのあふき　④180
かたみのあふぎ　①362
記念の扇　⑥96
形見のあふぎ　③367
形見の扇　②245
かたみの鏡　③357
かたみの雲に　④213
かたみの雲の　④126
かたみの香合　④262
かたみの小袖　③326
形見の月　③483
形見の箱を　④318
形見の肌着　③344
かたみの笛は　②314
記念は空に　②367
かたみもつらし　②288
片見世に　③359
かたみわけ　④199
傾きて　④129
かたむける　①355
堅めたる　③380
かためぬ窓の　②370
かた山陰は　②162
かた山がつの　①338
片山雉も　①210
かた山際に　①238
かた山ぎはの　②346
片山際の　②111
かた山ぎはも　②171
かた山里も　①331
かた山寺の　②331
片山の　②321
かた寄し　①349
かたよりに
　芦のほむけ　①332
　すゝきほの　②227
片寄に　②420
かたらひも　②313
語らふに　②350
かたらへば　②217
かたられまいそ　③253
かたらはん　②10
かたり出るも　②150
語初や　③53
語り出す　③267
語りつがで　①95
語りつぎ　①388
かたりつぐ　②275
かたりつる　①77
かたりなぐさむ　①419
語りにあふと　③517
かたり残すは　②137
かたりもつくさし　④180
かたりをもつて　④288
かたるこそ　①29
語るこそ　②177
語るとは　①392
かたるにおつる　③208
語にも　②93
かたるは老の　②270
かたる日は　①59
かたる平家の　④302
かたるも老の　④122
語る夜の　③184
かたれその　①26
かたれ其　①145
方わけつゝも　①240
かた分て置　①368
かた分て日の　①335
方分ぬ　②414
かたはらさびし　①272
かたはらに
　さし留てを　①282
　住なす柴の　①466
　ふりぬる小　④123
かたはらの
　岩ほ撫子　①488
　草やみ山木①78, 165
　谷のせばき　①400
かたはらは　①412
傍は
　かれ残りた　②61
　塵のみふか　①260
　まだ刈とら　①292
かたはれ舟ぞ　①226
肩を揃た　③469
かたをなみ　②222
肩をのみ　③303
勝公事も　③383
勝ずまふ
　淀鳥羽まで　⑤168, 272
歩行ていさ　③270
かち荷それぞれ　③345
かち荷もちして　④175
かち人の
　ひく駒いさ　②311
　わたりはや　①338
歩人の
　いそぐ行衛　②264
　急ぐ行ゑの　⑥61
　袖つく計　②156
歩人も　①389
かち人や　①453
歩人や　②352
家中のこらず　④291
家中の法度　④270
花鳥の陰に　③489
蚊帳より　④281
歩よりいそぐ　②386
かつうき土に　①287
鰹いろなる　③195
かつおこたるも　①288
かつほぶしさへ　④258
かつほふしとて　④147
かつがつ萩の　①468
かつがつも
　垣ねの草の　⑥5
　草たつ野辺　①426
　田づら色づ　②342
　散行陰の　②367
　楸散らし　①351
　楸の下葉　①431, 491
　笆の萩の　⑥12
かつきして　③239
かつきめは　④332
かつ消る　②5
かつ咲よりも　②3
かつしほれつゝ　②154
喝僧は　③427
活達な　④296
かつちりながら　②334
かつちるも　②74
且散も　①375
勝手口　③464
勝手くちより　④264
勝手迄　③394
合点か　③250
かつてんかつてん　③235
合点ぞ　③75
かつはにもなる　③249
割賦に成て　④324
かつ降初る　①397
かつむすび　①269
かつ萌る　②141
桂川　⑥53
かつらのまゆすみ　④222
家庭の夕　⑤116
貨狄かこゝろ　③463
合点をしてや　③277
蚊といふ物　③111
門出や　③38
歌道の末は　③469
歌道を馬子が　④303
門餝　④260
門々に
　こゝら夏苧　①286
　年をむかへ　②421
門々は　③351
門口あきて　④136
門毎に　②299
門過がての　①339
かと高き　④167
門たゝく　④144
門立のころ　③434
門立は　④162
門田に落す　②6
門田の稲葉
　不出来なる　③153, 499
門田の面の　②173
門田の面や　②284
門田の早苗　⑤289
門田の月の　②87
門田もる　①306
門田より　①328
門田を見れば　①229
角鍔てらす　③231
首途せし　③512
首途の新酒　③313
門に入
　言のはにせ　①21
　言の葉にせ　①143
門にみしを　①139
門に見しを　①11
門の出入を　④247
門の前田や　①280
門の松に　①7
門の見付の　③168
門の夕に　①357
門はあれと　③265
門はあふち
　花こそちら①60, 157
門は樗　⑥90
門はむぐらに　⑥46
かとひしも　④172
門火焼　④324

門まださゝぬ　①331
門松と　③347
門松に　⑥162
かとより門を　④156
門を閉ぬる　⑥24
かな行灯や　③158
金具やすりの　③273
かなくり放し　③345
かなしさいかに　②142
悲しさの　①475
かなしさは
秋の形見か　①133
などとぢめ　⑤102
悲しさは
只君故の　①398
やる方もな　①310
かなしさや
天かけるて　①302
ねられぬ月　②104
悲しさや　②47
かなしみの
色や夕の　②367
風は木のも　①31
かなしむ風の　②253
かな付は　③318
かな文の　③217
銀山の　④134
かならす秋の　③399
かならすあた名　③270
必戦テ　②100
かならす終には　③478
かならずと
頼めし月に　②245
契置てし　④91
契る端居に　①317
必と　①227
かならす祭りに　③327
かならすや　③357
かなはぬ恋に　①440
かなわの足に　③301
蚊にくはれたる　③338
香にしむを　②139
香にふれあかぬ　⑥23
香に誇る　⑤107
香にめでゝ　⑥35
鐘鋳のすゝめ　④146
鉦うちたゝき　③332
鐘折々に　④114
鐘かけひきの　③169
鐘かすむ
方をはるか　②402
初瀬の寺も　①458
かねかねの
契りすくな　③219
分間のつり　④272
鐘聞暮の　①321
鐘きく空に　②254
鐘供養　⑤106
かね黒く　④310
鐘こそかすめ　③232
かねこそひゝけ　④277
鐘こそひゞけ　②226
兼言の
末替らじと　⑥96
末はいつし　①483
末も今はた　①495
かね言は　①438
兼言も
かはる契を　①307
皆質物に　④173
むなしき秋　⑥6
兼言を　③531
鐘さへ急ぐ　①399
銀つかふ　③530
かねつくねんと　④149
かねつけ筆の　④153
かねつるで　④260
かねておもひし　①225
兼ておもひし　①276
兼ておもふも　①271
兼て聞く　①379
かねて位の　①411
かねて瀬ふみを　③345
かねて契も　④262
かねてともなふ　②173
かねて御幸の　②196
かねてより
夜這このみ　④261
世を捨ばや　②319
兼てより
さかばと契　①251
問んといひ　①235
名だゝる月　①393
日をさだめ　①412
鐘遠き　②49
鐘遠く　①351
鐘遠くなる　②377
鐘なるかたや
寺近き道　②142
宿りならま　②315
鐘なる暮の　①280
鐘なる後や　②26
かねに数ふる　②429
鐘になみだぞ　⑥14
鐘にも秋の　②293
かねのあしたて　③375
鐘の音
絶ぬ明ぼの　④129
つきちらさ　③271
鐘の音して　②5
鐘緒取て　③147
かねの緒や　③173
かねの緒をひき　④262
かねの声　④48
鐘の声
雨けの空に　②87
おもはぬ方　②381
霞ながらに　⑥97
霞にかへる　①142
霞みにかへ　①16
寺ある方や　④118
遠き霧間の　②50
ほのぼの遠　②371
鐘のこゑにそ　③275
かねの声は　①201
鐘のこゑも　①444
鐘の音は
近くて遠き　②262, ⑥59
横川の方の　②8
鐘の音も　①336
鐘の音や　②150
鐘の響に　②242
かねのひゝきを　③360
かねはいづこの　④126
鐘は外山の　②233
かねひゞく　②148
鐘ひゞく
遠山本の　②415
夕日ほのか　②296
夕に僧や　①268
兼光の　④140
かねも霞て　②65
鐘も聞えて　②325
かねも秤も　④185
かねもやゝ　⑥38
鐘やたゞ　②69
鐘より後の　②323
かねより後も　②224
鐘より後も　①308
かの裏小袖　④206
かの岡に　②142
かの岡のべは　②413
かの岡辺なる　①329
彼をみなへし　③320
彼海底に　③472
かのかもと　③279
かの寒山も　④237
彼強盗か　③402
かの后　③345
かの岸に　③227
彼岸に　②215
彼きしの　④154
かの岸や　①160
彼岸や　①65
彼卿も　③411
彼国の　②27
彼国や　①271
かの傾もしを　③253
かの恋しりか　④330
鹿子入ふす　①293
蚊の声遠く　⑥52
蚊の声の　①393
蚊の声の絶ぬ　②85
蚊の声も
暑さながら　①314
小家の内や　⑥13
はらひのけ　③275
稀に成ゆく　②245
鹿子そよぎて　①233
鹿の子立　②172
かのこにゆへる　③416
鹿子のあとを　⑥52
鹿子のいでん　②76
鹿の子の立所　②252
鹿子ゆふ　④317
かの沢に　③178
かの式部　⑥100
彼雫　③430
彼町や　③464
蚊の腹も　③455
彼人丸か　③267
彼判官の　③371
蚊のほそ声も　②378
かのまとひ　④333
彼まとひ
されは高き　③432
過るは夢の　③332
かのまとひの　④224
彼帝　③335
彼道の　③456
彼行平の　④181
香は風に　⑤109
かばしらいかに　②133

蚊ばしらに　⑤191
蚊柱に
　鋸屑さそふ　⑤270
　大鋸くずさ　⑤167
　大鋸屑さそ　⑤174, ⑥80
蚊柱は
　鋸屑さそふ　⑤258
　大鋸くすさ　③515
　大鋸屑さそ　③57, 240, ⑤249
蚊柱も　④254
蚊柱や
　けづらるゝ③63, 256
香は人を　⑤124
蚊はらひ一本　④195
かはる瀬や　③82
かひくさき　③201
かびけつく　③349
かひのわく　④240
かひらゑに　③227
かふかふと　③157
かふかふの　③403
歌舞妓狂ひ　④325
かふき子や　③265
歌舞妓座の　③444
歌舞妃する　③290
歌舞岐ほさつと　③227
歌舞妓みせもの　④273
かぶき若衆に　③294
蚊ふすふる　③196
甲のしころ　③159
かふとのはちに　③346
甲の真向　④145
かふり太鼓も　④192
かぶりて悔む　③188
かふりふるまに　④204
頭をふらぬ　③32
禿たち　③434
かふろやり手か　③416
かふろやりても　③231
禿より　③292
壁あらはなる
　家居わびし　⑥61
　家居侘しき　②264
壁垣に　④305
かへすに思ひ　③170
壁つちうかつ　③269
かへ徳や　③134
壁憐　③213
壁となりこそ　③331
壁に背けて　①332
壁に達磨の　③462
かべにむかひて　①356
かべのすき間も　②136
壁もくづれて　①244
果報は寝てや　③178
果報力　④199
釜かくる　③167
かまくらかりに　③176
かまくら殿は　③310
かまくら殿より　③357
鎌倉の
　戸口もあけ　④154
　谷七郷に　④185
鎌倉へとて　③204
鎌倉や
　方引さかり　③423
　露の命の　③219
　南の岸の　③289
かまくら山又　③394
鎌倉を
　月に打立　③340
　といてくと　④307
鎌田か酔る　④192
釜たぎる　⑤104
かまど数そふ　①406
竈のけぶり　②245
釜の下　③343
釜のふた　③103
釜の蓋
　賀茂の川瀬　③328
　取上みれは　③383
蒲はいつく　③146
かまはらひ　④282
釜ばらひする　③258
かまほこに　③322
かまほこの　③270
かまやるな　③367
釜湯わかして　④161
蒲を截る　①118
神軍には　⑥17
神いたくなり　⑥32
紙一牧に　④199
紙うりしやれの　③489
紙おほひ　④142
上がかみに　①74
上がかみの　①93
髪かゝり　③413
神垣に　②266
神垣の　①210
神垣や
　みしまゆふ　①115, 184
神籬や　⑤125
神垣を
　色どりそへ　①103, 178
神かくる　①275
神かけて
　幾春心に　③418
　又波かけて　③304
かみ数を　③17
神風に　③295
神風や
　なごしの波　⑥129, 168
　宮川きよし　①118, 185
神々の　④149
髪きこめたる　②179
上京の　③33
紙きれに　③433
神爰も　⑥149
神ごゝろ
　かくこそは①88, 172
神慮
　あふぎて幾　①218
　おなじすぐ　③295
　かく社はみ　④42
神慮をも　③334
神事の
　怠りぬるも　②58
　けふの使は　④102
　近く比の　①350
神事は
　おすにおさ　④139
　時をさして　①488
神事も　①230
神事を
　つとむる庭　②396
　鳥井の奥に　⑥20
　催す比の　②298
紙子の外は　③371
紙子羽織の　③423
かみさかやきを　⑤207
髪さかやきを　③241
髪月代を　⑤183
神さひ心も　③326
神さびにけり　⑥39
かみさぶる　①124
神さぶる
　白羽の矢こ　⑥28
　ほこらをこ　①385
上様風の　③281
かみ様は　③525
髪さはぐかと　⑤104
神道の山の　①245
神路の山の　②200
神路の山を　②283
上下の　④134
神路山　⑤64
神精進　④284
神杉ならし　①231
神杉は　①163
剃刀の
　塵取の嶺　③425
　床めつらし　③223
剃刀は　③441
上つ枝も　④111
かみつく声の　③462
上つ瀬清し　②280
神留まり　⑤123
上中下も
　花になる比　⑥15
　三寸たまふ　①355
神無月
　月もさびし　①334
　筆に書とも　④214
神なびの
　川瀬の霞　②23
　川瀬の流　①252
神鳴か　③401
かみなりきひし　④158
神鳴の　③337
神鳴も　③405
かみなりも　④224
神鳴を
　神代もきか　③381
　寸白かとて　③409
神に祈　③328
髪に香炉を　③320
上にしも　①368
神に手向の
　花の色々　⑥36
　御枝きる也　①238
神に仕ふる　②409
神のうへし　①67
神の治むる　①220
神のしるしの　③267
神のすゑなる　①452
祇の園
　しげらす民　①155
　茂らす民の　①55

祇園　②299
神の手向や　①211
神の鳥居に　②122
神の石も　④42
神の春
　ちかきしる　①192
　近きしるし　①130
神のます
　あたりしら　①460
　あたり紛れ　①410
神の松
　みつゝを幾　①138
　見つゝを幾　①5
神の祭を　⑥63
神の道
　いや照まさ　①129, 192
　弥てり増る　①371
　弥照まさる　⑥152
神の御名も
　くはゝる月①95, 175
神の恵は　②74
神の守
　秋いくかへ　①107, 180
　花とや風も　④95
神のやどる　①104
上は賀茂川　③336
神は宜祢　④134
紙表具して　③352
紙袋　③334
紙袋より
　風寒空　④182
　ます珠数袋　③251
神祭
　ところのさ　②179
　針のみゝと　④212
神まつる　①290
神も受よ　①85
神もさぞ
　文このむて①12, 141
神も照覧
　公儀か大事　③243
　公儀が大事　⑤190, 215
髪もそゝけぬ　③483
神もまもるや　③171
神やうけ　①176
神やうけし
　ついによる　⑤292
　つゐによる　④62, 63
　終によるべ　①99
神やきりけん　③337
神やこの　①71
神や此　①162
紙やさくらん　③498
神やしる　⑥100
神やはとむる　①208
神やめづる
　そなれひめ　①100
　そなれ姫松　①177
髪結は　③410
髪ゆひや
　よき市人と　③205
　能市人と　③514
神よ神
　木々の初め　①207
神代にも
　木々の初め　①219
　松や木の祖　①44
神代の事　③370
神代の事を
　おもふ此時　④128
　引ことにす　③497
神代のはじめ　①279
神代のむかし　④173
神代もきかぬ　③393
神代より
　掟たゞしき　⑥65
　かはらぬや　⑥160
　ひとりたて　①187
神代を今の　③500
神をあがむる　①299
上を犯せる　①400
髪をさまして　③444
髪をそり　③267
かむ事かたき　③291
亀遊ぶ　①349
亀井片岡
　いせまいり　③523
　伊勢まいり　③522
亀井の水に　③419
亀うかぶ　②405
瓶にさしめづる　①355
瓶にさす
　一夏の花の　③182
　花も今はた　②247
亀のゐる　①315
亀の居る　①464
亀の上の　①100
亀の御山も　①394
亀山に　②418
鴨あつう
　してや料理　③10, ⑥133
鴨居とは　③193
香もいとゆかし　④131
かも川の　①296
賀茂川の
　水のてはな　③500
　水の出はな　③158
鴨川の　③205
かも川や　①494
鴨ぞ鳴なる　①329
鴨鷹を　③254
香も散失し　①321
貨物の利分　③322
鴨の脚は　⑤280
鴨のゐて　①127
鴨の居て　①191
賀茂の川原の　②394
賀茂の競馬に　③344
賀茂のみあれを　①276
賀茂のやしろに　④239
かもめたつなる　①366
鴎とや　④188
鴎のあそぶ　②139
鴎のゐる江の　②382
鴎のうかぶ　①243
鴎はあそぶ　②171
萱が下葉も　①266
かやが軒は　①112
茅か軒端　③459
萱が軒端の　②381
かやたゝみ　④16
かやの木の　④217
茅原行ば　②84
蚊遣焼屋を　②50
蚊遣火の
　煙や月も　②91
　空むつまじ　①362
蚊遣火は　②192
蚊遣火を　①422
かゆい所に　③484
かゆさらさらと　④217
かゆのけふりも　④214
かゆの鍋　③415
かよひ数かく　④274
かよひくる　①431
かよひちにあら　③164
通ひ路の　③471
通路の
　跡より御敵　③385
　さはり多き　②188
　橋は引たり　③434
かよひちは　③500
かよひぢも
　陰の桧原は　④124
　冷じげなる　①295
　せばきはい　①326
通ひ路も　④325
通路を
　いたづらに　①432
　のそいつお　③357
かよひたえたる
　小田の細道　⑥56
　小野の古跡　①495
かよひたる　②159
かよひて人の　②18
通ひなれたる　④309
通ひ馴たる　③440
かやうかやうと　③460
かやうかやうの
　先規のとを　⑤215
　先規の通　③243
　先規の通り　⑤190
か様か様の　③318
ケ様ケ様の　③267
かよふとも　⑥27
かやうになりゆく　③366
賀陽の御子をも　③238
かよふ野守の　②281
通ふ人は　②308
かよへるは　④132
かよはぬ橋や　①247
唐網に　③493
唐飴を　④310
からうすすはる　④218
からうすの　③370
からうすの棹　③379
碓も　③336
から絵の表具　③187
からかさ一本　④201
から笠て　③456
から笠の　③216
から笠松の　③203
からかさや　③191
から笠を
　さしてとち　③506
　さしもとち　③161
　嶺の嵐や　③308
から風も　③29
から紙さむき　④299

からからと ④220
くはらくはらと ③419
からきくゐ ④279
空起請 ③281
からき名を
　云立らるゝ ③200, 529
からきはいかに ①271
からき身に ②136
からき世は ④205
からくりにひく ④251
からくりの ③454
からくりは ③375
からくれなゐの ④165
からくれなゐを ③185
からげ上 ③191
からけてくひに ③268
からけ上れは ③463
から声に
　なくはたで ③5
　なくは蓼く ⑥132, 154
からころと ④289
から衣
　うちなげか ①450
　おつ取直し ④174
　かりねに遠 ①120, 187
　にほひ着初 ③234
　ひつかふり ④295
唐衣
　うらみ侘つ ⑥3
　拍子木打て ③419
から崎様の ④294
からさきの ③356
から崎や ①434
唐崎や
　旦夕波の ①237
　清き渚の ①266
　松吹風も ②428
からしかつほ木 ③334
からしずに
　ふるは涙か ③15, ⑥154
からし酢に ③184
からしより
　からき恋路 ④158
　からき世い ④168
から尻の
　馬しや馬し ③196
　駒の使は ③268
からしり并に ③368
鴉が人を ④321
からす飛 ②408
鴉飛江は
　小雨すゞし ②262, ⑥59
鴉鳴行 ⑥35
烏鳴 ③151
鴉なく
　あしたの月 ⑥41
　雲も時雨る ②370
　夜も明過る ④111
からすねに行 ②415
からす寝に行
　たかね杳け ②24
　雪の松原 ②173
烏のことく ③278
からすはおのが ②357
からす羽に ④236
からすみに ③327
からすも鷺も ③305
烏も鷺も ③524
からだ送りて ③353
から竹わりに ④290
からたは野へに ③235
唐茶入て ⑤107
唐津いまりの ③427
からぬかたへの ①312
からぬ真菅ぞ ②126
唐の歌も ⑥162
唐の帝 ④230
唐人に ①31
から人の ①25
唐人は ④140
唐人ふうは ④260
唐舟や ③318
からめく舟や ①346
唐物や ③477
唐やうの ③417
唐やうは ③285
くはらりつと ③308
ぐはらりと障子 ⑤116
からろをす
　舟路見送る ②273
　舟は静けき ②31
からろ押 ②293
からろ音して ①328
からんみるめぞ ②223
伽藍も霧に ④247
からん舎りも
　しらぬ山陰 ②237
　なき三わが ②251
雁あまた ④126
狩網の
　肴とりどり ③510
　綱手とりと ③220
刈をくも ⑥14
刈置も ②321
雁帰る
　雲路遥に ⑥47
　声や枕の ②6
　後は苫やの ①220
かり駕篭で ③296
かり駕篭の ④175
雁がねきかん ①361
雁がねきけば ④114
雁がなくねぞ ④76
雁がねに
　をのれ交て ②244
　しばし涙を ①305
雁が音に ⑥56
雁がねの
　翅さやけき ①447
　翅は遠き ②35
雁金の ②190
雁かねも ③196
雁がねも ①442
雁金も
　ほに出けら ①274
　渡る船人 ①423
かりかねや ④203
雁かねや
　貨物と成て ④195
　御意をえす ③508
　御意を得す ③153
雁がねや
　鐘の響に ①214
　筆の外なる ①214
雁が音や ①359
かりかりと
　啼やいづく ②265
　名乗てわた ①343
狩衣の ⑤104
狩暮しつゝ ①325
刈こそはらへ ②360
かりころも ④164
かり衣
　雉子鳴野の ①248
　きゞすの声 ②135
狩衣
　おもひ切た ③229
　きゞすの声 ①417
　はるけき道 ②336
　春のもろ人 ②178
刈しあとにも ①290
狩し交野に ②62
狩して袖や ②89
かりしほに ②281
刈しほの ①87
狩装束の ③484
刈捨し ①347
かり捨たりし ③286
狩漁を ①491
狩する山の ①479
かりそめと ②331
仮初と
　思むすびし ①432
　思ふ旅にし ②7
仮初ながら ①403
かりそめに ②62
かり初に ①470
仮初に ④98
かりそめの
　田舎家たつ ①266
　俤ながら ②105
　みるめもあ ②237
かり初の
　咳気まて成 ④149
　旅はなぐさ ①472
　情もふかき ②286
かり初臥の ①409
かり初ぶしも ②155
かり初も ③228
かり出すと ③119
狩たてし ②273
雁だに旅の ①294
かり田の霜に ①226
刈田はげしく ②274
刈尽すとも ②370
かり手形 ④267
かりどりさせぬ ④304
雁なきおつる ①245
雁鳴て
　菊屋のある ③83, ⑤167
　露やゝ寒き ①268
　花も咲ける ①275
　水冷じき ①215
雁なく遠の ②68
かりなけば ②77
雁なけば ①476
狩にこゝろを ②139
かりにこし ②350

雁にさへ　②125
かりにさす　①443
雁につてん
　白川一書 ③23, ④57
雁に似る　①97
仮に寝し　①63
かりにむすべる ②207
仮にもたゝぬ　④212
かりにもたれか ①281
かりにやる　④233
借りにやる　③429
かり寝さだむる ①219
かりねして　②213
かりねする　②279
仮寝する　②197
かりねにきけば ①262
かりねの程の　①282
かり寝のほども ①337
かりねのまくら
　明過ぬめり　②355
　敷捨し道　⑥95
かりねの枕　②149
かり寝の枕　②246
かりねをさそふ ②128
かりのあそびも ①331
雁のゐる　②80
かりの声　③326
雁の声
　障子腰にや　③299
　袖よりわた　①97
　袖より渡る　①175
　たゞこゝも　①332
雁の声にや　②132
刈残す
　稲ばの雲の　①380
　一むら薄　②415
　美豆の水菰　②436
かりの住居の　④110
狩のつかひ　③330
狩の使の
　めぐりぬる　⑥4
　めぐるかた　①430
　よそひ殊な　①384
かりの使や　①368
雁の翅に
　かけよ玉章　②174
　はるゝ浮霧　②402
雁の翅も　①352
かりの露けき　②135
雁のなごりに　②173
雁のなごりも　⑥42
雁の名残も
　有明の空　①228
　霞む夕波 ②157, ⑥34
　わかぬ明ぼ　①356
かりのやとりに ④274
かりの宿りも　⑥31
かりの行衛も　③290
かりの世に　②238
かりの世は　④279
かりの世や　①112
かりの世を　②276
雁のわかれも　②430
雁はいづくに　②237
雁は杤と　④186
かりはこふ　④335
刈はこぶ　①414
刈運ぶ　①399
狩場には　④206
狩場の御供　④199
狩場の末に　②54
狩場の末は
　くれ果にけ　②332
　やゝ暮にけ　①235
狩場の鳥の
　跡したふな　②114
　いづくにか　②10
　しるき落草　①237
　遠き落草　②3
狩場の鳥は　②320
狩場の鳥や　②316
狩場の鳥を　④79
狩場の風に　④278
かりばの行衛　①360
雁は八百　③449
刈はらふ　①301
刈払ふ　④95
狩人の
　袖打払ふ　④130
　袖寒げにも　②370
狩人や　①406
刈ふきし　②294
かり臥に
　いざ枕せん　④92
　おもふ行ゑ　⑥45
　柴といふ物　①260
かりぶしの
　月はかすみ　①438
　夜の寝肌も　③284
仮臥の　②65
かりほの月の　⑤43
かり枕
　明て清むる　⑥13
　けさぞおど　②256
今朝ぞおど　①202
　時雨あられ　①328
　立わかれ行　①475
　月のさそふ　①483
　なれぬあら　①257
　初瀬の月に　⑥36
　花の匂ひに　①208
　春の夜をこ　②293
仮枕　④111
かり枕して　①332
雁まつころの　②59
雁もあはれに　①327
雁も鶴も　④318
雁もなみだや　②336
雁もなみだを　②289
狩もらす
　鳥跡もしら　②250
　鳥もいづら　②293
雁もわかれぬ　②153
雁や今　①451
雁やけさ　②154
雁やなど　①377
狩行も
　雁とり肉の　③188
　小鷹の野べ　②58
雁よなど　①341
雁よまて　④37
かりよらん
　やどりのか　②166
　舎りは遠き　②54
　夕山陰の　②18
かりよりともや ④154
かりよる里も　⑥97
雁わたる
　比をもよほ　①280
　誰文がらに　③352
雁渡る
　伊吹の山の　④234
　声にや秋を　①355
雁をあはれむ　②47
刈跡も　②138
かるい浮世に　③400
かる石ひとつ　③394
軽石ひとつ　③350
刈稲に　①393
かるういたりの ③453
かるふなされぬ ④243
狩方に　②31
かるかやと　③507
軽ク颺テ　②100
軽口に　④163
かる口の　④189
かるたしはらく ③351
かるたのまんを ④189
かるとしも　②20
刈としも　①390
刈としもなく　②142
刈となき
　岩根にしげ　②80
　冬田は霜に　②147
かるもかく
　あとまだら　②155
　ならひ臥猪　①287
　臥猪の床や　②224
　伏猪の床や　②351
刈や真柴も　⑥27
枯るゝ芦間に　⑥98
かるゝ草根に　②365
枯る柳の　⑥20
かれいひも　⑥100
かれかれうたふ ③274
かれがれにしも ②240
かれかれの　③404
枯木の中の　①306
かれこれと　④158
枯し薄は　⑥6
枯柴に何　①116
かれしもひくや ②371
かれずとはん　①135
枯そふる　②308
かれそめて　②167
かれたる中に　②276
枯て軒の　①39
枯ては生る　④107
枯ながら　①428
かれなで月は　②429
枯にけり　①101
枯ぬ根や　①136
かれぬる人の　①230
枯残る
　芦のうれ葉　②240
　野辺の村草　②114
かれ野ながらも ⑥40
枯葉そひ行　①321
枯はてけりな　⑥56
枯はてぬ　②50
枯葉の薄　⑤99
枯葉ひよろひよろ
　③475
かれは陸より　③297

かれや来し　④310
かれ安き　①87
枯わたる　④76
家老の役は　③318
家老まかせの　③432
家老めく　④326
家老役　④254
かろからぬ　①347
かろきま柴も　②156
火炉のやくらく　③387
かろびたる　①365
かろびたる名を　②198
川浅し　⑤78
獺も　④168
川長の
　棹とる舟や　②334
　船よぶ人に　②61
川をときけば　①440
川音そふる　④111
川音高し　②115
河をと近き　②256
川音に
　山は朝日の
　　①110, 181, ⑥83
川音の
　たえて久し　①185
　絶て久しき　①118
　遠ざかりぬ　①258
　まなく時雨　②412
河音は
　春さめなら　①24
　水くゞりゆ　①111
川音は
　春雨ならぬ　①143
　水くゞり行　①182
川をとも　②322
川音も　④87
河音や　②310
川音や　①112
河音を　①112
川音を　②76
かはかざる　④303
河風かよふ　②61
川風きよき　①441
河風寒く　①496
川風に
　沖津白波　③397
　柳の露や　④77
川風の
　跡はとゞめ　①83
　水まさるか　②211
　雪をしがら　②53
かはかぬ露の　②388
かはかぬは　②127
かはかぬゆかや　②74
川上いづこ　②359
川上かけて　①333
河上に　③417
川上に　②237
川上の
　落くるけし　③472
　月待あへぬ　⑥92
　にほひや水　②216
　山を霞や　②181
　夕日にとを　①272
川上は
　岩こり敷て　⑥117
　春もはげし　②297
河上や　②26
川上や
　宮前の楊柳　③45
　日はさしな　①244
川上よりも　②148
川岸の　⑥25
かはき砂こに　③181
かはきすなこの　③515
かはきすなごの　⑤194
かはき砂子の
　庭の涼かぜ　⑤249
　庭の涼風
　　③240, ⑤174, 258
かはき砂子も　④207
かはきぬる　④286
河霧と　①84
河霧の　①82
川霧の　①168
皮鯨　③377
川口に　③341
かはく果ある　②119
河くまに　②24
河くまの　②97
川隈や　②28
川越が　③80
川越に　④143
川越も　③235
河越や　③80
川御座うかふ　③510
川こしも　④248
河さきに　④339
かはさん文の　①424
かはし置　①422
川島の　①267
河島や
　波にわき出　①34
　浪にわき出　①272
川島や　①147
川島を
　先目にかく　①115
　めぐる間久　①91
蛙声して　②136
蛙声する　④95
かはすこそ　⑥29
かはすこと葉も　②14
川筋は　⑤106
川鱸　③368
蛙殿　③381
かはづなく　①414
蛙なく　②421
蛙鳴　③386
蛙なくなり　①252
蛙なく也　②20
蝦にも　④185
蛙のあまた　③419
かはす枕に　④94
かはす枕や　①296
かはすもいづら　①457
かはつもつらを　④260
川瀬の音に　②232
河瀬のきりに　②18
かはせる枕　①343
かはせるや　③219
河瀬をたどる　①419
河ぞひの　②30
川添の　①399
川ぞひみちを　②387
川立を　④274
皮たびの　⑤136
革蹈皮も　⑤263
川太郎　③406
河内おもての　③223
河内郡へ　③363
川顔遠く　①392
川づらに
　おりはへつ　②74
　さし捨船や　②317
　月はのこれ　②269
河づらの
　遠の里々　②352
　白きや月に　②350
　涼しさそふ　②279
　むかひは竹　①453
川づらの
　霞に落る　①320
　月やさ夜中　①67
川づらも　②322
川門の波に　②342
川波に
　ちいさき舟　④82
　灰々残る　①389
河なみの　②93
川浪の波の　②16
川波や
　御前を罷　③379
　流て遠く　①240
河にはなては　④172
川の面
　しろきや霧　①168
　白きや霧の　①82
川の瀬は　③444
川のむかひへ　③337
皮はきて　③317
川橋は　①16
河橋を　①184
かは袋
　枕のかねや
　　③515, ⑤87
皮袋
　まくらのか　③518
　枕の鐘や　③522
川舟かけて　④146
川舟の　⑥16
河舟は　②371
河舟も　①102
川舟も
　かたわれ月　①344
　こがれよる　①177
川船も　①303
川舟や
　伏見の里に　④150
　向ひの岸の　③517
川船や　②313
川辺つゞきの　②126
川辺に出る　①320
河辺につゞく　②271
川辺によする　①466
川辺のあしの　②209
川辺の水の　②327
河辺の柳　②33
川ほとふかき　③206
川水遠く　①455
河水に　④145
川水に
　秋やまたれ　①357
　浮はし渡す　②138

田鶴啼渡る　④238
ちいさき舟　①307
川水の
煙たえだえ　②83
末せきかけ　①259
末は別るゝ　①392
ひたして月　②121
川むかひ　③193
川よけの　④151
河原おもての　③265
かはらかに　①100
川原通ひ　③474
かはらけさして　①265
かはらけ取し　①242
土器に
もひとつは　③217, 527
土器の
かすもかさ　③261
われをいと　③183
かはらけも　①368
土器や　①425
かはらざりけり　②63
かはらじな　②333
かはらじの
兼言の葉も　②435
契むなしき　②112
河原面　③425
川原ていたゝく　③295
かはらでや　②381
川原にうつさるゝ　③475
かはらぬ色も　②237
かはらぬ袖の　②226
かはらぬは　①305
変らぬは　①353
かはらぬ物や　⑥5
かはらぬや　①446
河原の隠居　⑤282
川原の隠居　③291
川原のま菅　①329
かわらは落て　④239
かはらめや　①364
河原役者に　③253
かはり来て　④81
かはり雪踏の　③488
替り番をも　③151
替りもの　③402
かはり行　①339
かはるえにしや　⑥12
替る鏡の　①388
かはる沙汰　④267
替るまし　③329
かはるやどりや　①238
かはる世に　①8
かはるをしたふ　④107
川を前に　③482
川をむかひの　④78
川をやすやす　③411
かはん秣も　①376
賀をいはひぬる　①486
賀をいはふ　②213
賀をいはふべき　⑥56
香を風に　⑤126
香を問て　⑤107
香をとめつゝや　①337
香をとめて
おらんはあ　②373
たどり寄ぬ　②320
花手折よる　①220
香を四方に　⑤109
寒鴉飛きつた　③450
寒嵐　③488
顔渕すでに　③367
顔渕の　③177
漢王の　③427
顔回か　③253
勧学院の　③252
寒気なる　③497
間居して　④315
看経も　④266
雁くひはかり　③481
管絃は　③292
諫言も　④292
元興寺をも　③150
寛弘の　③396
雁行の　④257
寒声や　③43
寒垢離の水　③445
勘三郎が　⑤231
元三の　③153
寒山は　④264
元日の夜の　③224
元日や　⑤300
勘十郎か　③329
漢儒の附会　④313
勘定帳　④201
勧請まうし　③506
勘定や　③250
感書数かく　④259
雁書のほうゐ　④269
雁書をも　③33
勧進すまふ　④164
かんしんの　④271
勧進はしを　③465
勧進をやらう　④270
鑵子つり揚　④286
くわんすれば　④260
観すれは　③235
寛政　②101
観世座如何に　③246
観世太夫の　③471
観世むすひに　③493
神田祭　③134
寒づくり　③103
澗庭の松風　④325
強盗或は　③406
関東学に　③433
勘当しては　④250
関東筋を　③436
関東までも　③349
強盗も　③228
関東より　③473
かんとうをうつ　④171
かん鍋に　③343
かんなへを　③509
かんなをくはへて　③375
鉋をとつて　③455
願以此功徳　④244
願以至功徳　④197
堪忍つよき　③384
堪忍の　③388
くはんぬきを　④219
神主も世を　③274
寒熱を　④150
観念の　④225
寒の地獄に　④232
寒の水　④223
観音の
慈悲をたる　④235
誓の程は　③192
御法の経の　④153
利生に命　③147
観音は　④266
観音へ
近付になる　③477
参るあさく　④263
関白の　③278
芳しな　⑤107
関八州に　③484
かんはんかくる　③520
看板に
偽のなき　④164
書たる文字　④141
看板の
跡は有けり　④203
おもては竹　③203
看板を　④147
寒風に　④292
寛文六年　③195
閑味ハ　②101
桓武天皇　③391
丸薬に
天の羽衣　④220
おつとり合　④237
ころもかた　⑤198
丸薬の
衣かたしく　③240, ⑤176
衣春風　③441
匂ひに花も　④185
丸薬は　③510
寒夜の懐　③455
感陽宮は　③256
元来も　③381
簡略の　④206
かんりう島の　③409
がんりう島の　③351
官領の　④259
かん涙流して　④327

【き】

義あるをもつて　③463
きいたかきいたか
よゝのむつ　⑤176, 198
よゝのむつ　③240
聞たやうなる　④179
帰一倍にも　③322
黄糸白糸　③420
消かへる　②417
消かへれ　②124
消がての　⑤109
消しあとゝふ　⑥61
消し跡とふ　②263
消しはいかに　④82
消し世は　①117
消せで雪の　②251
消つくしたる　②197
きえてあとなき　②154
きえては露と　②366
消ては露も　③438
消てふれ　②3

消にきと
　みし世の影　①172
　見し世の影　①89, ②265
消にし露や　①398
消にしを　①289
消ぬこそ　②4
きえぬべき
　とうろの影　②48
　山の霞を　①457
銷ぬる霜の　①229
消ぬるは　②7
きえねたゞ　①453
消残りたる　①343
消のこる　③261
消残る　②243
銷残る　①240
消残る雪　②91
消も残らぬ　②354
きえやらで　①295
消やらて　③193
きえ行跡も　②33
きへ行水を　②322
消行や　④88
消ん身の　②202
きおいおくれを　④332
祇園会の
　あつた所で　⑤210
　旅は七日の　③33
　山路に急げ　③81
祇園精舎に　③226
きをんのえ　③242
祇園の会　⑤186
祇園はくせつ　③385
祇園林　③400
祇園林の　③187
祇園町の　③262
きかさりし
　平等院の　③154, 507
きかなんた　③461
きかぬきかぬ　⑥103
聞ぬ聞ぬ
　八まん太郎　⑤257
　八幡太郎　④297
聞ば侘しき　②59
きかまほしきは　①466
きかゆるや　③41
季桓氏や　④313
聞ありき　③56
きゝえがほなる　②62
聞およふ　④283
聞及ふ　③169
聞書に　③471
聞書にあり　③438
聞書も
　見給ふ御所　③150
　わする計の　③8
きゝ書や　⑤223
聞こそ侘れ　④102
聞し音に　①24
聞しはいづこ　②377
聞し計に　④100
聞しより　⑤104
聞しよりげに　①404
聞しらぬ　①305
きゝすへがたし　④100
聞すへし
　雉子の声の　①427
　鳥はいづく　②92
聞捨し　④5
聞捨ん　②72
雉子啼立　①351
雉子鳴　①40
雉子にそゆる　①481
雉子の声に　②26
雉子の声も　②52
きゞすの声を　①491
雉子もおりに　①267
聞そむるより　②95
聞初にけり　②110
聞立て　③440
聞つとふ　④263
聞て悦ふ　④151
きゝならしたる　⑥46
聞なるゝ
　心に残る　⑥6
　宿の鴬　②51
聞なれけりな　②303
聞馴し　②372
聞なれぬ　①273
木々に風の　①60
木々に咲　②5
木々にみし　①157
木々に見し　①59
木々の上に　①86
木々の梢の　①225
木々の庭に　①53
木々の庭は　①67
木々の葉は　④167
木々の外に　①105
木々はあれど
　爰をせにせ①66, 161
　桜を春の　①35, 148
　松ぞよはひ　⑥3
木々は枯て　①134
木々はみどりに　②174
木々は皆　②75
樹々吹かぜに　⑤116
聞もなれざる　⑥49
ききやたが　⑥129
聞よらん　②213
聞よるかたの　①319
聞渡す　②180
きゝわたる　①419
聞わびぬ
　思ひをそふ　⑥39
　松には絶ず　②308
聴ヲ慰ス　②99
飢饉かなしき　④292
飢饉年
　あさから晩　③320
　かみなひ山　④235
聴雨や　①8
菊いちが　③368
聞うちに　③354
きく王や　④177
菊垣も　④132
菊重　⑤99
聞かた遠き　④111
聞からに　①269
菊川の　④163
聞きかぬ　①213
菊桐の　③453
菊さく園の　①472
菊咲谷の　②293
菊さけば　①394
木草をからす　①216
木草をみるも　①452
菊しほれては　①276
聞すぢも　①344
気薬や　④269
きくたびたびに　①489
きく度と
　むべもいひ①53, 155
菊月の　④134
聞時そ　③481
聞にあやしき　③221
きくにあはれを　④123
きくに声の　④50
聞に小雨の　②414
聞にたえざる　②140
聞に猶　①290
菊のかほりも
　ふかきゆふ　②216
　ゆかし舞人　④85
菊の香は　①100
菊の香も
　酔のまくら　⑥39
　そふる蓮の①99, 177
菊の下葉の　④139
菊の露
　世々にうる　①99, 176, ⑥151
菊の露や　①100
菊の笆　①177
きくはかりなる　③161
菊畠　③370
聞は茶の会　④141
きく花も　②308
聞ははた　④81
きく人の　①449
聞人の　②289
きく人も　②115
聞人もなき　②238
聞まゝに
　うれひをそ　①455
　友とこそな　①446
　よはるぞ侘　②416
聞もあはれに　②314
きくもうし　①471
聞もかなしき　①427
聞もさびしき　⑥57
聞も冷じ　①344
聞も只　①386
きくもとうとき　②195
聞もたうとき　②433
聞も又　②82
菊紅葉
　是なくはこ①99, 177
きくやいかに
　うはさ半の　③41
　そも此秋と　③471
聞やいかに
　秋の空笛　③249
　うき妻恋は　③185
きくや秤の　③360
聞われは　①55
きけば嵐に　④77
聞ばいづこの　②421
きけばうらゝに　⑥27
きけはうれしき　③309
きけばおのへの　②251
きけば尾上の　②147
きけばかすかに　②109

きけば幽に　②411
きけば門田の　⑥27
きけばかなしき　②83
きけば悲しく　②350
きけはこそあれ　④164
聞ば衣を　⑥48
きけば寒げに　④92
きけば時雨に　①316
きけば冷じ　②436
聞はたゞ　⑥38
聞ばたゞ　②203
きけば名を　①264
きけば猶　①475
聞ば猶　②365
きけばなつかし　①286
きけば西より　①218
聞ば将　①220
聞ばはや　②95
きけばまぢかき　①432
きけばま近き　⑥4
きけば間近き　②310
きけはまた　③401
きけば又　②40
きけばめぐりに　⑥96
きけば山べに　①250
きけば夜ぶかき　①230
機嫌こそ　③250
機嫌にむいた　③485
きけんぼう　③356
機嫌ようして　③400
機嫌よく　④286
きこふるかねの　④91
きこえあげて　①161
聞えあげて　①68
聞えくる
　入あひの鐘　①421
　夕の鐘は　⑥21
聞へ来る　②312
聞えし滝の　②227
聞えしは
　いづ方なら　⑥33
　いづこなる　②304
きこえし舞は　③182
きこえし宮の　③176
聞えたる　③174
聞えて谷の　①280
聞えぬはうき　②52
聞ゆる笛の　⑥10
木こりうた　④259
木こりおが
　帰さに宵や　⑥32
　帰る山辺の　⑥10
樵おの　①292
樵夫の出る　②248
樵夫の住る　②184
木こりの袖に　①289
木こりもおなじ　②384
木こりも花を　⑥39
気根のつよい　③349
象潟の　②395
后のゑみの　③378
貴札をかけて　④316
衣更着七日　③265
二月の
　わかれに花　①477
　別をとひし　⑥22
二月二日　③154
二月も　①419
衣更着や　⑤126
気さんしに　③185
岐山の下の　④314
岸打波や　③380
岸陰に　①321
岸陰や　①277
岸伝ひ
　打よせつゝ　②248
　波にうきつ　①362
　舟さす方の　④123
　ゆふべの浪　②80
忌日をとへは　③192
岸ながら　①22
岸にしなへる　②216
岸によせ来る　②316
岸による　①437
岸根くづるゝ　②179
きしねくづれて　①251
岸根にかよふ　④85
岸根にむすぶ　①284
きしねによする　②121
岸根の小舟　①371
岸根の竹の　②370
きしねの水に　①239
岸根の水の　④82
岸根もおくに　②84
岸の上から　③493
雉子のおやちは　③530
岸のむかひに
　耳が聞えぬ　④297
　焼鼠あり　④319
雉子のめんとり　③347
岸の柳の　②195
岸の行衛の　②10
岸はいづれの　⑥28
岸辺にかゝる　②428
雉もからせぬ　③398
帰袖　②101
岸行水の　①325
喜春楽にも　④162
起請文
　件のことく　③517
　はこやの山　③370
貴所のおさなひ　③347
鬼女もまだ　④267
義信あり　⑤109
奇進する　④286
鬼神のうへに　④235
気随のみ　④255
疵薬　④230
きせるをし込　③480
きせるさらへの　③489
きせるにおもひ　③208
きせるにたはこ　③289
きせるのすゑは　③283
きせわたや　①125
喜撰法師か　④233
木曽路にゐてる　④168
木曽路遥に　④299
木曽路わぶれば　②331
木曽殿うたれ
　給ふ馬きり　③427
　給ふ肩腰　③364, 533
木曽の橋　⑥100
木曽の行衛を
　尋行秋　③315
　夢にたにみ　③308
木曽山田　③491
木曽山や　①440
北風烈し　④264
北国は　④151
きたなけに　③375
北にながれて　①316
北になるより　②408
北にむかへば　①393
北のゑびすの　①444
北野や是と　③250
北浜の　④271
北ふくや　①109
北へ行　①413
北へ行かと
　霞む雁がね　②263, ⑥61
北前の　④206
北窓は　②116
北南　③196
北よりや先　①296
北山の
　何かし坊に　③175
　坊にもうけ　④277
北山や　③291
北や雪
　しほ風さむ　①122
　汐風寒し　①189
　みし海ごし　①187
　見し海ごし　①120
北よりはやく　②108
北よりまだき　①462
来る幾日の　③278
来る十四日　③202
気ちかひといはん　④295
桔梗かるかや　③408
吉日と　④193
きついをまいらは　③443
気つかひ大井　④169
気つかふ旅に　③515
気遣ふ旅に　⑤87
きつたり此
　つゝけりか　③109, ⑤237
橘中に　④318
切手の通り　③330
切てやれ　④269
切手を取て　③407
狐打なき　①388
狐か狸か　④230
狐がともす　②300
狐そうらむ　④265
狐つき　③417
狐なくなり　①238
きつねのともす　①372
狐火ならし　①265
狐めは　③481
気つまりにこそ　③192
着て出る　③354
木で鼻を　⑤125
きては人　①327
きて見さい　③174
きて見れは　③468
きて見れば　①233
来て見れは　③282
喜怒哀楽も　④314
祈祷に念を　④149
祈祷の札を　③264

木戸口異儀なく　③353
木戸口へ
　弥陀はみち　③528
　弥陀は道ひ　③523
木戸口を　③441
木戸に声あり　④328
木戸をうつたる　③271
木長刀　③266
きなれしもさぞ　②297
きなれたる　①317
着馴つる　①348
着なれては　②143
きなれねは気の　④154
気に入ざされ　⑤98
きに懸る　③473
忌日もめくる　④282
木にもあらず
　草葉にもや
　①121, 188
衣あらたむる　②377
衣々と
　おもへば花　②266
　思へば花の　①200
きぬぎぬに
　あらぬわか　①413
　うらみなれ　②47
　人を切てや　③391
衣々に　②88
きぬぎぬの
　かたみは露　②389
　袖うらめし　③292
　涙かなしき　②23
　むかしおぼ　①440
衣々の
　形見がほな　①257
　妻戸ひらき　①274
　名残ばかり　②196
　泪ぞさはぐ　①240
　枕刀に　③505
後朝の　③413
衣々の朝　③170
衣々も　⑥8
きぬぎぬや　③166
衣きぬ山の　④204
衣きぬ山はと　③388
きぬぎぬを　②343
衣々を
　かこちし後　⑥42
　ゆつて上帯　③245
砧うつけも　③441
砧こそ　②92
きぬたの上に　②408
きぬたの音も　②65
きぬたの音や　②305
砧巻すて　①408
砧間近き　④87
衣の色も
　おとなひに　①199
　おとなびに　②120
きぬのかほりの　①487
きねがつゞみを　①367
祈念所て　④285
昨日かいにし　②381
昨日かうふる　①268
きのふかも　⑥118
昨日かも　④204
昨日けふ　①402
昨日今日
　あすか井か　③181
　岡べの田づ　②160
　早苗に田子　①263
　やまほとゝ
　③358, 521
きのふけふかの　②173
きのふ今日かの　⑥17
昨日けふと　②343
昨日今日とて　①337
昨日けふとは　③438
きのふこそ
　水にたてし
　⑤295, ⑥142, 155
　峰にさびし　①7
　峰に寂しき　⑤295
　岑にさびし　④350
昨日こそ　③285
きのふ寒　④326
昨日せし　④167
昨日つむ　②98
昨日といひ　③402
昨日と云　③383
きのふにかはる
　かね言のす　②331
　鬢の細道　⑥99
昨日にも　③433
きのふの秋風　③473
きのふの雲の
　あと式もな　④173
　契くやしも　⑥92
きのふの暮の　③237
きのふの花は　②218
昨日の花を　④107
きのふの宿り　②421
昨日の遊女　③275
きのふの夢の　③305
きのふは書院　③456
昨日は武道　④231
昨日病　③220
きのふまで　⑤167
きのふ迄
　水に立しか　③108
　水にたてし　⑤115
昨日まで
　のこる木陰　①424
　花の底なる　⑥42
　見ざりし方　①282
昨日迄　③354
きのふ迄見し　②192
きのふも三度　④198
きのふも三人
　唐人の宿　③403
　出かはる小　④180
きのふより　③376
昨日より
　あらだつ風　①418
　園の紅葉の　②275
きのふかすゞむ　②172
紀伊国の　④208
紀国の事　③334
気のつまる　④325
木の天狗の　④159
きのまゝて　③384
木の丸殿の
　家老めきた　③527
　御用木也　④249
木丸とのゝ　③197
岐伯か見たる　③421
きばめるや　③49
気はらしや　③398
麒尾につくも　④50
きびはなる　②234
きびはなるより　①290
貴妃をはなさぬ　④171
貴舟川　②267
貴布祢川　③340
木船川　①226
木船の川の　①466
貴船の宮路　①399
木ぶりよし　⑤124
きほろには　③375
木枕に　④195
木枕にする　③295
木枕はつれて　③384
きませてふ　①412
きませと告る　①419
きませ人
　みゆらむ物　⑥147
　みゆらんも
　①140, ⑥147
来ませ人　①12
気まゝ頭巾は　③350
気まゝに遊ふ　③202
気まゝにそたつ　④193
君かあたり
　是からかう　③245
　はなれぬ猫　③504
　見つゝ初尾　④321
君がいにし　②280
君がうらみや　②70
君かおもひの　③158
君がかた　⑥56
君かかたにそ　④224
君が位を　②137
君かこぬ　③350
君がこぬ
　間に野らと　⑥92
　夜や露霜に　②273
君か三味線　③216
君がたすけと　①336
君が為
　いさめを残　②426
　俄の申　③354
君がつかへを　②122
君かつけさし　④329
君が手なれの　②308
君が名を　②154
君が御事に　⑥39
君が恵を
　仰がぬはな　①404
　憑むあはれ　②8
きみがめでし　⑤43
君が代の
　祈りをうけ　②133
　治る時に　④11
　初子にあへ　①207
　春も半に　②63
　久しさしる　②332
君か代は
　喧花の沙汰　④166
　草履とりま　③520
　のとかに造　④187
　久しかるへ　③214
君が代は　①471
君が代や
　あふぐ千年　①464

猶長かれと　②403
君が代を　④108
君きけや君　④306
君々たれは
下に礼あり　③264
店は江戸店　③423
君々の　①63,①157
君くやと　①267
君くらき　②382
君くらきをも　①320
君こずは
打もねられ　①339
戸ざしもせ　①322
君こぬ比を　②146
君こぬ夜しも　①297
君こねば
うきさ莚の　②20
焼香も月の　②371
君こんと　④135
君来んと　①347
君しあらばと　⑥11
君すまは　④180
君民を　④152
君つれは　③149
君とへば　②277
君とおしめる　①450
君とをとりは　③173
君と臣　①283
君とし寝つゝ　①222
君とならは　③206
君とはぬ　②402
君とわれ　③374
君ならで　①481
君に粟津の　③518
君にいのちも　①476
君にこそ　②104
君にさゝぐる　①324
君につかへん　②372
君にひかれて　④239
君により　①451
君のくち　④161
君の恵に　④133
君のめぐみは　①254
君の恵を　①432
君は火宅の　④238
君はきざはし　③256
君ひとり　③469
君まさて　④173
君まさぬ　①276
君まさねど　⑥126
君ませと
庭は木葉の
①114, 183, ⑥126, 151
君ませば　④7
君まつと　②212
君まては　④224
君まてはにや　③505
君までは先　②108
君迄も　③254
君もあはれと　④242
君もかり寝は　②159
君もすさびに　①289
君も詠むや　②191
君も道なき　②35
君ゆたかなる　②254
君よりの　③267
君をいさむる　①410
君を祈る　②115
君を置て　③472
君をおもふや　②24
きみをさまさま　③166
きみをたすくる　④125
君をなかすの　④192
君を待まの　④80
君を見廻に　③168
きもうせて　②115
木も草も　⑤116
肝こそつふせ　④216
気もまめのこは　④278
鬼門とは　④296
鬼門にあたる
鶯の声　④195
まな板の角　④165
客あしらひに　③433
逆縁なから
喧嘩の次第　③227
松の木男　③378
客さへさひし　④215
客人は　③202
客僧は　④198
客のためにと　③310
客は客　④279
客もあるじも　⑤105
客よふだ　③285
客をまねきの　④259
花車な喧嘩に　④311
花もしへ文の　③502
伽羅幾焼の　③332
伽羅の油に　③281
伽羅のかけはし　③381
伽羅の香や　③310
伽羅の下駄　③472
きやらのけふりに
③358
伽羅のすかりや　③440
きやりてあくる　④161
木やりて出す　④166
旧悪おもはす　④313
灸一火　③341
灸嫌　③254
久三郎と　③525
九州に　④304
旧孫の　⑤117
及第の　③481
灸のてんてに　③508
灸の針のと　③159
灸のふた　④210
弓馬の家の　③192
舅犯か　④314
給分の　③382
給分は　③472
旧里の客も　③169
灸をすへぬる　④137
消松虫に　⑥36
きゆればまなく　①477
御意が得られぬ　④305
御意にまかする　③383
けふあすに　③311
けふ東路に　②170
けふいく日　②400
今日いくか　②384
今日軍　⑤95
京江戸の　③325
けふおろせ　②44
けふかざす　①26
今日かざす　①144
京からくたつた　③438
京からくたる　③348
行基以来の　③227
けふきく鐘の　②241
けふ来てぞ　①48
行義のわるい　③357
けうけうし　③207
狂言に　④328
狂言は　④211
けふこずは
紅葉を庭の
①114, 183
けふ来ずは　②313
今日こそしるし　①301
けふこそと
秋の池べに　②241
初もとゆひ　④84
今日こそと　①475
今日社と　②234
けふこそは　③172
今日こそは　⑥162
けふこそ三津の　②178
けふことに
歌詠する　②163
落そふ霜の　②163
けふごとに　①489
けふ毎に
かきくらし　②9
言の葉とな　①211
けふ毎にしも　②56
けふごとの　⑤43
けふ嵯峨の　③195
けふしこそ　①5
今日しこそ　①138
けふしも君が　②139
けふしも爰に　①363
今日しも爰に　①273
今日しもぞ　①491
行者はこゝに　④243
尭舜も　④312
狂女さへ　④249
けふ白川の　②77
行水あかりの　③387
今日関こゆる　①234
けふぞたつ　①8
けふぞ春　①9
けふぞ仏の　②85
けふぞ見る　①9
けふぞ我せこ　④179
鏡台の　④184
けふ立年ぞ　④128
けふたつは　①10
けふたつや　①6
けふたつよりも　②18
京近き　③194
京ちかくにて　④234
京着の　④157
京て花や　③349
けふといへは　④253
けふといへば
天先なるや　①6
天先成や　⑥161
けふときく　②310
京と当地の　③487
けふとなふ
仏の御名御
⑥135, 158
けふ唱ふ　③24

京都にて　④291
今日とや人の　①426
京都をは　④324
京長崎の　③505
京に入ての　③402
今日に霞を　①332
けふにしも　②425
輿に乗　④135
堯にふとつた　③364
京にもあるまい　③487
けふの遊ひの　③145
けふの雨　①9
今日のあるじの　①489
けふの市路に　①359
けふの市路の　②229
けふの翁は　③352
暁の風　③483
今日の門出の　①254
今日の賀の　⑥39
今日の狩場の　④108
今日の御祈祷　③534
けふの月見　③436
今日の月見も　③208
今日の泊も　①429
けふのぬり笠　③384
けふの日は　④297
けふの日も
　あやなく暮　④112
　あれ入逢が　③298
けふの日もはや　③475
京のほり　③291
けふの祭に　①411
けふのみと
　精進に篭る　②377
　送ならひし　①433
　限はらへに　②126
けふのみの　②364
けふの御幸ぞ　②35
けふの行幸の　②5
けふの御幸や　②67
今日はあやめの　②414
今日は鰯を　④137
けふはおきゐる　②132
けふは門の　③113
今日はきのふを　⑥32
今日は暮しつ　①418
けふはこの　①66
今日は此　①160
今日は小松を　①450
京橋を　③231
けふは他生の　④140
京はたゝ　④192
けふは旅の　①78
けふは猶　②250
けふははや　②357
今日ははや　①232
今日は春を　①480
けふは終日　②175
今日は伏見の　①457
けふは別して　③161
今日は又　①322
京は丸山　③354
けふは御祓の　②63
今日は都に　①340
今日は雪とぞ　①269
けふは雪の　①7
けふはよつほと　③386
けふは世の　①37
けふは留主居て　④239
けふ日ぐらしに　②201
けふ日和とて　①380
けふふるや　①144
京へなん
　書尽すとも　③55, 236
境への案内　③508
けふ祭る　④273
けふまでは　④273
けふ水無月の　②41
けふもをとり　③161
今日も形見の　②185
けふも狩場に　②143
けふも狩場の　②229
京も京
　つゐちの内　③243
　つゐぢのう　⑤215
　つゐぢの内　⑤190
けふも小鷹に
　くらす躊　②100
　分いづる道　②123
けふも訴詔と　③461
今日もてはやす　①296
けふも猶　②246
今日もはらはで　②108
けふもまた
　同じかりね　①351
　小鷹狩場に　②74
けふも又
　命の内の　③356
　狩残してや　②367
　草引むすぶ　②159
　月にかたし　②364
　波にたゞよ　⑥11
　山分衣　②377
今日も又　①292
けふもゝしきに　②168
輿やは夏の　③218
けふやまだ　①8
今日や御階に　①478
経よみならふ　③219
けふより五日に　③326
けふよりの　①137
今日よりの　①5
けふよりは　⑥30
今日より春と　①250
京よりも　③181
けふよりや
　弥ますます　①216
　咲る咲ざる　①5
　日々に新た　①5
今日よりや
　さけるさか　①137
　日々に新に　①137
行烈に　③473
行烈の　③413
けふわかれ
　いづくの誰　①88
　あふみぢち　①188
　あふみ路近　①121
けふ別　①171
けふ分初る　②137
京を京と　③112
京を下に
　みるや祇苑　③87, ⑥141
　見るや祇園　⑤67, 262
経をまくらに　③285
けふを三冬の　②20
清き香に　①33
きよき瀬に　①334
清き瀬に　①209
きよき流に　①225
きよきみぎはに　②101
漁境　②99
曲鞠や　③110
曲鞠を　③266
清く和らぐ　①210
きよげにも　②35
清してふ　①11
清しとは　①110
御製そうかむ　④172
清滝の　①91
清滝や　①325
清経は　③393
虚難は終に　③304
虚無しくれ　③472
きよまはる　⑥27
清見がた
　関守も今　①476
　月の影さす　⑤80
清見潟　②226
清水の
　月やら花や　③174, 529
清水へ　③167
清みの関に　②119
きよめ清むる　②15
清めして　①415
清めする　①474
清めなす　①70
きよめぬる　④264
魚躍水景　③426
清らなりける　④85
御簾あくれは　③415
きら吉良と　④299
きり幾重　②19
切売にする　④300
きりおきし　②76
霧かこふ　②109
きり紙もつて　③458
錐鉋　⑤97
霧きえつくす　①439
切きさむ　④277
きり疵絶さず　⑤97
きりきりす　④249
きりぎりす
　いたくな鳴　③285
　うたふ夜や　②335
　声あはれな　④115
　声も葛葉も　②128
　事少にて　⑤106
　鳴ほと腹や　③499
　寝ぬに目覚　①215
　まつ爰もと　③395
　やゝさむし　①330
　夜寒さ草に　③41
　我友ならぬ　②3
蛬
　あざ名や野　③324
　一再に　④184
　どこじやど　③437
　枕の月に　①217
きりぎりす鳴　①320
霧きはなく　④143
霧こそ渡れ　①378

霧こめて
　月も時雨る　②230
　わたるも見　②405
霧篭て　⑥34
霧さへつらし　①376
切捌　④223
切敷て　⑤99
きりすつる木の　①479
霧たえだえに　①294
霧高し
　八軒つくり　④49
　八棟作り③64, ④346
霧たちさはく　③153
霧立さはく　③500
霧たちぬれば　⑥43
霧立のほる
　在京の人　③184
　たはこの煙　③344
きりたち人の　②335
霧たつ峰は　①372
霧たな引て　①249
霧とそゝきて　①370
霧なびく
　竹の葉分に
　②263, ⑥61
　三室の山や　①419
霧に音羽の　①262
霧に暮たる　②27
霧に答ふる　②302
霧にこもりし　③282
霧にこもりて　②304
霧にこもれる　⑥115
霧にさへ　④83
霧に時雨し　②183
霧にしも
　旅行あとは　①220
　十市のかた　②89
霧に衙の　②238
霧に猶　②46
霧にぬれそふ　②387
霧に羽たゝく　③239
霧に麓の　②76
霧に隔たる　①214
霧にまぎれて　②391
霧にもすそを　⑥20
きりにもぬれて　②140
霧に夕の　②77
霧根筋　⑤95
霧のあなたに　①285
霧の印　④299
霧のうちなる　①454
霧の海　④16
霧の海の
　塩干の玉か　①168
　汐干の玉か　①82
　干潟の玉か　⑥90
霧の香よりも　④147
霧のこめたる　②70
霧の雫に　①231
霧の雫の　②51
霧の雫や　①377
霧の雫を　②356
霧のしめりぞ　②255
霧のしめりは　①221
霧のしめりや
　きえしとも　①285
　ほそき灯　①304
霧のそこなる　②146
霧の底にや　②310
霧の空に　①83
霧の中なる　⑥94
桐の葉に
　ふればや雨
　①77, 165
梧の葉に　②412
きりのはの　①77
桐のはの　②69
桐の葉の
　風につげず　①202
　風につけて　②347
ちりぬやよ　①77
梧の葉の
　ちりぬやよ　①165
　月影おとす　①165
桐の葉のみか　①313
桐のはは　①77
桐の葉は
　をのれとす
　①165, ⑥150
　夜な夜な月　①165
梧のはは
　うき世を歎　①77
　をのれとす　①77
梧の葉は　⑥91
桐の葉も　③179
霧の晴まに　①287
霧のひまひま　①447
霧のへだてゝ　④126
霧のまがきと　①366
霧のまがきに　①372
霧のまがきの
　絶々に成　①240
　蝶の色々　①288
　まがきのの　①452
　見入さびし　②280
霧のまがきは
　寺のさし入　②217
　人かげもな　②62
　隙そひにけ　①246
霧のまがきも　①334
霧のまがきや　②30
霧のまにまに　②63
霧のまよひの　④94
霧の都　③488
霧のむらむら　①274
霧はすその丶　②273
切畑の　③262
切はつりたる　④309
霧は残らず　①343
霧は麓に　①387
霧はらふ　①216
きりはらの駒　③473
霧晴る
　夕の蛍　②48
　和歌の浦輪　①367
霧はれし　②165
きり晴て　④174
霧晴て
　江戸の広ひ　③338
　ほさつも爰　③273
　まだき旅行　②66
霧はれてまた　②194
霧晴ぬ　②91
霧はれわたる
　あふみぢの　①335
　遠近の空　①219
　苫葺の道　②124
霧はれ渡る　⑥5
霧晴わたる　①225
霧ふかき
　朝行道の　②260
　出格子に立　③206
　野を分衣　①272
　やふれ小袖　④153
　山ぎはより　①295
霧深き　②377
霧ふかくしも　①275
霧深み　②414
きりふきをくる　②430
霧吹つくす　①258
霧ふきはらへ　②203
霧ふりて
　田面の道や　②132
　たどるは小　②311
霧降て　⑥19
霧ふる小田の　②214
霧ふるかたの　②6
霧ふる鍋の　④275
霧ふる宮の　④142
霧間いざよふ　②420
霧まかすかに　①241
霧間そふ　⑥57
霧まにうかべ　①301
霧まの浪に　②101
霧まもりくる　①364
霧まよふ
　空に夕日や　①351
　ひまひま月　②201
　麓より先　②34
霧まより　②45
霧間より
　ちいさき舟　②244
　釣の舟こぐ　①402
霧ま分　④56
霧まをもれて　①305
切麦も　③222
切麦を　③502
霧もいくへか　①418
きりも木幡の　②14
霧も雫も　①388
霧も立田の　②412
霧もたつ横　③399
霧もつくしの　②318
錐もの　③252
霧も晴行　③234
霧もまた　①295
錐揉の　③468
霧もむかひの　②106
霧やかた　①84
霧やたゞ
　あれし砌を　②229
　岩の雫を　①331
　吹やる風に　①429
霧や往来の　②203
器量かそろふて　④327
霧より月の　①431
霧よりも　①293
霧分る　②267
霧わくる野の　②79
霧分つゝも　①413
霧分て　④284
霧分迷ふ　②92
霧分わくる　②16
霧分わぶる　②250

霧わたる
　小川の水の　①282
　堺おもての　③159
　外面の朝気　②143
霧渡る也　①248
霧をばはらふ　②13
霧をはらふて　④270
霧を笆の　②370
霧を分　④54
着るかり衣も　⑥29
きるもたゞ　④126
きる物のゑり　④320
着るや錦を　③329
きれと丶は　③511
きれめに高き　③449
きれんちきりの　④283
きわた薬の　③318
木わたさね　③199
木綿核　⑤289
際だ丶ねども　⑤105
き綿とひやの　③312
極た　③385
際目をたつる　③457
際もなき　⑥17
木をいだきつ丶　⑤104
気を補ふ　③298
木をきる風の　②395
気を付て見よ　③479
気をのはし　③289
気をのんたるは　③444
気を引立て　③458
義を以かろき　③293
きんかあたまに　④163
金魚おもしろかる⑤99
金魚も春の　④250
金銀を　④226
金言耳に　③464
金剋木と　③469
径山寺　④157
銀四五匁　④325
錦繍を着て　③174
謹上幸　③238
金生水を　④310
銀子いかほと　③241
銀子いかほど　⑤207
銀子いか程　⑤184
金子壱歩の　③223
近代加様に　③410
公達の　③358
禁断なから　④232
巾着うこかす　③284
巾着きられ　③295
巾着切も　③410
巾着しふいた　④189
きんちやくに入る
　③372
巾着の
　一分自慢は　④168
　糸に乱る丶　③469
　口明ぼの丶　③368
巾着の口　③510
巾着ひとつ
　浮雲のそら　③356
　みほの松は　④220
巾着ふらり　③324
巾着も　④175
巾着や
　相坂山に　③153
　よしの山ふ　④147
禁中も　③262
ぎんなんか　④280
近年鼓　④244
近年つふる丶　③450
近年鼠に　③346
近年の誹言　⑤99
近年は　③322
禁盃も　③436
斤秤に　③342
金分銅　③463
金へらに　③475
近辺に　③253
吟歩　②99
禁物の　④307
禁裏の御普請　④208
禁裏の庭に　④165
斤両に
　懸て行らん　③417
　はしらかし　③420

【く】

食喰ふ　③284
くゐちらしたる　④263
喰とまるへし　③503
水鶏さへ　①158
くひのみは　④225
喰のみは　③412
喰のみも　③470
くひの八千世に　③533
くゐの八千世に　③367
食物に　④183
食物も　④144
食養生の　③356
喰いもかほは　④160
空海もみに　③466
寓言の　④314
宮司か衣　④193
くふて立　⑤76
空ヲ観スレハ　②99
釘付の箱　③380
釘かくしにや　③193
くきぬきまつかわ
　④233
釘はなれ　③379
岫を出　④231
公家衆も　④149
九国の任の　⑤106
草青き
　池の塘の　①277
　川ぞひ道は　①323
草生る　②233
草かきあれて　②224
草垣の
　かたぶくば　②208
　すき間がち　②368
草牆の　②33
草垣は　②24
草牆は　⑥54
草がきも　①320
草垣も　①100
草がくれする　①471
草かりの　①302
草刈の
　重荷に花を　①367
　帰るや笛を　①285
　吹笛の音も　①393
　行方遠く　⑥10
くさかり人も　④124
草刈も　①311
草かる翁　②368
草かる男　③181
草木だに　②212
草木につけて　①339
草木の露を　⑥94
草木もなれし　①320
種々ならし　②298
草々に
　風の吹しく　①490
　咲乱ぬる　②53
草々の
　打なびきた　⑥27
　うら枯なが　⑥31
　茂りいつし　④116
　花に胡蝶の　⑥55
　緑を添て　②378
草々は
　岸のほとり　⑥9
　残る陰なく　②218
草々も
　うら枯渡る　②350
　なびくや風　①480
　ひともとゆ　①40
　一本ゆへの　①149
草津の餅も　④254
草に木に　②145
草の庵　③476
草の庵に
　住へき人と　③387
　はや出来合　③267
草の庵にも
　床や有らん
　③155, 499
草の庵の　③367
草の庵は　①380
草のいほりに
　秋をうれふ　②289
　雨そ丶く也　④115
　すめる盲目　③500
草の庵に　④311
草の庵の
　滋ふかうし　③349
　非人あつま　⑤250
　塀に袖垣　③347
草の庵は　③185
草の庵りは　①249
草のいほりへ　③182
草の庵も　③413
草の庵を
　ふみかへる　②85
　むすぶ奥山　②413
草の色々　①414
草の上に　①263
草の垣ねは　②349
草の戸くらき　②226
くさの戸ざしに　②23
草の戸ざしに　①260
草の戸ざしの
　朝けさびし　①494
　風は冷じ　②128
草の戸ざしは　②166
草の戸ざしや　①356
草の戸寒し　①215
草の戸に　①227
草の戸も
　春行人の②262, ⑥60

人わきやせ　①95
草の戸や
空より告る①6,139
雪も気楽に　⑤124
草の葉の　③150
草の葉山は　①407
草の原野の　①319
草の籬や　①431
草のまくらに　①463
草の枕に　②169
草のまくらの
月ぞかたぶ　②288
行すゑの空　②344
草の枕の
すゑの遠山　①259
月ぞかなし　①268
月ぞ友なふ　⑥35
行末の空　①202
夢ぞ程なき　②95
夢のかよひ　①407
夢の雑談　④239
草のまくらは
たゞ野べの　②386
夢もむすば　①469
草の枕は　②81
草のまくらも　①453
草のまくらを　⑥63
草の枕を
敷捨てゆく　①380
しきすてぬ　②316
月にそばだ　①336
としてかう　③428
むすぶ野の　②72
草の屋に　①334
草の屋の
ひまひま風　②352
ゆふべは窓　④90
草の屋も
罷出さる　③231
やさしき数　①8
草はしかるな　③330
草葉露けき　②208
草葉にかゝる　①277
くさ葉の陰に　③527
草葉の陰に　③523
草場の露に　②402
草葉の露に　①238
草は皆　②373
草は萌　②228
草深き　①227
草深く　②315
草ぶきに　①430
草茨に
したゞる雨　②241
住や野守と　⑥36
草茨の
あたりの野　②366
暑さや賎が　②51
透間もり入　②318
草ぶきは　②174
草茨は　①238
草はうはうと　③501
草ほうほうと　③162
草枕　③280
草まくら　⑥40
草枕
暁月に　②128
いをねぬま　②269
うきならひ　①96
音信捨し　②177
雁の涙や　①266
旅に花さき　②279
ふるさとさ　②342
夢路もうと　②416
夢もむすば　⑥28
草まくらせん　①444
草みどりそふ　①228
草むらしげき　⑥35
草むらに
せがゐの水　①492
たふれ死さ　④207
所々の　②352
道も古井の　②179
草村に
影ほのめき　②187
鹿子の立所　⑥44
つながぬ駒　①241
まじる槿花　②151
叢の
跡なくかる　②202
萌出わたる　②11
草むらの　②171
草村の
露は結びも　①365
道も無迄　②328
草むらのみや　①463
草村は　①268
草村も
かつもえ初　②429
しほれもて　②368
其名に秋は　①233
叢を　②116
草村を　①353
くさめして　④240
草もあれど　①48
草も木も　①335
草もしほれて　②434
草よ木よ
かれぬとお
①121,188
草より草を
分るむさし　②211
分る武蔵野　①391
くさりて中は　③146
くさりて用に　④303
くさりの間より　③399
公事相手　③452
くし君を　③260
くしとりに　④171
くし取に　③364
公事はあやなし　④223
公事は鮑の　③477
公事は霞に　③454
櫛箱もてこひ　③291
公事場にのこる　④212
公事は残た　④249
公事日に出る　⑤250
公事まけてや　④236
孔雀の尾　③354
九十あまりの
秋の夕くれ　③503
秋の夕暮　③154,516
九十九夜さも　③383
櫛をだに　②322
公事を全ふ　④242
愚人はら　③278
葛かつらまて　③395
屑珊瑚　③460
葛のうら葉の　③311
楠や
其なはうけ　③97
松に事とふ　④299
楠をめし　④296
葛の葉おつる　②23
葛の葉散て　③419
葛のはなしの　④184
葛の葉にきぬ　④245
葛の葉の
色につれな　①218
おつるがう　⑤169
おつるの恨　⑤255
枯葉は風の　②111
はけしき心　④262
隙々月や　②79
みだれて霜　②174
葛の葉も　①463
葛の葉や　①227
葛水や　⑤246
薬一ふく　④212
薬喰の　③311
薬喰や　④206
薬子を　⑥14
薬ちかひて　③297
薬取　③327
薬湯に　③234
くづるゝ塘　②304
崩るゝまゝの　⑥14
くつれし簗の　④153
崩そひたる　②159
崩てや　①340
九寸五分
月を隠して　③480
鎧透しは　④258
九寸四五分の　③329
弘誓の舟の　③341
曲馬の　③207
くぜちいふ　①449
口舌事　③281
口説とて　③298
くせとなる　⑥50
曲者の　③226
くさうて誰も　④295
具足の櫃を　④183
具足櫃　③285
具足をは　④138
九代過行　③428
くだけては又　⑥116
下さるゝ
右や左の③141,⑤50
下され下され　③492
くたされは　③242
くだされは
慈悲最中の
⑤187,211
くたしはつるは　①485
下す筏に　②230
下す小舟ぞ　④83
下すか舟の
みえ隠れ行　⑥59
見え隠行　②262
くだすか舟の　①201
くだす社　①399
くたはりて　④330
くたびれて　④5

草臥て
　起つねつし　④337
　立よる陰は　③386
　やすむとい　③404
　行とも旅の　③260
草臥てゆく　③203
草臥はさそ　④146
菓子に　①362
下らせ給　③363
くたらせ給ふ　③328
くたり腹　③336
くたりはら野々　③204
くたり舟
　さ夜の枕に　③275
　また宵なか　④186
くたり道
　さや幅ほと
　　③523, 528
下り道　③381
下り簗　①392
下れるも　②363
口明ば　⑤117
口きゝて　③218
くち木の花も　②336
口切の　③112
くちぐちに
　おのおの春　⑤197
　をのをの春　③515
口々に
　おのおの春
　　③240, ⑤175
　をのをの春　⑤249
口すへは　③434
口すきは　④171
口添てやる　④247
朽て板間の　②55
くちてかたへに　②306
朽てかたぶく　④89
朽て桜も　①225
朽て残るは　②142
朽てはや　②177
朽ながら
　かたへにく　①483
　竹の筧や　②413
　まきの継橋　①459
くちなしはらを　③346
くちなはの　③347
蛇の
　くるくると　④301
　しめ買をし　③330
蛇や
　鶯の子を　③192
　春の池から　③161
口にいふと　③178
朽ぬるも　①298
朽ねたゞ　①220
朽残りしは　②131
くちのこりたる　②64
朽残る　①366
口のさがなき　①390
口の中も　④231
口のほとけぬ　③401
口はかりにて　③403
朽橋の　①408
朽橋は　②385
朽はてし　②125
口はみなきる　③506
口は皆きる　③162
口拍子　③517
口広く　④312
口まねや
　老の鴬　③84, 289
口まめに　③484
愚痴モ　⑥145
朽やらぬ　①42
口よせて　③377
朽るが上に　①467
朽るまで　①432
口をつめたる　③410
口をふさいで　④322
口をよせぬる　④135
屈曲す　⑤126
くつくつくつくつ
　④296
句づくりや　④49
句作りを　③376
くつさめの
　あらし過行　③473
　鼻の穴へも　④229
くつさめの音に　③311
沓脱の　③419
沓の跡より　①361
沓引いづる　⑥41
沓ひくあとや　②276
くつろぐや　⑤136
沓わたしして
　しつまりの
　　③157, 507
くどいろり　④268
くときふすふる　③223
功徳池あれは　③227
功徳池の　③480
くとけとさらに　④249
くとけ共
　逢事はなを　③504
　加茂川の水　③274
くとの下に　④243
ぐなりしやなりは
　④332
愚なるかことく
　時宜なしに　③177
　長き雁くび　④313
国入の　③315
国おさめつゝ　②48
国かたの　③257
国方の　③321
国傾る　③169
国方を　③456
国々めくる　③237
国々を　①447
国里を　③332
国民の
　すがたにな
　①87, 171, ④21, ⑥82
　姿になびく　④18
　豊にむかふ　①434
国つみ神の　②428
国所　③131
国となりへも　③508
国富て　⑥31
国なせる
　新島やこれ
　　①82, ④19
　新島や是
　　①168, ④16, 22
国にありて　④218
垢膩のあか　⑤220
国のうち　①129
国の風　①22
国の守　④277
国のさわきに　③268
国の仕置も　③170
国の末まで　⑥17
国の乱れも　③453
国原や
　なべて立た　①7
　又家とする　①10
国見する　①124
国を祝ふて　③455
国をめぐむや　②314
九年以前の　③364
句の千もと　⑤117
句前句前　③393
句の余情　④331
句は玉を　⑤117
くはりやる　③268
くばるこそ　①412
句引あやなき　③489
首筋に　⑤116
頸すぢに　⑥173
首たけそとや　③305
首長ぬるむ　③349
首に懸つゝ　③461
首に成ても　③524
頸の骨
　痛み入たる　③284
　腕の強きと　③270
頸のほねおる　③219
首のまはりに　④289
首はころりと　③317
首もまはらぬ　④147
句拍子や　③235
来べき折ぞと　⑥34
来べきとの　⑥19
来べき宵にと　②373
公方はれたる　③411
窪き畠の　⑤95
熊坂は　④264
汲せじと　①48
くま手鳶口　④192
熊手にかゝる　③325
隈なく見ゆる　②413
くまのいまいらは
　④271
熊の胃も　④158
熊野路や　①221
熊野そたちの　③317
熊野の午王　④219
熊野比丘尼の　④275
熊野詣　③357
くまの山伏　⑤257
隈もなく　①399
九万里の　③458
くみうち討死　④252
くみかはす　②368
酌かはす
　あたゝめ酒　①472
　なさけもさ　②245
　春の情の　⑥53
くみしかすみに　④207
酌過す　③170
汲すてし　②343
汲たえし　②136
汲たえにたる　②185

汲たえぬ ②375
酌つくしてよ ①434
くみつくせるは ①286
汲続く ⑤109
汲て心を ①361
汲て人の ①69
汲馴る ⑥11
汲にしは ②139
酌ぬる酒に ②354
汲はこぶ ②414
汲も尽せぬ ⑥21
汲よる水ぞ ①419
汲よれば ②17
くむ数も ①25
酌さかづきは ①314
くむさかづきも ①446
酌さかづきを ②181
くむ酒に
　今朝まで月 ②123
　忘るこそは ②334
酌酒に
　つらね添た ②108
　花をさへう ①383
汲袖に ②142
酌むにあかなき ①352
くむにとぼしき ②34
くむはいかにも ③512
くむ計 ②69
くむ人に ①69
汲人は ②52
汲人も ①281
くむ程は ①69
汲水も ①207
くむや霞も ②317
くむ若鮎の ⑥53
久米路のはしを ④218
くめば岩井も ②360
酌ばくむ ②125
くめや家隆の ④154
くめるがうへに ②14
雲あたゝまり ④210
雲いきや ④293
雲ゐ路は ①111
雲井路は ①182
雲ゐ路や ①52
雲井路や ①154
雲井にかすむ ③265
雲井に笛の ②227
雲井にまかふ ③278
雲ゐの雁を ②306
雲井の節会 ③291
雲ゐの庭に ②413
雲井の庭に ②28
雲井の庭の
　秋ぞことな ⑥53
　玉とちる露 ②347
雲井の庭は ①358
雲ゐの階を ①245
雲井はるかに ④292
雲井迄 ③425
雲井より
　けしき殊な ②166
　たゝもり給 ④208
　つらなりお ②290
雲ゐるかたは ①313
雲井をも ①304
雲井をわたる ②243
雲うちなびき ②342
雲うちはるゝ ③334
雲かほり
　花ふる西の①27, 146
雲かけぶりか ②263
雲か煙か
　遠の山里①201, ⑥60
雲か桜か ①470
雲かさなれる ②313
雲霞 ④281
雲かとそなむ ④253
雲きえのこる ②15
雲霧さつと ③176
雲霧に ②147
雲霧の ④318
雲霧は
　すつきりの ④280
　何の医者に ③517
　みなやり風 ④275
雲霧はるゝ ①215
雲霧も
　かゝる所の ③518
　月にかゝら ⑥66
　晴て小倉の ①353
　窓より西の ①460
雲霧を
　尽す嵐の ④91
　はらふやむ ①428
　横川の奥に ②85
雲こそうづめ ①490
雲こそかゝれ
　すゑの山越 ②211
　天王寺山 ③190
雲越る ②91
雲こりし
　あたりや雨 ①451
　峰ははるけ ②381
雲こる方の ②150
雲寒く ①234
雲さりげなき ①444
雲路をわけし ③280
雲透に ③276
雲冷じき ①249
雲ぞ行ゑ ①53
雲たゝむては ④327
雲立きゆる ⑥35
雲立まよひ ②104
雲立まよふ ①373
蜘てふむしの ④204
蜘てふ虫も ③281
雲塵はらふ ④272
くもてかくなわ ④240
雲ときりと ③416
雲飛わくる ①417
雲とみし ⑥21
雲と見し ①38
雲鳥の ①213
雲ながら ②353
雲なびく
　桧原杉原 ②325
　山のはつか ②286
雲もなみまの ②34
雲にあらしの
　座もとなる ③374
　わたるかけ ②229
雲に嵐や ⑥35
雲に韋駄天 ⑤98
雲に入けん ①411
雲に入日の
　影ぞいざよ ②365
　ゆがむ髑髏 ③484
雲に入 ①266
雲に入る ⑤110
雲に起ふし ③451
雲にかけはし ③437
雲にこぼれて ②405
雲にしも ①346
雲にそびえし ②389
雲にたえだえ ②385
雲に月 ①407
雲に飛もの ③480
雲にのみ ①314
雲にはなるゝ ①247
雲にはみえぬ ①420
雲にひかりの
　残る遠かた ②135
　まだ残る空 ②330
雲にまがひし ②171
雲にまづ ⑥93
雲に先 ①356
雲にもれぬる ①368
雲にやのらせ ③180
雲に四すちの ③448
雲に竜 ③321
雲のあなたの ①348
雲のあなたや ①469
蜘の家さへ ①299
雲のいづこと ①455
雲のいつこに ④187
雲のいづこに
　なく郭公 ②402
　初雁の声 ①348
雲のゐて ②130
蜘のいも ②273
雲のゐる ②201
雲の居る ②213
雲の上猶 ③387
雲の上に ①328
雲のうへや ④329
雲の埋て ④106
雲のうちなる ①430
苦もなうて ③503
苦もなふて ③154
雲のおりゐて ①239
雲のおり居て ②154
雲のおりゐる ①289
雲の牆 ②310
雲のけしきも ②374
雲のごと ②266
雲の如 ①337
雲のこりしく ②387
雲の凝 ⑥13
雲の衣を ③460
雲の袖ふる ②289
雲の袖をや ②321
雲の絶間に ②107
雲のたえまの ②134
雲の立 ⑤224
雲のたなびく ②144
雲の塵も ①56
雲の波 ①463
雲の波に ①96
雲の波を ①59
雲のはたてに
　おもひする ②270
　はつす両馬 ④195
　人こふる暮 ①310

雲の隔に　②54
雲のぼる　②268
雲のまにまに　①332
雲のみや　②199
雲のやうにも　④156
雲の余所なる
　野屋敷の餅　④289
　布袋大こく　④184
雲はいづちに　⑥27
雲はたゞ　①463
雲はつくして　②422
雲は猶　②433
雲はまだ　①486
雲早み　①401
雲晴る　②395
雲はるゝ　①216
雲晴て
　月にすゞ吹　②380
　のぞみたれ　①214
　むかふは同　②55
雲はれねとも　③379
雲晴ねとも
　てれつくて
　　③523, 528
雲はれ渡る　⑥46
雲引捨る　②236
雲引まよふ　②325
雲引峰も　⑥54
雲曳山や　②207
雲一むらや　①432
雲ふかき
　山のこなた　②215
　山ほとゝぎ　②281
　山分いづる　①406
雲深き　⑥44
雲吹すつる　①270
雲ふみかへる　①396
雲ふむ岑を　①452
蜘舞は　③330
雲間に白き　②5
雪間ににによつと　④291
雲間の兎　③463
雲間の月の　②138
雲まの日かげ　①217
雲まゝつ　②273
雲まよひつゝ　①360
雲まよふ
　岩ねは春も　⑥28
　空にあとな　②277
　空まだくら　②211
　たそかれ時　②360
　山のこなた　②362
雲迷ふ
　御馬の先に　③345
　空にし鶴の　②65
雲間より　④290
雲もうきたつ　②373
雲もかゝらぬ　②213
雲も木葉も　①294
雲もとぢたる　①439
雲もばらばら　④293
雲や只　④111
雲やはかゝる　①384
雲山田　③492
雲ゆく跡の　②239
雲ゆるうして　③450
雲よこたはる
　今の一言　③476
　関の戸の山　①422
　山路さかし　①327
雲よりおくは　④124
雲よりもるゝ　①294
くもらぬ朝は　⑤105
くもりくる　④188
曇しも　②129
くもりて汐の　②40
曇なき
　世にすむ月　①215
　世を顕はせ　①129
曇り日の　②345
曇や空は　②222
くもる夜も　①96
雲をいづこに　④117
雲をいでし　①215
雲を出たる　①293
雲をうがち　①29
雲をかたしく　①286
雲を雲と
　見るこそ晴
　　①17, ⑥79
雲を吐　⑤117
雲をはなるゝ　①298
くやくやと
　下待宵は　②293
　種々の事を　④155
口惜かるへし　③339
悔しくも
　恋すてふ名　②245
　たづね出ぬ　②81
　遠き国まで　②112
悔しくも只　②434
悔しさは　④115
くゆらかす　②317
位品ある　①292
位すゝまで　②58
くらいところの　③325
位猶　④133
位にも　④201
位の品を　②329
位もあさき　②302
くらゐもすてゝ　②20
位をも　②378
くらき道　⑥116
くらき夜ながら　②385
くらきより
　くらきかの　⑥38
　くらきにま　④166
くらく成　②160
暮したる　②345
暮してや　②192
暗部のおくは　①242
暗部の山に　②244
くらぶれば　⑥14
くらべ見む　①210
くらべ見よ　⑥161
くらま天狗も　③384
鞍馬の多門　③463
鞍馬山　③512
蔵屋敷　③323
くらりくらりと　③300
くりかへし
　歌のとまり　③501
　昔を忍ぶ　②45
くり返し　④12
くり反したる　④261
くりかへしつゝ　④124
繰返しても　⑤101
くり返す　①228
繰かへす　③336
栗せうか　④173
栗せうが　④263
ぐりはまの　③115
くり半月は　④258
栗をくふ　③275
くる秋の　①165
来る秋の
　風を目に見　①212
声よすがた　①76
来る秋を
　かぞへて拾　①75
　竹先しるや　①76
くるしき雨に　③278
苦しき坂や　①323
苦きは　②108
苦しきは　①291
くるしさもさぞ　⑤101
苦しむや　②114
栗栖の小野の　①299
くる空よ　①53
くるとあくとや　②250
来る春は
　木やり音頭　③420
　東方朔より　③445
来る春や
　寅卯のあひ　⑤169
　寅卯の間と　③25, 172
来る人はなき　①432
車牛　③406
車をしやる　②401
車とゞめし　①257
車とゞめて　①452
車とゞろく　②62
車轟く　②9
車ならぶる　②147
車にめぐる　③492
車の先も　①395
車引　④261
車へいさら　③213
車やどりに　①454
車より　③312
車をかけて
　篭る身の果　②191
　身を隠して　①410
車をかつて　③147
車をば　①304
車をも　②77
くるり車の　④154
暮る狩場の　②310
くるゝ清見の　②23
暮る瀬の　②394
暮る空より　①236
暮る戸ざしの　①371
くるゝ年
　かへされは
　　③95, ⑤49
暮るはおしき　②375
暮る日の　①317
暮る火は　①254
くるゝ籬の　②7
くるゝ迄　⑥22
暮まで　②39
暮るまで
　ひらきてむ　④81
　真柴焼らし　①264

まだねもや　⑥10
めでこそあ　②138
暮る迄　②135
くる丶まにまに　①371
暮丶まにまに　②126
暮るまにまに　②113
暮る砌の　①484
暮る汀に　①480
暮るやなみも　②331
暮る夜に　②421
暮る夜は　①428
くる丶より
置霜白き　⑥21
風あらまし　②242
川波高き　②168
河辺の波の　②44
蛍の影の　④120
暮より　①364
暮る丶より
焼火と見え　①258
玉と見えて　②195
暮るより
芥たく火の　①306
出ぬる月の　②105
いとまもな　①276
鵜船の篝　①218
霧立消る　①250
声をあらそ　②136
忍びありき　⑥20
高根に月や　⑥47
暮る寄　①369
暮るをおしむ　①419
くる丶をま丶に　②33
くるれば風の　④124
暮ればしほる　⑥4
暮れは太鼓　③421
暮ればたゆる　②317
暮れば野べに
かよふさを　①303
しげき虫の　①284
暮ればやがて　①283
暮あへぬ　①268
暮いそぐ　②212
暮おしむらん　⑥15
暮か丶りたる
遠かたの里　①422
志賀の山本　①275
松のむら立　⑥5
山ぎはの道　①481
暮か丶りぬる　①434
昏か丶る　②419
暮か丶る
浦の苫屋は　②291
重荷に小付　④318
交野の原の　②230
遠山伏の　①485
山下道の　②426
暮かけて　③157
暮かけて行　①257
くれがたき　①66
暮かたき　④135
暮がたき
日かげあれ　①448
日影あれば　①161
日もあかぬ　②143
暮方に　③307
暮ことに　③314
暮ごとに
荻吹風の　①266
涙も露も　②128
暮毎に
妻問鹿の　④107
露も涙も　①437
露を敷野の　④132
花より花を　①463
待はくせな　②28
むすぶも同　④81
暮ごとにしも　②363
暮毎の
月にぞちぎ　②322
月をよすが　①361
露や泪を　②108
くれし形見も　④168
暮し野や　①241
暮過て　①367
暮過る　①432
暮過るまで　⑥25
くれ涼し　①67
くれそむる　②14
暮初る
方に鹿子や　①433
末もさがし　②163
暮そむる野の　④122
暮初て　①245
呉竹に　②50
くれ竹の
落葉は浪の　②19
しげりや軒　②423
そよぎに霜　②121
名だ丶る里　①123, 190
一むら白く　②211
よはに積ら　①119
呉竹の
生添陰の　①231
煙の底は　⑥45
しづえに鳥　①263
霜やけぶり　②173
そよぎやは　②33
続きし陰も　②161
露やみだれ　①308
名だ丶る里　①401
なびくひま　⑥41
葉だれの霜　⑥16
葉のぼる露　①354
林がくれや　①488
はやしや風　②23
葉分に月の　①357
葉分の光　④87
ふしふしい　③332
臥見にか丶　①272
伏見の道は　②280
よこにねる　④179
夜はにつも　①187
呉竹は　①214
呉竹も　②371
呉竹や
そよぎて露　②41
道のなき迄　①370
呉竹を　②245
くれて小倉の　②80
暮て治る　①215
くれて煙は　②23
くれてさだかに　⑥31
暮てすゞしき　①491
暮てぞ出し　②154
くれてそことも　①487
暮て杣木を　①353
暮てた丶ずむ　⑥49
暮て戸ざしを　②328
暮て猶
音そふ花の　④115
谷のあはひ　②10
暮て俄に　①355
暮ては誰を　③149
くれて杳に　④95
暮てふし見の　②216
暮てふる　②51
暮てほそ声　②216
暮て身にしむ　①348
暮ても遠き　①293
暮ても分る　①377
暮てや蜑の　②415
暮て行
秋を男鹿の　①213
名残こそあ　②326
春の夕の　②416
春をもやど　②173
山路の秋や　②334
三月を惜　②327
暮てより
あやめの枕　①368
此方彼方に　②131
くれてんに　③203
暮と明と　①17
くれないか
是非是非花　③205, 529
紅く丶る　⑥4
くれなゐの　⑤109
紅の
いろそふ梅　①218
虹引のこす　②252
ふり出る露　②292
くれなゐは
かぎりある　①12
かくも有け　①12, ⑤163
紅は
かぎりある　①140
かくも有け　①141
紅よ　①13
暮なばいかに　②184
暮なば草の　①458
暮なば月を　②368
暮にけり
今宵はこえ　①332
春も今はの　②387
暮にしも
か丶る貴き　③147
松風かよふ　①316
暮にはき
朝ふむ庭の　①113, 183
暮ぬさきにと　①298
暮ぬとしきる　①226
暮ぬと告る　①307
くれぬとて　⑥38
暮ぬとや　②218
暮ぬまの　①161
暮ぬ間の　①66
暮ぬるも
あけ置窓の　②63
又改て　①360

くれぬれば　②322
暮ぬれば
　暑さをしら　②55
　あら磯波に　①304
　稲葉みだれ　②294
　をちの里人　②389
　帰る苫やの　②401
　交野丶御野　②3
　かならず鹿　②177
　蚊の細声に　①260
　川音そひて　⑥61
　川音添ひて　②264
　霧のひまひ　①442
　賎さへ涼む　②57
　柴取船の　②145
　杉の葉分の　①257
　裾野のとも　⑥98
　袖のあつさ　②138
　月もさやけ　②330
　露の玉ゐる　①234
　床に雲雀の　②50
　猶打よする　①329
　ながれのか　②202
　花の衾を　⑥23
暮ぬればなを　①232
暮のこる　②207
暮残る　②102
暮の月　③427
暮の夕皃　④263
暮はてけらし　①485
暮はて丶
　いづち行衛　②315
　道行人の　①251
暮深き　②371
暮ふかく
　客やゆるゆ　③507
　成てや塩の　①279
暮深く
　焼火の影の　②317
　なれば軒ば　①486
暮深み　⑥94
暮ふかめつ丶　②182
暮まだきより　①352
暮待て
　思出ぬる　②324
　月に浜辺の　②178
暮六つ切に　③374
暮やすし
　こんな事な
　　③96, ④350, ⑤280
暮安し　⑤169
暮行年を　②367
暮行のべは　①431
くれゆく春を　②51
暮行ま丶に　④111
くれゆけば　②250
暮わたりたる
　野べのさ丶　①322
　森の下陰　⑥4
くれ渡る　⑥9
暮渡る
　大原野辺は　①356
　田づらの末　①337
　都の空の　⑥27
暮をまつ　③215
黒いとしろいと　⑤103
愚老か庵へ　③441
黒髪に
　伽羅の煙を　③524
　人の涙も　①296
黒髪の
　思ひみだれ
　　①242, 269
　雫そかよふ　③178
　まだ末遠き　①256
　むすぼ丶れ　⑥42
黒髪は　⑥117
くろかみも　②45
黒髪や
　恋のみだれ　①388
　ゆうにやさ　③511
黒髪を
　そぎ捨ぬる　②54
　ふたりか中　③277
黒き筋　②186
黒きめせめせ　③194
黒雲の　③182
黒雲は　③445
黒雲や　③531
くろ米の露　③403
くろ茶染には　③336
黒戸の前に　③481
黒舟を　③337
黒焼の
　煙はかなき　③256
　こかれても　④219
畔をゆづるは　①480
委くは　③252
鍬つかふ　③216
鍬てかき寄る　④230
桑名を過る　③430
くはれたる　③192
くは丶る春は　②196
くは丶れる　①27
くははれる　①146
加れる　②254
句をひとつ　③15
君王の　④241
軍配団　④169
軍兵も　④213
軍乱や　③190
軍旅の月を　③491

【け】

稽古する　④284
系図をも　④213
けいせいかひや　④220
傾城と　③323
傾城に　③176
傾城の
　挨拶は先　③222
　さかりは過　③150
　野風も月も　③215
傾城は　⑥99
傾城町に　③212
傾城町の　③200
傾城町を　③165
傾城や　③230
けいせい屋より　⑤208
傾城屋より
　いつる三ケ　③242
　出る三か月　⑤185
蛍雪の　④161
鶏旦や　⑥162
景地すぐる丶　④320
景により　③22
けいはくで　④299
けいはくの　③207
けうといかほを　③346
気疎秋の　④181
けうときは　①444
けうとくなりし　①350
下界の地には
　天神かこひ　③363
　ひらく傘　③322
外科薬　③527
外科衆や　④229
怪我のありたる　④229
穢る丶に　③347
けかれたる身は　④139
けがれつる　①301
下々かいた丶く　④245
下々こそ秋の　③314
下戸かたづけて　⑤99
下戸ならぬ　⑤108
毛衣を　②164
けさあらし　③489
今朝打はらふ　②92
けさ霞　①411
今朝かたむける　④230
けさきつる　①298
今朝こ丶ろよく　②243
今朝咲や　②274
けさぞ匂ひ　①9
今朝ぞみつ　③68
今朝の嵐や　②201
今朝の御客は　③392
今朝の衣々　④272
今朝の気色　①9
けさの月　③468
けさの春に　①7
今朝の様体　③311
今朝はあらしや　①288
今朝はいと　③533
今朝はうちとけ　②286
今朝は霞の　②304
今朝は霞も　②215
今朝はきし
　砌かちるも
　　①103, 178
けさは今朝　⑥161
今朝は園生の　①285
今朝は釣する　①308
今朝はまだ　①295
今朝はまつ　④81
今朝はわたるも　①329
けさ吹たゆむ　②96
今朝吹風に　①281
今朝降初る　①377
今朝ふるも　②64
今朝ほころぶる　⑥6
今朝迄岩戸の　③320
今朝まで頼む　④120
今朝まで月の
　冷じき影　①240
　残る岩が根　①226
今朝までならす　①326
今朝まで庭火　⑥29
今朝迄寝ての　③303
今朝までの　②183
今朝まで残る　④131
今朝まで見えし　②88
今朝までも
　ね覚ながら　①477

ねぬや筏の ②402
深き涙の ⑥96
今朝迄も ②150
けさまでもねぬ ①301
今朝見つる ②74
けさみれば ⑥163
今朝見れは
霜月切の ④163
春風計の ④181
今朝見れば ②188
けさや先 ①7
けさや又
初はなすゝ ①121
初花すゝき ①188
今朝や世の ⑥161
今朝よりは
草の戸ざし ①322
たゞ一重な ①238
けさよりや ①478
けぢかく鹿の ②189
けぢかくも ①338
けしき立たる ①402
気色の森を ④290
けしきばかりの ②412
けしき計の ①475
気色はことに ②164
けしきは春の ①289
けしきばましき ②93
けしき身にしむ ②133
景色もいまだ ④97
気色も春の ②427
けしき催す ⑤101
気色をとへは ③303
仮粧の鏡 ④237
化生のかしらは ④257
化粧文やる ③385
下女かこゝろや ③201
削りかけの ③328
けづりもやらで ①455
けづりもやらぬ ②250
けづるとも ①341
けづればかみの ①445
けさうびに ①265
けさう文 ③239
下代のこゝろ ③429
けたからかさの ④159
けだ物炭も ③285
けだ物にだに ②136
けだものゝ ②274
獣の
通ひぢほそ ①248
かよふ田面 ①288
獣や
深山をとめ ②54
山ふところ ①474
下駄をはきぬる ③271
けちけちを ③445
下知していはく
秋風の声 ③391
かゝれやか ③245
先宿をとれ ③412
下知して曰 ③533
けち取は ④232
血気はつよき ④279
結構な ④276
月斜に ⑤95
血判や ③319
けつまつく ③295
げてんの内は ④260
毛なみ見事に ④156
げにからめける ①247
けに真 ③335
げにもげにも
月や今夜の ⑥66, 127
げに物さびし ①317
器にもる飯を ①491
笥にもる飯を ③354
げにや古歌に ③130
げに別てふ ②199
下人数々 ③268
鑷子一ほん ④229
けぬきはなさぬ ④177
毛ぬき髭きり ③467
けぬるまに ①463
毛の色は ③469
けはひあやしく ①327
けはひさへ ⑥17
下馬の ③251
下卑てやさしき ③487
毛吹時代の ③433
けふたさはかり ③275
けふたしかすむ ③501
けふの賀いはひ ③185
けぶらぬ方や ②331
煙出し ⑤99
けぶり出たる ①294
けぶり幽に ⑥18
煙かなしき ②228
けぶりこそ ①332
煙こそ ①487
けぶりすくなき ②202
けぶりぞ小屋の ⑥35
煙ぞ賎が ⑥26
けぶり立ぬる ②219
けふり立 ④165
けぶり立 ②334
煙たつ ④93
煙立とも ④131
けぶりたつなり ②332
けぶりだに
みぬ空かな ②399
見ぬ空かな ①16
煙だに ①142
けぶりつき ①122
煙つき
雲すむ雪の
①189, ②253
煙となりし ④96
煙と成て ①486
煙とも ①332
煙りながらも ①488
けぶりに暮る ②74
煙にこもる
松のむらむ ②364
山際の里 ①373
けぶりにしるき ②423
けぶりにのこる ①409
煙に望む ⑥23
けぶりに松の ①328
けぶりのうちや ②305
けぶりの末も ②249
けぶりの底に
水むせぶ音 ①382
みゆる江の ①428
けぶりのひまに ②128
けぶりはいづら
消るもしほ ①257
塩がまの跡 ①339
けぶりひどけき ②59
けぶりほのかに
暮る江の村 ②388
のぼる炭が ①280
煙身にしむ ①472
けぶりもうすし ②269
煙もほそき ②315
けぶりもむせぶ ②238
煙もやらで ②396
煙雪 ④281
煙をだにも ②230
煙を見する ④83
煙をも ①348
けぶる岡べの ②359
けぶる濠に ②184
けぶる木のめや ①281
けぶる苫屋に ②88
けぶる麓の ⑥49
煙るより ⑤124
仮名実名 ④294
家来衆いつれも ④316
ける鞠は ③346
けるまりや ④215
けんかいが ③423
喧嘩きらひを ③260
喧嘩して ④207
喧嘩すき ③351
験がたやむる ⑥31
喧嘩におよふ ④193
喧嘩には ④151
喧嘩の終り ③441
喧嘩の宿かす ③484
喧嘩はこちか ③334
喧嘩やふれて ④324
喧嘩よと ③181
喧嘩をは ④199
喧嘩をまねく ⑤97
玄関の ③329
玄関の板 ③327
検校の ③448
賢愚得失 ③425
兼好か
こと葉の末 ③218
さてはよし ④50
兼好が ③99
兼好に ⑤99
兼好も又 ④174
堅固てよい事 ④332
けんじつの ④270
兼日の ③233
源氏の方に ④316
源氏の君を ④173
原上の土に ③425
賢人の心 ③456
賢人はかの ④218
賢人も ④214
玄宗の代の ③366
玄宗むかしを ③462
元俗は ③317
玄翁で ④309
けんのつよきは ③314
見物事や ③218
見分に ④249
嫌分にして ④159
源平肝を ③435
源平たかひに

目引はな引　③414
夢のうきは　③304
夜道山道　③343
源平の　③311
権柄ふつて　③368
痃癖に百　⑤97
痃癖や　③407
痃癖を　③326
見脈さひし　③412
見脈も　③232
賢も好色　④313
倹約を　④314
見来に　③410
元暦元年　③410

【こ】

小商して　③464
小鮎なます　⑤216
子ある契も
かけや離る　②55
よ所げ身に　①200
子有契も　②281
子ある中々　③237
御案紙に　③373
御案内　③396
小家かちなる　③336
小家がちなる　②230
小家雪隠　③437
小家なれど
膝をやとく　⑥137, 158
膝をゆるり　③39
小家のめぐり　①313
小家をまもる　①308
恋風通ん　③274
恋風東風　④201
恋風となつて　③413
恋風は　③357
恋かせや　④337
恋風や
揚屋か軒に　③335
臆病風も　④313
敗毒散に　⑤250
恋草しげき　④81
恋草の
色は外郎　③281
露も重荷の　③267
恋種の　②329
恋草は　③359
恋草も　③265
恋種や　③525
恋草をはむ　③453
御いけんな　③318
御異見に　③235
御異見によし　④326
御異見や　③183
恋々て　①285
恋こゝろ　④230
恋心
移りにけり　③325
すき心にも　③219
恋ころも　③324
恋衣
おもひたつ　④179
おもきか上　④192
もみうらす　③489
恋しきにこそ
うかれそめ　①463
心みだるれ　②373
恋しきは　②325
こひしき物を　④241
恋しきを扨　①379
恋しさに
忍ぶ心や　②293
めづれば月　②268
恋しさの　②391
こひしさも　②273
恋しなん　②233
恋路に諸国を　③445
恋路には　④226
恋路にまよふ
狐犬坊　④300
身はをろか　⑥50
恋路にも　③201
恋路にやつす　②248
恋死ぬと　①394
恋路の秋に　③454
恋路のすゑを　③295
恋路のやみに　②208
小石原より　④134
恋しゆかしも　③209
恋路より
入は悟の　①485
猶借銭や　③264
小石をひろひ　③282
こいすさましき　④258
恋すてふ
いたづらぶ　②332
心をつぐる　①423, 470
せんさくに　③246
誇りおふと　④116
ちぬの益雄　②237
蓬莱迄の　③224
道は闇やら　③153, 504
身はなぞへ　②96
老眼もよむ　④291
わか巾着の　③393
恋すとは　⑤290
恋する人の　①323
恋せしと　③463
恋せじと
せし御祓社　②119
せしもかひ　④112
恋そつもりて
息をつめぬ　④306
おく山のい　③204
酒一斗升　④237
恋初ぬるは　①384
濃茶濃茶に　③441
濃茶身にしめ　③502
恋てふならひ
おもひうか　②368
誰かおもは　②363
恋てふものは　③285
恋てふ物は　②315
恋てふものよ
秋よゆふべ　②347
罪となるら　②81
恋てふ物よ　①202
恋塚の　④140
恋でなうても　⑤95
恋といふ　③192
恋といへる　③461
恋に命も　④115
恋にうかるゝ　②365
恋にうかれて　③149
恋にきえんの　⑥93
恋にくちなん　③320
恋にこかれて　④221
恋に死んだら　③298
恋にひかるゝ　④195
鯉の魚　③479
恋の歌　③350
恋のおもひの　②240
恋の重荷
桑のはかり　④162
何々請取　③434
恋の重荷の　④193
恋の重荷も　④215
こひの重荷を　③153
恋の重荷を　③505
恋の怨念　④292
鯉の首　④306
恋のさかりの　④317
恋の修業の　⑥101
恋の末は　④326
恋の反歌の　④155
恋の渕　③208
恋の渕にや　④234
恋の発句に　③262
恋の道
網を置たる　③258
そも堪忍か　④317
鳥獣に　③479
ふつつとき　③157, 504
ふつと至善　④312
恋の拏　④243
恋の山路の　③397
恋の山また　④176
恋の山々　④293
御位牌に　③197
恋はたゝ　④183
恋はたゞ　⑤291
恋は只　③173
恋はなべてに　①416
恋はまだ　②225
恋は身にそふ　⑥54
鯉ひとつをは　④246
恋まさる　②406
恋やせにける　③417
恋やたゞ　①418
恋やみと　③310
恋やみの
秋に利生を　④285
今はかうよ　③237
恋やみの床　③233
恋よはる　②24
恋渡る　③459
恋侘ぬ
いつかは晴　④126
今宵さだめ　②175
香合して　③273
光陰の
矢先にかゝ　③235
矢ひとつ来　③491
膏肓十四に　④296
厚恩のほと　③292
行客の
跡をうづむ　③102, ⑥141
かうかつ物に　④205

紅顔の
　よそほひも　③159
　粧もたゝ　③503
公義いつはい　③368
公儀の云付　③304
公儀の杓子　④302
公儀普請の　③392
公儀ぶり　④273
公儀へあかる　③393
公儀へ出されぬ　③245
江月を　③450
孝行が　④321
高札書て　③323
高座にのほる　③250
高座には　④200
江山や　③78
麹さへ　④225
孔子時代の　③334
孔子過行　④304
かうした心　③351
糀のはなも　④268
かうしの花を　④139
孔子の鯉魚の　③455
孔子は既　③324
糀室にと　③456
江州和尚　③460
香薷のみ　④152
口上に　③374
高声に　④143
口上の　④177
興昌のむかし　③490
口上も　③406
好色に　③477
好色の　③253
格子より　③420
荒神や　④262
洪水しきりに　③427
洪水に
　おあしなけ　④336
　瀬田のなか　③403
　布引の滝や　③417
洪水の　③516
洪水は　④153
洪水ふせく　③296
洪水を　③364
行成やうの　③396
高僧貴僧　④293
小うたで通る　⑤250
小うたにうたふ　③230
小歌に忍ふ　③464
小歌につるゝ　③418
小歌にも　③407
小歌のふしも　④210
小歌ももはや
　つき鐘の声
　③152, 510
こうたもや　③10
碁打琴引　①339
口中みがゝぬ　③469
勾当と　③315
かうなうてはの　③358
小うなつき　④190
こうなづきして　④331
小うなづきして　③368
功成て　⑤117
功なり名とけて　④253
功成名とけて　④238
江南の　③489
香の煙に　①493
業の矢に　④268
紅梅や　⑤126
香箱の
　くるくるの　④237
　二心なく　③219
かうはしや
　菊一文字　③362, 521
香花の　④318
好物の　④291
かうふりの　④166
劫へてをとる　④189
かうへにやとる　③314
かうへを地につけ
　③393
かうべをつかみ　③517
講まいり
　すてに伊勢　④197
　人数をたて　③333
かうまかる　③467
高慢の　③460
かう見やれ　③409
高名の木のほり　④275
かうも又　③418
高野からなら　③329
膏薬ねりの　③219
膏薬の　③419
かうやくのばす　④282
高野山より　③410
高野那智
　中にふらり
　⑤167, ⑥83
高野那智の
　中にふらり
　③66, 260, ④50
高野へ送る　③453
高野まいりと　④329
高野若衆
　思ひつゝけ　③335
　那智の高根　③201
公用修行の　③474
紅葉を　④317
強力に　④135
こふれども　①456
高楼一百　④229
香炉か胸の　③165
鴻臚館に　③359
香炉峰　③485
口論出来たる　④219
口論は　③271
幸若太夫か　④268
幸若の　③470
講をむすんて　④247
声有に　①25
声いかばかり　⑥51
御詠歌や　⑤87
声打そへて　①375
こゑうるはしく　②152
声うれし　①54
声おかしくも　③334
声おかしうて　④252
声おぼろなる　②116
声かはしつゝ　①315
こゑかはしぬる　③274
声聞ば　②184
越来つる　②8
声々に
　あがる雲雀　①209
　いづちたち　②331
　これはわが　⑥71
　上るり世界　③226
　ねぐらを出　①490
　呼かはした　①478
声々にしも　②364
声こそ雁の　④107
越こそ侘れ　②129
声さへも　⑥26
声寒げなる　②8
声しきる也　④110
声しづまれる　①303
声しつゝ　①268
声しつる　②83
声していづら　②367
声して雁の　⑥4
声して鷺の　②377
声して鳥の　①265
こえし山路か　②322
声澄て　②175
声するは　②285
声するや　②229
声すれば　①319
声せしは　②247
こゑせすは　④339
声せで雁の　①300
声せはやと　③277
声そへて
　車櫃引　③231
　松にさびし　①252
声高く　③232
こゑたつる　③323
声たつる　⑥18
こゑたてそむる　①259
声たてつ　①77
肥たる故に　③352
肥たを以て　③295
こゑつかふ　③138
越て来にけり　②17
声てさきより　④258
越ても末は　①381
越て行
　清見が関は　①301
　末は遠しや　①310
　関のあなた　⑥10
声とをざかる　②61
声遠し　①242
声にしられて　②199
声に先　①69
こえぬべき　①444
越ぬべき
　方は間近き　②104
　岑にむかへ　①278
越ぬべし
　みまくほし　①156
　見まくほし　①57
越ぬまの　①147
越ぬ間の　①34
越ぬるは　②170
声のあやおる　④127
声の色や　①86, 171
声なうして　⑤126
声の数や　①77
越のしたる　②387
声は出ねと　③428
声はくちせぬ　③487
声はして　②299
声は空に　①16

声は天に　①40
声は野に　①40
越ばやと　②160
声はり上て　④144
声ほのかにも　②424
声待し　②89
声めづらかに
　きく子規　②419
　きなくうぐ　②96
声めづらしき　①493
声めづらしく　⑥40
声もえならぬ　②11
声もがな
　しからばす
　　③132, ⑥159
声もなぎさに　②57
声もほどゝき　②137
声もまだ　⑤116
声も物うく　②222
声も漸　②52
越行む　①368
越ゆかん
　方は雲引　②76
　関の戸ざし　②175
　山の梯　②87
声をきくより　③208
声をだに
　きかせぬ夜　①421
　きかぬを聞　④28, 40
越ん行衛も　②51
小桶ひとつも　③238
こほらぬ池に　①217
こほらぬほどの　②172
氷ゐし　⑥44
氷居し　②120
氷ゐて　①119
氷消た　③151
氷消ては　⑥100
こほりさへ　②19
氷さとうも　④280
氷敷　②359
氷りては　⑥15
氷とく　①311
こほりとくらし　②14
氷とくる　②187
氷とけ　④152
氷とけて　①313
氷とけてや　④87
氷とけぬる　②413
氷と共に　③340
氷ながるゝ　②6
凍ながれて　①248
氷にきしり　①298
氷にしづむ　②276
こほりぬる　②135
凍ぬる　②284
氷ぬる
　涙はらはぬ　①260
　汀の波も　①318
氷のうへの　①251
氷のこらず　①325
氷のしたの　②251
氷のひまに
　出る釣ぶね　②68
　うかぶうろ　②97
氷のひまは　①376
氷も今は　②199
氷餅にし　④150
氷も解て　①373
氷もや
　解てながれ　①301
　共に流るゝ　①382
氷やうすき　②274
氷やたえん　①363
凍をくゞる　①248
氷をくだき　②51
氷るか水の　①266
氷るかむせぶ
　ほそ水の音　②263
　細水の音　⑥60
氷るほと　④222
氷れば雪の　⑥25
子飼にしたる　④293
小貝をひろふ　②361
子かへりをして　③417
木がくれの　②184
木隠の
　涼しさ添し　②180
　松の戸ざし　①311
木がくれや　②106
木隠や　②402
木陰涼しき　①219
木陰は露の　①328
木陰もあつき　①338
木陰より　①232
小鍛冶か作る　③293
五ケ所に糸の　③273
五ケ所には　③375
五ケ所の糸の　③519
古歌誦して　⑤109
こかすまに　③390
小刀の
　白きをみれ　③221
　白きを見れ　⑥165
小かたなのさき　③398
小刀の先　③309
小刀のみね　③351
小刀や　④270
御家中の　③407
古歌とはなとて　③506
古歌にいはく
　かねてぞみ
　　③6, ⑥152
　千とせぞみ　⑤164
金つくりに　③512
黄金のはたへ　③472
金のふくへ　③474
こがね仏に　④289
こがのわたりの　②31
木がらしいそぐ　②416
木がらし過て　②158
こがらしたゆる　①217
木枯に　②267
凩に　⑥86
こがらしに　①216
こがらしの　③30
木がらしの
　色に出ぬる　①440
　吹こゝろむ
　　①115, 184
木枯の
　色に吹なす　①485
　おさまる陰　①115
　風もたぐひ　④118
　戸ざしを扣　②136
　吹こゝろむ　⑥151
こがらしも　①115
木枯や　②197
木枯を　②108
こからすの　③371
こがらめを　①86
こかるゝおもひ　③277
漕出て
　釣する舟の　⑥25
　波より波の　②361
こき入て
　一篭にみば
　　⑥130, 157
漕うかぶ　①348
漕うかべたる　①491
こき薄き　①292
五器うつふけに　③257
漕くるも　②270
御機嫌の　③325
御機嫌よろしく　③330
漕つれて
　かへる入江　②383
　舟や入江に　④79
御祈祷に　④211
御祈祓の　③307
漕とめし　②57
五器のめけ　④172
こぎはなれ　①451
こき行ふねに　④163
こき行舟の　③324
こぎゆく舟の　⑤212
こぎ行舟の　②222
漕行舟の
　跡の米の直
　　③242, ⑤188
こぎ行まゝに　①293
御兄弟　③344
古郷のかたへ　③349
古郷の妻か　④202
古郷の妻に
　やるかねは
　　③161, 505
古郷は跡に　④325
古郷へは
　編笠にてや　③216
　新酒作りて　④229
故郷へも　③26
古郷を忍ふ　④242
漕よせて　②425
こきり子の　④157
小奇麗にして　④292
漕渡る　①372
御近所に　③343
漕跡遠き　②55
極印はしるき　④282
御供所や　④286
こくうを家と　④216
極月の　③378
小草かれ
　むら草青き　⑥88
　むら松青き
　　①118, ⑥152
小草さへ　①81
小草まじりの　⑥15
こ草をも　①25
粉薬も　③173
粉薬を　③405
国土安堵の　④222
国土のかすみ　④213

国土豊に　③214
古句のことは　③185
国ふうや　④331
こぐ舟に　①264
こぐ舟の　②165
漕舟の
　屋形の前の　③284
　よるべはい　②69
漕船の　②111
こぐ船は　②281
漕舟は　⑥22
獄門の　④137
小倉小倉の　④304
極楽か　④320
極楽さいて　③305
極楽の
　花には先へ　⑥130
　花は合点が　④289
　花見はさき　③200
　花見は先へ　③513
極楽らくに　④199
苔青やかに　②212
苺厚く　⑥35
苺生る　②240
苔衣
　いとゞしほ　②333
　うらがなし　②166
苺衣
　いく夜の月　②342
　朽木の陰の　②311
苔しくあたり　①327
苔路露けき　②201
苺路に移る　①349
苺地に花を　①414
苔地の雫　③443
苔地は塵の　①335
苔地は松の　②8
こけて峰より　⑥99
後家なから　③400
苔に音する　②394
苔にさへ　⑥117
苺に玉ゐる　②66
苔にふりたる　①492
苔のうへに　①102
苔の上に
　色わく計　①281
　紅葉がさね　①177
苺のころもの　②381
苔の衣も　③383
苺の雫も　①365
苔の下の
　霜にうづま
　　①115, 184, ④11
苔の下樋の　②321
苺の下も　①24
苔の袂は　⑥93
苺の袂を　④100
苔の道　④282
苺のむしろに　③174
苔のむしろや　③218
こけのむす迄　③268
苺のむすまて　④166
苔ふかき　②332
苔ふむかたの　②244
苺みどりなる　①353
苔むしにける　①275
苔むしろ　③195
苔むす軒は　②214
こけら屑　③459
爰一大事　⑤98
五合計も　③315
小声になつて　④232
こゝかしこ
　雉子の臥所　②25
　さかしき岩　④90
爰かしこ
　あがる雲雀　⑥28
　岩のはざま　①454
　うつ音しき　①466
　岡辺のみち　②387
　片山雉子の　②294
　霧間の衜　②17
　さへづる雲　①449
　しづが早苗　①438
　田面のはら　②341
　流の藻屑　①239
　難波わたり　①461
　松の落葉を　⑥11
　童遊の　②358
こゝかそこそこ　④254
胡国のわかれ　④278
五穀をも　③336
小子性は　③314
小児性は　④156
小子性や　③308
心ちたゞ　①445
こゝちなやめる　①269
こゝて軍か　④239
爰て一つ　③475
子々共の　③319
爰なひしりは　④203
爰にありて　⑤164
こゝに有て
　ひがしやあ　①173
　四方の春見　①42
爰にありて
　つくしの綿　③40
　東やあふぐ　①89
爰に有て　①151
爰にあはちの　③423
爰に一夜　③79
爰に今はの　③483
爰にをく　⑤130
こゝに尾上の　③367
こゝにかしこに　②35
爰にかしこに　③411
爰に氈　③395
爰に狩して　①310
爰にかはつた　③358
爰に勘左　③531
爰に来て　③334
爰に清見が　⑥19
こゝに水鶏　⑥80
こゝにこの　①29
爰に咲　①14
爰に咲や
　花もながれ　①26
　花も流木　①144
爰に渋紙　③458
爰にしも
　ありとはし　②304
　今時雨こん　②408
爰にせう　⑤278
爰に椙折　③448
爰にそけ者　③444
爰にて月を　③196
爰に一風呂　③460
爰に又
　談林の木あ　⑤292
　はたち計の　④195
　むかしを薫　⑤108
むさしか好　③409
爰にまた　⑤263
爰にまだ　①348
こゝに見ん　①36
爰に見ん　①149
爰にもと　④76
爰によせ来て　①359
九重さへも　①286
爰の枝　①417
九重遠く　②318
九重に
　あらしをき　①114
　あれど誰に　⑥11
　筆の跡のみ　①372
九重の
　天津日かす　②43
　内さへまな　⑥39
　ゆかしき春　②430
九重は
　さかり尽せ　②31
　千里の浪に　④112
九重も
　あれたる家　②335
　さらにのこ　②33
九重もいま　②97
九重や　⑥29
九重を
　はなれし旅　②158
　まもる司に　①494
九かさねの　②245
九のかさねの
　内ぞゆかし　①291
　大路長閑し　⑥43
　春は知しも　①451
九つの日の　④139
こゝはいつくぞ　④320
こゝはなど　④77
爰はふらぬか　④157
こゝは三島の　③330
爰は山　③267
爰は山崎　③326
爰は淀　③28
こゝも秋山　②254
爰も秋山　①201
こゝもうき世の　③236
爰もかしこも
　法印法印　③177, 529
爰も市中の　③359
爰元は　③311
爰も又　①403
爰やさこ場の　③413
こゝらをりすて　②43
こゝらの友に　②158
こゝら蓬の　①313
心あくがれ　①226
心あさきは　①410
心あだめく　⑥56
こゝろあてに　⑥151
心あてに
　阿波門を目　①17
　みれば伏猪　②307
　雪こそたて
　　①121, 188

心あらぬや　②73
心あらは　③421
心あらば　①474
心あらばや　②199
心あらはす　②48
こゝろあり気に　②213
心ありてや　④285
こゝろ有　①94
心ある
　あまの住家　①244
　月のやどり　②88
　庭やはつ花　①34
　庭や初花　①147
　日比の雨よ　①174
心有　②354
心あるに　⑥26
こゝろあれや　①5
心あれや
　今日よりの　①138
　人しづまり　①111
　よきて畑や　①356
こゝろいられに　②356
こゝろうかるゝ　②77
心うごかす
　犬の一声　②321
　荻のあき風　①279
こゝろうらゝに　③194
心得て
　勝手に篭る　④333
　船の帆縄を　④160
心得てもて　③524
こゝろをくべき　②381
心から
　左遷人と　①369
　そふははか　②69
心からして　④296
心くだけし　②234
こゝろごころ　②143
心々　③288
こゝろごゝろに　⑥57
心々の
　旅のかたし　①233
　春の言の葉　②377
こゝろこそ　①121
心こそ
　この中にあ　①189
　此うちにあ　⑤163
　善も悪も　②418
心さへ
　色さへ深き　①388
　そよぎみだ　①230
　千草に分る　①213
こゝろざし　①64
心ざし
　跡みん道の　①184
　おくる衣は　②409
　そむるやけ　①178
　つたへし風　①159
　花に見ゆべ　①319
　深き学は　②401
心ざしある　②91
こゝろざし猶　④77
心さしをは　④264
心さしをや　④268
こゝろざす　①276
心ざす
　あたりに駒　①392
　狩ばの野べ　②130
心次第よ　③215
こゝろして
　おやじやは　⑥155
　とまやあら　②306
心して
　おやじやは　⑥155
　親仁やはい　③100
　おりはやつ　①406
　鳴や弥生の　②58
心してはけ　④153
こゝろしてふけ　②384
心せうろに　④265
こゝろしらひ　①34
心しらひ　①147
こゝろ勝るゝ　⑥30
こゝろすませと　②43
こゝろすみぬる　①260
こゝろせよ　①458
こゝろぞとまる　①434
こゝろ高さや　③179
心たゞ
　うつす都の　②173
　にげなき恋　①221
　ひとしき友　①298
心たて　③218
こゝろたてける　③333
心づからの　②275
こゝろつくしに　④81
こゝろづくしの　①444
心づくしの　①235
心づくしよ　②300
心付　③328
心付して　④273
こゝろつよき　①21
心つよき　①142
心ときは　②14
心とけぬは　④156
心とめし　①261
心とめつゝ　①283
心とめて
　月みば冬の　①185
　月見ば冬の　①117
心とめぬを　②167
こゝろなき　⑥174
心なき
　草もなひく　④331
　雲さへかへ　①229
　人だになら　①290
　身にも布子　③498
心なく　①298
心なければは　④154
心ならひに　①228
心ならずも　⑥45
心なり　①31
心に六の　②293
こゝろにトる　①481
心にしむる　②160
心にぞ　①382
心に絶ぬ　⑥9
心に法を　①265
心には
　いつより吹　①389
　何や栢の木　③183
　万年暦と　③469
心にほめよ　③185
こゝろにまかす　①447
心にまかせぬ　④290
心にも
　任せぬは只　②238
　別し行衛　②73
心根は　③208
こゝろのうさや　②171
心のうちの　②146
心の中は　④333
心の馬に　③227
こゝろの占の　①479
心のうらの　②255
心の占は　②195
心のうらも　②379
こゝろの占を　②347
心のうらを　①203
心のおくの
　しのぶてふ　②235
　山をたづね　①473
心の霧も　②59
心のくせを　②160
心のさがぞ　②41
心のしなも　②81
心のしるべ　②219
こゝろの末も　⑥15
心の底に　①391
心のそこを　①327
心の空に　①386
心のちりを　②421
こゝろ長閑に　①359
こゝろのどむる　②413
心のどむる　①491
心のどめて　②329
心のとめぬ　①355
心のとはん　①390
心の花も　②31
心の花を　①305
こゝろのへだて　④119
こゝろの外に　②212
心のほかの　②13
こゝろのほどは　②154
こゝろのほども　①307
こゝろの程を　②207
心の闇に　⑥93
こゝろばへ　②209
心ばへ
　うらゝかな　①486
　長閑なる詩　②414
こゝろはおなじ　②429
心ばかりは　②213
心計を　①392
心はさても　④283
心はしらす　③173
こゝろは文に　①346
こゝろはやみに　④191
心ひかるゝ　②307
心ひく　④283
心引　②70
心ひとしき　②146
こゝろひとつに　④120
こゝろふかくも　①364
心細しや　①280
心ほとんと　④330
こゝろまづ　①88
こゝろ先　①44
こゝろみたさぬ　④243
試て　②24
こゝろみの　⑥61
こゝろ見の　⑤107
試の　②263
こゝろむや　①9

試る　⑥160
心もをかず　⑥29
こゝろもきよき　①437
心もきよき　①411
こゝろもすまむ　②180
心も月も　①273
こゝろもて　①66
心もて
　くふるに罪　①268
　身さへすゞ　①160
心や替る　①384
心やすう　③451
こゝろやすき　⑤207
心やすき
　奉公ならは　③241
　奉公ならば　⑤183
こゝろやとけて　②65
こゝろやは　①90
心やは　④5
こゝろやはらぐ　④303
心ゆきてや　②140
こゝろ行　①106
心ゆく
　旅や秋の野　①179
　波の島ねや　①51
心行　①153
こゝろよく
　都の月を　④90
　みるやとゝ　⑥55
心より
　空より立や　⑥161
　日はながく　①40
こゝろより先　①495
心をかくる　②219
こゝろをかはせ　④116
こゝろをすます　①356
心をたねの　⑥17
心水　②101
こゝろをも　②35
心をも　②97
心をや
　暁起に　②195
　暁月に　①310
　なぐさめか　⑥56
　横川の水に　②189
こゝろをやれる　①288
爰をこそ　③481
爰を最後と　③414
爰を去
　世やたゞ風①16, 142
爰をまくらに　③473
爰をゆゑんの　④154
御最期の　③375
小酒のわさか　③319
小篠風吹　①270
小ざゝが原に　①365
小篠くまなく　②383
小篠原
　追々に吹　①381
　かた敷袖の　①243
小篠冬がれ　①329
御座直し　③357
御座舟に　④288
御座舟も　③500
小雨して　①410
小雨過ゆく　②343
小雨せし
　岩がきこゆ　②140
　名残は露の　②280
　後には秋の　⑥52
小雨そゝきて　②292
小雨の跡は　②401
小雨のゝちの　①295
小雨の後の
　滝しろき色　①290
　ひかりしづ　①267
　日はしづか　⑥25
小雨の後は　②271
小雨は雲に　⑥12
小雨ふる　②89
小さめもつとふ　②336
御座らねと　③386
御座らねど　③93
こされこされの　③222
御参勤とて　③323
腰桶は　④276
こしおれうたも　③159
腰おれの　④223
腰かゝむまて　④139
腰かけに　③338
来し方恋し　②152
来し方とをき　①268
来し方の
　秋にはかは　⑥38
　おもひをの　④94
こしかたは
　のどかにて　⑥163, 164
こし方は　④358
こしかたはたゞ　①438
来し方は猶　①350
来し方を　①365
腰からけ見る　④207
乞食となりて　④211
小式部の　④285
乞食もしのふ　③434
甑をおとす　③420
木しげき陰や　①246
木しげき松に　①370
腰越を　③484
越路いかにと　①261
伍子胥もや　④289
こしぢより　①449
腰銭は
　よみつくせ　③153
　よみ尽せと　③505
　よみ尽せ共　③510
御子息の
　なかなかな　③241
　中々なれや　⑤179, 202
五七人　④294
腰に梓の　③464
腰に指たは　③303
腰に大小　③429
こしにもめさぬ　③512
越の海　④304
古師の像　⑤109
越の旅路や　⑥22
こしのべて　①8
腰の骨　④239
小芝居も　③328
小柴が仕懸　⑤99
小柴さへ
　もてなす色①57, 156
小柴もてゆふ　④77
腰はりに　④232
こしはりにする　④164
御時分を　④324
腰骨にやす　④308
小島の海士の　①366
腰もとつかひ　④260
腰本に　④292
腰もとを　③257
五尺ある　③445
小借屋の
　軒の東風々　③339
　軒をはなれ　③275
御朱印あれは　④184
御朱印地　④268
御朱印の　③462
御祝言
　只ひそかに　③399
　まつたふた　⑤209
　まつた二人　③242, ⑤185
　世ををふる　④242
五十三次　③322
後住にすへても　③434
五十二類の　③454
五十匁計　③381
御酒宴より　③132
御手跡は　③284
古酒はあれど　③88
五条あたりの　④220
後生事　③402
御上使や　④235
扈従衆より　④214
扈従すき　③489
扈従に成つて　③430
胡椒の粉　④187
御状の後は　③211
後生の外には　③209
五常の道　④312
胡升ふきおろす　④228
扈従目付や　③353
五章目の　④312
後生やはかる　④283
御上洛　③399
御書中に　③177
御所中の　③155
腰より下　④328
古事来歴を　④292
こしらへ麁相な　③339
こしらへはよき　③340
腰をかゝめて
　露そ時雨る　④239
　広縁の先　③345
故事を引かん　⑤251
御神事に　③530
古人の言葉　③268
木末にきくは　①460
木末にて　①309
木末に残る　③426
梢にみしは　①411
木末にも　②159
杪の秋の　⑥22
木末の秋を　②146
梢の色の　②104
梢の色を　③298
梢の露の　③463
木ずゑの花を　②216
こずゑのふじは　①354
木ずゑの紅葉　②86

木末の紅葉　①251
梢は雲の　④114
梢は春の　③447
梢むらむら　②76
小杉原　④328
小杉もぬらす　③296
小菅わぶる　②425
小薄に　⑥18
こす近き　④78
鉤簾ちかき　①263
鉤簾に月見る　①324
鉤簾に巻とる　①388
鉤簾の外面の
　風しづか也　②427
　暮ぞ霞める　④112
鉤簾の外や　⑥9
鉤簾の外山に　②54
鉤簾の外山の　②221
鉤簾の外山を　②185
鉤簾のひまもる　①483
こすのひまより　②399
鉤簾まきあぐる　①219
鉤簾捲あぐる　②81
こす巻出る　②121
こすまけば　②77
鉤簾まけば
　跡さりげな　②29
　こぼるゝ梅　①12
　涼しさいる　②218
　月はあらは　②12
鉤簾捲ば
　こぼるゝ梅　①141
　軒端に秋の　②394
牛頭馬頭の　③457
小相撲や　④230
碁勢におゐて　④236
御静謐　③425
御静謐なる　③234
御誓文　④196
古跡をとへは　③337
小銭かたまらぬ　③346
後世願ひ　④327
後世の異見を　④267
後世もまつかう　③227
小芹おい　②255
後世をよそに　④278
古銭新銭　③258
五千余巻は　④172
御造作や　④165
小僧めよ　③459
小草履取を　③374
こそからの　③375
姑息そだちは　④313
ごそごそと　④283
去年今年　②245
去年今年とて
　過すながら　④127
　齢いつまで　①266
姑蘇城外の　③486
こそたゝならね　③393
去年立て　①9
去年立や　①7
去年だにも　②138
小袖まで　④160
去年といひ　②409
去年といはん　④174
去年にかわらぬ　②186
去年の秋
　見しにはか　②268
　見しには替　①200
去年のあじろや　②336
去年の梅　③61
去年の枝折　③380
去年の枝折を　④130
去年の田顔に　②54
去年の夏　⑥90
去年は去年　⑥161
去年は世に　②41
去年見つる　②276
去年より今年　③316
去年よりの　②129
こぞりて賎の　⑥13
去年を恋て　①277
去年をしたへる　①462
御存知ないか　③311
御太儀や　③245
後太平記は　③440
こたへて雲に　①481
こたへぬ寺の　②400
こたへぬ舟を　①323
こたへぬや
　くゐなにな　①62
　水鶏になら　①158
答ぬや　⑥90
小鷹合する　①244
小鷹狩　①397
小鷹狩して　①335
小鷹狩場の　②324
木高き松の　①278
木高くも　④88
小鷹にあかぬ　②352
小鷹の行ゑ　①250
木立栽なす　②150
木立ふりつゝ　①262
木立ふりぬる　①237
火燵して　③30
火燵ぜうがちに　⑤95
火燵なからに　③509
こたつの上に　③523
火燵のまはり　③204
後段の末は　③455
五段のはやし　③366
東風々に　④293
東風かせに　③300
こち風の　①470
こち風も　①24
東風かぜや　②401
東風北に　⑤124
御知行替の　③342
こち御座れ　③137
東風東風ふかは　③196
御馳走の　③357
御馳走を
　笠に打着て③89, 310
東風のかへしに　①392
こちのせかれは　③413
こちはたつきも　④332
こちは不数寄の　③310
こちふかば　①21
東風ふかは　③391
東風ふかば
　いく千世め　①436
　神もまもら　①152
　神も守らん　①44
　神もみそな①12, 140
　忘るな結ぶ　①143
東風吹ば
　是も梅が香　①209
　降そはりぬ　①333
東風吹落る　①358
東風吹絶て
　明過る空　②84
　雨になる空　②57
東風吹たゆみ　①282
東風吹て　②121
東風吹わたる　④93
こちふく風の　④330
東風ふくかぜも　②34
東風吹かぜも　②202
東風ふけば
　御詠かふか
　③16, ⑥134, 153
　猶入海の　②23
こちへまはれ　③329
小蝶来て　③300
小蝶飛　①349
こてふにゝたり　②156
こてふの夢に　①485
胡蝶の夢も　②375
胡蝶の夢や　②171
胡蝶も共に　⑥121
小蝶もともに　④189
胡蝶も鳥も　②267
胡蝶やをのが　①209
こちよれしはし
　出かうしの　③162
　出格子のも　③505
小鳥さすなと　③181
御鎮座の
　床めつら也　③203
　床めづらな
　③38, ⑥158
　床めづら也　⑤165
小つかひの　④176
乞食しても　③300
乞食の
　袖をさゝげ　④263
　中にとつて　③340
乞食は　③170
乞喰や　④203
業障の　④266
こつそりと　④188
こつちまかせい　③396
小つゞみの　③371
小鼓の
　うち出る鳴　④242
　かはらぬ大　⑥124
　なるは滝の　③183
　一声の秋を　④325
小つゝみは　③404
小葛篭に　③492
こつつりと　③339
こつをたゝいて　③406
御亭主の　③464
御亭の夜はなし　④331
小手まねきして　③188
小寺にちかき　①311
小寺ひとつの　③474
小天狗の　③304
事あひて
　ふる玉ざゝ
　①119, 186
事いてくるも　③177
後藤か家の　③375

御当地の　③256
悟道をしては　④171
事かきに　④290
ことかたに　②354
事か出来ふ　③414
碁所に　④303
ことさらあふぐ　①408
こと更かなし　①278
ことさら今日の　①448
殊更御酒か　③407
事更是は　③253
ことさらに
　あふぐも知　①425
　吹あはせた　②139
こと更に　①321
琴さらに　②73
故に　③383
殊更に　①390
ことさら春の　①327
今年生に
　たけたち増　①61
　又得し友や　①61
ことし生や
　千よをくは　①61
　みなれぞ馴　①61
事しげからず　①441
ことしげき　②310
事しげき
　宿に閑けし①99, 177
　宿に静けし　①140
　世をいとひ　②181
事繁き　③314
事しげく　②266
ことし五才に　④229
ことしぞと　①33
ことしだに　①52
今年だに　①154
ことしの年は　③309
ことしはくやし　④302
ことしは町も　③390
ことし先　①9
今年も今は　③392
今年も老や　⑥14
ことしより　⑥39
ことそへて　②309
事そへて
　雁なく浦の　①97
　雁鳴浦の　①175
事そがぬ　②163
ことたがふ　②381
ことたつや　①8
ことたらぬ　①484
事たりて汲　⑥18
事たりぬ　③135
ことつかる　③193
ことつけと　④253
言伝せうもの　④188
言伝たえて　②368
ことづてよ　③86
事とある時　③459
こと丶ひがほに　②73
事とひくやと　⑥9
事問ゆけば　②159
事問ふ方は　④90
事問ふに　③267
事とふも　②31
事とふものは　⑥36
事とふや　②143
事とへは　③285
事とへば
　なき山住も　②51
　泪のもろき　②48
こと丶はむ　⑤127
こととはん　③212
言問ん　③264
事とはん　③172
事問ん　⑥17
ことなるすぢを　①308
ことなるは　①450
ことにあたる　②226
ことにあれたる　②336
言に出ては　①403
ことにこよひの　②384
ことに仕落も　③481
ことにはいでず　①455
言には出ぬ　②222
事に南の　①394
琴の一曲　③339
琴のをに　②219
弦琴のしらべ　①457
琴のしらべぞ　②34
琴のしらべや　②87
ことのしらめも　②78
ことのねきかむ　①427
ことのねすませ　②250
琴の音に
　簾のもとち　①268
　草履作も　③214
琴の音響　③273
琴の音や　①490
言の葉たえぬ　②351
ことの葉つくせ　④116
ことのはつくる　③175
言の葉つらね　①369
ことの葉に
　きざすや明　①139
　世々の色あ　⑤117
言のはに
　落さで来た　①122
　さかせよむ　①121
言の葉に
　うつさばな　③124
　おとさでき　①189
　門出をいは　①472
　きざすや明　①10
　さかせよ六　①188
　みよふさ手　①136
　物のけしき　②11
ことのはの
　遠山づとや　①52
　初花となれ　①188
ことの葉の
　をしへすた　②35
　花かうばし　⑥94
　褒美ましり　③322
　紅葉はかう　③519
言のはの
　遠山土産や　①154
　紅葉ちりう　①114
言の葉の
　跡はかなく　③234
　色そふから　⑤43
　えらびに入　②382
　生すゑとを　①49
　種とや花の　⑥29
　ちぐさに満　⑤116
　伝へかすま　④128
　露もらすべ　①365
　遠山づとや　①234
　初はなとな　①121
　花や長者の
　　③34, ⑥136
　ふりせぬ世　①49
　道にたかふ　④151
　道やあふぐ　②364
　紅葉散うせ　①183
　紅葉はかう　③521
ことの葉のこす　⑥62
ことの葉残す　②264
言の葉は　①22
ことの葉も　①305
言のはも　①49
言の葉も
　茂るやたえ　①315
　なさけ有け　①249
　春のけしき　⑥44
　春の気色や　⑥47
　まだたどた　②68
　よりよりま　①22
言の葉もなし　③304
ことのはや　③70
ことの葉や　③36
言のはや　①404
言の葉や
　たえぬ世の　①212
　月守る世々　⑤117
言の葉を
　あまたつら　②304
　あはす紅葉　①105
　尽せる文は　④98
　つみてさか　①45
言葉を　②133
琴の緒に　①236
琴の緒や　①350
詞あらそひ　③485
言葉さへ　②198
詞すこせは　③480
言葉にぞ　①350
言葉の色も　④291
後鳥羽の院の　③416
ことば残るは　②23
言葉の末も　②310
詞論　③246
言葉をきくも　①239
琴引さして
　したふ雁が　②178
　そひねする　②93
琴引ならす　①364
琴引やまぬ　③188
ことぶきそへん　②355
ことぶきて　⑥6
ことぶきも
　心々の　②140
　長き根ぞし　①11
ことぶきや
　あるは年毎　③103
　千人にゆづ　①100
ことぶく君が　①443
ことふくや　④279
事ふれの　④302
ことふれは　③254
子共あまた　③449
子共あまたの　③433
事もおろかや　④321

子どもがうへに ④289
こともかはさで ④79
子共に配る ③475
こと物の ①109
子共迄 ③387
子どもみやけに ③193
子共も子とも ③292
ことよきに ②188
言よきにのみ ⑥15
ことよきは ②123
言寄て ⑥96
小鳥鳴 ④97
ことはりきかば ②421
ことはりしらぬ ②381
ことはりしるき ②177
ことはりしろき ④223
ことはりの ①52
理りの ①154
ことはりも ②269
ことはりを
いへば恨も ①391
きけば恨も ②15
琴をばひかず ①308
琴をみやこに ③329
子無自分に ③403
こなた面に ①393
こなたかなた
賎が焼火の ⑥17
行かふ蜑の ①392
此方かなた ①299
こなたかなたに
出る釣舟 ①478
喝る小車 ②266
かくる白木 ②105
蛙鳴なり ②140
すがる市人 ①420
露分る道 ①375
なびく芦の ①294
なびく草む ①287
ひろふみる ②382
わたるあし ①326
此方彼方に ⑥98
こなたかなたの
あまのよび ①456
えにしたが ②59
沢水の末 ①271
中やどりせ ①283
人めよく道 ②110
村の細道 ②394
山のべの里 ②274
こなたかなたへ ①200
こなたに花を ②198
此方にや ②256
こなたの事か ③253
こなたはふらぬ ①336
此方はよきて ①424
こなたを余所に ②92
小納戸衆の ③357
子に一跡を ③507
粉にしたる ④228
小荷駄馬 ④146
後日のために
あり明の月
③242, ⑤210
有明の月 ⑤187
後日の為に ③214
子にまきれない ③403
五人くみ ④261
五人与 ④253
五人張 ③414
こぬ秋つぐる ②345
こぬ秋の ②399
来ぬ秋を ①237
糠みたれて ③486
小盗人
竜田まはり ③223
横川の僧都 ③343
こぬにかたづく ②41
来ぬ秋風も ①385
こぬは幾夜と ①309
来ぬ人おもふ ④114
こぬ人に ②280
こぬ人まちし ①447
来ぬ人まつは ④243
こぬひとを ④168
こぬ人を
まつは祇園 ④273
待夕くれの ③390
来ぬ人を待 ①282
来ぬまでも ②267
こぬ夜の数や ①477
来ぬを待間に ⑥3
こねちらしたる ④267
小ねまきの ③145
御念比なる ④310
五年の間 ④303
五年物 ③483
此間
源平両家 ③405
芝居をとむ ③419
催す法事 ③188
此秋ねがひ ②312
此秋の ①362
此秋も
おなじ旅な ②306
文の返しを ⑥8
此あたりには ③175
此あとは ③508
この雨の ①324
此池水に ④257
この異見 ④192
此いそかしいに ③400
この磯まくら ②87
此一ふく ③472
此上に ③253
此上は
宮守のしる ③335
思ひの火に ③394
ころせころ ⑥145
何かあこぎ
③101, ⑥141
外へもみせ ③406
此上は扨 ④311
御悩しきりに ③467
篭の内に ⑥20
此うつけ ③305
此歌朝夕 ③285
この海の ①18
この海は ①45
此浦の
海士のかつ ③301
月には誰も ④109
此浦の花見 ④306
此浦は ③61
このうら舟に ④216
此瓜の ⑤43
此縁付 ③428
此お子の ④291
此界の ③40
此篭は ③318
此風に ④271
子の方に ④317
此釜の ③410
このかみや ①322
此川上の
奥山四五里 ④243
鐘は入あひ ①262
里は遠しも ②244
此川上や
杣くだす声 ①470
月になるら ①478
此川波は ③333
此川の ④348
此願を ③451
此木枕の ③300
此君の
治れる世や ②375
御心に世は ②358
此境界 ③529
此霧の ③310
この疎気 ③523
此疎気 ③528
此鯨 ③265
此楠は ③392
此国の ④302
此首すちを ③309
此くれの ②405
此暮の
便ともなれ ②357
宿もいづこ ①65, 160
此暮のみの ①427
この暮も ②125
此暮よりも ②371
這句以 ⑤250
此心 ③338
此事を ③295
この比秋の ①393
此ごろきかぬ ①275
此ころ稽古 ③507
此ごろことに ①437
このごろしげる ⑥38
この比の
雨の色香や ①37
在明の影の ①316
御立ゑほし ③357
野山や人の ①35
此ころの ①148
此ごろの
雨もいつし ①310
風もあらし ②318
鹿の音かな ②207
夜寒しらる ②220
此比の
小田や僧都 ②199
霞にゆるき ①432
霜にや虫の ②155
旅やつれな ③349
夜寒はさぞ ⑥98
此ころは ③512
此比は
ふらぬ日も ⑥45
まなく時な ②245
此比も ③365
此比分て ②54

此さかな　③433
此座中　③316
此里に
　住そめにし　②91
　宿しそんし　④270
此里のみの
　月てはある
　③174, 528
此里のみや　②118
此里は
　ちゝみかし　④336
　月も小倉の　②182
　ふくの神な　④338
此里や　③88
この里を　④336
木のした岩の　①338
木の下陰　③107
木のしたかぜは　⑤214
木の下かせは　③515
木の下風は　③242
木下風は　⑤189
木のした草に　①334
木の下露に　②231
木下に　③246
木の下道も　②118
木のした麦の　①274
この島の　②135
此中の
　冬の日和に
　③158, 509
此重のうち　③279
此尉は　③440
鱁くつる　⑤97
此新九郎　③394
此新九郎に　③420
この双六は　③205
此筋な人　③316
此相撲　④253
此世界　⑤98
此世間　③350
この草庵に　④174
この滝の
　布きれもが　③107
　布ぎれもが　⑤238
此たゝ峰て　③431
今度ぢんは　④270
此たひ日光　③395
この度の　①155
此たひの　③412
此たびの
　伝やゆめ路　①52
　行幸をまふ　②321
このたびは
　のこしてを　①179
　紅葉にぞ見　①86
この度は
　折得しぬさ　①37
　残してを見　①103
　よし盛見ん　①100
此たひは　③506
此たびは
　立かへると　⑤79
　紅葉にぞみ　①170
　よし盛みん　①177
此度は　①310
此度六の　①265
此たびや　⑤89
此たびを　①454
子の父を　③300
此茶入　③462
此月に
　なこその関
　③22, ⑥135
此辻よりは　③303
此体て　④234
此寺の　③322
此寺もちは　③507
此所　③245
この殿づくり　②290
此殿に　①336
この渚　①132
此名ところの　③398
この庭の　①68
此庭の
　はれに泉の　①161
　晴に泉の　⑥87
このねぬる　①466
此ねぬる　①377
此ねむたさを　④310
此野辺の　③333
木の葉色の　③135
木葉かき焼　①227
木葉かつ　①311
木の葉かつがつ　②306
木葉かつちる
　さほの山も　②262
　佐保の山も　⑥60
　窓のさびし　①339
木の葉衣の　④291
木葉さへ　①409
木葉散々　③461
木葉そよめく　②331
木葉散　②292
この花ぞ　①9
此花ぞ　①138
この花に
　何をならべ　①57
　冬も長閑け　①130
　宮はじめて　①13
この花の
　世やなが月　①99
　世や長月の　①176
此花や　③534
木葉の後の　①493
木葉まばらに　②166
木葉みたれて　③223
木の葉やうな　③146
木葉より
　数ます舟の
　①114, 183
木の葉よりげに　②296
この春ぞ　①9
此春の
　声や若ゑび
　③37, ⑥137
此春は　③150
此春ばかり　③298
この春も又　②177
木の葉をも　②170
此番組は　③407
此日でり　④293
此一腰　③420
此ひと手　③466
此一夏ぞ　①326
此人の　③289
此ひともとや　⑥41
此渕や　③108
此辺に
　宿取たまへ　③252
　寄て休ん　③148
此辺の　③304
此ほとは　③162
此町くだり　⑥25
此町の
　年寄といふ　③312
　万事の指引　③435
此まどひのみ　④291
木のまより　②213
木の間より
　心しゆくし　③317
　ふりけん袖　①17
　松一村の　①384
木間より
　われて出け①88, 172
木の実たづねて　①313
此道すちの　③527
此道の　⑤117
此水上や　①427
この峰の　①108
この嶺の　①48
此身の秋の　②416
木の実はらはら　②203
此脈て　③432
此宮の　③238
好む鳥ねの　②251
このむ茶は　③509
此村に　③177
此名馬　③380
木のめのけぶる　②97
木の目より　②175
このもかのもの
　朝鳥の声　⑥10
　木々の木枯　①250
　村つゞく也　②301
　山田広しも　②407
好もしく　①332
木の本は
　風こそある　⑥15
　風吹ぬ間の　①368
木のもとよ　④21
木の本よ
　それもあさ　①167
　それも浅く　①80
　それもぞ契　④18
木本よ
　それもあさ
　④24, ⑥83
此物かたりを　④296
此森や　①282
此役儀　④310
此やしろ　④285
この宿の　①53
この宿り　①212
此宿を　③249
この山の　①123
此山の
　一寸さきは　③290
　松茸つみて　③182
　雪にぞあり
　①190, ⑥167
この夕　①108
此夕
　いづくにか　②336
　待かねがほ　②314

子の行衛　②384
このやうに　③417
此やうに　③449
此世さへ　⑥41
此世にて　①479
此世になしと　②67
此世の夢を　②219
この世はかくて　②115
こはいかに　④154
子はいかにとて　③191
こはぎ抱て　④261
小萩が色の　②92
小萩咲野を　②353
小萩はら　②148
小萩原　③438
琥珀のたまを　③264
こはされば　⑥144
御法度の
　からき塩鶴　③174, 514
御法度や　③381
御法度を　④208
子は増りけり　⑤293
こはやなふ　④302
こは夢の　①56
御番衆の　③472
碁盤にむかひ　③183
碁はんの上の　④217
小判の山　③483
碁盤もあれは　④275
御贔屓の目に　③436
小比丘尼の
　歌にやはら　④271
　つれふし諷　③400
古筆押す　③359
古筆とて　④317
小人島　③478
子独りに　④237
小百姓　③452
五百八十　③448
御評判　④252
五分一は先　④201
古風な句作り　③335
古風なる　⑤108
御符にて　④140
木ぶかきかたに　①357
木深き方を　①381
木深き森の
　暮いそぐ比　②436
　みゆる遠か　②373
木ぶかく見ゆる　①241
呉服棚にも　③159
御腹中
　くたらせ給　③242
　くだらせ給　⑤188, 213
御無事てこされ　③165
こふしにて　④270
御普代家とて　④180
小船さしとめ　⑥49
小舟の棹を　⑥3
瘤はかたほに　④181
小風呂ほとても　③512
御分別
　聞は噂る　③252
　とこへなげ　③532
御平産　③363
牛房売　④307
御坊様　③346
小坊主なれと　③431
古傍輩　③448
御褒美も穂に　④202
五木湯の　④220
こぼすがごとや　①425
こぼす涙は　①296
こぼすばかりに　②248
こぼす計に　①395
こぼそとまゝの　④331
御菩提所　③435
こぼれそふ　②177
こぼれ露　①135
こぼれていづら　②212
こぼれては　①243
こぼれてふかき
　撫子の露　①263
　道のべの露　②284
こぼれ残れる　②84
五まいかるたの　④284
駒狗や　③379
駒いばふ
　声するかた　②387
　流の水の　①247
駒嘶ふ　④108
駒いはふ声　③312
駒いばふ也　⑥34
駒うちかすむ　③344
こまう人に
　見せたや光　③33, ⑥136
駒下立て　②115
こまかへり　①38
こまかさや　④112
こまかなる
　雨や霞の　③210, 521
こまかに成し　①366
細にも　⑥38
こまかねこほす　③476
こまかねの　③297
こまこま書し　③510
こまこまちらす　④264
駒さへたどる　①399
駒さへ雪に　②17
駒ぞ嘶る　⑥9
駒立なづむ　②415
小町かこゝろ　③145
小町かはてや　④261
小町もいまは　③325
小松と見しも　②368
駒つなぎをく　⑥53
小松なりしも　③202
小松のみして　②271
小松原　②273
小松まじりに　①328
小松まじりの　①456
小まつむら立　②119
駒つからかし　②279
子祭の　③360
駒と共にや　①480
駒とめて　④167
駒留て　③508
駒にまかする　②158
駒にむかひの　②269
馬の上にて　①373
駒のけしきも　②246
駒の毛も　①402
駒のつまづく　①466
狛野の月に　②155
こまの渡りの　⑥32
狛のわたりは　①295
馬場にちかき　①369
駒引とめし　②211
こまもしたふや　②430
細物うりを　③274
細物店　③344
小まものや　④206
こまやかな　③432
駒わたす　⑤82
駒をとゞむる　①454
駒をとゞめて　②283
こみあぐる　④291
碁見しりの　④271
小見世かさりて　③344
径によらぬ　③354
こみ塗　③475
こみほこり　④294
ごみほこり　④319
小むすめかとて　③207
小むすめを　③504
御夢想に　③471
御夢想の
　跡さひわた　③153
　妻なかさね　④251
御夢想は　③232
御謀叛を　③331
御無用御無用　③237
米蔵に　③149
米砂や
　古所城外の　③44, ⑤297
米店は　③528
米俵
　蜑のよひ声　③230
　あらためら　④201
　あはれころ　③371
　御蔵の戸を　③269
　蔵より外に　③346
米突うすに　③432
米つぶひろふ　③257
こめとおもふも　②198
米なれば　④280
米にやあるらん　③451
米の粉もんて　④237
米の相場　④273
米の相場は　③318
米櫃あくれは　③340
米櫃の　④135
米櫃も　③187
米一つかみ　③474
米一粒に　③443
こめやとおもひ　②430
こめやとは
　おもひなが　②412
　思ながらも　①430, ②403
　思ひながら　②74
来めやとは　②118
御免あれ
　常かそ相に　③376
　腫物といふ　③381
御免ともいはて　③414
蒋かり小舟　②251
蒋かり舟の　①398
菰につゝむも　③485
小ものかひまに　④220

小者が耳の　③284
小者にも　③498
篭居し　②223
こもり江に　①17
こもりすみぬる　①274
こもりて年を　④92
篭ぬる　②237
こもるいほりも　②430
篭るいもゐも　⑥57
こもる日数も　②81
こもるも出る　①342
篭れる城の　③509
こもれるは　②14
御門跡　③180
御門徒寺の
　藤のたそか
　③154, 502
五文一貝　③419
碁やかこむらし　①388
肥さんとする　④142
こやしさまざま　③177
碁や双六の　④234
御やつかい　④285
小屋つくりつゝ　②40
小屋ならぶ也　①286
小屋にふけば　①57
小屋にもそれと　①290
小屋のあたりの　②16
小屋のあたりは　②142
昆陽野生田の　③485
こや野の末の　①352
小屋の前田ぞ　②208
こやはじめ　①9
御油か五位か　③80
御遊山舟に　③275
小指の先　③346
小ゆひのさきを　④261
こゆべきかたの　②272
越べき方の
　峰のはるけ　①266
　岑杳也　①490
越べき方を　②408
越べき末の　①365
こゆべき程は　①344
こゆべきみねの　②114
こゆべき岑の　④78
こゆべき岑は
　うづむ白雲　①380
　夕立の雲　①412
小弓引つれ　①321
小弓引　③298
小弓をも　④135
こゆる生駒の　②326
今夜雲　①96
今宵こそ
　あふごなる　⑥11
　月の世中　①174
今夜こそ　①94
こよひ此　①174
今宵この　⑥66
今夜この　①94
今宵敷　⑥98
此夜しも　①361
今宵しも
　かりねの枕　②95
　雲井の月に　①487
　くらぶの山　②4
　殿の恋路の　③165
こよひぞと　①94
今宵ぞと　⑥66
今夜ぞと　①174
こよひ其　①174
今宵その　①94
こよひたゝ　③359
今宵てふ　⑥65
こよひ月　①95
こよひ月に　①95
今宵とて　②211
こよひ猶　⑥52
こよひ名にてる　②14
今宵の月に　②357
今宵の月の　②341
今宵の月を　③364
今宵のわたり　②199
今宵はかゝが　④292
こよひは爰に　③338
こよひはことに　①295
今宵は月も　①305
こよひ伏見の　③442
こよひ又　①94
今宵又　①174
今夜見て　①95
今宵もうれぬ　④153
今宵も露を　①349
今宵や来んと　①369
御用あらはと　③273
御用心御用心
　犬吠る声　③334
　かね霞む暮　③301
こよみえよます　④165
暦淋しき　③448
暦にも　③247
暦のおもて　③298
暦より　④284
こよみをみてや　③222
こよりも恋の　③262
こよろぎの　①125
古来稀なる　③247
こらへ袋に　④163
こらへ袋を　④311
こらへられす　④216
御覧しけるか　③393
御覧せよ　③509
こり置も　②394
こりこそ残せ　②107
こり敷ぬ　②44
こりしく雲に　②311
こりずまに　②294
こりずまの
　住居なぐさ　⑥19
　宿や蚊ばし
　③91, ⑥159
こりはこぶ
　たきゞのか　②76
　真柴の袖の　②85
こりや馬鹿おとり
　③246
これ浦島の　③370
是和尚　④254
是かいとまと　③308
是から恋路　③384
是からかう　③457
これからは　③205
是からは
　酒に成たる　③418
　桟敷までの　③344
是から左へ　③302
是からや　③506
これかれと　②170
是こゝて　④241
是こそ一の　③493
これこれぬるむ　③381
是今度　③345
これさへや
　あるじにと　①103
　あるじのめ　⑥151
是さへや
　あるじにと
　①179, ⑥90
これ沙汰は　④254
是山王の　④251
是式ならなら　③375
是十代の
　かねごとの　⑤202
　かね言のす　⑤180
　かね言の末　③241
これぞ銀得　③126
これそ三途の　④144
これぞそれと　①169
是ぞそれと　①98
是そほさつの　③246
これぞまちし　⑥147
これぞ待し　①6
是ぞ待し　①138
これそよき　④140
惟高の　④307
是体の　③419
これてきかすは　③327
是てこそ　③413
是なりと　③342
是なる女の　④229
是なん音に　④169
これにしく　④141
是に過し　④324
これにたゝで　①7
是にまさむ　①95
これにまさん　①175
これにめせ　④247
これのりや　②284
是はいかに　④53
是は一の　③35
是はえしれぬ　③401
是は木曽の　④317
これは此　④285
是はこの　③523
これはこれは　⑥72
是は是は
　こはひ事よ　③320
　浪の入ぬる　③310
　夢かとそお　④302
これはこれはと
　はかりなり　③204
　ばかりなり　⑤218
是は是はと　③514
これはこれはの
　ゐほしかり　④172
　旅のかへる　③200
　化物もなし　④146
　やまとこと　③161
　大和ことの　③507
是は是はの
　神鳴きゞす　⑤67
　袖のあたな　③237
　ねはんのあ　⑥120

是はさて
　さつての宿
　　　　③24, ④57
是は偖
　さつてのや　⑤168
　七世の孫に　④226
是は扨
　谷ふかうし　③278
　伏見の夢か　③506
　まさしかり　③211
　夢は破れて　④307
これはせんたう　④148
是はそこつな　③303
是は只　③314
是は伝受の　③348
是は当座の　③322
これはとて　④275
これは二条家　③359
是は人目の　③252
これは広袖　③197
是は広袖　③528
これは二人の　④219
是は摩胡の手　③452
是はまた　④286
是程の　④339
これ煩悩の　④267
是迄はよう　③481
是見てたもれ　③346
是もいかに　⑤165
是も恋　③445
是も恋とは　②416
是も虚空に
　落る白状　④233
　抓む米粒　④231
これも御作の　③372
是もその　③29
これもちか　③227
これも又
　いむとてい　④205
　入相のかね　④69
　ことの葉草　①156
　窓のひかり　①50
　窓の光か　①153
是も又
　一千歳を　③351
　ことの葉ぐ　①58
是や彼　④301
是や去年の
　夢物語を　③94, 373
これやこの　③262
これや此　④169
是やこの　①71
是や此
　江戸紫の　③74
　衆道におい　③274
　玉川の水　⑤101
　常世の島ね　①163
　長門の萩を　③253
是や此世に　④310
これや旅居の　②322
是や月みし　④118
これや遠里　④250
これや名の　①96
是やむかしの　①262
これやもと見し　②267
これや夕べ　③129
これや世の
　月のみなか　①90
　月の水上　①174
是よりすくに　③356
これよりぞ　①431
是よりぞ
　やはらぐ国　①192
　和らぐ国つ　①129
これよりは　④274
これよりや　③161
是わか衆　③451
是をあひ図に　③357
是を一種の　③368
これをかたみに　④269
これをこそ　①416
是をせむす　③261
是を見よ　②332
五郎か念力　③492
五郎にわたり　③363
五六十にて　③451
五六日　③261
五六服　③488
ころころと　④278
比しも月の　④275
比ぞと空に　②362
ころたもやかて　③420
五六間　③359
ころとや風の　①450
比は今　①479
ころは二月
　中々の事
　　　　④216, ⑥120
頃は花　⑤109
比は文治の　③395
比は夜空の　②194
ころびあふ　③261
ころひにても　③393
ころふ所に　③388
衣うちわび　①415
ころもうつ　⑥42
衣うつ
　磯の小家に　①322
　をとこそ里　①464
　音は額に　③277
　しづがいほ　②33
　袖の浦風　③358
　窓の灯　⑥45
衣打　①346
衣うつなり　③510
衣うつ夜の　②142
衣うるほす　⑥11
衣さむしろ　②273
衣しでうつ　⑥98
衣手うすし　②174
衣手しほる
　風は幾たび　⑥23
　道の山かぜ　②262
　道の山風　⑥59
衣手過る　⑥26
衣手に
　秋ちかく成　①253
　鼻ふさいて　③177
衣手ぬらす　②72
衣手の　②99
衣手は
　いとはぬ露　①417
　共にこぼる　①430
衣手も　②252
衣手を　⑥13
衣の棚の　④185
衣のはだへ　②103
衣はうすし　①245
衣は打も　②226
比もはた　①463
比もはや　②213
衣は湯具を　③462
衣一つて　③169
衣ほすかと　②350
衣もおなし　④282
ころもや丶　②35
比もや丶　①460
衣もゆかし　⑥57
ころりと苔の　③220
こは飯や　③235
こはひ事では　④316
こはいもの　③403
こはひ夢見る　④295
小脇指　③457
こわきにかいこむ
　　　　③381
こはき目にあふ　③505
声高に　③356
こは高になる　③501
声高の　③281
木幡の山の　④84
こはり腹
　上よりしも　③477
　むさとした　④247
子をあはれむは　②192
子を憐める　④131
子をいたきつ丶
　のりもの丶　③157
　乗物の内　③514
子をおもふ　④95
子を思　①433
子を思ふ
　なにはの梅　③531
　難波の梅に　③423
　闇に狐の　④240
子をさかさまに　④179
子を捨てをく　④245
子をつれて　④250
来ん秋を　①73
権現の　③348
金剛山の　③220
権五郎　③461
こんこんへいとう
　　　　④278
金色銀鍔　③367
権実ふたつ　③489
今生後生　③303
今生も　④144
献立に
　のするたれ　⑤197
　のする誰か
　　　　③240, ⑤176
献立にのる　③416
献立に見る
　峰の松茸　③205
　岑の松茸　③528
献立の　④326
献立も
　移れは替る　③428
　かきくとき　④243
　さひしく霞　③237
　ちかふた月　③356
献立や
　かすみと筆

③68, ④347
今朝の ③358
今朝は
　いかに張良 ④289
　いとめつら ③365
　杓子を腰に ③458
こんでゐ駒に ④276
金陵駒に ③469
今度唐より ③356
今度実盛 ③393
今度の軍の ③340
今度の大事 ④212
今度わたりし ③363
今日の ④313
今日は
　京極殿へ ③277
　酒銭なうし ④251
　利休はたし ③453
今日よりも ③402
金王に ④259
紺の表紙を ③475
こん春に ①193
来ん春に ①130
来ん春の ①130
今春りうの ④249
今晩の ③316
今夜の月は ④286
来ん世さへ ②208
来ん世迄 ②379

【さ】

さあしたり ③315
さあ出たは ④292
斎院の ④205
西海へ ④320
さいかたきとは ⑥101
西行か見て ④231
西行の
　姿は秋の ⑤271
　すがたを秋 ⑥141
　名残とて弓 ④259
斎宮請に ③370
細工絵の ③403
細工小屋 ③408
細工にも ③238
細工人 ④188
細工張の ③226
在江は ③339
菜羹を和せは ④241
西国かたより ③202
西国方より ③529
西国くたり ③176
西国さして
　ひろき分別 ⑤189, 213
　広き分別 ③242
西国衆の ③284
西国へ ③158
在々所々に ④314
在々所々の
　質札のきり ③337
　世の中はよ ③159
在々所々も ③161
在々の ③229
在々は ③221
妻子珍宝 ③427
罪障さんけ ③225
罪障懺悔 ⑤281
在所衆の ③465
在所には ③252
在所もすこき ④168
最前は ③323
さいそくや ③279
西塔房 ③363
塞ニ雲雁ノ ②99
さいの川原に ③457
さいの河原や ④150
犀の角より ③320
塞のめもふる ④215
さいふに入る ④197
ざいふり出して ④196
西方に ③246
西方のあるし ③407
西方は
　十万億土 ④232
　十万貫目 ④180
歳末の ④147
材木となる ④226
材木に ③352
材木の ④303
材木や ③284
材木を ③510
祭礼を ④327
さいはひうるは ②304
さいはひの ①13
幸宿に ④326
幸を ①11
ざえ有に ④116
才有は ②421
才ある人を ②164
さえかへり ②390
寒かへり
　あは雪ぞふ ②305
　おどろく夢 ②96
寒帰りたる ④132
寒かへる
　ひゝあかゝ ③325
　部屋のはし ③219
寒帰る ③265
寒ける月に ③509
冴こそまされ ②113
寒々し ②30
寒しも春は ②55
冴し夜の ②399
寒し夜や ①123
囀らは ③150
囀りいづる ④78
さへずりかはす ①374
囀りし
　あまの塩屋 ②276
　鳥は砌を ②385
　鳥やしばし ①393
囀りすつる ①390
さえづりは ③116
さえつる鳥の ④142
さへづる鳥の ①445
囀る鳥の
　をのが声々 ⑥44
　中の徳利子 ④318
さへつるは ③499
囀るまゝの ②144
囀るも ①298
囀るや
　梅の翁の ⑤110
　こゝに数な ⑥154
　爰に数なら
③68, ⑥154
さえつれる ③337
小枝にも ⑤124
さえた音や ③138
さえたる月に ③162
寒たる夜半を ⑥39
寒て汀に ⑥98
ざえなきは ④125
さへ増る ④110
冴めぐりてや ②74
さえ渡る ①490
棹いらぬ ③181
棹をもさゝで ①269
棹かろげにも ④119
竿さしあへぬ ②41
さほさしすてゝ ①440
竿さしやらで ①347
棹さすは ①294
竿指舟の ④87
棹さすや ⑤124
さをしかと ③207
さをじかの ②380
さを鹿の ①325
小男鹿の
　尾上に近き ①365
　声さへ床の ①378
　声遠ざかる ①225
　こなたかな ②16
　汁にさしく ④321
　しがらむ萩 ①385
　月の下臥 ②211
　鳴音も稀に ①238
棹鹿の ②199
小男鹿も ③396
小男鹿や ②227
棹鹿や ①475
さほ路はるかに ④77
佐保路ゆき ①338
棹網の ④332
さ乙女が ②389
早乙女の ③72
竿取て ②371
棹取て
　川瀬の舟や ①239
　下す小船の ②419
棹とりどりに ②352
棹取舟は ②422
棹になれなれ ③193
さほの音する ①406
さほのひまなき ①475
棹のひまなく ⑥14
棹のみみゆる ①482
さほのわたりや ②27
さほ姫こせと ③207
さほひめの ②35
さほ姫の
　霞の衣 ①285
　雲の衣も ①230
竿姫の ①400
佐保姫の
　俤にほふ ②219
　かくすとす ③346
さほ姫は ②270
さほ姫も ①45
佐保姫を ③436
さほも取あへず ①466
境さへ ①358
さかい衆 ③213

さかい筋　③379
堺すみよし　③416
堺のうみの　④201
堺町　③460
境をかへる　③270
さかふる家の　②67
さかふる春を　②163
酒酔を　④167
さかへことなる　①277
さかへし宿も　②194
さかへしらる丶　②13
さかへつる　②277
さかへひさしき　①462
栄へもしるく　②426
さかへもてゆく　②127
さかへ行代の　②396
酒桶に　③444
さかをとしにも　③185
榊が枝も　②197
榊さす　⑥5
榊ばしげる　②26
榊葉白き　①218
榊葉に　①461
坂くだる　③90
酒蔵の　③234
坂こえて　①67
さかさまに
　年や雪ふる①19, 142
さがしきかたは　②35
さかしきは　①305
さがしきを　①307
さかしくも　②349
さかしらおほき　⑥36
さかしらせしも　②349
さかしらと
　しるが上に　②160
　なれるもさ　②47
さかしらに　⑥15
卮とりて　②322
さかつきに　④264
盃に
　さ丶なみよ　④184
　灯を取　①479
盞に　②17
盃にむかふは　③308
さかづきの　②425
盃の
　影よりひと　③191
　数くみあか　②351
　数にや酔を　②363
盃は
　あかぬ心の　②371
　よどまぬ水　①225
さかづきも　①346
杯も　①393
盃きも　②395
盃も
　さすか扇を　④150
　す丶めぬ花　②230
　めぐる巴の　①200
　めぐる巴字　②267
盃や　③136
盃を
　うかべてあ　②332
　かたらひ人　①489
　頭巾の山の　③383
さかすほと　③475
酒樽も　③397
さか月に　②159
さか月の
　影も更れは　③219
　さやけき影　①335
　空打なかめ　③177
酒手も絶る　③462
嵯峨と吉田の　④184
さがなきものは　⑥32
肴は堺　⑥101
肴舞　④191
さかな店　③449
坂なれや　④160
肴を送る　④150
さかぬまの　①144
咲ぬ間の　①25
咲ぬ間も　⑤63
咲ねども　①41
嵯峨の奥　③423
嵯峨のお寺に　③304
嵯峨の月に　④224
嵯峨野の秋は　②420
さがの丶あたり　①479
嵯峨野の奥に　④310
嵯峨野の奥の　⑥35
嵯峨野の月に　④262
嵯峨野の原の　①366
さが野のはらは　②45
さがの丶原を　①341
さが野の道も　①422
さがの野や　④85
嵯峨の野を　③201
嵯峨野は秋の　②249
酒ばたも　①420
酒旗や　①359
咲ば又　②334
酒はやし
　茂りあひた　③201
　杉の葉分の　④173
酒はやしさへ　④221
嵯峨松茸を　③324
さかやきよりも　③265
坂ゆかん　②248
さかゆくすゑを　④91
酒湯さかづき　④347
嵯峨よりも　③341
盛あれば　①235
さかりいまはと　①439
さかり哉　⑤107
盛り哉　⑤107
さかりことなる　①486
さかりし袖も　④158
さかり少き　①379
盛ぞと　②83
さかりたる　④207
さかりなる　①441
盛なる　②14
盛成　③321
さかりに匂ふ　①208
盛には　④151
盛にみゆる　①283
さかりにも　⑤124
さがりはも　②203
盛みん　①149
盛見ん　①36
逆櫓を　③147
坂をこへても　④85
さかん日は　①149
咲ん日は　①36
咲ん日も　①41
鷺あさる　①453
さきおへる　②420
さき織衣　④245
先か高ひ　③327
前きりと　④141
さきさかず　①30
咲さかず　①235
先性わるの　③445
さきしより　②207
咲しより　②194
鷺すらも　②248
咲そひて　⑥96
咲そふや
　あは緒によ　①37
　三ば四ばの　⑥33
さき初る　①468
咲初る　①493
咲そむるより　①283
さき初て　①192
咲初て　①130
先だちて　②135
先立て　①383
さきだちて我　②28
先だつ駒の　①323
先達は　①329
先だつを　⑥26
先立を　②202
咲散を　④78
咲つがむ　①38
咲継ん　①38
咲つぐ梅や　②242
咲つ〻きたる　①354
先綱中綱　③435
咲てとく　①15
さきて先　①14
咲ならぶ　⑥85
鷺眠る　①408
鷺のゐる
　遠の真砂地　②209
　山沢水に　①417
前の守　④36
咲臨む　⑤125
鷺のとぶ　②220
鷺の飛　②30
さきの日に　⑥148
先の日に
　立やをよば　①8
　みしやそな　①145
　見しやそな　①26
前のほとけの　②276
先の夜も　①483
先はしり　④362
先ばしり　⑥107
さきぶりも　⑤110
さきほどに　⑤214
先ほとに　③242
先程に　⑤189
先ほとの義は　④253
咲まして　①126
咲満や　⑤108
咲みてる　①36
鷺も烏も　③474
咲も残らぬ　②17
座興かましく　④206
さきわびけらし　①451
さきをもおはず　②114
先おもおはず　①199

咲卯の花の　③328
咲梅も　④150
咲陰や　①39
ざくざく汁も　④297
昨日の　③517
作蔵作介　③377
昨朝は　③501
咲てふ花の　②115
捜つても又　③459
さく時を　①57
咲と見し　②250
咲萩を　②30
作はたゝしき　④138
さく華に　④333
咲花に
　内外の宮の　①423
　うつゝや夢　②417
　はりあふて　③430
さく花の
　色やかすか　②324
　ちるまでも　①296
　庭働も　③332
　羽柴とかや　③341
　宿のかもし　④254
咲はなの　①38
咲花の
　春也けりな　④102
　一枝もふか　④246
　日よりにつ　③338
　火をもとめ　④231
　都もちかき　①343
　都を思ふ　②311
さく花は　②166
咲花は　④199
咲花も
　玉の台も　②152
　常磐になら　②357
　林はじめの　①395
　一つ書にや　④324
　間中四方は　③382
　例ならぬ間　④133
咲花や
　懐紙合て　③239
　鐺長刀に　③192
さく花を　③310
咲花を
　すこしの事　③328
　引むしるて　④193
　見たてゝ参　③262
さく藤の　①150
咲ふぢの　①41
さくほどは　①425
咲むらさきの　③266
咲ものどけき　⑤276
さく桃の　⑤109
咲や梅　⑤125
さくや此　②341
咲やつゝじの　②298
昨夜の付さし　③423
桜いま　⑤108
さくら色に　①39
桜色に　①149
桜がもとに　①427
桜がりせぬ　①208
さくら木に　⑤111
桜さく
　ころは行幸　②285
　ころを見捨　①261
桜咲
　木の下野辺　①210
　はやしがく　①348
桜鯛　⑥72
桜だに
　さくべき比　①140
　咲べきころ　①11
　またれぬ梅　①13
桜田迄も　③264
さくらちり　①41
桜ちり
　春かたまけ　①41
　藤にかゝれ　①150
桜散しく　②297
桜ちる　③171
桜に埋む　③450
さくらにも　①60
桜のさかり　⑥22
さくらのもとに　④220
桜は児の　③465
さくら花
　くはゝる春　⑥38
　ふりさけ重　③183
桜花　①358
さくらみたるゝ　④325
さくらをいそぐ　②191
さくらをのこす　①348
さくり足　③325
さくり足にて　③506
探り得て　①383
さくりまはりて　③175
さくるようらくの　③262
さくる瓔珞の　③524
咲を待て　③187
咲を待　②379
酒あれば此　②414
酒一升
　九月九日　③133, ⑤168
酒うる市の　③162
さげ髪の　④245
酒酌すてゝ　⑥29
酒酌て　④116
酒こそ世々の　①274
酒五合て　③246
酒肴　③252
さげさせて　③291
さけさやは　③277
酒塩の　③366
提重に
　岸の杉折　③155
　岑の杉折　③508
提重は　④238
提重を　③248
酒すこし　④190
さけ槌の　③256
酒といふ　①485
酒にかへたる　③382
酒にかゝりし　①439
酒にかゝりて　②260
酒にさへ　①328
酒に成たる　③199
酒のかん　③390
酒の相場を　③343
酒の滝　③487
酒のみ講を　③196
酒のみたらす　③192
酒のむしろぞ　①357
酒のむしろの　②384
酒の莚の　②313
酒のまふとて　⑥101
さけば梅　⑥147
さけはく太刀を　③270
さけば咲
　花にも風の　②426
　花の春しる　④82
さけばさくらに　②93
酒はならず　⑥72
酒ははかりなき　④242
さけば又
　あるじぞし　①51
　さかりまた　①38
酒ひとつ
　右近とかや　③331
　地こくの釜　④216
　のとゝほる　③240
　喉通るまに　⑤194
　喉通る間に　⑤174, 258
酒ひとつとて　③222
さけへとも　③149
酒もつくらぬ　③221
酒もてはやす
　所もとめむ　②270
　永日ぐらし　①461
　春の友なひ　②155
酒やたゞ　①344
咲けるあたりに　②11
酒をすゝめて　①429
さこそお袖　③57
さこそ京衆の　③252
さこねの沙汰は　③199
さゝいからにも　④154
さゝうたふ
　五杯機嫌や　③59
　五盃機嫌や　③244
さゝ諷ふ　⑤169
笹うたふ　①128
篠うたふ
　五盃機嫌や　⑥140, 173
　庭先白き　①192
小竹筒に酒を　④135
さゝかしげ　①455
篠かしげ
　霜置谷の　①268
　薄おれ臥　②264, ⑥61
さゝかにの
　くも井に待　③513
　雲の上人　③174
　墨雲村々　③261
さゝがにの
　いとこゝろ　②308
　糸たえだえ　①369
　くも井にま　③187
　たのむる暮　②254
蜘蛛の　①201
さゝがにも　①455
さゝ蜘の　③331
さゝ栗や　③58
さゝぐるや　②406
捧ぬる　④144
ざゞざんをば　④53
さゝ竹を
　ふる宮人や

③31, 190, ⑥136
さゝで往来も　⑥55
さゞ波さそふ　②284
さゞ波たてゝ　①434
さゞ波の　①373
漣の　④85
さゞ波や
大津の宮に　①490
志賀の大輪　②324
志賀のわた　②263
志賀の渡り　⑥61
さゞ浪や
志賀の花園
②157, ⑥36
三井の山寺　①464
漣や　③458
漣波や　③451
さゞなみよする　⑥43
さゞ波よする
秋風のをと　②131
岩が根の末　①247
さゞ浪よする　②84
細波よする　③344
笹に雹の　③448
さゝぬこそ　①293
笹の庵と　①31
篠の庵に　①265
篠のしの屋に　①475
篠のしの屋の　①360
さゝの戸ざしに　②3
篠の戸ざしは　①238
さゝの葉かしげ　②346
笹の葉の　④113
さゝの葉や　①155
笹の葉や　①55
篠の葉を　③370
篠の屋に　②402
笹原の
つゝらと成　③285
乱て靡く　③350
篠原や
枯生が上の　②135
露も時雨も　①370
篠茨ば　①401
さゝぶきは　①342
篠ぶきは　①252
篠ぶきも　②34
笹船に　④282
笹枕　②391
さゝやかに　①213
さゝやきて
いはゝやた
③162, 505
さゝやくは
ひとりふた
③515, 518
ささやくは　⑤87
さゝやくも　④245
さゝやくを　④253
さゝら波
さゝんさめ　③413
間なくも御　⑥100
さゝれ石
手水鉢にや
③201, 528
さゝれ石の
いはほのか　③261
岩枕して　③217
さゞれ石まの　①436
さゞれ石も　①210
さゞれ石や
てこつかふ
③140, ⑥89, 129
なれる岩城
①107, 181, ④54
なれる岩木　④56
さゞれ石間の　②237
さゞれ水　①422
さゝ分る　①365
笹分し　①81
篠分し　②19
さゝんさと　③158
ざゞんざの　③483
さゞんざや　③136
ざゞんざや　⑥159
さしあひて　③203
さしあふな
三本から笠
⑥128, 157
さしあげて　③351
さし当る　④303
さし出る
朝日に春の　①471
月は田面の　①351
長屋住居の　③287
さし急き　③304
さし出す
順のこふし　③294
手形の末の　③230
楊枝にかゝ　④197
さし入の　①124
指入の　②108
さし入しるし　①280
さし入も　②244
さし入よりの　②189
さしうかべたる　②136
さしうつる　⑥52
さし移る　⑥4
さしうつる日も　②324
さしおほふ　①229
さし置にける　①258
さしがへ一つ　④295
さし帰る　①258
さしかためたる　①388
座敷の壁に　④191
座敷もち　④262
桟敷より　③359
さしくだしたる　①331
さしくだす　②251
さし下す
筏にかゝる　②394
音冷じき　②342
さしぐみに　①69
さしくるや　②82
さし篭る　②225
指鯖の　③146
さし汐に　⑥85
さしすつる　①333
さし捨し
小船の棹は　②58
かたわれ舟　①311
野べの入日　②216
舟は渡りに　①256
冬田の原の　①270
さし捨舟は　②85
さしづの外の　③256
さし次の　①78
さし出口　④273
さしながら　②271
さしにさし　③209
茶匙に砂糖に　③436
さし荷なふ　③246
さし残したる　②251
さし残る
田面のひか　②144
軒の入日や　①306
匙子の力の　③474
さしのぼる
月や草葉を　②380
三日月影に　⑥28
さし花の　③266
さしばやしばし　①300
さし引残て　③412
さしまはしたる　③463
さしみの魚の　④140
さしみの魚や　④158
さしむかひをる　①441
さしむかひぬる　①282
さしむかふ　④138
さしもくさ
いつこをさ　④264
扨修羅道に　③381
さしよせてをく　②64
さし分つゝも　①385
さしわたる
ひかりに霜　②419
夕の月の　②369
指佗ぬ
小き舟に　④107
つげの小櫛　②92
さす枝の
むめや一座③90, 319
さす枝は　①105
さすか京也　③312
さす影や　③42
さすか数寄者と　③300
さすがにも
あとなつか　②350
をしへや学　②96
さすが又　②162
さすさほの　①443
指竿の　②202
さす盃に　③197
さす盃や　⑥29
さすしほたかく　②322
さす汐ときの　③261
さす月の色　③323
さすともあらぬ　②341
さす日もうとく　④110
さすや筏も　①392
さすや外面の　①387
さすらひし　⑥42
左遷し　②51
浮雲ひ礫　③525
左遷て
哀かたちも　②136
いかに聞ら　①314
住ばかなし　①297
つらき命の　⑥49
身はたのみ　⑥56
行しるべせ　②146
左遷となる　①365
左遷の
憂をば何に　①375

すさびはか　②128
なけきは春　④167
左遷も　②378
さすらふ浦の　①346
さすらふはては　②296
さすらふる
浦は稀なる　④94
思ひをすま　④82
身のためし　②35
身は帰ても　②162
我身にし有　③289
わかれやな　①320
我さへよき　②80
我をもつれ　②142
左遷る　②125
さすらふる身の　②332
さすらへきつゝ　②87
さすらへきては　⑥53
さすらへし　①253
さすらへて　②219
さすらへば　②326
さすらねと　④260
させさせそこの　④309
させまいと　③205
左遷のかへさ　③266
座禅のとこに　③342
座禅のまなこ　④280
嘸あらん　⑤98
さそひ出　③290
さそひ出ぬる　②325
さそひきぬらし　②213
さそひきや
月出るやま　①51
月出る山①153, ⑥87
さそひくる　①471
さそひ来る　②271
誘ひ出て　②31
さそひ行　②57
さそふ水あらは
穴へはいら　④183
なてん前髪　③359
さそふ水あらば　②407
さ候はゝ　④234
左候はゝ　③250
さそふわかれの　①340
さぞ大ぬさの　②220
さぞ兼ごとの　②227
さぞ此ほどの　②192
さぞ垂乳根の　②196
さぞつもるらし　①491
さそなあかしの　③149
さぞな嵐の　②103
さぞなあらしを　①481
さぞな鵜飼の　②227
さぞな海辺の
明ぼのゝ空　②149
明ぼのゝ波　②109
さぞな浦々
磯の有さま
②263, ⑥61
さぞな陸鵜の　⑥94
さぞな心に　②182
さぞな心の　①292
さそな心も　③181
さぞな悟りの　①483
さぞなその　④125
さぞなちるらん　②95
さぞなつかれを　②19
さぞな月
奥の岩やも　②410
おこなひす　①440
さぞなはげしき　①256
さぞなはてなき　②81
さぞな春
かねてのど　①193
かねて長閑　①131
嘸な舟路も　②203
さぞなまなびの　①267
さぞな都の　①330
さぞな雪
すゞのしの　①325
よしのゝ山　①188
よし野の山　①121
さぞふるさとの　①462
さぞや嘸　③190
さぞや歯は　③49
さぞ夜あらしを　④94
さそはゞや　⑥72
さそはるゝ
心づくしを　②82
花ゆへ旅を　②298
誘引し　②162
さそはれつゝも　①278
さそはれて　①318
さそはれなばと　②195
さそはれぬ　②289
定家か　③350
さだかにも　④110
貞任うてを　④297
沙汰なしと　③302
さたまつて　③429
さたまり駄賃
空に覚て　③329
ほたる飛影　③342
定りつゝも　②361
定りて　④309
さだまれる　①443
貞光すゑたけ　⑤197
貞光末武
まつたけの　③240
松たけの山　⑤176
さだむるえにし　①431
さだめなき
雲のながめ　①463
世をしる花　①317
定めなき　②112
定なく
逢通ぬる　②428
浮たる雲の　②402
さだめを聞も　②234
左中将　③459
座中のねふり　③160
座中の眠　③503
座中皆　③294
さつおのねらひ　①285
さつ男も方を　①400
さ月来て　①50
さ月こば　①154
五月こば　①52
さ月ぞと　①59
五月ぞと　①157
皐月空　⑤116
さ月のみ　①156
五月のみ　①58
さつき待夜を　③504
五月待夜を　③153
さ月やみ　④283
五月やみ
明かたより　②121
其ほどいか　①157
さつさつの　④245
さつてのけよと　③213
さつと懸る　③271
さつとかざしの　③291
薩摩かた　④317
薩摩潟をば　③532
薩摩そたちと　③507
さつまの守も　④224
扨あつかひに　③326
さてあれの　③473
さていつ比　⑤224
扨うつくしき　③348
さてうどん　③353
扨おききやるか　③405
さて廻文を　③330
扨肝つよき　④289
扨きぬぎぬや　③411
さて京ちかき
山寺の秋　③341
山ほとゝき　④181
扨京ちかき　③258
扨京近き　③517
扨口上を　③343
さてこそ金時　③462
扨こそ清水の　③352
さてこそつきの　③294
扨こそ出やつた　③245
さてこそな　③365
扨こそな　③486
扨こそ兵庫の　③316
さてこそ藻にすむ
③528
さてこそ藻に住む
③523
さてさてさてさて
③312
扨々扨々　④319
さてさて継た　④243
扨々長い　③386
さてさて藤の　④184
扨々見ゆる　③304
扨々慮外な　③347
扨数奇屋には　③347
扨其後の　③222
扨そのゝちは　④333
扨第五倫　④313
さて高砂を　③423
扨町中へ　③320
扨調伏の　③335
さて出羽は　③528
さて年は　③247
さて何時ぞ　③369
扨にし向に　③337
さて二の汁も　③338
さては命の　③385
さてはうたがひ　③370
さてはうたかふ　③251
扨はさとりに　④300
扨は四てうに　⑥145
扨は女楽に　④313
扨長谷川の　③439
扨は其　③441
さては亡母の　③295
扨火をともす　④194

扨まさかりに　③408
偖また花は　③404
扨松を　③115
扨めつらしき　④310
さても気侭に　③343
扨も伽羅の香　③400
さても清見か　③506
さても此　④70
扨も此　③223
さても此絵は　③294
さても細字に　④290
さてもさしてた　④177
さてもさても　③239
さてもさてもの
　うゐろうの　④172
　床ちかひ棚　③205
　松のふちか　③360
扨も品玉　③394
扨も其以後　③216
さてもそのゝち　④224
さても田夫に　④317
扨も投ふし　③420
さてもひかりの　③150
さても引たり　④172
扨も久しひ　③346
さても不定の　③226
扨も見たてた　③155
扨も読ふたり　③521
扨夜討　⑥101
里有と　④129
里あるかたに　②356
里あるかたの　④79
里有かたは　①472
里あるかたを　②317
茶道方　④273
佐藤せうじの　④259
座頭もまよふ　③280
里隠す　④100
里かけて　①277
佐渡か島　③471
さとき心の　②357
里ごとに　①58
里毎に　①344
里々に　②170
里々の
　竈の煙　②317
　遠山田をも　①209
里々は　⑤276
里々も
　あらはにな　②241
　にぎはひし　②97
さとしある世を　②122
さとしおもふに　②28
里住の　①394
さとちかき　①462
里ちかき
　堤づたひの　①342
　夕川水に　②349
里近き　②12
里近く
　牛放ち置　②356
　男鹿の声の　②284
里近くしも　⑥5
里てふ里も　①314
里つゞく也　②287
里とふ人の　②304
佐渡と越後の　③381
里とへば　④114
さと遠き　②320
里遠き
　片山畑は　②328
　草の扉も　②417
　野はうらが　②75
里遠く　②236
里遠し
　鶉鳴野や　⑥21
　手がとゞか　⑥100
里とよむ
　声さへ月の　①95
　夜声や残る
　　①65, 160, ⑤163
里問ん　①466
里なれし　②343
里なれそむる　①436
里馴そむる　①263
里にぎはへる　①446
里にさす　①370
里に吹入　②117
里のあたりに　②21
里のあはひの　⑥38
里のうしろの　②227
里のうなひや　②395
里の霧間に　③277
里のけぶりや　②406
里の小家の　②111
里の子か
　印地は昨日
　　③186, 514
里の子が　⑥117
里の子の
　おほきにな　③172
　草刈はこぶ　②325
里の子は　②224
里の祭礼　④230
里のしるべの　①450
里のちまたを　⑥98
里の名に　⑥159
里の名を　④136
里のほとりも　②129
里のまへ　②220
里の前田は　②422
里の往来も　①402
里のわらはを　②277
里はあたりに　②373
里はあなたに　③489
里はあれて　①238
里は荒て　①398
里はあれても　①469
里はあれど　②395
里はあれにし　②325
里はいづくに　②377
さとはいづくの　②138
里は遠なる　①259
里はかくれて　②145
里はかすみに　②330
さとはけぶりの　②274
里は桜　①38
里はたゞ
　有と計の　②346
　このもかの　①428
さとばなれなる　②280
里ばなれなる
　くろの一か　①324
　ふるいたの　②5
　道のたえだ　①270
さとははるけき　②384
里は晴ゆく　②369
里びたる
　垣ねながら　⑥116
　住居ながら　①493
　やしろも今　①448
　社をいはふ　②281
さと人の
　わたり候か　⑤238
　わたり候歟　⑤169
里人の
　帰る田づら　④88
　こなたかな　⑥38
　はつ木に布　①249
　御射山まつ　④90
　道来かけし　①390
　行かふ道の　②246
　夜声ゆたけ　①67
　わたり候か
　　③10, ⑥133, 157
　わたり候歟
　　⑤290, 300
　渡りさふら　⑤216
里人は
　こなたかな　②361
　近き岡辺に　②187
里人まれに　②297
里人や　⑥85
里人を　③116
里ふかき　①318
里までは　①257
里見ゆる　①320
里もほとりも　④79
里や有らし　④114
さとより出て　②184
里よりおくの　⑥42
里よりをちに　②351
里より遠の　②222
里より里は　⑥27
里より遠く　①403
さとりの道を
　うるはあや　①427
　からくり人　④266
さとりの目利　④310
さとる眼に　④328
悟れは富士も　③277
さとればやうろく
　④279
悟れる胸や　①313
里わかず　②368
里をへだつる　①297
里を見やれば　②277
さ苗そよそよ　②405
さなへとりしが　①443
さ苗取　①475
早苗とる
　作りたふれ　③184
　よめや姑に　③384
早苗取　①487
早苗にも　①58
早苗より　①373
さながら露や　①398
さながらに　②427
さなきたに　③479
さなきだに
　あゝ音高し
　　③103, ⑥142
　目覚す旅に　⑥98
さねかつら

　くるその勢　④225
　くるといな　③149, 499
　来るといな　③518
　人にしらる　③205
さね来んと　⑥14
さの丶あたりに　④264
さの丶あたりの　④167
佐野のわたりに　③268
さのみ身に　②19
さはき髪
　けはい坂よ　④165
　みたれ柳の　③168
さはき髪より　③473
さはち程なる　③356
座は年次第　③414
鯖のはらか　③327
さび鮎の　②209
さひくさつたる　③420
さひしいに　④305
さびしき暮の　②420
さびしきは　④122
淋しきは　④91
さびしき夕　①407
寂しきゆへに　③440
さびしくをくる　②110
寂しくたてる　②30
さびしくひとり　①257
さびしく松の　①289
さびしくむかふ　①344
さひしくも　③178
さびしくも
　鶉なくなる　①231
　奥なる室に　①352
　月を友なる　①237
　庭の籬の　①250
寂しも　②118
寂しくも
　桜がもとの　②218
　芝の編戸を　①404
さびしくも有か　②409
さびしげに　①236
さびしさ送る　②142
淋しささぞな　②359
さびしさそふる　①279
淋しさそふる　②229
さびしさそへて　②28
さびしさ添て　⑥24
さひしさに　③246
さびしさに
　たへし跡ふ　①183
　立てみゐて　①273
　櫳をしひら　①263
寂しさに　①114
淋しさに　③261
さびしさの
　色も有けり　①111, 182
　折をやとひ　②34
淋しさの　②191
さひしさは
　同し借屋の　③218
　是非に及は　③176
　其色としも　③211
さびしさは
　鹿も声せん　⑥93
　所存の外に　③366
　猶ふるあと　②207
　人め絶たる　①304
寂さは　③385
淋しさは
　同し借屋の　③529
　春も過ぬる　②198
　無縁に来た　③460
　やる方もな　①364
さびしさ増る　④84
寂しさも　②158
さびしさもなを　②45
さびしさや
　市路の跡の　②220
　入日がくれ　①420
　こぼれてお　①239
　杉生の窓の　②288
　たゞ秋風の　①328
　苫ふくかげ　②154
淋しさや
　唯松風の　④106
　軒端に絶ぬ　②354
　槙立山の　①367
　身を砕ても　③378
　よしの丶底　②300
さびしさや猶　②114
さびしさを
　秋来る空の　②150
　我物がほに　②385
寂しさを
　柴の戸ざし　②336
　とふや弥生　②7
淋しさを
　さそふ夕の　⑥17
　堪て野守や　②235
　とへは頭痛　③307
さびしさをとふ　②9
さびしとて　①430
さびしやと　②167
さひし脇さし　④281
さひた鑓梅　③169
さびたれど　⑤109
さひたれと此　③467
さひてもかたなの　④171
侍の　③454
侍ましり　③384
三郎も　③319
さまかむすふの　③173
さまかはる　①422
さまさまくとき　③504
さまさまに
　書つくして　③374
　かさりや殿　③314
さまざまに
　云かはした　②217
　老たる親を　④77
　心をよせし　②251
　唐土よりの　②304
さまざまの　②34
様てはなうて　③324
さまよふ雲や　②406
さまよふも　①10
さみせんの
　糸ならなく　④251
　ねをとめぬ　③188
さみだれくらす　①443
さみだれに　⑤67
五月雨に
　かひのにえ　④214
　川越付ぬ　③432
　塘の辺　①233
　深田の苗や　②306
五月雨の
　跡さり気な　①210
　跡だにしげ　②142
　跡は浮藻の　②52
　比猶さびし　①292
　ころはちま　②77
　空心よく　①432
　千船をつな　①59
　露や外面に　②413
　名残か人の　①59
　名残しづけ　⑥14
　余波は終に　②233
　はる丶砌に　②121
　晴間かけほ　②26
　晴まに青き　②274
　晴まもくら　⑥52
　晴間をみす　⑥31
　降つゞきた　②247
　ふりにし庵　②229
　古き友達　③182
　ふるの山辺　①457
さみだれは
　州崎の松や　①59
　つのぐむ程　①58
　水草ならぬ　①157
五月雨は
　池に根やさ　①211
　しばし晴間　②376
　只むさし野　⑤166
　只武蔵野の　③27
　つのぐむほ　①157, ⑥149
　軒の雫の　①393
　はれて入日　①59
　日数経つ丶　②360
　みぎはまさ　①460
　水草ならぬ　①58
　もくづの煙　②326
　森の雫や　②149
さみだれも
　えやはなみ　①59
　旅居にまく　①59
五月雨も
　いとはぬ浦　②185
　限り有てや　②4
　旅ゐにまく　⑥90
　旅居にまく　①157, ②383
　まぎる丶窓　①61
さみだれや
　だんだらす　⑥130, 154
　日数の外の　①157
五月雨や
　天下一まい　③5, ⑤298, ⑥132
　天下一枚の　⑥154
　日数のほか　⑤163
　日数の外の　①59
　細首中に　⑤249
さみだれを　①59
さむ風の　③324
寒からし　③511
寒からぬ
　爰やかの国　①136

恵や神の　①216
寒がらぬ　④290
寒かりし　⑤107
寒きあらしに　①237
寒き江に
雪をわたし　①187
雪を渡して　①120
寒きか上に　③221
寒日や　②212
寒き日を　②43
寒き夕日の　②87
寒き夕に　①220
寒き夜の　②394
寒き夜も　②275
寒をも　①486
寒げにも　①364
寒さけふ　②162
寒さしらるゝ　②27
寒さも袖に　①354
寒さやいとふ　②240
さむさやわびて　②155
寒さ忘るゝ　②58
寒さわびてや
鷺すらも鳴　①337
啼の声　②322
寒さ侘てや　②317
寒さをも
さけ酌かは　②216
凌かねたる　①487
侘てや住る　①351
寒さをや　⑥13
寒しといへと　④267
さ莚に
秋の夜な夜　①227
すだき寄た　⑥45
狭莚に　④127
小莚に
傾く月の　①385
月みる戸ざ　②108
さむしろの
霜漸寒き　①383
露も涙も　④78
小莚の　②58
さむしろを　②371
さむるこゝろも　①427
さめさせたまふ　③162
さめて冷じ　②123
さめてぞつらき　②335
さめてなぐさむ　⑥42
覚て後
おどろかれ　②227
夢としるこ　①260
さめてはか無　①384
冷て行　③385
さめぬまは　①180
覚ぬ間は　①107
覚ぬるは
つれなく見　①220
夢か何ぞと　①342
覚やつたか　③136
覚ると思へは　③528
さもあらばあれ　①8
さもこそは
有に任する　②245
あふ瀬待ら　②247
さも古ぬ　①7
鞘あてや　③527
鞘当や　③525
さやかなる
かねや尾上　②14
月毛の駒を　①276
月さしのぼ　②208
月の下風　②432
月より露の　①225
光あやしき　①411
ま砂の末の　①289
さやかにみゆる　②385
さやかにも
移ひぬらし　②170
八重雲分る　②283
さやけき秋の　⑥11
さやけさしるし　②222
さやけさや　②127
さ山がすその　①292
さ山を出る　④88
素湯もなければ　⑤98
さゆる入日の　②15
寒る夕日に　②51
寒る夜の　②316
さゆる夜は　②95
さゆを茶碗に　④185
小夜嵐
花を尽して　①232
真砂の上に　①217
さ夜神楽　⑥50
小夜風に
影して高く　②139
竹の葉分の　②417
小夜衣
おもき咳気　④176
其時すそを　③413
たのむ夢ぢ　①425
さ夜時雨　①279
小夜時雨　④233
さ夜千鳥　①191
さ夜衛　①127
小夜千鳥
友まとはし　③380
友まとはせ　③525
小夜衛　②61
さ夜中過て　①277
小夜中に　①430
さ夜の衣を　①483
さ夜の時雨は　②103
さ夜の枕を　⑥46
小夜更る　②323
さよ更て　②106
さ夜更て　②364
小夜更て
問に答ふる　④131
枕露けき　②31
さ夜更ぬれば　①267
さら帰　①425
さらさらさらに　③164
さらしほす　③78
曝より猶　③187
さらずとも　⑥74
さらでだに
さこそ山ぢ　①180
さこそ山路　①107
問んやどり
①111, 182
御法に結ぶ①69, 162
さらで何
この花ぞこ　①137
此花ぞこれ　①5
更にあく世も　①269
さらにいとまも　②289
更に今　③481
更にうき　①59
さらに恨の　⑥52
更におし　②228
さらにをやみも　②82
更に気色を　①399
更にたえせぬ　②11
さらにたゞ　①304
さらに唯　②20
更に只　②54
さらになのらで　②73
さらにねもせで　②250
さらに花
有ともきく　①100
有とも菊の　①177
更に花　⑥89
更に花の　①30
更に人　①45
さらに人けも　②89
更に隔てぬ　④84
さらに又　④81
更に又　③14
更に世を　①114
さらにれられぬ　②76
さらぬだに
旅はねぬ夜
①111, ④9
物思ふ夜の　②104
さらぬのみか　④193
さらはあとより　③413
さらは御酒と　③373
さらば肴と　④262
さらはさらは
地獄の穴は　③448
問屋払の　③407
まかりかへ　③515
さらばさらば　③117
さらはさらはの
今のおいと　③167
高野路の露　③223
さらはさられの　③200
さらは頭巾を　③534
さらばその時　④263
さらはといひて　④194
さらはといはゝ　③338
さらはとて　③237
さらはのみきり　③305
さらはのわかれ　③301
さらはふどしを　④271
さらは御祓を　④167
さらはやと
名残のたは　③146
申さでふつ　④262
さらば行　①132
さらりさらりと　④274
さらりと手をも　④271
さらるゝは　③237
さらるゝも　③468
さられたら　③324
さられてのちは　③488
去し日を　②346
去し仏に　②295
去し昔を　②350
さりとて捨ぬ　①283
さりとては
あまりしつ　④307

きたなしか　④304
是は扨　③256
沼津のやど　③370
一器量有　④318
三好ふりよ　④299
目口もあか　④319
屋敷そ広し　③246
さりともと
あらましご　⑥45
忍びてたゝ　②408
たえての後　①428
たのみたの　③207
頼み頼みて　③528
望む司の　②297
みるみる花　①146
見る見る花　①27
さりともとのみ　①271
さりともの
あらましも　②115
末たのみあ　①267
果は泪の　②234
去なから
紙子に錦の　④295
無理てはと　③395
去にける　②81
さる間　③282
去間
一世一度の　④249
六七人の　③461
さるあいた又
梅にほふな　③201
みやきのゝ　③423
去御小姓に　③410
さる御筆　③469
猿か尻　③328
猿かしりより　④146
去方の　③214
猿か身にしむ　④230
去からしては　③426
猿轡　④212
去比の　④288
猿子を懐き　③486
猿さけぶ
奥の岩ほや　①339
声ばかりし　①443
嶺にのこら　⑥40
さる沢の　③374
猿沢の　③292
猿沢や　②209
さる時天より　③404
猿とゆふへの　④202
猿なく秋の　①237
猿鳴峰は　①292
猿のうるほす　②147
猿の声　②427
猿の尻　③205
猿の住　①383
猿の嫁どり　④306
猿引の　③431
さるほとに　③383
さるほどに
ほうぐわん
③140, ⑥89, 129
さる程に　③344
去ほとに　③475
去程に
山椒ふくへ　④276
三日過て　④283
千々に物こ　③14
舞と所望の　④156
猿丸太夫　④176
さるゆふくれの　③489
さるわか衆の　④161
され絵をさつと　④189
され事しや　③407
されたところか　③261
されとも腹は　④306
され共人めの　④318
されとも命を　③479
されともよ　④282
されは藍より　③284
されば秋と　③128
されはいの　③477
さればいの　④316
されば今に　⑤130
されはかそふる　④332
されば我慢や　④293
されはきやくそう
④270
されは御製も　④194
されば爰に
檀林の木あ　⑤260
談林の木あ
③71, ⑤136, 257, 296
さればこゝに　⑤165
されはこそ
一陣乱て　③393
鬼か娘に　③415
其二月の　③327
長か半やの　③378
砥水に移る　③336
見廻は茂る　③521
見舞はしけ　③358
目利道具の　③470
よそにあた　④249
和田は大き　③437
さればこそ
うとふはか　⑤218
おもひこし
①35, ⑤298, ⑥149
おもひ越路
①148, ⑥148
思こしぢの　⑥87
肝はきえし　⑤78
衣さむしろ
①115, 184
大事のお茶
③83, ⑥156
深草山よう　③83
藤代月代　④50
世の乱なる　①424
夜はに秋風①81, 167
されば釈尊　③258
されば出家の　④296
されは巣に　③417
されは大師の　③275
されは涙の　③434
さればにや　③532
されは年貢　③436
されば梅花　③45
されは吠けん　③481
さればやくはんに
④303
されは世は　③462
されは世を　③331
されば和歌の
事痲しや　④50
事新しや③65, ④346
沢小田の　①331
さはきから　③181
さはき立　③159
噪ぎつゝ　②63
さはぎつる
国も今はた　①483
なごりこそ　①453
さはきはせぬそ　③361
さはぎ行　②132
さはけ命は　③444
さはちのふちを　③278
さはつたら　④250
沢のめぐりに　①365
沢辺すゞしく　②13
沢辺なる　①448
沢辺にかよふ　①361
沢辺にわたる　①219
沢辺の鴫の　①239
沢辺はなれて　②386
沢辺水こす　②131
沢べも清し　①381
沢べわかるゝ　①264
沢水の
けぶれるか　②34
月の氷の　②3
なかれを溜　③331
沢水も
いろなる浪　①218
おなじ緑の　④130
沢水や　①252
沢行水の　②366
さはらぬほどの　②220
さはらばおちん　②356
早蕨あさる　②260
さわらびも　②430
さはりあらじと　②321
障有て　①313
さはりある　②7
さはり有夜の　①473
さはりおほきを　①281
さはり女の　④142
さはる所か　③487
座を取たつる　③414
算置の　③298
三界に流転　④306
三界平等　④218
三月五日　④195
三月の
三日じや堺
③85, ⑥158
山帰来
爰を最期と　③419
もとの根さ　③453
参宮の　④136
さんけには　③232
さんけのつみを　④216
散華はさても　④157
さんげめされよ　④266
三国の
湊や秋の③47, ⑥138
三国無双の　③452
さんごさゐ　④286
産後には　③524
三鈷の松の　④223
さんさと渡る　④139
さんさんさくり　④257

散々になる　④293
三尺弐寸　④257
三尺の　③478
三十三間　④259
三十四五度　③356
三十両の　④315
三重を　③426
三条小橋の　③378
さんしやう大夫か
　③344
山椒太夫か
能をすると
　③200, 529
山椒つふの　④226
山椒の
からから過　③189
からき恋路　④260
山椒はゝと　④205
三途河　④214
三途にもます　③193
三寸まはり　③383
三寸見なをす　④254
三千世界　③226
散銭箱は
たゝからり
　③176, 514
山川万里
屏風にむか　③463
三輪の明神　③423
三千坊　③371
三千余年　④314
散銭を　④281
讒奏は　③441
さん候　③475
三尊ならひに
鍋釜ふたつ　③228
みよし野の　③430
参内過て　③280
三段目　③442
三度なてたる　③518
三男兵衛の　③378
三人一所に　③385
三人なから　③409
三人の　③286
三人は　③320
三人張に　③429
三熱の　④186
三年は　③403
山王の
さかりて見　④283
猿かしこし　④286
産の道　④212
三盃の　③236
三盃や
とくとね篠③89, 299
三番三ふむ　④211
三疋の
とらじやさ
　③61, ⑤180
三宝吉日　④261
三方に　③276
三本からかさ　③409
三本から笠　④289
三牧の　④181
三匁　④288
三谷の土手風　③483
算用合　⑤99
さん用つくに　④238
算用ちかひ　③296
算用に
おくおくも　④186
食くふ隙も　③391
算用の　④235
算用も
あくる問屋　④140
積る思ひの　③383
はまの真砂　④224
山林竹木　③462
山類に　④245

【し】

仕合に　④311
仕合は
いつ迄同し　③399
いよいよ真　③410
仕合も　③249
詩歌ねてよむ　④299
ちいかひけ　④218
しゐしゐてうど　③353
しいしいと　③457
椎柴がくれ　②215
椎柴の
戸ざしをだ　②162
葉かくれ見　④185
しゐぞしられし　①311
しゐて行　①132
ちいと姥　③386
しゐに待　②174
椎の葉がくれ　②430
ちいはゝたちの　④222
ちいはゝ達も　④271
ちいらか後家や　③380
しいらるゝ　③220
地うたいはかりて
　④156
紫雲たゝ今　④317
紫雲棚引　③320
紫雲の空に　④150
地黄煎
何のかのと　③321
のみおつと　③360
地黄につゆの　③416
地黄丸　④272
潮風に　④169
汐風も　①396
しほかぜや　①457
汐かなふ　①67
塩かまの　③400
塩竈の
うら悲しく　④95
浦やまぢか　②57
しほがまや
色ある霧の　④57
色ある月の　④31
色有月の　④39
塩がまや
色ある霧の
　①82, 168, ④55
色ある月の　④36
色有月の　④33
うらはに遠　②304
塩竈や
色ある月の
　①173, ④27
けしきえな　①372
焼藻の煙　④126
むべも名に　①359
汐がまや　②146
汐竈や　②194
塩辛壺や　③385
塩からの　④158
塩辛も　③352
塩がれの　①428
仕置方　④271
汐ぐもり　②8
しほけのかゝる　③361
塩こゆる　②251
塩衣　②283
汐路も遠く　①299
塩田篭の　③220
塩焼海士の　②424
塩たるゝ　①348
尻たれ帯に　④151
しほたれ衣　⑥56
しほたれ増る　④93
塩時しるく　①230
しほ時や　②34
汐どきや　②19
塩どけて　①314
塩ならぬ
海のみちひ　①15
海の満干や　①141
しほ馴衣　②326
塩なれゆもし　④154
しほにひかるゝ　④279
汐にひかるゝ　⑥42
汐の干潟の　②233
汐のぼる　①217
汐登る　①375
塩の山
さし出もの　③367
さし出者と　③533
しほ引つくし　②13
塩引あとの　①275
汐引方の　⑥51
汐ひけに　②361
塩一つまみ　③322
塩干にいそぐ　①270
塩干にしるき　①252
汐干にや　③98
汐干のはまくり　④147
汐干はとつと　③203
塩風呂に　③105
汐みちくれば　②176
汐満ぬらし　①423
汐満ちわたる　②182
汐みつらんか　①336
汐満る　①287
塩みてば　①461
汐もみちたる　③161
しほやき衣の　③360
しほやく煙　③386
塩やく浜の　③390
塩屋にかよふ　①237
塩屋の一家　④198
汐やみちくる　③474
汐やみつ　②184
枝折する　④275
枝折せし道　①470
しほりぬる　①381
しほるもあはれ　①319
しほるゝは　①298
しほれいとはぬ　②125
しほれ来て　①349

しほれし衣　①327
しほれしさなへ　①451
しほれしを　②135
しほれそひたる　②374
しほれたる　①457
しほれておしき　②80
しほれにけりな　⑥17
しほれぬる　②328
しほれはてたる　①289
しほれふしたる　①367
しほれ臥　①472
四海波　③465
詩か歌　③305
しかけやる　③271
しかじとや
　入さの山路①52, 154
しかすがに　①379
しかすがの　⑥16
仕形にて　④303
しかた計　③256
仕方咄しの　③453
志賀津によせし　②121
志賀津を出る　①318
鹿なきよはる　②19
鹿の跡のみ　②311
しがの鬘の　①273
志賀の浦　③435
志賀の浦や
　渚の真砂　④101
　花に別るゝ　②57
　ふかきあし　①293
志賀の浦より　④108
志賀の浦半に　②317
鹿の声
　遅き麓の　⑥98
　三遍唱へて　③462
　どこじやど　③366
　半過れは　③445
鹿の立所は　②59
鹿のなくねも　①443
鹿の啼音や　①353
鹿の音あはれ　⑥38
鹿の音かなし　②215
鹿の音きくも　①306
鹿の音絶て　②175
鹿のねに
　おくみまほ　①166
　奥見まほし　①79
鹿の音に　②43
鹿のねは　①482
鹿のねも　②236
鹿の音も　②111
鹿の音もやゝ　①231
鹿の音や
　たゝ前たれ　④220
　難面妻に　②92
鹿のねわかぬ　②53
鹿のねを
　心のすゑの①71, 163
　独の友と　②324
鹿の音ねられ　②27
鹿の音を
　きくは思ひ　②122
　問屋か前に　③374
志賀の都の　①229
志賀の山
　入日に花の　②301
　盗出せる　③409
鹿はころりと　③249
死かはね掛し　③278
鹿は早　③393
餝磨の市路　①389
しかまのかち路
　行出家おち　③514
　行出家落　③205
しかみかほする　④231
しかみつく　④185
鹿も尾上の　①252
しかも上手　④250
然も上手は　③461
しかもたやすふ　③284
鹿もつま　①166
鹿も妻に　①79
しかも乗つたる　③440
しかもはくちを　③166
鹿や立らん　②5
志賀山おろし　③458
しがらきの
　奥いか計　①470
　里より奥も　①227
信神楽の　①377
しがらきや　②405
滋賀楽や　②111
しがらみとめよ　②267
しがらみに　②272
しからみは　③236
しからるゝ　③403
しかりとて　①7
然る時　③466
しかれともはや　③349
然れは異見　③253
しかれは幸便　③247
しかれは古歌にも
　③338
しかれはしかれは
　③238
しかれは手樽　③327
然れは皆に　③274
鹿ををふ　③170
鹿を指て　①400
鹿をさす馬の　④233
鹿を狸と　③455
敷あかぬ　②350
敷居こしにも
　しのひよる
　③157, 505
敷居をほれる　③146
四季折々の　③160
しきかふも　②44
敷かへて　②121
敷皮に　④183
時宜して悔し　③148
色紙には　③370
しきしのぶ　②250
敷しまの　①437
敷島の
　言の葉くら　⑥20
　ことわざう　①156
　道のほまれ　②290
　みちや品々　②74
　道をばたれ　①306
　大和言の葉　②195
敷捨て　①346
しきせすくなき　③331
仕きせの羽織　④163
四季施のわけの　④290
直訴詔　③431
敷初て　②57
鴫立小田ぞ　①248
鴫たつかたの　②61
しき浪の　②431
敷馴ぬ　②284
時宜に及はぬ　③380
時宜にて人に　④191
鴫の立
　入江の汀　②162
　刈田の面の　④77
　沢べの水に　②266
四季の帳　④263
鴫野のむかし　③350
鴫の羽かく　②273
鴫の羽もりも　③314
食鉢を　③441
時宜一通り　③456
鴫臥沢の　①334
樒けぶらせ　①357
樒たく　②54
樒つみつゝ　①408
樒つむ
　かよひ路細　②413
　袖は露にや　②243
しきみつむなり　②122
樒ならでは　②349
樒をも
　わすれ草つ①85, 169
式目うつる　③373
式目往来　④268
四季もはや　③280
敷わぶる　②39
しくしくと泣　④293
地薬や　③480
地癖は地癖　③464
しくつかす　④333
四九は門　③253
しくものも　①177
しく物も　①102
しく物もなき　③268
時雨るときけば　①229
時雨るとも　①181
しぐるゝかたに　①319
時雨るゝ頃の　②163
時雨るまゝに　⑥7
しぐるれば　②132
時雨打して　①337
しぐれ聞　①111
時雨きく　①182
時雨来けり　②182
時雨来ぬ　①101
しぐれさへ　①112
時雨さへ　①356
時雨しあとの　①216
時雨し跡の
　月移るくれ　②72
　露の白玉　①245
　露みだるめ　②236
時雨し得は　②211
時雨し雲は　②141
時雨し谷も　②120
時雨して　①277
時雨し後も　①312
時雨しは　⑥4
時雨ずは　①104
時雨する　②138
時雨せし　①448

しぐれせぬ　①111
時雨せぬ　①182
時雨せん　⑥64
時雨そかよふ　③230
時雨そめ　⑤121
時雨初しは　②373
しぐれつくして　②399
時雨つくして　②8
時雨露けき　③175
時雨つる　①285
時雨てさびし　②130
しぐれて過る
　浦の薄霧　②70
　山路冷じ　①360
時雨て過る　①256
時雨て通る　③466
しぐれと聞ば　①376
時雨にかはる　①365
時雨に霧に　②421
時雨にぬるゝ　④87
時雨にぬれて　①468
しぐれにも　①111
時雨にも
　ありしなが　①111
　有しながら　①182
　しばしとて　①182,
　　④27, 31, 34, 37, 39
　まがひて蝉　①396
　みざりし色　①141
　見ざりし色　①12
時雨にやるゝ　③147
時雨の跡に　①490
時雨の雨
　あらそひ金
　　③10, ⑥133
時雨の雨の　①486
時雨の雨や　④197
時雨のいづこ　②83
時雨の雲も　③497
時雨の余波　②91
時雨のひまも　②292
時雨はらさん　①343
時雨はらせば　①406
時雨ふり置　④164
しくれふり行　③276
時雨降　②125
しぐれふる夜も　②267
しぐれめきたる　①459
時雨めきたる　④106
時雨もあへず　①234
時雨も霧も　①297
時雨もつゆも　①218
時雨も年も　②175
時雨も鼻も　③304
しくれもめくる　④176
時雨もめくる
　諸国修行者
　　③153, 503
時雨もよほす　②435
時雨もる　②128
時雨や秋の　②254
時雨やすらし　②69
時雨やめぐる　①368
時雨ゆふ日の　①326
時雨行
　後はあらし　①306
　一七日の　③234
　里のむかひ　②123
時雨より　①328
二君には　③261
しげかりし　①278
茂かりし　②4
しげき蚊は　①370
しげき葎も　②52
しげきよもぎふ　②47
しげ木をも　①433
滋木を分る　①391
しげくなりぬる　②85
しげさそふ　④118
しけ日和にや　③175
しげみにつゞく　②70
しげみの中に　①227
しげらする　②200
茂り合たる　④89
しげりあふ　②310
しげり芦に
　乗しやもと
　　③128, ⑥172
茂り来ぬ　①48
茂りし中を　⑥14
茂り涼しき　②138
しげりそふ　①327
茂そふ　②411
茂りそふ
　芦の末葉に　①487
　陰は木高き　②238
　梢に落る　①351
　並木のやな　②388
　楢の葉陰の　②185
　森の木陰や　①481
　柳木深き　②399
　柳の陰や　①428
　柳の木末　②166
茂り添　①385
茂りそふや
　もともみつ　①164
　もとも見つ　①72
しげり立　①348
茂りたる　④266
茂りつゝ
　竹の林の　②133
　軒にあらそ　②226
しげりなし　①47
茂りなし　①152
茂りぬる
　木間に花や　②303
　竹葉や風の　②376
　蓬が門は　②19
茂りはおなじ　⑥24
茂りも陰も　①393
茂りもふかき　②21
しげり行　③69
茂り行
　堤は遠き　①397
　庭の桜の　①414
　ふか草のべ　①463
茂りより　④233
茂る浮藻に　②107
茂る木に　①48
しげる木は
　中つ川原や
　　③122, ⑥154
しげる苔ふむ　①477
茂る馬草や　②103
茂るも萩の　⑥23
しける柳の　③166
しげる蓬に　⑥36
茂る世を
　小松にゆづ①71, 163
茂るをまゝに　②8
茂るをまゝの　④120
茂れども　①73
茂れば茂る　②354
師曠の耳に　④240
地獄おとしを　④187
地こく餓鬼　④171
四国九国に　③227
四国九国の　④200
地獄の鬼を
　桶ふせにし
　　③521, 534
地獄の釜の
　食五六はい
　　③293, 530
地獄の竈へ　④245
地獄の釜も　③272
地獄のかまや　④255
地こくのさたも　④191
地獄の月は　③290
地獄の道に　③383
四国をさして　③205
四五尺の　⑤116
しこためし　④192
しこ溜てをく　③432
四五丁ゆけは　③467
四五人うちに　③321
四五人の　③416
四五年きりに　③332
しこり転突に　③320
死罪流罪に　③291
しゝくふた　③282
しゝしゝし　③344
子々孫々の
　すゑのまさ　③245
　山猿の声　③388
鹿のおとしの　③310
慈氏の世を　①91
しゝもみな　③188
四尺あまりも　③161
磁石の山や　④317
磁石持て　④242
使者奏者　④294
四十過ては　③325
四十にみたせ
　たまふよろ　③173
　たまふ悦ひ　③514
四十八手を　③484
四十余年　③426
四十余年は　③532
地主からは　⑤282
十炷香の
　中の白菊　③288, 521
地主はむめ　⑤126
地子ゆるす　④204
四条川原を　④306
四条五条の　③278
四条の辻に　③235
自身番　④206
自身番する　③315
賎か垣根の　③327
賎が小家を　①251
賎かこゝろも　③282
賎が衣や　②245
賎が住家に

咲る夕顔　①274
冬ごもりせ　①289
しづが住家の　①465
賎が住家の　①264
賎が住家は　①487
賎が住
庵しらるゝ　②196
冬野の小草　②238
賎が袖には　①495
賎が外面の　④95
しづがたく火の　①291
しつが嶽より　④316
賎が田の　①254
賎がたよりや　②73
閑かなり　①27
静也　①146
静也けり　④83
しづかなりしも　②95
しづかなる
入日のかげ　②76
所ぞこゝろ　①66
所もとむる　⑥42
松の扉に　②212
宿にはまた　①132
山にあまか　①423
閑かなる　①37
閑なる　①354
静なる
こやのわた　①291
所ぞこゝろ　①161
浪にかすめ　②87
波まを鳰の　①297
麓の道は　⑥13
しづかなる身は　①301
しづかなる夜に　④100
しづかなる夜の　①454
閑なる世の　②431
しづかなるをや　①420
しづかに雨の　②76
しづかにすめる　①313
しづかにとてぞ　①259
しづかに眠る　⑥96
しづかにも　②332
静にも
あか井の水　②285
伊勢物語　③182
ひかり移ふ　②184
廊のめぐり　①236
閑にわたる　②282
賎がはいりの　①381
賎が臥所も　①380
賎がふむ　①237
賎がほだ焼　⑥8
賎が前田の　②413
賎が前田も　②378
賎が枕や　①393
賎が身と　②270
賎が身の　①303
賎が屋かげに　②253
賎が屋に　①433
賎が屋の　②147
しつかをとらへ　④333
しづく音する　②61
雫音する　①240
雫こほらぬ　①221
雫さへ　②129
雫涼しき　①212
雫そふ　①269
雫たえせぬ　②229
雫ちる　②169
雫とも　⑥25
雫に残る　②416
雫に岩の　①239
雫も露も　②138
しづけき暮の　②180
静けき庭に　②425
閑けさは　②267
しづけさや
霰ばしりの　②24
いつにたと　⑤63
此世の外の　②100
わが心なる　①122
静けさや
燕来る頃の　②139
我心なる　①189
閑けさを　①17
しづ心なき　②170
しつ心なく　④318
しつしつと　③310
賎の家だに　②152
賎のおが
あたりの田　②81
山田の庵の　⑥42
賎のをが　②16
賎の男が
庵はせば地　①410
いとふてな　②403
うちやつし　②277
駒つなぎ置　②26
賎の男ならし　②189
賎の男も　④131
賎の子が　①490
賎のめが　⑥23
賎の女が
ほし置雪の　②155
夜寒の砧　②341
賎の女も
衣干なる　①387
つゝや廿の　③249
賎の女や　③501
しづまりし　②151
しづまれる　①362
沈つる　④126
しづみぬる　②116
沈みぬる
須磨のうら　②8
身の果いか　⑥97
沈やはてん　②237
賎屋の前に　①354
賎屋まで　⑤168
賎屋迄　③83
自然の道理　④301
自然の時の　③304
二千里の
外から雁や　③161
外より雁や　③499
地蔵かしら　③324
地蔵が寺の　⑤95
地蔵菩薩の　④232
地蔵菩薩を　③170
地蔵舞　③407
紙燭して　③474
紙燭の火より　③257
紫蘇の葉に　③54
紫蘇の葉の
色帷子て　③345
忍ふとすれ　③397
紫蘇の葉や　③277
慕ひこし　①383
次第次第に　③399
次第次第の　③397
したひ住　①36
したひつゝ　②95
次第にならひの　③378
次第にひがむ　④249
次第のまゝに　③473
自体はたへぬ　③358
したひよる　②425
したふ心の　④127
したふこそ
あかぬ別の　②27
其おりおり　①429
はかなかり　①232
臥篭はなる　⑥30
忘れぬ中の　②10
慕ふこそ　①425
したふその　①19
したふにも
さかしらつ　①308
たゞしばし　②288
名残とゞめ　②88
したふべき　②180
したふほとけや　②280
したふもはかな
おもかげの　①418
旅の行末　④131
したふをおもへ　②68
したふをも　①338
下枝かしげし　①422
慕へども　①397
した荻の　①75
下おぎの　①164
下帯なとを　③277
下帯の
とけぬを月　①365
めくりをお　④211
下帯も
汗帷子の　③208
とくる氷の　③303
下帯もかく　③221
下帯や　④283
下折つゝも　②296
下おれの　①338
したがふは　③352
従ふも　①376
下かへの　③499
下がへの　②416
下くゞる　①331
下草も　①258
下草を　①21
私宅へ月の　③458
次第こそあれ　③159
舌三寸の　③296
したしい中も　③480
したしからぬは　②420
したしき友も　⑥19
親しきに　①396
下々か　④315
下々が　④309
下々に
強うあたれ　③438
任せておゐ　④307
下々までも　③402
したしみふかき　②365

し出す共　③303
したゝかなめに　③395
したゝかに
さあしてや　④330
露うちかぶ　⑥85
したゝむる
髭篭の柿や
③154, 503, 516
したゞりや
たえぬ松が　①317
名残夕だつ　①477
したゝるけれと　③208
舌鼓　③307
舌鼓打つ　③383
下露や
無分別なる
⑤144, 258
下てるや　①41
下照や　①150
しだ殿の　③301
下に恨むる　①376
下葉かつちる　②400
下は川波　③395
したは谷水　①458
下葉ちる　①488
下葉まづ　①317
下樋の水を　④179
下紐　⑥144
下紐も　③180
下臥と　②189
下まつ妹が　②310
下まつかたに　②322
下まつは　①334
下待は　①372
下水の　⑥12
した水は　①100
下もえと　①443
下もえの　①23
下萌の　①414
下もえのする　③321
下萌わたる　④113
下もみぢ　④122
したゆく水の　⑥41
した行水の　①269
自堕落坊主　⑤217
しだらでむ　③123
したはるゝ
昨日の花や　②85
ほどゝや帰　①155
程とやかへ　①53
したはれて　①24
紫檀黒檀　③421
質あらたむる　④304
質種の
色々しのふ　③397
ながれをた　③372
質種も　③481
七句さらぬ　④173
七句去て　⑤224
しちくどう　③460
七賢の　③59
七間まなか　③360
七高祖をも　③335
七十歳　③423
七尺あまり　③430
七尺さつて　④241
七尺ゆたかの　③372
七十以上の　⑤223
七十五日
さてくたり　③260
笑止せんば　⑤212
笑止千万
③242, ⑤188
鳥のさえづ　③531
七十五日に　③441
七十に　③524
七十の　④189
七十は　③60
七十八や　⑤10
七十や
あとのしら
⑥140, 158
跡のしら浪　③67
なにほどの　⑤285
何ほどの事　⑤164
七世の孫子　③451
七世の孫か　④203
七世の孫や　③444
七八九十　③371
質八まんそ　④223
質札や　⑥121
七歩の才に　③332
七歩の作も　③431
七歩の詩より　③274
七本松に　③397
七万八万　③346
しち物は　③300
しち物を　③314
寺中残らす　④249
紙帳て坊く　④258
しちやうにかゝる
④224
慈鎮は露も　④151
十界の　④266
十界の頭を　④272
しつかりと
台にのせた　③343
真葛か原の　③305
字尽に　③292
仕付方　③450
日月ひかり　③348
湿気より　③467
十石に　③360
しつた同志は　④329
十手の指さす　④312
十徳すかた　③212
十徳て　③507
十徳も　③193
十徳や　④185
竹篦を　④181
十方の
春を仏の　③468
奉加にひら　③271
十方はみな　④193
しつほりおとれ　④158
実もさふ　④254
しつらひし　⑥48
しつらひなせる　②434
しつらひも　②200
しつらふや　①295
しつらへる　④85
四手打ふりし
音ぞ身にし　①494
神の広前　①383
しで打背子が　①356
してうつや　③529
仕手かかけたる　③390
死でのけて　③533
しでの田長の　①416
死出の山
さこそは便　③170
峰に別るゝ　④214
無常のかせ　④225
して見せう　③436
四天の像と　④276
四斗入の　④298
地頭殿へも　③430
しとふも月や　②77
しどけなげにも　②163
四斗五升入　③452
しとゞ打啼　①364
しとゞなくねの　①286
しとゞにぬれし　②294
しとねのかたへ　①332
茵の泪　①372
品ありげにも　①358
しなひそめたる　②182
しながどり　①458
品々なれや
やまとこと　①464
よむ和歌　②200
品々に
くばる衣を　①273
よみ置歌や　②433
品々の
歌のさまさ　②213
けがらひた　②184
言の葉かは　②242
しなせふり　④262
品高き　①373
品たかくなる　①329
品玉の　③204
品玉を　③480
しなとの風に　⑥23
しなとの風の　②364
しなとの風や　①268
信濃路や
きそん十七　③382
春行駒も　③38
又爰元に　③308
信濃路を　④308
死なは一所に　③267
死なはもろとも　③320
しなものや　④329
品をたゞして　②66
死一倍と　③258
死一ばいを　⑥121
死一倍を　④179
死そゝくれて　⑥100
師につかへぬる　③512
死て病の　④151
死ぬる命　④247
自然生なる　③247
しのぎこし　①122
凌ぎこし　①189
凌ぎ来し　①219
凌こし　⑥165
しのぎゆく　②47
しの字なりけり　④223
しの字をは　④231
しのだのかたは　②140
しのたのもりめが
④262
しのにおりはへ　⑤101

しのゝとうまく　④152
しのゝめの　①452
五更の　②280
東雲の　④77
忍ばせむとて　④101
しの原や　②167
忍はれぬ　③206
しのばれんとや　②271
忍ひあかしの　③289
しのびありきに　②216
しのびありきの
　いとまなげ　①264
　袖のあやし　②35
　道の休らひ　①347
しのびありきも　①416
忍びありきを　②127
しのひ生田の　④153
忍入　②314
しのひかへしは　③504
忍かね　①326
しのびかねたる　②388
忍びかねたる　①246
しのびかねては　①338
しのび兼ては　②289
忍びかはすは　②354
忍びきて
　かごとかけ　①378
　誰衣々を　⑥98
忍ひ衣　④240
しのひこむ　③472
忍びしかひも　①250
しのひ路に　③505
忍路に
　いひ分すれ　③165
　永々し日の　②285
しのひ路の　③474
しのひしのひ　③511
忍ひ忍ひ　③173
しのひしのひの　③436
しのびしのびの　①262
忍路も　①318
しのびしものを　②280
忍びしも世の　①272
忍ひ路や　④318
忍路を
　かるかる敷　③235
　裸て出たと　④252
しのびつゝ　①270
忍びつゝ
　出んといひ　①427
　こは作りす　①392
　人をゐてゆ　②198
　枕づく夜の　①229
忍妻　③382
忍びつる　②208
しのひて明る　④202
忍びては　④131
忍びても　②284
忍ひぬる　③512
しのび音それと　②174
忍音に　③257
忍びねは　②313
忍びねも　②322
忍び音も
　やれ太鼓か　③54
　やれ太鼓鉦　⑤166
忍ひの様子　④332
忍び行　①400
忍びよりたる　①482
忍び寄てや　①484
忍ひ寄ル　③367
忍びよる
　あたりの御　②243
　木帳はくら　①285
　それとはあ　②178
忍よるは　②48
忍び侘　①422
しのふあけやに　③265
忍ぶあたりに　②180
忍ぶあたりを　②164
しのぶおもひを　⑥11
忍ぶおもひを　①236
忍ふ草　③433
しのぶ心の　②426
忍ぶ心の　②96
忍ぶこそ
　思ひの上の　②55
　はかなき恋　②111
忍ぶ社　②118
しのぶ比と　①50
しのぶ使ひの　③187
しのぶとすれど　②326
忍ぶとすれど　②11
忍ぶ名のりぞ　②185
しのぶにあまる　⑥52
しのぶにたへぬ　⑥3
忍ふには　③193
忍ふにも　③273
忍ぶにも
　あまれるは　②100
　いられし中　②104
　こぼるゝ涙　②402
　さらにむか　②270
忍ぶにや　①225
しのふの乱れ　③456
忍ぶまの　②32
忍ぶ身や　⑥32
しのぶむかしに　②152
忍ぶむかしは　②135
しのぶもさすが　②278
しのふものには　④331
しのぶも深き　⑥13
しのぶ山　②296
忍ふ山　④240
しのぶ世に　①113
忍ぶ世に　②364
忍ふ夜の　③308
忍ぶ世の　⑥92
忍ぶ夜は　④80
しのぶ世も
　今日にやは　②221
　三とせうつ　①93
しのぶ世や
　歎くもかた　①42
　歎くも形見　⑤103
しのぶ夜を　⑥41
しのぶらん　①447
忍ぶる中は　②434
しのぶるに　②386
忍ぶるは　⑥39
しのぶる道ぞ　①433
忍ぶるや　②188
忍ぶるれ　②122
しのぶれど　②306
忍ふれと　③180
忍ぶれど　①407
しのふれは　③272
しのぶれば　①256
忍ぶれば
　憂や限の　②119
　くるしきほ　②349
忍れば
　しづ心なき　②273
　月あかき夜　①486
忍ぶ別を　②129
しのべ竹　②406
しの屋の霧の　②40
しのやの前の　④96
痔はいたつらに　④230
芝居の入は　③346
芝居のしくみ　④164
芝ゐの初日　③406
芝ゐの春の　④223
芝居は勘三　③449
芝ゐはなしや　③489
芝居戻りに　③377
芝居もはてゝ　④175
芝うつり　①40
芝海老や　③443
柴おりおりの　①342
柴おりしける　①247
柴嫗が　⑤167
柴垣こしに　③449
柴垣の
　露吹つくす　②125
　めぐりあら　①317
柴が古道　⑤95
柴かりがいへり
　おくはゆふ
　③125, ⑤240
柴刈つめる　①331
柴かりの　④181
柴刈の　⑥53
柴かるおのこ　②345
芝草の　①441
芝草は　①326
芝草まじり　①412
芝くらべにと　①308
しばし入日の　②352
しばし入日を　②366
しばしをく　②25
しはし楽屋の　③282
しばしかりねに　①285
しはし借屋を　③176
しばしくもれる　①421
しばしこそ　②151
しばし時雨の　⑥44
しばしたづさへ　②350
しはしたゝ　③180
しはし只　④306
しばしたゞ
　いざよひけ　①439
　風を待江に　⑥8
　つもらぬほ　②277
　つもりし雪　①457
　日影を残す　①491
しばし只
　駅伝ひの　②394
　岡に夕日や　②401
　駒引とむる　②402
しばしたゝずむ　①472
しばしたつ　⑥46
しばしだに
　岩敷床は　②111

断ぬや里の　①299
しばし旅居の　②96
しばしつかれを　①356
しばし照日も　①290
しばし鎖を　④132
しはしとて
紙屑かこに　③415
吹とゝむれ　③221
しばしとて
かり庵や馴　①86
中の衣を　①252
夏の日暮す　①239
眠やすらし　①304
花にわする　①29
春をおしめ　②361
ひかふる袖　②367
引る袖の　②269
程ふる山の　①482
程もへだゝ　②273
麦も打出る　③55
むすべば月　①161
結べば月の　①68
休らひ涼む　②145
休らひにけ　②405
しはしとてこそ　③168
しばしなきしぞ　②356
しばし涙は　①470
しばしはかへる　②319
しばしはかぜに　②34
しばしばかりと　⑥39
しばしばかりの
夕立の跡　①269
宵の稲妻　②243
暫しばかりの　①396
しばしばかりは　②31
しばしばかりや　②101
しばし運びて　②55
しばしばも　①386
しばしは夢を　②66
しばしはれたる　①426
しばしひかりの　④115
しばし笆に　⑥55
しばしまだ
竹よりおく　①291
日はさし残　⑥118
しばしまた寝の　①355
暫しまて　⑤101
しばしまどろむ　②39
しばしみぬだに　①280
しばし休ふ　①359
柴たくけぶり　②19
柴といふ　⑥74
芝といふ　③74
柴といふ物　②213
柴取入る　①467
柴とり帰る
宇治のさと　②139
道はるかな　②201
柴とりすてし　②381
柴とりなやむ　①366
柴取はこぶ　②370
しば啼て　①373
芝に誰が　⑤109
柴の庵　④204
柴の庵りを　②305
柴の門
さすがにき　①138
さすがに来　①5
柴のけぶりも　①398
柴の戸ざしの
寝覚寂しも　②19
春のあはれ　②413
柴の戸ざしは　①422
柴の戸たゝく　②343
柴の戸の
しばしのあ　①43
しばしの跡　①151
しばしの名　④53
よそになが　①291
柴の戸は
いかに閑け　④114
猶春風の　②373
柴の扉に
秋はきにけ　①320
あらしをぞ　①253
ちかき山の　②260
芝の名の　④50
柴のやの　②429
柴はこぶ
里幽なる②262, ⑥59
柴運ぶ里　①201
柴橋の　②173
柴橋や　②48
柴人いそぐ　②274
柴人に　①275
柴人の
急ぐ栖や　①412
打つれ急ぐ　②287
をくれしを　②423
かへさを急　①226
帰さをいそ　②222
笠にいとへ　②329
さそひ出た　④122
里や麓の　②313
柴人は　②357
柴人も　①269
柴人や
かへさの道　⑥5
まだ夜ぶか　②229
芝生がくれの　①431
柴舟の
帰るさ急ぐ　①262
棹にそよめ　②209
柴船の
しばしみる　①411
はやくもお　①455
柴舟見ゆる　④246
柴もからせぬ　③157
柴も焼物　③249
しはらく牛を　④238
しばらく風の　⑤250
しはらくしはらく　③268
しはらくは　③269
柴分かへる　①249
慈悲心
上より下る　③342
ふかき谷底　③250
慈悲者の姿　④333
慈悲なき人の　④263
慈悲のまなこに　③449
四百年の天下　③427
四百枚の
折紙付よ　③86, 293
詩百篇　④237
しびり京へ　③35
しひりも京へ　③262
しひれきれとて　④156
渋柿の　③42
渋紙つゝみ　③260
しふかみを　④219
しぶちの椀も　④199
時分の物とて　④294
時分はよひと　③346
時分はよしと　④216
四方髪と　③474
四方しら壁　③444
しぼむてふ　①123
しほりては　③350
しぼりはてぬる　①225
しほるにも　④162
仕舞かねたる　④173
志磨黄金を　③432
島かくす
それしも霧①82, 168, ④31, 36, 39
島がくれ
時雨のいそ　①112
それしも霧　④33
なを有明の　①172, ⑥150
猶ありあけ　①89
猶在明の　⑥166
よそふる月　①24
島かくれくれ　③501
島がくれくれ　⑥81
島が暮々　④22
島かくれ行
鯛は鱸は　③430
舟田こいや　④298
島がくれゆく　④19
島かげに　②332
島かげも　①217
しまき横ぎる　②266
島このみぬる　②431
しま繻子かくれ　③490
しま地よこぎり　①362
島台を　③363
始末をしても　④177
島に洲崎に　③271
しまぬ座敷は　③469
島の外まで　①411
島はそれ　④27
島原くるひ　③434
島原て　③458
島守と　①353
島やそれ
かくすも霧　④57
霧もてゆづ　④55
自慢くさくも　④162
自慢くさしと　④140
清水かもとて　③153
清水がもとに　②5
清水なかるゝ　③314
清水にしばし　②254
清水門や
民のとゞま　③74, ⑤238, ⑥81, 155
しむるとて　②195
しむるふとしの　③381
〆る四町の　①398
しめをきし　②367
しめ置し
庵りは露に　①334

宿も心も　⑤101
しめ置山に　①227
注連かくる　②361
しめかさる　③220
しめくゝりたに　③316
住連縄の　④235
しめ縄は　②357
住連縄や　①395
注連縄を
こなたかな　②5
引そふ花の　①220
しめの内には　②270
しめの内の　①412
しめの内は　①329
注連の内は　①209
注連の外も　②369
しめ野ゆき　①262
しめはふる　①324
しめはへし　②40
注連引かくる　⑥20
しめ引おくは　②295
注連引門の　①207
しめやかに　①281
しめやかにふる　①344
しめゆふ野べは　①451
しめらるゝ　③459
しめりは深き　②135
霜朝や　①116
霜いかばかり
置まさるら　①432
むすぶ松原　②229
霜いたく　②242
霜いたくふる　①336
霜いたく降　②151
霜いたく降る　②433
仕まふたり屋の　④274
霜うちけぶり　①252
霜おひや
黄菊紫蘭の　⑥128, 157
霜をかぬ　①300
霜置あへぬ　②4
霜置まがふ　①247
霜置ころの　①242
霜おれし　②274
下かゝりとて　③432
下が下にも　⑥43
下が下の　①309
詩も数そひて　②211
霜かとみれば　①242
霜枯はつる　①293
霜消て
白きに後の　①104
みれば驚ゐ　①117
霜消る　②327
下くたり　④201
しもくを取て　③317
霜けぶる　④77
霜けぶる野の　②154
霜氷
いたくさえ　②346
とけて幾日　②260
霜こそ軒の　①391
霜さき鴨も　④206
霜さゆる
窓にねざめ　②251
りんきにか　④277
し文字なりけり　③222
下十五日　④191
霜しろき　①276
霜白き
芦のしほれ　②27
真砂みだる　①326
松の下道　②86
霜しろく　①239
霜白妙の
旅の朝明　②314
玉垣のまへ　②362
霜すさまじき　②207
霜冷じき
陰の草むら　②155
ふるあとの　②47
霜ぞ経ん　①117
霜解や　⑤247
しもとゆふ　④274
霜にあとつけ　②406
霜にうつれる　②411
霜に枯ては　②162
霜にけさ　②49
霜に鳥なく　①318
霜にはた　②5
霜にみよ　①184
霜に見よ　①115
霜の朝気の　①267
霜のあしたに　①271
霜の朝の　②195
霜の上なる　②176
霜の草ねの　②4
霜の氷に　④107
霜の白洲の　②316
下の関　③532
霜の鶴
ともどもに　①115, 184
よはひ末あ　①115
齢末ある　①184
霜の花
雪にさきつ　①116
雪に咲つげ　①184
霜の花に　⑥164
霜の花は　①117
霜の葉に　①49
霜の葉も
香をやは染　①12, 140, ⑥147
霜の葉や
かくしもみ　①445
時につけた　①117
霜のふる　①244
霜のふる枝の　①252
霜の松に
鐘ひゞかせ　①115, 184
霜のみか　⑥29
霜の夜は　②201
下はかみに　①171
下は上に　①87
霜は消つゝ　④132
霜柱　③379
霜はたゞ　②286
霜はのこらず　⑥44
霜は先　①309
霜はらひてや　②43
霜腹も　④221
霜ふかき
末のほそ道　②225
矢田のゝ原　①418
霜深き
狩場の野べ　①247
草の枕は　②103
空をよそげ　①222
霜ふかく　②309
霜踏分る　①351
下部の酔の　③420
霜まよふ　①230
霜まよふ山の　②30
霜みちぬべく　②80
霜も凍も　①233
霜もまた　②92
霜もまだ　②107
霜や置らん　④237
下屋敷
秋の哀を　④295
二双倍ても　③454
下屋敷にて　③346
霜やたゞ　②214
霜八度
置榊葉を　②188
をく夜の朝　①329
置夜の太鼓　③190
霜や先　①292
霜やわぶらし　①286
霜雪に　①339
霜雪の
朝脈に出る　③180
うつれば霞　①465
後ぞさかへ　①126
霜夜いをねぬ　②175
霜よの月の　①217
霜夜は笛の　②45
霜より後の　②359
霜より雪の　①476
下をあはれむ　①322
霜をいたゞく　②192
霜をいろなる　①250
霜をさへ　②95
霜をつむ
山柴ふねや　①116
山柴舟や　①185
霜をふむ　①66
霜をふる
松にそなれ　①116, 185
松や海辺の　①117
霜を経し　①117
霜をへて
翁さびたる　①238
涼しき陰や　①159
時なる梅の　①140
霜を経て
時なる梅の　①12
年の花さく　①7
車胤が窓　③107
邪婬妄語や　④311
しやおしやるよの　③434
釈迦すてに　③362
釈迦既　③304
釈迦既に　③378
釈迦何代の　③227
釈迦如来　④184
釈迦の頭も　③387
釈迦の首　③384
釈迦の説法　③320

釈迦はやりてと ④180
釈迦は鑓にて ③341
釈迦はやりもち ⑤229
釈迦は鎗もち ④225
杓子つらして ④274
杓子のさきに ④277
錫杖ふつて ③425
借銭次第に ④247
しやく栴檀 ③457
しやくせん檀の ③378
借銭の
　数はたらで ③290
　そのみなも ③312
　根つきに立 ③433
借銭の根接 ⑤98
借銭は ③470
借銭や
　盆前に皆 ③159
　山の奥にも ④307
借銭を ④188
釈尊の
　生れぬさき ③502
　小便の色や ④295
釈尊も ③449
寂ニ露蛍ノ ②99
積の虫 ③414
尺八あれは ③300
尺八の ④277
錫引捨て ③219
しやくまかついて
　③431
寂寞の
　岩屋の内に ①358
　谷の戸出る ③226
借屋のはしに ③246
借屋をたてゝ ③323
社壇のとなり ④292
社壇の扉 ③426
社頭の御蔵 ③202
社頭を見れは ③220
娑婆示現 ③413
娑婆て汝か ④197
娑婆で見た ③532
娑婆の秋 ④309
娑婆の存分 ③470
娑婆のふのりを ④316
三味線調へ ⑤95
しやみせんに
　のするや恋 ③212
　吉野々山も ③232
三尾線に ③500
三美線に ④260
三味緑に ③497
三味線の
　糸にもまる ③257
　手もしめ度 ④149
三尾線の音も ③510
三味線はみな ④136
三味線を ③164
三味にあはせて ④310
沙弥も今 ④268
沙弥を経る ③339
しや面々の ③353
舎利拝めとて ③150
しやんしやみせんの
　④140
しやんとさせられ
　④297
主ある物を ③474
十馬きりの ③315
秋気さす ④277
祝儀計の ③276
祝義もつもる ③179
集句の跡に ③378
祝言事は ③238
祝言の日に ③205
祝言は ③423
祝言をする ③431
袖紅 ②100
周公以後の ④312
十五日 ③168
十五日めに ③394
十四五丁の ③411
十四五里 ③460
自由自在 ④230
十七八が ③371
宗旨帳 ③420
主従も ④137
執心のこす ④264
執心は
　石の鳥居と ③409
　毒蛇と成つ ④246
執心や ③394
舅太夫 ③426
姑に ③486
十二段 ③454
自由にならぬ
　すこ六のさ ③510
　双六のさい
　③158, 500
十二一重の ③268
十人が ⑤167
十人は
　十国の春の ③40
　十花にあそ ③85
しうねさの ⑥16
十年たちし
　跡のしら雲 ③372
　須磨の浦波 ③479
十年を ③280
主のおほせは ③340
重箱に ④275
重箱の ④278
執はねふとの ③413
十分一ほと ④164
十万億土
　かよひ路の ③370
　この花の下 ③223
主命は ③215
重面を ④276
十文字 ④153
宗門に ④260
宗門の ③247
十夜の名残 ⑤100
十四日 ④176
十里 ②99
十六七 ③453
十六の ③26
寿永の秋に ③379
寿永の末の ③330
酒宴は破れ ③380
末傘月影 ④240
樹下石上に ⑤95
腫気の引たる ③479
腫気病 ④246
修行の末は ③226
修行の道は ③398
宿々の ③193
宿のよし原 ③459
宿老殿へ ③315
朱四朱三 ③433
朱雀門には ③359
主従二人 ③381
殊勝けに ③145
衆生さいとに ④286
殊勝さは ③275
殊勝なり
　一花さゝけ ④276
　大文字細字 ③507
殊勝也 ③309
殊勝におもふ ③515
衆生をすくふ ④234
珠数御めんあれ ③228
珠数さらさらと
　あくる戸障 ③318
　塩汁て食 ③435
　滝にうたる ③483
珠数つらつらと ③527
珠数をたつぬる ④266
述懐だらけ ③285
述懐の ③464
出家道 ③395
出家の望み ⑤98
出家の身なれは ③456
出家もならて ③459
出家を落て ③479
出家をすへり ③471
出世前 ④300
衆道狂ひ ③334
衆道事 ③427
衆道すき
　数度の高名 ④188
　月になそな ③314
衆道とて ③525
衣道半の ③234
衆道には ③181
衆道にも ③423
衆道の息地 ③441
衆道の縁 ③484
衆道の高名 ③358
衆道の心中 ③269
酒毒や腹に ④317
儒のなれのはて ④296
儒の道筋は ③352
受不施の門に ③227
須弥の四州は ④184
寿命は五百 ④286
修羅道に ③226
修羅共此よし ③353
修理にむきたる ③192
朱を研つて ⑤103
蓴菜の
　あつ物いそ ③499
　あつ物もは ③154
春宵一刻
　大酒の後 ③317
　銭も御座ら ③253
　夢の世の中 ③262
春宵千金 ③372
春宵は ④276
俊乗坊殿 ③426
俊成感涙 ③411
俊成定家 ④249
俊成の泪 ③464

春ていなから　④278
順のこふしに　③378
順の舞　③237
順の舞には　③282
春風桃李　③452
順風に　③161
順礼通る　③266
巡礼の　③192
順礼は　④223
しゆんれいめいた　③241
じゆんれいめいた　⑤207
順礼めいた　⑤184
順礼も　④183
淳ヲ返　②100
諸商　③233
書院床まて
　かよふ春風　③524, 529
書院において　③270
小涯　②101
生涯は　⑤104
生姜酒　③233
せうが酢よりも　④262
正月すてに　③347
正月は　⑤124
正月六日　④220
生姜一へき　④217
将碁の駒も　④226
鍾馗のせいか　④176
正客なりと　③506
縄規をあてゝ　③390
将棋をも
　さす月かけ　③503
　さす月影の　③159
将軍都に
　春のあけほ　③533
　春の明ほの　③222
将軍みやこを　③371
上下の馬も　③235
上下も下戸も　④166
照高院に　③467
常香を　③262
生国は　⑤216
鉦鉆たゝいて　④281
せう事もなき　③362
上戸の良に　③317
焼香の作法　③400
上根に　③265
招魂の　④222
上座末座に　④325
障子紙　③390
障子紙や　④235
笑止かり場の　④157
正直の　③43
正直は　③233
生死大事の　④254
精進とは　④282
生死のうみは　④205
精進の膳は　③294
障子の引手　③314
精進はなれと　③346
精進日も
　明る海辺の　③177
　鉄炮かたけ　③200
精進日を　④266
趙州の曰　③452
上々吉の
　一りんの月　④293
　清水なかる　③377
上々吉よ　③390
瀟湘の　③197
少将の　④274
少将も　③448
生死をしらて　③145
障子をはなち　③149
正真の　④172
精進の　③311
情進は　③303
精進も　④232
上手芸こそ　③231
上手なり　③187
上手下手　③517
招請は　④331
浄是か包む　③385
常是極に　③436
装束に　④162
せうそこも　①350
消息も　④149
上代の　③463
上中下とて　④162
尉とうば　⑤204
尉と姥
　雲の上迄　③405
　さひしき事　③241
　淋しき事こ　⑤181
浄土宗の　③195
浄土の春や　③443
浄土参りは　③416
浄土門より　③228
浄土を嫌ふ　③504
定に入　③481
状にくはしく
　有明の月　③154
　古郷のこと　③237
状に八木　③440
商山苺むして　③486
上人の寺　③489
少年の　③173
笙の岩屋に　③226
せうのふ壱分　③522
樟脳壱分　③524
じやうのこはきを　⑤257
状のすゑ　④280
商売の　③420
商売舟の　④253
商売を　③360
状箱一つ　③472
状箱見する　③204
状は其侭　③517
ぢやうはりの　④267
正筆の　④250
常ふり坊に　④205
承平の　④288
小便しかけて　③419
小便しはしは　③177
小便なめて　③347
小便に　③171
小便の　③353
小便は　④213
小便も　③192
小便や　④165
小便を
　いとふ君こ　③350
　爰らにして　③479
上品上生　③449
乗明坊か　③350
小名までも　③193
正面の　③413
正面よりも　③342
焼亡と
　いふもしつ　③153, 502
　いはゝかけ　③245
焼亡といふ　③163
焼亡の　④193
焼亡や　④233
焼亡はあらし　④159
焼亡は三里　④165
常紋の　③282
定宿しるき　④208
庄屋のそのゝ　④174
庄屋より　③314
醤油の手に　③441
醤油や　③445
醤油作の　④274
小用ところ　③267
聖霊棚を　③517
聖霊の　④142
聖霊や　③63
生類の　③382
浄留りか　④155
浄るりに
　酔をすゝむ　④224
　所々や　④184
しやうるりの　③194
上るりの　④192
浄留りの　③334
浄瑠璃の
　在所ちかく　④157
　むつことか　③216
浄るりも　③118
勝ヲ探テ　②100
私用をはたらく　③347
状をひろけ　④238
諸夏の歴々　④314
諸行無常の
　かねかすむ　④196
　野辺の白骨　③159
暑気を去
　一服や先　③91, 352
食後にも　④164
蜀山はるかに　③471
諸具足は　④257
蜀の江の　③414
蜀の江よりや　③184
所化衆か　④268
所化鉢の　③213
諸化はつち　④243
諸侯達　④314
諸国一目に　③474
諸事の趣　③425
書状をもつて　③358
書状を以て　③343
書々の書の　③11
初祖大師
　蒼海万里　③242, ⑤185, 209
　訴詔の事の　③391
所帯ふるふて　④265
諸大夫の　④335
初段静に　③443

諸旦那の　④249
女中　②100
女中長屋に　⑤98
蜀江の　⑤117
諸道具をいて　③461
書にいはく　③223
書の端に　④302
諸法実相　③228
諸菩薩の　③391
しよほしよほ　③449
しよほしよほ雨の　③502
所望所望じや　③370
所望にも　④267
書物に色つく　③402
書物にまなこ　④226
書物をかふる　③506
初夜後夜に　④135
除夜の風呂や
　寒気は外に③90, 302
除夜の豆　④235
所領一所　③320
諸礼にいはく　③348
女郎千人　③420
初六中八　④326
女郎狂ひ　③480
女郎屋の門に　④261
女郎を揚屋の　④275
女郎を見どりの　④278
白綾たゝんで　③426
しらいとを　⑤163
しら糸を
　かなしまば①35, 148
白梅一枝　③177
しら梅に　⑤125
しら梅や
　心のにほふ　⑤116
　四皓桜の　⑤255
　吹矢流るゝ　⑥85
白髪びん　④270
白紙は　④164
しら紙ひたす　③281
白粥に　④324
白川後鳥羽　③370
白河の　①276
白川の
　歌をいくつ　④246
　関にはけふ　①341
　関屋の鼠　③190
　せきをする　④289
白河は　①438
白川や
　風におどろ　⑥4
　花より花に　②366
しら菊に
　あはれ残し　①113
　みればみえ　①183
みれば見え　①113
白菊の
　さかり久し　②310
　匂ひと思へ　③279
白菊は　①302
しら菊や　⑥85
白菊を　①288
白木にけつる　④220
白雲たゝむ　③439
白雲に
　月影なびく　⑥87
　先日輪を　③295
白雲の
　色に桜の　①471
　浮ていづち　①420
　浮波早き　②299
　しらもと見　④265
　空を果かも　②199
　たえだえの　①453
　谷より出る　②223
　隔つる峰は　①351
　八重にかさ　③453
白雲は
　いろは付に　③435
　越なん峰に　②187
　八重こゝの　②175
白雲も　②269
白雲や　④319
白雲やたゝ　④243
白雲よ　②241
白雲をさへ　②248
白粉を絶さす　③432
白鷺の
　求食はなれ　⑥36
　翅は雪に　②324
白鷺は　②352
白鷺も　②357
白鷺や
　汀はなれて　②230
　夕あさりし　④82
白鷺を　③184
しらざりき
　哀はかゝる　②199
　さかへおと　②173
知ざりき　①53
しらざりし
　有しや名残　①155
　神の御前を　①227
　草の庵の　②419
しらされは　③268
しらしらと　③307
しらずいかなる　①432
しらずがほにて　②162
しら洲さへ　②331
しらすべき　⑥15
白玉か
　何そと問ぬ　③437
　まん丸なり　③309
白玉しや　④182
白土をぬる　③406
白露か　③330
しら露に　①80
白露に　①167
白露の
　いまたうい　③402
　うつればか　①456
　起てうれし　④211
　起ておられ　④215
　をきて侘し　④232
　玉琴とつて　⑥101
　玉の野かけ　③213
　ふる長持は　③386
しら露は　②245
白露も　③437
しらつゆや
　無分別なる
　⑤246, ⑥144
しら露や
　無分別なる　③127,
　⑤10,168,282,284,291
白露や
　三川にかけ　④240
　無分別なる⑤6, 129,
　268, 271, 293, 296
白露を　①388
白波落す　④197
白浪とをき　②46
白浪の　④242
白波も　①8
しらなんだ　④286
しらぬひの　①249
しらぬ火を　①61
しらぬか梅の　④140
しらぬ皃して　④268
知らぬ国の　③302
しらぬさかひに　①469
しらぬさかひも　②226
しらぬ新羅の　③333
しらぬとも　③146
しらぬにも　②343
しらぬ野原に　①245
しらぬ野山を　①280
しらぬは人の　③459
しらぬもなれて
　したし伴ひ　①485
　なさけをぞ　⑥46
しらぬ夜道を　①424
しらはしの　⑥157
しらばしの
　夜るのちぎ
　③42, ⑥137
しら箸の　⑤169
白箸の　⑤295
しら浜と　①118
白浜と　①185
白髭の　③180
白拍子　③272
しらぶるは　②56
しらぶる笛の　①375
調ぶる笛や　⑥20
しらべあやしく　②209
しらべえならぬ　②24
しらべ添たる　②11
しらべたゞしき　①367
しらべたどらず　②431
しらべつゝ　②146
しらべなつかし　②182
しらべにあかぬ　①408
調ぬる　⑥46
調身にしむ　②192
虱はひ出る　④201
しら桃や　⑤107
白ゆふか　①70
白木綿かへる　③203
白ゆふかづら　④90
白ゆふ靡く　①371
白木綿に　⑥97
白ゆふも　①127
白ゆふや　②159
白ゆふを　④86
しら雪に　①126
白雪の
　つみもむく　④242
　分るまにま　④114
白雪や　③174
白雪を　③183
しられずしらで　②234

しりゑの山に　②372
尻からけ　③148
尻かろく　④316
尻くそたれて　④216
尻こそつまれ　④259
尻こふた　③413
退かで　①347
退きて　①484
退て　④313
尻にしく　③461
尻のねぶとよ　④293
尻巻か　⑤79
尻もち月に　③177
尻やけさるを　③174
死霊をは　③158
尻をからけて　③388
尻をつみたし　③465
しるしある　②208
しるし有　①455
しるしこそあれ　②187
しるしのかたは　①416
しるしのみ
　難面杉の②264,⑥61
しるしばかりの　⑥30
しるしもさぞな　②85
しるしらず
　たのむ一樹　④79
　古郷人は　④80
知しらず
　立まじはれ　⑥11
　誰も清水や　②249
　所せきなる　①253
知しらずこそ　⑥26
しるしをたのむ　①341
汁なへに　④216
汁鍋や　③173
汁の椀　④252
しる人と　②132
しる人に　①112
知人もこで　①291
しるべあらでは　①470
しるべする　①484
しるべなき　①390
知べなき　①440
知るべなき　①364
しるべなくても　②40
しるべなみ　①261
知もしらぬも　②366
知るものは　⑤122
しるよりくるし　⑥116
しれかしな　②335
しれさむしよ　⑤165
しれさんしよ
　からき名も③14,164
しれものゝ　②281
四郎さへもん　③336
白うさき　③274
白瓜を　④265
白かたびらや　④321
白かね茶わん　④173
しろかみと　②122
白髪に
　黒き筋もや　①376
　みだるゝ涙　①485
白髪迄も　①386
白髪や　②151
白髪を　①336
白皮や　④302
しろきがうへも　④126
白きをみれは　④228
白くろまだら　④286
白砂糖　③380
白妙に
　落来る滝の　④124
　霞流る　①358
　咲つゞきた　①352
　葩の林の　②82
白妙の
　神垣なれや　②194
　砧の上に　②193
　ころもしで　①451
　衣ほすてふ　⑥121
　衣干てふ　④173
　霜の色吹　①241
　霜吹むすぶ　④94
　霜踏道の　④117
　袖垣なれや①99,176
　袖の月影　①264
　浪の色より　①283
　波まにうか　①237
　まがきの菊　①445
白似せのかね　③349
白ぬめや　③438
白寝巻　⑤95
城の内　③312
白旗に　③202
白水に　④320
代物の　③158
城をわたして　③457
しわひこゝろの　③367
しはい山路の　③451
しはき所帯を　④153
しはさきたなさ　④292
しわざとて　①469
師走やら　③216
師走より　③499
しはぶきがちの　②384
しはふきそふる　③339
しはぶくも　②285
しはぶける　②350
皺見えて　③463
皺見えぬ　①126
詩をうそぶきて
　立ぞ休ふ　②410
　慰める秋　①359
詩を嘯て　⑤94
詩をうそぶけば
　月ぞさやけ　②347
　月のさやけ　①202
子ヲ長ス　②100
詩を作りつゝ　①485
しんあれは　④280
信あれは　④258
身入て　④193
心外には　④306
人家の春は　③488
新歌舞妓　③414
臣下を待し　④208
心肝しんに　③184
しんきのとくや　③387
しんきはれせぬ　③207
しんきやみ　④244
腎虚を鹿の　④250
真紅の緒より　③321
信玄と　④299
信玄の　③458
神国に　③220
神国や
　鬼の住所は　③163
　鬼の住所も　③506
陣小屋も　④258
真言の　④223
新式一冊　③369
真実大分　③426
信実を　③301
信しなは　③193
心中に
　今や引らん　③294
　願たて物や　④258
心中の　④300
心中のすゑ　③427
心中は　③252
心中なら　③346
新酒をは　④272
新春の
　御慶はふる　⑤164
　御慶は古き
　　⑤282,296
　ことばゝふ
　　③6,⑥132
尋常つくに　③461
進上の　③481
信心至極　③228
しんしんと　③146
信心は　③314
しんつしんつ　③460
仁政おこる　④314
神前に　③203
神前の　③251
晨粧の粉色　③491
新そはは　③388
親疎を論ぜぬ　③485
進退は　③457
身体は
　実侘てこそ　③284
　月落かたに　③258
　ひたよはり　③414
身代は
　つふすとま　③249
　侘とこたへ　④324
進退も　③448
身体も
嵐の風に　③480
次第にはり　④180
死たかましも　③211
新宅に　③264
死んたら花の　③327
新地にも
　かくなるも　③72,
　　⑤123,294,⑥140
　かく成もの　⑤67
新地法度に　③387
心底に　③237
心底のおもむき　③437
心底は　④249
心底や　③196
しんてのけて　③364
新田堤　④254
新田を　③310
秦の時かつて　④231
腎の脈　④313
腎の臓さへ　④216
沈皮甘草　③365
新筆なれと　③280

神木の　④193
新発意太鼓の　③222
新発と　③507
新発意も　④136
新米に　③436
新米の　④208
新町ものとは　④146
新町より又　⑥100
腎脈の
　水のさかま　③525, 530
　水の逆まく　③529
進物の　④135
進物は　③279
新物や　④241
心友あり
　初陽うるほ　③109, ④358, ⑥142
潯陽の
　ゑかうにう　④267
　江河一盃　③359
神慮則　③379
神慮にかなふ　④311
神慮はゞかる　④321
仁を以て　④308

【す】

水覚が　③366
水学は　③452
西瓜の側の　⑤106
随気のなみた　④199
すゐさんさし出る　④271
垂迹は　④284
水損以後の　③355
吸付の　④275
水滴の　⑤105
すひのふの　③374
すひは雨　④254
翠眉　②100
すゐ風呂の底　④162
随分景は　③223
水辺山類　③303
水辺に
　しはしもた　④195
　続て爰は　③454
　天目の水　④157
水辺を
　付はなれ行③73, 276
すひもせぬ　③307
吸物も　④311
衰老の山に　③485
すゑ青やかに　①330
末いかならん　②66
末幾代　①10
すゑ一段に　③245
末かくる　②298
末かけし　②278
末かけつゝも　①245
末かけて　②82
末霞む　②140
末こそたえね　①441
すへことごとし　②174
末越る　②68
末さかへ行　②275
すゑしげれ　⑤228
末茂れ
　守武流の③94, ⑤226
末しら雲の　①250
末しらぬ　①238
末白き　②76
末々薄き　④106
末々の
　ためしとも　②431
　ためしなる　①343
すゑすゑの絵は　③272
末々は　②85
末々も
　栄る氏は　②329
　つゞく茂り　②363
　花にきよむ　②78
末そよぐ　①245
末たえだえの　①243
末たのみなき　①243
すゑたのもしき　①465
末つゞく　②284
末とをき　①444
末遠き
　宇治の川顔　②417
　沢べの草の　①465
　山沢水の　②246
　山田の原は　②349
　夕河渡り　②252
末遠く
　落行川の　②317
　けふ分入し　④128
　清きながれ　①478
　鈴をさしば　②188
　吹も伝へよ　①402
末遠し　①46
末とをらずは　②325
末ながゝれと　⑥42
末長かれと　④84
末ながき　①101
末ながき日に　②246
末永日に　④86
末永日の　①284
すへながき日を　①345
末ながく　①166
末長く　①78
末靡く　②407
末の岡越　⑥44
すへのちぎりの　②175
末の契りを　①249
末の露
　風に先だつ　②218
　本のさ枝の　①236
末野の浅茅　②19
末の世に　①309
末の世も
　仰やすらし　①371
　ためしを引　①306
末は赤石の　①392
末は岩間の　②135
末は岡辺の　②236
すゑはかすめる　④120
末はたゞ
　小沢の水の　⑥6
　霞わたりて　②374
末は外に
　人まねきけ　①86
　むすびよれ①69, 161
末はなを　①233
末は猶　①495
末はなびかず　②195
末は軒端に　②72
末は早瀬に　②198
末は舟路の　①475
末は籬に　②177
末葉まて　③463
すへはるかなる　②173
末はるはるの　③523
末はるばるの　①253
末広き　②388
末広く
　耕す方に　②271
　なる氏人や　①408
末広み　①290
末細き
　あぜを早苗　②192
　岩ふむかげ　②385
　筧は朽て　⑥25
すゑまてとけて　④146
末むすぶ　①156
すへもたゝ　③325
すへもつゞかぬ　④114
末もつゞかぬ
　里の通ひぢ　①233
　道の一筋　①389
末も尚　④90
末もひとつに　④87
末や潮と　①383
末わかぬ　①248
末わかれ行　①344
巣かくるくもを　④217
菅こもの　④157
菅ごもの
　七府をいか①80, 167
すかさるゝ　①251
すかされぬ　③447
すかしかねぬる　②179
すかして見れは　③445
すかすとしるも　②295
すかせる竹の　⑥48
すがたさへ　①469
姿さへ
　あしかりけ　②409
　あやしきま　②271
　ひなの長路　②59
姿をば　②421
菅のねしのぐ　①451
菅の根しのぐ　①400
菅のねの
　長くてふり　①45
　春日ゆたけ　①40
菅の根の　①149
菅蓑を　④81
すかりには　③267
すがるたるひの　②58
すがる蛍と　②311
すがれぬ市の　①390
すか原や　③498
菅原や
　伏見の方に　④84
　ふしみの里　③417
　伏見の月に　②11
すきあいや　④273
すき返す　①208
鋤返す　①313
すき影は　②296
過がてに
　さしわづら　②227
　よりし夕の　②266
過がてにする　③289

過がての　①448
過がてや　⑥17
杉くぶる　①311
鋤鍬も　④136
すき鍬や
いつれも田　③422, ⑥168
いづれも田　③96
過しその　②320
過し其　②327
杉障子　①482
隙過て　③363
鋤そむる　⑥7
鋤初る　②117
杉たつ奥は　④95
杉立る
門こそ三輪　②188
梢の嵐　④128
過て行　①267
杉戸あくれば　⑤247
すきと覚えぬ　③441
すきと立たる　③481
過にけらしな　①474
すぎにけり　①173
過にけり
月の思はん　①89
又誰里に　②415
過にける　①282
過にしかたは　①340
すぎにしかたを　⑥41
過ぬなり　①111
過ぬ也　①182
過ぬるは　①404
すきぬれと　③145
杉の庵に
かきをく霜　①114
かき置霜の　①183
杉の庵の
あたり寂し　①201, ②268
数奇の和尚　③427
杉の木末に　④202
鋤のこせ
三河の沢の　③20, ④53
杉の木のまに　①413
杉の木の間に　①359
杉の木のまの
月しろきか　②181
夕日さびし　①444
杉の下枝は　③402
杉の戸ぼその　②126
数寄の道　③270
杉はおなじ　①116
杉は同じ　①184
数寄はたはこに　③274
数寄は茶湯に　③281
杉原かみの　④210
すき腹に　③475
杉原の　③415
杉吹風も　①364
透間すさまじ　②65
杉間に寒る　②267
すきまの風の　①468
すき間の風も　②293
すきま吹　②89
杉間もる　②311
杉丸太にも　③367
杉むらに
高根の花の　②402
一筋つゞく　①481
杉村に　①253
杉むらの
奥にや篭る　②229
霞も白き　①475
杉本左兵衛　④289
すきものと　②102
すきものは　①360
数奇屋かゝりの　③334
過やしぬらん　②421
過やらで　②182
すぎゆく秋は　⑥144
過行春を　①248
過行を　①446
すきはひに　③146
すき渡したる　①311
鋤渡しつゝ　①366
すき渡す　①278
数寄をせんと　③146
頭巾着て　③353
頭巾寒うして　③135
頭巾の山の　④304
頭巾の山や　④191
頭巾をとりて　③169
すく比も　①396
過し来し　①235
すくしてよとや　③261
すくせの程の　①353
すくせのほどを　①373
すく袖つゞく　②97
直なる詩を　②332
すぐなる君に　①426
すくなる道を　③196
すくもたく火の
暮ふかむら　①461
ほのかなる　①322
ほのけぶる　②85
すくも焼火の　①381
すく藻焼火の　⑥4
すくやかに　④288
過るこそ　①227
すぐるはやすき　①351
すぐる道辺は　②430
過る弥生ぞ　②181
すぐる三月の　①266
過る弥生を　②163
すぐれしすがた　②78
勝れしは　⑥17
すぐれる君を　①280
菅笠に
あられたば　①359
いろはにほ　③371
菅笠はらふ　③407
菅笠や　①429
菅笠をきて　③341
出家衆の　④307
助四郎いかに　③438
佐殿か門も　④142
祐成の　④260
菅の小笠の　①475
菅の小笠に　②371
菅の根しのぐ　②302
菅の根に　②234
菅の葉に　⑥53
菅の葉の
枯しは去年　①242
霜の中より　②87
助兵衛　③469
過しては　③450
すこしの罪も　①413
すこしのふしを　②420
すこしひすんだ　③465
双六の
さいかきす　④280
もみにもふ　③457
双六のさい　④196
双六の手も
山ほとゝき　③153, 499
双六盤に　③249
双六よりも　③311
洲崎すゞしき　②214
洲崎によする　①420
洲崎まで　①467
洲崎をかけて　①450
洲崎をひたし　①262
朱雀門より　③460
素盞烏の　③203
すさび出たる　⑥42
すさびにけらし　②56
すさびぬる　②211
すさびもあへず　②84
すさぶあらしも　①360
すさぶ夕の　②11
すさまじき
宿にみやこ　②44
夜をしもい　①321
冷しき　③304
冷じき
風のみ扣く　④96
草の枕は　②89
雲や時雨に　②108
声や名をえ　②20
時雨に鷺の　②189
しぐれ晴行　②62
霜の上なる　①245
霜の下柴　①237
霜夜の月に　④100
月に枕を　①297
なみのいそ　②23
波やしぐれ　②29
閨の内なる　②26
山や時雨を　④81
夜はをもし　②276
冷じきまで　①228
すさましく　③527
凄じく　⑥97
冷しく
水行川の　③278
持あらした　③173
冷じく
秋の夜鴉　①416
暮る夜道は　①324
時雨てとを　①267
すそ野を渡　②351
空おそろし　①331
立さはぎぬ　②203
千木のかた　④129
つくも髪な　①311
泪の雨の　②359
ならはしけ　②254
林の奥は　②146
引汐早き　②238
人めかれた　①232

森の木末に　⑥52
冷まじく　①397
すさまじく成　②34
冷しさ　④214
冷しや　③166
すさむあらしの　④81
すさめぬを　①287
すさめられねば
心のどめぬ　①296
涙がちなる　①301
鮨桶の　③370
すし桶や
なれぬをも
③75, ⑤287
鮨桶を　④177
鮨くふつ　③510
鮨くさひ
人くさひと
③523, 528
すぢつてかけた　④283
筋なきも　②59
ずしぬるは　①367
すち骨に　③465
酢醤油　④179
すちりもちりて　③192
筋をきいたか　③347
すゞかけの　①391
鈴鹿路は　①48
涼風おろす　⑤105
涼風さそふ　④310
すゞ風の
手をひろげ　③186
行合のまや　③87
すゞ風や　③73
涼風や
折ふし是は
③75, ⑤166
吹出す天下　③73
鈴鹿の鬼も　③382
鈴鹿山
ふりさけの
③19, ④53
鈴鹿山の　④150
すゝきうへまぜ　①443
薄がうへを　①364
鈴木てふ　③500
鱸つる　②297
鱸釣まは　①476
すゞき殿
釣舟計や③65, ④346
鈴木殿　④50
鱸鱠に　③526
薄の色も　⑤217
鱸の三郎　③381
薄原　②234
すゝきほのぼの
うちなびく　①407
打まねく袖　②218
すゝきむらむら　②389
鈴子さす　②233
鈴さす鷹を　⑥21
涼しひ風の　③333
涼しいは　③425
涼しかるらん　②142
涼しき風の　①387
すゞしき方に　②308
涼しき方を　①346
すゞしき所　①493
涼しきは　①295
涼しき道の　④310
涼しく床机に　③458
すゞしくなりぬ　②61
涼しく成ぬ　①237
涼しくも
風吹送る　②422
月をのせた　①339
涼しさあかぬ　②94
涼しさいかに　②35
涼しささぞな　②93
すゞしさそふる　②419
涼しさそふる　⑥117
涼しさとむる　②374
涼しさに
あかずおり　②377
憂を忘るゝ　②163
開出たる　①373
ひらき出ぬ　①285
行過がたき　②329
すゞしさの　①161
涼しさの
あかぬまに　①337
ためしとも　⑥87
例にもせん　①65
とまりや袖の　①66
ながれやま　④66
すゞしさは
たが夕暮ぞ　①160
たゞ窓に入　①67
月も流の　②18
涼しさは
あさきがふ　①160
浅きがふか　①65
同じ并木の　①235
来ぬ秋うか　②54
たが夕ぐれ　①66
外にもあら　①363
八百日もゆ　①68
夕を池の　①296
夜のまばか　①256
涼しさ見する　②364
すゞしさも　②308
涼しさも
爰をはじめ　①76
こほれて落　③214
旅のおもひ　①68
人は存せず　④291
すゞしさや
年のは毎の　①159
みつゝ我こ　①161
見つゝわが　①66
夕にならす　②350
涼しさや
雲にかげろ　①275
暮る田づら　②3
袂にかよふ　②16
年のはごと　①65
はじめにか　①76
すゞしさを
遠くもよす　①423
引とる網の　①65
曳取網の　①160
世におほふ①65, 160
涼しさを
池の上なる　②236
波の花かも①65, 159
残して雨や　②114
花にもかへ　①361
引取網の　⑥149
左みぎはの①65, 159
待とる袖に　②403
涼してふ　①160
すゞしとも　①160
涼しとも　①65
すゝしめたまへ　④140
すゝしめ給へ　③334
涼しやと　①76
珠数するや　④218
煤にまふれし　③400
鈴の音して　②385
すゞの篠屋ぞ　②420
すゞのしの屋の
あれまさる　②345
あれ増る頃　①202
すゞのしの屋は　①463
鈴の音も　①332
すゞの笆の　②111
すゞの籬の　①227
すゞの笆も　②108
すゝはらいする　③213
すゞ引ならす　④111
珠数引の　④273
すゞふく風に　⑥38
すゞ吹風も　①300
鈴まいらせん　④173
涼み居つゝも　①262
すゝみ出たる　③331
すゝみ出て
小云也とは　③419
白山雪と　③394
すゝみ出てや　③283
すゝみえぬ　②7
進みかね　④99
すゝみかねしも　⑥100
すゞみし戸ぐち　②86
すゝみしりぞく　①454
すゝみつゝ　③180
涼みつゝ　②198
すゞみつる　②83
涼てゆかむ　①258
すゞみ床や　③87
涼み所に　③322
涼所の　③511
すゞみ所は
滝のかたは　②310
まだきゆふ　①288
すゞみ所や　①300
すゞみ所を　①429
涼み所を　③432
涼とる　②394
涼みとる
比は覚えず　②423
桜がもとに　②269
涼みならせる　②243
すゞみにならす　②388
すゝみぬる身の　②375
涼みの床に　③400
すゝみもやらぬ　②382
進む位の　④84
すゝむ位は　①243
進む位は　②140
すゞ虫の
ふりせぬ声　①300
まぎれぬ声　①250
鈴虫は　③366

すゝむし松むし ④218
すゞ虫や
りんもまじ
③4, ④17
鈴むしよ ③462
涼むとあまり ②151
すゝむる功徳 ③271
すゝむるも ②152
雀一羽 ⑤127
鈴目さす ⑥10
雀ちうちう ③257
勧めにと ③278
すゝめ申せは ④176
すゝめられ ②194
すゝめられつゝ ⑥56
すゝめられつる ②294
すゝめられてや ②109
すゝやらきねやら
④154
硯乞ふ ⑤109
硯と紙と ③283
硯とり出す ③271
硯にむかひ ③532
硯にむかふ ②163
硯箱 ④324
硯箱にも ③221
すゝりを出せ ③326
硯をならし
うちむかふ ①242
筆こゝろむ ②368
すゞろに出し ②70
すゞろにも
えらばれつ ①431
袖こそぬら ⑤79
なやますは ②396
不慮にも ①394
鈴をさしばの ①353
数千里を ④295
すそあくる ④280
すそ野さへ ②88
すそ野さびしき ①331
すそ野につゞく ④93
裙野に吹も ④91
すそ野のかたは ①248
すそ野の原に ②253
すそ野の原の ⑥12
すそ野の原は ①325
すそ貧乏の ④252
裾をむすんて ③384
すだきよりぬる ①329
すだく蛙の ①313
すたく虫や ④236
巣立し鶴の ④107
巣立の鳥の ④207
巣たちより ③269
簾うごかす ①492
すだれきよげに ②420
すだれに雨の ①381
簾にかよふ ②124
簾に月も ②41
すだれはまけば ①338
簾巻 ③213
簾まき絵の ④141
すだれもまかぬ
春の朝明 ①239
春のなが雨 ①257
簾をあぐる ⑥32
簾をつたふ ②61
すだれをまけば
暑さのこら ②341
雨かすむく ②18
簾をまけば
霧ぞ晴行 ⑥56
竹青き色 ②422
日影のどけ ②104
簾をも
吹放たる ①350
捲ぬる月の ②286
棄れん家の ④95
頭痛にくもる ③367
頭痛にも ③175
頭痛もち ③278
すつきりと
あけてまひ ③402
骨も残らぬ ③384
負もかゝり ③354
すつきりとのむ ④140
すつ霧はれて ④276
すつてのけし ③430
すつへりと ④272
すつほんも ③345
捨る身に
いかで涙の ①403
つれこし月 ⑥93
もとのこゝ ②416
捨る身の ②178
すつる身は ①463
捨る身は
静かなる社 ①401
月をめでじ ①356
すつる身も
心や花に ②312
春の心は ⑥39
捨る身や
有にまかせ ①229
疵をいはれ ②146
花に背て ②68
捨る身を ①278
捨し鵜舟は ②312
すてし身は ②167
捨し身は
月こそ常の ②111
月をもめで ①372
捨し身も
今幾程か ①249
心にのこる ②270
なさばなり ①331
捨し世の ④153
捨し世も
猶したふこ ②420
花にはのこ ②406
捨てだに ⑥146
捨てもおかれぬ ④324
捨てわかれし ③269
既ニ白ントス ②101
すてにあつかひ ③435
既にあやうく ③254
既軍も ③403
すてに伊勢路の ③413
すでに伊勢路の ③530
既伊勢路の
石山の峰 ③533
太夫殿より ③480
既馬より ③338
既に瓜を
すゝむは春
④216, ⑥120
すてに廻向も ③334
既に火宅の ③483
すでに刀に ④316
すてに行事の ③270
既小石 ③457
すてに句践 ③336
既に衆道を ③409
すでに宣旨や ③370
既其 ④246
既に着到 ③388
既七日の ③466
既に咽ぶえ ⑤257
すてに初汐 ③328
既にはや ③395
既末期 ③450
既やうやく ③451
すてぬこそ ②303
捨ぬへき ④216
捨ぬる世にも ②402
すてはつる ①448
すてはつる身は ①425
捨はてゝ ④93
捨舟の ④205
捨船や ①464
捨てもをかれぬ ④292
すてやらぬ ④118
捨らるゝ
身の歎そふ ②66
身はいつし ②30
捨らるゝ身の ②28
捨られし ③413
捨られて ③216
捨ん身も ②81
すなほなる
世の声しる
①128, 192
砂こしの ③453
すなどりの
帰る江遠き ①264
袖にや波の ②136
漁る船に ②396
砂ねまどをの ②4
砂山を ③457
すなはち霞む ③337
則悟り ③296
仍風便 ③412
砂をしきぬる ③319
巣に居るや ①46
酢に塩歟 ⑤126
巣に臥も ①433
すねひしかれて ③349
数年そちとは ③534
簾の中に ②189
簾の中の ②74
すの子の下も ③223
簾のもとに ②430
数盃過せる ③264
酢はもとめても ③169
つふりとなくる ③178
すべらぎに ②123
すべり入 ①357
すべりてそれと ④322
簀巻にしたる
浦の蜑人 ③514
浦の里人 ③174
すましきつたる ③442
すます牢人 ④279

須磨の上野に　④165
須磨の浦
　塩も薪も　③444
　浪もよせ手　④136
すまのうらの　④11
須磨の浦や
　浪爰もとに　②415
　雪の中なる　②135
須磨の旅居に　⑥16
須磨の旅居の　②270
須磨の月　③272
すまの波　①181
須磨の波　①108
須磨の弥生に　⑤98
阪磨の若木　③98
すまは京そと　③219
住ばみやこに　③426
住ばやあるじ　①201
住ばやこゝに　②365
すまばやと　②47
すまばよし野と　④80
すまゞうき　①382
すまも明石も　①417
須磨もあかしも　①351
すまれんものか　①446
数万騎越る　③430
墨跡かけて　④174
住あらしたる　②136
住荒したる　②300
住うかれたる　②381
住うき舎り　②374
炭うりに　①446
炭うりの
　いづる市路　①457
　かへる住家　①450
炭売の
　跡吹送る　②425
　声にや冬を　①392
　寒げに出る　①227
炭売は　①473
炭売も　②394
炭うりや　①336
炭うる人の　①295
住家数多の　①384
住家いぶせく　②51
住かへん　②132
栖かと　④84
住家たえだえ　①239
すみがたき　①265
すみかにかゝる　②384
栖に駒を　②133
住家にちかく　①292
住家のあたり　①269
住家のけはひ　②307
すみ家は遠き　②65
栖は野辺を　④124
住家は見えぬ　①297
炭竈や　④81
住家をも　②343
墨衣　①44
角頭巾
　胴ふくのう　④158
　ほんのくほ　③217
住すつる
　往生院の　④155
　しづが古跡　②19
住捨し
　行人の庵　②409
　我古里を　①349
住すてしあとの　①477
住捨て
　いたく荒た　④128
　枯野となら　②118
　朽残りぬる　④80
墨ぞめ衣　①421
墨ぞめの　②280
墨染の
　天の羽衣　③344
　袖枕にも　③184
　袂を顔に　③466
　夕の鐘や　①317
　夕の袖に　①363
　夕の山は　①200
すみ染も
　よしやかざ
　　③119, ⑤165
角田かはらの　④192
住つかばやの　①385
墨つきも　④210
すみ付を　③404
住付ほども　①368
住つけは　③282
住つけば　①450
すみつる人は　①423
住なさば　①460
住なせば　①489
住なれし　④6
住なれぬ　②241
墨に染なす　①366
炭になりても　④219
墨塗の　③328
住の江や
　霞にうかぶ　①220
　釣する袖に　②51
炭の翁の　①417
墨の袖　①478
炭の火は　④269
すみのほる　③356
澄のぼる　②331
すみはつまじき　①267
炭花の　⑥83
墨髭や　③452
墨星の　③527
すみ増りたる　②413
住よきは
　九重ねの　②351
　我独なる　②55
すみよしと　①181
住よしと　①107
住吉と　②354
すみよしの
　相追風を　⑥81
　松の謂は　③528
　松はむべこ　①154
住よしの
　あひ追風を　④23
　市太夫殿へ　⑤270
　浦住居にも　③153
　浜の真砂を　①459
　浜辺行々　②104
住吉の
　あひをひ風　④17
　市太夫殿へ　③133
　市郎大夫殿
　　⑤262, ⑥144
　うらさひし　③195
　浦のうき霧　①368
　角て手を打　③441
　きしかたい　①141
　きしかた幾　①16
　松のいはれ　③216
　松の下道　②248
　松はむべこ　①52
　峰に色なき　②11
墨吉の　④20
住吉の景　⑥100
住吉へ　③326
住よし参　④207
すみよしや　②431
住よしや　②133
住吉や
　打出てみる　①377
　岸打波の　①250
　汐干汐みつ　②357
　汐干に誰も　④234
　所のさまも　②300
　詠にあかぬ　②118
　西に光の　②374
　浜顔を行　①387
　はまの真砂　②106
　宮路さやか　⑥117
　まうでの車　②41
墨吉や
　清き浜べは　①319
　所のさまも　②285
すみれが本の　②76
すみれ咲　④111
菫咲野に　②401
すみれつむ野に　②431
菫もまじる　②236
すみわたりたる　①319
すみ渡る　⑤43
すみ侘ぬ　①409
住わぶる　①447
住捨る　②360
住侘る　⑥4
墨をするより　③295
住かひあらぬ　①346
すむかげ淋し　②115
すむ影は　①96
すむ方いづこ　②276
住方さびし　②83
住かたの　②168
住方の　④106
住方は　②70
住かたや　②64
住亀の　①36
すむけだものを　④246
住里に　④85
すむ千鳥
　かはらぬ瀬
　　①191, ②366, ④348
住千鳥　①127
すむ月に
　あらそひか①88, 172
澄月に
　田中の畔は　⑥117
　行水白し　①394
すむ月の
　あかつきお　①438
　影もさはら　①415
　宵のまとひ　③330
澄月の
　影もさしそ　⑥49

景をさかな　③307
光もかはる
②262, ⑥60
澄月は　②130
住所　②40
すむとつよく　④329
住とても
斎院の　②147
かひやなか　②231
すむとてもうし　②82
すむ計なる　③478
すむはつゝみの　②61
すむ人見えず　①248
住人見えぬ　②103
すむ人も　①14
住人も　①268
すむ人や　①110
すむ星の　①23
澄水の　①57
住やたれ　①256
すめばすみぬる　②173
すめばやあるじ
花の山陰②262, ⑥60
天皇に　①310
皇の
くらき心は　④92
たゞしく守　②329
ひかりくも　②335
代のめぐみ　④94
代々のむか　②164
天皇の　①226
皇も　②230
皇を　②203
すめる岩屋の　①291
すめる大井の
宿ぞ木深き
②263, ⑥60
すめるところは　①440
すめる所は　①244
すめる物と　①13
住るもわびし　②394
住めるよそひも　①220
相撲一番　③330
すまふ取　④218
相撲取
高円山と　④184
名乗を聞は　③318
角抵とりの　⑤280
相撲の芝居　④201
相撲をは　④150
すゆるもくさの　③192
すらすらすらと
ねふるかこ　④171
ねぶるがご　⑥122
すらすらと　③227
すらりとしたる　④223
すり餌によする　③282
摺かりぎぬの　⑥16
すりきりの　③233
すりきれは　③274
摺子木ならて　③324
摺子木の　③524
すりこぎも　⑤238
すりこ木も
もみぢしに　⑥156
紅葉しにけ　③41,
⑤3, ⑥137, 156, 165
摺こ木も　③221
摺子木も
紅葉しにけ
⑤167, 261
すりはくの　③366
ずりはづす　③122
すり鉢あれは　③200
すり鉢の　④202
すり鉢一つ　③384
すりばちや　⑥81
すり鉢や
さて琵琶和
③111, ⑥154
雷盆を　③403
受領をしたる　④213
駿河なる　③274
するすると　④191
すろの梢の　①373
すは秋已に　④233
すはさやはしる　④259
すは蛇体　③445
すはすは物を　③252
すは花よ　③34
吸はやと　④282
すは姫瓜を　③149
すはほとゝきす　④245
すはや釣かね　③197
すはや天狗の　③399
すはやとて　③369
すはや火けしの　③402
すは我君を　④317
巣をさりて　②432
巣をはなれてや　②41
頭をふる柳　③266
酣をもとめてよ　④198
松江の鱸　④244
寸紙子あはれ　③389
寸斗立　④243
すんはとぬいて　③468

【せ】

青海波には　③387
誓願必　③226
誓願即　③413
制札に
花も枝葉や　③202
万代とこそ　③420
誓紙さたかに　③234
青磁の鉢の　③343
清浄不退　③232
清書しまふた　③391
聖人か　④275
聖人も　④319
生前の一樽　③483
青苔の　③484
聖代の山　④312
せいてすらりと　③331
井田に　④314
西南の　④236
せいのつかゆる　③171
せいはのひても　③308
静謐の春　③388
歳暮はゆるり　③431
清明が手に　③428
聖も愚もこれ　③217
誓文これは
見せぬ玉章　④285
りんきいさ
③153, 506
誓文そ　③449
誓文で　⑥99
誓文に　③145
誓文の　③437
誓文は　③309
せいをのみ　④277
せをいけり　④332
せおふ茶つほを　③269
背おふ葛篭の　③472
世界の仁義　④312
世界の図　③385
世界の春　③426
世界をなかれ　④171
せかきの場に　③176
世忰か噂に　③450
忰がかたへ　③333
せかれかわつらひ
③530
せかれつゝ　②48
躮ひとりも　④236
せかれめか　③241
せがれめが
つくすちぎ　⑤205
つくす契は　⑤249
つくす契り　⑤181
せきあへぬ　③212
せき入る　④128
関入る　①212
関越て　②132
関路今はの
別身にしむ
②263, ⑥60
関路にはるゝ　②154
関路の鳥の　④203
関所を通る　③438
せきたのおとも　④280
関ちかき　①333
関手形にも　③267
石塔は　③331
石塔を　③410
関所　③390
関留る　①430
せきとめて　①340
関とめて　⑤101
関ならで　①29
関なりと
月にかよふ　③216
月にとをら　③513
関の板間の　④115
席のかへさも　③269
関の釘貫　③341
関の清水も　③506
関の戸あけよ　④136
関の戸さゝぬ　①210
関の戸ざしは　②249
関の戸ならし　②411
関の戸に
かへり都や　①342
鳥のまねか　④278
関の戸の
明かた近き　③403
明方ちかき　①262
釘ぬき松か　③309
山は霞の　①454
関の戸は
あくるもし　②209
雲ゐる峰の　②162
関の戸ひらく　②301

関の扉に　①475
関の戸も
　かすむかよ　④272
　まだ明やら　①464
関の戸を
　今日打出の　①260
　過行がてに　①303
　ゆるされや　②121
　夜のまはか　①418
　笑仏や　③382
関の謎　⑤267
関の人々　④254
関のわら屋に　①373
関はあれど　⑤165
関はなのみ
　花になこそ
　③34, ⑥153
関は名のみ　③195
せきばらひ　④295
赤飯も　③266
石筆や　③325
せき札に　③456
関札の　④195
関守の
　すてに末期　④250
　外にもつら　②23
関守も
　哀をしれよ　⑥31
　ゆるす心の　②41
関もる中や　①400
関やしぐれて　②47
関屋にも　②115
関屋によする　②242
関屋ももらぬ　②177
瀬ぎりにたてる　①358
瀬ぎりの浪を　②193
関分る
　水のまにま　①411
　水口しるく　⑥35
関を今　①434
関を入より　②364
関をかぎりに　②9
関をこゆれば
　寒さ添ぬる　①246
　近き古里　①354
世間寺とそ　③320
世間はなしも　④323
世間を尉は　③444
せこがよがれも　②111
背子は田舎に　①361
背子はとひ来で　②318
せこを待ての　②128
背筋より　④294
世俗眠りを　⑤260
世帯やふりの　④171
勢多道は　③364
勢田道は　③533
節正月の　④142
節の宿　③285
節ふるまひに　④209
せつかいに　③406
せつかく養生　④331
せつかんの　③368
節季物前　④307
説経師屋と　④273
説経の　③409
節供過より　③342
節供つゝけて　③476
節供の空に　③217
節句まて　④176
拙者式　④305
雪舟の　③439
殺生戒をは　④268
殺生は　④154
拙僧旦那　③230
摂待たつる　③294
雪踏のうらに　⑥101
雪隠たつぬる　③246
雪隠に
　おとしてを　③257
　時雨ぞかよ　④307
雪隠につゝく　③281
雪隠へ　③466
雪隠も　③231
雪隠や　③416
雪隠を　③468
刹那かうちに　③416
節分の　③507
節用集も　③381
背戸門を　④305
瀬戸こすや　①420
背戸の屋は　③452
瀬戸物見せよと　④286
せなかにおへる　③344
背中におへる　③298
せなかにざふり　④319
銭あれは　④216
銭一もんの　④180
銭銀か　④245
銭かね箱に　④316
銭銀を　④136
銭かほしくは　③175
銭次第　③420
瀬にすめば　①90
銭つかひ　③300
銭二三文　③328
銭の数とり　④309
銭箱さひし　③201
銭箱に
　かねこそひ
　③34, ⑥84
銭箱の　③147
銭はもとりに　④199
銭程ひかる
　児玉いとし　④299
　ちかひを聞　④290
　毛氈の色　③379
背にまはる　③486
銭をしも　③315
瀬の声も
　秋の時雨を　①414
　高く時雨て　②311
せの高い　③353
せばき住ゐの　①370
せばき住居の　②85
せばきすま居は　②15
せばきをも　②137
せはしとて　③220
是非床脇の　③319
是非ともつゐに　③166
是非におよはぬ　③212
是非にをよはぬ　③158
是非に及はぬ　③506
是非約束の
　きりは明晩
　③207, 528
是非立身を　④316
是非をもしらぬ　③511
せまる日は　①132
蝉の声
　あなかまち　①338
　絶つゝ雨の　②49
　ひとり夏な　①60
蝉の衣の
　かろき上人
　③514, ⑤281
蝉の衣も　④237
蝉の音かれて　④92
蝉のねたえて　①448
蝉の音たえて　①258
蝉のねも
　うき世にめ　①60
　片枝にのこ　①60
蝉の音も　⑥18
蝉の音や　①274
蝉の羽衣　③176
蝉のはの　①60
蝉の羽の　①158
蝉のはや　②368
蝉のは山に　②30
蝉のは山の　①350
蝉は心経　④266
せむる霜夜の　③499
責合に　④258
責口は　③333
せめくる恋に　③279
せめて一句　③120
せめてあふせを　②24
せめてさは　⑥4
責てさは　⑥97
せめてさはりの
　うさを告ば　④87
　故をきかば　④123
せめては切て　④327
せめて夢に　②436
せめて世に　①101
責ぬる水に　③272
せめのせきつる　③469
せめのせき絃　③419
芹つみし　①57
世話をやく　④298
せをうては　③317
瀬をかた分て　②7
瀬をこす浪の　②313
瀬をはやみ
　岩茸松茸　③473
　宇治の柴船　②216
善悪こゝに　④252
善悪ふたつに　④212
千あまり　③485
筌桶の　④236
禅学のまと　④268
せん方も　②227
せんかたもなき　⑤250
千貫め　③534
千貫目　④168
千くはんめもち　④218
疝気かと　④296
善鬼か流れ　③378
先規の旨　③483
仙境や　③444
千金に
　替まい物よ　③531
　つりかね惜　④217

千金の春も　③473
千金を　③326
膳くたり　③174
千句といひて　③437
膳組のをと　③453
千句より　③461
仙家には　③448
嬋娟たる　③489
前かうに　⑤250
線香の　④195
千石取つて　③445
千石は　③381
千石舟の　④325
戦国を　④296
前後にはつと　③468
前後を忘ずる　③371
善根の　④212
千載集を　③414
せんさくに　④294
穿鑿は　③452
せんし反して　④276
せんじ茶に　③367
せんし茶を　③173
せんし茶をして　③241
せんじ茶をして
　日くらしの　⑤204
　日ぐらしの　⑤180
先日か　③247
先日の
　鷹野の鷹　③524
　鷹野の鷹は　③305
せんもしの　④331
撰集に　④208
千秋楽　⑤117
仙術の　③451
せんじやう
　常のことく　④289
　まへのこと　④331
先書に申　④188
先陣後陣　③476
先陣は　④153
先陳も　③360
先陳や　③204
扇子杉原　③442
扇子をかさす　③262
扇子をぬゐて　④156
先生の夏　③110
仙台の　④146
せんたく衣　④208
せんたくしたる
　うらきぬの　③509
　うら衣の色　③158
せんたくものも　③199
せんたくや　③383
先達の
　心の水や　③467
　山ふしもか　③166
膳立の　④215
膳棚年たな　④231
禅寺の　③509
船頭殿　③406
船頭に　③435
仙洞や　③268
せんと蚕の　③194
先度の樽を　③466
先度まて　④285
禅尼のいはく　③226
千人きりの　③351
千人切の　③331
仙人なりと　③197
仙人の　③392
仙人の子息　④288
仙人は
　生姜一片の　④210
　その時なに　④224
仙人も　④216
千年越ん　③302
先年の
　大焼亡の
　③242,⑤186,210
千年の　③368
千年後は　③307
千年は　④332
宣王に　④313
膳の先成　③382
善のつなにも　④204
千の矢先の　③338
禅ぶすま　⑤86
膳部は魚類　③298
千本松は　③170
千万里　④188
千里さへ　③92
千里の行も
　一薬の能　④314
　みじか夜の　③257
千里行　④202
千両と見し　③450
千両に　③262
扇をひらいて　③382

【そ】

添寝する　②47
草庵に　②321
宗因は　⑤244
惣嫁一曲　③468
滄海万里　③247
宗鑑流の　③309
雑職に　③400
掃除する　③525
惣しての
　野風秋風　③247
　欲には秋の
　③491,492
惣じての　⑤94
造次顛沛　④315
荘子の筆に　④314
掃除箒の　⑥102
掃除坊主か　③193
精進も恋も　③459
荘周か　③204
僧正その時　③403
僧正の　③512
惣庄屋　④314
宗匠らしく　④172
僧都の身こそ　③268
さうさう宵から　③318
騒壇　②99
早朝の　③449
添ふて見ん　④331
霜天に
　おみつかそ　④255
　白砂涼しく　③461
蒼天の　③484
惣堂に　③372
さうなふ渡すへき
　④327
僧の舎りや　①494
相場書　③418
相場聞　④301
相場もの　④200
素氈も　④166
素麺よりも　④286
草木や　③132
僧も名を　①329
惣門の　③194
さうよそよ　⑤258
そうよそよ　⑤255
草履かくしは　④246
草履かたかた　④223
草履と杖と　③274
草履とり　③381
草履取
　いつくをさ　③359
　同し芝居の　③353
　是に候　③294
　先行着に　③322
　まねきよせ　④184
草履取こい　③218
草履取して　③341
草履とりめに　③458
草履ぬき捨　④230
惣領殿の　④255
惣領に　⑤126
惣領の　④156
草履より
　取あかるへ
　③172,529
葬礼半　④185
葬礼に
　赤旗白旗　③329
　袖打払ふ　④230
葬礼の　④160
荘老の　③217
滄浪の　③371
僧脇や　③265
添乳のまくら　③324
添乳する　⑤98
曽我殿は　③348
曽我にひさしく　④248
曽我の十様　④300
そぎ捨る　①391
そぎ捨ぬるは　①372
そくさいなりと　⑤212
そく才なりと
　ゆめに見え候　③242
夢に見え候　⑤188
息災に　③456
息災を　③315
即菩提　④224
則祐則仏　④299
俗よはつてうつけ
　③395
燭をとつて　③231
そけたる風の　④172
底いはいかに　①293
底いも見えぬ　①234
そこか俳なり　④314
そこじやかうじやと
　④270
底すさまじき　①459
底すみて
　小石ながる　①280
　行水清き　①245
底すめる　①342

そこそこに気の ④291
そこつはかへらぬ
③461
そこて一味の ③387
そこて太鼓 ③390
そこてなりひら ③518
そこて馬子 ④253
そこてみをのや ③442
そことしも ①492
そことしもなく ①342
そことしら尾の ①408
そことしられじ ①479
そことしる ②198
そことし分ぬ ②59
そことだに ②154
そことなき
岩の細道 ①467
風のあら海 ②378
砧に里を ①231
淀の渡りの ②196
そことなく
天路に渡る ①372
黄鳥の鳴 ④100
刈田のなが ②61
狩ばの鳥の ①401
雲ゐる野辺 ①354
暮かゝりた ②360
野風にたぐ ①256
三輪の杉村 ②72
物がなしき ②368
夜はに衛の ①249
そこともいはず
わくるしの ①439
分る春の野 ①329
そこともしらす ③373
そこともしらぬ ①258
そこともわかず
ゑらぶ虫の ②395
杣木きる音
①266, ②405
水落る音 ②150
そことわかれず ②19
そこぬけ機嫌に ④254
そこのき給へ
人々いつれ ④175
人々御中 ③413
そこはかと ②171
そこまですめる ②159
底まですめる ①331
其元も ③441
そこをはらはん ④187
そこを引なと ③384
祖師踏んで ⑤98
そしらはしげに ⑥8
十代田の ④124
十代田は ②70
十代田や ②19
十代の田面 ②162
そさう簀子の ④284
麁相な千話や ④291
麁相に打し ④307
相麁ものには ④182
そゝき出たる ④110
そゝきゝて ①292
そゝきし雨の ②394
そゝきしも ②137
そゝき捨し ②223
そゝき捨たる ①350
そゝきて春の ①311
そゝきぬる ①369
そゝくあまりに ②10
そゝくあまりの
かゝる玉だ ①325
なをはれぬ ①449
軒ば閑けし ②400
そゝくあまりも ②30
そゝくあまりや ②231
そゝく小雨に ②127
そゝこしく ④260
そゝや風
こゝろをつ ①76
心をつくる ①165
そゞろきて ④78
そゞろ寒けさ ⑥117
そゞろにすぐる ④82
そゝろに袖の ③145
そゞろにも ①390
そたてぬる ③291
そたてぬる子の ④138
そちも豆腐の ③505
卒爾なからも ④247
そつたりいと鬢 ④331
そつと詩作そ ③277
そつとした ③199
ぞつとする ③517
そつとするほと ④191
そつとねぬけた ④261
そつとのそくは ④142
袖あまた
雲のはやし ②62
御階の前に ②328
袖いそぎ行 ①315
袖いろいろの ②93
袖うちはへて
御祓すらし ①459
若菜つむみ ⑥17
袖うららなる ⑥46
袖うるほして ①285
袖多く ②81
袖かへる ①254
袖かきは ③267
袖かくる
岩の小松や
①106, 180
袖かけん
竹のみやこ ①80
竹の都の ①167
袖かよふ ⑥14
袖口しるき ②196
袖こそつどへ ①295
袖毎に ①441
袖寒て ②22
袖寒く ⑥57
袖しほれとや
ことの葉の ②298
猿さけぶ声 ②349
袖しばしとて ①456
袖冷じき ②230
袖すりに ③493
袖ちかく ②72
袖つどふ ①487
蘇鉄ましりの ④175
袖妻に ③429
袖つれて
茂り踏行 ②68
浪の浮藻や ⑥51
袖と袖
行衛もしら ③394
別るゝ所 ③454
袖と袖との ③391
袖とりとむる ③501
袖にあしたの ①217
袖にうく ③402
袖にうつせ ④58
袖に落るは ②193
袖におどろく ①422
袖におぼえて ②371
袖にかゝれる
露ぞはかな
①201, ②254
袖にかけしや ②400
袖にかざすや ⑥31
袖に風 ②311
袖にかたしく ②56
袖にさへ ②190
袖にしも
秋風ふるゝ ②401
あらましく ②13
かよふ南の ①319
袖にすゞしき ①351
袖にたびたび ②313
袖に露ちる ②336
袖になひくや ③266
袖に波 ④91
袖に匂ひの ④286
袖にはらへる ②351
袖に吹かふ ①225
袖に吹 ④123
袖にふるゝは ①367
袖にふれつゝ ②271
袖にほのめく ②308
袖にみぞれを ④83
袖に見ん ①32
袖にもはらふ ②345
袖にやどせる ①320
袖ぬきかさす ④155
袖ぬらす
雫も深き ②374
ま屋の舎り ①397
袖の汗ほす ①441
袖のあつさも
なごりなき ①424
漸消ぬめり ④81
袖の暑も ②187
袖の雨
おもへば去①59, 157
袖の嵐も ②415
袖の色 ①19
袖の色なる ②270
袖の色は ②211
袖の色も
そのきさら ①15
其二月の ①141
ひとしき竹 ①335
三たびうつ
①100, 177
袖のうへなる ①451
袖の上に ②276
袖のかほりも ②231
袖の香もらす ②237
袖の霧 ③490
袖の薫 ③463
袖の氷に ②232
袖の下より ①470

袖の月
　こゝろにう　①90
　心にうつせ　①173
　高橋流れて　③456
袖の露
　うせはせま　③473
　さながら月　①430
　はらへば霜　①407
袖の露とや　③237
袖の露を　①300
袖の涙よ　①385
袖のふく　①219
袖のみどりも　②335
袖のみなとの　②305
袖はたゞ　①416
袖は露
　すそをむす　③270
　泪の海や　③203
袖は露に　①340
袖は猶
　花橘の　⑥45
　別しまゝの　②95
袖はへつゝも　①354
袖はらふ　①417
袖ひちて　⑥172
袖ひぢて
　かはくもお①69, 161
袖ひやゝかに　⑥92
袖ふる山の　②219
袖ふれあかぬ　②235
そてもなき
　勧進帳を　③507
　観進帳を　③161
袖ものどかに　②172
袖も長閑に　①360
袖ものどけき　②43
袖もひがたき　⑥42
袖も蓁目の　④150
袖もひとつの　②150
袖ももすそも　①343
袖もやつるゝ　①332
袖やゝ寒み
　広き野の原　②368
　夢もむすば　①294
袖ゆゝしくも　②382
袖よりぞ先　②301
袖をかす　②240
袖をつらねて　②361
袖をひかふる　①403
袖をもる　②279
そといふ文字を　④215
外出をもせぬ　①381
外に出じと　②192
卒塔婆木に　③268
そとばさへ　①370
外は散ぬる　①253
卒都婆に誰の　③462
外はみな　①273
そとへ出て　④261
外面なる
　露吹こぼす　②108
　萩の下葉の　②434
　葉広柏に　①233
　冬野の梅の　①459
　籬は霧に　②320
外面に牛や　②224
外面にかすむ　①247
外面に袖の　①283
外面になびく　⑥93
外面の朝け　①362
外面の樗　⑥45
外面の岡の
　霜のさむけ　①309
　ま萩ちるら　②325
外面の岡は　②310
外面のをのゝ　②260
外面の風の　①290
外面の谷も　②409
外面の露に
　秋近き暮　①211
　霜やきえけ　②88
外面の鶴や　②75
外面のはらの　②342
外面の夕　①236
外面は霧や　①451
外面は野らと　①450
そとも隙の　③194
外面も暮し　①297
外面を近み　①401
外面をめぐる　①410
外よりまだき　①282
そなふるも　①346
備ふるも　②203
そなへにも　③231
そなた産には　③254
そなたぞと　②270
そなたと是が　③353
そなたと我と　③370
そなたなら　③459
そなたにと　⑤101
そなたの思ひ　③257
そなたの儀なら　③394
そなたの伝は　②135
そなたはそなた　③400
そなた見やりて　④129
そなれきぬ　①165
そなれ来ぬ　①80
そ馴れつる　①105
そなれてや　①13
そなれ松　③370
そねみあひぬる
　宮のあしら　②151
　六の宮人　②298
そのあかつきに　④166
其あかつきや　①440
其暁を
　しはひ武蔵　④300
　月にちぎら　②302
その麻衣　④231
その跡や　③322
其雨雲に　④321
其家々の
　風ぞしらる　①461
　広き一族　②329
その囲碁打絶　④230
其已後遠く　③153
其已後は　③285
其一国を　④174
その犬の　④181
其色と　①275
其うき契り　④303
その打綿の　③298
其うつり瘡　④288
園生の竹の　④92
園生のやなぎ　②87
其馬は　④334
其老人と　①431
其驕　③256
其お為者の　④301
その鬼しやくはん　④180
其おもひ　③452
其おもかげの　⑥46
その俤も
　哀みさゝぎ　②370
　中段にして　③388
其折々を　①424
其折の　③421
その香蕾　④259
其陰に　⑤109
其影をのみ　①477
其敵　③360
そのかみあやし　⑥93
そのかみの
　国ぶりうた　①128, 192
　名計残る　③147
　都はさぞな　②4
　恵忘れず　②66
そのかみも　②146
そのかみを
　おもへばあ　①305
　花にしたへ　②350
其からき世に　③444
其から余情　④303
そのきつさきて　④189
そのきぬぎぬの　③299
其公事沙汰の　③296
其気色
　をかしけな　③266
　ゆかたに風　③349
其恋風に　④319
其御異見も　③368
其恋衣　③394
その声を　①98
その梢とも　②199
其事かの事
　子共等が事　③257
　山里の事　③365
其事此事　③477
その事となく　①241
其比は　③277
其頃や　③77
其献立の　④307
其さくら鯛　④311
其さゝめ言　③434
其里に　④248
その里の
　それにつか　③162
　人しもゆか　①36
其里の　③510
其座見合せ　④316
其地震　③371
其末に　③410
其姿　④290
そのすねあてゝ　④258
其そこに　③457
そのその鳥は　③271
其太刀に　③347
そのたまかづら　⑤205
その玉かつら
　かくるあけ　③241
　薄の中ても　③341
其玉かつら　④294

其玉かづら　⑤181
其為に　③263
其段は　④313
その知音　④232
そのちきり　③357
其茶の湯者も　③517
其付さしの　④298
その罪によつて　④276
其積り　③410
其つんは　③397
其手ふれつる　①311
その手をとつて　④188
其唐人の　③354
その科おもき　④235
其時あさひな　③321
其時が　⑤99
其時数万　③450
其時僉儀　③293
其時長良　③322
其時てい家　④195
その時々に　②318
其時なくなく　③305
其時に
　二刀をさし　③365
　萩原殿を　③467
その時日れん　③300
其時女房　③246
其時頼朝　③474
其時我は　③419
その徳や　⑤109
其独を　④315
そのとしの　③284
その年も　④234
其情　③454
そのなさけこそ　③357
其梨壺の　③352
其名はきえぬ　①492
其生肴　③517
その生爪に　③323
其名もしらぬ　④101
其名世に　④169
園に入て　②392
園に入ば　②242
其直段　④308
その能毒を　④269
その丶胡蝶も　③403
其後は
　かの髭黒の　④320
　疎遠に花の　④242
その後や　③123
園の花　③351
その葉さへ　①59
其葉さへ　①157
其初秋の　③302
其破魔矢　③473
園はよし　①13
その原といふ　③150
其春や
　松王十七③61，⑥158
其日かへり　④243
其日くらしの　③332
其一声　③448
其人と　①483
其日の借状　③483
園日々に　①13
其日やといも　④286
其風情　④291
其船しばし　①429
其船しはらく　③409
その舟とまれ　④270
そのほうあては　④283
其方が　③438
其方の
　間はなつの　③46
　お手はとと　⑤245
　便りに文庫　④275
其方は　④310
其外悪魚　④179
其程々に　②307
其まいすめが　④299
その間にも　②152
そのみたれ髪　④260
其身はしらず　③111
其脈体の　③406
其むかし　③310
其昔　④290
其守武を　③346
そのやけあとの　③355
其山の
　ね覚ほとふ　③476
　蓬がかげや　⑥41
其山の端と　②271
其雪女　④308
その弓とりの　④279
其様なては　③433
其夜の夢を　③395
其理のわけは　④309
園をわたりて　①458
そばきりの　⑤251
蕎麦切の
　先一口や
　　③138，⑤169，⑥144
そばきりや　③133
そば切や　⑤257
そばだつる
　まくらに雨　②347
枕に雨の　①203
　枕にぞ聞　②300
　枕に竹の　①277
　枕に月や　①470
　枕の上の
　　①235，②297
　枕の月の　②407
欹る　①199
聳瞻　②99
岨伝ひなる　②116
蕎の粉や　③455
麁飯の御斎　③344
そひへたり　③280
そびえたる　①237
そびえつ丶　④84
楚人の一炬に　④314
そぼふる雨に　②135
そぼれあへる　①7
杣かたの　①311
杣川や　①347
杣川を　①210
杣木きる　①450
杣木とる　②182
杣木をも　⑥45
杣木をや　⑥52
杣人くだる　②231
杣人の
　かへさをさ　②350
　袖もあまた　②52
　よよひぢし　②26
　分入峰や　②425
杣人や　②244
杣山の　①424
そむきしせこも　②122
そむきそむきに　②43
背々に　②237
そむきそむきの　①382
背はてたる　④81
そむく世は　②184
背けをく　②406
そむけしは　②297
背けられつ丶　②188
染かねて
　時雨々松の　④231
　松に幾度　①264
染川といふ　④202
染川も　①114
そめ川を　①106
染川を　①180
染出しの　③487
染付にけり　③319
染付は　③382
染てきた　③471
そめてきん　⑥161
そめて霜　①177
染て霜　①102
染てたもれの　④241
染ぬるも　①291
染はやな　④333
染物屋　④276
そめよ露　①104
染渡す　②70
抑うやまつて　④173
そも是は　③282
そもさんこれは　③509
そもしつれない　④196
そもしと計　③209
そもしのはなは　③474
そもしゆへこそ　③197
抑此　④292
そもそも是は
　出る船底　③352
　声も声也　③258
抑是は　③363
抑治承の　③530
抑の
　桓武からや③99，428
そよぎあひたる
　竹の中道　①439
　軒の村竹　②427
そよぎ淋しき　①319
そよぎしづかに　②110
そよぎしづけき　②83
そよぎしづまる　①311
そよぎしばしの　②30
そよぎ涼しき　②366
そよぎだちたる　①285
そよぎつる　①291
そよぎて霜の　②74
そよぐ芦辺や　②95
そよぐ田づらの　①433
そよぐよや　②8
そよげば竹の　②131
そよげば露の　②21
そよその折の　②375
そよ其ごとく　②170
そよ其事と　①485
そよそよ風も　③165

そよそよと　①323
そよそよ吹は　④286
そよとする　③324
そよめきて　②429
そよめきわたる　②334
そよめく竹の　④117
そよめく蓮の　⑥18
そよめくや
　刈人なしの　②184
　枯ぬる陰の　②90
そよめける　⑥35
そよや遊も　①486
そよやそよ
　きのふの風　⑤232
　昨日の風体　⑤230
　昨日風体　③104
そよや月夜
　みしかや殿　③433
　みじかや殿　③100
空あたゝかに　①449
空うらゝかに　②311
空かきくらし　②389
空さえながら　①439
空閑なる　②315
そら誓文は　④272
空焼さそふ　②314
空焼したる　④262
空焼に　②378
空焼の　②167
空焼も　③512
空つふて　③476
虚泣の　③480
空泣の　③338
空にあらしの　②29
空にいざよふ　②308
空にいま　②309
そらに入日の　②171
空に入日の　②59
空にかけし
　御世の鏡や①89, 172
空にしも
　友よぶ月の　④126
　ほとゝぎ過　④84
空にしらぬ　①67
空にしる　①61
空に知　①158
空に友よび　②44
空になく　②325
空に啼　②320
空に日影は　①310
空にひゞきて　①361
空にみつ　②22
空に見つ　①214
空に満夜の　②119
空にみぬ　①171
空に見ぬ　①88
空に行　①301
空の色も　②272
空の海も　①18
空のけしき　④149
空の月
　命也けり　③333
　申さぬ事か　④250
空の名の　③352
空のはの　①136
空の日の出の　④247
空は明て　①48
空は霞に　③321
空は月
　爰に権現　③274
　それより水　⑥100
空は蛍　①481
空はみどりに　②286
空晴て　①214
空ふくを　⑥148
空むなし　⑥101
空も色に　①29
そらも霞に　②23
空もかすみも　②121
空も空
　かはるやこ　①74
　かはるや心
　　①164, 420
空もなみだの　②280
空もはや　①464
空もはれせぬ　①221
空ももよほす　①318
空や雨
　谷のなにた　④45
　谷の名にた
　　①16, ④48, ⑥76
空やなを　①245
空や春　①132
空行月の　③435
空をのみ　②227
反橋の　③280
そりやうそな　③374
それやこそはたへ
　　③473
そり行鷹は　②388
そる黒髪の　②59
夫あらし　③477
それ一種で
　野べの宿か　③116
　野辺の宿か　⑤165
其已来　③91
それおもん見るの
　　④265
それをんなとも　③357
それかあらぬか　②47
彷彿か　①222
それがし気分　③370
それか即　③245
それかと雁の　⑥27
夫かとばかり　①398
それ行基　③445
それ西方に　③281
夫西方は　③320
それ小保姫の　④316
それしやそれしや
　　③459
それすいたどち　④331
それそれに　④246
それそれへ　④284
それ田歌は　③111
それ鷹の　④144
それ千話は　③427
それではないそ　③436
それてはならぬ　③450
それと指図の　③505
それとしも
　おぼえぬ夢　②416
　しらぬ軒よ　①329
　名をあらは　②336
それとしらるゝ　⑥10
それとだに　①229
それとのみ
　賎が焼火の　②349
　ほこらの前　②321
夫と計　①381
それとばかりに　①431
夫とばかりに　①379
それとばかりの
　入あひの鐘　⑥41
　鐘おぼろ也　①413
　塵の埋井　②427
　鳴も淋しき　②374
　わかれ行声　①350
それと計の
　松かげの雪　①479
　松のゆふ景　①271
それとはなしに
　しのぶいに　②196
　忍ぶいにし　①360
　月ぞまたる　①466
　初秋の山　②311
　物おもふ秋　①336
それとみし　③489
それと見し　②181
それとも分ぬ　①323
それ詠　④54
それながら
　嵐や去年に　②273
　あらぬ露を　①77
　あらぬ露置　①165
　木々や生か　①28
それならぬ名の
　いかに立ら
　　①199, ②116
それの年の　④179
それの日の　③487
それ誹諧は　③364
それは近江
　これや此月
　　③65, ④50
夫はこしぢに　③532
それは鈴鹿の　③469
それはすみの江　⑤204
それは住の江
　高ものかた　③241
　高物がたり　⑤181
それは袖乞　③345
それは其　④294
それ初秋の　③280
それ花に
　つらゆきも③85, 292,
　　⑤295
それ花は　③467
それは平家の　④319
それは無用　③434
それは屋形の　④296
其ふんて　③465
それまで出て　③449
それ万石を　③470
夫骸　③481
それもながめ　①168
それも詠　④56
それも何　①74
それも一夜は　②353
それもろこしの　③486
それよりは
　何とくらす　③440
　二百余才の　③386
それ我朝の　④253

それ我山に　③399
そろへたる　④221
そろそろと
　暮かゝりぬ　③187
　心もまめに　④272
そろはんに　③505
そろ盤に　③154
十露盤に　③322
十露盤の　④207
算盤を　④259
候へく袖の　④138
そろへくそろり　④173
そろりそろり　③332
そろりそろりと　⑤104
岨のかけ路に　⑥45
岨のほそ道　④263
孫子かあれは　③332
孫子の代に　③463
そんしやうそこの　③267
そんしやうそこへ　③512
存しよらぬ　③465
孫晨の　③412
村千　②99
樽の前に　③368
損はかりして　③274

【た】

第一儀　④171
大いんらんな　④300
たゐわうちやくな　④271
大音あけて　④215
大神楽　③320
台がさたて笠　⑤104
大かしら　④202
大河には船　④327
代官あらたに　④284
代官所より　④215
代官の　④153
大儀大儀　④332
大経師屋と　③256
太極の　④314
大工一代　③410
大工小屋にも　③336
大工つかひの　③360
大工つかひや　④175
代句にしたる　③340
大工のかねに　④203
大軍の人　④302
待賢門の
　明かたのそ　③162
　明方の空　③527
大供水　③253
大閤の
　よくや日本に　③242, ⑤189
大閤の　⑤213
太閤は　③410
太鼓かね　③399
大黒と　③352
大黒の
　米にならふ　③365
　そなたの短　③440
大黒のある　④201
大黒は　③350
大黒はしらの　④228
大黒も　③178
大黒を　③359
太鼓つゝみに　③334
太鼓の音も　③278
太鼓のかしらつ　④148
太鼓持ち　③357
大根性の　④272
大こんの　③350
大根の　③328
大根や　③416
大師已来の　③284
大師講　④165
大事ない　③308
大事なき　③303
大師の詠
　水の月かや　③64, ⑤168
大事のお子の　③171
大事の壺の　④157
大小あつかる　③436
大小衣装　④211
大将からに　③308
大上戸
　そもそも九　③201
　夢の枕に　③405
大上戸なる　④223
大将と　③387
大将の　④321
大将分の　④307
大将を　④317
大織冠より　③201
太神宮の　③181
大神宮も　③233
太神宮を　③224
大人の見る　④312
太豆の粉の　④147
台子の前で　④277
大禅師　③483
台舟や　③261
代々の
　あつたら跡　③387
　家を譲の　④138
だいだいも　④179
大地をふんで　③370
たいつかゝへつ　④278
大天狗
　かすみの衣　③215
　そろそろ下　③532
　一つその外　③261
大道中道　③253
大同二年の　③371
台所
　さひしき夜　③184
　淋しき夜半　⑤277
　月に泣々　④296
泰ト称ス　②100
胎内の松　⑤98
大納言　④221
大弐とかやの　③205
題にもよしや　③512
大熱気　③343
鯛のこけ　⑤124
たい馬鹿男　④235
鯛鱧鱸　③292
大般若経　③257
大悲応護の　③458
大悲の誓ひ　③450
大福や
　たてかけた　③141, ⑤49
大仏殿も　③250
大仏殿を　④239
大仏のまへに　④266
大仏陸奥の　④299
大夫もとの子や　③409
大分の
　お布施と申　③296
　差引残る　③429
太平記以後　③426
代まちも　③332
松明朧　⑤99
松明の　③281
当麻の村中　③391
代脈てらす　④236
大名かせに　④211
大名風の　④185
大名の
　跡にさがつ　③291
　御立と見え　⑤116
大名やしき　③417
大名の出入　③470
大名の恵　③448
題目の　③400
大文字なんとは　③432
大やくの　③381
内裏さた　④282
内裡に七日　③415
内裏迄　③314
田植歌　③342
田植時　③462
田上の里は　②244
堂に声する　①362
たふまじき　②346
堪がたき　⑥20
たへ来て住に　②108
絶こそやらね　①490
たえし煙は　①426
たえづあらしの　②76
たえず落そふ　①300
たえずをとなふ　②207
絶ず聞　②308
絶ず聞ゆる　⑥48
たえずきよむる　②315
たえず汲　②311
絶ずけぶらす　②107
絶ずこぐ　②87
たえず薩男の　①479
絶ずしも
　嵐や越る　①392
　迫門こす波　②63
　文の巻々　②357
　学に心　④84
　御調をはこ　②368
絶ず猶　②354
たえずはげしき　①410
絶ずもずゞを　①359
絶せぬは　①306
絶々かすむ　②103
たえだえ聞ゆ　③351
たえだえ霧の　②150
たえだえけぶる　②12
たえだえ続く　②8
絶々つゞく　②61
絶々積る　①390
たえだえなびく　②395
たえだえに

時雨る丶秋　②314
下水けぶる　②110
しでの音す　⑥39
九折なる　②115
行水くらき　②208
ゆく水筋を　④217
よするかた　②355
絶々に
出てつかふ　①268
おこなふ声　①274
小沢の末や　②327
筧の水の　②419
霞る峰の　④97
聞へに来ぬ　④111
西吹軒の　②80
絶々にしも　①227
たえだえの　②76
絶々の　②238
たえだえのこる　①493
たへだへ見ゆる　②182
たへつ丶こもる　①471
堪つ丶すむや　①307
たへつ丶も　①249
たへていつまで　①437
たへてこそすめ　②66
堪て住　②126
たへてすむ身は　①288
堪てすめるも　②172
絶てぞ夢と　②83
たえて日数を　⑥8
絶て又つく　②85
堪ても住や　①475
たへ成る声の　③382
たへなる詩をや　①328
妙なるや　②181
たへなんものか　②174
絶にしくれを　②233
絶ぬ跡を　①128
絶ぬ岩根の　①254
たえぬ亀井の　①446
たえぬこそ　②270
絶ぬこそ
折ふしごと　④92
しめの内な　①340
そのかみよ　②127
たえぬつたへや　②87
たえぬつとめは　②133
たえぬながれや　②305
たえぬ涙の　⑥10
たえぬ光の　⑥92
絶ぬ道こそ　①372
絶ねとばかり　②218
たえばたえなで　①420
絶果にたる　②95
絶果ぬるも　①367
たえやらずしも　②96
絶やらずしも　②336
たえやらぬ　②76
絶やらぬ
岩の滴　②16
筧の水の　①352
たをやめと　④207
たおやめの　②311
たをやめの　①364
専女の　②237
婦人の　③444
たをらばなどか　②385
たをらば萩の　①335
手折しは　①494
手折ても　⑤107
手折見ん
あるじはい　①41
主じはいは　①150
手折もて
みなわが宿　①35
皆我宿の　①148
手折よらばや　②403
手折とて　⑥99
手折とも　①147
手折るとも　①34
手折なよ
花やはおし①77, 165
手折をおしむ　②321
手折をも　①427
たふれてのきし　③397
たがあがめをく　②356
誰あとならし　②399
誰いひなしぞ　①350
たが家に　①91
たかひに今は　③384
たかいに影を　③327
たかひにかよふ　④188
たかひにさつと　③270
たかひに時宜を　③200
互に時宜を　③513
たがひに絶る　①339
互に無事て　③486
互に無事に　③346
たかゐに目をひき　④259
たがいもゐして　②167
誰甍にか　②60
たがうへをける　①452
たがうへて　②139
誰うへて
さくなでし　②31
むかしを残　②367
たがうちはへて　⑥38
たが梁の　①476
違ふとも　③135
耕す比を　①469
田かへす時を　①434
田反す溝に　④156
たがかへるさぞ　①487
誰かかへるさの　②169
たが垣ねにか　②295
たが垣ねにも　①258
誰方も　②361
たが門も　①7
誰が門も　⑥57
誰かよひちの　④161
鷹狩しつ丶　①367
鷹狩に　④244
鷹狩は　①350
高き賎き　②360
高き位も　④107
たかきこ丶ろの　①307
高き瀬の　①53
誰来て月に　②58
高きにも　②231
たが衣々に　⑥44
高き恵を　⑥8
高き屋に
四方八方　③224
登りて岑の　①389
誰国も　⑤101
誰恋なれし　①477
誰こ丶ろむる　②41
高こしおろせ　④174
高東風や　①494
誰事とひし　④88
誰か小者そと　③197
高砂の
うらから裏　③331
尾上嵐に　②58
尾上に月の　②152
尾上にのこ　①330
おのへのか④10, 225
尾上の松千　③391
高砂や
尾上につ丶　④200
咳気声をも　③363
誰かさし柳　⑥116
誰里までの　①215
たが里も
天津雁がね　①248
夜長さわぶ　②305
誰里も　②142
たがさとよりか　②309
たが里を　⑥161
たか参宮の　③282
たかしのひてか　④192
高師の山を　①333
たが霜ふみて　②132
たがしるべして　②77
鷹居て　④136
誰捨衣　②136
誰住て
かこひなし　①262
深谷の道の　⑥21
誰すむかげぞ　②115
誰が住宿とは　③482
誰すめる　①272
高瀬ひく手に　①375
たかせ舟　①82
高瀬舟　①168
誰袖か　②16
たがたがと　④246
高面を　③281
高手小手　③372
高照す　②255
高楼に
のぼれば今　②248
のぼれば四　①214
高殿の　①384
高楼の　①213
高楼も　①83
誰とはん
うき世の外　②380
ひとり岩屋　⑥94
誰がなかだちぞ　①373
たか根にかすむ　①336
高根にひ丶く　③231
高根の寺は　①392
高根は霞　①322
高根は過る　⑥5
たかねより　①173
高根より　①89
高根を越し　②65
たがのこり住　②381
高野々奥も　③184
たかの行衛を　②77
竹葉洩　④83
たがはらへせし　②24

たが引初て　②208
誰か引はへて　⑥48
鷹人の　⑥11
鷹人は　④80
たが故郷ぞ　①236
たがふるさとの　①447
たが古す　②280
たが暮ぞ　⑥83
たかまことより　④215
誰かまことより　④255
高松の声　④293
高円の
　尾上颪や　②198
　尾上の月は　①377
高円山ぞ　②41
たかまのはらの　③367
高間山　③433
高まりや　③360
たが御祓　②411
誰めでゝ　②276
耕さむ　②255
高安の　③517
たが宿ならし　②324
誰宿の　①123
誰が夕暮と　⑥8
誰が世にか　⑤78
誰世にか　⑥161
高らかに　④288
たからかにこそ　③400
田刈らむと　②256
宝より尚　①388
抱りよ負りよふ　⑤98
たかわが浦の　①450
誰がわけし　⑤109
鷹をすへ野に　①478
たき置蚊火の　①327
滝おち合て　①306
滝落て　②298
滝おつる　⑥38
滝落る　②124
焼懸や　③387
抱篭の　③488
懐篭や　③108
滝川の
　音や乱て　②150
　みなぎりお　①445
滝川や
　砕る波の　①379
　解ぬるも又　①230
焼木負　②271
薪おふ　②297
薪負　⑥97
薪おろして
　立ぞやすら　②213
　休らへる道　②163
薪買　④191
薪こり　②65
薪こりつめ　②421
焼木こる　①230
薪こる　①325
薪こる男の　②224
薪つき　④240
薪ともしき
　陰の山住　②424
　山陰の竃　②171
薪とる　②84
薪取　⑥93
薪の能は　③384
薪は尽て　②185
薪見せ　③323
薪をはこぶ　②314
滝さむき　①45
焼そへぬらし　①351
滝津岩根の　②394
抱つかれたる　③440
たきつけは　③533
だきつけば　③366
滝つせに　①401
滝つ瀬の
　氷やとけて　⑥41
　波も色なる　②385
　響は雨と　②229
　夜な夜な涼　②119
滝つせや　④177
滝つ瀬や　①269
滝津せや　⑥37
滝津ながれの　②290
滝津ながれは　②188
滝津ながれも　②366
たきつなみ　⑥73
滝つひゞきも　②68
滝なくは
　み山にくち　①113
　太山に朽ん　①183
滝浪の　②171
滝波も　②6
滝浪や　③466
滝に月　⑥99
滝の糸　③402
滝の音は　①401
滝の声に　①112
滝のしら波　④195
滝のしら浪　③353
滝の流の　③269
滝のながれも　②86
滝の名は　①104
滝の音も
　高根の雲に　①217
　まさらぬよ　②25
滝のひゞきを　①440
焼火とくとく　③221
焼火に遠の　①375
焼火も更て　①403
滝ものとかに　③193
焼物の　①483
たき物を　③188
薫ものを　③197
滝より上の　①330
滝をのぞめは　③290
たぐひうらめし　①456
類ひなき
　句々やこと　⑤117
　位もよ所に　①396
たぐひはあらじ　②342
たぐひもあらぬ　②357
たぐへ見ん　①36
たく香なまめく　②277
焼影の　⑥52
卓香炉　③421
田草取すて　②45
田草取　①286
沢山に　⑤125
たくたくと　③470
たく火社　④110
たく火のかげも　②166
たく火のかげや　①464
焼火は消て　②184
匠みおく　④149
たくみて是を　③475
たくみて人を　③483
たくみらか　④273
焼や芦屋の　②360
たくや�　①382
たくやもくづを　②73
竹あめる　②408
竹うちそよぎ　①255
竹うちなびき　②165
竹馬に　③384
竹馬よりも　④252
竹多み　②379
竹垣の
　一重なりし　①248
　ひましらじ　①217
竹かこふ　①285
茸狩しつゝ　①494
茸狩の　④185
武きその　⑥19
武き名に　①92
竹串に　③437
武隈の　①292
竹さへうへず　①410
竹茂　②286
竹すのこ　④217
竹そよぐ
　中に小舟や　①253
　枕の上の　②235
竹田近江　③483
たけだちも　②143
竹田の里に　③294
武田の信玄　④211
竹ちかき　②335
竹杖を　④157
竹脩く　①124
竹なびく
　田づらの月　②33
　橋の行衛の　②327
長なる髪は　④257
竹に生て　④124
竹に生
　風の音こそ　①229
　風も秋しる　①433
　風や涼しき　①403
竹にこもりて　④111
竹に寂しき　②307
竹に鳴よる　②403
竹にねし　②109
竹にふり　①126
竹の中の　①20
竹の中より　④321
竹の馬　①476
竹の落葉の　②4
竹の落葉を　②103
竹の折戸に　⑤103
竹の垣　③268
竹の垣ほの　①420
竹のかくれに　①290
竹の枯葉や　①326
竹の皮　③416
竹の切世の　③301
竹の子に　③98
竹の子の
　ことぶきは　①61
　虫にたゝり　④337
竹子の　③15

竹の子は
　うぢよりふ　③36,⑥159
竹の子や
　いがきの内　⑤67,257
　井垣の内へ　③15
竹の子を　⑥155
竹子を
　十づゝ百や　③27,⑥135
竹のしづえに　①464
竹の下枝を　②243
竹の末々　⑥57
竹の園生の
　うらに井戸　④254
　山からの篭　④163
竹の園右も　③463
竹のそよぎに　②43
竹のそよぎも
　明すぐる空　④123
　梅がゝぞす　①264
竹の葉かしげ　②129
竹の葉風も　②185
竹のは越に　①375
竹の葉ごしの　②349
竹のはさやぐ　②329
竹の葉そゝく　②325
竹の葉つたひ　⑥7
竹の葉伝ひ　①368
竹の葉ならす　②289
竹の葉に
　秋のはつ風　②266
　かたへ消行　①219
　たばしるあ　②215
　吹風きけば　①243
　渡るやそよ　④130
竹の葉にをく　②7
竹のはの
　末重げなる　①382
　夕霜しろく　②58
竹の葉の
　茂りをすか　⑥94
　露おもから　②92
　露やおもげ　①290
竹の葉は　①272
竹の葉も　②399
竹のはや　①403
竹の葉や
　うごきて雪　②295
　うす雪なが　①423
竹のはやしに　②342
竹のはやしの
　明るしのゝ　⑥52
　奥ふかき陰　①274
竹の林の
　奥ふかきか　②7
　奥ふかき陰　⑥15
　光ほのめく　④93
竹の林も　④129
竹のはやしや
　つゞく一里　①309
　雪うづむら　①299
竹の林や　④88
竹の端山の　②434
竹のは分の　①482
竹の葉分の
　霧やはれけ　②287
　五月雨の露　④90
　月遅き空　①318
　月かすかな　②394
　ひかりしづ　②228
竹の葉分も　②313
竹のわれ樋の　②409
竹のわれ樋を　②92
竹は秋をも　①314
竹はして　③402
竹ばは秋の　①387
竹葉は絶る　⑥9
竹一むらの
　栖あるらし　②264
　栖有らし　⑥61
竹一むらは　①279
竹深き　②312
竹ふく風も　④110
竹薮の　③250
竹薮のきは　④310
竹よ杉よ　④295
竹より奥の　①294
竹よりおくは　②138
竹よりおくも　②331
竹より末の　②18
竹をふたつに　③357
高うなり　④302
たかうふかるゝ　⑤201
たかふふかるゝ
　須磨のうら　③241
　須磨の浦風　⑤179
田毎の早苗　①428
蛸にも其　③280
田子の浦　③231
たごの浦や　①427
田子のうらや　④173
蛸の首尺　③322
田子の塩屋の　④281
蛸船を　③438
たこやくし　④218
他言かならす　④314
だし入て　④290
たしかな証拠　④323
たしかなる　③466
慥なる　③314
慥に存た　③420
慥にも　④199
たしかはたかと　③363
たしなみやれ　③430
嗜みやれ　③295
大事の事は　③378
他生の縁の　③308
田鶴かける　①370
たづかける也　①490
丹鶴が音きこゆ　②372
たすきかけして　④280
鶴さはに　①284
田鶴さはに　②243
田鶴沢に　②247
たづなきて　①175
たづ鳴て　⑥151
田鶴啼て　④50
零鳴て　①97
たづ鳴渡る　②298
丹鶴鳴空の　②395
田鶴ならぬ　④146
たづぬる桜　①333
尋る友に　①414
尋ぬるは　③375
尋るも　②74
たづぬるもなき　②390
たつぬるや　④220
尋るや　②318
たづぬれば　①178
尋ぬれば　④54
尋れば
　さはこの見　①103
　ながれ出湯　①409
　又山住を　①261
尋出しは　②143
たづねいでたる　②208
たづね入ぬる　①491
尋ね入　②154
尋入
　笆のしら菊　①311
　よし野の花　②411
尋来て
　からたやつ　④330
　なちの高根　②140
尋くる　①416
たづね来し　②420
尋こし
　花遅げなる　①377
　ふる川のべ　①318
尋ねこし　①465
尋こぬ　②364
尋ぞ来ぬる　②408
尋ねつる　①434
尋て風の　②104
尋ねて来ませ　④202
たつねて忍ふ　③271
温ねてぞ　①135
たづねてを見ん　①445
たづねまどはす　②189
尋みぬ　①279
尋見ぬ　①338
尋見ば　①396
尋みよ　④56
たづねみる　①452
尋みる　⑥28
たづね見ん　①107
尋ねみん　①180
尋見ん　④54
たづね行　②61
尋ねゆく　①439
尋ゆく　②433
たづねよる　②216
尋よる　②107
尋ねん道は　②374
多勢に無勢　③491
たそが名に
　つく藤沢の　③21,④54
たそかれいとゞ　④78
たそかれ寂し　④112
たそかれ過る　⑥45
たそかれ時に　②185
誰かれ時に　②160
たそかれ時の　②123
黄昏に　①366
たそかれに　③250
たそかれの
　月影こぼす　⑥94
　月もふかめ　①302
　戸ざしをた　①289
　藤江や春の　⑥76
　藤のうら葉　②177

黄昏の　①41
たそがれの
　藤江やはる　④45
　藤江や春の　④48
たそかれは　②384
たそかれを　②297
たゞ秋風は　②166
たゞ嵐のみ
　かよふひつ　②185
　さはぐ谷の　②80
たゞあらましの　⑥41
たゝ有明の　③349
唯有明も　③450
だゝいから　④317
たゝ一念に　③185
只命こそ　②150
たゝいまか　④195
たゝ今たゝ今　③332
唯今頓死　④324
たゞいまにても　⑥101
たゞ今の
　空やなげく　⑤102
　空や歎く世　①17
　程にもつも　①308
只今は　③410
たゞ卯の花は　②115
只雲水を　③377
たゝへたる　②280
たゝかひに　①429
戦に名を　②354
戦ひの　④169
戦は　②177
戦ひや　⑥29
たゝ片すねに　③453
只鐘の　①19
たゞかりそめの　②181
たゝきかね　③228
たゝきかねにも　③234
たゝき立よ　③114
たゝきはきする　④258
敲寄る　④327
たゝく太鼓の　④176
たゝく戸ざしも　②354
たゝく戸ざしや　①410
扣に明ぬ　④108
たゞ恋草の　①484
直こかれ　④234
たゞこゝに　①323
たゞ爰に　①160
只こゝに　①66
たゞ爰にしも　①369
たゞ心こそ　①254
たゞこの軒の　①458
只此山の　②174
唯米のめし　③469
たゝさめさめと　④214
たゞしき掟　⑥20
たゞしばし　①474
たゞしばらくの　②192
只しやみせんの　③194
唯しら紙を　③468
たゞすさみには　①460
たゞすの竹を　①329
たゝずみて
　まだ入やら　②62
　待し関屋の　②380
たゝずむや　②311
たゝずめば　①420
但世忰こそ　③464
たゞせばおかす　①313
たゞ其まゝの　①302
たゞたのむ
　陰にかなふ　①188
　こゝち涼し　①69
　心ち涼しき　①161
只たのむ　①121
只頼む　⑤101
唯たのめ　③450
只ちつくりな　③315
たゞ重宝は　⑥100
たゝ町役の　③275
たゝ杖ひとつ　④301
只月ひとり　④302
たゞ常にしも　①373
たゝ釣竿を　④232
たゞつれづれと　⑥94
たゞながめなば　②104
たゞならず　①439
たゞならぬ　①465
たゝならぬ身しや　③402
只にはあらぬ　②247
たゝにはいかに　③311
忠信以後の　④318
忠信ひかへて　③409
忠度の　④185
たゞはたゞは
　風も通さぬ　③488
　只は通らじ　③101
たゞ一重
　垣ねへだつ　①274
　かこふ砌の　①354
只ひとへ　④247
たゞ一木　①297
只一木　②13
たゝ一くたり　③203
たゞ一声の　①215
たゞ一言の　②237
たゞ一とをり　②63
只一ねぶり　①375
たゝ一ひねり　③402
たゞ一筆の　⑥35
只一夜　②52
たゞ一夜だに　①259
たゞ一夜とは　②250
たゝ独　③312
たゞひとり　①353
たゞ独
　草の枕に　①225
　篭になく鶴　①457
　沢辺伝に　①410
　硯にむかひ　①273
　すます心の　①243
　立かへりす　②80
　楽しむ酒や　②406
　閨の月のみ　④94
　目覚るゆか　②97
　世に隠家を　①303
只ひとり
　小そうり取　③211
　住や山田の　②17
只独　①366
唯ひとり　②68
たゝ独子の　③347
たゞ独のみ　①247
唯平野目に　③517
朶々ふんて　③402
たゞ松風の　⑥26
畳さはりも　⑥102
畳たゝきの　③475
たゝ満仲の　④143
畳にあまる　④288
たゝみのおもて　③190
畳のへりの　③262
たゝみはしかで　③187
畳夜着　⑤97
畳をあげて　④319
畳むにやさし　⑤104
たゞやすらひの　①446
たゞ夢に　⑥117
たゝ夢の間の　③337
たゞ夢の間の　②298
たゞよふ舟は　②94
たゞよふや　②88
たゞよへる　①354
たゝらより勝に　③402
たゞわれからと　①460
たゞ我からの　①258
たち出る
　あしのかり　①317
　庵の前は　②407
立いづる　①221
立出る
　賎が前田の　①390
　末はいづく　②368
　袖は園生の　②327
　旅路の跡を　①312
　野は草々の　④100
　道も宿りも　②314
立出し
　家は霞に　①430
　心づくしの　④131
　御祓川原の　②116
立出て
　落葉かきと　②247
　月待暮の　⑥24
　月見る暮の　①270
　照をいたゞ　⑥39
　菜つめる今　④125
　望める水の　①359
立出て見る　②119
立居にいたむ　③310
立居につけて　④284
立居に昔　③171
立居もしらぬ　②324
立居よろこぶ　①475
太刀魚や　③128
立うかるゝを　②296
立うかれつゝ　①322
太刀おつ取て　③245
太刀折紙　③464
太刀折紙を　③254
立かへり
　うき道のべ　②26
　旅なる程も　②105
　亭主と語る　③220
立帰　②107
立帰り　③300
立帰り入　②409
たちかへりとふ　②333
立かへる
　太谷の道の　②65
　みどりやか　①45
立帰る

田面にそゝ　②63
南祭や　②248
山下道の　②145
立かへるなり　⑥52
立かさなりし　②167
太刀風に　④319
立消て　①268
たちきゝや　③374
立くる春や　②122
立来るや　①10
立こそかへれ　①415
立ちこそさはげ　②82
立こむる　②420
立篭る　②246
たちさかる　③301
太刀さげはきて　①395
太刀さげはける　①310
立さはぎたる　①328
立さらで
今しばしみ　②171
しのぐや花　②361
散を惜める　①375
立さはきつゝ　④146
立さはぎつゝ　①467
立さはく　③390
立し春を　①8
たち時分をも　③162
立時分をも　③503
立すがりたる　②425
立炭を　③24
立そひて
霞もふかし　①287
木高き杉の　②356
立添て　②59
立初る　⑥26
立そはむ　①279
立たがる　⑤105
立給ふ　③193
立つ居つ　③323
立つゞく　④122
立つゞけ　①19
立つゝけぬる　③268
立て舞をそ　③510
立て舞をは　③155
立てまだ　②180
立てみゐてみ　①399
立て行　①445
立所いづくの　①245
たちど定ぬ　②201
立所しられず　①440
立所そことも　①337
立どまり　①283
立とまる　③451
立どまる　⑥28
立どまれとや　①353
立なから　③308
立ながら　①324
立ならす　⑥24
立ならびたる　②263
立双びたる　⑥61
立ならふ　④214
立ならぶ
いらかの軒　⑥57
数おほふな　①437
木々にひゞ　②105
中に姿の　④77
花の香うご　①22
舞の足踏　①357
松に隔る　②300
松原ごしの　②359
立双ぶ
樗のかげや　①489
木末にしき　①297
木末も浅き　②424
松の陰より　①409
立並ぶ　②19
立馴る　④125
立ぬるは　②244
たちぬはぬ
きぬきる滝　①102
きぬみる滝　①178
衣手かろき　②46
立ぬはぬ　②188
立残りつゝ　②11
立延て　③498
たちばなに　①50
たち花に　①153
橘に　⑥32
たちばなの　①49
たち花の
中につむべ　①153
花は老せぬ　①49
橘の
かほるやど　②35
香には昔を　③187
匂ひや袖に　②241
花ちるころ　①270
花の香ちら　②83
花は老せぬ　①153
花もしを此　③153
立花の
香さへあた　①50
三尺八寸　⑤218
はなや置て　①50
橘の木も　①324
たちばなは
風もおもは　①50
匂ひを色の　①50
闇をはらせ　①50
たち花は　①50
橘は
色さへ香さ　①211
かほる間も　②136
むかし忘ぬ　①242
立花も　①50
たちばなや　①50
橘や
風のにほひ　①234
けにもはれ　④288
花さへ葉さ　⑤44
たち風呂の　④247
立隔　①365
立舞は　⑥22
立まふ折や　②74
立まふ袖ぞ　①302
立まふも　②167
立舞も
生捕れつゝ　④243
心のいかり　①310
立まじる　①272
立まじはるも　②417
たちまち鍋の　③404
忽に
家もつふる　④176
魂は冥途の　③460
忽箱に　③354
立まよふ
霧や風呂屋　③303
雲の遠山　②344
立迷ふ　②435
立まはす　④141
立まはる　④154
立見こそ　③230
立みちて　①18
たちやかへりし　①305
立やすき　②66
立やすし
こんな事な　③96, ⑤169, 280
立やすらへる
袖ぞ身にし　②304
松かげの道　②297
道の旅人　①468
立やどる　①384
立よらむ　②215
たちよりすかす　③147
たち寄つゝも　①298
立よりて
駒かふ森の　②69
のまんとい　⑤76
立寄て
餅屋の見世　③165
休らふ道の　②244
立よるかたは　①410
立よるとてや　①392
立よるは　②184
立寄は　③226
立よれば
木しげき陰　①252
露けかりけ　②304
籬に鳥の　①236
立わかるゝは　①359
立わかれ
跡はひよく　③286
おもへば人　⑥71
日もかさな　②291
立別
跡は比翼の　⑥145
いなばの山　④10
立別ての　④261
立わづらへる　②240
駄ちん馬　③187
立朝市も　①336
たつあとや
与七かざゞ　⑥141, 153
立あとや
与七かさゝ　③373
与七かざゞ　③93
立市の
場こそ鄙の　①354
脇立となる　④258
たつ市の日の　①450
立市町は　③290
立うす霧や　②225
立かたしるき　①458
立かたに　②87
立蚊柱も　①212
たつか弓　③285
立雁の　①237
立雁も　⑥44
たづきなき　②250
たつ霧の　③272
調布は　①495

調布や　④84
調布を　④91
たつ鷺の　①58
立鷺の
　翅に雪や　②49
　羽風も青し　①156
立鴫の
　声をかり田　①219
　沢辺のほと　②111
達者成　③297
たつ杣も　①73
たつた一夜て　③342
たつた一筆
　をくる秋の　③207
　墨染のそて　③507
たつたいま　④166
たつた今　③384
立田河　①270
竜田川　③238
立たゝず
　ゆふべを花　⑥148
　夕をはなの　①26
　夕を花の　①144, 261
立田のおくの　②30
立田のおくは　④176
立田の奥や　②93
竜田の梢　②370
立田の姫は　③477
立田の黄葉　①252
立田の紅葉
　しのひの御　③457
　ちるな明日　①416
立旅の　④238
立田姫　①263
立民も　②136
立塵の　②425
立つてはこくる　③431
たつときも　④177
たつとき山の　④154
たつとしの　⑤164
立年の
　かしらもか　③183
　頭もかたひ　③26
たつ年も　①9
立と見えしも　①403
立鳥に　①322
たつ鳥の　④159
立名はまたき　③235
立浪に　①301
立なみや　②276
辰の市かと　①447
竜の門　①411
立はたかりて　④213
立日より先　②374
たつふりと
　皿に鱠を　④142
　しつむ汨羅　③174
立や市場の　③181
たつ八重霧を　①461
立宿の　③206
立宿も　③214
断や学ぶる　①390
立やみどりの　③354
たつ夕霧の　①270
田づら植すて　②326
田面おしなべ　②387
田面をしなべ
　うへぬかた　①460
　なはしろの　①442
田面かつがつ
　いそげ苗し　①415
　をけるしら　①462
田づら刈とる　④128
田づら鋤すて　②50
田面つくして　①392
田づらながれに　②75
田面にうつる　②331
田面に見えぬ　②184
田面の秋の　①371
田面の朝日　④112
田づらの庵は　②368
田面のいなば　②34
田面の色ぞ　①362
田面の疇を　②248
田面のかたに　②351
田面のかたへ　②43
田面の畔の　②371
田面のさなへ　②188
田面の早苗　②399
田づらの鴫の　②24
田面の末の
　嵐はげしき　②389
　道の一筋　②419
田面の原に　③299
田づらの道の　②92
田面の柳　②324
田づらはげしく　②245
田づらはるかに　②131
田づら吹　②253
田面もくれて　②47
田面も畑も　①476
田づら行かふ　②266
田づらより先　⑥5
田づらをすくや　②315
田面をみれば　②415
田づらをわたる　①263
たつるけぶりに　①453
たつるけぶりや　②30
たて出す　③299
楯臼は　③238
立ゑほし　④233
たてをかれたる　③509
たて小袖　④281
蓼酢こほるゝ　③398
立砂まき砂　③435
たて染や　④138
たてたはこ　④258
たてなから　③460
たてながら
　手向る幣や　①13
　花とやめで　①187
　花とや愛ん　①120
伊達な小袖に　③294
たてな羽織の　④146
たて双ふ　③250
たてに染たる　④263
たてにつく　④171
奉る
　しでの音な　①337
　ぬさとりど　①411
伊達ものゝ　③465
立も横も　④240
立役者　③348
立山禅定　④277
たてらるゝ名を　②281
たてる名は　①473
たてる一木の　①348
たてる屏風の　②213
たてわりにして　④295
たてを島津の　④153
たとひ客　③327
たとひ遠くと　④243
たとふ紙　③318
たとへ我　③344
たどたどしきは　②196
たどたどしげに　⑥24
たどりきて　②400
たどりこし
　初瀬の宿り　②110
　三河の沢に　①474
たどりこそゆけ　②201
たどりしを　⑥29
たどりつゝ　②7
たどり行
　末やくらま　②77
　竹の下道　②219
　道ははるけ　②283
たどり行ゑは　⑥38
たどり侘　①433
たとるもあふな　③146
たどるもつらき　②95
たどれば遠き　⑥12
棚請にとて　④272
棚かえの　④285
田中の家は　①295
田中の庵に　①227
田中の庵も　⑥40
田中の道の　①238
田上の　⑥21
棚さかし　③525
たなゝし小船　④146
棚なし小舟　②408
棚橋いづこ　②143
たなはしも　②103
たな橋も　⑥5
たな橋や　②133
七夕との丶　③309
七夕に
　かせる扇の　②280
　願かけつゝ　①308
　木綿一端　③254
たなばたの　①75
七夕の
　あふ夜憐む　④128
　あふ夜の空　④78
　あふせは稀　②250
　かりきも質　③200
　夜半の契り　④82
七夕も
　心もとなや　③161, 502
　はたりくさ　④173
七夕や
　扱は今宵の　④332
　左扇て　③256
　まれに逢夜　①265
　稀に逢夜を　②192
七夕を　②347
たなびかれ　①16
たな引残る　②87
棚引わたる　①400
たなをあらさぬ　③197
谷あひも　①373
谷合や　①494

田にあさりする ①432
谷陰は
　いとはやも ①289
　霞に霧の ①340
谷陰を ①418
谷風に
　鞍馬の花は ③178
　そなれてひ ①329
谷風の
　木末にかへ ①114
　なかぞらに ①102
　半天にみる ①178
谷風や ②406
谷から峰から ③420
谷川に ③453
谷川の
　凍は鴛の ①217
　波をやく火 ①41
　紅葉はをし ①114
　紅葉は鴛の ①183
谷河ひゞく ②281
谷河や ②86
谷川や
　だんだら筋 ③284
　中比地蔵 ③465
谷せばみ
　尾上の桜 ①270
　外よりも先 ②150
谷に水落 ②375
谷の庵の ②125
谷のかくれは ②31
谷の木末に ①427
たにの雫に ②76
谷のしづくも ②39
谷の底まで ②277
谷の杣木は ①466
谷の戸に
　木末を手折
　①102, 178
　さそくを踏 ③264
谷の戸の
　秋をとひぬ ②436
　あたり涼し ②102
谷の戸は
　けぬが上に ①484
　たゞ薄霧を ②61
谷の扉は ①333
谷の戸も
　浮世をかく ②347
　うき世を渡 ①202
　すめばこそ ②307
谷の戸を ③211
谷の流の ②53
谷のなかれを ③334
谷はれて ①83
谷ふかき ①338
谷深き
　うつの山中 ②364
　霞の奥の ⑥116
谷ふかくなる ②141
谷ふかみ ④143
谷深み
　後世とも知 ③351
　空も閉たる ⑥92
谷ふところや ②182
谷水の
　こゑや催す ②28
　ながれも塵 ④125
谷みつ越て ③525
渓も春なる ②253
他人のをはりに ③305
他人の物に ⑤97
たぬきね入を ③165
狸の穴を ③342
狸のみこそ ④188
狸の弥陀を ③471
狸ばけたる ③469
種おろす ②417
種しあれば ①63
種しあれや
　岩にもつけ ①62
　み山と思ふ ①35
　深山とおも ①148
種まき植し ②410
たねまきそふる ②364
種物も ③431
種よ何 ①108
たのふた人は ④183
たのしきを ①125
たのしさや ①130
たのしてふ
　世の春を見①6, 139
たのしびの ④87
たのしびも ⑥32
たのしみ其内に ⑤124
たのしみの ①31
たのしみは
　おなじこ蝶 ①463
　たゝ此盆の ④156
たのしみは又 ④197
楽しみや ①8
たのしみをしも ①480
たのしむ心 ①429
楽む御代の ①209
楽むも ②20
たのしめる ③203
田の初尾とて ③273
たのましな ④250
頼ましよ ④232
たのまれぬ
　老の身なが ⑥170
　契ながらも ①494
　八十のちま ①464
頼まれもせず ①384
たのみ有 ①301
たのみ入 ③230
頼つる ①236
頼みて幾日 ②188
たのみても ①480
頼なき ②103
たのみに樽に ④143
たのみにと ③166
頼みぬる ⑥30
頼ます ③458
たのみよるこそ ②15
たのみをは ③170
たのむかひなき ①352
たのむ鏡の ①343
たのむ陰
　あらんかぎ①26, 145
　あらん限り ②272
　今はなげき ①75
たのむこそ ①335
頼こそ ②195
たのむぞよ
　神のおまへ
　④16, 19, 22
　君が舟出も
　④60, 108, ⑥109
頼むたよりの ②59
たのむちぎりも ②68
たのむ使や ①494
頼むにも ②95
頼はしらの ④160
頼べき ②188
たのむましきは ④315
たのむ夢路も ②226
たのむるは ①460
頼め置つる ②58
たのめ置ても ①411
頼め置ても ①364
たのめをく ②388
たのめ置
　親の親とや ①431
　空かき曇る ②384
　町ふるまい ③231
たのめし暮の ①257
たのめし暮も ①466
たのめしせこを ①260
たのめしたれを ①323
たのめしは ①289
たのめしはうき ②104
たのめしも
　今はつらさ ②218
　こぬものか ②288
　むなしきゆ ①445
頼めしも ①379
たのめしを
　哀忘れず ②114
　待うらむら ①433
たのめつる
　秋もむなし ②296
　人は軒ばに ②300
たのめても
　かひなき中 ①484
　問来ぬはう ②67
頼めても ②41
たのめとの ①246
たのめぬも ②209
たのめぬる ①372
たのめるは ⑥13
頼めるは ②357
たのもしき ①112
たのもし講に ③222
たのもし講の ③470
頼母子すくも ③314
たのもしな
　色こき中に ①104
　先此世より ④9
たのもし人も ①298
たのもしや
　無病は食に ③464
　桃は三千と ⑤107
頼母敷を ③266
莨菪切 ④323
たばこでも ④291
たはこのけふり
　飯けふり迄 ③508
　むら雨の雲 ④175
たはこの灰の ③429
たばこの火 ④310
たはこのむかと ③218
煙草のむかと ③529
莨若盆 ③475

たはこもたせて ③211
たはこをすはん ④147
田畠に ③238
たばつけし ①285
旅居せよ ①44
旅居ほどふる ①412
旅送り ④186
旅からたひに ③185
旅家老とて ③413
旅心ち
なぐさむ陰 ②230
のぶる関屋 ①391
たひころも ④215
たひ衣 ③361
たび衣 ②220
旅ごろも ①445
旅衣
秋こそいと ①228
うちおもひ ②345
うち思ひや ①202
うらがなし ②201
うらやまし ⑥41
おほせのこ ③216
かたのまよ ①354
袖に嵐や ②250
たちおよき ③268
立しもはや ②323
立わかれな ①429
爪木を雪に ②181
猶行先を ①268
野を分山を ②434
華のみやこ ④148
春のうつる ①256
不尽の雪し ③423
道はるばる ②113
もめん羽織 ③376
やすらふ程 ②12
旅支度 ④313
旅路に長き ①416
旅芝居
海道一の ③292
是なる灘を ③360
花のさかり ④179
旅路はさむく ④279
旅路隔つる ②400
旅路を祈る ⑥13
旅すがたとて ②152
旅立し
空いくかす ①132
空いく霞 ①193
旅立しより ②360
旅立すれは ③183
旅立て ①414
旅立は ③317
旅立や ④261
旅たつ空は ③335
旅だつ人の ②303
旅だつ人を ⑥27
旅だてる ①211
度々かよふ ①409
度々こゆる ①471
たびたび猿の ②163
たびたびに
垣ほのあた ⑥9
舟引のぼる ⑥55
ゆきてはか ①459
度々に
磯べの浪の ②265
おもき真柴 ①285
今日の盃 ②341
しかる旦那 ④279
月の夜風呂 ③162, 503
つもれば払 ⑥22
吹送りぬる ①300
吹くる風の ②7
ふるは冷じ ①306
もれしはい ②419
たびたびにしも ②56
度々の
鴫の羽がき ②294
娌入するは ③157
よめ入する ③514
度々めぐる ②244
たびたび夜はの ②77
旅つゝら ③524
旅泊り ④274
旅ならで ②262
旅なるか
帰らん伝の ⑥23
三年過ても ①292
旅なるせこを ②40
旅なる人を ②216
旅なるを
思ひやりつ ②30
したふは子 ①287
向へて見ば ②139
旅なるをしも ②22
旅に雁の ①98
旅に聞 ②118
旅に来て ④132
旅にしあれば ⑥46
旅にして
いもをこふ ②276
おぼえず秋 ⑥59
知ずや宿を ②353
馴し一夜の ①252
やつれおぼ ④118
旅にはせいも ④161
旅に冬めく ①437
旅に待間の ②381
旅に三年を ①307
旅にやつれて ①367
旅ねおどろく ②259
旅ねくるしむ ②44
たび寝して ②429
旅寝して ③454
旅寝する ①360
旅ねせん ⑥41
旅ねとへ ①191
旅寝とへ ①127
旅ねに明す ②187
旅ねに秋の ④113
旅ねに置し ③345
旅寝には ①73
旅ねにも
明ん夜おし ①62
二夜三夜と ①494
旅ねねられぬ ②288
旅ねの月に ②48
旅ねのまくら ②391
旅ねは月に ①410
旅ねは露も ③190
旅のおもひを ②262
旅の思を ⑥59
旅の首途に ②402
旅の心を ③392
旅の衣に ①333
旅の衣を ②119
旅の袖
霧にしほる ①327
遥に人家を ③485
ひたと重て ④147
たびの空 ②335
旅の空
出雲の大屋 ③473
大雨頻に ③440
きんちやく ③212
くきら鳴て ①401
さけはんと ③379
しはし枕を ③303
誰も悲しや ①380
日はまた残 ④190
ふせやとき ②374
旅の空に
我もありと ①97
我も有とや ①175, ④21
旅土産とて ①474
旅のつらさや ⑥28
旅のつれ ③341
旅の友なる ②183
旅の長路は ②190
旅の情を ①300
たびの日数ぞ ②289
旅のまくらを ①252
旅の道
そこともし ②411
深き嶺より ②356
旅の身も ①461
旅の物なる ②301
旅のやつれに ③502
旅の宿うき ②19
旅のやどりは ①225
旅のやとりも ③390
旅のやどりを ②202
旅の舎りを
いづち定め ②248
かりそめの ④80
旅の行てに ①467
旅の世を ①108
旅はしぐれを ②215
旅はたゞ
しづ心なき ①427
たれとしら ①488
旅は只 ②237
旅は旅を
しる人ぞし ①52
知人ぞ知 ①154
旅は難儀よ ④274
旅は夢にも ②151
たひ人と ④336
旅人ならし ②311
たひ人の ④338
旅人の
朝行道の ①378
出こしらへ ③508
笠に木葉の ④246
首途をいは ②146
菅笠深し ⑤106
袖を引田の ③146
立行あとを ③523
たひ人のつて ④221
旅人の夢も ③415

たび人は　①459
旅人は
　しばしばか　①481
　しらぬ径や　⑤108
旅人も　⑥44
旅人を　④335
旅まくら　③455
旅枕
　げにもとし　②414
　月をよすが　②370
　夢に三月や　①261
旅までも　⑤78
旅もよし
　ことしげか　①193
　事しげから　①131, ⑥152
　まぎるゝこ　④37
旅やうき　⑤75
旅役者　⑤250
旅やつれ
　おもひやり　①339
　思ふにいか　①397
旅屋の亭主　④272
旅行すゑは　①432
旅行袖の　④110
旅行空に　①226
旅ゆくは　①88
旅行人や　②387
旅行道の　①264
旅をこゝろの　④101
旅をさせふかや　③456
たふたふと　③387
多分あなたは　③252
給の酔
　くれなは花　③264
　渡れる橋の　③356
給へ酔て　③300
給酔の　③181
給酔た　③173
玉あられ　①186
玉かあらぬか　②318
玉かくる　②234
玉かけぬるも　⑥117
玉かづら　②343
たまかとこぼす　①221
玉かとしろき　②48
玉川の　③463
玉河や
　岸に寄波　④88
　行風白き　④54
玉川や
　岸に寄波　①230
　しほ風白き　④56
　流る水の　①354
　まなくもな　②213
玉茎を　⑤217
玉くしけ　③508
玉くしげ　②191
手枕久し　④243
手枕に
　散来て匂ふ　②92
　露けさそへ　①227
手枕の　①417
手枕は　③329
玉琴の　②307
卵の貌　⑤98
たまさかに
　逢嬉しさを　①257
　あふ夜と星　①479
　口説なした　③208
玉さかにしも　②45
たまさかの
　あふせもた　⑥43
　契ながらも　②285
　人に霞を　②207
　交りあかぬ　②313
　むつ物がた　①492
玉ざゝに
　紀のつら雪　③136, ⑥157
玉笹に　①212
玉ざゝの　①158
玉笹の　①61
玉篠の
　たまの便宜　③165
　名にたより　①186
玉笹の　①119
たまざゝは　①119
玉ざゝは
　霰ふりをけ　①186
　かねて霰の　①186
たましゐも
　あくがる計　①273
　ぬくる程な　③151
玉しゐも　①463
魂や　⑥99
魂を　③465
たましをくるゝ　③438
玉しける　②389
玉島や　②55
玉章の　④260
玉札は　①404
玉章までも　③205
玉章や　④221
玉つさを　③500
玉章を
　うしろめた　⑥56
　定家様にも　③166
玉すだれ
　おろせば露　①451
　ひまひま白　①450
玉簾
　暖げなる　①210
　霞て夜をや　①246
　へだてし衣　①260
玉々に　④161
たまたままつる
　泪かなしき　①363
　野辺の古づ　②65
たまたま向ふ　①400
玉だれちかく　④80
玉垂の　①305
玉散ばかり　④128
玉つくりと　④255
玉津島
　えならぬ春　②235
　夕波の玉　③270
　よせてはか　①416
玉つゝむ　①67
玉つばき　⑥172
玉つみし　①62
玉手箱　①429
玉とても　②354
玉とのみ　②408
玉にあらす　③347
玉ぬきし
　をだえの橋　④56
　緒絶の橋か　①80, 167, ④54
　をづの浦は　①62
玉ぬきみだる　②406
玉ぬく糸に　④271
玉のありかを　①445
玉の有かを　②162
玉の家居も　④242
玉のうてなや　①359
玉のを長く　②222
玉のおのこや　①455
玉のをも
　今消ぬべき　②171
　なげの情に　②173
玉の緒よ　②160
玉のをゝ　①326
玉のかふりを　④213
たまの客　③271
玉の声は　①55
玉の光は　②434
玉のをの　①40
玉の緒の　①364
魂はむなしき　②186
玉ぼこの　①456
玉鉾の
　末はむさし　①480
　便にとへば　②114
　たよりにな　①34, 147
　たよりに人　①259
　たよりもえ　①320
　伝にのみ聞　①424
　人しづまり　②266
　広野も末に　②423
　道暮はてゝ　②323
　道の旅人　②253
　道は霞の　②414
　道ふりとぢ　②111
　道行なづむ　①231
　休らふ空や　①492
　山路をとづ　⑥8
　往かひたえ　②245
　行袖絶て　①342
魂祭　④225
玉まつる　⑥14
玉祭る　①271
魂まつれとや　④246
玉まりの　⑤103
玉虫の　③525
玉藻しげれる　①233
玉藻みだるゝ　①334
玉やしく　①164
玉や敷　①74
玉ゆらの　①81
玉ゆら結ぶ　①389
たまらぬはをし　④98
たまりもあへす　③330
たまれ雪
　そをだに後　①123, 190, ⑥165
玉をうへし　①81
玉をかけたる　①469
民ぐさなつく　②401
民種も　①352
民さかへぬる　②433
民すらも
　君きみにま　②353
　富さかへゆ　②407

民ぞけふ　①9
民にぎはへる　②196
民にたゞ　②23
民に人に　①8
民の秋　③83
民の秋や　③51
民の家も　③31
民のかまどの
　数ぞそひ行　②368
　さぞなたの　①283
民のかまどは　①462
民の竈も　④84
民の小家の　①246
民のしたがふ　①469
民の時とや　④91
民の戸の
　やすけさ知　①161
　安けさしる　①66
　ゆたけき時　①430
民の戸は　①417
民のねがひ　①129
田蓑の島に　④238
田蓑の島も　②65
民の貢の　②396
民はたゞ　①480
民も只　②8
民やすく　②364
民安げにも　②329
民ゆたかなる　①448
民をおこす
　年あらたな　①5
　年新なる①138, ⑥87
民をめぐむ
　神ならば神①71, 163
手向べき　①380
手向草
　神のかへさ
　①106, 179
手向なば　①104
手向にと　②123
手向には
　わが袖ゆづ
　①85, 170, ②303
手むけの幣に　④115
ため息ほつと　③208
ため息や　④291
為氏に　③473
ためしあれば
　今もゆるせ　②364
　打はらひみ　①176
　打払ひ見ん　①99
　引手にみて　①11
　引手に満る　①139
ためしにも　③453
たもちがたきは　⑥10
保ちぬる　①388
たもてや法の　④154
たもとから　③166
袂すゞしき　②39
たもと涼しく　②324
袂に月は　②253
袂にて　③312
たもとに吹も　①304
たもとにふるゝ　①211
袂にも　①491
袂のあかや　③470
袂豊けき　①207
たもれといへは　③301
太夫桟敷に　③209
太夫桟敷も　③457
太夫さま　③449
太夫はしらや　③346
太夫へと　④282
大夫本　③394
たゆめ置つゝ　①252
たよりあやしき　②39
たよりあらば　①234
便あらは　④338
たより皃なる　②223
便さへ　②135
便なき　⑥98
たより渚の　③335
たよりに旅の　①422
たよりには　②428
たより待えて　②105
便もあらぬ　⑥26
たらひのうちも　③224
盥もゆゝし　③399
たらたらと　③479
たらちねに
　仕ふるこゝ　②351
　まかするほ　①460
たらちねを　①367
他力の信心　④268
たり六寸の　④320
垂木も鼻は　③193
樽肴　④204
樽銭も　③276
たる泪　④325
樽の新酒を　④162
たるほの光　③460
達磨尊　④243
誰かいひけん　②402
誰か今
　霧分て問　②131
　常離るとも　⑥93
たれか来て　④79
誰か此
　あれたる里　②114
　種蒔置し　①369
たれか先だち　②216
誰か先だち　⑥10
誰かさこそは　②195
誰かしつつる　③282
たれか尋ん　②288
誰かつとむる　②54
誰かとふらし　②185
たれかとめん　①189
誰かとめむ　①122
たれか取見ん　②349
誰か野と成　②69
たれかはと　⑥54
たれかは問ん　①440
たれか引とも　③242
たれがひけども　⑤209
誰がひけども　⑤185
たれか先　①445
たれか又　④13
たれか見る　①332
誰か見る　②50
誰かよふとも　②241
たれ通ふらし　①370
たれか世に　①53
誰か分べき　②363
たれか分らん　①468
たれかわけこん　①463
たれこゝもとに　①285
たれこめて
　心のどめぬ　②250
　独さびしき　⑥50
たれ篭て　④236
垂こめて
　送る日来の　②436
　送ればいと　①417
　日比へにけ　①244
　物思ひねの　①357
垂こめぬるは　①294
垂篭ぬれば　④133
たれ先に　①262
たれさしすてて　②306
たれしかも　①460
誰しかも
　陰の岩屋は　①389
　乗捨舟ぞ　①376
たれ住て　①278
たれたれよびに　③295
誰問来てか　②180
誰とか月に　①379
誰とかは　⑥118
誰としも　④107
誰とても　②109
たれと共に　①185
誰と共に　①116
たれと共にか　②268
たれとは人を　②105
たれともいわで　②45
たれともしらで　②48
たれならふべき　①403
誰ならん　①395
誰なれば　②236
誰におもひを　③290
たれにかたらひ　①492
たれにかたらん　②349
誰にかは　①253
誰にかも　②28
誰に聞とて　②360
たれにとよらの　④243
たれにまたるゝ　①438
誰の仕置そ　③216
たれ人待て　①303
たれまつ虫の　①238
たれもかよはで　②385
誰も此　③180
誰も是には　③305
たれもさこそは　②342
たれもたゞ　①340
誰もたゞ　①301
誰も只　②163
誰も問じと　①401
たれも仏を　①271
誰も皆
　けふはまじ　①302
　今朝は親月　②377
　待向たる　①354
誰も別を　②127
誰やたそかれ　③177
誰やらが首　⑥100
誰やらん
　故郷の者に　③309
　石菖鉢を　③323
誰ゆへに　③438
たれ行てみる　①276
たれ万代の　②40
たれをかも

下待がほに　②228
松こそしる　⑥152
松こそ知べ　⑥152
誰をかも　③218
たれを友よぶ　①438
誰をとはん
この宿なら　①120
此宿ならで　①187
誰をよはふも　③363
太郎次郎も　④204
太郎坊　④288
太郎めも　③363
たはふ鰹魚に　④135
たはけかよりし　③331
たはけには　③470
たはぶるゝ　⑥17
たわふるゝ　③212
たはぶれにくき　②354
たはぶれも　②234
たはむれにくき　②44
俵の入も　③200
俵の底も　③190
たはれはやめず　⑤98
たはれ女に　①337
たはゝさは　①367
たはゝになびく　①365
田を刈しづが　①452
田をすきおこす　④283
談議さへ　④279
短気酒　③488
短気つもりて　③486
痰気はさりし　③380
談議はしまる　④281
談義ほん　③227
短気ゆへ　③338
痰切を　④234
短檠白く　⑤95
談合事　③443
談合事の　③234
たんかうに　④187
談合の　③197
談合は　④206
談合柱　③378
団子の銭　③309
団子より　④279
短冊の
うら淋しく　③223
数書流す　⑤116
短尺の　③390
誕生は
参勤年の　④251
へんしに当　④150
袒裼裸裎　④315
蜑巣　②100
だんだんに　⑤127
たんな牛房へ　④263
旦那殿　④169
旦那殿の　③433
旦那に朝茶　③150
旦那の気分　③311
痰の薬　④320
丹波路や　③462
丹波路を　③388
丹波丹後の　③222
だんふくろ　④265
たんほあたゝめ　④183
たんほ通ひ　③452
たんほをも　④276
端ものや　③403
探幽か筆　③423
短慮にめくる　③215
短慮のいたり　④321
檀林に　③349
談林の　⑤106

【ち】

乳あまして　③479
知あるをもつて
代をは治る　③205
代をばおさ　③527
ちいさきふねに　②332
ちいさき舟や　②372
ちいさくて　④182
ちいはゝたちは　③177
知音かほする　④275
智音方をも　③214
智音状　④324
知音のかね言　③285
知音の筋目　④303
知音ふり　④230
智恵うすかすみ　④138
智恵才覚は　④211
智恵付と　④270
千枝に見し　②63
知恵の輪や　④163
血おろししたと　③415
誓ひてし　②223
ちかひには　④262
誓ひには　③267
ちかひの舟の　③332
ちかひをも　②122
ちかゝりき
枕上庾嶺　⑥130, 164
ちかきあたりに　①250
近き嵐の　①401
ちかき江も　①17
ちかき野沢の　①481
ちかき野に　①468
近き野に　②286
ちかきのゝ　①458
近き野や　②407
近き野山も　②133
ちかき春しる　①327
近き春日に　②432
近衛の　①415
近き山辺の　⑥22
ちかくてとをし　②374
ちかくなり　①256
近く見る　③506
ちかちかと　③247
近々に　③403
ちかづきし　①441
ちかつきて　④138
近付ひろし　③451
近付もなし　③223
近づくと
しるより涼　①65
知より涼し　①160
近つくや　③317
近付や　④217
近よりて　①64
力おとしの　③390
力車　②396
力車の　②329
ちから瘤　③293
ちからつく　④171
ちからのほとは　③271
力もち　④221
力わさ　③311
地気既に　⑤125
ちきのおもりに　③323
知行所の　③224
知行とりにも　③308
知行は余所の　③254
知行もや　④222
知行をも
作取なる　③362, 521
ちぎらでも　①294
ちぎらぬも　②399
ちぎらねど　②160
契らねど　①91
契あれば　②273
契置し　①469
契り置しか　②328
契りをきしは　③207
契置しは　②435
契置しも　②142
契置て　④123
ちぎり置てし　①437
ちぎりをきても　②66
契置ても　②314
ちぎりをく　⑥70
契りをく　②357
契り置　②216
契をく　②226
契置
妹恋しらに　②317
比とや妹も　④87
比は焼香を　②321
夕を雁の　①410
契り置夜は　②5
盟り置るを　④125
ちきりかけ帯　③363
契しあらば　④85
ちきりしか　③165
契しか　②405
契しが　①271
契りしが　④129
契りし末を　①382
契しに　①297
ちぎりしは　②174
契しは
うたがはし　①318
砧の音を　②371
空行月の　②353
たゞよふ空　②414
契りしは
見きとなか　①390
夢をぞ頼む　②368
ちぎりしはじめ　①308
契しも
さそはれ残　②72
さはりの雨　①228
契しを　②22
契りしを　①442
契つゝ　②381
契りて見しに　②26
契りなを　②150
契ぬる　⑥10
契りの末や　②181
ちぎりのすゑを　②74
契はさすが　①428
ちぎりむなしき　②219
契むなしき　①278

契空しく　②244
ちぎりも月も　①463
契りも深き　①372
契もよ所に　②119
契りもよ所の　②295
契りやおなじ　②345
ちきりをむすふ　③178
契こそ　②400
ちぎるとや　⑤78
契るもはかな　①370
契るや同じ　①202
契只
旦妻舟の　①399
しばしばか　④120
千草の色を　②161
ちぐさの露に　⑤100
ちくらか沖に　③159
致景ある　③169
違ふたものゝ　③425
千声にも
夜はあまり
①98, 176, ⑤163
千声ひゞきて　⑥94
児さくらをや　③223
児達を　③290
児の上　③359
児を愛せし　③237
ちさい子か　④239
千里の民も　⑥54
千里の波の　④95
千里の波も　①359
千里をも　①40
千入をも　①30
智者のほとりに　④161
智者不埒なり　④314
智仁勇の　④296
地水火風　④274
馳走ふり　③315
馳走ふりして　④279
馳走ふりにも　③207
馳走をしたる　③505
千度うつ　③222
千度打　①386
千度きぬたの　②280
千たびとへ　②387
千度都を　①301
父かなけきや　③387
ちゝ大臣を　③344
千々に物こそ　③321
千々の秋
猶たのむ陰　①109
満なん年を　①386
よしやわか
①107, 181,
④27, 31, 34, 37, 39
わかれより　④58
千々の秋は　①108
千々の秋や　①496
父のあとしき　④208
千々のおもひの　①291
千々のおもひは　②431
乳呑う　③444
乳々はかりにて　④144
蜘蛛樹　③475
千々万　①115
乳々をしぼれは　④291
千々をふる　③451
千束の文を　④240
ちつくりと
かね言なか　③379
月影赤き　④183
ちとあたことを　③146
ちとこなた　④247
千歳とは　②15
千年の色や　⑥30
千年のかげや　④88
千年の春も
あかしかり　②160
里のにぎは　①374
千歳の春を　①281
千年ふる　④242
ちとたしなみやれ
打乱髪　③310
そちの小便　③323
ちと残　④258
千鳥鳴来る　⑥97
千鳥なく
あら磯ぎは　②288
夕の苫屋　①191
千鳥鳴
川風送る②262, ⑥60
けしき身に　①329
夕の苫屋　①127
鵆なく　②94
鵆鳴　④128
千鳥鳴夜の　②373
鵆むれゐる　②188
千鳥も音をや　⑥20
千鳥もよへや　③192
地にあらは　③406
地にあらば　③484
地にあらは又　③336
地には連理の　③363
ちのかむろ　⑥71
血のたるほとに　③378
ちのみ子かゝへ　③165
血の道や　③432
乳はなれし子の　③524
千はやふる　④239
ちはやふる
伊勢や日向　③423
かみさふる　③193
千早振
神路の奥の　②419
かみつく計
③153, 506, 509
神の油断と　④290
神代をいか　②230
鉾の徳こそ　⑥17
千原がうへの　②78
茅原か後家や　③525
ちはらが末の　①423
茅原か末の　③322
茅原がすへを　②194
茅原にかよふ　②305
千尋の竹に
霜ぞいく置　④86
しらぬ夏冬　②364
千尋の竹も　⑥33
ちぶさはなれず　①455
千舟よる　①186
千船よる　①119
ちまきの糸の　③314
ちまたにうたふ　②358
ちまたに謡ふ　②301
岐にや　②396
ちまたの歌に　①410
ちまたの歌の　①449
ちまたの末も　②425
街わかるゝ　①388
千町田の
稲葉は露に　①215
色やきまつ　④329
をしねやは　①314
なびくはじ①21, 143
千町田も　①369
千町田を　①272
血も慈悲も　④231
千本にも
かへじ冬咲
①130, 192
茶一ふく　④239
茶いれのけしき　③488
ちやかほこと　③420
茶釜の下は　③507
茶釜の下火　③211
茶かわいた　③318
茶器に古筆に　⑤105
茶船一般　③344
茶々の子や　④319
茶壺で御座る　⑥125
茶壺の底も　③258
茶壺ひとつや　③264
ちやつよりふかき
④174
茶の水に　④197
茶のみにゆかん　③196
茶のまふは　④222
茶のゆこゝろの　④217
茶湯者は　④255
茶の湯数寄　③295
茶の湯たて　③447
茶湯にけかは　③192
茶湯前に　③528
茶の湯の闇は　③459
茶の湯前に　③205
茶舟によする　③375
ちやほも一二　③238
茶屋立出て　③307
茶屋田楽　③118
茶屋に引込　③319
茶屋のあるしか
下につふや
③174, 529
茶やのおかゝに　④221
茶屋のかゝ
さらばと花　③187
何の穢の　③419
雪いと白う　③393
茶屋の豆腐は　③338
茶屋の柱も　③477
茶屋もいそかし　④166
茶屋より秋の　③467
茶碗の露は　③204
茶を一ふくと　④265
銭は　③271
昼食の　③480
中秋愛月　⑥65
中秋美月　⑥65
中将ひめの　④139
忠臣は　④134
中天狗　④202
中納言　③358
中人は　④320

忠の家　③451
中風声なる　③383
中風こゝろか　④220
中風には　④280
注文に乗　③253
ちよいちよいと　④332
寵愛は　③284
町儀に付て　③391
調菜は
何もなすひ　④263
何の風情も　③223
調子合せて　④245
長者かもとにて　③341
長者号　③227
長者の家に　④168
長者の心　③319
町中の沙汰　③317
調子をあけて　③433
手水手拭　③468
手水の水を　③323
手水鉢　③334
手水鉢にも　④191
手水鉢もや　③169
長生殿に　④253
長生殿の　③406
朝鮮人　④158
朝鮮人の　④303
朝鮮の　④291
朝鮮風に　③413
蝶々の
夢路やだう　③524, 529
蝶々は　③254
挑灯とび口　③416
挑灯は　③197
桃灯吹けす　⑥145
ちやうちんよりも　④153
挑灯を　④230
朝敵も　③329
ちやうどうつ　③190
長徳は　②355
蝶鳥に　①24
蝶鳥の
あそべる庭　①302
跡もとゞめ　①320
うち乱つゝ　①426
やどりし花　①247
蝶鳥は
外面の野べ　①379
春の野山の　①210
てふ鳥も　②288
蝶鳥も
いにしまが　②332
ちれば去行　②95
町内の
せはきこゝ　③245
無分別もの　③197
釿のさきを　④196
町人なりと　③457
帳の片手に　③505
蝶の飛　⑥5
蝶のぬる　②412
長病今はと　③507
脹満の　④288
帳面に
あはせてき　④197
うつし植た　④229
町役御公儀　③254
重陽過て　④148
勅使かたつた　③261
勅使只今　③273
直指人参　③228
勅使は都へ　③524
勅宣の　④215
ちよくちよくと　④219
勅なれば　①444
勅にまかせて　③438
ちよこちよこと　④171
ちよこちよこはしり　③261
直下と見れとも　④236
勅勘の身に　④208
千代の秋みん　④233
千世の秋を　①213
千世の数　①153
千世の数に　①149
千代の数に　①39
千世の声や　①46
千代の残り　①39
千代の始を　①404
千代のふる道　③201
千代の古道　③528
茶のまふあらは　③176
ちよはするかの　③395
千世ふてふ　①283
千世ふとも　①127
千世ふやと
袖かけてみ　①176
袖かけて見　①99
ちよほちよほと　③319
千世もといはふ
君まさぬ跡　①343
中の言の葉　②267
千世もと末の　②325
千世もとの　①81
千世もふるかと　②147
千世も見む　①217
ちよろり目をぬく　④317
千代をふる　①67
ちらさじと　①362
ちらずはあすも　②321
ちらちらと　④264
ちらであれ　②158
ちらで久しき　②100
ちらでまて　①75
ちらで世を　①208
ちらと見しより　③318
ちらぬ計　①32
ちらぬまと　⑥52
ちらぬまに　①330
散らぬ間に　①201
ちらぬまは　②255
ちらばおし　②121
散ばちる歟　⑤127
塵あくた　④161
塵芥
熊手に掛る　③355
はらふ箒を　②285
ちり入に　③249
ちりうせぬ
筆のためし　⑤12, ⑥169
散うせぬ
ことの葉を　①259
このはゝ神　①114
名をきく跡　①113
松虫はなつ　①453
散りうせぬ　⑥79
散失ぬ
名をきく跡　①183
名を聞あと　④7
ちり置る　②424
散かひくもる　②300
散かふ露や　①332
散かゝる　①399
散消て　①322
散きては　②326
散消る　②225
散際の　⑤107
ちり薬　③438
散朽て　①342
散朽る　①244
散くるか　②381
ちりくるは　⑥5
散くる雪を　①282
ちりけ章つけ　③491
ちりけ三つ四つ　③395
ちりけ本より　③345
ちりこずは　②361
ちりしかぬ　②81
散し木葉は　①256
ちりしさくらの　②35
散し桜の　④132
散しさくらも　②44
ちりさふらふよ　④181
ちりちらぬ　②315
ちりちりに　③166
ちりぢりや　④176
散尽し　①365
ちりつもりてや　③289
塵つもりてや　④202
散積る　②79
散て岩根に　①398
散て梅　①15
散て風の
伝きくもう　①87
伝や化し世　①102
散てくる　①301
散て春を　①41
ちりて柳の　②207
ちりて柳は　⑥35
ちりてれてんに　③409
ちりてんと　④211
塵取に　③248
塵なき道の　①229
散にける　②141
塵にしも　⑥6
塵にましはる　③316
ちりぬとて　②363
散ぬとも　②412
散ぬやと　①413
塵のうちに
しづけき庭　①178
閑けき庭の　①103
散残る
枝もおどろ　①75
花にたのま　②116
花は淋しき　⑥24
花も月まつ　①249
塵の下ゆく　①403
塵の外ぞと　④87
塵の外なる　①342

塵のみつもる　①295
塵の世や　③485
ちり払ふ　④94
ちりひぢの　⑥37
散まよふ　②57
散みだる　②298
ちりみだれぬる　①244
散もせじ　①64
散もたまらぬ　②380
散やすき　①51
散やせむ　④100
池鯉鮒の町を　④157
散行は　④326
散ゆけば　①75
散わかれ　①30
塵をしも　⑥43
塵をたに　③263
塵を継て　①126
塵をはく　①400
塵を離るゝ　④114
ちりをもすへず　①361
塵をもすへず　⑥27
塵をもすへぬ
　いさら井の　②331
　神の広前　②418
塵をもたつる　①421
ちる跡を　①76
ちるうさの　①102
ちるか残るか　⑥10
ちるか正木の　④235
散米ひつの　④285
ちるころは　②271
散ころおしき　①242
散桜　①218
散ちらず
　下ゆく水の　①113
　下行水の　①183
散露の　④179
散とても　④80
ちるなとの　③308
ちるにさへ　⑤109
ちる庭に　①114
散はつる　②34
ちる花に　①483
散花に
　五千貫目も　③222, 533
　詩を吟した　③480
　中々外科も　③340
　何そ言葉の　③477
ちる花の
　嵐も寒き　①144
　木陰の千草　①477
　つらさにか　①428
　波のさゞん　③189
　水を生する　③469
　夕も鐘に　②274
散はなの　①25
散花の
　跡はいづれ　④121
　面影残す　②242
　雲井にかけ　③467
　木陰や猶も　②16
　慰にとふ　①373
　ふすまをみ　①33
　輪廻のりん　④266
ちる花は　②389
散花は
　帰らぬ水の　⑥98
　霞のあみも　②311
　ちり次第又　③155
　なれし世悔　①33
　藻屑となれ　②306
ちる花も　②109
散花も　②434
ちる花や
　しづ心なく　⑤108
　翅にはらふ　①304
散花や　③427
散花を
　したひて蝶　②245
　踏てはおし　④196
散はまだ　①397
散べくも　①305
ちる程も　①148
散ほども　①35
散までは
　月も木の間　②69
　愛ざらまし　④109
ちるまでも　②19
散までも　②401
散もをし　①33
ちる紅葉
　見かはす四　①113, 183
散艴　⑤250
散もよし　①388
ちるや梅　①14
ちる柳こし　③481
散を咲と　①125
ちればかすまぬ　①232
ちればこの葉に　②19
ちれはさく　④250
ちれば咲　①327
ちればすゞしき　①312
ちれば尋て　②177
ちればちる　①446
ちれば又さく　⑥12
散うかと　③458
千話くるひ　④206
ちはことを　③166
千話のあまりに　③465
千話のためとか　④237
千話の後　④294
千話の半偈に　③469
千話文の
　かすみに包　③231
　使三度に　③363
千話文も　④215
千話文を　③440
珍客の　③330
珍説は
　たかまこと　③240
　たがまこと　⑤198
　誰まことよ　⑤176
珍重々々　③155
ちんちろりんの　③426
椿々の八　③437
賃とらぬ　③218
ちんはなりとて　③300
陳皮半夏に　④320
ちんふんかんの　④158
賃持は　④274

【つ】

つゐころはしの　④147
追善おもふ　③235
追善の　④244
ついて候　③454
つゐでよしとや　②336
ついとやる　③230
つゐにあだ名は　①453
終にあだ名を　①220
終にかゝみは　④168
終にけんくわは　③147
ついにこぬ夜を　①469
ついにさだまる　①454
つゐに死しては　④219
つゐにたゞ　①446
終には親も　①329
終には探幽　③409
終にはと　①389
終にみだるゝ　④84
終に身は
　うとまれぬ　④109
　城を枕に　③272
ついに行　①193
つゐに行　①316
終にゆく　⑤102
終に行　①131
つゐに行も　⑤103
終に行も　①42
通円といふ　③351
通事か申す　③489
通をうしなひ　③383
杖にきる　④246
杖にこそ　①458
杖柱には　③386
杖をこそ　②403
杖を頼みの　④133
杖をたよりに　①483
杖をたよりの　①268
杖をつく手の　④272
遣ひ入る　③339
つかひこなせは　③403
柄糸の　③360
使にも　②321
使のものも　④225
使与介に　④229
使をうけぬ　③309
使をもつて　④318
使を以て　③223
つかふ長刀　④208
つかふるとても　①285
つかふるは　①432
つかふる道に
　えたる幸　①484
　をこたらぬ　②156
つかふる道も　②177
つかふる道を　②139
つかふるも
　下に帰りし　②203
　仏のをしへ　②162
　世替りぬれ　②332
つかふるや　②40
つかふ路銭の　④160
つかへし君を　①296
仕して　⑤86
仕する　④107
仕へても　①352
つかへにいつか　②384
つかへに労の　①314
仕人さへ　①396
つかへやめぬる　②27

仕るまゝの　②396
仕をば　⑥53
仕へをも　①388
仕をも　①429
つかへをやめて
　寛の内　②125
　こもりぬる　①307
つかかしらさへ　③391
司からなる　②418
つかさ位ぞ　②93
司位は　①408
つかさにえたる　②220
司のめしに
　又もれぬめ　⑥20
　もるゝ此た　②112
　もるゝ度々　①384
　もれてあや　②73
司のめしの　①257
司のめしも　②306
司のめしを　①413
司の行衛　①472
司めさるゝ　①487
つかさめし　④279
司もとけて　④125
塚何者ぞ　⑤95
つかねもやらで
　のこす柴人　①406
　ほせる青柴　①482
つかのまや　①124
塚ふたつ　③227
つかませたりし　④301
つかまつゝたり　③275
つかみあひ　③419
抓みつく　③486
つかるゝまゝに　②423
つかれ来ぬれば　②3
つかれ小荷駄の　④143
つかれし牛は　①302
つかれしも　①308
つかれぬる
　馬やひくて　②306
　駒にも鞭を　②362
　駒の足なみ　④89
つかれの鳥の　②144
つかれ果たる　②328
つかれをも　①430
つかれをやすめ　③146
つかはすと　③430
つかはるゝ　③207
つきあひも　④179
月明て
　改る茶の　④139
　読る願書の　④161
月赤う　③441
月あらはなる　④108
月出る
　かた山かげ　①284
　高ねは雲の　④112
　夕汐時の　①287
月いでゝ
　一灯むなし
　⑥138, 155
月出て　③50
月入し　①299
月入ぬれば　⑥6
月うすき　⑥55
月薄く　②329
月うつる
　井戸をみた　③296
　思ひは一つ　③374
　盥銅の水の　④281
　庭は石まの　②106
月移る
　岩ほ伝ひは　②201
　岩垣水の　①404
　浦の男を　③345
　川辺涼しく　①278
　袂涼しく　②401
　茅原が露や　①258
軒のは山の　①217
月うとき野は　②89
月うらゝかに　①207
継尾しら尾の　⑥22
月をそき
　稲荷の杉の　②274
　ふもとの原　①439
　道は夕やみ　①460
月遅き
　くらみをさ　③277
　木の下やみ　②367
　竹の林の　②50
　村の中道　①472
　夕の花に　②241
　行衛はいか　②62
　夜船たどる　②146
月落かゝる
　あかつきの　①256
　松のむらむ　④126
　夜は戻り橋　③353
月落風の　③182
月をちかたの　①339
月をち方の　①254
月落鳥なき　③216
月落る　②376
月朧なる　①208
月影いづこ　①319
月かけ清き　④299
月影こぼす　②291
月影ならで　①394
月かげに　⑤43
月影に
　酔の醒るは　①494
　さそはれて　①465
　笑止とはか　③215
　膳棚さかす　④258
　袖打払ふ　④242
　天狗は化て　③332
　情の程も　②353
　ひいきのさ　④218
　引あひくし　③262
　ひとつの摺　③257
　見れは刀の　③147
月かげの　①455
月影の
　露もくもら　①248
　とまりて鯉　④309
　むら立近し　④56
　むら松近し　④54
月かけは　④329
月影は
　雲間の西に　②412
　木の間数寄　③203
　松原ごしの　⑥14
月影ほそく　③248
月かげも
　いざよふな　①463
　うす霧なび　①353
　かたぶく夜　①443
　松のこのま　②77
月影も
　雨より後は　②341
　色にみだれ　①429
　浮みて清し　①404
　うすう成行　③396
　落滝つ瀬の　④81
　かくるゝも　②250
　霞める浪に　②153
　きらりと見　④273
　くだけて波　①249
　くもる計の　①366
　くらひ所て　③346
　こぼるゝ袖　②315
　さしでの磯　③423
　朱をぬるこ　④136
　定座の花の　④234
　すみける夜　①228
　茶やか軒端　④232
　つれて関路　②282
　とふとなる
　①89, 172
　殿の御意に　③214
　とりおとし　③223
　なを白妙の　②332
　浪にこそい　①341
　にしの果ま　④217
　ぬるゝがほ　①234
　更行須磨の　②4
　ほのめき出　①273
　幕の内へぞ　③433
　廻り忌日の　④199
　湯殿の外に　③289
月影もらす　②102
月かげや
　遠かた野辺　②169
　雲まをもれ　②303
月影や
　朝行旅を　②389
　砂の露に　①493
　をかぬ霜ふ　③513
　伽羅のけふ　④221
　関のと山に　①219
　大夫につい　③387
　樽の鏡も　③179
　鼻毛のはし　③184
　一むら薄　③50
　ほとりもあ　④122
　ま砂の霜を　②383
　雪にまがへ　②280
よるにまが　①200
月影よする　①279
月かげを　②230
月影を
　東鑑に　③399
　かくす霞の　②13
　森の下露　④321
月かすかなる
　遠の真砂地　②90
　草むらの末　②61
　道芝の露　②174
　山のべの庵　②199
月かすむ　③171
月霞む
　暁ふかく　①473
　足すり寺に　④167

書院の床を　③465
関の鳥が音　①338
庭の面影　②114
月かたぶきぬ　②218
月形や　⑤86
月かと見れば　①373
月か更れは　③481
つき紙子　③303
接木の枝は　④150
接木の花も　④248
月清き　②170
月清く　①318
月清し
神もみそな
①89, 172, ②259
月清み
嵐の雲も　①283
起出る里の　②138
草の枕も　②356
月くらかりに　③398
月くらき
神楽の夜は　⑥11
栖の方は　②53
田面や守も　①323
夜の錦の　④258
夜をまもり　④281
夜半は野筋　①372
月くらき夜は　②66
月くらく
うろうろ旅　④154
忍ふ夜這の　④142
十津河原行　③180
三井寺さし　④193
月暮て　④267
月爰に　③328
月梢　⑤97
月こそあるじ　①476
月こそいづれ　①425
月こそ移れ　②435
月こそかゝれ　③200
月こそのこれ
あかつきの　②389
夢のいにし　①333
月こそ残れ　③212
月こそは　②91
月こよひ
いく度むか　①175
都のはなの　①96
月今宵
悪七兵衛と　③130
よいは扨あ　③111
月今夜　①417
月寒て　①118
月さへ花に　①326
月さへも　②237
月さへもろき　①385
月さひし　③368
月寒し　②310
月さゆる　①419
つきしつゝみは　②89
月代急ぐ　①323
月白き
池の中島　②400
銀座は頓而　③332
鳥はえがか　③21
月白く
紙一まいに　③205
残る扉を　②239
月代しろき　②10
月しろの　③363
月代の
ほのぼのの　②225
まづ見えそ　①249
月しろは　④270
月しろや　③416
月代や
彼五文字の③58, 252
月すごし　①280
月冷じき　①279
月冷まじく　①403
月すむ野べを　①289
月すめと
いはぬ計の　④123
するわざな　①112
月すめば
猶いねがて　②50
舟をうかべ　①262
月すめる　①294
尽せじな　⑥65
つきせぬや　⑤63
月千金
こよひ一り　⑤168
こよひ一輪
⑥138, 155
今よひ一輪　③50
月ぞ入
ちがのしほ
③23, ④57
千がの塩竈　⑤168
月ぞかし　①93
月ぞ夏　①56
つきそめて　⑥56
月ぞもる
心あるべき　①75
心有べき　①164
月だにも
移らで侘し　②163
室の戸ぼそ　②333
つきづきに　①460
次々に　①14
附々も　⑤105
月照す　②215
月とゝもに　⑥66
月と共にや
出る旅人　②314
更すよなよ　④119
月なき暮や　②231
月なき比と　②160
月なきころは
あけて行道　②429
おろす御格　②132
月なき夜はぞ　①292
月なきよはも　④221
月泪　③489
月ならで
露のもり入　①321
露ももり入　①373
問ぬ枕の　⑥18
何か友なる　④111
なにゝ思ひ　②356
雪にもみね　①120
雪にも岑の　①187
つきならへたる　④153
月に雨　①96
月にあやなく　②307
月に幾重か　②12
月に石臼　③388
月に石原　③501
月にいのるも　②276
月にうかるゝ　①484
月に浮雲　④237
月にうき立　④88
月にうつ　②121
月にうるほす　②274
月ニ於テハ　②99
月にあふ瀬の　④161
月に起　②224
月におもふ　④188
月に影　④189
月に数そふ　①376
月にかすや　④31
月にかせ
をじまのあ　①173
をじまの海　④39
をじまの蜑
④27, 33, 55, 57
月にかりほの　②27
月にきく　②334
月に聞　④167
月に企救の　①90
月にきけ　④271
月にけふ　①96
月に今日　③399
月に雲
いさめ侘つ　④119
九重にたつ　①96
さつてもさ　③37
万事は無心　④232
月にくる　③207
月にこゑする　①450
月にさへ
いづるとも　①221
おどろかさ　①303
苔の細道　①419
こゝらの秋　①302
月にさゝれて　②423
月にさそはれ　②419
月にさびしく　②284
月に覚ぬる　⑥9
月にさめ行　②317
月にさやけき　①424
月にしも
お茶をかこ　③207
くときうら　③165
さそはれ出　⑥3
関をや越て　①291
立噪ぎぬる　②143
頼置しや　④83
度々よばふ　②57
問かはしぬ　①375
遠くきぬら　②123
戸ざし堅め　②39
波の浮霧　②161
はつねをつ　⑥53
独のまくら　②16
船はかよへ　①424
穂蓼計の　③291
分行岡の　①300
分行方の　②109
月にしらるゝ　②335
月にしるらん　②256
月に詩を　③405
月に筋　③220
月にすゝむる　②359

月にぞかへる　②28
月に袖　④114
月にそれ　③164
月にたどるや　①298
月にだに
明やすから　②145
捲としもな　②159
月に度々　①251
月に旅ねを　①390
月に誰　②93
月にたれとふ　⑤45
月にちる　④90
月につく　④261
月につくは　④278
月につれしを　③212
月にとたどる　②103
月にと契る　③211
月にとつくと　④161
月に猶
いなば刈と　②27
こなたかな　⑥42
はたさむし　②145
月に鳴つゝ　①290
月に鳴て　①62
月になく　③239
月になみだぞ　②97
月になりつゝ
出し百敷　①305
帰るさの道　②223
帰る柴人　②244
月になりぬる　②237
月になる
岩ほを雲や　①458
うらのたく　②78
小萩が陰を　②246
道の草村　②94
月に成　①475
月になるまで
かはすさか　①288
はこぶ芝草　⑥20
蜩のなく　②426
月に成より　②5
月にゝぬ　①289
月にぬすみを　④138
月に寝覚の　⑥48
月に野中の　②160
月にはいとゞ　①440
月には恋の　③203
月には更に　①396
月には賎も　②167
月にはた
過る清見が　②20
露は霜にや　⑥17
月にはたれも　③403
月にはと
頼めし方に　①401
待し心も　②163
待し契も　⑥45
月に花に　③414
月に晴のく　②280
月に秘伝を　④152
月に吹
嵐に簗や　①291
さやまおろ　②19
月に平家を　③184
月にほたるの　④124
月に先　①421
月に又
いつか小鷹　③186
起出し野の　②252
我か身ひと　③278
月に都の　②171
月に見よ　⑥150
月にむかひて
いづれもな　④290
歎する暮　④82
よむ和歌　⑥46
月にむかしも　⑥38
月にむかしを
しのぶ独居　②110
猶忍ぶらし　⑥17
月に向かはす　①492
月に村雲　③254
月にめづらし　②4
月にもうとき　②322
月にもかはる　④135
月にもさはる　①381
月にもちくと　④157
月にもつ　④230
月にもつなぎ　②23
月にもとぢて　②68
月にも友の　①286
月に宿　①96
月に宿かる　②229
月にやならん　②21
月に行かふ　⑥56
月にゆづりて　②276
月によし　⑤126
月に我　①272
つきぬこそ　①338
つきぬ涙の　⑥23
月の秋
千さとの誉　⑤117
花の御跡を　③251
村の検地の　③157
月の秋さへ　①357
月の秋の　①101
月の秋も　①295
月のあしたの　②379
月の雨や　④235
月の有　④207
月の入
跡はやれさ　④168
あとまで虫　②324
かたや都の　②403
月の色　③340
月の色と
なりゆく空　①456
なり行空の①90, 174
月の色に
なり行冬の　①118
成行冬の　①185
月の色も
門田の露に　⑥41
さび行今朝　⑥5
月の色や
杉原一枚
③131, ⑥166
月のうさぎは　③260
月の中に　①91
月の中の　①64
月の会に　④156
月の縁　③353
月の扇　④323
月の御席の　④143
月のかほや　④19
月の顔や　④22
月のかゝみ　④202
月の影
七尺去て　③299
二桶三桶　③427
月の影のみ　②378
月の影より　①219
月の笠　③315
月のかさゝす　④146
月のかつらの
えたかよこ　④244
里はしるし　②215
月の桂の　④149
月の隈なき　①393
月のくまなる　①429
月の雲　④146
月雲　④230
月のこる　①469
月残る　②254
月の比　③300
月の比は　②146
月のさかりも　②367
月のさす　①212
月のすだれの　①331
月のすむ　②29
月のそなたに　①352
月の空さへ　①477
月のためと　①175
月の為と　①95
月のためには　⑥101
月の出や
すはすは半
③64, ④50, 346
月の時に
みぬをあか　④11
見ぬをあか　①89
月の友　④325
月の友をや　①399
月のなかめに　④264
月の名と　①95
月の名に
何のあだと　①95
ぬれぎぬき①94, 174
月の七日
嫌はで星の
③48, ⑤167, ⑥138
月の名の　④77
月の名を
うらみの誰　①96
何につゝむ　①97
月のねすなき　③350
月の鼠の　③192
月の鼠は　③267
月の鼠も　④135
月の後
尾上おろし　⑥4
軒うつ雨に　②86
月の花　③258
月の光ぞ　④129
月の光は　①281
月のひかりも
すごき松か　①449
すみよしの　①437
月の光も
うすあさき　③213
薄雪の色　②235
月の船　③229
月の船か　④272

月の外は　③297
月の前　④300
月の前なる　③281
月の前に
　みし世をも　①174
　見し世をも　①94
月のみか
　花も待出し①26, 145
月のみすめる　①460
月のみぞとふ
　床のかたは　①445
　我袖の露　②237
月のみは
　人にあらそ①94, 174
月の御船も　①329
月のみや
　さし入杉の　①271
　渡る河瀬の　⑥97
月の都　③46
月の都も　③200
月の本　①274
月の宿　③283
月の夕の　②108
月の行衛に　②18
月の行衛の　②359
月の夜返し　③308
月の夜ごとの　②20
月の夜なかく　③299
月の夜なへに　③146
月の夜なべや　④289
月の夜に　④238
月の夜ふかき　②243
月の夜舟の　④277
月の夜舟や　②260
月の夜道　③355
月の夜道を　①394
月の夜半にも　①399
月の夜を　①327
月の輪を　③249
月は嵐の　②312
月はいさ
　みし世忘れ　①174
　見し世わす　①94
月はいざよふ　②343
月はいづこの
　浦山のかげ　①370
　嶺の夕霧　①214
月は入て
　くらき窓う　①332
　窓打雨の　②328
月は幽に　②40
月ばかりこそ　④114
月はかはらぬ　②374
つきはきしたる　③262
月は清見が　①390
月は雲まの　①464
月は爰ぞ
　諸国一見の
　　③50, ⑥139
月はことゝふ　③282
月はこよひ　①94
月はさぞ
　いづくの里　①258
　学の袖に　①313
月ハ自然ニ　②100
月は裾風　⑤99
月は其夜の　⑥43
月は空に　②54
月はたゞ　②43
月は月の　①96
月はてらせと　③173
月は猶　②352
月はながれに　①236
月はながれの　①427
月花に　⑤111
月華に　④260
月花の
　えも云がた　①399
　思ひいづれ　④77
　梢をみれば　②96
　宗匠なしに　③459
　中尊や此　③387
　なかめはえ　④204
　名残に詩を　②129
月華の　④265
月花は　④298
月花も
　あるじやこ　①30
　高野の山の　②244
月は西に
　有し影みる　①185
　有し影見る　①117
月は庭　③415
月は軒端の　⑥48
月は花の
　真盛にや③25, ⑥156
月はひとつ　③331
月はひむかし　③262
月は冬
　梅がゝおか
　　①130, 192
　むめがゝお　⑥152
月は平砂を　③326
月はまだ
　入も果ぬに　②203
　木幡の山に　②304
　竹のしげみ　①406
月は岑に　①416
月は山
　御覧しける　③414
　露はすそ野
　　①88, 171, 239
　花は錦の　③391
　餅酒銭に　③467
月は世にも　⑥24
月は世の　①92
月はれて　①90
月晴て　②220
月は我を　①95
継飛脚　③265
月人も
　賎しき海士　③385
　踏かふりぬ　③379
月ひとり
　めでゝ片敷　②203
　守し古屋の　④134
月独　①467
月ひとりすむ　①491
月日もうけよ　③372
月更る
　庵のめぐり　⑥23
　酒の席や　①416
　鴫の羽がき　②75
　庭の池辺に　②296
　枕にちかし　②155
　夜食過ての　③204
月ふくる野の　⑥38
月更るまで　①397
月更て
　いを安から　⑥27
　かうべやさ　④300
　見るや思ひ　④143
月更にけり　①337
月星と待　③181
月星や　②377
月ほそき
　竹の葉ごし　⑥37
　野上の方を　②363
　春の山窓　②218
月細き
　板井の水を　①412
　陰野の末に　②240
月ほそく
　書たる状は　③189
　村雨すごき　②234
継穂には　⑤259
月ほのか　⑤125
月ほのかなる　①247
月まだ出ぬ　⑥23
月まだ遅き　②223
月まだくらき　①307
月まち出る　①231
月待出て　②59
月待得たる　②16
月まちて　①424
月待の　③312
月まつかたは　①459
月待ころの　①349
月まつと
　いひてうか　②346
　いひてたゝ　④125
月待と
　いひなすけ　②182
　さゝぬ障子　①304
月待といふ　②227
月まつほどは　②166
月待程は　①282
月まつまにや　①420
月待宵の　②240
月までかよふ　⑥21
月まてば　②19
月までも
　あまりにく　④159
　つくるはた　④160
　一しほかせ　④273
月までも
　帰らずこり　①309
　とむる鶉の　②30
月迄も
　腹たつ今日　③221
　張干賎が　①366
月みえて　①441
月水の　③525
月見ずは　④50
月見ても　②128
月みばと　①467
月見はと　③349
月見ばと　②164
月見船　③426
月みよと
　告ぞまかせ
　　③65, ⑥140
　告にまかせ
　　④346, ⑥140

月見よと　①62
月みる為と　①409
月見ると　②411
月見まゝに　④108
月みれば
うはの空な　②419
こよひなり
①174, ⑥151,
今宵也けり
④21, 24, ⑥88
今夜なりけ　①94
千々に歎の　④94
なをかずか　①253
月見れは
極楽世界の　③321
秋思四吟に　③408
月見れば
心の空の　②117
こよひなり
⑤131, ⑥88
今宵也けり　⑥82
せめて慰む　④132
月見をも　④158
月みんと　①397
月見んと　①345
月めで捨て　②108
月めてゝ　③174
月も朝ゆく　①453
月も哀や　①382
月もいつくに　④196
月もいつこに　③169
月もいそかし　③232
月も今
笠きて出る　①326
やゝほそく　①489
月も入ぬる　①381
月も入　⑥11
月もうごかぬ　①340
月もうし　①479
月もうつろふ　②147
月もおぼろに　②196
月も影すむ　②11
月もかさきる　②298
月もかすめる　③172
月も客も　③510
月も今朝　②141
月も御慈悲の　③284
月も御存　④171
月もこの
所やおもふ
①90, ⑥76
月も此
所やおもふ　①174,
④46, 48, ⑥151
月も木の間の　②310
月もこぼるゝ
なみだいく　②293
萩の下露　②266
月もこよひ　①96
月も今宵　①174
月もこよひの　③238
月もさぞ　②73
月もさびしき　②356
月も寒けき　④225
月もさはらぬ　①232
月もしやみたる　③467
月も白すの　②188
月もしらりと　③145
月もしれ
おぼろけな　②336
思ひの煙　③342
源氏のなか　③241
源氏のなが
⑤180, 203
柴刈風情の　③338
月も澄　⑥66
月もそなたの　①464
月もたゞ　②407
月もつらしや　②328
月もつれなく　②359
月も出てくる　③474
月もてはやす　⑥14
月もとへ　①428
月も名を　①94
月もながれの　①320
月も名に　①234
月も泪も　③233
月も涙や　②3
月もにほふや　①268
月もねさせぬ　③151
つきものとなす　④160
つき物われもの　③412
月も恥ず　④292
月もはつかし　③170
月も恥かし　①485
月もはや
明る浦半の　②183
西になりて　②217
月もはわけに　②48
月も日も　①213
月も舞台に　③477
月もま白な
関の杉原
③422, ⑥168
月もまた　④279
月もまだ
明果ぬ夜に　②92
遅き宮井は　①494
幽なるのゝ　②81
干残汐に　②188
麓の野べは　②17
月もまつくら　③161
月も松も　①96
月も短き　③455
月も満たる
十五夜の塩
③499, 503
月も御幸の　④136
月もむかしに　②49
月も最中の　③250
月もやゝ　①438
月も漸　②374
月もよくなる　③197
月も夜渡る　③302
月もれと　②151
月もろともと　③188
月もわかるゝ　①342
月も我
逢人からの　①386
なみだに濡　②308
月やあらぬ
春三月や　③52
宿はそなら　①97
月やあらんと　③379
月やこゝろを　①452
月やどす　⑥116
月やとる　③350
月やどれとか　②195
月や後の
名残千万
③23, ④57, ⑥135
月やはらり
三五の十八
③33, ⑥156
月や枕の　①344
月やまだ　②77
つき山に　①104
築山の　③420
築山のあひ　③270
つき山も　②167
築山も　④291
築山を　①329
月や世にも
今夜といふ　①94
こよひとい　①174
月雪に　⑥31
月雪の
臼井の山は　③503
ゆふべの色　②208
故やはおし　④358
夜は埋火の　②313
月雪も
あはれぶよ　①124
友のなき世　①126
月雪を　①64
月弓とりの　③503
月弓取の
陣はなき御　③155
陣もなき御　③509
槻弓の　①129
月弓や
佳名は秋の
③130, ⑤168
月夜には　③499
月夜によめり　④265
月よ星よ　④214
月よみの　③16
月よみや　③16
月よめは　①130
月よゝし　③9
月よよし　①359
月夜よし
東の君の　④208
おもしろの　①192
面白のよや　②197
面白の夜や　①128
たが名かお　①153
誰名かおし　①51
民の戸さゝ　①214
月よりさきに　①419
月より白き　③502
月よりのちの　①430
月より後も
絶ぬ物の音　②365
人ぞまたる　②109
月よりほかに　②321
月よりも猶　③146
月を雨　①95
月を祈ると　④261
月をいま　④263
月をうふる　③360
月を薄み　④93
月をうつして　②63
月をゝきて　①94

月を置て　①174
月を帯たり　③178
月をかこてば　②313
月をかごとに　②396
月をかたしく
　旅の衣手　②6
　契はかなき　②428
月をかた敷　⑥16
月を片荷に　④197
月を雲も　①94
月をさへ
　そむけてね　④118
　みるともあ　①408
　めでじと入　②191
つきをして　④239
月を袖に　①215
月をぞみつる　①452
月をそむいて　④179
月を友なひ　②55
月を伴ふ　⑥13
月を友なる　①371
月を友にし　④83
月をながめて　①489
月をのせてや　④195
月をのみ
　かこちがほ　②388
　新島守の　②349
　待出らるゝ　②223
月をへだつる　②360
月を待えし　②131
月をまつ
　川辺に船を　②51
　麓の野べの　②332
月を待
　入をしめる　②300
　遠の島山　①472
　末の里人　④249
　袖もつらな　④120
　窓にみるみ　①409
　夕風おつる　①286
　夕の袖は　①353
月を砌の　④91
月をみて　③438
月を水無瀬の　①458
月を見はしに　③193
月を見はやす　②284
月を見ふかす　②11
月を見更す　②112
月を見る　④182
月をみるにも　①312
月をむかへて　②241
月をめでゝ
　さゝぬ戸口　②216
　なす事もな　①480
月をもかこつ　③371
月をもすます　②150
月をもめてし
　くゝり戸の　③213
　はやあき徳　③503
月をもめでじ　②213
月をもやつす　①402
つく息の　⑥15
机にむかひ　⑤250
つくし路も　①91
尽してうふる　①259
つくしにも
　生るてふ野①78, 165
つくしの海の　①353
つくしのしらぬ　③315
筑紫へ飛た　③418
筑紫より　④230
つく竹杖や　③294
つく杖に　⑥26
つくづくと
　いつまで送　⑥7
　起ゐる宵の　①399
　おもひね覚　①342
　おもへば命　②264, ⑥61
　しればはか　①453
　過し夜忍ぶ　②255
　ながき日を　①450
　詠むる宿に　②57
　ながめ暮し　①282
　詠暮せば　④80
　ながめてけ　②260
　泪かきやる　①221
　眠りざまし　⑥101
　端居しをれ　①422
　花に夕の　②408
　花守りゐる　②70
　仏に向ひ　①380
　南の山に　②332
　身をしかこ　①466
　むかしを思　①486
熟と　③463
つくづくときく　②280
つくづくと聞　①249
つくつら杖は　②152
つくとばかりの　⑥8
つくねても　④134
つくはへは　③204
つくはこ板に　④135
築波根の　④234
筑波根の　④306
筑波根や　①250
つくぼうや　④281
つくも髪　③234
つく餅の　③250
月読の　①383
作る田面の　②365
つくりあらせる　②138
作りをく　①458
作りける　③299
作りしは　②132
つくりすて田の　⑥53
つくり捨田の　②27
作りすて田の　①252
作り捨田の　⑥34
作り捨田も　②141
作り捨たる　②110
作り捨ぬる　②395
作りなほすか　③265
作りなしたる　②350
つくりなす　④77
作なす　②74
作りなす　④112
作り成す　①353
造りみがくは　⑥5
つくり律儀を　④272
作る台も　②203
作る詩の　③334
作詩の　①304
作る詩は　③387
作詩は　②160
作る詩を
　思ひめぐら　①257
　ずし返しつ　②382
作る田中の　②4
作る田の　⑥9
作る田や　②287
作るとも　①393
作る共　②90
作るには　④220
つくるやよひを　②73
つくる三月を　⑥39
作れる庭は　③150
作れる文に　①492
つくろい物の　④273
つくらふも　④120
つくろはぬ
　岩木もけふ　①7
　柴のあみ戸　①457
つくろはれたる　②189
付置し　④298
付紙や　③38
付紙は　④232
付句のこゝろ　③519
付句のこころ　⑤87
付句の心　③515
付声をして　③294
告こさば
　我ぞ人より①34, 147
付さしならは　③204
付さしに　④294
付さしの
　霞底から　③206
　盃すけて　③331
　肴に蟹や　③504
　底に蛙や　③409
　礼義の次第　③292
付さしの酒　③377
付さしも
　一盃一盃　④215
　過るを以　④184
付さしや　③417
付さしゆへに　③219
つけさしを　③260
付さしを
　三盃のふて　③500
　とつておさ　③277
つけ山椒の　③370
付たり遊女　③397
告てゆく　②406
つけとゝけ　③403
つけ届ケ　③468
つけの小櫛　④203
つげの小櫛に　③349
つけの櫛　③429
付はださむる　③488
告はたうとき　③278
告やりし　①263
都合十里に　④225
都合其比　③475
晦日までの　④164
晦日や　③360
辻うらは　④262
辻占も　②143
辻かたひらに　④273
辻切ありと　④235
辻喧嘩　④253
辻立や　④317
辻々の　③393
辻堂に　③252

辻に出売の　④277
つしまつり　④137
つしまの船て　④158
対馬より　③394
つじ社にも　①492
辻弥兵衛の　④299
つたふ箟も　①286
つたふ雫も　②144
伝ふる家の　①242
つたふる琴の　②128
伝ふるや　①364
伝へきく　③455
伝へ聞　②140
つたへこし　①324
つたへ来し　①266
伝へても　⑥56
伝ぬる　①350
伝へぬる　③180
つたへやる　②249
つたへをおもふ　①494
つたへんすぢも　①298
蔦楓　③79
蔦かつら　③407
蔦かづら　⑥99
つたなきは世の　①288
拙きも猶　④114
蔦のはの　①377
蔦はひかゝる　①432
蔦はふ池の　②145
蔦はふ道に　④107
つた紅葉
　かくてこそ　①98
　外にはかゝ　①171
蔦紅葉
　かくてこそ　①171
　外にはかゝ
　　①98, ⑥150
つたはりし　④203
伝はるは　③399
伝れる　③193
土風みたす　③326
土壁の　③311
土きはよりも　④317
土気を去て　③453
土けんさいの　③409
槌で庭はく
　木葉まき砂
　　④362, ⑥107
槌の音　④303
土の筆にも　③282
土の篭　④192
土も木も
　うるふ世し　①209
　うるほふ陰①66, 160
　すつきり月　③169
つゝ井つゝ
　井戸のくる　⑤210
　近き隣の　③218
筒井つゝ
　井戸のくる　③242
　井戸の車木　⑤186
つゝいづの　①313
つゞきこそすれ　②58
つゞきしも　⑥43
つゞきつゞかぬ　①428
つゞくともなき　②142
つゞく野すぢや　①444
つゞく野の　①215
つゝく日和の　③191
つゞくもほそき　①319
続くらし　⑤101
つゝけ三番　③457
つゝけて二盃　③297
つゝけ二番　③363
筒先は　③425
つゝじ咲　②301
つゝじにたぐふ　②386
つゝじ原　①42
慎まん　②66
謹て
　拝見申　④154
　屏風の絵な　③185
つつた所か　③516
釣た所が　⑥145
つつとよれとて　③348
筒にきりたる　③490
筒音をも　③266
堤がくれに　①366
つゝみが暮の　②76
堤陰　②364
堤かげ迄　④246
鼓か滝の　③158
堤くづれて　②57
裹し世にも　①222
つゝみ銭　③372
堤づたひに
　つゞく呉竹　⑥24
　よするさゞ　⑥46
堤づたひの
　霞む川づら　①209
　人の行かひ　①479
堤づたひを　①278
堤浪こす　②238
鼓にて　③220
堤にほそき　②133
堤によくる　②360
鼓のしらへ　④162
つゝみの滝の　③508
提の水の　③383
塘の柳　①422
堤はきれふと　③364
堤普請は　③310
つゝむとも　⑥4
つゝむにあまる　③466
つゝむ御輿の　④285
つゝめども　②373
つゝめるも　①330
つゞやはたちの　④317
葛篭一荷に　③287
九折　②434
つゝらおりおり　③512
九折なる　②408
つゝら笠　③460
つゝらかたかた　③193
葛篭のすみに　③473
つゝら山　③375
つゝりても　④261
つゞりの袖の　①361
つゞりの袖は　①352
つゝる詩作は　③383
綴れ着し　⑤106
つゝをはき　③323
伝絶て　②224
つとひきて　③175
つどひぬる　①445
夙に出　②298
つとに起
　月に櫓を　①251
　むすぶや三　①179
　結ぶや三井　①106
つとに起つゝ　④94
つとに起て　①491
つとに折　①26
土産におる　①144
土産にとて　⑥15
土産にやおれる　②315
つとむるは　①313
つとむれば　①460
維て銭さし　③348
繋をきしも　②420
つなぎ置　②44
つなぎし駒は　⑥29
つなぎし船の　①325
つなぎし舟も　②133
維ぎとめても　②80
つなぎもとめず　②35
つなぎもとめぬ　①453
維よる　②56
綱たちて
　いさみにけ　②232
　いづら手飼　①483
つなでかなしく　②431
綱手ときつゝ　⑥48
綱手引　②421
綱てやる　③462
綱手をも　③282
綱とりどりに　①467
つなぬきの　④179
つな引にける　④115
綱をつけたる　③264
津にむせなから　③390
常々に　③159
常々の　③510
常なき物と　②178
常ならで　①470
常ならぬ
　色をしも吹　①427
　灯の影　①448
　世や祈るな　①135
　世をこそ歎　②412
つねに嵐の　②131
常にうそうそ　③207
常にかゝぐる　①324
常に聞　①133
常にしも
　つたなき罪　①491
　ふもとの里　①431
　深谷は霧の　①360
常にたゝ
　通馴たる　④139
　山は雪なり　④267
常になき　④299
常に場中を　③339
常にふもとは　①364
常にほのめく　①348
つねにもがもな　②224
常の情こは　③414
常の杖には　③472
常の時かは　②194
経まさの　④258
津の国の
　こや絵にか
　　①121, 188
　天満橋より　③275

なにはに付　③359
津国の
小屋形すゞ
③57, ⑥155
小屋形涼し
⑥104, 139
こやの前行　③188
つのぐみし　①279
つのぐみ渡る　①242
つのぐむあしべ　⑥44
角ぐむ末や　④108
つのぐむ程の　①238
角もはゆへき　③318
椿咲て　⑤108
つはくらめ　④216
つばくらめ　①440
つばさあらはに　②165
翅かろげに
雁わたるな　②427
わたる雁が　①478
翅さだかに　①307
翅つらなり
雁の来る比　②107
雁わたる声　②286
翅飛きて　②112
翅ならべて　①289
翅の霜を　②416
翅みださず　⑥14
翼みださぬ　①232
翅みだれて　②222
翅やよはき　⑥28
翅をも　②247
茅花まじりの　①210
つはのたまると　④222
燕来る
軒にのどけ　②161
軒の呉竹　②124
燕飛
入日がくれ
②158, 378
軒ばの柳　①378
夕川のべの　①409
つばめとぶとも　②305
燕やをのが　②349
燕やかへる　①494
鍔屋殿　④187
つふて一つに　④145
礫ふりさけ　③215
礫ほとなる　③159
つふりかつふりか
③476
つふりなつれは　③240
つぶりなづれば
露ぞこぼる
⑤175, 195, 258
つふりのかみさま
④262
つふりをも
うつは隣の
③157, 510
つぶりをも　⑤168
壺皿の　③461
つぼさらほとに　④332
壺菫つみ　①400
つぼねがたにや　③187
つほねしつけし　④221
つほねつほねは　③268
局ならび　④261
つほはわれても　③373
莟みさくや　⑤127
つほやのうとて　④159
壺を詰　③162
爪音高く　①492
爪木おる
たよりに花　②260
道は有けり　①234
爪木こり　②294
爪木こる
庵もけふぞ　①8
岩ほの中を　①427
はざにもい　②435
爪木焼火に　④107
爪木取　②223
爪木猶　①320
爪木には　①274
爪木のともし　①295
爪木やいかに　②238
つま切と　④282
爪木をば　②202
爪木をや　②408
妻恋に　②151
つま恋は　①55
妻恋は　④57
妻ごひや
あらそふし　①166
あらそふ志　①79
妻こふ鹿の
声ぞ聞ゆる　⑥30
月に声する　④122
妻こふる　①40
瓜琴の　②120
爪琴の
しらべかす　②328
しらべかな　②310
しらべ床し　②243
妻子共　④294
爪琴を
しらべ出ぬ　②363
春の調に　①357
妻子にまよふ　④177
妻ごめに　⑥35
つまどふ鹿の　①294
つまとふちどり　②335
妻ながら　③187
妻なき鹿の　②81
妻なしに　①128
つまならす　⑥25
爪ならす　②222
妻まどはして　①418
妻迎せし　⑥98
妻よりも猶　③167
妻をとふ　②30
積上た　⑤117
つみあらす野の　②72
罪ありとても　①416
罪有は　②95
罪えてよめる　②122
つみ置る　②436
罪おもき　②4
摘し只　①372
つみとかの　④146
罪科の　④203
罪科は　④274
罪咎を　④77
つみとなるは　④140
摘とりて　①356
罪なきを　①283
罪なくて
秋の海べを　①296
さすらへな
②263, ⑥61
詠まほしき　②374
詠めまほし　②380
つみなくは　②277
つみにあたるは　②45
罪にあたるは　②238
罪ふかき身を　②215
罪もいさ　②351
罪もけぬべし　②406
罪ゆるさるゝ　①318
罪をうる身や　②129
罪をしも　②434
罪をたゞすは　②140
紬の小袖　④314
摘袖も　①207
摘にも袖の　④114
つめ懸て　④259
つめかたを　③469
つめくはへたる　④171
爪くはへても　③504
爪に火を　⑤301
爪の上にも　③214
爪の先にて　③322
爪の先より　③230
詰番の日も　③176
つもらぬほどに　①220
つもらぬ雪の　②7
つもらば雪に　②362
積りけり　①82
つもりこし　①101
つもりしも　②303
つもりしや　③71
積り高　④198
つもりたる　③416
つもりつもらず　①452
つもりていく代　②175
つもりては
いづくの渕　①451
巌ならなん　①189
岩ほならな　①121
積りては　⑥48
積りても　②238
つもりにし　⑥149
つもりぬる
恨の末を　②318
うらみも恋　②342
旅の日数の　②198
日比の愎　①222
齢のほどを　④118
積りぬる
塵も涙も　②403
雪は残らず　②356
つもりもあへず　⑥44
つもりもあへぬ　①259
つもる恨に　②186
つもる恨も
かくす物恥　①325
しらぬはか　②129
つもる恨を　④92
積る恨を　③480
つもるおもひは　③402
つもるが上に　②320
つもる香の　①201
つもる借銭　③184

つもるばかりの　①226
つもるべし　①189
積るべし　①122
つもるも雪の　①428
つもるや雪の　⑤101
つもるよはひの　②304
つもるよわひよ　②419
つもるをまゝの　②411
積れ積れ　⑥133
つもれとて　⑤124
つもれば老の　①415
つもれは人の
　繰りも有　③479
　からくりも　③531
つもれ雪　③137
つもれる旅の　②416
露いかばかり
　ぬらす衣手　②167
　深き古跡　②52
露いさぎよき　①488
露うちはらひ　③273
露打はらひ　④169
露打払ふ　①347
露うつる　④158
露置あへぬ　①249
露置初し　②185
露おきちらす　④159
露をきとめぬ　②220
露おこたらぬ　②334
露おもき　②145
露をもはゆく　④262
露おもる
　袖に涙も　④111
　籬の竹や　⑥115
露かたち有　④263
露がみだれて　④311
露けからでも　②58
露けかるらし　①220
露けき中に　②199
露けき扉　①377
露けき庭の　②118
露けささぞな　①265
露けさそふる　②41
露こそむすへ　③237
露ごとに　①327
露毎に　①391
露こぼす　①370
露こぼれけり　②131
露こぼれそふ
　いさゝむら　②391
　花のうき草　①357
黴左衛門か　③448
露さだめぬも　④85
露さむき　④153
露しほれつゝ　②181
露しくれ　③338
露しぐれ
　近く行野は　④115
　ふるも今は　②277
露時雨
　溢れて夢に　④250
　臆病風や　③361
　後藤が軒は　③435
　歎く明屋と　⑤97
　はれぬる跡　②126
　ふる借銭の　③281
　ふるつばあ　④283
　めくりめく　④309
露しげからし　①362
露しげき
　おばなの袖　①85
　お花の袖や　①170
　陰野に松や　②217
　夕山窓　①491
露しづかにも　①246
露したゝりて　③285
露しめてぬる　②39
露霜に
　荒増りたる　②363
　いつ朽はて　③405
　吾衣手や　①235
露霜の
　行かふ空や　②279
　うつりかは　①280
　をきこそ馴　②253
　置こそ増れ　②73
　置はさひ付　④191
　かはればか　①442
　白きを見れ　④107
露霜経てや　①392
露霜や　④275
露霜よきて　⑥97
露霜を　③419
露しら糸の　③169
露しらぬ　④285
露白し　①484
露しんしんと　③204
露しんぽりと　③165
露冷じく　①283
露ぞ時雨る　⑥19
露ぞみだるゝ　①448
露そよぐ　②202
露ちらと　④233
露ちるなみの　②429
つゆてらし　⑤129
露ときえ　③469
露と消にし　②414
露と消はや　③207
露とこなめに　②285
露なかゝりそ　④114
露ながら
　さぞ青柴の　②384
　すくも焼屋　①412
露なさけ　④138
露涙
　牛の一さん　③321
　珠数つなき　③164
露泪　③504
露に色なき　①201
露に朽しを　②109
露にしも　①267
露にすがれる　①308
露に染　①359
露に猶
　うらぶれけ　①360
　しほたれけ　②421
　しほれ添ぬ　①432
　みのしろ衣　①408
露に馴にし　②279
露にぬれ　④96
露にぬれつゝ　④294
露にぬれて　④129
露にぬれぬれ
　ほうかふり　③206
　真柴かる袖　②408
露に残れる　①375
露に吹　①288
露に蛍の
　影こぼす袖　④93
　光みだるゝ　①474
露にみだるゝ　①442
露にやつれて　②122
露にやどるも　②151
露ぬれし　④143
露のあはれも　⑥101
露のいとまを　②35
露の命は　③294
露の上に　①233
露の置迄　③170
露のかごとも　④84
露のかごとを　②424
露のしのはら　④180
露のしめりは　②32
露のしら玉　③196
露の底にや　⑥93
露のたまゐる　②12
露のたまきる　④257
露の玉しく
　板橋の上　⑥30
　梯のまへ　①349
　毛氈の上　④136
露の玉なす　⑥16
露の契りも　②136
露の情は　④200
露のなさけも　④285
露の情も
　哀うかれ女　①483
　うつろふは　①312
露のぬれ　⑥158
露の濡れ　③141
露の光を　⑥35
露のまに　②18
露のまの　①473
露の間は　②224
露のまも
　まださめや　②167
　わすれはせ　⑥52
露の間も　④271
露のみぞ
　老のみるめ　①80, 167
露のみ袖の　①342
露のみたれは　③317
露の身の
　寄麗を知る　④334
　業をとげぬ　①489
　ふりぬるど　②311
露の身は　①81
露のめぐみ　①85
露のもり入　⑥117
露の世や
　万事の分別　③64, ④49, 345
露は秋と　①30
露ばかり
　時雨し跡は　①264
　ふる春雨に　②216
　窓打雨の　①247
　よそに時雨　②195
露はこほれて
　おもき引う　③401
　小粒大豆板　③469
露はこぼれて　①254
露はたゞ
　いつしか霜　①240

先衣手や　①409
露は松に　⑤129
露早下したる　④264
露はらひをも　④260
露はらふ　②226
梅雨晴や　⑥85
露ふかゝらし　②269
露ふかき
雲ゐの庭の　①361
鍋の底から　④160
松の葉越に　④288
露深き
草の庵は　②22
末の山越　①400
野をはるば　④76
露吹ば　⑥87
露ふきみだす　②331
露ふくや　①80
露吹や　①166
露ふくる　②280
露更るまで　②308
露ふけば
風もさやけ
①74, 164, ⑥150
露ふり袖の　③308
露ふる皿に　④158
露ふるたこも　④144
露ふるはかまも　④267
露ふれて
いまこゝろ　⑤43
うつろひに　②229
露ほとも　③422
露ほども
くもらぬ刀　⑥168
忘るまじと　②329
露程も　③503
露ほのかなる　①249
露またすしも　④208
露まどろまぬ　①428
露間をや　④49
露みたれしは　④271
露みてり　④280
露むすふ
状箱もちて　④145
玉章の内　④157
にんにく慈　④268
露むすぶ
草の扉は　②342
苗代垣根　①218
籬や風の　②173
露結ぶ　①371
露も板間を　⑥28
露もいとはす　③147
露も色なき
浅茅生の庭
②262, ⑥59
露もおもひの　②202
露もかはかぬ　②382
露もきよらに　①213
露もこゝろの　②96
露も木葉を　②176
露もさぞ
生田の杜の　②54
ふる屋の軒　②203
露もしぐれも
この比の空　①429
もる杉の庵　②20
露もしづくも　①445
露もそへざる　④274
露もたびたび　⑥97
露もたまらぬ　①428
露もてゆへる　①454
露もなさけを　③311
露もなみだも
袖にこぼる　②367
袖のみぞし　①454
枕のみしる　②390
露も泪も　②317
露もねず　②301
露もねられず　⑥48
露もまだひぬ　④318
露もみだるゝ　⑥42
露も路銭も　③342
露もわすれぬ　④157
露や置　①336
露やたゞ　②25
露やゝ寒く　②400
露油断　④150
露由断　④269
露よさはりの　②212
露よなみたよ　④276
露よ涙よ　③180
露より露に　⑥22
露よりも
猶消やすし　④275
枕に深き　⑥9
露よりやすき　④332
露分る　②270
霞分急ぐ　②279
露分いらむ　①297
露分入し　①336
露わけこぼす　②138
露分つゝも　①353
露分て　④320
露を帯て　②271
露をからけて　③272
露をさへ　①412
露をしも　②62
露をたもとに　①495
露を翅に　①354
露をねふつて　③333
露をのこせる　①310
露を残せる　②434
露を一つ　③445
露ヲ誉メテ　⑥144
露をみぎりの　②360
露をもげにぞ　①253
露をやどせる　③353
つよ異見　③308
つよふかゝつた　③351
つよう出てきた　③414
つよう出られた　③323
つようなひかぬ　③409
つよき歯も　③316
つよくすり込　③434
つよ薬にて　③371
つよさもさそと　③155
つより行　③184
つら枝は　①365
つらき思ひに　④94
つらきおもひよ　③455
つらきこそ
契も秋の　②259
謀る使の　⑥12
物越のみの　④120
よ所に聞ぬ　①276
つらきにこりぬ
思ひやめて　①363
我ぞ難面　①265
つらきには　⑥98
つらき物から　②270
つらきものにや　①415
つらきよに　②25
つらきをも
こりぬ心に　②207
しらぬ涙や　②385
つらさまじりに　①492
つらしや草の　①317
つらづえながら　②192
つら杖を　①314
つらつら是は　③350
つらなりきたる　①434
つらなりて　①461
つらなる袖は　①347
つらなる袖も　②74
つらなれる　①355
つらにも火をは　③218
つらぬきしより　②226
貫くまゝの　⑥14
つらぬる歌は　④329
つらぬる袖は　①276
つらぬるは　②357
つらぬるまゝの　②3
つらね出せる　①350
つらね出しは　②427
つらねかはせる　②158
つらねし歌の　④85
つらねそへたる　②313
つらねつらぬる
歌のかしこ　①347
春のことの　②228
つらね連る　①377
つらねて見ばや　②230
つらの皮
幾重の波か　④292
桜の色に　③448
つらは人　④147
つら扶持に　③425
つらやはたちの　④146
貫之の　④303
貫之は　③318
貫之も　③431
貫之もこれを　③468
つらゝゐにけり　⑥21
つらゝさへ　②371
氷柱とく　②92
釣あけし　③145
釣かねや　④224
釣竿に　①433
釣して残る　②184
釣して船の　①447
釣する舟は　②222
釣する舟や　①392
つりたるゝ　④218
釣たるゝ
糸や流に　②171
翁さびしき　②372
釣垂るゝ　②241
つりとおしやるは
④247
釣に出たる　①231
釣にやつして　①296
釣の糸　⑤101
釣のいとまや　②181

釣の翁や　⑥93
釣のを舟や　①256
釣の小舟や　②359
釣針と　④202
釣針や　②329
釣針を　③371
釣人の　①363
釣人よ　④8
釣舟いづち　②300
釣舟に　②118
釣船の
　けしきうかぶる
　①317
　川門はるかに　②277
釣舟も
　棹さし出す　②24
　月にさそは　⑥46
釣舟や
　おきつ白浪　③456
　月をみやり　④126
釣船や　②176
釣舟よ　①339
釣をする　①313
釣をやめつゝ　②58
釣をやめて　②220
鶴遊ぶ　④83
鶴下りて　⑤107
敦賀の市か　④271
鶴亀女郎の　④143
鶴亀も
　しらぬ世や
　①26, 145, 209
敦賀より　③184
剣の山に　③451
つるきの山も　④214
剣をかざす　①352
鶴なきわたる　③238
つるについたる　③343
鶴にのつたる　④208
鶴の心　①9
鶴の子に　①135
鶴の身の　③307
つるへの縄の　③166
つるへの縄も　④266
つるめさうもや　④274
鶴も雁も　⑤106
鶴も来て　①46
鶴もしらじ　①127
釣や鱸の　③296
鶴屋の軒を　③476
つれあひを　③161
つれたちの　④282
つれつゝ海士の　①370
つれつれあそひ　③489
つれづれいかに　⑥52
つれづれをくる　⑥45
つれづれしりて　⑥8
つれづれそへて
　千鳥鳴声　⑥32
　雪ぞつもれる　①257
つれつれと　③257
つれづれと
　あかず屏風　②152
　宇治の舎り　②247
　霞ながらの　①476
　かすむ泪の　②334
　かた眠して　①441
　門さす寺や　②346
　暮しかねぬ　①325
　暮れば槙の　①240
　こもれる内　①334
　簾おろして　②215
　月にむかへ　①360
　ね覚のまゝ　①467
　軒の雨きく　①469
　萩咲砌　②289
　はなれ小島　①438
　春雨かゝる　②408
　春のしらべ　④94
　日も暮がた　②179
　鵙鳴わたる　①314
　よむはえな　⑥14
夜の雨さへ　②266
徒然と　①393
つれづれとして　①337
徒然とのみ　①384
つれつれなる
　まゝに添た　④174
　まゝに野僧　③226
つれづれにはた　②56
つれづれの
　おり焼柴も　②270
　物とや草子　①350
徒然の　①382
つれづれのみに　①286
つれづれは
　大原山の　①410
　さぞ蓬生の　②7
つれづれも
　たえぬ嵐を　①291
　忘るゝばか　⑥36
つれつれもなく　④149
つれづれわぶる　①321
つれづれを
　いかにくら　⑥117
　送り侘たる　②72
　忘れやする　②81
徒然を　②66
つれて時雨
　めぐる山田
　①111, 182
つれなきいのち　②122
つれなきか　③357
つれなきが
　心はさらに　②43
　名のみあふ　②278
難面が　②28
つれなきかゝを　④189
難面門に　②372
つれなき心　①289
難面心　②103
つれなきたぐひ　①389
難面たぐひ　①432
つれなき戸口　①328
つれなきとても
　恨はてじよ　②223
　おもひやま　②284
　頼るゝ暮　②54
つれなきに
　あふ期もし　②289
　まけてやま　①258
難面に
　心ひとつを　①282
　名のみたつ　①485
つれなきは　②24
難面は
　せんすべあ　①370
　とぐるとも　⑥16
つれなき人に　③217
つれなき人は　①243
つれなきほどを　①443
つれなきも
　こよひの月　①410
　尤しつか　③209
　やはらぐこ　②41
難面も
　ちとはかつ　③504
　使からにや　①304
　とはんと告　②132
強面もかつ　②162
つれなきを　②335
難面を　④127
つれなきをしも　②388
つれなく過る　①472
つれなくて　②31
連なくて　①353
つれなく残る　③455
つれなくも　②125
難面も　②424
つれなくもふる　②238
つれなさ更に　③221
つれなさの　④249
難面さを　⑥56
つれなしとさへ　④329
つれなしや
　わかれし日　①151
　別れし日ま　①43
つれに似あはぬ　④136
つれふしになく　④253
つれ待合　④207
つれも伊沢の　④142
つれもなき
　心を何に　①396
　人待わぶる　②229
つはもの丶ふや　④263
つはりとは　③314
つんほうに
　峰とよむ迄　③534
　岑とよむ迄　③522
つんぽうや　⑥125
つんほたてらの　③453
聾独　⑥100

【て】

出合者　③477
手足も口も　④310
手あやまち　④305
手洗の　④244
泥絵のちくさ　④327
定家のたはれ　③490
定家やう成　③331
庭訓に　③7
庭訓にいわく　④242
庭訓の　③335
程子朱子　④313
丁シテ繙ク　②101
亭主にとはん　④188
亭主の留守も　④138
亭主は下戸か　③441
亭主は見えぬ
　春の山里
　③160, ⑤289
亭主ふり　③204
亭主振　③186

亭主ふりさへ　③191
泥中の　⑤126
褅の説又　④314
手入ゆゑに　⑤295
出売をはるの　④283
手桶の数を　③435
手斧せはしく　⑤97
手覚の　⑤117
出女の　④298
手飼の鴛の　⑥8
手が入は　④308
てかけくるひも　③203
手かけも今は　③262
出頭の　④289
出頭をしも　③180
手形かく　③195
手が出されねば　⑥101
手かたにのする　③355
手形にのする　③200
手形にも
　件のことく　④325
　たしかに見　④165
　見え渡たる　③477
手形の上を　③233
手形は是に　③393
出かちにて　③416
手紙をもつて　③429
手からはなしに　④205
手からはなしの　④222
出かはりに　④147
出替りに　③364
手かはりの歌　④317
出来合の　④297
手木先や　③332
手きさみたはこ　④181
手きさみの　③376
手割の　③384
出来芝居　④277
出来た出来た　③44
手木つかひ　③435
手木でもゆかぬ　③258
手木てやる　③480
敵となる　④138
敵味方　③273
出来ものは　③177
出来物は　③529
敵をしたかへ　④230
敵をたはかる　③512
手くすね引て　③253
手くすねを　④274
手くせのわるひ　③368
手くりの船の　③443
出来坊よ　④230
出格子に
　捨文してや　③197
　太夫ちかひ　③350
　鳥かかゝつ　③363
手毎にも　①407
手子の者　③399
手強くぞ　⑤107
手先すくみて　②242
手さき迄　③502
手作の次第　④295
手探りの　①401
手さぐりも　①427
手さし指さし　③449
手ぢやうはづして
　④281
手づさびに　③77
手代出て見よ　③466
手代のこらす　④201
手代まかせの　③224
手代を蚊屋の　④235
てだてこそ　①292
手だらいに　④303
手だらひ程に　③519
手樽迄　③235
鉄かほたるか　④205
手つからきさみ　③360
手付のかねの　④273
重一重六　④212
てつち供して　③458
てつほうしやとは
　④270
鉄炮に
　あたりほと　③513
　数さえみゆ　④276
　雉のほろゝ　③501
　雉子のほろ　③162
鉄炮に名を　③360
鉄炮の
　あら音たか　③262
　先にあふな　④175
　玉津しまに　④211
　玉の台も　③411
鉄鉋の　③149
鉄炮も　③333
鉄炮もつて　④288
てゝめには　④180
手とてまくらも　③206
手とりにするを　③270
手とりにせんと　③451
手なきもの　③395
手習子とも　③525
手習の
　憂に杖とる　③510
　手ぬるくさ　④189
手ならふあとを　②216
手ならふや
　難波の二郎③92, 377
手馴しか
　かげや硯に　②347
　影や硯に　①202
手馴つる　①307
手馴の駒の　②137
手にすへて　④267
手にすへひさに　③164
手にたづさふる　②377
手日記に　③342
手に手をあはせ　③449
手に手を取合　③285
手に取も　①317
てにはといひ　③347
手にむすぶ　②293
手巾きれの　④213
手拭に　④161
手拭の　③16
手のあらう所　③392
手の内計　③458
手の裏とりとり　③423
手の品も　④152
手のとゝく　③486
手の長ひ　③322
手鼻かむ間に　④315
手はなす鷹の
　跡したふ也　②341
　行衛あやし　①354
手ばなせる
　小鷹は遠き　②66
　鷹の行衛や　②333
手拍子きいて　④236
手拍子さそふ　③236
手拍子て行　③204
出舟をさへて　③248
出舟なり共　③500
出舟まてまて
　一間かりな
　③155, 508
手ふれぬまゝの　②118
手本のうらに　④145
てまへはそのふん
　③284
手まはしは　③453
手見せすかゝつた
　③481
出見世本宅　③326
手もたゆく　①265
手もちもなつの　④285
寺有と　①313
寺ある方の　①268
寺有かたや　①493
寺入の　③183
寺方さして　④307
照す日ながき　②171
寺そたち　④280
寺に入より　②310
寺にきくは　①54
寺の筧の　①225
寺のけしきぞ　②298
寺はいづくの　⑥4
寺は筧の　②115
寺はむかしの　②35
寺へまいるも　③173
寺参　④270
寺町へ　③226
寺若衆　④145
寺を出れば　①256
寺をいでつゝ　②76
寺を出て　①326
寺をももたぬ
　僧にて候　③161, 507
照つゞく　②290
照まさる　⑥53
照増る　②420
出さ入さの　⑥169
照月なみも　②120
照月に　③358
てる月の　④229
照月の
　海すこしだ　②116
　影は世上の　④240
　氷も谷へ　④181
　夜の間に肴　③451
てるてが泪　③438
照日いとはぬ　②368
照日曇らぬ　⑥96
照日にあせし　⑥45
照日に雨の　①226
照日にも　②360
照る日の影ぞ　②321
照程もなき　①263
出羽にてわたす　③394
手をあてゝ　④307
手をあてゝ知　④301

掌ヲ合テ　②101
手をおりて　①156
手を折て
　おしむさか　①56
　惜む盛や　②190
手をおれば　①449
手を折ば　⑥116
手をしめて　③166
手をだにふれぬ　②301
手をとらへたる　③232
手を取合て　③478
手を曳て　④136
手をよごす　③353
天酔り　⑥142
天下一統　④141
田楽ぐしの　⑥165
田楽串の
　竹の下露　③221
　竹の根をほ　⑤249
てんかくに　④252
殿閣の　④156
でんかくの　④279
田楽の　③200
てんかくの舞　③327
てんかくや　④212
田楽を　⑤75
てんかける　④70
天下泰平　③260
天下となのる　③492
天下にしれて　③387
天下にわきし　④312
天下は天下の　③463
天下美の　④237
天下みな　④199
天下矢数
　二度の大願
　　③487,⑤236
天下ゆたかに　③185
天下横めも　③381
天下領迄　③231
天気とみれとも　③490
天狗たをし　④238
天狗飛行　④185
天狗には　④217
天狗のあるゝ　③467
天狗の内裏　③453
天狗のゆきゝ　④226
天狗も鳶も　③357
天狗や鼻を　③208
転合にする　③269
天竺よりして　④295
天自在　④286
点者とあれは　③338
伝受に通ふ　③467
伝受はいかに　③319
殿守より　③337
天井川　⑤257
天正の　③459
天井の　③399
碾上氷輪　⑥65
天しる地しる
　秋のすゝし　③264
　右の条々　③337
天竺震旦　④180
天神の　④288
天地のあひた　③533
天地のあひだ
　短夜の月
　　③424,⑤240
天地の造化　④313
天地を渡る　③273
天道の　③347
天道にかなふ　④139
点取の　④202
天なるかな　③367
天にあらは　③233
天にあらば
　地にはれん
　　③48,⑥138
天にあはば　⑥138
天に指さし　③443
天人の絵を　③150
天王寺　④145
天王寺にと　③145
天王寺前　③264
天の時　④321
天秤の　③161
田夫野人を　④319
店馬にも　④168
伝馬を出す　③236
天命の露　③483
天も酔り
　げにや伊丹
　　③108,⑤167,278
天も酔り此　③493
天目に　④277
天も花に　③441
天もひゝけと　③322
天も響けと　③458
天もよへり　⑤132
天文の　③346
てんやくるひは　③267
天よりも
　一つの小刀　③406
　真の月の　③334

【と】

とある麓を　③447
といひかくいひ　①459
とひ帰る　②216
問かれし　①113
吐息つくつく　③472
問きつる　①296
問来つるこそ　①347
とひきて宇治の　②405
とひ来て主を　④115
問来ての　①124
問きては　①429
問来てはまづ　②174
問くやと
　出て休らふ　②382
　身にしむ思　②135
問来やとのみ　②314
問こそは　②101
問こぬを　④133
とひしさが野は　②167
砥いし鳴捨　③377
砥石にも　④183
問状に　③296
とひ捨られし　⑥20
問そめし　①183
問そめて
　とし月くや　⑥148
　年月くやし　①25
問初て　①144
問絶にけり　④120
問つくして　②151
問々道を　①419
問とはず　①86
問なぐさめぬ　①327
とひ馴ん　①113
とひぬる人も　②147
問ぬれば　⑥23
問丸の　③169
問もや来ると　①305
問屋といへと　③468
問屋の庭　④277
問屋の軒の　③290
問やらぬ　④84
とひ行も　②297
問寄らん　①372
問よりし　②47
問寄し
　雲の林の　①251
　くらぶの山　②312
問ひよりて　②322
問よりて　①352
問寄て
　いざやめで　②384
　やどりから　①478
とひよる宇治の　②294
問寄かたは　①367
問よるは　⑥12
問よる道の　④125
問よるも
　化なる占は　⑥8
　心やしゐて　①403
　十人前の　③330
　とだへ久し　②164
とひよれば　②77
問よれば
　色はむかし　②288
　岳辺の庵の　②23
　形ばかりな　②142
　聞しに似た　⑥19
　里に焼火を　②133
　住人みえぬ　②79
　それとばか　④118
　涙も雨も　①288
　庭にこたふ　⑥26
　はふる犬さ　①431
　物なげかし　②181
とひよれる
　袖さへ稀の　②357
　行衛はちか　②220
問よれる　④133
問侘ぬ　②417
唐あみの　③373
問哀もや　②92
唐韻の　③388
糖おこし　③409
灯下欠眠　④71
唐瘡の　③253
とふ方を　⑥52
とうからとうから
　　③364
堂からは　④52
東岸西岸　③406
どうきかれたぞ　⑥170
同行三人　③304
道鏡や　④180
頭筋よりも　③195
当月切の　③330
道外はもめんの　③474

どうけ者　④298
峠を越ん　③503
東西南北
　あまひ事々　④225
　日本の春　④186
当座に千石　③430
道三河岸に　③427
東寺あたりの　③334
童子出て　③222
東寺瓜や　③86
童子その時　③415
とうしても
　うつけ尽す　③253
　此世は旅と　③312
　淋しい筈の　③464
　何も進ぬ　③321
とふしても　④253
どうしても　④309
東寺とをるは　④254
湯治とともに　③177
当社におゐて　③409
当宗の　③146
東寺ゆく人　④142
当春より　④290
道場に置　④163
道場の　③239
道場参り　④134
道場まいりの　③176
当所におゐて
　つゝじ山吹　③427
　峰の黒岩　③439
冬至をいはふ　③299
道心者　④221
道心者には　③507
唐人の
　衣うつ也　④249
　寝言いふ身　③443
灯心ほとや　③223
灯心や　③50
道心や　④156
同心を恋　③360
当世はやる　③235
唐舟あまた　③158
唐船一艘　④213
東漸に　③21
同船にのる　④223
唐船も　③416
唐瘡以後の　③428
とふ袖も　②168
道中の
　難所は爰に　③412
　評判頼み　③440
道中や　③466
どうどうと吹　⑤257
たうとさや　④193
唐土天竺
　ならのもろ　③242
　ならの諸白　⑤185
唐土はしらす　③412
とふ友も　②99
問友も　⑥23
とふ友をさへ　②314
唐土より　③340
道頓堀　③351
道頓堀の　③296
とうなりと　③338
とふにあはれは　②11
問におどろく　②324
とふにおよはぬ　④198
堂に過たる　③220
問にゆくゑも　②91
当年の
　廻向も既に　③95
　霞と共に　③448
当年は
　五月二つの
　　③158, 506, 528
当年も　④150
とうのかうのと　③470
堂のとをりを　④266
唐の帝に　③414
当の矢を　③492
とふ人あらず　①289
問人あらぬ　②428
とふ人あらは　③390
とふ人ありや　②366
問人おもふ　④100
問人たえし　③180
とふ人とめて　②163
とふ人に
　陰すゞしか　①66
　宿やさだめ　①32
問人に　①161
とふ人の　①35
問ふ人の　④90
問人の　①148
とふ人も
　あらで侘し　⑥55
　しづ心なき　②405
問人も
　いつより絶　⑥35
　絶て砌の　④129
問人もがな　①235
とふ人もなく　①250
とふ人を　①6
問人を
　今はと思ふ　②315
　とゞむる秋　①421
　むかへてぞ　①138
とふ人を待　②247
当風の　③102
たうふうも引　④264
豆腐買て　④272
道服の　④198
豆腐こんにやく　④326
豆腐豆腐
　赤装束を　③344
　はやすり鉢　③370
豆腐には　④336
豆腐の淡も　③263
豆腐のかすに　③320
豆腐のきれも　③437
童坊衆の　④250
東方の　③501
胴骨は　③462
とふ道の　①18
どう見ても　④293
灯明のあふら　④168
灯明を　④264
とふも閑けき　①392
とふもむつまじ　②354
堂守は　③150
問やと月に　④111
とふ宿や　①37
とふや夢　①322
どうやらあしの　④277
とうやら道の　③299
桐油をかけて　③393
問夜もこぞの　⑥97
胴より肝の　③371
到来や　③109
とうりありけり　③318
等類は　④179
同類は　④250
登蓮が
　蓑きて笠き
　　③35, ⑥136
　蓑着て笠き　⑤167
灯篭のかげを　①353
灯篭をも　①474
とふ我を　①62
とへかしおなじ　①282
とへかしな　①286
とへばあはれや　①286
とへばかなしき　①244
とへば木草の　⑥10
問へは答て　③305
とへばさびしき　②317
とへばその　②296
とへば問
　おりよき宿　①154
　折よき宿や　①52
問へばとへ　①348
とへは匂ふ　③160
とへば匂ふ
　梅や自身の
　　③13, ⑤165, 280, 289
　むめや自身　⑤286
問ば籬も　①220
とへばまさしき　①415
とへば水無瀬の　②389
とへば身にしむ
　住よしの里　②378
　みさゝぎの　①449
とへば留守　⑤124
十日以前に　③438
遠騎の　⑤108
十か十一　③232
遠霞　③488
とをからず　①64
遠からで　①378
遠からぬ
　尾上の里は　⑥23
　隣へだつる　②82
　波のまがひ　①231
　野筋をかけ　②410
　舟路もかな　②345
　舟路も悲し　①202
　宮古もあと　①424
　向ひの峰に　②191
遠かりし　④84
遠かりし野も　③217
遠き県に　①372
遠き門出の　②108
遠き門出を　①411
遠き香を　①64
とをき梢の　⑥4
遠きこそ　①362
遠き境に　⑥8
遠き空をも　①391
遠きつゝみの　②45
とをきとま屋は　②219
遠きなごりぞ　①421
遠きなみぢの　②271

遠き野筋の　②360
遠き花見る　②405
遠き舟路の　②186
遠き火影は　②219
遠き真砂を　②270
遠きもちかく　②279
遠き山田は　②8
遠き山べに　①384
遠きゆかりも　②421
とをき行ゑの　②106
遠き世も　①18
遠き世を　①110
遠きわかれを　②143
遠きわたりの　②352
遠く遊はぬ　③282
遠く聞し　④31
遠くきく
秋風分る①181, ④34
遠く聞
秋風わくる
①107, ④39
秋風分る　④27
遠く来て
あき風分る　④37
所縁尋る　⑥11
とをく越路の　②47
遠くて近し　①397
遠く成　②119
とをく成　①19
遠く見わたす　②84
遠く見ん　①103
遠ざかりぬる　④126
遠ざかる
声あはれな　②47
まゝに都を　①332
遠里小野に
をける露霜　⑥5
まつかせて　④316
とをし馬の　③395
遠島かげも　①335
遠島風に　①214
遠島国に　①341
遠島の　⑥56
遠島は
この松ばら　①82
此松原の　①168
遠島も
此松原の　⑤87
雪をうかぶ　①308
遠島や
ちかきこよ　①94
ちかき今夜　①174
十団子　④271
遠津国まで　②17
十といひて　④198
十に九つ　④289
十日　④148
遠はまる　②301
遠道は　③445
遠道も　①471
遠眼金にて　④276
遠矢射てみん　③513
遠矢射て見ん　③216
遠矢一筋　④312
遠山かげも　①417
遠山田
からぬもは　①171
からぬも秋　①87
かりがね告
①175, ④59
雁がねつぐ　①97
遠山鳥の　③499
遠山の
尾さきにつ　③398
雲も霞も　⑥51
雲より月や　②98
花にはうと　③354
花の催し　③278
遠山の端に　①351
遠山のはも　①267
遠山は　②75
とを山や
岸による波　①90
はるゝ夕日　①111
遠山や
岸による波
①173, ⑥150
今朝宿々の　①124
はるゝ夕日　①182
雪よりいづ　①189
雪より出る　①122
遠山を　①331
遠よる音や　②430
遠よるなみの　①461
通りかけにも　③195
通り来て　③180
通矢の　③361
十かへりの
春にもあか　①284
松が花とぞ　⑤73
雪やはつは　①123
雪や初花　①190
とかく奢は　③174
とかく貴面　③452
とかくそちは　③412
とかくたゝ　③509
菟角たゝ　③155
とかくたてなは　④149
とかくにじやくは
③484
とかく身にしむ　③261
とかく夜はひか　③165
とかく夜這か　③505
科なきは　④136
咎なれや　⑤117
とがむる犬も　②312
とがむるまでに　②45
とかをはいちやか
④147
とかをは笈の　④284
ときあらふ
麻の衣の　①260
ころもひが　①439
とき洗ふ　①398
時ありて
光まち見よ　①121
光待みよ　①188
時いたり　②130
時いたる　②317
時うしなへる
袖ぞはかな　②147
身ぞ哀なる　②354
時うつし　②166
時うつり
事あらたま　②234
事去色を　①420
言の葉ふり①21, 143
ことふりぬ　①182
時うつる　③490
時うれば　②350
時えたり　①187
時得たり
かゝる仰の　③124
葉かへず有　①120
説置し　②192
ときをはりたる　②27
時きぬと
花に柳に　①449
山田を今や　①327
時来ぬと　①386
時しあらば
埋れははて　①122
むもれはは　①189
時しあれば
将軍様も　④222
やぶしがく　①437
時しあれや
さかふる松　①160
栄ふる松の
①65, ②407
鷹を末野の　②246
時しもあれと
おもふらん　①181
思ふらん秋　①107
時しも今は　①377
時しもすてに　③285
時しらぬ
おもひする　④263
田は草むら　②280
山ときゝし　①155
山と聞しを　①53
時しる雁の　①487
時しるや　②341
時過て　①47
時過にけり　①266
時過る
あふひの枯　②414
岡べの遅稲　②244
桜にてこそ　③249
時付にして　③321
時付の　④267
刻つけの状　③516
刻付の状
しぐれふる　⑤198
しくれ行秋　③240
しぐれ行秋　⑤176
時付の状　④248
ときつる法の　②44
ときときかよひ　④189
時とてや　⑥4
説流す　④132
時ならぬ　⑤249
ときならぬをも　②170
時にあひたり
南無妙の字
③126, ⑥157
時にあひたる　①327
時にあふ
風をつたへ
①110, 182
時にあへば
おごるを誰　②182
花も嬉しき　①404
時に逢は　④264

時に木曽殿　④268
時に恋　③381
時に御状
　きたれる事
　　③132, ⑥171
時に三郎　③445
時に中する　④319
時に鼠屋　③402
時に秀吉　③474
時に吹風　③425
時に法皇　④285
時のうつりも　②129
ときの声　④258
時の声又　④320
ときの声をも　④134
斎の時分と　④222
時の太鼓は　④149
時の間も
　妹が俤　②434
　おもひ忘れ　②212
時は秋
　あきなき友　①76
　わかれはひ　①106
　わかれは鄙　①179
時は今
　盛と見ゆる　④85
　満塩竈の　④89
時はいまの　①69
時は今の　①161
時は今は　①258
時は三月　⑤104
とき花に　①86
時は何刻　③190
時は冬　①135
ときはやよひの　②406
時は弥生の　①400
時は夕の　①246
斎非時とても　③215
斎米を　④197
時政の　④267
時めきし
　野べの御狩　②242
　人も所も　①453
　程も過行　①487
時めくは
　更にまぎれ　②159
　春の行幸の　⑥16
時めくも　①409
時めくや　①233
ときめく世とて　②335
時めしに　①398
時もはや　③178
時も世も　①442
時や今　②134
時ゆたかなる　⑥33
ときはかきはの　②431
常盤涼し　①211
ときは木と　①73
ときは木に　①167
常盤木に
　心つけゝり　⑤163
　まじる桜は　①343
常磐木に　①80
ときは木も
　けさいちじ　①81
　時こそ有け　①66
常盤木も　①161
ときはなる
　松もめづら　①5
　松やおしま　①131
常盤なる
　松もめづら
　　①138, ⑥160
　松やおしま　①193
常盤にも　⑤127
ときはの里に　④176
ときはの友や　②218
ときは腹　⑤257
時をうる　③309
時をえし　①434
時を得たり　③280
時を得て　①391
時を知　②413
伽をする　③158
時をたがへぬ　⑥5
時をつくつて　③325
ときをもいはす　③146
ときんすゝかけ　④241
とく跡たえぬ　②329
とく遅き
　人まつ山の　①35
　人待山の　①148
疾遅き　④83
とく遅く　⑥31
とく遅く咲　①306
独吟を　③456
毒消しや　⑤98
とくさをも　③150
読書は浜の　③180
徳政の　④304
戸口にてしる　④143
説中に　④109
説庭や　①77
とく法に　①469
とく法の　①288
説法の　④94
説法を　②310
とく御法　②384
毒もおもはす　③270
とぐらにや　①308
とぐらやわぶる　⑥16
とくれはおなし　③375
とけいてしるや　③158
土圭てしるや　③506
斗圭にむかふ　③407
斗圭をしかけ　③324
遂し名に　⑤117
解初る　②374
とけつくしたる　②410
解尽す　①280
とけていくかの　①445
とけてしも　②268
とけてぞ月に　②17
とけて尚　④93
解てぬる　②51
とげぬ物から　①263
とげぬるほひは　②159
とけぬるも　②320
解ぬるも　⑥13
とけぬるも又　②48
解やらぬ　②20
解行心　⑥36
床入に　③493
床入や　③387
床入を　③466
床薄し　④333
とかふ申せは　④186
床かふる　①452
床かまち　③434
床かみゆいの　③231
どこからしゝの　③187
とこからそ　④231
床寒み
　夢ぢも波の　①194
　夢路もなみ　①133
とこしへに　①6, 138
床しむる　①251
床トる　⑥7
床しめぬ　②53
とこそかきれいな
　③476
床近し
　月更かたの　②116
　野はなけれ　①392
とことはに
　是や老せぬ　①434
　無が戸を　①395
　見るべき松　①335
床ながら
　鴫の羽かく　②317
　雲雀囀る　②236
床なしに　⑤97
常夏に　①212
とこなつの　②320
床夏の
　色うるはし　②434
　花の露見む　②427
常夏の　②360
とこなつも　①63
とこなめに　②212
床にしも　②399
床にぞなるゝ　②27
床につもる　③208
床に臥猪や　④116
床の上に　②346
床の上の　①202
床はいづくに　②104
床はいづこに　②426
床は涙　③395
床はなれ　⑥60
床離　②262
床はなれつゝ　②93
床ばなれ行　①371
床ひやゝかに　②381
どこへやるまい　④288
とこまても　③245
床やかふらし　①276
常闇の夜の　③182
どこやらおもし　④331
どこやらで　④284
どこやらは　③438
とこ世にや　①100
所えて　①139
所得て　①10
所から　③333
所がら　②123
所がらにや　②286
所さへ　②194
所さだめず　①429
ところ定ぬ　①360
所せき　①352
所せきつゝ　④132
所せく　①290
ところてんてん　③233

ところてんや　③108
所々
　稲荷団子程　④142
　植こそ初れ　⑥44
　打なびきた　②185
　移日残る　②366
　かへしそめ　②287
　沢田や鋤も　④95
　民のかまど　②85
　根も白菅の　④107
　残る垣根の　②51
　見つゝ慰む　②357
　峰の早蕨　①342
ところどころに
　立る若竹　②192
　靡く呉竹　①395
所々に
　そよぐ笹原　②171
　そよぐ村篠　⑥24
　のこる菅の　②147
　残る初雪
　　①199, ②120
　みゆる撫子　②284
ところどころの
　今朝の初霜　①291
　雪のあはれ　②73
所々の
　岩のはざま　②155
　苔あつきい　①278
　むら草の色　①493
所々の霜は　①376
ところどころは　①371
ところどころや　④125
所の秋　⑤168
所の守護の　④168
所はしめて　③237
ところは山路　③398
ところまだらの　④278
所斑の　③486
所もさらぬ　①297
所もところ　④199
所もとめて　①294
所よし　④146
所をえてや　②132
所をしめて　②197
所をも
　みなれぬ須　②319
　求て摘る　④131
床わきの　③160
床脇の
　板吹はらふ　④257
　畳にしかと　③509
床をしも　④91
とこをどり　③261
床ヲ別ニスレハ　②100
東西東西
　さくらちる　③200
　さるさけふ　④177
　月もしつま　④222
　物見のしは　④258
とさけびの　②69
鳥さけびの　②405
戸ざしかたむる　④120
戸ざしゝて　①447
戸ざしする　⑥94
戸ざしせぬ　②319
戸ざしたゝけど　①467
戸ざしに通ふ　②229
戸ざしにちかく　①246
戸ざしひらけば　②307
戸ざしをぞする　⑥32
土佐のといはん　③284
土佐舟や　④161
年あらたまる　①459
年うつり
　事さる空や①16, 141
年男　③170
閉かためたる　④131
年がはや　③258
年かよるなら　③216
年暮て　③513
年越の　④208
年越の夜は　④191
年越や　④280
年こそあれ　①133
年こそは　①132
とし毎に　②282
年毎に
　詠ん花の　②357
　見れども花　①208
　もみぢそめ　①102
　紅葉染ます　①178
とし毎の　①406
年ごとの
　人しもうれ　①28
　若なぞため　①10
年毎の
　けふやかぎ
　　①131, ①193
　ことぶきの　①14
　花には老ぬ　①29
　人しも嬉し　①147
　わかなぞた　①139
年比も　④156
年寒き　①6
年既に　⑤124
年高き　①218
年たかきまで　①314
年たかく　①123
年高く　①190
年たくる
　衛士が仕へ　②430
　のぶしの姿　①332
　まゝに知る　①424
年たくるまで　①231
としたけて
　也けり也け
　　③104, ⑤230
年たけて
　是からとこ　③364
　なりけりな　⑤255
　成けり成け　⑤232
　世のまじら　①473
年闌て　⑤50
年立と　⑥32
年だにふれば　②19
とし玉の　③12
年玉は
　庭やこざゝ
　　③109, ④358
年玉や
　庭にこざゝ
　　⑥142, 163
とし月や　⑥80
年月や
　去もきたる　①151
　去も来たる　①43
　去も来るも
　　②261, ⑥59
年月よ　①108
として角して　③477
としといひて　①193
年といひて　①131
年と㒵とは
　鏡ても見よ
　　③157, 504
としどしに　①21
年々に
　蝉のねたか　①60
　蝉の音高し　①158
　見ぬ草も見　①85
年々の
　舞のすがた　②63
　緑に茂る　④107
としどしは　①95
年々や　①23
年々を　②370
年殿や　③84
年なみの
　いつゝの六　①427
　うれしき瀬　①70
　春立なをる①5, 137
年なみは
　せかれぬ袖
　　①119, 186
　そのみな月　①71
　其水無月の　①163
年に有て　①96
年に春に
　きはまさり①10, 139
年に一夜は　②417
年に先　①137
年に稀なる　③234
年に稀の　①135
年にもたらて　③393
年の内に
　天の戸明や　①217
　春いちはや　①192
　春いち早し　①130
年の内には　①447
としの内より　②154
年のをはりや　①353
年の賀に　③416
年の賀を
　いはひ半に
　　③203, 528
年のきて　①137
年の来て　①4
年の暮　⑥86
年の暮とて　①486
とぢ残す　②54
年のこなたに　②181
年の比　④164
年の序に　⑤125
年の花を　①8
年のはに　①49
年の光　①133
年の程
　いまた世間　③421
　かたふく月　③286
　かたぶく月　⑥145
　目付にして　③346
年のみ高き　①276
年は上に　①10

年ばかり　③370
年はけふ　②88
年はさかりの　④290
とぢはてし　①322
とぢ果て　②310
年は身に　①132
年はよりつゝ　③251
杜子美東坡か　③248
年ふとも　①45
年ふるは　①339
年経る真葛　⑤97
年ふるや　①117
としふる柳　②309
年ふれば　②96
年へたる　①243
年経たるとは　④306
年経つゝ　①221
としへつる　②140
年経つる　⑥97
年へつる袖の　⑥117
年経ておなじ　②349
としへてすめる　①469
年へても　②58
年経ても　②159
年経ぬる　④168
年経ぬるまで　②426
としまだきより　②305
としみをいはふ　①441
とぢむるに
　なりてぞ惜　①193
　成てぞおし　①132
とぢめぬる　④83
年もおし
　またずしも
　　①193, ④32, 34, 37
　待ずしもあ　①131
年もしはすの
　心ぼそかる　①366
　空いそぐな　②294
年もたゞ
　およずけま　①329
　つむ手に満　①139
年も只
　おもへば夢　②189
　つむ手にみ　①10
　侘て猿や　①367
年も立所の　②70
年も師走の　①341
年もはや　④298
としもへぬ　②255
年も三たび　①22
年やとき
　春や遅きと　①5
　春やゝ遅き　①137
閉やらぬ間は　⑥49
年ゆけは　③480
鯑見かけて　④307
年寄たてら　④247
年寄の
　根ざしや厚
　　⑥104, 128
年よりは座を　③170
年寄ませぬ　③197
年よりも
　うしと見る　①135
　若々しさを　①343
年わかきより　②146
年を追ふ
　日は尻つき　⑤44, 44
年をつむ　①19
年をふる
　心よいかに　②433
　花たちばな　①440
としを経つゝも　②208
年を経つゝも
　うき宮づか　①416
　かへる唐土　①411
年をへぬ　①144
年を経ぬ　①26
年を経ば　②128
十筋はかりに　③396
とづる戸ざしも　②83
とづるを俣に　①379
とづるをまゝの　①220
とすればかゝる　①418
とせんなまゝに　③162
とそさんも　⑥162
屠蘇白散　④190
と絶置し
　それやわか①80, 167
とだえ置　②349
と絶しを　①188
と絶ずも　①467
と絶てはまた　②174
と絶ては又　①327
とだえなく　①456
とだえはせじの　①221
と絶まつ間の　②40
鳥立の跡を　④90
と絶とも　①477
とたんたゝ　⑥99
とち風そ　③471
とちへふくか　③375
とちへまいらん　③163
とちへ行　③500
途中の雨は　③148
途中より　③334
とつこへとつこへ
　　③413
どつこへやらふ　③493
戸津坂本の　③451
とつておさへて　④171
とつてくり　③274
取つて呑うそ　③445
とつと一座に　③350
とつと上座に　③421
とつと芝居の　③170
とつと笑ふて　③254
とてもなら　⑤121
迚も願ふ　③426
十とせあまり　①19
度々にこにくき　④270
調ひ渡　④139
調へん　③199
とゝは是ほと　③471
とゞまらぬ　②363
とゞまる物は　①487
とゞまるや　⑤111
とゞむるは　⑥16
とゞむれど　①431
とゞめ置しは　①385
とゞめ置　⑥11
とゞめしも　①443
とゞめても　②193
唱たまふ　⑥162
となせ河　①256
となせ川　①440
となせの筏　②82
隣あいたを　③173
隣ある　⑤102
隣近所に　③317
隣さへ　①233
隣衆　③470
となりしらずに　④279
隣たゞ　②91
隣とするも　②310
隣のおはゝ　④316
となりのかゝの　④260
隣のかゝも　③208
隣の里も　②126
隣の笛も　④231
となりもあらず　②361
隣も野べと　②96
隣を替て　③299
隣をも　⑥22
となん一つ
　手紙のはし
　　③67, ⑥140
とにかくに　④273
とに角に　①379
とにもかくにも
　奈良のにき　④158
　はやうた一　③202
兎にも角にも　③433
とねめす声ぞ　①306
宿直姿の　②189
宿直たゞしく　②20
宿直に眠る
　翁さびたり
　　②264, ⑥61
直宿の枕　⑥49
宿直人　①321
宿直を出て　②143
外衛より　②430
外衛を出る　①489
との衛をいでゝ　④120
菟の角と　④281
殿風に
　おもてをむ　③246
　立春風や　④198
殿風も　④215
殿風や
　東西東西　③27
　ふかする城　③29
殿風よ　⑥79
とのかうの　④192
どの在所より　③289
外の里は
　春なき春の①43, 151
殿様へ　③345
との字なりにも　④329
殿の威光は　③320
殿の御意
　あまねく汲　⑥168
　あまねく波　③422
殿の寵愛　③195
殿の目見えを　④206
殿もわれらも　③312
とはおもし　③464
とはしらで　⑤95
鳥羽田の庵の　①238
鳥羽田の末は　④184
鳥羽に浪こす　④244
とはゝやよめこ　③197

鳥羽山遠く　②253
几帳立そふ　②378
戸はり帳　③386
几帳を風の　②416
几帳をも　①332
飛あがる　①331
飛石つたふて　③468
とひ石に　③339
飛石の　④233
飛おりて　③507
飛をりて　③157
飛下りて　⑤116
飛かふも　②307
鳶がかけたか　③258
鳶かかけたる　④253
飛かゝり　④257
飛かねたる　③335
鳶鴉　③402
飛消る　②359
鳶口あれは　③352
鳶口もつて　④175
鳶口を　③378
飛こされてや　③305
飛たつ雉子　③484
とひつくはかり　③214
飛つれて
　空に胡蝶や　①472
　松に蛍や　⑥12
鳶とむて　③490
鳶飛て　③453
鳶の飛ほと　③217
飛火の野辺を　③328
飛まはる　③368
鳶もからすも　④207
とびゆかん　②80
飛ゆく雁を　④178
飛鴉　③258
飛雁か音も　④169
飛雁に　①218
飛雁の
　声も翼も　①270
　翅にはらふ　①256
飛雉の　④70
飛鷺の　②116
飛蝶の　①375
飛蝶や　①79
飛つばめ
　をのがつく　①39
　をのが古巣　②293
　軒の古巣を　②173
飛鳥の　⑥95
飛鳥も　①415
とふはけものゝ　④215
飛火のくまは　①492
とぶ虻　①158
とぶ蛍
　しろきをみ　①61
　露をたづぬ　①62
飛虻　②222
飛蛍
　数は九や　④246
　涼しき昏や　①381
　柳の木のま　①357
飛や蛍　⑤257
とふらひの　④251
訪ふをだに　①390
飛ふそよ　③463
とほすあふらも　③157
扉明て　①340
扉出れば　④97
扉うるほす　①384
扉にかよふ　①478
扉にむかふ　②217
戸ぼその露も　②92
戸ぼそひらけば　②158
扉もさゝず　②349
戸ぼそもさゝで　①446
扉もさゝぬ　①427
とほつくめあひ　③266
とほとほ枝に　③467
苫あらき　②226
苫かこふ　①400
苫するや　①479
とまつたとまつた　③218
とまの窓より　①426
苫引かくる　②271
苫茨かけて　②99
苫茨に　②329
とまふきの　④281
苫茨の
　あたりは人　②47
　あなたは月　②184
　あるじがほ　②138
　内に焼火の　①370
　透間冴入　④87
　扉の霰　②104
　波馴衣　①296
　寝覚の後は　②433
　ひまもる月　①387
苫ぶきは　⑥38
苫葺は　②58
苫茨も　②353
苫茨を　②191
苫ふける　①214
苫ぶける　①490
苫窓の　①367
苫もりて　⑥56
とま屋出れば　②249
苫屋に帰る　②3
苫屋にかよふ　②134
苫屋にも　④169
とま屋のあたり　①448
苫屋のうちに　③354
苫やの陰に　③289
とまやの方に　①429
苫屋のかたは　②211
苫屋の方は　⑥44
とま屋の窓は　①423
苫屋の道は　①393
とまやの夕　⑥51
苫屋はあれど　①230
苫屋破れて　①476
苫屋より　①319
苫屋を出る　①330
苫屋を出て　②296
苫屋を立て　②377
泊らせられよ　③193
とまらぬ春の　①317
泊らはとまれ　③254
泊出る　④110
とまり急ぎて　①478
とまり鴉の　①379
とまりがらすや　①333
とまり狩して　②194
とまり狩する　①447
とまり定て　②402
とまり定めぬ　②250
泊りせし　⑥64
伯はなるゝ　②393
泊り侘しき　②254
泊客　③343
とまる所に　①430
とまれとか　①23
富さかふるも　①479
富栄ふるも　②311
富て奢りを　④313
富をたのしむ　②334
富国や　①110
吊うけし　④258
とめ入て　①481
とめ入その、　①445
とめ入も　②67
とめ置筆の　②353
とめかねて　④115
認かねぬ　④116
とめきつゝ　②276
とめくれば
　のこるかげ　①438
　みなもと清　②216
とめしかたみの　②67
とめて入　②283
とめてこそいれ　①353
認てこそゆけ　②16
とめて行　①439
とめ行かたは　①472
とめ行道は　①458
とめよりて　②23
　香にこそた　①11
とめよれば
　香にこそた　①140
　そこはかと　①246
とめ寄ば　①364
富る家は
　木立もおな　①47
　木立も同じ　①152
ともえ山ふき　③405
友がほにしも　②357
ともかくも
　はからひ久　③300
　申さはふる　③263
　申さば古し　③70, ⑥140
友かはひとり　②167
友さへも　②304
友さそひつゝ
　出る芦のや　②322
　かへる雁金　②85
ともさそふ　②78
友さそふ　②373
ともしさしすて　⑥38
照射さす　④93
友したひつゝ　⑥41
友したふ　②361
友したへるや　⑥115
ともしつゝ　②109
火灯に秋行　③377
ともしの鹿の　②367
ともし火きえて　②122
灯に　①282
灯の
　影かすかに　⑥3
　影ほのかに　②356
　消るをつぎ　②381

ひかりかす　②85
ひとつの影　④114
ともし火は　②208
灯は
かゝげぬま
②264, ⑥61
壁に背ける　①490
昔を忍ぶ　①221
灯ほそき
寺はすさま　②50
夜は静也　②274
ともし火見えて　①321
灯も
あふらあけ　④221
恨ながらに　④131
かゝげそへ　⑥48
更ゆく鐘の　②388
まづしき硯　①337
夜はのみや　②132
ともし火や　⑤167
灯や
それとばか　②40
春の夜汲し　①208
灯を
かゝぐる袖　②325
かゝげ尽せ　①261
かゝげて春　⑥27
取手に匂ふ　①395
灯を呼　③455
ともすれは　③517
ともすれば
妹恋しさに　①363
浮世に帰る　①384
怠りがちの　⑥17
しなたれか　④261
忍びあまり　①265
忍びありき　①449
たばつけあ　②20
泪くるしみ　②310
涙もろさを　①279
物うたがひ　②297
物おもふ時　②191
共すれは　④314
ともすればはた　②62
友千鳥
ちりや千世
③244, ⑥173
友鶴の　⑥24
ともとかたらひ　②123
友とする人　⑥100
友とせし　①127
友となれ
舟路に思　①191
舟路に思ひ　①127
友なひあかぬ
鶯のこゑ　②357
春の日ぐら　②213
友なひからに　①472
友なひつれて　①347
ともなひて　②348
伴ひて
いざ下たゝ　①366
えらぶにあ　⑥3
零鳴噪く　③441
伴ひは
いく山かけ　①396
御心やすく
③154, 504
月見をもせ　④162
友なひふかす　②289
友なふは　②249
伴ふも
あらでかな　②184
なき左遷の　②171
伴ふもなき　⑥7
友なしとても　②139
友なしに　①267
友なるゝ　①350
友にあふては　③436
ともに起ゐる　①199
ともに起居る　②409
ともにきえなで　④96
ともにこぼるゝ　①411
友にさへ　⑥48
ともにさへつり　③239
共に白髪の　①492
共にうちし　④54
共に立し
霞もかすむ①16, 142
共にたつ　①18
ともにめでつる　②114
ともにやどれる　④124
ともに涎を　③180
ともに我を　②160
友はあれど
花に稀なる
①28, ⑤163
友はけふ　①9
友は只　②56
供部屋むさき　③285
供まはり　④304
供まはりとも　③395
友も便も　②27
友も待えし　①304
友もむなしき　④124
ともまりかそれ　④282
友やむかしの　④90
友よびかはし　①304
友よびつゝも　①447
友よびて　②32
友よぶ蛙　①324
友よぶ衛　④108
友よぶや　④113
友よぶやこそ　③136
どもりの恋路　④303
ともる間に
夕日かたふ
③523, 527
友をさそひて　①289
友を力の　①372
友をまち　②410
友を待てや　②318
とやかくと
姫か談合 ③500, 504
兎や角と　③154
とやとやと　③336
十夜にあまり
みよとやけ①5, 138
鳥屋の外にや　⑥116
外山をろしは　①426
外山のいづこ　②269
外山の色は　③374
外山の方の　②432
外山の鐘の　②364
外山のこしを　①469
外山の峰に　①264
外山の紅葉　①463
外山のゆふべ　②404
土用干　④169
土用も今は　③321
土用も月も　④140
豊年ならん　①324
豊年の
暮よりしる　⑥152
ためしにも①5, 138
豊年は
けふ見る八　①6
今日みる八
①139, ④350
豊年や　①124
豊の明の　①410
豊のみそぎの　②184
豊へつい　①129
豊御てぐらを　②396
とらへたる
すりか命や
③153, 508
とらへぬる　④198
虎すむ竹の　④202
とらするそ　③420
とらせしと　④138
虎とみて　⑤82
虎の威も　③371
虎の皮の　④307
とらの伏　④143
とらばいづれ　③101
虎ふす野辺も　①358
虎臥のべも　①413
虎よりも　①446
とられて行し　③372
とられぬ月を　③317
とらはれて
せひもなく　③514
是非もなく　③173
とりあえず
玉にもがも
③127, ⑥144
とりあへず　①282
取あへす
一夜の宿を　③435
さかな盃　③263
取あへぬ
今日のある　①355
墨筆並　③274
幣と手向る　①254
取あけ髪の　③230
とりあけはゝも　④164
取あつめ　④285
鶏あはせ　③121
鳥あわせ　⑥80
取出す
うらの苦屋　③261
渋紙包　③443
火打付竹　④327
取出し　②384
とり出つゝも　②213
とり出て　②88
取出て
琴をしらぶ　①228
よむともつ　③233
鳥居にしつとと　③251
鳥居には　③497
鳥居も霞む　①208
鳥居より

　奥の灯　①367
　見入もふか　①429
鳥井を前の　②179
取売は　③527
取売も　④164
鳥追か　④146
取置の　③169
取置や　④146
とりおこなへる　①358
取落し　④319
鳥篭に　③277
取かざす　②361
鳥かなく
　餓鬼めかた　③415
　しめておよ　③158
鳥がなく夜の　②406
鳥が鳴より　②143
鳥がねに
　起うき枕　⑥9
　先関の戸や　②181
鳥が音も　⑤126
鳥がねをきく　②313
取かはし　⑥54
取ぐるし　③187
取こみて　③477
とりし早苗も　②277
取し鯰よ　④297
とり捨る
　跡にあまた　②167
　袂の具して　①70
取すつる　①162
鳥すらも　②363
取添て　④87
とり立る　③325
取ためて　③462
取つきかつら　③457
とりつき立の　③277
とりて帰りし　③429
とりどり化粧　④326
とりどりに
　あらそふか　①421
　あらそふこ　⑥36
　笠をぬふて　④132
　けふ大御田　⑥64
　ねぐらをか　①312
　日もくれ竹　②430
鳥々に
　巣篭る声の　②425
　鼠の子迄　③214
とりどりにねて　⑥63
とりどりの
　ねぬ声知き　②427
　舎りいづこ　④129
取々の　③254
鳥々の
　声かはしぬ　①227
　囀かはす　①293
鳥々や　①493
とり流す　②219
鳥鳴ぬ　①125
鳥鳴て　③373
鳥啼陰の　②419
とりなせば尚　①378
鳥ならて　③509
鳥にあはても　③307
取ぬるは　③166
鳥の跡
　たえぬ世し　①32
　とゞまるみ　①43
　とゞまる道　①151
鳥の跡は　①31
鳥のゑとなる　④226
鳥の声する　②324
鳥の声も　①22
鳥の声より　②282
鳥の高音に　②401
鳥の鳴　②103
鳥の音きかぬ　②9
鳥の音に　②297
鳥の音の　①251
鳥の音は　④119
鳥の音も
　ねぐらにす　①365
　残る外面の　②370
鳥の音や
　囀すてゝ　①277
　とゞまる方
　②262, ⑥59
鳥の羽音の　②235
鳥の道を　①18
鳥のやとりも　④216
鳥はいづくの
　雲に入けん　②416
　雲に入ぬる　②274
鳥は古郷に　③458
取運び　②120
取運ぶ
　小田のさな　②249
　薪は賎が　①346
とりはつし　④171
とりはづしても　③262
鳥は古巣に
　殺生禁断　③250
　とびつくす　②387
鳥はまだ　⑥98
鳥はみな
　いづれの雲　①456
　雲に入日の　①418
鳥はものかは　③207
取分崩れし　③333
鳥辺野々　④207
鳥辺野の　⑥18
鳥部山
　ついの行衛　③447
　名残もあだ　②266
鳥辺山　①200
鳥見かあれは　③421
取みれば
　秋になしぬ　④84
　うきを忘る　②375
鳥も囀り　③191
鳥も巣に入　①489
取もちかほの　③323
取もとす　③442
鳥やうらみを　②174
鳥やどる　②394
鳥や古巣に　②220
取わけ声も
　たつ諷初
　③422, ⑥168
取分て　③507
取る生魚に　③264
とる陰は　①49
とる梶や　②192
とる杓は　④265
とる手にかよふ　④118
採手にや　①100
とる手もたゆき　④223
とる年は　③528
取に心の　②329
とるに涙も　①315
とる文に　②394
取もうし　①243
とれからとれへ　④146
とれは見るめも　③264
とろとろと　③197
泥踏たゝふみ　③254
どろぼう半分　④321
とはしとの　④200
とはじむかしも　②76
と渡るならし　②408
とはに世は　①30
とはぬ哉　⑤94
とはぬくれくれ　③180
とはぬつもりを　⑥96
問ぬはしるし　⑥31
とはぬ日数を　②184
とはぬ間の　①31
問ぬ夜の　①365
問ぬをも　②175
とはゞとへ　②318
とはゞや春を　②367
問むといひし　⑥25
とはむとならば　④100
とはるゝかたは　③511
とはるゝは　③317
とはるゝも　②384
とはれからに　②122
とはれし友を　②202
とはれじものを　⑥93
とはれずは
　つれづれな　②96
　まだし今は　②154
問れては　①252
とはれても　②191
とはれとふ　①43
とはれ問　①151
とはれぬ暮は　③164
とはれぬ床に　①323
とはれぬ庭を　①381
とはれぬ閨の　⑥39
とはれぬも　②368
とはれねば　②159
とはれねばたゞ　①292
とはれはせじと
　思ひ成ぬる　①404
　おもふもの　①460
とはんといひし　④78
とんけに見ゆる　④147
頓作な　④213
頓作を
　いかにせよ
　③15, ⑥134
頓写に琵琶は　④267
頓死をつくる　④200
頓死をなけく　④181
飛んだ事　⑤268
とんだ作　③107
とんと落して　③465
とんとゝ鳴は　③221
とんとはなして　③346
頓阿とかやは　③218
鳶よろよろ　③399
とんほもつるゝ　④161

【な】

奈あ良の京に　③378
内縁を　③366
内侍所の　④285
内侍に打こむ　④321
内侍の局へ　③315
内証うすき　④173
内証かたの　③224
内侍をも　③150
ないないの　③322
なひ物そ　③282
なえ中風の　③219
猶あかざりし　①280
なを浅く　②44
猶あまりある　④214
なを家づとに　②101
猶うきは　①88
猶うらめしき　④181
猶奥深く　②353
猶おしまるゝ　②223
猶御茶湯の　③410
直からざりし　⑥29
猶かりゆかん　①376
尚かはらじを　②47
なをき枝ぞ　①13
なをき心に　②364
なをきこゝろの　①460
直きこそ　②66
直き社　②329
猶二月の　①377
直き道をも　②378
直き世は　⑥5
直を歌の　②235
なをきを神の　②361
猶くれぬ　①132
猶くはゝれる　②237
なをさえかへる　①463
猶さかしさを　②370
尚杯や　①380
なをざりに
　あれな馴し　①81
　酔くらした　②147
なをざりの　②412
等閑の　②177
猶しほれとや　①259
なを敷島の　①489
猶しげれ　①73
猶茂れ　①73
なをしても　③192
尚末頼む　①376
猶たのし　①46
なを旅ごろも　②87
猶つまむ　①11
猶露分る　②224
猶天神を　③417
猶ながき日に　②52
猶西の　①105
猶果にける　①379
猶吹かへせ　①416
なをふる事を　①234
猶細くなる　①377
なを程遠き　②268
猶守れ　①129
なを満塩の　②69
猶むつごとを　②181
猶面上に　③366
猶以　③257
猶山ふかく　①265
なをゆくすゑの　①438
猶行すゑの　①442
猶行すゑを　②290
猶行道は　①200
猶世にありと　②315
な折そと　③14
長あくひして　④161
なか雨に　④336
長雨に
　いとゞ樗の　①304
　賎が園生の　②229
長雨の　④84
長雨も　②250
長生の　⑤280
長生を　④313
長ゐしつ　①99
長居しつ　①176
長ゐして　①241
なかいては　③364
長居はおそれと　③278
長柄なげざや　③425
長緒をむすぶ　③485
中垣に
　ぬしさだま　①21
　ぬし定まら　⑤163
　主さだまら　①143, ⑥148
長からぬ
　此世にかは　②345
　此世に替る　①202
　ものゆへめ①78, 166
長からん　①233
長かれと　②74
ながき思も　②302
長きねの　①441
長き根は　①57
永日おしむ　①438
永ひかりの　①209
永日くらす　②47
永日に
　大宮人の　①207
　学問もせて　④146
鯛引網や　①490
長日に　②322
ながきひねもす　①300
永き日ねもす　②394
永終日　②375
永き日の
　翁渡しや　⑤275
　車は人に　③460
永日の　⑥34
永日は　②3
永き日も　③221
永日も
　あかす河内　④143
　あかぬは歌　②248
　くるゝをお　②32
　やゝくれか　④126
永日もいさ　⑥16
なかき日もしさ　③311
長日もはた　②27
長き日や　②77
永き日を　⑤63
永日を　②63
長き夜すから　③193
長き夜すがら　②333
なかきよたれを　④277
ながきよなよな　④112
長き夜な夜な　⑥4
長夜に
　しぐれは旅　②219
　のこる灯　①408
　みじかき夢　②288
長夜の
　たのみあや　②136
　寝覚がちな　④92
　やみにふる　①298
長き世　①73
長夜深し　②163
ながき夜道を　①326
長夜も　②367
長夜や　②58
長き夜侘る　①386
長夜を
　いねがてに　①287
　誰にかたら　②237
　なげきて送　①312
　なれもうし　②270
ながきわかれを　④82
中比道外た　③357
長崎にはやる　③452
長崎や　③387
長崎よりも　④206
長座敷　③448
ながさじと　②323
なかさるゝ　③500
流さるゝ　③230
流されぬるも　⑥23
なかしかねてや　④149
永してふ
　日数はいづ①42, 150
なかしてふ夜は　④173
長しとも　⑤102
長しの夜なり　③312
ながしやる
　祓の具して　⑥150
　御祓の具し　⑥150
中衆か　③326
長珠数は　③441
鳴せしと　③436
ながせる舟に　②310
流せるわなを　③324
中山道や　③323
長袖の　③421
半天に
　いつかはき　②14
　そびえてた　②285
　零の翅の　④114
　立まふ雲や　②273
　月は入ぬる　④108
半天に行　①332
中空の　②28
半天の　⑥26
中空は　①387
半空や　⑥66
中絶し　④115
中立に
　長物語　③207
　まかするこ　①424
中立の　①459
媒の
　いひさけぬ　②39
　ことばの末　④118
媒も　③347
媒を　④302

なかたひ　④335
永旅に　③188
長旅の
　心もうかぬ　③501
　留主守らす　③429
長田をたのむ　③333
長月比の　④229
長月と　①216
長月の
　有明ごろの　①444
　有明までに　②326
　月影ほそき　①244
　月こそこと
　　②262，⑥59
　名だゝる空　①459
　名にあふ月　②361
　光や霜に　②293
長月も
　いざよひに　①92
　大かた丸し
　　③9，⑥133
なかでや鹿の　②83
中戸より　③429
中なをし　④260
中なをりして　③407
永々し日の　①261
永々し日を　②131
中々玉は　③500
長々と
　書し文箱に　③499
　のたくる物　③193
　髭くいそら　④310
中々に
　まだし今は　⑥97
　待めや花の　②161
なかなかの　④207
中々の
　声のほどか①51，153
長々の　③146
ながなくも
　いつまで秋　①471
　心よいかに　①413
なが鳴も
　むかししれ　①54
　わかれやお　②227
中に関守　②125
中に名とりの　③458
中に名のたつ　④184
長熨斗白く　③356
中の島とて　④273
長の夜こみに　③215
長の夜はひに　③181
長の夜道も　③459
長羽織　④231
中橋の　③427
央過にける　②298
半過ぬも　②12
央過る　①397
半たえたる　②328
長咄し　④316
半はかすむ　②233
長浜さして　④300
半より　①207
長櫃に　⑤104
長櫃の　③177
長船の　③87
長風呂に　③352
仲丸髭に　④187
中道を　①290
なかむとて　③510
ながむとて
花にもいた　③7，152，
　⑤9，128，132，165，
　⑥91，133，153，174
詠むとて
　花にもいた
　　⑤97，253，258
詠にをそし　⑥6
詠むべき　①364
ながむらん
　後瀬や遠き①74，164
ながむる方は　①228
なかむる菊も
　匂ふ目くす　③503
　匂ふ目くは　③499
ながむる空に　①418
ながむる月の　②80
ながむるに　②47
ながむるや　②44
詠るや　②54
なかむれは
　山つら海つ　③491
　老若男子　③226
ながむれは　③367
ながむれば
　雲の八重立　①433
　千草の花の　⑤43
　虹一筋の　②107
詠むれは　③230
詠むれば　②308
詠れは
　秋の夕暮　③448
　硯屏にたつ　③447
　細字の雁や　③443
詠れば
　筏にかゝる　②54
　霞に遠き　②421
　月にはげた　④306
　月は隔てぬ　⑥5
　軒端のけぶ　⑥14
　日もをち方　①241
　山もかすみ　②406
詠えならぬ　②364
詠めをらん　①44
詠をれば
　霞や月に
　　①24，143，④53
ながめがちなる　①270
詠きぬ　①266
ながめけん　①93
ながめことなる　②314
詠さびしき　②412
詠さびしく　②256
詠寂く　①202
ながめして　②416
ながめすてゝ　④12
詠する　①394
眺する　②17
詠せし　①373
詠めせん　③177
ながめつゝ　①472
詠つゝ
　有明になる　②173
　花ふりしけ　⑤102
なかめてけりな　③386
ながめて月の　①237
詠ても　②119
詠め馴つゝ　②354
ながめなれぬる　②317
ながめにあかぬ　②384
ながめにきえぬ　②27
詠に涼し　①210
ながめにつゞく
　沖の島々　①451
　昆陽の松原　⑥53
詠につゞく　⑥30
詠ぬも　④110
ながめのどけき　①260
ながめはつきぬ　②344
詠め降　④98
ながめふる屋に　②215
ながめまつ　①367
なかめもあかぬ　③376
ながめも悲し　②229
なかめやる　③174
ながめやる
　雲のと絶の　①279
　志賀さゝら　⑥11
　志賀の渡の　②285
　末は遥けき　①299
　関のと山の　①413
　外山の月の　②87
　花は筧に　①421
詠めやる　②151
詠やる
　近江の海や　②293
　尾上の方に　①348
　方にま近き　⑥46
　雲の林や　②11
　難波あたり　②359
　筥に入たる　③319
　果こそなけ　①348
　嶺をや年の　①313
詠遣　①376
詠よと　①56
ながめ侘しき　②240
ながめ侘ぬ　①310
ながめをしがの　②69
長持一つ　③314
長持や　③348
長ものかたり　③195
中もみ本もみ　③343
長屋住居の　③269
長屋住　④283
中やどりして　①398
中舎りをも　⑥49
中よしの　③296
中らひに　②297
なからへて
　あられうも　④179
　年より親の　④196
ながらへて
　いくたび春　⑥42
　待としきか　④13
ながらへぬ　⑥148
ながらへぬるも　①318
なからへは　④333
ながらへば　④78
ながらへを　①31
ながらへん　①360
長柄の橋も　②132
なからんあとぞ　①425
なからむあとを　①331
なからん跡を　①238

なかりけり
　御覧する程　③470
　御覧ずるほ
　　③102, ⑤288
なかりけりにて　③397
ながるゝ月の　⑥94
なかるゝ月や　③397
流るゝ水に　④84
流るゝ水の　③368
流る水の　④118
ながるゝも　②83
流あまたに　②103
ながれ出たる　①234
ながれ出湯の　⑥10
ながれ木と　②281
ながれ木の　①449
ながれ木は　①456
ながれくる　②213
ながれ閑けき　①369
ながれ洲しるき　①267
ながれ絶せぬ　②330
なかれたつ　③272
なかれたつるや　③212
なかれたてつゝ　④222
流れてら　③524
なかれたる　③327
ながれて末は　②376
流れて絶ぬ　①395
ながれて遠く　②110
ながれて遠し　②411
ながれては　①132
ながれてはやき
　川水の末　①276
　末の川浪　②116
ながれてほそき　①484
ながれて水の　②192
ながれてむせぶ　⑥35
ながれに蟹の　①472
なかれにつかふ　③154
流につかふ　③503
ながれに月も　②34
ながれにひたす
　水上の月　①317
　山吹の色　①325
ながれの氷　⑥3
なかれの末に　③329
ながれの末の　②16
なかれの袖の　④142
ながれの波に　①244
ながれのほるる　②106
ながれの水に　①209
なかれ舟　④304
流星　③350
ながれふかむる　①286
ながれもあへず　①399
ながれもきよき　②167
ながれもはやき　⑥52
ながれもほそき　①298
ながれもや　①338
流行水　②175
流れては　①385
ながれを寒み　②249
なかれをたつる　③165
なかろうか　③301
長牢人も　③249
中綿を　③387
就中　③67
無跡とへる　②118
なき跡に　④187
無跡に
　魂しゐのみ　①387
　つもるや古　①125
　詠る月や　①358
無跡の　②360
なきあとは　③452
なき跡は
　一歩小判も　③515
　名もむつま　①69
　火のつい消　③397
無跡は
　壱歩小判も
　　③519, ⑤87
無跡や　①79
無跡を
　忍ねし夜の　①244
　忍ぶ歎の　②91
鳴落けらし　⑥59
啼落けらし　②261
鳴おつる　②384
鳴落る　②249
なき親の　①442
なきがあとゝふ　②304
無が跡とふ　①400
無が跡にし　②188
無が今　②203
啼帰る　②121
なきがかたちを　②72
無が形見の　①377
無影と　①109
なき影に　①308
なき影は
　雪もうづま　①126
　夜を長月の　①93
なき影も　①64
なき影や　①118
なきかずに
　たぐひよそ⑤7, 105
なきが名も　②128
亡が世の　②429
無がらを　⑥39
なきがわざせし　①288
鳴かはし　②215
鳴かはしつゝ　②92
鳴くらす　①60
啼くるは　②121
鳴こそ落れ　②412
鳴叫ぶ　③426
渚にあさる　⑥33
渚の丹鶴の　④96
なぎさの宮の　②202
鳴さはぐ　②341
渚を遠く　④89
鳴すがる　①248
鳴すがるねの　①478
鳴すてゝ
　又たが方の　①257
　行末いづこ　①471
鳴捨て
　をのがほど　①275
　行衛はいづ　②194
啼初る　②267
鳴たちて　②33
鳴立て
　浦づたひす　①256
　行声遠き　②393
鳴立や　⑥57
なぎたる朝の　①324
なぎたる方の　①264
なぎたるけしき　②111
啼つれて　⑤116
なきてあつまる　①486
啼て入さの　①351
啼てうつろふ　②395
鳴て男鹿の　②433
鳴て先　①54
鳴てよを　①79
なき床に
　聞夜かなし　①112
　ねん袖いか　①24
　見ん夜は何　①46
なき床の　①93
なき床は　①136
なきとなす　⑥42
なき友よ　①68
なき名たてるは　②41
長刀なりと　④275
長刀に　③145
長刀の　③337
長刀の手に　④259
長刀一ふり　③472
なきなたまめの　④264
長刀も　③289
長刀を　③300
無名の信　①228
無名のみ
　立化波の　①399
　土の下にも　①262
無にしも　②63
なきはその　①371
無人おもふ　①252
なき人したふ　②47
なき人と　⑥94
なき人の
　朝顔に見ん　①84
　宿やおもは　①135
なき人は　④213
無人は　①379
なき人を
　頓阿かうた　④174
　物わすれせ　②150
鳴行は　①348
なき世しのぶは　①287
なき世には　①86
鳴寄も　①227
なきよはりしは　②335
鳴よはる
　かべの底な　①347
　せみの羽衣　②216
　蝉のは山の
　　①218, ④81
鳴わたる　②20
鳴渡る
　衣かりがね　①236
　たづの一声　①244
なぎ渡る　②101
なきを送る　⑥23
無を思　①270
なきをかぞふる　⑥96
なきを恋つゝ　②125
なきを歎く　①112
なく鴬の　④222
啼鶉　①371
啼鳥　④240
なくからに　②174

鳴雁も　④102
鳴蛙
　心にこめて　③326
　老母のいた　③329
鳴雉子　③435
鳴声を　②65
鳴事計　③332
鳴比を　②185
なくさみも又　④302
慰る　⑥34
なぐさめがほや　①244
なぐさめかねつ
　老の身の果　①233
　物思ふ秋　②186
　よはの鳥の　②220
慰めかねつ　⑤94
なくしかの　④211
鳴鹿の
　声きく時そ　③499
　声聞時そ　③503
　声きく時に　③155
鳴鹿も　②40
なく鹿や　②73
なくせみの　①462
鳴せみの　①60
鳴蝉の　①466
鳴蝉も　②240
なく蝉や　①60
啼蝉や　①424
鳴千鳥　⑥85
なくて世の　①125
なく鳥も　①439
鳴鳥や　②225
泣涙　③145
なくなる妹が　④111
なくなるきはを　②277
無なるを　①264
なくなれど　①446
なくなれる　②420
鳴ねきく　①288
鳴音ばかりの　①340
なくねも哀　①469
なくはかりとよ　④157
啼虫に　②364
なく虫の　②298
鳴虫の　②401
なく虫も　①79
鳴虫も　②367
なく虫や　②45
なくや我も　①98
なくる鏡に　③434
なげ打の　④296
なけかけなけかけ　③349
なげき生そふ　②328
歎こそ　②88
なげきしをれば　②386
歎する　②188
歎きても　①109
なげきのつまよ　②335
歎をも　⑥25
なげくしるしも
　無塚の前　②119
　なきむねの　④120
なげくべき　①372
歎く間も　①108
歎く間や　①110
なげゝとて
　松やはうへ　①107, 180, ⑥151
歎けとて　②350
なげゝとや　①17
なけしの塵を　④285
なけ出す足も　③235
なけのなさけは　④153
なけば鳴　①398
なけふしは　③491
なけやなけ
　幾程かやは　②255
　去年の世語　①55
仲人かゝに　④245
長ふなりぬる　④239
長うなる程　③430
なごしとて　①70
なこそてふ
　関田べいと　③22, ④57
和に　③273
なこや殿にも　③308
名護屋へ注進　③467
名残ある
　方は昨日の　②428
　都の霞　①254
名残有　④132
余波有　②382
名残あれや
　越の三空の　②55
　道の空なる　①52, 154
なごりいく夜の　②272
名残今更　④77
名残おほき　②425
名こりおし　③165
名残をし　④139
余波おしさに　③513
名残おしさよ　③250
名残思ふ　①234
余波かなしき　②320
なごりかも　①179
名残かも
　しらず老木　①103, ⑥90
名残こそあれ　②227
名残しばしの　②247
名残露けき　②95
名残とゞめず　②245
名残なを　①251
名残尚　①386
名残なく
　住は捨じの　②181
　浪もなぎた　②194
なごりには　①489
名残の雁の　②328
名残のとめ木　③489
名残身にしむ　②370
名残身にしめ　⑥56
余波もあれな　⑥25
名残もかゝる　②69
余波もしらで　②136
名残もや　①305
名残を惜しむ　④80
名残をも　①389
情あら身の　③165
なさけ有馬の　③145
情ある
　世をわが世　①28, 146
なさけある身は　④262
なさけしあらば　①433
情だちしは
　あだ人のく　①467
　うれし言の　②231
なさけだちぬる　①270
情にゆらぐ　①485
情の網の　③294
情のいきち　④320
情の罪科　④314
なさけの時宜は　④281
情のましる　③438
なさけ見えつゝ　①321
なさけも慈悲も　④162
情をこめて　①364
情をば　①382
情をも
　しらじと人　④114
　忘るゝは世　①377
なしやれやれの　③419
茄子あへや　③29
なす事あらず　①226
なす事も　②101
成事も　①357
なづさふ花に　④129
なづさはで
　遠くみ池の　①64
　遠く御池の　①157
なづさはる　⑥161
なす罪を　①353
薺青し　①7
那須野はなかき　④271
なすはすの　③305
茄子あへや　⑥135
なすひ畑　③348
なすひ畠を　④144
なづみし駒を　①384
なづみはてたる　①484
なづめる馬や　④120
なづめるまゝに　②356
なすわさなければ　④240
なぞへなく
　至るめぐみ　①59
　国もおさま　①299
名ぞかた見　①33
なそなそなあに　③304
名ぞひかり　①64
なぞもかく　①87
なぞらへて
　君が御池の　①64, 157
菜大根　③521
名高き家の　②433
なだ漕船の　①289
灘こぐ舟の　①401
名だゝしき　①381
なたのしほやの　④203
なだらかならぬ　①382
灘わたる　②266
灘渡る　①200
那知の高根の　④239
夏海や　③191
夏帯や
　すゞかのみ　③81, ⑥155
夏かくる　②255
夏かけし　①240
夏かけて　②9
夏かけてさく　②303

夏景久し ②299
なつかしき
　妹が垣ねを ②58
　枝のさけめ ⑤282
　乙女の舞の ②15
　からすみ染 ④264
　人香ふれた ②250
なつかしげなる ②196
夏刈と
　みしや朝満 ①164
　見しや朝み ①72
夏川に
　秋の舟さす①71, 162
夏川の ①288
夏河や ④284
夏川や ③79
夏川柳 ②391
夏きていとゞ ②288
夏来ては ②83
夏草たかき ①297
なつ草の ①71
夏草の
　花野とぞみ ④360
　花野とみる ①163
　籬をくゞる ①474
　分る跡なく ②110
夏草の露 ③434
夏草は
　石菖色に ③217
　たが結びつ ①248
夏草はらひ ②407
夏草むすぶ ②118
夏草も ②47
夏草を
　むすびしや①85, 169
　むすぶは道 ①155
　結ぶはみち ①55
　分る野筋や ①263
夏くれば ⑥14
夏こそなけれ ②240
夏ころも ④266
夏衣
　木々の木末①47, 152
　きそ路にあ①71, 163
　きぬた音な①98, 176
　さらすかな ②18
　しどけなか ①455
　ひとへにぞ①53, 155
　ほすてふ比 ②312
　ほせとや雨 ①293
夏ごろもほす ②30
納所の肝煎 ④267
納所坊主と ④261
夏しらぬ
　欄近き ②84
　所となさん ②227
　砌となせる ②346
夏すこし ①72
夏ぞなき ①67
夏旅の ②17
夏ちかき ④115
納豆たゝく ⑥85
夏ながら
　是は是はの ⑥101
　み山はきり ②76
なつなきかげと ②24
夏なき水の ①318
夏なきや ①391
夏に来て ①73
夏の雨
　そむるは青 ①152
　槙の扉を ②128
夏の雨の ①47
夏の月 ④199
夏の日かずも ②69
夏の日くるゝ ②54
夏の日ごろに ①438
夏の日しらぬ ①236
なつの日も ①73
夏の日も ①229
夏の日や ④334
夏の外なる ⑥26
夏野も隈の ②8
夏の夜に
　あやしき風①71, 163
　敷べきもの ②155
夏の夜の
　月にをなら①56, 156
　月は雲間に ①376
　鳥おどろか ③99
夏の夜は
　あくひ一つ ③283
　いかにめぐ①72, 163
　一寸八分 ③447
　おぼえずか ①427
　端居に宿を ④93
　宵のうたゝ ②379
夏の夜や
　東ばなしに
　　⑤282, 284
　東咄しに ③81
夏のよを ①72
夏の夜を ①164
夏野分
　しのびかへ ①71
　忍び返さん ①163
夏は大木の ③145
夏はおましを ②189
夏はきえて ①162
夏は消て ①71
夏はたゞ
　清水のなが ①468
　月をね待の ①155
　月を寝待の ①55
　ながれてい ②280
夏は只 ②314
夏は月 ①56
夏はつる ③55
夏はつるとや ②155
夏花やつゝし ③281
夏は行瀬の ②74
夏はらへせし ②207
夏びきの ②34
夏引の
　糸たえぬ名①70, 162
夏ふかき ①291
夏冬も ①492
夏風呂や ③123
夏までのこる ②89
夏まで藤の ④91
夏箕の川の ③220
菜摘花つみ ②254
なつみ水汲 ①477
菜つみ水汲 ③290
夏向や
　砌に当て ⑥104, 128
夏虫は ①73
夏も今 ③516
なつもはや ②78
夏痩か ③78
夏山の
　色に色こし①71, 163
夏山は
　藍より出し ①72
　ねざめの枕 ⑤166
　ね覚の枕 ③54
夏山や
　或は野を分 ③82
　入より風の①72, 163
夏よりも ⑥23
夏をあとに ①179
夏を跡に ①106
夏をかけてや ①480
夏をしも ②63
夏を見せ ①69
夏をよ所なる ①272
夏をわするゝ
　苔のほそみ ②304
　此橋のうへ ②363
　月のさやけ ②358
　庭の夕暮 ①395
夏を忘るゝ ④112
撫おろしたる ③436
なてさする ④154
撫子に
　かけしかご ②24
　胡蝶も花の ②237
なでしこの
　生末かくる ①63
　親なくかれ ①109
　花に交る ②224
なでし子の ①158
撫子の
　いまめづら ②80
　種や和漢の ③32
　花を出さう ③372
　一花秋に ②155
なでしこは ①135
なでし子は ①159
撫子は ①63
なでしこも ①136
撫子や
　露より霜を ①379
　夏のゝはら ⑤300
なでしこを
　はぐゝむ露 ①63
　愛しかた見 ①63
なで付の鬢 ④292
撫引や ③37
撫物や ③168
などあやにくの ①326
などおこたりし ②238
など音信ぬ ④115
などをとにのみ ①320
などおどろかぬ ④109
などかおしき ①132
などか心の ①350
なとかしふ茶を ③315
なと柄鮫の ③340
などきりぎりす ④98
名とげぬ事を ①386
など幸の ①321
などさかしらに ②24
などさとからぬ ②188

など捨がたき　①274
などたえねとは　②52
などてかく
　すさめられ　①352
　春に嵐の　④132
などて我　①313
など名残なく　①328
などはしりかく　②179
などはするらん　①394
などひらきけん　①367
など阻つらん　①400
など目のまへに　②412
名取川　①358
七あしの　④269
七色に
　雪や一色
　　③30, ⑥136, 157
七重やえ　④255
七かへり
　巻ほす袖や①80, 167
　見しまやひ　①92
七草に　①139
七草は　①376
七乞食して　④172
七才の　③432
七里までも　③265
七瀬のよとに　④231
七十に　①46
七十の　①25
七つさがりの　④320
七つさかれは　④192
七つになる子か　③526
七年の
　秋の夢路や　①108
　夜雨よりさ　④225
七年も　①106
七のやしろに　③356
七符に月を　①342
七まかりある　③497
なゝめなる　①487
七夜こそ　②275
名におふ里の　①251
何おもひても　③176
何おもふても　③384
何飲酒戒　③395
何かあたりし　④238
何かうき世に　②279
なにかかたみ　①141
なにかくゐなと　④144
なにか偖　③358
何か扨
　御手前さへ　③380
　君の御意な　③378
何がさて　④333
なにかしか子の　③375
なにがしの　①449
何かしの　③325
何かせかゝせ　④232
何か只　④99
何かとうやら　③173
何かとも　④282
何か名残
　有明ならで　①105
　たゞこの西　①15
　遠きををへ　①72
何かならはん　①310
何かはしらす　③161
何かは露を
　魚の目の玉　③352
　お玉こかる　③290
何かは恥ん　①397
なにか世に　①167
何か世に　①80
名にきゝし　①304
何くれと　②294
何かうせんを　④277
名にこそたてれ　③223
何事か　②219
何事かとて　④294
何事の　④101
なに事も　①317
何事も
　秋となしつ　④114
　幾久しくの　④143
　かはり行め　②363
　十方旦那を　④268
　捨る身なれ　①390
　頼入ぬる　③251
　長崎表　③292
　ならはしか　①468
　ならはゝ奈　④153
　むかしの道　②120
昔の道は　①199
なにこのみけん　②112
なにしおふ　①166
名にしおふ　①79
名にしおほ　④160
名にしおはゝ　④155
名にしおはゞ　③55
なにしに君の　③161
何せんに　②295
何候ぞ　③56
名にたつ後も　②8
なに豆腐筐　③486
なにとかな　③28
何として　③202
何とすくはん　④143
何と手つゝに　③375
何とてふつと　④265
なにとなく
　ながめられ　①444
　昔恋しき　①269
何となく
　哀ぞうかぶ　②357
　衣うるほす　①326
　さびしさそ　①232
　問へば古跡　②151
　夕さびしき　①265
何とはしらす
　飛ひかりも　③506
　飛ひかり物　③502
なにとやら　③417
何中々の
　面影にたつ　②264
　俤にたつ　⑥61
何々来る　③414
何々々　④332
何ならぬ
　ふるき枕や　①457
　身もあらた　②307
何にたとへん　④305
何に付たそ　③435
何にても　③395
何に花を　①29
なにゝ不足は　③491
何に不足は
　萩紅葉月③492, ⑤94
なにゝより　④359
何により
　分し山路ぞ
　　①51, 153, ⑤163
何の色とも　⑥16
なにの色なき　②219
何のうらみも　②140
なにのかのとて　④147
なにのたゝりそ　④215
なにはかなしや　①443
何不分て　③383
何村の　③392
なにめづる　⑤43
名にめでゝ　⑥57
何も跡に　③117
何もしを　③271
何も盗まれぬ　④239
何物か　③282
何者そとて
　起る宮守　③509
　おこるみや　③153
何ものゝけや　④142
何もわするな　③316
何やかや　③223
何やら多き　③220
なにやらくさい　④172
何やらしれぬ　④315
何やら錦の　③414
何やら都の　③309
何やらん
　さゝれての　④234
　文にはあら　③387
　目出度さた　⑥101
何哉覧　④338
何故に　③305
何よりも　③188
難波あたりに　③358
難波いなかは　①350
難波江の　②40
なには江は　①6
難波江は
　今日ぞ春風　①138
　輪田の御崎　①43
　和田の御崎　①151
難波江や
　芦屋に近き　②65
　ながめ長閑　②136
　よするか白　②378
なにはがた　①271
難波がた　①368
難波潟
　暁かけて　②420
　芦のほのか　⑥94
　入江に船を　②315
　三の元たつ　⑥161
難波かよひに　④138
なにはしらす　③260
難波大臣　③426
難波津さらり　③172
なには津に
　昨夜の雨や
　　③7, ⑥133
難波津に　⑥170
浪華津に　⑤122
難波津の　④310
難波津や　①306
難波津を

けさこそ三　④229
自由にまは　③390
難波戸や　③61
浪華なる　③118
なにはにも　④157
難波の芦を　④136
難波のうめ　⑤109
難波の梅に　③315
難波のうら　④269
なにはの事か　④214
なにわの事も　③213
難波の事も　③271
難波の小屋の　②129
難波の里に　①370
難波の里の　①303
難波の致景　④233
難波のにしに　④95
難波の春を　②331
難波の風儀　③439
難波の御寺　②356
難波の宮の　②364
難波のわたり　④85
難波橋　③483
難波人
あし火ほの　⑥53
芦分小舟　②113
衣うつ音　①410
見やはとが　②10
夜寒のもく　②274
藁うち槌を　③526
難波人をも　③238
難波辺に　①428
難波めや　④111
難波より　①9
難波わたりの
きんかあた　④290
俄道心　③407
難波渡りの　④129
なにはわたりは　②288
難波を出る　③456
何をいふても
余所の朱折　③470
六十の秋　⑤259, 293
何を色なる　②154
何をうしとか　②207
何をがな　③108
何をくはふか　③312
何をしてかは　①383
なにを頼みて　③459
何をひとつ　⑥43
何をわかすぞ　③370
七日けかれし　③529
名主も武士に　③299
名主をも　③273
七日くつれの　③336
七日七日の　③237
七日まんする　④200
七日八日の　④225
名のたつ後は　②25
名のなき事は　③324
なの花や　③116
菜の葉のうへに　③300
名のみあらしの　②139
なのみこそ　①408
名のみして　①378
名のみたゞ　②229
名のみ也けり　④290
名のみのこりて　④298
名而已計の　④129
名のらざる　④110
なのらぬを　②96
名乗けり　⑤272
名乗し後は　①304
名のりしは　④222
名乗捨つゝ　④132
名のり捨ぬる　③180
名乗て鹿の　③461
名乗出る
たつた一騎
③197, 527
名のりやらぬも　⑥16
なのる中にも　③394
名はいく世　①97
名はいまも　⑤293
名ばかりの　①326
名ばかりは　④76
名は先立て　③340
苗代垣を　①411
菜畠に　③344
名は立ぬとも　③374
なばや袋や　③350
名は四方に　⑤117
なびかずは　④248
なびきあひたる
あしの末々　①316
露の草々　②88
なびき相たる　②172
なびき合　①274
靡きあふ　②57
なびき来る　①75
なびきそふ　①471
靡きふしたる　①358
なびき伏　②416
なびくあやめは　④130
なびくかすみは　②212
なびく柳の　①421
靡く柳の　②420
靡くより　①398
なびけばなびく　④125
鍋かつくてふ　③436
鍋釜の　③469
鍋すみけつる　④327
鍋すみに　③434
鍋つるなりに　④281
なべてうとむや　②4
なべて治る　②69
なべて草木や　①292
なべて梢の　②402
なべて里々　②342
なべてしづかに　②167
なべて只　①390
なべて千草の　②251
なべての歌の　①446
なべての人は　②74
なべて野山に　①315
なべてふる
雪こそたて　①123
雪に立枝や　①190
なべてほのめく　②162
なべてみる
草木も秋の
①106, 179
なべてや文を　②396
なべて世に　①280
なべて世の　①122
なべて世は
まづたいら　⑤64
山田の秋の
①87, 171, ⑥150
なべて世も　④95
鍋に入たる　④241
鍋の内迄　③307
鍋のしはしは　③190
なへふたに　④229
なま魚の　④194
生魚の　④237
生魚も　③274
なまくさけせぬ　③204
なまこゝろある　③407
なましりな　③208
鱠か過る　③525
膾皿の　④137
なますたゝ　④159
鱠の子　④233
なますの鮒も　④149
なますの盛形　④333
なま道心　③330
なまなかしんて　③207
なまぬくき　③170
なま風呂たきし　④222
なまめいた　③185
なまめきかはす　①488
なまめく笛の　⑥29
生物一種　④231
なま物しりの　③460
なま灸　③459
なま酔を　③334
なまりなまめき　④282
なみ居たり　③478
波うちよする　①243
波うち寄る　①495
浪打よする　①319
波小船　③443
なみかくる　②304
浪かくる　②73
浪かけ衣　⑥32
波かけて　②90
浪かすむ
池の中島　⑥9
汀にのこる　②336
波風あらく　②135
波風の　④96
浪風の　④335
波風も
今は大津の　③509
今朝一しほ　②341
物冷じき　②374
浪風も　②21
並木かな　①22
波こゆる　①124
浪こゆる
芦の村々　①271
つゝみ伝ひ　②12
波さへ雪に　②58
浪さはぐ　②98
波三人は　③468
波路かすめる　②139
浪しづかなる　②126
波しづまれる　②118
なみしのぎこし　①266
波路はるかに　③317
波路へだつる　⑥32
波冷じき　①487
浪すさまじく　②170

浪冷じく　②370
なみだあらそふ
　ひぢ笠の雨　①469
　道のべの露　②44
なみた一はゐ　④261
涙をし　④120
涙落とも　②112
涙おとして
　恨がほなる　②207
　くらきとも　①341
浪たかき　②175
浪高き　②223
波高し　④332
泪片袖　③374
なみたかた手に　④200
涙片手に　③399
なみだかな
　うき身には　①101
　馴こし友は　①74
泪くだけて　②150
なみだくらへん　④300
なみだくらべん　②371
涙社　④112
涙こぼるゝ　②92
涙さへ
　雨さへしき　②430
　露さへもろ　②300
　軒のしのぶ　①267
泪さへ　②266
涙すゝむる　②388
泪すゝむる　①358
涙ぞあまる　①399
なみだそへてや　②346
波只爰に　①402
波たゝぬ　①67
浪立さはぐ　②227
涙露けき　⑥93
泪でたうげ　③187
なみたてる　①35
双たてる　①476
双立る
　桜が中の　①148
　松の木陰は　①342
　道辺の柳　②254
涙とゞめず　②8
なみたなからに　③205
涙ながらに　⑥7
なみたなそへそ　③412
涙な添そ　③382
なみだに髪も　①289
なみだに曇る　②350
涙に曇る　③340
泪にくもる
　かゞみ冷じ　②409
　かゞみ何ぞ　①357
涙に答ふ　①379
涙にさぞな　⑥31
涙にしほる　②107
泪にぞ　②115
涙に袖の　⑥45
泪に袖は　④135
泪に空も　①253
なみだにたどる　①489
泪に月も　①348
涙に月を　②136
なみだに残る　⑥43
泪には　①199
泪に目もや　③192
なみだにやどれ　①281
なみだに夢も　②45
なみたの雨に　④204
泪の雨に　①358
なみたの海を　④295
泪の小川　③208
涕のかたき　④308
泪の川の　③368
涙の川を　③499
なみたの氷　③154
泪のこほり　③505
泪の氷　③507
泪の袖に　⑥36
涙の袖も　②84
なみだの玉の　②219
泪の露は　②233
なみだの露や　①444
泪の床に
　かさる鉄炮　③292
　しづむはか　①220
なみたの渕や　③387
涙のみ
　かたしき衣　②215
　とゞめかね　②345
泪のみ　①202
なみだはかなき　②4
なみだは鐘に　①291
なみたはかりの　④274
涙はしるや　②4
なみたは袖に　④326
なみだは袖に　⑤250
涙はたらぬ　②7
なみだはらはゞ　②219
泪身に入　④127
なみだも色の　①484
なみだも君が　⑥35
なみたもしほる　④158
泪もたぐひ　②408
なみたもちきる　④279
なみだも露も　①297
泪もて　③505
涙もよほす　①334
泪もろひそ　④253
泪もろなる　①352
涙や秋の　②118
涙や終に　①397
なみだや伝ふ　④126
なみだやまがふ　①274
浪たゆる　①288
なみだをさそふ　②363
なみだを袖に　①317
涙を袖に　①262
なみたをつゝむ　③275
泪を戸樋に　③459
なみたをなかす　③327
涙をや　①321
浪ならぬ名の　④112
波なれつゝも　②57
波に浮巣の　②371
なみに浮寝の　①303
波にうつる　④160
波にをのが　①128
浪に下居る　②425
波にかくれて　③220
浪にかたぶく　②377
波にかたよる　①354
浪にしらみて　⑥16
浪にぞおくる　②175
浪に立連　①221
なみにたびたび　②303
浪にたゆたふ　②213
波に千鳥の　⑥28
浪に月　②309
浪にてる　①245
浪になみよる　⑥12
浪に二陣は　③472
波に花　③368
浪にはれゆく　①212
なみにひたせる　①452
波にひたせる　①347
波に吹立　①244
浪にへだてし　⑥53
なみにまかする
　舟ぞ浮たる　①415
　淀の川舟　①277
波にまかする　②417
波にや風の　①361
浪のあぐれば　②101
なみのいかだや　②406
浪の色より　②185
浪の上　④111
波の上に　①133
浪の上に　①194
浪の上もや
　暮のこるら　②281
　暮残らし　①200
浪の上より　②129
波のうきゝの　③227
波のうき木も　①334
浪のうき巣や　②126
波のうつ
　きぬたは袖　①176
　砧は袖の　①98
浪のうつ　①269
波の音
　氷こほらぬ　①294
　そへてや過　②74
　理非を一つ　④297
浪の音　②87
なみの声のみ　②155
なみの立居に　④9
波の露　③432
波の露散　②420
波の音も　②40
波の干潟の　④107
波のひゞきも　①301
波のまにまに　①311
浪のまにまに
　下す河舟　②364
　ゆく高瀬舟　②236
波のまゝなる　②201
波のよる　②107
なみのよるひる　①273
波のよるよる　②70
波は聞えぬ　②162
波はたゞ　①444
波花に　③349
浪花の　①7
波はよりこぬ　①312
波はれて　①16
波ひやゝかに
　かへる住江　②325
　白き沢水　①351
波吹たつる　①418
波吹風や　②301
浪間かき分　④200

なみ枕　④10
波ま波まや　②342
浪間に白き　⑥11
波まに近き　②357
浪間もかすむ　②10
浪間より　②294
浪もうらゝに　④84
波も音せぬ　①238
浪もしづかに
　うかぶ釣舟　⑥57
　春や立らし　②292
波もしらみて　②283
なみも涼しき　①266
波も涼しく　⑥12
波も時に
　あぶくま河　①103
　会隈河の　①178
　会隈川の　④55
浪も時に　④57
波もなぎたる　④81
波もなぎつゝ　②87
波もなし　②353
なみや秋　①98
波や秋
　うつ白妙の　①176
　風先はやし　①74
波やたゞ　①290
波や只　①366
浪や花の　②7
波ゆする　①67
波よする
　池冷まじく　①388
　浦はを雁の　②28
　絵島に近　②328
なみよせけらし　②336
浪よりなみを　②382
浪よりはるゝ　②391
浪よる音の　②411
波わくる　②277
浪を枕の　③170
波をやく　④9
なむあみた
　阿弥南無阿　③274
　たゝ一筋の　③251
南無あみた
　包やきなる　③349
　南無妙法の　③514
　我身ひとつ　③176
なむあみた仏　④225
南無阿弥施仏　③213
南無阿弥陀仏
　恋はくせも　③207
　心中冷し　③445
　皆極楽寺　③441
南無三瀬田の　③474
南無三尊も　③270
なむ三宝　⑤200
南無三宝
　その時まて　③241
　其時までの　⑤178
南無三ぼうの　④333
南無三宝の　③232
南むさん脇さし　④284
南無題目に　④143
南無天満　③115
南無といふ　①92
なむにもはや　⑤167
南無八幡　③388
南無や勧世の　③320
なめし皮　③222
無礼にて　①410
無礼のつみも　②363
名も化波は　⑥23
名もいはぬ　①298
名もうきは　①128
名もうれし　⑤77
なもおみとうふ　③305
なもをみ豆腐
　煮てもやい
　　③523, 528
名もしらぬ
　おなじ緑の　②137
　神のほこら　①324
　鳥の声さへ　①400
　とりやさえ　②167
　虫の音もら　①397
名もしるし
　きよき渚の　①186
　清き渚の　①119
名もたかき　⑤205
名も高き
　小ふち蔦の　③241
　小藤蔦の葉　⑤182
名も久に
　天長月の　①175
　天なが月の　①97
名やかふる
　霞の浦の①173, ④54
名やことし　⑥162
名や更に　①95
なやましき
　心ちながら　①455
　身もいつと　⑥53
なやらふ声の　②407
なやらふ夜はの　①482
なよ竹に　①441
なよ竹の
　淡雪こぼす　①327
　かしげて立　①368
　こゝちは露　①78
　なよびなが　④108
　葉わたる風　②303
なよ竹は　①61
なよびかに
　うらわか竹　①60
　うら若竹の　①157
なよびたる　①372
ならひか有か　③431
ならひて色を　③149
習ひぬる　③341
ならひもはかな
さかへおと
　①202, ②345
奈良坂こせば　②52
奈良坂や
　金剛宝生　③369
　南円堂を　③276
ならさらし　③423
ならしばの　①349
ならす扇の　⑥22
ならす扇は　②123
ならすあふぎも　①462
ならす形見の　④102
ならすしらべは　①479
奈良茶の数も　④235
ならぬ所帯を　③449
ならの京　③187
ならのした葉も　②271
ならの葉うごく　②5
ならの葉かげに　②293
ならの葉に　①445
ならのはの　③217
ならの葉の
　露や氷て　①119, 186
ならのはや　①67
ならの葉や　①112
ならの葉分に　①491
楢の葉分に　②308
奈良の都　④176
奈良の都の　①366
ならの山　③466
ならび住　⑥8
ならひに料足　④166
双ぬる　②284
ならびの岡に　②308
双ふす猪の　②159
ならぶ住家の　①479
ならぶつぼねに　①304
双ふや御座の　③279
ならべ住　①308
ならべつる
　ひいなの調　①482
　枕にのこる　②170
ならべてすまん　①335
なら法師には　④167
なら山や　③467
ならはしなれや
　住る苦茨　②199
　我国の歌　①329
ならはしものと　①442
ならはし物と　①387
ならはしものよ　①469
ならはぬ旅の　①285
ならはぬ程の　②111
ならはぬ道は　①418
ならはねば
　はりやるき　①341
　山路の枕　②213
慣はねば　④83
ならはゞや
　梅にとゞま①12, 140
なりかたち　⑥101
鳴高し　①133
なりのほる　③458
なりのぼる　①461
成のぼる　②139
業平を　④250
なりふりよ　④247
なりもそ丸き　④158
鳴物は　③444
なりはひは　①473
業やめて　⑥28
なるかみの　④212
なるこ引手の　①486
鳴子引手も　②279
なるは滝のみ　④276
馴るにつけて　④109
なるゝは夢の　④239
馴る昼ねの　⑥17
なるればなるゝ
　袖の山風　①484
　苫屋なるら　④99
なれがほに今　②360
馴きつゝ　①295

汝こそは　①403
なれざらましを
　憂あだ心②262, ⑥60
なれざるほどは　②277
馴し栖も　②95
馴し其　③187
なれしまくらや　②66
なれし我　④89
馴すきた中は　④278
なれ初る　①145
馴そむる　①26
馴初し　②421
なれだにも　⑥32
なれだにも世や　①291
馴て嵐も　②353
馴てきけども　④132
なれて梢の　④94
なれてせを　①74
なれてつほいは　④249
馴て後　③319
なれて久しき　①331
馴て見し　①93
なれてもいかに　②43
馴てもつかへ　③282
馴て侘しき　②140
なれ茄子　③219
馴れなるゝ　①364
なれなれし
　古しへ人は　①482
　ふり分がみ　①465
　御階の花も　①432
馴々し　①362
なれなれて
　住も侘しき　①343
　我友顔の　①381
馴々て　②193
馴にし秋を　①379
馴にしを　①382
なれぬあらしぞ　②162
なれぬ大井の　①327
なれぬ汐路の　②175
なれぬ旅にや　①358
馴ぬ宿かる　④91
なれぬるは　②363
馴ぬれは　④153
馴ぬれば　②11
馴ぬわら屋の　⑥31
なれのはてこそ　④136
なれも入日や　①442
なれも思へ　①53
なれもかなしや　⑥45
なれもげに　④78
なれも此　②416
なれもしか　②233
なれも旅にや　①368
なれも見しを
　忘ざりけり　①166
　忘れざりけ　①78
なれもや月を　⑥15
馴ゆかば　②118
なれよるも　④79
なれをしぞ　③37
縄帯の　③471
苗代小田の　①272
苗代小田や　②187
なはしろに　①39
苗代に　②274
苗代の
　水や秋をく　①39
　水や秋置　①149
　水よりあま　②158
なはしろ水を　②208
苗代や　①39
苗代を　①252
縄たちて　①271
縄ふしに　③431
縄ふしを　③307
名をうつむな　③345
名を得たる　④316
名をおしむ　①238
名をかへて
　おなじ月す　①175
　同じ月すむ　①97
名を蒙て　③70
名をこそのこせ　①411
名をすゝかては　③174
なをすべらぎの　⑥39
名をのみきゝて　②321
名をは雲井に　③333
名をはひまなく　③508
なんきんよりも　③375
難産の　④316
難産を　④198
汝あぶない　③483
汝かために　③471
なんち元来　③324
汝元来　④309
なんち姿婆にて　③531
汝虎　③457
汝姿婆にて　③445
汝本来　③227
汝も一つ　③294
なんそうか有　③189
南窓に　④234
何そととへは　③309
なんそや一時　③406
何そや草履て　③393
何代か
　玉巻葛の　③76
　玉まくず葉
　　⑤122, 166
南大門の　③391
何てこさる　③479
なんてもあはれは
　　③364
なんてもきくまい
　　④172
何といふても　③391
何時と　③176
何時成と　③338
何時にても　③344
何時も　③436
なんとしてこりや
　　③412
納戸でしりを　④261
納戸の懸かね　④222
なんにもはや
　やまもゝの　⑤288
　山もゝの実
　　③99, ⑥141, 175
　楊梅の実　③425
何のかのとて
　下々の口　④319
　しれぬ境目　④193
なんの其　③119
なんの其々　③423
何のためにか　③147
なんの天狗と　③364
なんのなんの　③472
何のへんのう　④271
何盃なりと　③249
なんば殿まて　③367
南蛮流の　③366
何疋も　③497
南北四五町　③274

【に】

似合敷　③390
似合ぬ僧の　④155
新草青き　②253
新坂を　④336
新酒に　③146
新酒の
　下戸ならぬ　③398
　舟おしぞ思　③95
新酒を
　ねるやねり
　　③51, ⑥139
新里も　⑥49
新手枕の　⑥52
新枕
　一条すりこ　④298
　是も初物　③266
　下紐とけず　①402
　取すまいた　③309
新まくらの夜　③165
煮うりとなれる　④203
にへ湯をかけて　④310
匂ひけるかな　④165
にほひの句
　あるじのこ
　　③110, ⑤12, ⑥169
匂ひの玉の　③344
匂ひははつと　③301
匂ひ袋の　④267
匂ひもて　②301
匂ひや三津の　②308
にほひを梅の　②434
匂ひをのこす　①211
匂ふ薫るの　③253
匂ふかと　⑥85
二王もとほす　④165
鳰鳥の　②251
匂はざる　①14
匂はずは　⑥96
二階からおち　④261
二火三火　③345
二月二日に　④179
にかよふだにと　①445
二季の仕着せに　③344
にきやかに　③221
にきりつめたる　③453
握りつめたる　③484
にぎはひけりな　②297
賑ひけりな　②435
賑ひ知し　①490
賑ひわたる　⑥29
にぎはふや　⑥162
にきはへる　③508
賑へる　⑥33
賑はしや　⑤109
にくいやつ　④322
にくからぬ　①258
にくしきたなし　③258

肉食の　③471
逃るにも　③323
にけし雀の　③221
逃尻の　③260
にけて軍の　③318
にけて行　③305
にげなからずは　①262
にげなき思ひ　⑥13
にげなききはや　②27
にげなき恋を　①273
にげなきと　②388
にげなきは　②203
似気なきも　②14
にげなくつらき　④108
にげなくも　②273
にげなさの　①427
にげなしとても　④79
逃ゆくは　④218
二軒目へ　⑤98
二間鑓　④233
二合半にも　③300
濁つて出る　③327
にこにこ花の
　わらふやう　③515
　笑ふやうな　③162
二合半喰て　④253
濁らて涼し　④331
にごり江に　①64
濁江に　①157
にごりにしまぬ　③371
濁るは降り　③444
にごれる時は　②125
二三間　④292
二三畳しく　④237
二三日　③359
二三人程　④289
二三盃　③194
二三分はかり　③407
二三文　③449
二三里の　③267
二三両　③364
西風に　③100
西風や　⑤287
錦織てふ　④82
錦てふ　⑥51
にしきてや　⑥156
にしき手や　⑥156
錦手や
　いまりの山
　③39, ⑥156
錦の店に　③405
錦の帳も　③403
錦のはたを　③173
錦の直垂　④307
錦の袋　④229
にしきもて　①98
西国や
　なれもはつ　①97
　なれも初声　①175
西こそ秋の
　おとり念仏　③239
　初発心とや
　③298, 523
　天狗殿なれ　④319
西こそと　③49
西陣や　③324
爾時世間　③228
爾時世尊　③483
西ぞみん　②68
虹たつ暮の　④108
虹立そらの　④163
二七日　③458
二十貫目　③344
二十間にて　④308
西寺の　③374
虹にうつらふ　④259
西に立　①235
西に成　①488
西になるまで　②133
西に残りて　①237
西の海　③518
にしのかたたの　③349
西のかたに　⑤104
にしの寺　③356
西洞院の　③166
にしの迎へを　②336
西のむまれは　②163
西はけふ　⑥98
虹はたちけり　③497
西は丹波の　④253
西ひかし　③343
西日になりて　①455
西日になれば　②49
にし日も虹も　⑥38
西ふかば　⑤87
西ふく風は　①440
西へとばかり　③294
虹ほのかなる　②328
二尺五寸は　③368
二尺四五寸　③529
廿九日と　④150
二十五絃　③209
二十五日の　③459
廿五日は　③327
廿五六の　③408
廿三夜の　③385
二十四五貫　③456
二十四日の　③296
廿四日の　④280
廿余年　③433
廿余年は　③195
二朱か一分か　④296
二条川原の　③341
二条のお蔵に　③472
二寸八分　③376
似せ侍も　④177
似せそとは　③459
似せ山伏と　④144
二段目高う　③393
日光折敷　③448
日光の　③410
日本一の　③470
日本橋の　③233
煮てくふ鹿の　④236
にて候
　高野山より
　③64, ④49, 346
煮ても焼ても　③342
二度こしの　④152
二度ひつくりや　③166
になひつれたる　⑥26
荷はせて　③229
二南の化　④312
荷の口も　③237
二の舞の　③407
二番勝　③423
二番はまけぬ　④139
にび色に
　花も咲かの　②186
　やつるゝき　④125
二百石には　④304
弐百石には　③524
二仏の中間　④268
日本国の　③62
二本さしたる　③400
日本堤の　④267
日本には　③99
日本の外に　④304
日本橋　④246
日本はなれて　③351
日本半分
　かまはれに
　③525, 527
荷物うちこむ　④288
にもつの鷹を　④140
荷物はなきか　③245
にやりと志賀の　④187
にやんの声さへ　③398
入道との丶　③343
入道の　③524
入道ひたる　④315
入道や　③513
入道を　④219
入部身にしめ　③182
柔和なる　⑤126
女御更衣の　③517
女房盗みを　④245
女房の　③399
女房は　③524
女房の尻に　④239
女三のみやの　④286
如是我聞　③227
によつと出る
　月は真女の　③226
　四日五日の　③342
によろによろ鷺も
ましるかさ　③157, 508
似る時のなき　②312
俄雨
　大もりこも　④146
　行衛もしら　③223
俄客　③398
庭かこふ　⑥47
俄事　③196
俄しくれに　④143
俄なれと　③347
俄に天津　②69
俄に代物　⑥101
俄にすへし　②88
俄にとりつめ　③417
俄に舟に　③220
俄に満る　①356
俄かにも　①379
俄にも
　雨気になり　①470
　雨けの雲の　④85
　あら立けら　②320
　うき立雲や　①260
　音あらまし　⑥5
　風雲きほふ　①449
　佐野の渡り　②248
　寒さ添ぬる　②222
　しまき横ぎ　①482
　田づらや雨　⑥28

照日くもり　②187
時を失ふ　②9
無身となる　②104
比良の根お　②405
吹しく風の　①337
岑吹こゆる　①495
俄分限は　③457
庭かまへ　③449
俄めくら　④191
庭子氏子に　④285
庭白し　①120
庭と居所の　④325
鶏すてに　③264
鶏と　③216
庭鳥鳴て　①283
庭鳥なくて　④160
庭鳥に　④292
鶏の　④136
鶏は　④144
庭鳥は　④150
鶏も
かほよきむ　⑤125
風にふはふ　③171
上吉日や　⑥168
庭鳥も
揚屋の時を　③476
くうくうじ　④268
鶏や　①388
庭鳥を　③464
庭にあるじの　⑥94
庭におふる
松としつも
①123, 190, ⑥165
庭にけさ
時雨ふりを
①113, 183
庭にしく　①119
庭にしく
今日の為と　①186
それかあら　①186
庭に渓の　①69
庭に散て　①114
庭につゞく
苗代小田や①39, 149
庭につみ置
かげの山柴　②279
陰の山柴　①199
庭に馴つゝ　①303
庭には金銀　③256
庭に見て　①90
庭にみよ　①187
庭に見よ　①120
庭の秋こそ　①394
庭の池に
かすみよせ　①16
霞よせたる　①141
庭の面
しろきや霜　①129
白きや霜夜　①192
庭の面に　②4
庭の面の　②95
庭の面は
草の色々　①479
またかはか　④231
庭の木草も　⑥101
庭の木陰ぞ　①340
庭のこけらや　③193
庭の白洲は　①485
庭の松も　①60
庭のやなぎは　⑥37
庭はあれて　②267
庭は落葉
其外かゆき
③134, ⑤169
庭はけさ　①121
庭は今朝　①188
庭はしばし
朝清すな　①186
朝清めすな
①119, ⑥165
庭はたらきの　③410
庭火にて　④285
庭火のかげの　①216
庭火の光　①230
庭ひろくしも　④118
庭広み
白州に露の　①212
月待がほに　①215
庭も寂しく　②13
日和もよき　②303
庭守の　⑤126
庭やこれ
うつしこし　①122
うつし越路　②275
庭や是
うつし越路
①189, ⑥165
庭やたゞ　①425
日和よくあらし　①348
日和よくも　⑥25
荷をからけゆく　③201
荷をつくらする　④206
人形つかひ　③271
人形箱　③384
人間の
種ならぬ月　③443
水は井戸替　③87
水はとろと
③293, 530
人間はみな　④225
人間万事
おきの上風　③413
それからそ　③449
旅の行末　③196, 527
てんかくの　④243
不自由千万　③369
人間をいつ　④220
人参かなはず　⑤99
にんにくを　④140
人皇百　④172

【ぬ】

抜て見る　③438
ぬか釘も　④181
ぬか子つる　④249
ぬかづくは　①387
ぬか味噌皿に
蓼の葉の露
③154, 502
ぬか味噌迄も　③427
ぬからぬ顔の　③465
ぬかるみへ　⑤126
ぬきあひし　③409
抜出す　④257
ぬぎかへなんは　①489
ぬき懸て　⑤98
ぬき刀　④210
脱こそかふれ　②189
脱こそすつれ　②286
貫さしも　③320
ぬぎすつる　①459
ぬぎ捨る　⑥14
ぬぎ捨し　①276
脱すてし　③454
ぬぎすてつ　②154
ぬぎすてゝ　⑥116
ぬぎ捨て　①70
脱すてゝ　①162
ぬぎすてにける　②288
ぬぎすてん　①307
抜みたす　③339
ぬきんでた
そのさくら
③62, ④194
其さくら屋　⑤166
ぬく片袖に　④325
ぬぐべきほども　②167
ぬくに座しきの　⑤218
めけ五器さけて　④232
ぬけはしなへも　③404
ぬけ参　③423
幣奉る　④102
幣と散　①352
幣とらば　①98
ぬさとりあへぬ　①258
幣とりどりの　②168
幣にそへたる　①391
幣はあれど　①281
幣も榊も　③400
ぬさも取あへす　④238
ぬさをだに　④7
ぬしあるに
かけしおも　①320
通ふ心の　③264
主あるに　⑥18
主あるものを　④98
ぬし有をしも　①423
ぬしさだまらず　①462
ぬしさだまらで　②298
主しらぬ　①269
主なき庭は　②402
ぬしなつかしき　②177
主やたれ
見ん人ぞみ　⑥149
みん人ぞ見　①151
見ん人ぞ見　①42
盗人ありと　⑥32
盗人が　③295
ぬす人がんどう　⑤200
盗人かんとう　③241
盗人がんどう　⑤178
盗人の
在としら木　④136
ひたぶる心　①423
より合こそ　④162
盗は　④220
盗人は　④284
盗人を　③191
ぬすまれし　③224
ぬすまれん　③185
ぬすみせしとや　④151
盗には　④269
盗み物　③337
布さらす　①297

布のむつきを　③194
布引の
　滝から下へ　④303
　滝を見あか　②199
布よりも　④276
布を経る　④199
沼水も　①250
塗つるはなに　④152
塗長持も　③320
ぬりならへたる　④283
ぬるかす也と　③315
ぬる鴨や　②218
ぬる鷺や　②159
ぬる蝶の
　笆の夕日　②57
　やどりはか　①279
ぬる蝶を　②220
ぬるともと
　いひし陰見①28, 146
　柳やおもふ　①33
ぬるとや田子の　②166
ぬる鳥の
　尾羽打たれ　②195
　羽重げにも　②296
ぬる鳥も　②172
ぬる人は　②73
ぬるみ出たる　②39
ぬるみもやらぬ　⑥28
ぬるみ行　①320
ぬるむはかりも　④160
ぬるむより　①23
ぬるむをまゝの　②11
ぬるめるは　④265
ぬるめる水に　④283
ぬるめる水の　③171
ぬるめる水も　④200
ぬるめるを　①23
ぬる夜しあらば　①227
ぬる夜の程も　①370
ぬれ縁さきに　④281
ぬれ縁の　③224
ぬれかゝる　③483
ぬれ懸る　③476
ぬれかけは　④329
ぬれかけん　③371
ぬれくれば　②28
ぬれつゝぞ　③14
濡てかなしき　②10
ぬれてしる　②112
ぬれてほす
　菊の露そふ
①100, 177
ぬれ通る　②152
ぬれにそぬれし　④295
ぬれぬれ霧を　④125
ぬれぬれず
　いせ路こら　⑤74
　袖はこほり　①118
　袖は氷ぬ　①185
ぬれぬれも　④90
濡鼠　③377
ぬれの意気には　③426
ぬれの心の　③459
ぬれの袖　③488
ぬれの雪間を　③444
ぬれはや人の　③499
ぬれひたす　③375
ぬれものに　④187

【ね】

音色から　③421
直うちいかほど　⑥99
寝起顔　⑤108
ねがひありての　①489
ねがひさへ　①314
ねがふ心は　④79
ねがふこそ
　老ず死ずの　①473
　往生るべき　②279
ねがふにも　②353
ねがふ蓮の　②227
ねがふ仏の　④119
ねがへ仏の　②378
ねかへ門徒の　③178
寝帰りに　③317
ねがへる西の　①448
ねかはくは　③428
ねがはしき
　あらましご　②386
　山よはやし　①180
　山よ林よ　①106
祢宜かぬかつく　③238
祢宜言は　⑥5
祢宜町の　④321
祢宜ものかたり　③488
直ぎる高間の　④274
ねくたれがみは　②191
ねぐら去つゝ　⑥3
塒して　②382
ねぐらながらの
　鷺ぞ声する　②250
　鳥の声々　④122
　鳥のさえづ　②14
ねぐらに秋の　②202
ねぐらに急ぐ　②383
ねぐらに帰る　①259
塒に鷺の　②391
ねぐらに鳥の　②407
ねぐらにのこる　②271
ねぐらの方に　②189
ねぐらの鳥の　①288
ねぐらの鳥も　①450
ねぐらはいづこ　①267
ねぐらより　①409
ねぐらを出る　②68
ねぐらを出ぬ　②88
ねぐらをさらで　①291
ねぐらを去し　②211
ねぐらを去や　①384
ねぐらをや　①439
塒をや　①402
猫うしなへは　④265
根こきにしたる
　瀬々の網代　③481
　もりの下道　④221
猫の目すこき　③452
猫またの　③252
猫めかこゝに　④242
根ごめにや
　風持草の　①76, 165
猫より外の　③184
ねごろ法師の　④332
根ざしあれば
　みなしこ草　①55
　みなし小草　①155
根ざしもふかき　②87
ね覚がちなる　②270
寝覚かちなる　③518
ね覚から　③217
寝覚さびしき　②3
寝覚しつゝも　①373
ね覚して　②196
ね覚する　②424
寝覚せし　②91
ね覚露けき　②154
寝ざめつゆけき　②13
寝覚てかなし　④118
寝さめてきけは　④241
ね覚ては　④87
ね覚て見れば　①243
寝覚てみれば　②295
ねさめてゆかし　④213
ね覚とふ　②115
ね覚ならぬ
　こゝろも秋　①180
　心も秋の　①106
ね覚ならはす　②225
ねざめには　①452
ね覚にもたゞ　②275
ね覚にや　①312
寝覚にや　①219
寝覚ぬる　③200
ね覚ね覚　①495
寝覚の空も　③171
寝覚の床は　②151
ね覚の友や　②129
寝覚の後の　①358
ね覚の後は　①403
寝覚めの不思議　⑤106
ね覚の程は　⑥36
ね覚の窓の　①251
ね覚のものと
　忍ぶいにし
②262, ⑥60
ね覚まで　②391
寝覚やおなじ　②180
ね覚をしつゝ　①378
ねざめをすれば　①458
ね覚をすれば
　心すむ空
①199, ②410
　月ぞさやけ　②352
ねし床を　①285
寝し鳥の　②180
ねし鳥も　②209
ねし萩の　①78
ねちまはす　④196
ねちむく坂の　③479
ねし宿は
　鐘の声のみ
①116, 184
ねす鳴の　③504
鼠あれざる　③187
ねすみ喰さす　③374
鼠桁はしる　③490
鼠戸の　③395
鼠戸の口　④282
鼠戸は　③379
鼠共　③473
鼠戸よりも　④147
鼠戸を　③295
鼠にはねの　④305
鼠のかふる　③158
鼠の里に　③492

鼠の知恵は　④186
鼠の千々に　③371
ねたうちに　⑥71
ねたかき刀　④153
ねたかやい　③413
ねたしさの　⑥32
ねたみいとはで　④77
妬おふ　④92
ねたみ数々　⑥48
ねたりぬる　③270
直段は露も　③308
根付巾着　③391
熱気には　④230
ねつきはいまた　④177
熱気はさめて　④238
熱気も外に　③164
寝で明す　①111
寝て居ても　③450
ねての朝　③476
ねてのあさけの　③178
寝ての朝けの　④184
寝ては麹の　③180
寝てみたき　⑤116
寝道具や　③106
ね所かふる　②275
ねどころしむる　①351
寝どころに　②413
ね所を　①478
音に出て　①397
音に鳴むしの　②64
ねにたてゝ　①407
音にたてゝ行　②287
音に伝へしは　①346
ねに鳴て　①273
音になくや　②87
音に鳴や　②109
音にもかこてる　④83
ねに行鴉
　霧にとぶ影　②274
　ふたつみつ　①460
ねに行鳥の　⑥115
ねに行ならし　①422
寝に行や　②425
ねぬほどや　②18
ねぬ夜しも
　人伝あやし①51, 153
ねぬ夜の　②154
ねぬる胡蝶の　①235
ねぬるまの　①449
ねぬる夜の
　夢にも梅や　①200, ②279
　夢の枕は　①324
寝ぬる夜の　②158
子日する野の　④131
子日せし　②63
子の日の遊ひ　③520
子日の松は　②275
子日の松を　①406
直は五十目の　③364
ねはたさすりて　④318
ねはんの雲に　③528
涅槃の雲に　③200
ねはんの表具　③314
ねぶか大根　⑥102
ねふたきを　③145
念仏四五人　③229
念仏と共に　③196
念仏の声も　④207
ねふとさへ　④222
ねふとのうみを　④139
ねふりけも　③230
ねふりねふりも　③154
ねぶりの中に　②335
ねぶりをまぜて　①261
ねふるあいたも　④190
ねぶれる蝶や　②385
寝巻にも　④245
寝耳に入は　③168
寝耳に水の
　いりかたの　③502
　入かたの月　③152
ねむけこそさせ　③188
眠おどろく　①235
睡を覚し　③524
眠をさまし　①432
眠をさます　⑥45
眠るすがたも　②171
根もあらはなる　②321
根もさし柳　②82
ねもせで鳴や　①383
ねもせで更す　②328
音もたかし　①53
音もとりどりに　⑥48
ねものかたりの　③499
寝物かたりも　③150
根もふし柳　②305
根やかよふ
　千年の小松①41, 150
閨にもいらず　②95
閨の上に　⑥93
閨の内まで　②112
根やのこる
　玉まく葛の　⑥140, 167
寝屋の月　③320
ねやの月に　②404
閨の妻戸も　④142
ね屋の戸さゝで　①443
閨の外に　②174
ねやの戸の　①77
閨の戸も　④128
閨の戸を　①306
ねやのひまのみ　①427
閨のひまより　②230
閨の火を　④321
根やひとつ　①177
閨へもいらず　①234
ねやもあらはに　⑥12
ねらひすました　③462
ねらひする　①375
ねらひよる　③500
ねらふ敵に　④240
ねらふ敵　③444
ねられざりけん　②146
ねられずや　②254
ねられぬ袖に　①242
ねられぬまくら　①437
寝られぬ枕　②170
ねられぬまゝに　⑥46
寝られぬまゝに　④83
寝られぬまゝの　②370
寝られぬや　④102
ねられぬ夜しも　①407
ねられねば
　暁かけて　①297
　今朝までし　②33
寝られねば　②334
寝られねば又　②70
ねり加減　④292
ねり酒一樽　③335
練酒や　⑥139
ねりぬる絹を　④160
ねり物は　④158
ねり薬は　④276
音をたてぬ　②196
ねを鳴てきく　②276
ねをはなれたる　①340
年忌なりとて　③394
年忌もしくれも　④212
年切とてや
　ひまもらふ　③172
　隙もらふら　③529
年切に　③355
ねん切の　④251
ねんくに立し　③154
年貢にたてし　③505
年貢米　④215
年号日付　④267
念比しられぬ　④180
念頃に見る　④140
念じとれば　⑤131
念ひまも　④271
念ずれば　③32
年頭の祝儀　④160
年頭のれい　④279
念仏三昧　③357
念仏衆生　③321
念仏などか　④317
念仏の　③170
念仏は
　唯念仏の　③460
　西へなけふ　③529
念仏を
　かさねて申　③474
　小紋になし　③448
　今宵の旅の　③223
　申てやみぬ　④171
念もなう　③294
念を入べし　④296
念を入
　拝見いたす　④316
　見るは質屋　③158

【の】

野あそひに　③240
野あそびに　⑤196
野遊に　①410
野遊びに
　かけ廻りて　⑤175, 258
野あそびは　③98
野遊は
　すみれのみ　⑥141, 154
野軍破れて　③409
のいて通つた　④292
なふいかに　④232
能衣装　④193
能因か　③490
なふかなしやとて　④193
なふてかなはぬ
　たひのすい　③241

たびのすい　⑤206
旅のすい筒　⑤183
なふなふしはらく　③253
なふなふその　③378
なふなふなふ　③127
なふなふやるまい　③472
能ははしまる　③250
のふも待やら　③266
暖簾も　④221
野がひにや　②191
野懸の跡の　③479
のかさしものを　③361
野風にあたら　⑥7
野風の跡は　②237
野風の末は　①339
野風はげしく　②284
野風初しま　③364
野風や霧を　①394
野風や袖の　①246
野上のかたの　①494
野上の別れ　④150
のかる難波の　④169
のがれて猶　①199
のがれても　②104
のがれても猶　②120
遁れぬは　④148
軒毎に　①57
軒下蹴出す　③430
軒しめやかに　②188
軒白く　①462
軒白し　①97
軒ちかき
いさゝむら　①425
桐の葉落る　①260
石菖はちに　③210, 521
竹の下枝は　①484
ならの広葉　②345
花は匂へる　⑥48
風鈴の音は　④281
松吹風も　⑥63
山の雫も　②148
軒近き
竹葉に風の　①211
灯篭の影も　②295
軒ちかく　④142
軒近く　⑥16
軒近み　④112
軒つゝき　③399
軒に小鳥の　②276
軒にさし入る　③192
軒にさしくる　②78
軒に雀の　③145
軒にはゆるは　④134
のきの雨たり　④281
軒の雨
しづくも長　①57
雫もながし　①156
なごり久し　①118, 186
みれば霞の　①24
軒のあやめに　①270
軒の板間は
月ぞかたぶ　②424
露もたまら　②191
軒の梅かえ　③277
軒の霞を　②284
檐の草葉の　①433
軒の雫に　①406
軒の下行　①368
軒の忍ぶに　②408
軒の竹葉に
時雨きぬめ　②300
まちし初雪　①420
軒の月　③478
軒のつま　①478
軒のつらゝに　①300
軒のはつかに　②175
軒のは山の　①426
軒のひさしの　④257
軒のひまひま　②297
軒の松に　①57
軒のめぐりの　②26
軒のもかりや　③336
軒の紅葉の　①289
軒の若葉に　②83
軒ばがくれて　①201
軒端隠れて　②255
軒はしのぶに　②315
軒ばなる　②269
軒端なる　②283
軒端にあまる　②126
軒端におほふ　②248
軒ばにしげき　②77
軒端にのこる　⑥37
軒端に春の　⑥4
軒端の梅の　①355
軒端の竹や　④214
軒端の松に　③464
軒端の山に　②402
軒端まで　①318
軒端まばらに　②22
軒端もり入　②91
軒ばもる　⑥147
軒端もる
梅がゝ白し　①12, 140, ⑥87
朧月夜に　②7
軒端洩　④130
軒端やぶれて　②389
軒端より　①475
軒は六尺　③302
軒を宗と　③280
軒ふく風も　⑥44
軒までかゝる　①261
軒めぐる
時雨と共に　②270
雫も長き　①57
軒もる風の　④122
のきもる月の　②64
軒もる月は　⑥25
軒もる露ぞ　①409
軒もるや　②321
軒より雨に　①376
軒よりうつる　⑥8
軒よりみだす　①350
軒をねぐらの　②191
軒をめぐる　①459
鋸屑も　④231
鋸と　④252
鋸は　③517
残しをく　③343
鋸の目に　④246
残らす質に　③448
残らす造栄　③365
のこらずも　①324
残らずも　②87
残りけり　①207
残りける　④94
残し暑気を　④152
残し雪は　④281
残りて霜の　②202
残りて住　①396
残りてぞ　①19
のこりて月の　②325
残りてつらし　②431
残りて西に　①279
残りて冬も　①389
残りても　②268
残りなく　①400
残りにけりな　①277
のこりぬる　②276
残ぬる　③238
残りぬる
暑さを凌ぐ　④85
月さし入し　①364
残るあしたの　②388
のこるあつさに　①444
のこる暑さに　②209
残る暑さに　④78
残るあつさの　③266
残る暑さは　②224
のこる暑さも　②216
残る暑さを　⑥28
残るあらしの　①317
残る入日の　②103
残るかげなく　①277
残る陰なく　④97
残る形見の　①383
のこるか雪は　①434
残るつたへは　②418
残るともなき　⑥55
のこるともなく　①481
残る名に　②225
残る花も　①30
のこるは稀に　①418
残るはまれに　①227
残る日かげも　②83
残るひかりの　②202
残る日に　②61
残る日の
影なゝめな　①343
影もかくる　②227
残る日は　①42
のこる日や　①44
のこる雪　④204
残る雪　③471
残る齢ひも　①385
残れるも　②129
残れるを　④115
のこんの雪か　③188
野沢のいづこ　②255
のしかけて　④301
熨斗鰹　③448
野路の末　③437
野路の宿なる　③481
熨斗をそへてや　③499
熨斗をつゝめる　③374
野筋すぐるも　①342
野すぢの末は
つゞくひと　①460
山路はるけ　①456

のせて旅人を　③179
のそかせたまふ　③466
のそくつほねの　④139
のそことまゝよ　③333
望ぬる
　位今はた　②409
　位も今や　①347
のぞむくらゐの　②123
望位も　①357
望こそ　②151
望むこそ　②48
のそむ知行は　④156
のぞむにも
　人よりあさ　①288
　ゆるされが　②97
のぞむ御階の　②421
のぞめば北に　①390
のたうまく　③12
野田の藤　③293
のたまはく　③286
後悔み　④296
後の朝ぞ　②116
後のあしたの
　思ひ身にし　②428
　払がたらぬ　③436
後の朝の　③387
後の朝を　②70
後の親にも
　添臥の床　②11
　そむかじの　①371
　なるゝはか　①249
後のちぎりも　⑥41
後々は　③311
後の出かはり　④184
後の出はには　③433
後の彼岸に　③432
後の彼岸の　④200
後の闇路を　②251
後の夕と　①428
後世いかに　①469
後世かけし　②217
後の世の　④290
後の世を　①487
後はひよくの　④262
のちほと色の　③328
後蒔の　⑥20
のつしりと　③258
野寺有かと　②388
野寺の鐘の　⑥17
のとかな日影　④220
のどかならざる　①270
長閑ならざる　①229
長閑なりける　①238
のとかなる
　さしきの奥　④329
　風呂屋は則　③249
のどかなる
　君が千年の　⑥74
　けしきや四　①486
　空もかはり　②274
　ひかりも雲　②18
長閑なる
　曙ならし　②192
　雨は軒端を　⑥6
　陰の樒を　①310
　方にいほり　②14
　神の国とや　⑥92
　空にや雨の　②321
　月の出塩に
　　②157, ⑥34
　難波津さし　②218
　野山をかく　②183
　三笠の峰の　②52
　都の手ぶり　②297
　宿にあるじ　⑥25
　吉野ゝ奥に　①364
長閑成　②365
長閑なる日に　④130
のどかなる日や　④124
のどかなる世は　②293
のどかにかざす　①423
のどかに語れ　⑥12
のどかにしでの　①299
のどかにしらぶ　①386
長閑にすめる　④198
のどかにとむる　③188
のどかにひゞく　①378
のどかにも　①446
長閑かにも
　明ぬ関路に　①399
　治し国の　①387
長閑にも
　跡をとふら　③145
　歌の席の　①245
　交野のみの　①226
　さすや砌の　②16
　住るや役の　③220
　光いざよふ　①492
　桧原曇りて　②111
長閑にもなき　①240
喉かはくまで　⑥100
長閑き雨の　②124
のとけき空の　④276
のどけきときや　②99
のどけき山路　①342
のどけくも　⑥30
のどけさや
　思しよりも　⑥161
　皆我家の　①139
長閑けさや　①138
長閑さや
　国にしたが　①6
　咽のいたむ　④264
　みなわが家　①6
のどけさよ　①8
野と成にけり　①271
野となる跡は　③305
野となる跡も　④95
野と成里や　①278
咽の穴　③385
のとのかはきに　③235
のとはとをらぬ　④257
のどへとをらぬ　④204
の留りを　③428
のどめのどめ
　詞あら江の
　　③20, ④53
野中なる　①385
野中に立る　②173
野中の梅に　①441
野なる草木に　②223
野にも山にも
　月ぞかなし　②416
　のこる白雪　①473
野々色も　④166
のゝ様と　③354
のゝ字もしらて　③277
野々宮の
　内に夢想や　④284
　小柴垣まて　③237
　花には折を　③170
野々宮人に　③262
野の宮人の　②255
野々宮人も　④185
野の宮も　③335
野は秋風の　⑥55
野はあさ緑　①235
野はいつしかに　①493
野はいまだ
　色こそみえ　①454
　つまん若菜　①450
野はをしなべて　②66
野はかた分る　①312
野は草村の　①250
野はくまもなく　②69
野は曇る　③321
野は暮て　②357
野は下萌の　②356
野は白妙に　①391
野は露しげき　①276
野はなべて　①451
野ははつ霜に　②261
野は初霜も　⑥59
野は花に　①85
野は春ならし　②260
野は深草の　④114
のばへばや
　老といはれ
　　①131, 193
野はみどりそふ　②50
野は虫の　①319
野はむらさきの　①291
野は夕露の　②222
野原より　①389
野は若菜　③174
のひたる髪を　④192
のびらかに
　草木もなび
　　①16, 142, 409
野ぶし山伏　④259
信虎いかつて　③427
信長時代の　④204
信長の前を　④240
のぶるこゝろは　②99
のぶるもかたき　②166
のへいとに　④331
野べ毎の　①459
野辺ごとの　②155
野べ過る　①393
野べちかき　①297
野へちかく　④216
野辺近く　③405
野べといふ　①300
野辺にきりきり　④154
野べに初子の　②297
野べのいづくに　②33
野べの霞に　④100
野べの仮寝も　⑥96
野辺の小篠も　①373
野辺の小松に　②218
野辺の桜し　③412
野辺の末　③455
野辺の月　③467
野辺の露　③364

野べの錦に　⑥94
野べの蛍の　①396
野辺のみとりの　③467
野べの虫も
　年へぬるか　①166
　年経ぬるか　①79
野辺のわか草　③406
野べはあれど　①48
のべは只　②14
野辺は錦の　③358
のべ臥松に　①461
のべふせる　①126
野辺も砌も　⑥50
野べも山辺も　①306
野べやたゞ　②382
野辺より野べの　④85
野辺をやどりの　②208
上り下り　④222
のほりさゝせて　③410
のぼりし魚や　①347
のほりにしるし　④168
のほり竜　③230
のぼる潮を　②402
のぼるけぶりの　①491
のぼるけぶりも　④123
のほる直段や　④156
昇る日や　⑤124
上るべき　②125
のぼる御階の　②241
のぼるも苦し　①421
のほれはくたる　③260
のぼれば高き　①493
のぼればたゆき　⑥26
のぼればなをも　①450
のぼれば頓て　①367
のみあかぬ　④336
蚤か茶臼を　③461
呑喰も　④149
のみこむ所　④297
のみこむは　③375
蚤とり眼の　③484
のみにと残す　③149
のみのある　④162
蚤の息　③322
呑酒の　④198
のめさ躍れさ　③468
野も山も　①49
野も山も此　②319
野守か庵に　④244
野守が庵の　①246
野守が袖や　⑥12
野守の庵の　②103
野守の庵も　②370
野守の鬼に　③374
野守のかゝみ　④144
野守の栖　②159
野もりの袖も　⑥54
野山にかはる　①256
野山のゆふべ　②281
野山の夕　①200
野山はふかき　②43
野山も雪の　⑥48
野山をかけて　②209
野ら犬に　③437
野良狂ヒ　③296
野らとなりても　④81
野らとなるまで　②44
野らとのみ　①351
野らにひとしく　①311
のら猫に
　はねをはや　④189
　羽をはやし　⑥121
のら猫の
　声寒げ成　①378
　目にもさや　③195
のら猫も　③221
のらねこや　③415
乗られけり　③370
乗うかべたる　①326
乗をくれじな　①490
法がありやこそ　④332
乗り懸る　③477
乗懸続く　⑤250
乗懸に　④142
乗懸の　③260
乗かけを　③195
則清か　④142
のりこはに　③303
のりし車は　②350
乗過る　④138
乗すて車　⑥53
のり捨し　①316
乗捨て　⑥49
のりすりむはと　③247
糊つくる　③342
乗つれて　⑤126
のり鍋や　④165
法に入ぬる　②112
法に入　②108
法に入より　②151
法につかへて　②84
法につむ　①342
法に身をなす　①475
法のえに
　よるべこほ　①186
　よるべ氷ら　①119
法のをしへを　②7
法の風に　①22
法のこゝろに　②430
法の衣に　①281
法師の　②31
法の師を　②139
法の為
　汲山川の　②125
　しらぬ国ま　①495
法の為とて　⑥46
法の為には　①430
法の月　①95
法のつとめに　②378
法のつとめを　②23
法のつま木と　⑥55
法のはな　③284
法の花や　⑤109
法の文よむ　①449
法の御事は　②70
法の御事も　②229
法の御事を　②97
法の道　③532
法の道には
　愚かなるら　①395
　身も顧ず　①391
法の御わざも　②47
法のむしろに　②293
法のむしろの
　人こみの中　③153, 508
　夕ぐれの春　②256
法のむしろも　②40
法は今に　⑤111
糊水に　③336
乗物一挺　④324
乗物かきか　③338
乗物かきの　③219
のりものかきも　④221
乗ものかきを　③177
乗物に
　長刀一振　③213
　暮春の風や　③291
駕の　③383
乗物の
　先をかゝん　③522
　向ふに見ゆ　⑥145
乗物の棒　③380
乗物は　③393
駕や　④215
乗物を　③250
のり弓の　②109
賭弓の　②329
法をきく　③178
法をひろむる
　袖のあやし　②244
　寺ぞたうと　①478
のるこまも　②35
のる駒も　①412
乗駒も
　下立にけり　②138
　しばしとめ　②84
　すゝみ兼た　④128
　関入ひとや　②118
乗駒や
　風にむかひ　②154
　なづめるま　②229
乗船に　②203
暖簾にちらと　③164
野分して　①265
野分する　③302
暴風せし　④90
野分せし
　跡は垣ほの　①482
　小家のあた　②328
　扉のあたり　②85
野分立　④108
野分にあれし　①330
慕風にいたく　②73
野分にさぞな　②298
野分にしばし　②129
野分に問し　①340
野分にませの　①369
野分のあとの　②324
野分の風の
　すさぶ度々　①373
　名残閑けし　①371
野分の後ぞ　①457
暴風の後の　②229
野分ののちの　②88
野分の後の　②151
野分の後も　②145
野分の野べは　①367
野分吹出す　③385
のわきめきたる　②320
野分めきたる　①473
野分めきつゝ　②367
野分汐風　③449
野分たちぬる　⑥45

野をかくる
　垣ねはらわ　②262
　牆ねはらは　⑥59
　垣ね払はぬ　①201
　霞の籬
　　①290, ②10, 201
　外面の霞　①230
　山際ちかく　①261
野をかけて　①456
野をかたはらの　②233
野をしめて　①259
野を遠み
　いづち男鹿　①275
　けふは子日　⑥36
　鹿の音送る　②131
野をなつかしみ
　さそふうぐ　②274
　枕せん春　①485
野を広み
　こなたかな　①234
　露分行ば　②350
野をみれば
　霞ながらに　②427
　露のみだる　②142
野をも山をも　⑥7
野を行ば　②151
野を分る　①239
野を分暮し　⑥27
野を分ぬ袖も　①378

【は】

はひ枝に　①37
誹諧に　⑤269
俳諧の
　作事は当家　③484
　其句つくり　③261
灰かきのけて　⑤257
灰がちに　①272
牧木を拾ふ　④167
配剤に　③402
拝借の　③355
配所さひしき　④288
配所の便宜　④161
はい鷹や　③181
はいてけたけた　③514
はひ出もの　④200
敗毒落より　③247
灰に成　⑤102
俳の道　④292
灰一つかみ　④319
灰ふきに　③455
はひまつはるゝ　⑥26
はいまつわれよ　③213
這よるや　③266
はいりの門を　②136
はへあひし
　色やみ山木①34, 147
はへある露に　⑥51
蝿は先　④218
葉落テ　②101
羽音しづめて　②361
羽織の下に　④181
はか貝の　③477
墓所　④313
はかないつしか　①246
はかな恨の　②300
はかな尾花も　②389
はかなおもひの　①261
はかなき蜘の　③400
はかなきは
　かゝる思ひ　①371
　難面人に　①228
　幻のよの　①484
はかなきはたる　②203
はかなく秋も　②265
はかなく照す　②212
はかなくのぼる　②178
はかなくも
　心づくしに　①311
　みじかゝり　①321
　結びこぼる　④109
　読置歌に　②92
はか無も　①395
はかなげに　①270
はかなごゝろの　①454
はかな此世を　①420
はかなさの　①363
はかなさは
　片結びなる　④78
　恋の奴と　①242
　しのぶる筋　②195
　ねも浮草の　②195
はかなさや　⑥42
はかなさを　①468
はかなし今朝の　②163
はかなしと　①283
はかなしな　①356
はかなしや
　したひがほ　①470
　人は昨日の　①266
　見もせでこ　①199
　見もせで恋　②116
はかなみし　①18
はかなむかしを　①344
はかなむ玉の　②416
はかなや秋も　②115
はかなやかゝる　②385
はかなやかつは　①294
はかなやたれに　②154
はかな世は　①480
墓原は　③149
墓まいり　④200
袴着て　③454
袴腰の　④229
はかまのすそに　③159
袴の山も　④187
袴々　③254
はからしき　③217
はからるゝ　②174
はかられて　②41
はかられて憂　①394
はかりかたしや
　伝教のちゑ　③497
　伝教の智恵　③500
はかりこと　③216
はかり塩　④274
秤にかくる　③377
秤の銀子　④236
はかりのさらに　④281
秤目も　④243
はきいつる　③497
萩折すてし　②429
萩がえに　①462
萩が枝に　①279
萩がえは　②374
萩がえも　①431
萩が枝や　①246
萩咲て　①78
萩咲頃ぞ　④102
萩すゝき
　ひとへに秋①78, 165
萩薄
　うつろふ迄　②406
　とつてから　③429
　野べはひと　②395
萩すり衣　③452
はきとられたる　③207
萩なくは　①78
萩のうへの　①450
萩の上の　②115
萩の種　③498
萩の露
　かるうさけ　③466
　玉にぬかる　③17
　真倒に　④245
萩の露ちる　⑤245
萩の錦　③393
萩のはがまの　④276
萩の葉の　④221
萩のもちなし　③174
萩も薄も
　なびきあふ　②376
　分る鷹飼　②17
萩を秋と
　いかになが　①100
　わきける露　①78
　分ける露の　①165
白雲帯に　③262
白雲に打　③430
はく沓を　④237
はくさんそ　③254
白山たて山　④268
白状に　③349
はくち打　③301
博奕うち　③523
博奕うつけか　④208
博奕打子は　④191
ばくちさへ　④272
はくち銭　④226
はくちにうちこむ
　④217
転打の駒出せ　③462
転打のたくみ　③469
薄でみがいた　④289
薄暮風翻テ　④71
薄暮中秋　⑥65
伯楽が　④314
白楽天も　③481
はけあたまさへ　③299
はけ烏帽子　④276
化くらべする　①389
はげしき音や　②63
はげしき風の　②81
はげしき浪の　④126
はげしくなりぬ　①443
はげしく成ぬ
　山風のくれ　②255
　山風の暮　①201
はげしくも
　秋の凩　①275
　垣ほを渡る　②68
　凧すさぶ夜　②321
　高根颪や　①365
ばけたひたひの　③197

はけの先　④316
ばけものか出ふ　③519
化物さたの　③394
はけものに　③398
化ものゝ　③471
ばけものは　③366
はけ椀も　③230
は喧嘩は　③345
はごくめと　②132
箱崎の　①83
はこざきや　⑥165
箱ざきや　③49
箱崎や
　浦島たらふ　⑥138
　松をのこし①83, 168
筥二三枚　③213
箱根卯木　③363
はこね路や　④338
箱根路を　③268
箱根涼し　⑤267
箱根といつは　④325
箱根の町の　③308
箱根山
　あけ暗しら　①184
　明暗しらぬ　①115
箱のおしろい　③525
箱のふた　③304
箱の蓋　③465
はこびくる　①410
運来る　④325
はこぶあゆみも　⑥32
はこふ金子に　④298
はこぶこそ　⑥94
運ぶ薪に　②353
はこぶとだえも　①376
はこぶ日次の　①402
はこぶ真柴の　①360
はこふんて行　④325
はこやの山に　②313
羽衣に　③353
はさみ箱　③200
挟箱　③263
挟箱や　④324
はさみ箱より　③323
端ゐえならぬ　②360
はしゐおぼえず　②295
はしいして　②76
端居して
　事有がほの　②416
　今夜明さむ　①271
はしゐ涼しき　④78
はし居すゞしき　②273
はし居する　①334
端居する
　袂涼しく　①246
　宵も過れば　①386
はし居する也　①314
橋板の
　霜白妙に　②236
　二三まいめ　④228
橋板も　①270
端居ながらの　②245
はし居に暮す　⑥53
端居に涼む　②266
はしゐにならす　⑥3
端居にならす　②143
はし居に更す　⑥60
端居にふかす　②263
はし居の袖に　①306
恥かいて　③339
階かゝり
　地神は跡を　③444
　秘曲重る　③430
橋かゝり　④163
橋懸り　③454
はしかゝりよき　④143
橋かゝりより　③302
はしがきも　①341
薑の手も　④234
はちかはしきは　③149
端女郎　④326
橋白き　①496
橋白妙に　②269
はし鷹の
　いづくの木　②147
　名古曽こそ　⑤267
箸鷹の　②199
はし鷹を　②417
箸鷹を　②7
橋立や　⑥85
端ちかき
　傾城にまづ　③208
　千草の花に　⑤45
　緩簾の内の　③274
　昼寝の後も　①279
端近き　②134
はしちかく　①262
はし近く　②41
端ちかく
　出れば暑さ　⑥19
　うたゝねし　①328
　ならして暮　②148
端近く　②255
端近み
　袖ひやゝか　①239
　ほのめき出　①371
はしつかたなる　⑥117
端つかたなる　①490
はしつかたにも　①425
恥て鏡に　②241
端に出る　②419
はしに出よと　①417
恥にしも　③504
橋の上　③331
橋の上に　①392
橋の上より　②84
はしのした水　①257
橋の掃除は　④207
橋の行衛に　②21
はしはし国の　③157
はしはしに　③277
橋ばしら　①106
橋柱
　たてしちか　①179
　たてし誓や　②117
はし柱とや　③359
箸はすたらぬ　④192
橋は引たり　③285
はしふねや　③371
はじまり遠く　①338
橋むかひ　③377
はじめ思ふも　②200
始終
　まん丸月に
　　③9, ⑥133
始終り　③488
初たる　①355
はじめてあふも　②47
はしめて一見　③277
はじめてきけば　⑥42
はしめて此峰　③325
はじめて袖に　②241
始てそ見る　③267
はじめて旅に　①303
はじめて旅の　①260
始てつらを　③214
はじめてならふ　②187
はしめようして　③445
橋もとの　①441
はしもとらせす　③154
箸もとらせす　③502
ばせをにおつる　②307
馬上にも　③58
芭蕉葉の　③321
芭蕉はやふれて　④176
橋より遠の　①389
恥らふ顔へ　⑤106
柱さへ　②179
柱立　⑥101
はしりかゝつて　③360
走り来る　②377
走痔は　③170
はしり痔病の　④207
はしり出て見よ　③212
はしりの先へ　③524
奔れる妾か　④315
恥を思も　③329
橋をちまたに　⑥93
恥を恥とも　③295
はづいて来たそ　④180
蓮いもや　③129
葉ずへみだるゝ　②139
はつかしいやら　③415
はつかしや
　後生ねかひ　③161
　後生願を　③527
はす切に　③371
はつしのきいた　④188
はつし物とや　③457
はす根のうみの　④234
蓮の葉笠も　③271
はすは女か　③290
はつませつゝも　③180
泊瀬の観音　③331
初瀬の便宜に　③477
櫨紅葉　⑥54
はせよしの　④181
破損する　③479
破損舟　④200
畑うつ人も　①441
畑うつも　①341
はだへかしげし　②389
肌えたゝ　④145
はたへも寒き　③501
はだへも寒く　②350
はたをりの　①299
はたか涼しや　③220
裸にて　④243
裸になつて　③327
はだかに成し　④308
畑の中を　④145
旅篭銭　④223
はたことまりに　③386
はたこやたちて　④164

はたご宿　③371
旅篭屋の　③258
旅篭屋も　③215
旗棹も　③170
旗さして　④249
肌寒き　②11
はださむきをも　①446
肌寒く　③268
肌寒けなる　③353
はださむしろは　①457
はたさんと　④195
はだしになりて　⑥144
はたちはかりの　④165
はたち計の　③338
廿計の　③380
廿とせの　④37
二十年は　③222
はたとせも　①56
廿とせや　①81
廿年や　①167
廿とせを　①49
はたとわするゝ　③311
畑中で　⑤125
肌につけたる　③447
幡にぬはせて　③493
肌には堅地の　③463
肌には是をと　③493
肌にめす　③440
肌ぬかせ　④279
肌のおび　④286
畑もうつらね　④142
旗本風も　④259
畑焼ならし　②420
ばたり衣を　④310
肌を着る　④324
肌をぬき　③274
八佾の　④314
鉢植四五荷　⑤106
八九間　④172
八九万石　③222
撥先も　③375
八十八迄　③301
蓮の上を　①361
はちすの台　②14
八代集に　④217
鉢の木を　③218
蜂の巣や　⑥130
蜂の巣を　③379
八木の　④302
鉢米も　④306
鉢巻の　③426
はち巻も　④140
はちまきを　③303
鉢巻を　④244
八幡ぞ　③125
八まん太郎　③224
八幡の鳥井　③275
八まんの前に　③524
葉茶壺や
　ありとも知
　　③89, 303, ⑥141
撥をとる　④264
ばちをばゆるせ　③188
はつ秋風も　②212
初秋しるき　②192
はつ秋涼し　①239
はつ秋の　①95
初秋も　④106
初あらし
　三人肩や　③456
　そこては時　③414
　釿遣に　③453
　続てわるい　③449
初卯花を　①425
初瓜や
　ちぎりし時　③99
　契りし年は　⑥81
初尾の外に　④284
初尾花　③416
初懐紙の　③114
初買に　③385
初会や
　殊にすぐれ
　　③104, ⑤223, ⑥142
廿日草
　扨四五日や
　　③122, ⑥143
廿日ころより　③390
廿日すぎての　①311
はつ風立て　①274
はつ風に
　かへす葛葉　①87
　返すくず葉　①171
はつかに色を　①344
初かりがねに　①297
初雁がねに　①456
はつ狩衣　①370
初雁に　①97
初雁の
　おとづれぬ　②162
　声はいづく　②158
　声も翅も　⑥46
　声を帆にあ
　　①214, ④217
　翅にかくる　⑥8
　もしもつら　④214
初雁は　①338
初雁も
　あかぬは君　④240
　わたらむ空　①462
はつ木にもろき　②277
はつきりと　③187
桀場に　③329
八卦もひらく　④147
初声よりも　①306
初声を　③224
八朔に　③83
八さくや
　二日の日は
　　③129, ⑤167
初ざくら　⑤107
初桜戸に
　あかぬもろ　②272
　詠やる嶺　①381
初鮭の　③308
八算かけた　④283
初汐時を　③390
初しほに　①442
初塩に　④143
初汐に
　浦半の舟や　②354
　沖吹風も　②5
　せかれて水　①453
初塩の
　さすか古江　④151
　八重満磯や　④91
初汐の　③440
初汐は　③382
初塩も　④238
初汐も　③182
初汐や　②423
初汐を　⑥20
はつ塩をやく　④168
初時雨　①220
初芝居　③278
初芝ゐより　③416
初霜の
　おくある鐘
　　①116, ⑤163
　おく有鐘の　①185
　布留の中道　①231
初霜を　①310
八宗を　③299
初瀬風　①407
初瀬河　①451
初瀬路に　④183
初瀬路にあふ　①450
はつせの鐘の　②417
初瀬の川の　③429
初瀬の月に　④239
はつせの寺の　②73
初瀬の宿に　③343
初瀬の山に　③277
泊瀬まいりは　③212
泊瀬めも　②255
泊瀬めを　③341
初瀬や深く　⑤98
初瀬山　④169
初瀬をいのる　④165
八専に入
　門のよもき　③307
　山高うして　③491
初空も　①90
初鷹がりや　②384
ばつたりと　④291
初千鳥　①368
はつちはつちの　④317
はつち坊主も　③308
はつ蝶の　②352
法度書　③369
八斗五升の　③252
法度そと　④180
法度たゝしき　③181
法度のすゑを　④214
はつとひろけ　④185
初寅に　③249
初寅の
　尾の上の花　③188
　毛も抜はて　④277
法度をそむく　④173
初子の日とて　⑥6
初音まつ　②72
初音めづらし　①437
初音をや　①350
初音を宿に　②190
はつはとて　③395
初花に　①30
初花にしも　③151
はつ花や　③117
初春の　③516
初春は　②104
八百年も　④226
八百八公家　④185
はつぶりさけて　④258

初ふりし
　雪にかすめ①19, 439
　雪に霞める　①142
はつふる雪の　①247
初郭公　⑤98
初聟を　③531
はつもとゆひの　①425
はつもとよりを　③316
初物の　④311
初献り過て　③323
初灸した　③420
初雪白し　②403
初雪に　③371
初雪の
　色や惜しみ　②10
　けさ窓に入　①124
　ながめふり　②33
初雪の景　④191
初雪は
　おどろくば　①326
　散つもるま　①228
　積てもふら　①398
　積るほどな　②349
はつ雪や
　有明の月に　①277
　待合の円座　⑤116
初雪や　②301
はつ雪を　②219
初雪を　⑤124
はつ夢と　①44
はつ夢に　①46
初嫁子　③394
初娌は　③174
初夜より　①93
馬蹄の塵に　④242
果しあふよに　③281
はてしなき　⑥7
果しなく　①349
はてそれは　④255
果なきは　②118
はてはあだなる　①283
はてはては　⑥28
鳩と鳩　③353
鳩なく声も　①382
鳩なく岨に　②215
鳩の杖をも　④151
鳩のなく　②166
花あれは
　或は青物　③352
　お泊り宿に　③357
　今度都て　③419
　嵯峨の御寺　③337
　則入て　③318
　則太夫と　④247
　則発句　③295
　駿河の府中　③347
花あれば　②271
鼻息や　④301
花軍
　不惜身命　③227
　われ銭なり　④259
花入に　④209
花入の　④140
藍色踏皮の　⑤94
花うへぬ　③169
花薄き　①215
鼻歌を　③279
花おしみ　②415
花おしむ　①326
はな遅き　①26
花遅き
　陰の青柳　②395
　春をことは　①144
花おちて　⑥53
花落て
　青雲なびく①59, 157
　木の下佗し　①384
　春や菫に　②233
花落る
　跡いかなら　①494
　小篠が本に　②185
　木末伝ひに　②133
　露のふる野　②236
花おる事　③282
花貝の　①73
花かほり　②180
花かきは　④223
花かざす　②325
華笠ほとな　④276
華笠や　④272
花かづら　⑤99
花かつみ　①60
はな紙なから　③162
はな紙代を　③359
はなかみ袋　③282
はなかみ袋に　④283
はな紙を　③344
花瓶に　②407
鼻から出る　③363
花くちし　②87
花朽る　②208
花暮て　⑤107
鼻毛にとんほう　③472
鼻毛には　③331
畠の芋を　③145
花こそちらめ　④245
花孤ならず　⑤125
花衣
　あませと成　③181
　御袴着の　③385
華衣　④257
花さへにたる　②233
はなさかぬ　①36
花さかは　③296
花さかば
　幾日もあら　①321
　とばかりか　①463
　先見ん窓の　①489
はな盛　③523
花ざかり
　あかでこそ　①23
　けふすぐさ　②24
　たばこにき　⑤206
　都のてぶり　⑥46
花盛
　あふぎより　②40
　いとはぬ程　②120
　いまはと雁　①287
　今をはしめ　③339
　たはこにき　③241
　たばこにき　⑤183
　通り町より　③354
　春にむかへ　①267
　味方の勢を　③341
　みなみまつ　①464
　南をはるか　③228
　むなしき枝　⑥93
　柳が枝に　④80
花さきすてし　⑥41
はなさきたかき　④173
鼻さきたかき　⑥121
花咲て　④137
花さく草の　①425
花さくと
　使は来たり　③384
　都の外に　①479
花さく春を　②63
花さけば　①33
花さそふ
　あらしにつ　④220
　杖も木履も　③246
　風は嵐の　③435
花誘ふ　①389
放なして置た　③359
はなしに成し　③247
咄しの跡先　③330
はなしはせまひ　③249
鼻尺八で　⑤104
花過し　②142
花すくふ瀬に　⑥95
鼻すしも　③377
はなすゝき　①85
はな薄　①85
花すゝき
　いと好もし　①170
　上行雁に　⑥85
　かりほにの　①170
　ひと夜はな　⑤274
　まねくも宿①85, 170
　乱てつゞく　②429
花薄
　かりねの枕　②181
　声あつて物　⑥100
　穂に出初る　③526
　みだれて誰　②413
花世界　③488
花そちる　③409
花ぞちる　③429
花ぞ友　②414
花園に　①403
花園は
　菊におさま
　①100, 177
花そふる　①117
花ぞふる
　雪とみまし
　①188, ⑥152
　雪と見まし　①121
花初て　③293
花染の　②24
花染も　②137
花たちばな
　古今のあい　⑥171
　古今のあひ　③141
花橘の　②410
はなたでまつる　①388
はなちをきてや　①437
はなちをく　②321
はなち置
　馬もやせた　①331
　野飼の牛の　⑥57
はなち置らし　①393
放ちかふ　①495
はなちやる矢の　④236

花ちらす
　風をも世を　①277
　志賀の山風　③183
　ゆふへのか　③417
　利潤のかね　④274
　六方風か　③97
花散ぬ　②417
花ちり暮し　①230
花ちりし　②103
花散し
　木ずゑに来　②30
　去年はこと　①50
　外面の樗　①328
　初瀬の寺の　②202
　布留の杉村　②125
華ちりたりと　②318
花散月曇り　⑤99
花散て
　小首をなげ　⑤257
　ことの葉残　⑤102
　言の葉残る　⑥115
　花に成にけ　⑤225
　みねにさび　④126
　山ふかく行　①28
花ちりぬ　④115
花ちるその丶　①423
花ちるばかり　①317
花ちれど　⑤107
花ちれば
　朝清せぬ　②8
　鴬のみや　①392
　百千の鳥も　②101
鼻つき合せ
　見る月の友
　　③288, 520
花摘て
　なきを悲し　④95
　七日七日の　②371
放つ矢に　③201
花て候　③206
花で候　③38
はなてる駒や　①308
花とおもふ　③207
花とさかへん　①468
花となりて　⑤109
花とのみ　③361
花と降　⑤124
花鳥に　①28
花鳥の
　色音に忍ぶ　①397
　情やなさで　①8
　なずらへも　②277
　行衛なりけ　①42
　行衛也けり　①150
　行衛もしら　②399
花鳥は　①32
花鳥も　⑥160
花鳥や　③389
花ながす　①448
花なきも　①29
花ならし
　立もまがは　②123
　所もさらぬ　①29
花ならぬ　③171
花ならば　⑤298
花にあかで
　壁はいつま　⑥79
　たとへばい　③110
　譬ばいつま　⑤165
花にあかぬ
　御舟におろ　③178
　心をいはふ　②3
　大悲の淫　③465
　詠をすれば　①380
　歎は誰も　①266
　目ことに潮　③426
　山路のこし　①52
　山路残しつ　①154
　夜はにも似　⑥152
花にあかぬは　①310
花に明る　①318
花にあそふ　④226
花に遊ぶ　①209
花にあやなや　②288
花に一句
　かくこそ下
　　③28, ⑥70
花に一首
　かうこそほ
　　③240, ⑤177, 199
花に入さの　②58
花にいは丶　④167
花にうき目を　②4
花にえみて　①33
花にほふ　②9
花匂ふ　②138
花におれて　①117
花にかへれ　①33
花に垣　④189
花に陰　③441
花に風
　源平たかい　④252
　ふく原のあ　④147
花に鐘
　つらきも後　②177
　弥生をつく　②333
花にきて　①145
花に来て
　鬼一口に　④196
　折かとみれ　⑥32
　待とはなし　①346
　やがて心や　①27
花に金子　③324
花にくむ　④158
花に酌　③245
花に曇る　①438
花にこ丶ろ　①28
花に心　①146
花にこ丶ろは　①418
花にこそ
　常はさびし　⑥25
　人もたづね　①456
はなに詞　①31
花にさへ
　問ぬをかこ　②107
　なぐさめが　①294
花に修行の　③498
花にしらむ
　名にこそ有①27, 145
花にそむ　③120
花に誰　④99
花にたはる丶　②385
花につかふ　③414
花に月に　③437
花につらき
　所おほかる①26, 145
花にとて　①227
花に猶
　思ひやらる　④122
　遠き都や　②331
花に情も　①473
花になす　⑥4
花になる
　陰の古畑　②410
　気さしはほ　③417
花になれし　①66
花に馴し　①161
花にぬる丶
　そをだに恋①28, 146
花にねぬ　①282
花に残るは　④89
花にのみ
　尋しことよ
　　①152, ⑥149
　尋ねし事よ　①47
　芳野の奥を　②118
花にのめ　⑤222
花には風の　⑥10
花に計
　樽みなをい
　　⑥143, 153
　樽皆置て来　③118
花に春の　⑤110
花に日は　③286
花に日和を　①486
鼻にふきこむ　③222
花にふく　③290
花に吹
　嵐も寒し　③335
　暁風残念　③119
すゑは小倉　①286
花に札　③416
花に幕　③394
花に又
　ことさらに①34, 147
花にまて　③440
花にみば　①146
花に見ば　①28
花に身を　②400
花にむかふ　①354
花にものを　⑤125
花にやどる　①335
花にゆく　⑥148
花に行
　牛飼車　③298
　女は内に　③405
　心の宿や　④130
　こ丶ろも秋　①25
　心も秋の　①144, 228
　心も秋のね　⑥87
　こ丶ろもき　④215
　道はさがし　②356
　道をもまも　①32
花によする　④154
花に世の　①255
花に四方の　①28
花によれは　③481
花に世を　③474
花に分し　①246
花盗　④230
花の跡は　⑥8
花の跡も　①101
鼻のあなや　④178
花のあふら　④187

花の飴　④283
花の雨や　⑤222
花の一字は　④217
花の色
　通り手形に　③388
　ねぐらの鳥　①275
花の色に
　おしむこそ　②345
　おしむ杜猶　①202
　杉間の月の　①238
見ゆる主の　②150
　柳こきまぜ　①340
花の色は
　俤にして
　①200, ②281
花の色も
　めでじと柴　②295
　藻屑となり　②231
花の色や　①38
花の枝
　さしも自慢
　③161, 501
　もらひやう　③256
　弓のことく　③333
花のえに　①411
花の絵の　③501
花の枝も
　君をおもへ　②386
　乱合たる　⑥46
花の枝を　②89
花のおもはん　②375
花の顔や　③117
花のかゝみ　④241
花の陰
　折ふし幕串　③397
　宿をかさす
　③174, 528
花のかに　①31
花の香に
　魚を煎る香　④170
　心つくれば　②178
　さむれば夢　②227
花の賀に　④211
花の香の
　さそふ枕は　②352
　反魂香を　④213
花の香は
　むかしの跡　②264
　昔の跡の　⑥61
花の香も
　天満神の　①208
　かへるさ送　②360
　残りし庭や　①48
花の香や
　茂りの中の　②17
　ほのぼの月　①231
花の香を
　蟹のやうに　③303
　なをしすが　①482
　嶺より送る　②128
はなの木と　①47
花の木と
　みつゝをゝ
　①152, ⑥87, 149
花の木に
　さいとりさ　③501
　もたせかけ　③502
　破れ袋の　③258
花の木の
　まさかりに　④171
　もたれて家　③146
花の木も
　狗ひんの羽　④221
　枯さうなら　③294
　きり出す杣　③221
　朽る垣ねに　②378
花の雲
　鐘は上野か　⑤128
　靡くとみれ　①387
花の梢に　①333
花の事　⑥100
花のことく　③147
花の如　①50
花の木の間に　②111
花の木間の　①234
花のこり
　郭公なく　①154
　時鳥なく　①52
花の頃　⑥85
花の比　①351
花の比は
　追風まつな　①32
　かし銀済せ　④206
　人にとはる　①470
花のさかりも　④236
鼻のさき　④172
花の咲　⑤107
花の世界　③443
花の滝
　中にあるて　①25
　中に有てふ　①144
　流れを見あ　③219
　耳にあたつ　④327
花の滝や　③62
花の種　①425
花のため　②203
花の塵は　①33
花の時　④124
花のときや　③120
花の所に　②433
花の名の
　もゝ世幾た　①25
　もゝ世幾度　①144
花のなみ　④166
花の波
　魚木に上る　④311
　かゝる貴人　③390
花の浪に　③193
花の後
　立こそむか　①308
　など入来つ　②48
花の後は
　鐘もむなし　②395
　松吹風も
　①201, ②268
花の後も　⑥6
花野の月に　①213
花の林の　②77
花の春
　一ばんに出　⑤215
　一番に出る
　③243, ⑤190
　いはふ大黒　③159
　王手飛車手　④265
　御礼の次第　④172
　風祭する　②358
　嘉例の祝言　③439
　御宝物　③380
　過て一木の　②160
　月の秋よと　①324
　とばかりみ　⑥148
　とばかり見　①21
　のきくおは　④145
　もらさぬ中　③180
花の春たつ　①362
花の春と　①143
花の春に
　あふ世嬉し　①137
　逢世うれし　①5
花の春は　①280
鼻のひくいは　③261
花の火も　④192
花のふもとは　②209
花の外の
　松まで花の　②60
　ものおもひ　①26
　物思もなし　①144
花の前　③392
花の円ゐに　①377
花のみか　②155
花のもと　③208
花の下
　此春中は　④207
　乗かけ馬の　④136
花の本　④299
花の下に
　同じく惜む　②410
　鷹すへ揚て　④162
花の本に
　立まじるべ　②222
　都の宿を　⑥16
花のもとにも　②212
花の宿に　④198
花の山
　上戸生立の　③328
　多勢の中を　③402
　よし野よく　⑤108
花の雪
　散とまがふ　②223
　踏分つゝも　②433
花の行衛　①455
花のりん　④280
花野わけ
　いたる所や①90, 174
花野分　⑥90
花野分し
　めにも珍し
　①169, ④59
　目にもめづ　⑥90
　目にも珍し　①85
花野をも　①100
花はあれど
　さびしき竹　⑥118
　人はきのふ　①202
　人は昨日の　②256
　見し友もな　①462
花はいま　④283
花は今　②80
花はいらかの　②168
はなはいはじ　①48
花はいはじ
　所もところ
　①26, ⑤163
　所も所　①145

花は雲　③272
花は是　①357
花は盛　③450
花はさくら　⑤127
花は姿　③385
花は散　③106
花は猶も　①30
花はながれの　①240
花はなくとも　②173
花々に
　こきまぜし①36, 149
花々の　①14
はなばなや　①25
花々や　①144
花々を　②85
花はねに　①449
花は根に
　嵐をかこつ　⑥27
　埋んだ桶は　③463
　かへりかへ　①33
　鐘はおのへ
　　④46, ⑥76
　敷は也けり　③442
　鳥や古巣に　⑥19
　三月や鐘に　①229
花は花
　価判金　③490
　人丸か目に　③476
　柳は遊行　③185
華ははな　④267
花は先　③316
花は森の　①47
花は雪の　①47
花はよし　①289
花ハ我カ　②100
花は我　②8
花一木
　さく野は秋
　　①26, 144, 269
　さけばいや　②267
花一つ　③475
花一時の　④78
花ひとり　①31
花独　②425
花ぶさに　④81
花ふらせ　⑥22
花前に　④261
花まちて　②281
花待て　①200
華まもれ　④259
花見衆や
　えいとうえ
　　⑤270, 293, 299
花みつゝ　①431
花見つゝ　①28
花見て暮す　②354
花見てすぐす　②403
花みては　③315
花みても　①271
はな見にと　①28
花見にと
　のぼれば近　①31
　みゆらむ比　①146
花見には
　爰を去こと　③196
　菜汁豆腐と　③525
　老若男女
　　③120, 278, ⑤258
華見には　④143
花見にも　③154
花見の中に　③201
花見の車　⑥99
花みれは
　其日の殿と　③231
　ものおもひ　④213
花みれば　②41
花見れば　②189
花聟に　③320
花むしろ
　一けんせは　③176
　一けんせば　⑤165
　一見せばや
　　③25, ⑥135
花もありて　①29
花もいさ　③213
花も今　③502
花もうし　③397
花もさくら　①34
花も桜　①148
花もさぞ　②92
花もしの　④151
花も千代の　①278
花もちらちら
　みたれ酒盛　③158
　乱さかもり　③501
花もちり
　かりねの夢　①268
　雁も声せぬ　①247
　胡蝶も見え　①393
　月にもつら　①292
花もてはやす　②104
花も根に
　梢を旅の　①27, 146
　まきの葉し　②220
花も春の　①480
花も春も　①303
花も久しき　④87
花も人も　①457
鼻もひぬ　③335
花も火を　④277
花紅葉
　風の心ちと　③428
　たえまは雪
　　①121, 188
　ひかし三十　③360
　風便にまか　④269
　見なれぬ鳥　③350
　わすれつ木　①67
花もむべ　①211
花も柳も　②139
花もよし　①376
花も世を　②91
花守の　①467
花守は　②45
花守も
　明日を頼ぬ　①366
　あるかなき　①461
花や青根の　②199
花やあらぬ　②141
花やおもふ　①34
花やかな　④279
花やかに
　立る社の　③157
　出たては男　③400
花やさかぬ　①428
花やさましゝ　②109
花やちる　②73
花柳　③411
花やふらす　③105
花や降し　⑤111
花山の　⑤98
花や皆
　春宵一刻
　　③118, ⑤165
花や世に　④88
華や世に　②319
花やりし　③377
花故と　②235
花ゆへに　①447
花よ花よ　④331
花よ葉よ　①49
花嫁か　③444
花娵つはりの　③434
花よめや　③98
花嫁や　③234
花より急ぐ　②20
花より後の　①443
花よりも
　あだし心を　②289
　此いとしひ　③326
　人の世はや　①38
　もろき涙の　①467
はなるゝきはゝ　④88
はなれ行　②44
離れ鶏や　⑥11
離れかね　③206
はなれきりたる　④219
はなれ駒　④166
はなれ住　②63
離れたる　①293
離つる　②178
はなれぬものゝ　②23
はなれねど　⑤218
離もやらぬ　⑥50
花若は　④236
はなを急ぐ　①26
花をいそぐ　①145
花を植ぬ　①330
鼻をかむより　③205
花をこゝろの　③232
花をこの野の　①426
花をさす　④262
鼻をすり　④252
花をたづねて　①239
花をたゞ　②390
花をちらして　③402
花をつむ　②290
花を呑　④308
華をのみ　④281
花をばめでじ　②416
花をふむ　⑤263
花をふんて
　おなしく惜　③218
　おなしく麒　③334
　勿体なしや　④175
花を踏て　③383
花を踏で
　跡へんもな　③93
　昨日はじだ　③425
華を踏て　③493
花をまつ　①32
花を見つ　④146
華をやる　④262
花をやれ　③29

花を世に　①211
花をわが　②27
はにふの小屋て　③301
はにふの小屋の　②62
歯ぬけ成とも　③439
はねうちかはし　①269
羽がきも　①373
羽かく鴫や　②11
はねかけて　③258
羽がはへ　④293
はね題目の　③311
羽たれてねし　②103
はねちらす　④276
はねつくつくと　③185
はねつるべにて　⑤106
はねよはき　②343
羽をよはみ　①241
歯のうつき　③436
巴の字の跡を　①383
歯の根迄　③504
羽の林にも　①476
婆々が取あげて　⑤98
はゞかりな　③256
憚りなから　④134
柞の色も　①338
母とよふ　④144
葉ははらりさん　③285
はゝひろの　③374
はゝより先に　③480
葉広がしはに　④88
羽吹出る　①345
はぶきて落る　②417
はふてこふらを　③347
はふり子が　②343
祝子の
　井垣の内外　①361
　袂の雪の　②168
祝子も　①291
はふり子もなき　①428
歯骨こそ　③451
はま荻の　①170
浜荻の
　音信来ぬる　③224
　音づれまね　①85
浜荻や
　いまはた声　①119
　今はた声の
　①186, ②373
浜風に　③333
はま風の　①283
蛤一種の　③311
蛤貝を　③270
蛤に　③189
蛤も　③291
蛤を
　磯立ならし　④207
　にしりあか　③238
はま芝居　③527
浜路行
　八百日もみ
　①145, 411
　八百日も見　①27
はまちどり　④13
浜衛　②129
浜づたひゆく　②383
はまづとは
　出されぬ華
　⑥128, 153
浜名の橋に　④234
浜名の橋の　②162
浜のまさこの　③218
浜の真砂に　③454
はまの真砂の　④222
浜の真砂も
　我をおりに　③524
　はくちなり　③510
　はくち成け　③153
浜扉　③317
浜疵　③149
浜松の
　名にこそと①66, 161
浜松も　①73
浜松や　⑤77
はま矢をみれは　④156
破魔弓の　③480
はみよりし　①324
刃物につらぬく　③493
はや秋深き　①392
はやあつかひも
　ならぬかね
　③366, 533
はやあり明の　②343
はやいれ爰へ　③449
はやうらがれて　②146
はやうら枯の　①347
早裏枯を　①402
はや風冴る　②70
はやかたぶくや　②199
早合点な　③381
はや鐘を　③163
早川や　①478
早川を　④169
はやき瀬なれや　④115
はやきぬきぬに　④310
速より旅の　②３
はやく住　①342
はやくのともに　②77
はやく見し
　秋しのばる　⑥117
　そよそれな
　①103, ①178
早く結びし　②311
はやくも過る　②198
はやくも春の　②225
はやくも春は　①451
早くもわたる　①216
はや木高かれ　④173
はやし隠に　①408
はやしがくれは　⑥118
はやしこそ　①67
林にあそふ　③456
林のうちの　①230
はやし物して　③325
林より　①104
はやすゞしかれ　①426
はや涼しかれ　②178
はや煤はきに　③234
早瀬もしるく　①272
はやせやとんと　③243
はやせやとんど
　とんどやと
　⑤191, 215
早田色づく　①490
早田刈つゝ　①355
早田刈にと　④107
早田刈　①424
早田刈べき　②227
早田のさなへ　②274
早田一方　②111
早田守
　かりほの庵　②408
　床もあらは　②103
早田より　②230
早田よりまづ　②266
早田より先　②187
早田をいそぐ　①460
はやつくり　③332
はやとも綱を　③365
はや長月の　①265
はやなきあとぞ　②322
はや鳴すがる　②132
はや七日　④164
早縄に　③451
はやはつ霜の　②61
はやはつ雪を　①444
早飛脚　③393
はや飛脚
　舟と陸との　③343
　山又山に　③257
早飛脚
　花の都へ　③318
　武州をさし　④180
はやひぢ米を　④268
はや一夏も　②298
はや更過る　③444
はや舟に　①173
はや船に
　のれとや月
　①90, ④56
早舟に　④54
はやふりはてゝ　④140
早米や　④284
は山しげ山　④306
はやめしすきの　③261
はやり医者成　③329
はやり医師に　③192
はやりくすしも　③230
はやり出ならは　③433
はやり出の　③469
はやるとて　④337
はやうよみたい　③489
羽よはき蝶の　①333
はらひ入　②77
はらひかね　①342
はらひ兼たる　③447
はらひすてたる　①488
払ひぞあへぬ　①399
はらひ散つる　②52
払ひては　②182
はらひもやらぬ　②412
はらひわびぬる　②360
はらふ跡なき　②83
はらふ袖に　①309
はらふ袂に　②183
はらふにあかぬ　①289
はらふにも　②321
払ふにも　②10
はらふべき　⑥66
はらへすてしや　①445
はらへすてたる　①413
はらへどかゝる　②241
腹赤の贄を　①292
腹がへつたら　④288
はらからと　②41

はらからの　②78
兄弟の　①238
同腹も　②278
腹たゝき　③222
はら立と　④236
腹にたゝるや　④184
はらはらと
　落栗落椎　③246
　風にや露の　①396
　木のは衣に　③503
　木葉天狗の　③159
　晴行空の　③474
　松葉槙の葉　③211
はらはら鳥も　④246
はらはらの　③153
腹ふくれたる　③379
はらますは　④189
はらまぬは　③145
はらみぬる　③262
はらむわか子の　④143
はらやこほるゝ　③410
はらやには　④241
はらやをも　④241
腸の　③271
はらはたを　②19
はらはでしげき　②223
払はで袖は　①380
はらはぬは
　心の色の　①113, 183
払はぬは　②27
はらはぬまゝに　②343
はらはぬまゝの　②191
はらはねば
　草のみ高く　②119
　心のまゝに　①232
　塵のみつも　①411
　道もなきま　①453
　雪もおも荷　①298
腹をたちやるな　③437
はらんたと　③433
はり合もなき　④271
はり合や　④157
はり上て　④190
張子の猫か　③455
針先の　③407
はり出しを　④185
張立る　③381
はりぬきの　④204
張ぬきの　③452
張貫の　④147
はりまか軒に　③375
はり枕　④271
はりまなけにて　③305
はりま灘風　④282
針を一本　③399
春秋いづら　①252
春秋と　③137
春秋に
　つきずも有
　　①190, 493
　尽ずもある　①123
春秋の
　けしきを詩　②322
　賎のしわざ　②226
　中垣ひさし　①113
　中垣久し　①183
　中にことな　①210
春秋は　①464
春秋や
　朽葉にのこ　①114
　朽葉に残す　①183
　里の前田に　②195
春浅き　①216
春あらき　①356
春あらば　⑤108
春一時を　③476
春いはふ　①292
春おしむ
　其数ならぬ　①433
　夕日はしば　①245
春惜む　②95
春がすみ
　屋根より下　③113
　老母のかた　⑤211
春霞
　けふは去者　④289
　立居につけ　③417
　たちにけら
　　④69, ⑥161
　たつや弥生
　　②282, ⑤75
　つくる東の
　　③18, ③172, ④52
　欲のひつは　④294
　老母のかた
　　③242, ⑤187
春風誘ふ　④176
はる風さはぐ　②274
春風さはぐ
　すゞのしの　②240
　野べの村柴　②294
はるかぜに　③271
春風に
　駒や行々　②145
　滝の白浪　①207
　花も海棠　⑥130
春風の
　かゝる一太　③336
　くさめする　③353
　声高々と　③318
　絶まの峰に　①360
　手勢勝て　③324
　鼻をふさひ　③341
春風は
　かさめのこ　③321
　なごやかな　①46
春風はげし　②101
春風も
　香やさゝげ　①14
　烈しき虎の　⑥19
春風や
　匂ふらん　③458
　屏風とばり　①355
　離別河辺に　④243
春風ゆるき　①208
春風よ　⑤78
春風を　③239
はるかなる
　門出や猶も　①315
　からかね鍋　④187
　唐茶も秋の
　　③51, ⑤4, 11,
　　168, 265, 268, 295
　雲ゐを袖の　①111
　雲井を袖の　①182
　唐茶も秋の
　　⑥139, 159
　ひかりまち　④24
　ひかり待出　④18
　光まち出ん　④21
　光待出ん　⑥83
　美豆のゝ里　②48
遥なる
　岡べの里も　②73
　唐茶も秋の　⑤251
　桜がもとに　②225
　其暁や　②245
　田面の末に　②317
　野べより野　②11
　八重の汐路　③333
杳なる
　井関に波や　①380
　海見渡ば　②197
　野を分くら　①390
　峰越来ての　⑥9
はるかに出て　②166
はるかにおつる　②43
はるかにおろす　①414
遥にきく　③463
はるかにきぬる　①243
はるかに人家　③318
はるかに末は　①310
はるかにてらせ　④224
はるかにも
　明はなれ行　①289
　思入ぬる　①411
　末白川の　②360
　ひゞくや那　①322
　麓のかたの　②419
遥にも
　明はなれた　②223
　斎宮を　①473
　入ぬる磯の　①318
　暮渡りたる　①297
　鋤わたした　④83
はるかの谷へ　④308
春来てぞ　①133
春来ての　①46
春来ても　①20
春きぬと　⑥162
春草や　①248
春草を　⑥71
はるけき方に　②50
はるけき国の　①292
春こそ空に
　かへる宿老　③154
　きたる宿老　③498
春ことさらの　②307
春ごとに　②350
春毎に　③332
春毎にしも　①387
春駒の
　いしべの跡　⑤74
　すそあくる　④139
春駒を　①367
春さへさびし　⑥22
春さへ過る　②300
春さへ軒に　③146
春さへ侘し　②144
春崎の　③318
春寒き
　尾上おろし　①247
　鳥羽山本は　⑥41
　山下わらび　②228

雪に暮たる　②127
春寒し　⑥101
春雨そゝき　①357
春雨たひたひ　③342
春雨に
かたわれ小　②4
二文が物あ　③437
濡つゝそ行　③181
古下踏ばけ　④291
山の雫や　①225
春雨の
あまねくい　①441
うきもうれ
①24, ⑤79
うきも嬉し　①144
さびしき比　②80
そゝき捨た　⑥48
空閑にも　④91
残りやしぐ　①112
降込計　③331
ふりにふつ　④261
ふるかたを　②34
布留の杉枝　③291
ふるは涙か　④233
養ひむすこ　④248
春雨残る　②359
春雨は　⑥17
春雨はるゝ　③163
春雨も
かくこそ晴　①136
けふはまぎ①24, 143
春雨や
車の前輪　③349
しよんぼり　⑤74
すはかくれ
③96, ⑥168
山本遠く　①237
春雨を　④154
春されば
おりたつ田　①446
吹も嵐や　①380
春したふ　②375
春過て　②76
春ぞ名残　⑤102
春立しなに
袈裟を忘た　③521
袈裟を忘れ　③520
春たつ雀　③254
春たつと　③471
春立と　②411
春たてば　①7
春だに侘し
とづる草の　④118
蓬生の奥　④122
春近からし　②327
春ちかき　①194
春近き
鶯さそふ　④231
心のはなの　①134
春ちかし　①192
春近し
千世万よし　③139
問こゝろ見　①130
春ちかみ　⑥38
春告がほに　⑥7
春としも　②31
春とだに　②274
春と告て　①7
春とのみ
ながめしこ
①163, ④65
ながめし事　①71
春ながら
をく霜ふか　②8
外面の小野　②186
空に寒たる　①243
つれづれな　②41
はげしくも　②345
羽寒げにも　②201
春夏過て
秋風の音
①199, ②119
春ならで
まつ事もな　④32
待事もなし
①131, ④34, ⑥84
春ならぬ　⑥85
春なれや
大内山の　③405
このねぬる　②395
春にあかぬ　②318
春に明て　①8
春にあやしや　①307
春にあはん
身にやおし　①193
身にや惜ま　①131
春に逢ん　①132
春に今　④88
春にうきし　①45
春にをくるゝ　⑥41
春にかすめる　①442
春にかわらぬ　②201
春に聞
はつねぞ初　①44
初音ぞ初音　①152
春にけふの　①5
春に今日の　①138
春にくむ　④283
春に誰　④277
はるにつれ　①4
春につれ　①137
春に猶　①311
春に名残の　②117
春になれぬる　②407
春ににぎはふ　①366
春にゝたる　①182
春に似たる　①111
春に長閑けき　①208
春にはつ音を　②166
春に花　①225
春にはらまき　④257
春にむかへる　②392
春にもれぬ
しるしや谷①41, 150
春にわかれし　①424
春に分行　②25
春年々　⑤127
春の朝の　①490
春のあしたの　②135
春の雨
落くる小田　④95
玉にも食は　⑤98
春の雨きく　②350
春の雨を　④249
春のあらしや　③304
春の市立　④158
春の色に
名もしらぬ①43, 151
春の色の　①44
春の色は　①7
春の色や
おもふに過　①7
空よりこぼ　①210
千々のこと　①10
千々の詞の　①139
春の色を　①45
春の海辺　③105
春の海辺に
惜む夕景　①220
かみこ切ぬ　③375
春の海べの　①237
春のおまへは　①460
春の風
所帯まかせ　⑤98
古道具みせ　④199
春の季は　③201
春の木は　①18
春の季や　④150
春のけふ　①9
春の興にも　③203
春のきる　①208
春の来る　④99
春の暮　④239
春の気色　④173
春の煙と　②189
春の木の間の　④110
春の比　①360
春のしらべに　①261
春のしるしを
見する日の
①342, 493
春の神事に　③170
春の過も　②150
春の月　③290
春の出舟を　③201
春の手みやげ　④286
春の詠に
打出の浜②157, ⑥36
春の野かけに　③162
春の残りぞ　①259
春の野寺の　②184
春の野に
扨も今日　③389
立こそ出れ　①470
何よけんけ
③40, ⑥137
春の野の　①306
春の野も　①17
春の野や　⑥22
春の野山を　②59
春のはじめ
貴方にむか
⑤67, ⑥136
春の花　①336
春の花は　①96
春の日をしく　④141
春の光に　①426
春のひかりの
うつる山か　①409
くらし谷の　②84
春のひかりは　①272
春の日に
から尻馬の　③275
上戸の祈る　④318

春の日の
　永々しくも　④336
　光をくはつ　③432
春のひはりに　④271
春の日も　①242
春の日や
　あふげばい　⑤77
　五つに出て　⑤74
　名残のうら　④194
　めぐむ深山　②401
春の部の　③205
春の枕に　①231
春の枕の　①323
春の砌の　①426
春の水
　青きあたり　②199
　漲るところ　③357
春の水関　①209
春の水に
　こゝろ行た　①43
　心行たる　①151
春の宮井に　①475
春の物とて　②195
春の山　④5
春の山路を　②327
春の山辺に　④275
春の夕くれ　④147
春の夕卦も　③239
春の雪　④113
春の雪や　⑤64
春の行衛も　③354
春の行衛を　①268
春のゆくも　⑤101
春の行も
　しらざりし　⑤103
　知ざりし身　①42
春の遊山の　③307
春の夜明る　①311
春の夜に　④161
春のよの
　明はなれぬ　②28
　価千金　④196
　月と花との　①221
　わかれは月　①488
春の夜の
　月に村雲　③194
　灯細く　①271
　闇はあやな
　　③157, 499, 505
　やみはあや　⑤247
　夢路別るゝ　①381
春の夜能に　④277
春の夜も　③165
春の夜もやゝ　②227
春の夜や　①479
春のわかれは　⑥14
春の別を　④116
春はあらしの　②341
春は幾日の　②283
春はおたつね　③502
春はかはらで　①334
春はきぬ
　何いそぐら　①193
　浪人なれど　⑤207
　牢人なれと　③241
春は来ぬ
　何いそぐら　①131
　浪人なれど　⑤183
春は昨日の　①276
春は過ぬ　①42
春は菫　①210
春は立ぬ　⑥152
春は猶
　ありとやこ　①35
　有とや爰に　①148
春は根に　①216
春は花
　秋は栄て　③346
　梔の比は　③280
春は花の　①15
春は春なる
　古宮の内②263, ⑥61
春はまことに　①275
春は又
　かすみもて　①15
　霞もてゆふ　①141
春はまだ　①387
春は宮古
　秋は嵯峨の　⑥151
春は身を　②99
春は世に　④87
はるばるきつゝ
　都恋しも　①317
　宮古ゆかし　②270
はるばる来ぬる　③419
はるはるくたる　④140
はるはると　③367
はるばると
　打見渡しの　①247
　おもひ入江　⑥74
　霞むあさけ　②65
　木曽路たど　②349
　きては都を　①310
　雲まも袖の　⑥88
　越こし跡の　②415
　越来し山に　⑥27
　詠やらるゝ　④131
　なぎし南の　①491
　灘のしき波　②433
　波はなぎた　①305
　舟漕さりし　①450
　舟漕波の　①232
　又うつさる　②122
　道分がたき　②55
　ゆくゑ冷じ　②292
　行衛もも跡　②149
　夜道をかけ　①375
　分こし道の　②366
遥々と　②387
杳々と
　木曽路の方　①397
　松浦の磯を　④108
　山越のこし　②133
杳々の　①356
はるばるゆけば　①348
はるばるよせて　②19
春日かゝやく　④198
春日影
　流石名を得　③333
　聖衆来迎す　③489
春日しづかに　②284
春日とも　①132
春ふかき
　井手の玉川　④296
　小田の水口　①467
　緑の洞は　②230
春深み　②234
春吹風に　②196
春ふく風や　②55
春またで　⑥40
春まちあへぬ　①217
春まつ年の　①273
春迄あさる　①396
春まて作る　③170
春までも　①286
春めく門の　①434
春もいくかの　①432
春もおしまじ　②125
春もけふ
　みやこを旅　①42
　別はおしき　⑤45
春も今日　①151
春もくるれば　①363
春も暮ぬと　②237
春もこれへ　③31
春もさびしき
　奥の薮原　⑥19
　古寺の門　①288
春も初段の　③315
春も過ぬる　②412
春も杉間の　①283
春も過行　②230
春も関屋に　⑥9
春もたちぬる　④143
春もつきぬと　②346
春も猶　①270
春もながれて　②378
春も名残の　④235
春もはへなき　②68
春もはげしき　②92
春も伯瀬の　②395
春もはや
　一河の流の　③305
　夕の寺は　②162
春もひゞきは　⑥37
春も又　①390
春もまだ　①312
春もや霧の　②111
春も山べは　②9
春も芳野は　②270
春も夜の　⑤126
春やあらぬ
　さめぬや去①43, 151,
　　②279, ④28, 40
春やくる　⑥162
春や奏す　⑤125
春やとき
　花やをそら　⑥162
　礼やをそし　③60
春や猶　⑥10
春山里も　③440
春や先
　貴方にむか
　　③32, ⑥136
　貴方に向て　⑤164
春山ちかき　①406
春山ちかし　⑥102
春山は　⑤81
春山や　③269
春やむかし　④282
春やむかしの
　鍛冶の上作　③369
　昨日の空　③173
　ながめをぞ　①494

はやり傾城　④232
春ゆくかたの　②216
春行川に　①388
春ゆく川の　②347
春行川の
水の遠近　①203
水早きすゑ　②311
春よ秋よと　①332
春よ唯　③453
春より後の
そのふさび　②47
蝶のあはれ　①446
春よりも　②23
はるゝ跡より　②362
はるゝ岡辺の　②12
晴る心の　④100
はるゝと見しも　⑥15
はるゝに波の　①295
はるゝは頭痛　④140
はるゝ日や　①73
はるゝ舞台の　④175
晴る夜の　①239
晴るより　②413
春をあはれむ　②260
春をいそぐ　①132
春をいたむ事　③483
春を今
源左衛門か　④220
待むかへつ　②11
春をいはふ
数々やまづ　①6
数々や先　①138
春をうかぶる　②390
春をうる　②43
春をえまたて　④206
春をおしみ　①276
春をおもへば　④116
春をかなしぶ　②400
春をけふ　①6
春を此　②403
春をしたひて　②142
春をつくすや　②181
春を問よる　⑥29
春を日の　⑤105
春をふりすて　①382
春をふる　①448
春を待　①126
春をまつらし　②156
春をむかふる　①489
春をよそげに　①365
はれくもりたる　①429
霽くもるらし　②32
晴初る　②52
はれ尽したる　②208
晴尽しぬる　①321
はれてもむすぶ　①213
はれてを行ん　②270
はれにけり　⑥41
晴にける　②212
はれの連歌に　③516
晴間有けり　①263
はれまさへ　②70
はれまなく　②385
晴ま見えたる　②249
晴まもさらに　①314
晴間も見えぬ　①227
はれものゝ　④181
はれ物の　③170
晴やらぬ　①384
はれやれやれ　③330
はれ行雨の　③235
晴行雨の　①240
晴ゆくすまの　②81
はれ渡りたる　②239
晴わたりたる　②100
はれわたる　①316
晴わたる
跡さりげな　①271
十市の里の　①311
葉分ほのかに　①292
葉をしげみ　②199
羽を垂て　②380
葉を八重に　⑤110
葉をわかみ　②16
晩かたに　③290
半季居は　⑥102
半吉なりと　③154
半季に弐枚　③373
板木にも　③17
板木彫　⑤250
判金結を　③321
半かうそりの　④148
番小屋を　③421
反魂丹と　④158
万事うちはに　③464
万事捨よの　⑥101
万事寸白の　④168
万事は御免　③231
万事無心と　④231
播州高砂　③471
幡州高砂　③525
番衆の　③368
半畳うすへり　④212
半畳に　③386
盤上に　③481
半畳を　③296
番所の夢を　③272
万事世や　③67
番太かならす　④281
半道あなたの　③382
半道に　③411
坂東者や
強気なるら
③205, 529
盤得か　④165
番祢宜も　⑤126
晩の泊りは　③461
万民の　③453
万民申す　⑥163
番屋の軒に　③233
万里の空は　④280
万霊も　③227

【ひ】

日脚さへ
廻るか遅し
③19, ④53
日あたりを　③145
火あやうしの声　③278
ひいきの目には　③366
秀るは　①8
引て来た　③367
ひいでたる　③9
引て見る　③353
びいどろに　④277
びいとろも　③231
燧つけ竹　③341
火打の石の
床に起ふし
③184, ⑤277
火打の石を　③188
火打箱　④181
火うち袋の　③307
比叡山　④247
ひえ坂来るは　③155
比叡坂来るは　③508
比叡坂本の　③409
ひえぬれは　④142
比えのねを　①72
ひえの山　④165
冷々として　③413
日撰しつゝも　⑥53
日覆も　④175
ひがいすなから　④271
ひかふる袖も　①407
ひかふると　②116
ひかへたる　④175
日影いざよふ
末の砂地　①418
深草の山　①403
日影さす　①303
日影にけぶる
霜の真砂地　②247
真砂地の霜　①216
日影にこもる　①349
日影にさやぐ　①331
日かげにそゝく　④78
日影に雪の
消間そふ比
②262, ⑥60
日かけのとけき　③151
日影はおちの　②356
日影待つゝ　①312
日かげめづらし　②389
日かげもうとき　②231
日影もうとき
竹の柴垣　①334
山あひの道　②180
山のかたは　②286
日影もしづむ　②370
日影もとめて　②47
日影ももらず　①282
日加減を　⑤126
ひがしにむかふ　②203
東にむかふ　⑥4
ひかしは四条　③444
東へ向ひては　③384
東山　③411
東山から　③509
東山に　④193
東山より　③231
東より　③32
ひかしより来て　③339
日数ふりぬる　①443
日数ふる
旅おどろか
①111, 182
日数へし　⑥53
日数へて　①241
日数をつくす　①296
ひかせてやらん　③426
ひがたき袖の　①308
干潟にしるき　②52
干潟に遠き　②229

干潟に成て　①256
干潟もやがて　①350
ひかぬいとまに　①418
ひかはなひかて　③207
干鮞いつれ　③345
ひがめる親に　①485
ひがめるは　②361
光ある　②178
光有　③512
光りあれ　⑤129
ひかりいざよふ
　遠の山もと　②287
　川顔の里　①378
　千町田の原　⑥15
ひかり霞まず　②318
ひかりかすめる　①226
光かたぶく　④111
ひかりさへ　②88
光さへ　②25
ひかりさしそふ　⑥57
ひかりさす
　岩ねの氷　②366
　太谷の氷　②422
光さす
　あたりやき　②61
　軒端の雪の　①360
光さやけき　①215
光すくなき　②247
光そふ　②151
ひかり猶　⑤100
光なき　①95
光なを　①97
ひかりはうすき　①314
光は空に　③354
ひかりほのめく
　末の山合　②52
　軒のむら竹　②10
ひかりみぬ　①295
ひかりめく　④265
ひかりもうとき
　陰のさゝの　①311
　苫茨の前　①352
ひかりも消て　②146
光も寒き　①217
ひかりもさゆる　②79
光源氏　③195
ひかる源氏の　③202
光源氏の　③399
ひかる源文字　④291
光る灯心　④206
ひかると君を　④140
ひかるゝを
　をのが春な
　　①11, ①139
彼岸桜　③129
彼岸桜も　③513
彼岸さくらや　③278
彼岸の御斎　④270
ひがん参りに　⑤211
彼岸まいりに　⑤187
彼岸参りに　③242
彼岸まふては　③213
引網の　①355
引出る　③290
ひき出は　④160
引植し
　沢田の苗の　①279
　所はいづこ　①402
引おひの　③407
引かくす　②289
引かくる　①295
引かこふ　②88
引風に　③311
引きせぬ　③221
引きるとても　②342
引こむる　②59
引篭て　③507
引篭りしも　②419
引こもりつゝ　①368
引こもる　②63
引篭る　②403
引こもれるは　②89
引さき紙　③342
引さす琴を　②274
引塩に
　さゝれての　④197
　洲崎はなる　②212
引汐に　①370
引しめて　④284
ひきすぐる　②430
引すつる
　刈田の原の　①334
　雲かとまが　②345
　虹も夕日も　①421
引捨し　④111
曳すてし　①289
曳捨し　①268
引捨て　⑥57
引炭の　③338
引そめて　①11
引たふし迄　③189
引たかへては　③413
引たつる　③333
引立る　④211
引立見れは　④181
引ちきりたや　③504
引付の　③264
引つゝけ
　三盃のふて
　　③155, 510
引て入　③222
引て祝ふ　①11
引て霞や　③307
引出物に　③313
曳とぢし　①283
引とぢつゝも　①416
引閉にける　①362
引とづる
　苔の戸ざし　②331
　苫屋の窓の　②266
引閉る　②420
引とゞめしは　②48
引とゞめぬる　①236
引取網の　①299
引のぼる
　綱手寒けき　②387
　舟の綱手や　②76
　船ははるけ　②243
引はかれたる　④216
引々流る　④90
引々に
　を沢の水や　②209
　ながれ音そ　①436
引舟は　①333
引ほとく　④285
引幕は　③341
引幕や
　釘貫松茸　⑥130, 156
引まはす　④154
引結ふ　④298
引物も　③323
飛脚一人　③406
飛脚はいそく　④212
引ゆひし　①416
比興けに　③323
比興至極や　③483
引よせかほの　③206
ひきわかれぬる　②82
引渡す　③312
引息つよき　③309
引石の縄　④161
引牛の　③294
引風の　③197
引方おほき　⑥35
引方遠き　①281
引沓も　②108
ひく琴の　②166
引琴の
　声に思ひの　①244
　しらべにか　②289
　ねもうらむ　①411
曳駒に　②168
引潮に　②313
引汐の　②65
ひくしめ縄も　①291
引三線は　④201
ひくしやみせんも
　③272
非公事を何と　④160
ひく袖に　②78
引袖に　④278
引綱に　②365
引手あまたの　④230
引とても　④140
比丘尼か手箱　④146
比丘比丘尼　③204
引琵琶の音に　③501
引舟長の　④81
日くらし硯に　④247
日ぐらしなきて　②80
日ぐらしに
　からんやど　①444
　増てさびし　②41
ひぐらしの
　こゑはさや　②335
　告るもしら　①76
日ぐらしの
　声するかた　②45
　告るもしら　①170
　鳴夕かげの　②15
　なけばたも　①460
　ほのめき出　②305
日晩の
　鳴声きけば　①226
　鳴夕景に　①263
日暮しの　①312
蜩の　④236
日ぐらしの啼　②382
日ぐらしの音も　①345
日晩も　①76
晩蝉も　②62
ひぐらしや　①76
日暮れは　④235
日暮れば　①484

引をうしと　①353
引をうしとや　②281
美景によりし　④136
火消し衆　③337
火消衆　④288
火けしの番に　④258
ひけば涙も　①388
髭吹て　④145
卑下まんをする　③178
引物一本　③322
ひけらかしぬる　④218
肥後からこそ　⑤227
彦七に　③459
日ごとに音も　⑥93
火事よと　③168
彦の山々　③215
ひこばへの　②366
彦星に　⑥46
彦星の　②364
ひこ星や　②430
ひころのうらみ　④187
日比ふる　①454
日比経しは　②414
火さへともせば　③187
膝かしら　③434
久堅の
　雲井に帰　⑥96
　月をつゝま　③360
膝か流れた　③392
楸ちる　②305
楸散　①221
ひさげの水の　④262
ひさげの水も　④277
久しかれと　①81
久しき事を　①476
久しきためし　②251
久しきひとに　③528
久しき人に
　あふもむつ　③216
　大坂の浜　④155
久しくなりぬ
　うとん商売　④200
　里住のほど　①474
　岑の松杉　①432
久しくも
　あがめ置ぬ　②305
　寝覚おぼゆ　④114
久しうひとり　③330
飛札の旨　③438
久にみん　①190
久に見ん
　雪もはつ雪
　　①123, ⑥83
膝の上に　③376
膝のさら　③262
久々吉野に　③397
膝ふし際に　④198
膝ぶしや　④295
膝枕　③465
ひさやひとんす　③318
膝を直する　④206
膝をならふは　③185
菱垣の　③386
ひしき物にぞ　②391
菱のわか葉に　③268
ひち枕　③450
柄杓のさきに　④286
柄杓より　④181
びしやびしやと　④281
毘沙門小手に　④258
毘沙門まいり　④277
ひしりは則　③340
聖をも　②189
肱をたちぬる　④188
ひぢをまくらに　②406
美人のすかた　③224
ひすへしひすへし
　③279
秘する巻　④270
ひつんたる　④203
肥前瘡　③429
肥前の秋に　③345
秘蔵する
　徳利の尻に　④160
　若衆を人に　④139
秘蔵の梅の　④293
ひそかにひらく　①322
額の際に　③431
日高くは　⑤257
日たけても　③249
ひたすらに
　袖や涙の　①287
　憑むべきこ　①226
　後の生を　①344
一向に入　⑥18
ひたすらの　①447
一向の　⑥13
飛騨たくみ　④208
常陸野に
　咲やてるて
　　③22, ⑥134
ひたち野や　③22
ひたと挽　④143
引板はへし　②273
左にあたつて　③461
左に糸ほと　③466
左にて　③493
左みぎなる　①457
ひたり右へ　③405
左八つ　③52
ひたるい外は　③481
ひたるさに　④271
ひたるさや　③230
飛鳥のかけり　③482
ひつからげ
　九郎や片荷③93, 366
ひつからげ行　④298
ひつくりさする　④301
ひつくりと
　驚れぬる　③346
　話ぬる　③275
ひつくんて
　馬より落て　③517
　名乗中にも　④195
櫃こそ下れ　③475
ひつこみて　④303
引こみて　④289
引さきもとひて　④212
ひつしとあたる　③458
ひつしの車　③445
羊の車　③531
ひつそりと　④138
筆談に　④303
筆道の　④252
櫃のふたを　④230
日づらをしなべ　①317
秀郷の　③200
秀平か　④188
秀吉の御機嫌　③453
日てりのさゝけ　③502
人あきひとの　④212
一あしちかへは　③246
人あつく　①134
人厚く　①195
人淳く　②369
人あつめする　③213
人跡たゆる　②306
人跡まれの　②225
人有けり
　伊勢物がた
　　③101, ⑥156
人有と　②181
一いきつつと　④253
一いきに　③235
一異見　④303
人いさむ　①57
人いづら　①54
一いのり　④270
ひとい二日は　③147
一うちの　④195
人うとき　①382
一枝の　④300
一枝は　④154
ひとへのひとへの
　④313
一日の日　③335
ひとへはや　⑤126
人音に
　川橋たかし　①90
　川橋高し　①174
人音も
　しづまる道　①336
　たゑてさび　⑥41
一躍
　爰は引れぬ　③463
　はやみやこ　③477
人買の手に　③406
人帰りゆく　②53
人かへる　①300
人帰る
　跡はさびし　②381
　あとは月す　②436
　市路も秋の　②274
　おのへのあ　①316
　田づらの末　②252
　山田の原は　②403
人かへるなり　④94
人影絶し　①265
人影たえて　②208
人かげはなく　②328
人かげも　①440
人影もせず　①277
人もかげせぬ　②142
人影もせぬ　①397
一かさね　④197
一かせき
　いのちのう　④177
　おちふるゝ　③391
　もはや望み　④187
一かたに　②35
一方に
　さそふやな　②107
　つゞく野筋　②70
　鳴て集る　②248

一方にしも　④88
一かたは
　氷くだくる　②158
　時雨の雨や　②366
　外面の霧の　②178
一方は
　ある丶ま丶　①487
　垣ねをも田　①287
　きしねの水　①309
　時雨の雲や　②202
　まだ狩残す　②184
一方は成就　③415
一かたや　②18
一かたり　③386
一株を　⑤107
一構ある　③429
人香床しき　⑥96
人かよふ
　いや花かよ　⑤104
　田面の道の　②21
　谷の梯　②184
　ふもとの原　①309
　道こそなけ　④78
人通ふ　②250
人かよふ野の
　霜の村消②157，⑥34
一皮したに　④249
一木咲　②354
一木づ丶　②372
一木立　②24
人きたる　②283
一際と　①241
人くさい　③534
人くさひ　③521
人崩はし　③466
一口や　③82
人来と告る　②104
人来とて　②195
人くらひなり　④283
一狂ひ　③230
一くろみぬる　④135
人気さへ　②377
人けして　②118
人けせぬ
　冬田の夕日　⑥97
　社の奥は　②223
人気せぬ　①211
人けたえたる　②236
人気なき
　田中の月の　⑥30
　鳥居のおく　①286
人気まれなる　②154
人気稀なる　②286
人気もあらぬ　⑥3
人気も遠き　②301
人けもまれに　①466
人気もみえぬ　②126
人気も見えぬ　②95
ひとこゑに　①54
ひと声に
　思ひそめて　①52
　こ丶ろはな　①51
一声に
　天路めづら　①53
　おもひ初て　①155
　心はなきぬ　①154
一声の
　いまはかた　①54
　鐘やくまな　①487
一声は
　方分もなし　②263
　き丶も定ぬ　②109
　信田ぎつね　③39
　春かあらぬ　①250
　分方もなし　⑥61
一声も　②140
ひと声や　①54
一声や　①53
一声を　④308
人ご丶ろ　①70
人心
　花になるよ　③237
　奉行の前に　③264
人こそかよへ　②360
人こそしらぬ　③516
人こそしらね　④272
人こそ見えね　①315
人こぞりつる　②382
人こそる　③253
人こぞる　①450
ひとことい は丶　③374
人毎の　①495
一言のこして　③491
一言も　②219
人こみの　④211
人こみもたつ　③180
一盛　⑥45
一坂を
　越つ丶暮ら　②5
　越ても暮や　⑥49
　越ても末の　②365
人里に　⑤108
ひと里の虫　③466
人さらに
　若水むすぶ①5，137
人更に
　実や六月　③91，355
一しきり
　あられ音し　①455
　風に木葉や　②279
　雲にしまき　①408
一しきりせし　①327
ひとしぐれ　①110
一時雨
　これこそあ　①182
　しのぐ陰な　④112
　そのまばか　②281
　其まもなれ　①181
　露をかけた　②173
　ふりたる松　⑥16
　宿やへうた　③84
一時雨して　②303
人しげき
　ひまには門　①158
　隙には門の　①62
人しつまつて　③526
ひとしづまりて　②198
一しやくしにて　④211
人しれす　③290
人しれず
　うかれ出て　①386
　思ひも色に　①360
人しれずこそ　①276
人しれぬ
　横目の中を　③410
　我名は立て　②84
一筋しろき　①249
一筋白き　②90
一すぢに　②305
一筋に　④94
一筋の
　雲はわづか　②328
　九折なる　①266
　ながれや遠　①490
　虹は跡なく　②51
　はし板くづ　①229
　橋より末の　②314
　水のながれ
　　①467，②21
　道こそつゞ　②244
　道は隠れぬ　②358
一筋細き　②410
一筋みゆる　②192
一筋も　②162
人すだくらし　②347
人すまて　③270
人すまぬ
　庭は塵のみ　②22
　砌のうちは　②251
人住ぬ　④116
人住捨し　②111
人住る　⑥7
一すはへ　④268
人ぞゆめ　①135
人ぞ夢　①47
人ぞ夢は　①56
人たがへたる　①244
人たがへての　①276
人だかりする　⑤67
人だちうすき　③187
一太刀うらみん　③467
人立さはぐ　①383
人立は　③316
人たのめ　④262
人だのめなり　①235
一たひゑめは　③357
一度かはす　②245
一度と　②52
一度に
　そめぬぞこ　①104
　四方の花み　①336
一度の
　あふせ思へ　②314
　あふせばか　①273
　逢瀬はつら　②185
　後はあふせ　①296
一度は　①75
一度はおとろへ　③476
一度を　②115
人玉や　③384
一ちや筅
　そよや穂に
　　③128，⑤168
一つ庵　⑤95
一番ひ　⑥98
人つかい　④286
人つかふすへ　③185
一つ書　③477
ひとつ書にて　③434
一つ先　③270
ひとつ塩干　③291
人伝の　②358
人づては　①53
人伝は

この木末か①52, 154
人伝よ
さやは待こ　①154
さやは待来　①52
ひとつ涙の　①472
一つのうては　④331
一つ盃　④270
ひとつひとつ
ひろひつく　④226
ふたつ二声　③440
ひとつひよ鳥　③363
ひとつふたつ
かへりをく　②230
花よりおく　②48
真帆に舟行　①299
ひとつ二　⑥45
一二
芦間に鷺の　①245
うす霧隠　②313
尾上はるか　②325
鷺飛消る　④95
舟つなぎを　①275
人妻に　②429
ひとつ山里　③418
一つらすぐる　②207
一つらや　②368
一つらわたる　②116
一手のはたを　④225
一とをり
秋の時雨の　①287
雨ふりすさ　②345
いな葉に渡　①410
吹や野分の　②154
一通り
過て山路に　⑥11
竹に時雨し　①229
はやくもす　②284
晴行秋の　②221
一通りふる　④122
一時の　①87
一刻も　②260
一刻よ　①132
一ところには　③514
ひとゝせの
花の名残や　⑤124
花をわすれ　①100
みゆるは春　①43
一年の
春さへ暮て　②291
みゆるは春　①151
本やつとむ　⑥160
一とせも　①113
一とせを　②200
一年を　①389
人とよむ　①414
人とはで　①477
人とはゞ　④10
人なき寺の　⑥92
一夏くめる　①432
一夏毎の　①262
一夏と
篭し室や　②241
こもれる峰　①285
一夏は
出じと篭る　②421
過てもおな　②250
一夏を
ゝくるほど　②345
送る程なく　①202
送る間遠き　⑥10
一夏をしも　①470
人なみの
輪をもこえ
①70, ⑤167
輪をも越け　①162
人にいふ　④247
人に異見も　③312
人にかたるな　③171
人に聞て　③309
人にこそ　⑤109
一荷ひ　③470
人にはつけよ　④169
人にゆづるも　④115
人により　①403
人のおもて　③62
人のかよひも　②54
人のこゝろ　①152
人の心
けふすがす　①70
常にもがも①70, 162
わか葉にな　①47
人の心に　①229
人の心は　③455
人の子の
いのるよは　④6
祈るよはひ　⑤163
人の栖は　②75
人の為も　①108
人の知音を　④269
人のなさけも　④223
人の身の
消より遅し　①117
外とやは見　①32
人の目を　④305
人のものをも　④208
人のゆくゑを　⑥39
人の世は
いくらまさ　①24
風もふきあ　①115
只あやつり　③501
人の代は　③157
人の世も　⑤101
人のよや
有なし雲の　①110
あはれあな　①51
人の世や　②121
人の世を　①135
人の和なとは　④321
人はいさ
薬にきいた　④347
此淋しさを　③477
さかばとま　①141
咲ばとまた　①12
みればみし　①177
見ればみし　①100
むかしをま①85, 170
宿はまつて①79, 166
宿は待てふ　⑥89
葎が門も　①313
われは何共　④337
人は入
月は外にす　②178
ねやのうへ　②219
人は影せず　④99
一葉こそ　①280
人はこで　②251
人柱　③410
人はしらじ　②374
人はたゝ　④177
人肌に　③330
一葉ちる
木々に松こ　⑥8
宿はもちあ　⑤203
宿は餅有　③241
一葉散
跡は柳の　①391
材木山を　③332
宿は餅有　⑤180
一鉢を　③215
人はつれなく　①259
人はとひこで　⑥117
ひとはなに　①130
一花に
ひらくる千　①33
冬や事たる　①192
一花も　①31
人ばなれなる　①306
ひと葉にも　①75
一はねに　③507
一葉残らず　②357
人は皆
花にそむる　①408
ふしみの方　①364
人はむかし　①56
人はゆめ　①88
人は夢
月はうつゝ
①171, ②411
一葉をや　①75
人半分の　④305
一引ひけは　③415
人々御中　③284
人々より合　⑤273
一日一日　②422
ひと日ひと日に
秋の淋しさ　②240
かはる露霜　①317
一日二日ぞ　②116
一ひらも　①388
一ふしうたふ　③187
一ふしうとふ　④277
一ふしも出ぬ　③432
一ふしや
さゝらの竹　④147
すゞろはし　②296
一ふしを
うたひさし　⑥29
うたひ捨て　②119
諷ふ塩あひ　③248
うたふは却　③382
一筆に
思ふよそへ　②417
三くたり半　③200
一ふりの　③197
一風呂は　③380
一風呂ふいた　③328
一風呂や　③346
一奉公は　③345
火とほしの上手　③296
一巻の文　②188
一先落て　④292
ひとまたげ　③368
人待て　①414
人待ならす

袖は露けし　②263, ⑥60
人まつ暮の　②317
人まつ比の　②402
人まつころは　②334
人待比は　③387
人まつ道は　②270
人まつ虫も　②408
人まてば　②360
人まねけ　①85, 170
人まねに　①425
人まれなりし　①457
人まれに　②150
人まれにして
　ひろき野の　①433
　更る夜の道　①339
　夜も更る道　②408
人みえぬ
　竹の陰道　①491
　竹の葉山の　②388
人見えぬ
　市のかり屋　①259
　岡辺の田面　②202
　片山寺の　②229
　冬田の原に　⑥12
一村かすむ　①253
一村雲の　①377
一むら雨の
　月のこる山　②44
　軒端淋しも　①324
一村雨の
　あきのはつ　①234
　通る尺八　③257
一むら薄　④203
一村薄　①243
一むらたてる　①474
一むらちかき　①291
一村なびく　②194
一むらの
　芦の下萌　⑥3
　かよひぢ見　②209
　竹の葉そよ　②275
　竹の林の　④79
　森のこなた　②174
一村の
　かたへは雨　①294
　けぶりたな　②121
　里や川辺を　②6
　林にすだく　⑥22
　松の木の介　③250
　松や時雨に　④97
一むらは　⑥54
一村は　②59
一むらや
　竹の林の　②30
　山ぎはかけ　②131
一むら雪の　②166
人めきて　①57
人目さへ　②150
人目しのびの　④258
人目つゝみの　②230
人目なき　⑥98
人めなく　②39
人めにも　①225
人めの関は　⑥24
人めのみ　②136
人目はかれぬ　②16
人目はつらし　③465
人めまれなる　②334
人目まれなる　②170
ひとめみし　①424
人めもさらに　②388
人めを中の　①438
人めをも
　忍ぶ計に　①489
　忍ぶばかり　②319
人も影せぬ　⑥13
人もかよはぬ
　川橋の上　②198
　みよし野の　②402
人も気はらす　③151
一文字は　④157
人もたづねよ　①287
人も問来ぬ　①364
一本竹の　③216
人もなく　①227
人もみぬ　①231
人も渡さぬ　①395
一休み　③435
人やとがめん　②247
人やとゞめん　②288
一宿は　④188
一山の　③122
人やりならで　②20
人やりならぬ　②331
人やりの　②226
人ゆかぬ　⑥10
人行ぬ　⑥15
一夜からんも　②80
一夜さへ
　明しかねた　①246
　憂仮ふしの　④99
　かたしきか　②62
　行末いかに　②154
一夜酒　④268
一夜妻　④279
一夜ねぬべし　①273
一夜の夢や　②118
一夜の夢を　①453
ひと夜はなるゝ　①431
一夜一夜　②311
一夜二夜の　②297
一夜松
　いくよまつ　①55
　茂ればもゝ　①73
一夜をも　①381
ひとりあかしの　②173
ひとりある身と　②24
ひとり庵の　①482
独出つゝ　②371
独居に　⑤122
独居の　③524
ひとりゐは　③165
独居は　③505
独居も　②209
ひとりゐる　①291
独居を　⑥20
ひとり兎の　①359
ひとり起居に　②116
ひとり女の　③460
独かすめる　④77
ひとりかはかぬ　②414
独聞
　野寺の鐘は　①334
　四方の嵐は　①346
独下女　③429
ひとり小鹿や　②152
ひとり言　②390
独木ぶかき　②295
独して　①328
独すませる　②136
ひとり澄行　②361
ひとり僧　③246
ひとりたゞ　②307
独りイ　②353
ひとりたのしむ　①371
独楽む　②224
ひとり旅ねの　①402
ひとり寝がちに　④260
ひとり寝がちの　⑥61
独ねがちの　②264
ひとり寝覚に　②412
独ねさめの　③497
ひとり寝覚を　③185
独ねと　①281
独寝に　①350
独ねの
　おもひも去　④99
　思ひを月に　⑥10
　かたしき衣　①277
独寝の　④107
独ねは　①396
独ねまくら　④208
ひとりねを　②49
ひとり寝を　③213
ひとりの庵の　②30
独のみ
　沢のほとり　②349
　住は侘しき　②163
ひとりふたりを　②357
独見て　②85
ひとりみよとや　②271
独見る　②88
ひとりもつ　③251
ひとりや秋を　②52
ひとりやしらぬ　①337
独や分ん　②91
独行　②103
一料理　③245
ひとり寄そふ　①347
一わらひ　③160
一笑
　もよほす咄　③503
　催す咄　③509
人わらはれの　①336
人をかこてば　①449
人をさへ
　をしへし道　①189
　教へし道よ　①122
人を先に　①132
人をとゞむる　①290
人を待とは　⑤116
人をまつほの
　うらの小座　③166
　浦の小座敷　③500
日永きまゝの　②15
日ながさいかに　②44
ひな事に　④173
日なたに羽吹　③180
ひな鶴の　①40
ひなといへば　②354
鄙なれや　⑤109
鄙に程へて　⑥9
ひなの長路に

うらぶるゝ　②377
背子や侘ら　②266
せこをやり　①476
鄙の長路に　①402
ひなの長路の　②343
鄙の長路の　⑥15
ひなの長路を　④89
ひなのわかれに
絶ぬべき中　①326
年をふる袖　①318
ひなのわかれの　②211
ひなの別の　②223
ひなのわかれを　①263
鄙ぶる人も　①383
ひなも都も　②363
日ならべて　①13
火縄に恋を　③456
火縄のけふり　④195
日にそひて
新なるべし
①130, 192
日に添て
おふる苔地　①309
木葉散しく　①475
下より解る　①361
日に染て　⑥85
碑に松の　⑤131
日にむかふ
うきねの鳥　②145
岡べより先　①84
日に向ふ　④150
非人其外　③440
非人にかゆや　③361
ひねくりまはす　③313
終日やまず　④133
ひねり釘にも　③270
ひねり針には　③376
ひねりもくさも　④234
ひねりもくさや　③285
ひねるこよりを　③208
ひねるとこそは　④181
ひねる梵字を　③268
日の色うすし　①226
日のいろ薄み　②429
日の色の　②154
日の色は　④78
日の色も
あから柏に　①350
かげろふ方　⑥44
空に霞て　②112
ほのか也け　②421
日のうつる
かたより氷　⑥53
竹の末葉の　①486
庭の鴬　⑥55
日の移る
田面の原は　②65
山本かけて　①293
日の恩を　⑤107
日のかげさゝぬ　②165
日の影の
いたくも暑　①421
めぐるもう　②8
漸暮初る　②10
日の影は
遠の海辺の　①328
柴の庵も　①391
日の影も
あたらぬ方　②434
楢の広葉に　②192
にほひ出け　④128
匂ひ出ぬる　①239
やゝ入相の　②73
日の影や　②424
日の暮ゝ　①216
火のけは絶て　④288
日のさす方の　②294
日のさすかたは　①268
日のさすかたや　②35
日の指かたや　①398
火の手計に　③393
日の残る　②128
日の光
あまねくて　②243
山のとかげ　①330
日の光り　②58
日の御影
いたるかぎ
①43, 151, ②269
日本の
あづまより　⑥54
春共しらす　③385
日野山に　③460
日はあまねくも　②26
日は落かゝる　①359
日は雲の　⑥38
日は暮かゝる　②260
日は暮がたの　②329
日は暮ぬ
いづくに草　①250
衣かせ山　①446
火はしより　④283
日はなゝめなる　①282
日は何時そ
帰る里人　③440
はやき昼食　③184
日は西に
へだつる霞　⑥115
隔つる霞　⑤102
火はやいと　③217
桧原が上に　①398
桧原がうへの　②88
桧ばらが奥の　②318
桧原が奥の　②377
桧原かも　①381
桧ばらにあやし　②45
桧原にちかき　①318
桧原の奥の　②125
桧原の末も　④123
桧原の杉も　②55
ひばりあがる　①40
雲雀鳴　①267
雲雀の声も　③296
ひゝかすは　④135
日々河辺　③461
ひゞきくる　①297
響さへ　②158
ひゞきて寒き　①216
ひゞきにのこる　①458
ひゝきめもなき　④213
日々にうとき
ちぎりなる　①337
歎さへ社　②232
日々に香の　①13
日々にしも
やつるゝは　②54
我身の上を　②385
日々に絶ぬ
水も春行　①42, 150
日々にみる　②298
ひゝりわれたる　④150
ひふ円満に　③522
火吹竹より
秋のはつ風　③305
春かせの空　③235
ひふのよい　③404
ひまあらき　①270
隙おほき　①278
隙しげき　②429
ひましげく　②359
ひましろき　②269
ひまそひつゝも　④124
日待と申　③347
日待の朝の　③247
日待はとかく　③176
日待もうけよ　④226
日待をも　③315
ひま局　③489
隙なき内にも　③429
ひまなく小田を　①261
ひまなくも名を　③159
ひまひましろく　①277
隙見えぬまで　②143
ひまもとめ入　①241
ひまもとめばや　②317
ひまもふせがぬ　④92
ひまもる軒の　①264
隙もるや　②48
ひまをなみ　①408
隙をもらふて　③329
氷室やもりし　②216
ひめ置し　⑥9
ひめ置や　②372
ひめもすに　①456
日もあきらけき　②40
日もあたゝかに　④96
日も入逢の　②248
日も入相の
かねと太鼓　③304
鐘響く里　②162
日も入塩の　①337
日も入ぬとや　②168
日も薄色の　①396
日もうとき　①329
日もかたぶけば　④123
火も消て　①419
日も暮ぬ　①246
火もとは遠ひ　③345
日もなが雨は　①330
日もながゝれと　②147
日も永き　⑥42
日も夕景の　②409
日も夕暮の　①336
日も夕千鳥　①231
ひやうたんからから
③153
百韻すてに　③373
百韻すめる　③404
百首の歌に　④300
百姓の
かくのりも　④198
未進すませ　③312
百性の　③385
百性を　④302

百姓をやめ　④136
百戦の　③455
百出して　③484
百人与に　③470
百年の歓会　③484
百年までも　③464
百は此世に　③460
百八の　③308
百ひろ計　④229
百目する　③444
百物かたり　③234
百余年や　③487
白癩と　③165
百里はかりの　④214
百里ほど　⑤104
百六拾枚　⑤236
百六十まい　③487
日やけせし　③161
百官の名は　③315
ひやひや水を　③163
ひやゝかな　③364
冷かな　③277
ひやゝかなるは　①295
ひやゝかなれや
　岩の滴り　④107
　末の川水　④123
冷なれや
　滝なみのを　④116
　むすぶ井の　②243
ひやゝかに
　いかだの床　①340
　磯打波の　①253
　今朝より風　①249
　ならの下葉　②30
　なり行比の　①422
　松風さそふ　①215
冷かに　①375
冷に　⑥96
冷やかに　②161
ひやゝかになる　④94
冷るから　⑤99
病気ては　④242
表具に付る　③367
表具のきれに　③473
兵庫衆　⑥74
病後そろそろ　④307
病後の身持　⑤99
ひやうしかあふた　③362
拍子とりて　④226
病症や　④293
病証を　④324
瓢箪あくる　④163
瓢箪て　③399
瓢箪の
　数も満たり　⑤117
　口からとて　④152
へうたん一つ　④194
病中なれは　③431
病中は　③312
病中ゆへに　④242
日傭賃　④212
平等に
　わたせる橋　③10, ⑤287
日用取　④299
病人の
　かすみとき　④225
　枕にいたく　④310
屏風しなじな　①441
ひようふつと　③304
屏風にかよふ　②189
屏風には　④219
屏風のかくれ　②312
屏風のそはへ　③299
屏風のよそは　②5
屏風はりとて　④273
屏風をゆらり　③345
兵法に　④219
兵法の
　極意やのこ　④226
　執行に出ん　③315
　道におゐて　③336
兵法は
　仮初なから　③326
　魔法にはや　③463
兵法を　④208
俵物の　③440
兵粮つめに　③325
比翼功して　③484
ひよくの契　③249
比翼の鳥を　③428
比翼の中も　④242
ひよこなかする　③488
日吉の影を　①266
ひよつと出たる　④300
ひよつと飛脚に　③158
ひよつとむせたる　③368
鵯も　③422
鵯や　⑥22
ひよひよの子を　③216
ひよんな事ある　④185
へよんな事する　④196
ひら岡へ　④193
牧方の　③204
ひらかはや　③387
ひらき出る　①326
ひらき出たる　①496
開きいでたる　①212
ひらき置つゝ　④111
ひらき置　①305
開き置　①211
ひらきつゝ　⑥11
ひらきてむかふ　④87
ひらきぬる　②241
ひらく懐紙の　③301
ひらく切手の　③269
開こそ　③147
ひらく双子に　②66
ひらく双紙の　⑥17
ひらく扉に
　うつる日の　②225
　露ぞこぼる　②401
　露ぞふりく　④123
　光長閑し　②187
開く扉に　⑥64
ひらく杜丹に　⑤116
開くより　①14
開るや　⑥97
ひらくをまゝの　②303
平地と成候　③480
ひらつかの　④338
平包　③400
ひらに一夜を　③367
ひらにひらにと　③404
ひらにわたして
　たもれ便船　③510
　たはせ便船　③162
比良の高根や　⑥11
比良のねおろす　③423
ひらばりの　③377
平ほねは　③434
ひらめかいてぞ　③357
ひらめの味に　③443
比良も横川も　②324
平山を　④298
平油単　④135
ひらりと飛て　③443
びらんの木の葉　④225
飛竜天に　④312
昼狐　⑤104
昼ながら　①83
昼寝に時も　③305
昼のごと　②407
昼は舞台　③468
ひるは学びて　②100
昼はれて　①19
昼ぶしの　⑥90
昼臥の
　その間は秋　①64
　其間は秋の　①159
昼ぶしを　①463
干間なき　①352
昼間にも　①69
昼めしの　④175
昼休み　④199
ひれふりし
　跡こそとま　⑥97
　山の名やそ　①73
ひれふる袖の　②406
ひれふるや　④218
ひろひ置　①117
拾ひ置
　吹上浜の　③499, 503
ひろひ首　③409
ひろひ米　③493
拾ひしも　①484
拾ひそめて　①75
拾ひ初て　①164
拾ひつる　④133
拾ぬる　①354
拾ひぬる　②50
拾ひ行　④114
ひろふかひある
　浜べ清しも　②248
　ま砂地の末　①274
ひろふかひ有　②425
拾ふかひある　②222
拾ふ貝から　④209
ひらうかいなき　④270
拾ふ木葉も　②142
ひろふさはげば　⑥99
ひろふ爪木に　①481
ひろふ爪木も
　今日のたの　①229
　袖にすくな　①267
　只法のため　②92
　法のためと　④126
ひらうて見れば　④282
尾篭なからと　③284
拾ふも冬日　②19
ひろへば尽ぬ　②416
広き江の　②248

広き瀬にしも　①296
ひろき園生の　②33
ひろき田面や　①465
広きながれに　②66
ひろき野に　①437
広き野に
　狩ばのせこ　①381
　目つく鼻つ　③449
広き野の
　色に吹ぬる　①219
　萩の花すり　④218
広き野は　②320
広き野も　④110
ひろき野もりの　②30
ひろき真砂も　①310
広き砌の　②356
広き砌を　①393
ひろきゆかりの　②278
広ごりて
　庭は一木の①47, 152
広沢の
　池のうす霧　⑥46
　いける仙人　④183
　汀の月は　①422
広沢や
　かげたぐひ　②45
　月の盛を　①479
広袖に　③334
ひろ袖の　③162
広庭の　④140
ひろの丶すへも　①357
ひろ野のすゑも　②213
ひろの丶すゑや　②122
広ふたに　③323
ひろふたや　④205
ひろはせられよ　③246
ひろはぬおちぼ　②123
ひろはぬや　②336
拾はゞや　②322
琵琶琴もたせて　③368
桧皮瓦も　①466
琵琶に和琴に　③333
琵琶の音に　③258
ひは箱を　③309
日をかさねつ丶　②341
日をきはめてや　⑥31
日をさしつ丶も　①414
日をさして
　出ぬ社の　①391
　もよほしけ　①467
日を寒み　②3
火をしめし　④153
火をたきくちの　④155
日をふる旅は　⑥11
日をふる雪に　②237
日をふれば　①220
日をへてつらき　②135
日を経ても　④128
日をまちいづる　②106
日をもらす　⑥93
貧家の一灯　③227
ひんくし鑷子　④237
鬢櫛を　③479
ひんさ丶ら　④275
閔子騫をも　④321
ひんしやんと　③311
貧僧の　③146
貧僧は
　つめた飯さ
　　③154, 502, 507
鬢つきも　④180
ひん付や　③230
ひんぬいて
　覚へたかと　④316
　腹に刀を　④292
鬢はくろふて　③301
鬢髭洗へは　③379
ひんひけを　④219
鬢髭を
　すみからす　③197
　すみに衣の　③357
　りんと作り　③184
貧乏は　③475
鬢を撫て　③281
貧ヲ安シテ　②99

【ふ】

不逸物の　④292
ふいといふ　③458
風狂かしたる　④235
風師有を　④241
封し文　③416
封文やる　④242
風邪を立て　③471
風説は　③267
風俗も　③463
ふうといふ間に　④145
風便や　③8
夫婦いさかひ　④249
夫婦一所に
　あしの屋の　③358
　それは笑止　③438
夫婦の者か　③468
風流に　④319
風鈴も　⑤126
笛竹に　②318
笛竹の
　あなあはれ　④153
　声のあやな　②341
　音になくな　③512
　よは心なり　⑥30
笛竹のはの　③391
笛竹や
　雪の下折
　　③137, ⑤169
笛の音篭る　③444
笛の音の　②278
笛の音を　①230
深ひか浅ひか　③335
ふか入したる　④243
深川に　③423
ふかき哀を　②367
ふかき恨は　①494
ふかき恨を　④81
ふかき思ひに　③504
ふかき思ひは　②11
ふかきおもひを　④319
ふかきおも湯は　③166
ふかき垣根も　②320
ふかきこ丶ろの　④94
ふかきこそ　①305
ふかき社　④126
ふかき霜朝　①459
ふかき谷より　②169
ふかきちかひの　①430
ふかき契に　②324
ふかき中なる　②70
深き情を　②401
ふかきにほふ　①344
深き閨にや　⑥17
ふかき学びの　②409
深き学びを　①199
ふかきむぐらの　①352
ふかきや神の　②223
ふかき山路の　①273
ふかき山路を　④77
深き山より　②177
ふかく入し　①291
ふかく入ぬる　①326
深く入
　奥は霞の　②408
　山路の鹿の　①319
ふか草の　①87
深草の　③412
深草や　②371
深くしも
　慕はゞ人も　①390
　世を忍身の　②334
深しも　②425
ふかくたのめる　②34
ふかくも山に　②154
ふかくや露の　①440
不可思儀の　③155
不可思義の
　何やらかや　③226
　本尊かけよ　③502
深してふ
　松の色みん　①190
　松の色見ん　①123
深田のあぜに　①245
ふか根芹　①139
深根芹　①10
ふかみどり　①464
ふか緑　②273
深みどり　①58
ふかれて風に　⑥41
ふかれて蜂の　①403
不かんにみへて　③334
不堪忍にて　③328
ふきあくる　③525
吹ある丶　⑥116
吹出す　②72
吹出て
　音もそひぬ　④127
　烈しかりけ　②144
　漸野分めく　②12
吹をくりたる　①352
吹をくりぬる　⑥21
吹送りぬる　②49
吹をくる
　あらしはげ　②331
　夕の風に　②421
吹送る
　嵐こがらし　④288
　うらの松風　④7
ふき置る　③250
吹おさまれる　②309
吹落る　③200
吹おつる　②87
吹おろす　②69
吹かふ風も　①281
吹かふる　②240
吹かよふ　②223
吹皮を　③342

吹きて袖に　①327
吹きては　②322
吹くれば　②174
不機嫌にして　③351
吹越る　①363
吹かへさるゝ　①394
吹しほる
　風やあらし　②270
　桧原の嵐　②417
ふき自在　③301
吹しづまれる　②164
吹しらす　②233
吹すさびたる　①264
吹すさぶ
　嵐の雪や　②399
　嵐や松に　①267
　風の名残の　①307
　夕の空の　②374
吹すつる　①339
吹そふ家の　②195
吹初る　①200
吹そむるより　②63
吹立る　②396
吹蒖蒻　③363
吹て来る　④127
吹とをりつゝ　②73
吹のぼる
　風を立枝の　①21
　川風しろき　①82
　川風白き　①168
　谷風はげし
　　②263, ⑥60
吹むかふ　①462
吹物引物　③527
吹やかはらむ　①319
奉行かはりの　③403
奉行所に　③391
奉行所の　③299
奉行の心　③452
吹よはりたる　②109
吹よはる音は　⑥50
吹分る　②152
吹渡　④111
吹渡る　①234
吹秋風に　③338
吹秋風も　③256
ふくをとあらき　②166
吹音は　②151
吹風さへも　④109
吹風に
　異香くんす　③163
　かごとがま　②146
　こてふの翅　④89
　さそはれ初　②259
　園の胡蝶の　②183
　翅乱るゝ　⑥48
　羽よはき蝶　①355
　宮島舟を　③503
　木綿糸よる　④154
　柳の一葉　①345
吹風の
　霧をなびか　②277
　寒さを誰か　②96
　塵の中をも　①493
吹かぜは　②346
吹風は　④155
ふく風も　⑥148
吹風も
　秋におぼゆ　①274
　あらだつま　⑥87
　異香薫する　③501
　尾上の松に　①230
　閑になすの　④149
　常にあら野　①297
吹からに
　時雨をさそ　②317
　夏をわする　②315
　浪打けぶる　②220
吹恋風に　③261
服紗のうらみ　③465
ふくさ物　③345
鰒汁は　③385
腹中あひも
　しれぬ朝霧
　　③154, ③500
腹中の
　秋も更行　④309
　むしのしの　④173
ふくとうに　④251
河豚に　③444
鰒汁　③320
吹とふく
　風にはなた　⑥17
　矢田野の風　②32
吹と吹
　興の波風　①429
　風や日暮て　①476
武具にあら血を　④257
福の神なら　④232
吹笛の
　音にしらる　②160
　声にや花を　①358
　声もおかし　②368
吹笛は　②11
吹笛や　①427
吹まゝに　①433
吹ものどけき　①275
吹も長閑き　①348
吹ものどけし　②33
吹もはた　④132
吹もやゝ　②217
ふくやあらしの　②219
吹やいかなる　②289
吹やこずゑの　②126
吹矢の先に　④179
ふくらかな　④318
ふくら雀の　③370
ふくりおとすな
　岑の春風　③528
　峰の松風　③381
　岑の松風　③523
更るか白き　②254
更る迄　①348
更る夜の
　嵐のたえ間　④126
　鐘さやかな　①356
梟鳴ば　②223
梟の
　鶯にも恋を　③390
　声のみしつ　②428
　つくねんと　④142
　羽かはした　④191
ふくろふのつく　③166
ふくろふのねし　⑥52
梟は　①265
袋ひとつに　③211
袋も秋の　③178
更しづまれる　②178
更過る　②213
更て出る　①24
更て色を　①92
更てこそ　②373
更て月　①112
更て猶　③188
更て身にしむ　②8
ふけてもしばし　②43
更ても月に　②65
更ぬらし　①286
更ぬるか　②418
更ぬる夜半の　③505
更ぬれば
　浦の月影　①426
　焼火も消て　①391
　ぬかづきも　②171
　音もかれが　②229
武家の威勢や　④316
更はつるまで　⑥26
武家めかせても　⑤290
更ゆかば　①417
更行ば
　うつ音高し　②215
　すみやまさ　②200
更行影を　①263
更行月や　①386
更行冬の　①260
ふけ行や　⑥66
ふける萱屋の　④132
分限者衆の　③194
分限に病者　③257
無口上　④288
不幸短命　③253
褒にきつたる　③361
不菜の斎に　③370
ふさがれる　①455
房崎の
　あまりした　③181
　浦はるかな　③174
無沙汰なりけり　④242
不作法ものも　④280
藤色にしも　④137
藤氏の
　さかへはす　②208
　栄もしるく　①368
　栄を見つる　①476
藤枝や　⑤79
藤江の沖は　②297
不二颪　①17
藤が枝や
　かゝるとな①41, 150
藤かほる　①301
富士か自慢か　③387
藤かづら　⑤82
ふしきとなして　②84
ふしきなかたに　③190
ふしきや牛の　③330
ふしぎやそれを　④305
ふしきやたちまち
　③378
節小袖　③320
藤衣
　かた見にし　①113
　ころしも花　①444
藤咲かゝる　①385
藤さく門の　③470

藤咲戸口　③291
藤さけば　⑤258
藤沢を
　たゝ一飛に　③176
　只一飛に　⑤281
富士山の　④326
藤しろの　①463
藤代の
　谷にころり　③184
　御坂のなが　①335
藤代や　①48
節立て　②131
ふしだつとなく　②52
ふし立や　①58
藤谷殿に　③457
無仕付な　④321
柴づけに　⑥116
ふしておもひ
　おきひとつ
　　⑥81, 137, 174
　をき一つほ　③41
藤戸の波の　③251
藤戸の辺へ　④144
ふしなしと　③390
藤波さへや　①410
藤なみつたふ　②156
藤なみに
　しばらく御
　　③35, ⑥154
藤浪の
　かゝる岸根　⑥49
　などては松　②4
藤波は　②371
藤なみや
　げに瀬にか　①41
　茂る梢に　①272
　百枝の松に　②133
藤波や　①150
ふしによこ雲　④253
藤によそへて　①315
藤のうら葉の　①492
不二の川門に　②273
富士のけふり　③329
富士のけふりは　④205
藤のさかりに　②410
藤のしなひの　①236
富士の高根に　②351
藤のたな　③465
藤の棚にも　③266
ふしの根に　④220
ふじの根は　②342
不二のねも　①113
富士の根も　②170
不二のねや　①15
富士のねや
　すそ野を行　①425
　雪の上なき　①141
富士の根や　②255
ふじのねを
　うしとなる　①16
　八重山に見　①82
不二の根を　④53
富士のねを
　うしとなる　①142
　八重山にみ　①168
　山ほとゝぎ　⑥91
富士の根を　③70
武士の孫　⑤106
ふしの山　④211
富士の山　④293
ふじの雪　①120
富士の雪
　ふり出て独　①187
　四方のなだ　⑤80
不二の雪に　①71
富士の雪に　①163
富士の雪や
　この野にこ　①153
　此野にこぼ　①51
不二の麓　③488
藤はひかゝる
　松ぞえなら　②203
　松の木高さ　②219
蘭　③332
富士は雪
　清見は花の①28, 146
　三里裾野や
　　③21, ④53
武士奉公の　③441
伏見江や　②166
伏見さえた　⑤255
ふしみ竹田も　④175
伏見にかゝる　③336
ふしみの里に　⑤257
伏見の里の　④169
ふし見の里は　①253
ふしみ野や　①54
伏見野や
　つかれし駒　④95
　露ちり尽す　⑥10
ふし見は旅の　②430
伏見町より　③430
伏見まて　③523
伏見迄　③522
伏見山　②250
武士めかしくも　③148
武士めかせたる　③508
賦ものを　④217
不尽や扇　③79
ふちやまふきの　③524
藤山吹の　①324
藤やまぶきを　②31
藤款東を　②302
不自由さは　④136
ふしやう駒　③456
無精進こそ　③333
無性者　④307
不食して　③390
ふしわびぬ　⑥110
臥侘る
　鴫の羽がき　②413
　山下枕　①229
伏侘る　②300
普請ある　④161
不審紙　③482
ふしん紙をも　③199
不審な事あり　③305
不審なる　④251
不審はないそ　④172
普請場は　③388
普請奉行　③202
伏猪に近く　①349
伏猪の床の　⑥10
伏猪の床は　②202
臥かとすれば　①422
ふすふるや　④267
臥程も　①331
被をしやり　②336
襖障子　④247
ふすま障子の　④229
ふすまのしたも　①280
風情やつれし　③270
ふせぐべし　③531
布施の銭　③150
布施物を　④296
ふせやながらも　②82
ふせやにも　⑤131
不足申て　④235
舞台先のか　③440
舞台の太鼓　③490
舞台遥に　③389
舞台より　③322
ふた置に　③189
ふた折紙を　④211
二上山の　④185
札紙を　④208
ふたがれる　②391
二木ばかり　①37
二口屋　③434
札買ふて　④240
二ごゝろなく　②244
二たびおなじ　②297
二度に
　みばやさか　①166
　見ばやさか　①78
　見ばや盛を　⑥89
ふたゝびは　①419
ふたゝびまつるか
　　①461
二度峰入　③332
二なき
　法や秋かぜ　①107
　法や秋風　①181
ふたつにわれた　④171
二つの極め　④303
ふたつのはしの　④226
二ツ三ツまた　③265
ふたつゆひにて　③266
二手に分る　③360
札なくも　⑤124
弐百俵と　④206
札まもり　③378
二まはり目の　③419
二道に
　いつまでか　⑥117
　かけはなる　②244
二道を　⑥8
二妻狂ひや　③330
ふたもとの
　杉やきにさ
　　⑥127, 156
札もなき
　わきさし一　③241
　脇指ひとつ　⑤184
ぶたもなき　⑤207
二代さだまる　②100
ふたらくの　③241
ふだらくの
　きしに津浪　⑤208
　岸に津波や　⑤184
ふたらくや
　岸の白浪　③204
　咽ひたるさ　④284
ふたりあらそふ　②123

ふたりか中に　③331
二人か中を　③335
二人篭れる　④150
ふたりして持　③343
ふたりならばの　①440
二人になられし　③476
ふたりにはたゞ　②13
二人ねる　④139
二人ねの　④243
二人の口上　③360
二人のこゝろ　②112
ふたりの夜着も　④137
二人むかへる　③208
ふたれたゝかれ　③456
不断にたつる　④135
扶持かたにして　③516
渕瀬わかれぬ　②51
ふちとならん　④61
渕とならん
よるべの水　①176, ④62, 64, ⑤292, ⑥69
渕と成む　①99
渕はせかれる　③402
渕は瀬と
なる世もあ　④62, 63
渕はせなかも　③383
渕は瀬に　④254
渕は瀬にすむ　④248
渕は瀬に成　①256
扶持はなさるゝ　④301
二日酔　③502
仏か諸の字か　③430
二日まて　④197
富貴は蝶の　③258
仏作なりと
見ゆるすて　③242, ⑤208
見ゆる捨舟　⑤184
仏事には　④268
仏衆生　③493
仏生あれは　③228
仏祖をかくる　③451
ふつたる雪　③465
仏檀の　③158
ふつてふつて　⑥101
仏殿も　③187
仏道を　③483
ふつとたゝ　③208
ふつとふく　④200
ふつと吹　③257
仏はよく仏　④270
ふつふつと　④240
仏法の　③398
仏法のたゞ中　④306
仏名の　③53
筆柿や　④278
筆かぎり　①44
筆心みて　②126
筆こゝろむる　③147
筆にもえやは　②378
筆に理究を　④288
筆の海に
うかぶこと　①152
うかぶ言葉　①47
筆のかぎりを　①431
筆のさきにも　③237
筆のさきも　④230
筆はあれど　③121
筆もかしこく　①354
筆もしれたる　③169
筆も取あへぬ　①415
筆屋尋て　④183
筆をつくして　④78
不動の猛火　③340
ふところ紙も　④215
懐かみも　③150
懐に　③465
ふところの内　③359
ふところふくろ　③490
ふところへ　④180
ふところよりも　③429
ふとしき立て　④332
ふと縄て　③345
太のつと　⑤125
ふとものとなる　④171
ふともゝの　④327
ふとり肉なる　③417
蒲団のあひに　④325
蒲団の色も　③295
ふとんの上も　③195
舟遊ひ　③264
舟遊ひにも　③345
舟歌は　③380
舟岡の道　③478
舟長や　①492
舟待の　③307
舟路したふ　①52
舟路には　⑥70
船路にも　③315
船路の空に　①219
舟路も秋も　①458
船路もくかも　④138
舟ぢゆき　④20
舟路ゆき　①169
舟路行
山路行みる　④17, 23
船路ゆき　①85
舟ぢ行　⑥72
舟路行　⑥82
舟路より　①361
船路より猶　④137
船路をさそふ　②292
舟ちんを　③508
舟賃を　⑤290
船賃を　③148
舟出かなしき　⑥97
舟出したふ　①155
舟出する　⑥33
舟出のどけき
浦の曙　⑥44
浦の明ぼの　⑥47
舟出やすらん　①380
鮒なます　③196
鮒の子はけに　④170
舟のりを　①134
船はしや　④264
舟ばた遠く　④320
舟ばたに　①416
舟ばたを　①62
舟人の
いのるしる　⑥71
川べに出て　①243
船人は　①420
舟人も
こゝろゆく　④22
心行らん　④16
船人も
いづべき比　①213
こゝろゆく　④19
舟人や　①31
舟人よ
しばしまて　①106, 180
船人よ　⑥151
舟便に
やらんやら　③4, ④17, 20, 23, ⑥82
舟幕や　③342
舟待に　③305
鮒やうき藻の　⑥22
船遊山　③439
舟あふる　⑤290
船余多　②84
舟いそげ
月も玉しく　①75
山はそなた①52, 154
船一艘に　③410
舟出やらぬ　④108
舟浮ぶ　⑥96
舟うかべつゝ　②49
舟うくる　①230
舟うけし　⑥51
舟おろす　④246
舟かあらぬか　③331
舟懸る　③264
舟きほふ
川戸をあく　①158
みなとの浪　①450
船きほふ　②435
舟くだす　②215
舟下す　②274
船下す　②269
舟くだる瀬の　②240
舟こぎ出し　②219
舟こぎよする
入江はるけ　①487
志賀の浦波　②103
浪の朝なぎ　②368
舟さしとむる　②158
舟さし留る　①375
船さしわぶる　①301
舟さす棹に　①358
船さす袖に　②177
舟さす袖や　②330
舟させば　②122
舟閑にも　④107
舟しばしまて　①449
舟そこかする　③230
舟たすかれば　⑥101
舟つなぎ　②160
舟つなぎをく　②29
舟つなぎ置　①338
舟つなぎつゝ　①271
舟つなぎよる　②51
舟つなぐ
入江の水の　①321
浦半の月の　②107
山した海の　①287
舟維ぐ　②66
舟繋ぐ　②411
舟留る　⑥19
舟とむる
浦半の月に　②13
難波入江の　⑥4

浜辺の秋の　②132
舟とむる江の　②220
舟とむる江は　②107
舟とめし　①191
船とめし　①127
舟と陸との
あら磯のな　③246
高札の辻　③221
舟ながしたる　②307
舟ながす　①485
舟ながら　②234
舟にうきねの　②201
船にうくや　③49
船にえならず　②419
舟に扇を　③290
船に焼　⑥94
舟にながむる
明ぼのゝ空　①261
跡のしらな　②291
船に浪　①310
船に匂ひを　④264
舟にぬる夜の
風のはげし　①248
枕いざとき　①373
舟に耳　①369
舟にはつみて　③319
舟にまぢかき　①287
船に見る　②238
舟にもよほす　①257
舟に夜寒の　②265
船によなよな　②142
船のうち　⑥70
舟の着　③300
舟の綱手や　①397
船のながめは　②276
舟のゆくゑに　①249
舟のよるべも　④97
舟のりすべし　②196
舟はあふとの　③192
舟はいづくに　⑥5
舟は清見が　①274
舟は七里　③81
舟はその　③177
船はたゞ　②225
船はたゆたふ　④91
船は猶　②242
船はひゞきの　②424
船は湊を　⑥56
舟引捨て　②14
舟引つなぐ　②363
舟引袖も　④106
船引人や　⑥6
船まで送る　①428
舟もながれて　②322
舟もほのぼの　①332
舟もよりこぬ　②30
舟やたゞ
あとなき波　①451
もろこしだ　②431
舟や月の
空に棹さす①89, 173
舟横たはり　②391
舟よする　⑥7
舟寄る　①290
船よする　②241
舟よばふ　①415
舟呼ふ　④319
舟よばふなり　②46
舟よびあへず　②311
舟よぶかたに　①439
船よぶ方の　④122
船よぶ方は　②224
船よぶ末の　①472
舟よべば　①423
船わたすらし　②279
舟わたりして　①324
船をつくりて　④278
舟をよせぬる　②329
封のまゝに　④239
ふのりたなひく　④204
文箱壱つ　③260
ふべき世や
正の葉かづ
①102, 170
ふへんたて　④270
不便也　④302
ふまばおし　①123
文かきた　③476
踏かよふ　①253
ふみかよへ　③91
踏砕く　③486
ふみこそまよへ　②88
文詞　④320
踏しだきたる　①401
ふみしだく　①466
ふみすへつたる　③436
ふみ初し
霜八たび見　①116
霜八度みる　①185
踏初し　⑤82
ふみそめつ　①116
ふみ初つ　①184
踏出して　③462
ふみちらかして　③336
文使
たてかけた　③351
三浦の介が　④300
文月に　⑤168
文月や
爰元無事に　④163
めでたくか　③3,
④17, 20, 23, ⑥82
ふみ付て行　④302
ふみとまる　④224
文取出て　②237
踏ならしぬる
岩がねの道　②118
松の下陰　④81
ふみならす　①423
ふみ馴し　④110
ふみなれぬ　①443
文にさへ
書も伝へぬ　②194
心のおくは　①235
文にしれ　②191
文にそへしは　③219
文に添つゝ　③444
文にそへて　③311
文にぞのこる　①429
文にはえやは　①256
文のあて　④212
文のかへしは　②28
文の伝は　①367
ふみはつしたる　③437
文引さきて　⑤95
文ひとつ　③284
文まき返し　①221
文巻返し　①334
文学ぶ　②302
文まなぶてふ　①473
文もつふても　④226
ふみやふる　④147
踏分る　②268
ふみ分かたき　③179
踏分て　②56
文をこのむ　④171
文をたのしむ　⑥23
文をまなびて　①292
踏跡あまた　②130
ふむあときゆる　①414
ふむあとさゆる　②30
ふむ跡たえぬ　②369
ふむ跡は　④126
踏跡は　①388
ふむあとみえて　②283
踏あとみゆる　①262
ふむあとも　⑥41
ふむ跡や　②116
踏となき　②52
ふむともあらぬ　②235
ふむにもたどる　②24
ふむ人の　①117
踏人も　②27
麓田に　⑤98
ふもと田を　②156
ふもとにおろす　①322
麓にくだる　②317
麓にすぐる　⑥37
ふもとのいほの　④218
ふもとの方は　②285
麓の霧や　①487
麓の里の　①253
ふもとの里は
衣うつらし　①258
時雨てぞゆ　①472
まづ立し秋　①431
麓の田づら　②246
ふもとの寺に　④224
ふもとの寺の　①271
ふもとの野べに　①281
麓の野べに　②380
麓の原に　④300
ふもとはきりの　②431
ふもとは雪の　②342
ふもとも雪の　①438
麓より
小倉の山の　②115
暮急ぬる　①362
ふ屋か軒端に　④196
夫やく軍役　④259
歩役にかゝる　③410
冬かくる　②95
冬かけて
木葉や色に　①246
月なみに見　①135
鳴や篭馴し　⑥97
都ゆかしき　①135
冬風も　①130
冬がまへ
急ぐ薪の　②260
いとこのも　①134
いと好もし　①194
冬構へ　③135
冬がまへして

すめる山賎　⑥52
ときあらひ　②129
ま柴ほし置　①306
冬がまへする
ころはしる　①439
里は知しも　①466
賎がかり庵　②240
冬がまへせし　①285
冬枯る野に　①356
冬枯あさき　②248
冬がれけりな　②265
冬枯にけり　②273
冬枯にける　①244
冬枯ぬ　②316
冬かれの　③458
冬がれの
田舎に京や　⑤124
を野とはい　①195
ことの葉に　①194
小萩をみだ　②18
松さへさび　②74
冬枯の
生田の小野　②16
岩まの薄　①266
をのとはい　①134
草はみなが　②320
こけの莚の　②334
言の葉にか　①134
野は人影の　②300
野べに秀る　①134
冬がれも　①437
冬川も
とゞこほり
①118, 186
冬きては　①296
冬来ては　②142
冬木の外の　①295
冬木の柳　①300
冬木もかほる　②58
冬草かしげ　②215
冬くれば　②231
冬篭　④293
冬ごもりする　②328
冬篭する　②408
冬ごもりぬる　①272
冬ごもる　④83
冬篭る
梅が香さそ　②412
小屋はいづ　②162
冬こもれ　③313
冬ごもれ
どうしても　③90
難波の春は
①133, 194
冬さへあへず　②372
冬さへ草の　②48
冬咲や
隠逸伝の　③89, 307
盛久しき　①217
雪に玉つむ　①130
冬さくは　①466
冬ざれの　②171
冬ざれは
あら田の原　①337
草のかり庵　⑥41
瀬々の氷の　②64
猶人目見ぬ　④108
人気まれな　②4
まなくも軒　①251
みわたす森　①431
山田の原も　②421
冬しらぬ
里も有けり
①134, 194
冬陣に　④249
冬ぞことなる　②5
冬ぞ見る
末のひさし　①113
猶末厚き　②362
柳が枝に　①117
冬たつよりも　②144
冬田になびく　②104
冬田の面の　②50
冬田の面は　②314
冬田の畔を　②49
冬田の僧都　①359
冬田のなるこ　②378
冬田の縄手　②373
冬田の原に　①388
冬田の原の　④80
冬田のはらは　①408
冬田の原は　②241
冬田のほずゑ　①368
冬田はいとゞ　②304
冬近き　⑥27
冬近しとや　②363
冬ちかみ　①312
冬とてや　①313
冬と春　②294
冬ながら
梅かほりく　②289
日影さやけ　②91
冬にさけ
春は木毎の　①192
春は木ごと　①130
冬にちる　①130
冬に残れる　②80
冬にはなをも　②380
冬にみよ　①194
冬に見よ　①133
冬の色は　①125
冬のおくを　①133
冬の園に　①130
冬の空より　①332
冬の体かと　④288
冬野ながらも　②34
冬野ゝ草は　④94
冬野の暮や　⑥15
冬野は残る　②57
冬の日の　⑥20
冬の夜ながら　①236
冬の夜の
おもひを雁　②336
まくらに絶　②22
冬のよを　②82
冬はいづちに　②420
冬はかくれぬ　②108
冬は猶
大原山の　①280
とはでさび　①301
冬は又
霜ひとくさ　①116
霜一草の　①185
冬ふかき　②89
冬深く　②18
冬までたてる　②90
冬迄残る　②379
冬までひろふ　①349
冬までも
命ありげに　②84
刈残したる　②301
残りて愁ふ　②433
のこりてま　①423
残るひつち　②219
野べは男鹿　②62
山田のをし　①448
冬見るは　①114
冬も浅茅に　②107
冬もいづこの　⑥49
冬も男鹿の　②102
冬も落穂の　⑥29
冬もかさねの　①298
冬も旅に　①134
冬も人を　①113
冬も緑の　①467
冬やとき
染るもちる　①183
染るも散も　①114
冬山里ぞ　④120
冬よりさける　①302
冬をさけの
みわ山近し　①134
三輪山ちか　①194
冬を時と
みるべかり　①194
見るべかり　①134
ふらひふらひ　③285
ふらしては　④154
不埒なる
あの世此世　③430
酒のかよひ　④180
ふらぬ霜見る　④324
ふらるるは　③270
ふりあふのきて　④134
降入や　②201
降かくされし　②80
降かくしたる　⑥12
ふりかけて　③425
ふりかはる　①424
降きては　②191
降くだる　①392
降くらし　④120
ふりさけ峰の　②303
ふりさけみれば　②220
ふりさけ見れは　④166
古し跡を　①20
降敷て　①383
ふりしきりぬる　①331
古し名や　①20
ふりし砌に　②329
ふりし社の　⑥49
ふりすさぶ　①301
降すさぶ　②420
ふりすさめ　②44
振すつる　③413
ふり捨がたき　②112
降捨て　①387
ふり袖の
うしろ姿や　③207
蛍も身をや　③275
ふり初し　②40
降そはぬ　②103
古たる菊や　②392
降つがむ　②15

降つくせ　②422
ふりつけて置て　③531
ふり付られて　④291
降つゞく　①430
降つみし　①357
降積雪の　①353
降つめば　①125
降積たる　④108
降つもる
　青根が嶽の　②314
　雪の下柴　②62
　雪や関屋を　②267
降積る
　雪薄からぬ　①378
　雪に絶たる　④131
　雪は次第に　③146
古てこそ　①275
ふりて猶　④121
ふりてもさすが　①454
古てもふりぬ　①391
古てや松も　①372
ふりとをりたる　②384
降通りたる　①362
ふりとをる　①442
ふり通る　①334
降とをる　②209
降通る
　跡より雪や　①365
　雨寄後も　①350
　時雨や松に　①373
　砌閑けき　②158
ふりにけり　①269
ふりにける
　跡とも見え　④243
　野寺の月の　②23
古にける
　波の井せき　①227
　槙の板屋は　②245
　枕のみこそ　⑥43
　松は本より　③420
古にしことを　②80
古にし塚の　①237
ふりにし閨に　②30
古ぬるも　①283
古ぬれど　②416
古ぬれば
　たへて住ら　②167
　竹のわり樋　②126
　力車も　②84
ふりはへて　②423
古果し　④112
ふりはなさるゝ　③433
ふり晴て　⑥34
降ふらず
　幾日五月の　②254
　空定まらぬ　②308
　ながめくら　①157
降りふらず　①58
ふりふり羽胡板　③351
ふりまさるらし　②431
ふり行跡の　②174
ふり行雨の　②277
ふり行や　③233
不慮にさいさい
　きくほとゝ　③159
　きく郭公　③528
不慮に松ふく　③366
ふりわけがみに　⑥55
ふり分髪の　⑥17
ふり分髪より　④197
古跡と
　いつよりな　②55
　なれる砌は　①323
古跡の
　あるじがほ　②218
　柳にならぶ　①349
古跡の野は　②234
古あとは　④224
古跡は
　いとゞさび　②72
　草の垣ほも　⑥34
　さかひも見　①244
　蓬まじりの　①476
故跡は　①304
古跡めきて　②171
古跡も　①401
ふる雨に　②138
降雨の　②381
ふる雨も
　心有てや　⑥161
　一むら雲の　①325
ふる雨や　③231
降雨や
　杉ふくかぜ　②251
　たゞ時のま　①236
ふる雨を　③285
降淡雪も　④240
古池や　⑤282
古いそや　③433
ふるひたる　③239
古ひ所は　③486
古井の水に　①232
古い咄を　③405
古歌を　①461
古枝さへ　①48
古枝まばらに　①325
古金からかね
　いかつちの　③328
　かし銀の公　③321
古かね店に　③341
古かね棚の　③303
古かねとなる　③360
古株の　⑤109
ふる川野辺に　③379
古川の辺に　④128
古き跡に
　あとそふ宇　①194
　跡そふ宇陀　①134
古き池べは　①382
古き絵に　③286
古き風
　今も見いだ　①22
　梅に匂ふや①5, 138
　たづねてぞ①21, 143
古き趣向を　④250
ふるき関屋の　①257
ふるき草子に　①303
古き草子は　①269
古き内裏の　③290
ふるきためしを　②242
古狐　③165
ふるき軒端に　④179
ふるき軒ばの　⑥118
古き軒ばは　②374
ふるきふすまに
　てこ枕さへ　③349
　わびつゝぞ　①424
ふるき枕に　⑥116
古き枕に　③192
ふるきまくらの　①446
ふるき枕の　②270
古き枕の　②346
ふるきみぎりの　①442
ふるき砌の　①309
古き都に　④248
古都の　②181
ふるき都も　①306
ふるきやくしの　④155
古きやしろに　⑥57
古き社の　②125
ふるき社は　⑥6
古き柳も　②65
ふるきわかきも　②278
故きをも　①37
古釘や　④146
ふるくそうなる　③314
ふるくそく着て　④175
ふるけたや　③382
古五器ひとつ　④306
古後達さへ　①378
ふるごとがたり　①444
古事がたり　①472
古事かたる　②208
古ことの葉に　⑥97
ふることも　②313
古ごとも　①307
古ごとをさへ　②394
古米の　③192
古郷さむく　④237
故郷と
　おもふかた　⑥72
　おもへば夢　①337
ふるさとに　①437
故郷に
　とま打雨は　④9
　なれし形見　①494
ふるさとの
　月もきひす　④187
　夢の枕を　②308
古さとの　②69
古里の　⑥96
故郷の
　あたりに鹿　①311
　伝さへ夢の　⑥32
　友ならなく　②274
　那須への文　③371
　軒ばをつた　①259
ふる里は　③524
古郷は
　おく歯かむ　③277
　ちりけもと　③183
故郷は
　雲のいづこ　①488
　すてはてに　②385
　月のすみか　①433
　ながむる空　②288
　はや遠ざか　⑥46
　まのゝ萱原　①418
　山になれ共　③441
　芳野のおく　②415
古郷人の　③339
故郷へ　③444
故郷や　②298
ふるさとを　④6

古郷を　③344
古里を
　思ひ出ぬる　①347
　しのび出た　①369
故郷を
　此秋もたゞ　⑥21
　忍ぶ心も　①227
　身にしめ忍　①252
ふるされて　④278
ふるされにたる　⑥15
古借銭は　③436
ふるすゝの　④285
古巣に鳥の　①279
古巣に残る　③475
古巣のあたり　①387
古畳　③273
古狸　③299
古帳に　③330
古塚の　②375
古寺に
　故人の心　④246
　月うつる夜　②251
　ひとりわか　①35
　独若木の　①148
古寺の
　池の鯉鮒　③391
　甍かたぶく　②411
　甍や苺に　②377
　かすむ夕は　④114
　からうすを　④176
　庭には風の　②293
　春の御法は　②276
古寺は
　嵐の月の　②8
　虫のつゝり　③524
古寺も　③394
古寺や
　ふりたる松　①244
　ゆふべふか　④122
古道具屋の　③177
ふる年と　⑥161
降とても　②131
ふるなの弁舌　③226
古日記　③226
布留野のかすみ　②381
布留野の方に　②372
布留の都の　②418
布留の都は　⑥52
ふるはくの　③159
ふるは沢の　⑥98
古畑ながら　①248
降るは泪に　④246
ふるひたも　③150
ふる人の　①55
古人の　①92
古人を　②28
ふる服紗　③476
古筆の　④178
古ふとし　③529
古文を　①384
ふる程は　①126
ふる程も　②213
ふるまひしるき　②127
ふるまひさうに　③187
振舞さうに　③513
振舞は
　なるほとか　④247
　何時成とも　③407
振舞や　③479
古道に　①392
古道を　③368
古宮の
　あたりはか　②343
　哀を琴の　②405
古宮は
　月の光も　①241
　宿直申しも　②308
ふるも閑けき　①378
ふるもまだ　①287
古薬鑵　③451
ふるや花　⑤110
ふる雪に
　垣ねの道も　①269
　竹の陰道　①447
　村のかよひ　⑥32
降雪に
　冴こそまさ　②230
　尋ぬる友を　②367
　宿札同し　③275
ふる雪の
　うきか嬉し　①188
　まだき衣を　②194
降雪の　②327
ふる雪も　④215
降雪も　③397
ふる雪や
　狩ばの帰さ　②342
　更にはれ間　②424
ふる雪を
　ことばにか　①122
　詞にかれる　①189
古蓬　①207
ふるゝかほりも　②243
ふるゝ袂も　⑥34
ふる分る　②379
ふるわらちのみ　③275
ふるわんぼうを　⑥121
無礼講　④267
ふれ事の　③238
ふれ事を　④174
触状は　③368
ふれて新茶の　③273
ふれどたまらぬ　②273
ふれのある　③402
ふれば爰も　①124
ふればみゆきの　②336
ふれふれこ雪　③163
ふれふれ粉雪
　女なりせは　③488
　笠やたもと　③504
　笠や袂に　③503
ふれふれと　③398
ふれやるはよいか　③466
風呂あかり
　明衣計の　③235
　なたの塩焼　④237
風呂あかりして　③511
風呂あかりには
　あつさ残ら　③502
　端居をそす　③157
風呂入の　④265
風呂候へは　③267
風呂ふきや　④241
風呂屋の軒を　④165
風呂屋はとこちや　③301
不破の関　①409
不破の関越　②363
不破の関路の　①346
不破のせきせき　④149
不破の関道　③150
ふはふはと　④154
分限になる　③534
分散衣類　④207
文台や　④277
ふんとしは　③439
ふんとしひらり　③408
ふんとしも
　ねちきる泪　③394
　ゆつたりと　③388
ふんとしゆるく　③217
ふんとの垣は　④167
ぶんとりの　④259
分別浅く　④247
分別くさい　③274
分別次第に　③378
分別たての　③293
分別ところ　③488
分別半　③251
分別に　③299
分別は
　おちゝのや　③319
　胸に生けり　③486
分別袋　③475
分別㒵な　③183
分別も
　家中まろめ　③391
　ひろきゐな　③325

【へ】

平家かた　③205
平家方　③527
平家代をとつて　③476
平家の一類　③323
平家の打手に　③329
平家の使者は　③371
平家の舟よく　③258
平家の舟よと　③309
平産を　③333
塀下に　④310
聘礼に　④315
へかかうと鳴　③382
へき一枚に　④323
碧岩前に　③425
へき吹返す　③455
へし倒しては　⑤258
へしたふしてよ　④189
へだゝりぬるを　①272
隔るや　④309
へだゝれる　④91
下手談儀
　声はかりをや　③176
　声計をや　③514
下手談義　⑤281
へだつとも
　うるはしみ①27, 145
へだつなよ　②278
へだつる中の　②324
隔るも　②28
隔つるや　③354
隔ある　⑤101
隔こし　②129
へだてぬ中の　②220

へだてぬまゝの ①465
へだてん関の ①283
下手成は ④151
下手の碁を ④337
下手の能には ③352
下手のはなしや ③404
下手の平家の ③194
へつゐにすゆる ④222
へついにも ③175
戸次山ずも ④298
別して吉備津の ③410
別而此松 ③365
別々に ③214
諂しらぬ ⑥13
へつらひはかり ④296
へつらはぬこそ ④99
紅粉つけかね ③403
紅粉付る ④331
紅粉の色つく ④220
紅の粉糠 ⑤95
紅の花 ⑥85
蛇のより合や ④320
部屋住とふや ③213
部屋住の ③180
へる油火も ④193
弁慶か ③201
弁慶かたけ ④249
弁才天の ③385
返事をは ③470
べんたう一荷 ③366
弁当に ④212
弁当も ③176
弁当もなき ③187
弁当椀の ④261

【ほ】

ほいとげて ②364
ほいとげやらず ⑥18
ほいならぬ ②58
本意深き ④108
本意もとをらぬ ①321
法印の ③294
法印も ④236
鳳凰の
　さゑつり空 ③489
　卵見付て ④314
法皇や ③402
放下しの ⑤218
放下師の ④160
放下師は ④243
放下師も ③347
奉加すゝむる ④198
奉加すゝめて ④134
放下せよ ③226
奉加帳
　いか成山の ③322
　鐘もさだか ③258
　爰に一人の ③458
　むしの喰さ ③522
　わらはもか ③515
奉加帳にも ④185
奉加てならは ③335
放下には ③404
放下のことく ③381
放下の手品
　めくる秋風 ③422
　めぐる秋風 ⑥168
放下のはなに ④157
判官ぐはん ④300
判官とのゝ ③384
判官殿の ④183
判官の
　まなこさや ④176
　召つかはれ ③395
判官贔屓に ③461
判官武蔵を ③252
判官も ③365
箒の先に
　はらふ薄霧 ④185
　蛍とひたつ ③405
箒目の ③468
忘却したる ③238
はうきをもちて ⑥144
棒熊手 ③315
方組を ③435
ほうけたに ③178
宝剣は ③417
宝剣や ④285
奉公さかり ③432
奉公せしか ④136
奉公人 ③184
奉公の
　口をまつち ③219
　花はよい物 ③413
奉公の隙も ④240
奉公も ③204
奉公やめて ④307
ほうさきに ④140
ほうさきは ④261
法師に申せ ④189
法事の場に ④224
法師武者 ③409
方士もすこし ④295
房州さして ③450
法住寺をそ ③205
北条の末には ③394
豊心丹に ③374
ほうづきの ④261
坊主もとんで ③208
疱瘡かと ③251
疱瘡に ④239
ほうそうの ③316
疱瘡の ③257
篷窓の ④95
疱瘡も ③342
棒たけに ③193
包丁人も ③155
庖丁たてや ③441
庖丁で ⑥101
包丁の ④158
庖丁の ③432
頬つかへ ③415
棒突や ③448
ほうと鳥の ⑤124
蓬ニ入ル ②100
法念の ③385
方百里の野べ ④314
方便あらたに ④242
方便には ③264
ほうほつけとや ④267
朋友の ③348
蓬莱の ⑤288
蓬莱は ③36
蓬莱包丈 ③241, ⑤177
蓬莱包丁 ⑤200
蓬莱や
　熱田のいね ⑥162
　峰まてはへ ④210
ほうらく千に ③256
法楽の
　能見にとて ④185
　舞学候へ ④50
法楽の琵琶 ④258
炮烙千に
　三盃の霞 ③426
　ひとつの分 ③388
ほうろく風呂の ④285
法ヲ流ハ ②101
棒をとらせん ③444
頬けたを ③387
火影かすかに ①319
ほかげこそ ④85
火影する ②371
ほかげに海人の ②56
火影にあらで ④76
ほかげは消し ②136
帆かけ船 ③289
外にうつろふ ①494
外にしも ①480
外にたとへも ②374
外の色なく ③473
他の国にも ①376
他の国まで ②406
外の散 ②112
外よりふかき ②213
外よりも ①452
ほがらほがらと ①262
祝言の ④143
祝言は ②59
祝言や ⑥57
祝言を ②284
木刀に ③430
北斗をさそふか ④242
僕ひとり ④324
北面を ③147
ほくりはくから ③316
木履もやかて ③504
法花経以前 ③406
法花経の ③382
法花経ほとの ③183
ほこしのめぐり ②127
鉾高く ③463
鉾の木までも ③220
ほこらしげなり ①310
ほこらも注連も ②70
ほさつもこゝに ④220
ほさでおく ②175
ほさで焼 ②226
ほさでつみ置 ⑥33
ほさでや侘る ④82
ほさぬ袖なし ④207
星相性の ③169
星あひの ⑥150
星合は ①305
ほしあへぬ
　袖に涙や ①494
　袂うるほす ②332
干飯を ③222
干鰯 ④321
星うたふ ②267
星うつり ①116
干瓜の ④233
干瓜や ⑤246
星かと見しは ①361

ほしかぬる　②15
干かふらまて　③504
星霜や
いたゞきま
①116, 185
ほし蛸の　③342
星照池に　④169
星とほし　③264
星と申
昼をば何と
③114, ⑤165
星と申す　⑥143
ほしなかふらと　③164
ほし菜蕪の　③461
星に影　⑤98
星のあふよも　②405
星の光は　②126
星の光を　③406
星ひとつ　⑤78
ほしまつる夜の　①441
星まつる夜の　⑥25
星目違ふた　③256
暮春まて　④184
暮鐘　②100
星をいのるや　④162
星を手にとる　①372
細川も　③411
ほそき筧の　①309
ほそきも道は　①300
ほそ声も　②107
細々に　③145
ほそ水ながら　②269
細めても　⑤106
細物の　④274
菩提所の　④49
菩提心　③440
菩提もと
木わた車の　③227
たくましう　③252
樹に非す　④255
菩提もとこれ　④176
榾くゆらして　⑥45
榾さしくぶる　②395
ほださしそへて　①330
ほたしはあらし　③182
榾たくかげも　①363
ほだゝく煙　⑥48
榾たくけぶり　⑥41
榾の火や　⑥85
蛍うたんと
出る川つら　③514
いづる川端　③186
ほたる影して　②19
蛍がともす　③432
蛍こひ　⑥130
蛍こひと
よぶや豊前
③27, ⑥88
蛍飛入　①243
ほたる飛かふ　②33
蛍飛ちる　②144
蛍とぶ　①262
蛍飛かふ　②63
ほたるながるゝ　①373
蛍にあらぬ　③151
蛍の影や　②198
蛍の尻　③452
蛍のすがる　②376
蛍ばかりの　②51
ほたる火は　⑤287
蛍火は
百がものあ
⑤270, ⑥140, 167
百が物あり　③77
蛍火も　⑤166
ほたる吹こす　⑥94
蛍ほのかに　①297
ほたるみだるゝ　②218
蛍みだるゝ　⑥19
蛍みだれて　⑥15
蛍もきりに　②65
蛍も霧も　②41
蛍も露も　②119
ほたるやとをき　⑥38
蛍より
数ます舟の①61, 158
蛍をちらす　②234
発端の詞　④293
ほちほちひろふ　④278
法界まんれい　③460
ほつかりと　⑤109
発句せよと　③94
発句の脇に　③196
発句は発句は　③449
発句もせぬに　③267
発句脇　③417
法華宗　⑤257
ほつこりと
朝食過に　③204
匂ふ日和や　⑤108
ほつとりの袖　④260
ほとをりて　③455
仏おし　④111
ほとけ衆生も　④219
仏すなはち　③419
仏とならん　①449
ほとけにうとく　①423
仏につかゆる　③344
仏にはこの　①419
仏にも　④99
仏ぬかづく　④129
仏のおしへ　①403
仏の国の　②380
仏の事も　③272
仏の種の　②52
仏のとける　②4
仏の御名や　①354
仏のめしの　④167
ほとけのわかれ　④164
仏も本は　④183
仏をしたふ　①305
仏をしのぶ　①308
仏をねがふ　④133
仏をは　③268
仏をも　①370
程せばき　①482
程近き　①352
程近く　②372
程遠からし　②52
ほとゝきす　④215
ほとゝぎす
雨がくれせ　①55
いかに鬼神
⑤8, ⑥80
来べき宵也　⑤257
声待ならす　⑥38
爰ぞ懐紙の　③69
そのかみが
③15, ⑥134
隣りし蔵の　⑤105
なかば声す　①55
なく音や雲　②430
なけ花の雲　⑤110
名残おしさ　③69
八わりまし　⑤236
初音またれ　①474
春過ぬとや　②215
ひとつも声
③56, ⑤166
待けるもの　①47
まつやら淀
③8, ⑥154
待やら淀の
⑤166, 282
まつ夜なが　①54
我も七十　③69
郭公
いひあはせ　②236
いかに鬼神
③70, ⑤166
いづれの里　①211
己が五月も　②354
聞し昔の　②412
声くわつか　④269
爰こそなか　③69
是そ和国の
③424, 533
是ぞ和国の　⑤239
七十余国　④304
死出の記伝　⑤102
清水の冠者　④300
過る川辺に　⑥12
関の戸近く　①211
空にとりあ　②18
たゞ一声に　①422
付声をする　③400
罪を助て　④311
なく大坂の　④158
名乗や木曽　③54
八わりまし　③487
はやもなか　⑥117
一声鳴て　⑤250
人伝に聞　①343
ひとむら雲　⑥40
待けるもの　①154
待ける物よ　④360
見付られて　③413
身の毛もふ　③333
夢おとろか　③296
子規
おり立田子　②391
かたぶく月　①240
かもしの末　④218
声する嶺は　①212
とふ松高き　①210
鳴ぬべき夜　①199
啼行方も　②268
春めづらし　①278
二声きゝし　①278
枕に遠き　②295
枕のいづち　②76
待にかひあ　④91
三月の空に　④110
時鳥

悪事災難　③257
あつたら物　③340
かく豊には　④327
雲ゐる方に　①364
小刀鍛冶も　③178
心づよきと　③427
事伝物の　③253
来ぬ夜数か　③15
神慮をすゝ　③394
宣下の趣　③450
たゞ一声に　①228
血に鳴又は　③349
鳴ぬべき夜　②410
鳴わたるべ　⑥20
名のるや木　⑤166
まつにうか　①54
杜宇　⑤251
杜鵑
在明がたの　②393
所に聞をく　③46
望魂　②16
蜀魂　④223
郭公かと　③187
ほとゝぎす聞　①309
郭公きく　②324
ほとゝぎすきて　①304
ほとゝぎすきぬ　⑥6
ほどゝき過ぬ　②358
ほとゝぎすくる　②333
ほどゝきすすぎず　②156
ほとゝぎす問　①246
ほとゝぎす啼　②202
郭公なく
あふ坂の関　②356
里犬もなく　③170
時鳥のみ　②327
郭公待　②128
ほどなく夏の　②219
ほどは雲井に
聞わたる人　①330
恋わたる中　①457
ほどは雲ゐの　①438
ほどは雲井の　②326
程ふりし　①98
ほど経しなやみ　②119
ほどほどに　②278
程々に
惜も深き　②222
のぞむこそ　①333
ほどもなく
岸の浮霧　①478
軒より小野　②189
ほどもへなくに　①463
ほどもへぬ　①456
ほとりも沢の　①285
ほとりもわかず　⑥32
程をふる　②288
程をへし　②125
ほどをへて　②152
程をへて　①252
ほに出る　⑥42
穂に出る　⑥24
ほに出て　①98
ほに出ぬ　①234
穂になびきたる　②369
ほにはまだ　②198
骨うつき　④197
骨高に　⑤106
骨違にや　③408
ほねを折　③212
ほのかすむ　②171
ほの霞む　③289
ほのかなりしも　②170
ほのかなる
芦火の影は　②63
入江の末に　②359
入日の奥の　①334
岩本薄　①231
陰の芦原　②131
薄一方　②311
たく火は暮　①488
軒の煙の　②216
淀野の末の　①349
ほのかに秋の　②352
ほのかに雁の　②391
ほのかに月を　②433
ほのかにてらす　②70
ほのかに残る　②394
ほのかに見しは　①273
ほのかにも
いでゝ夜を　②304
かほる昨日　①325
影落かゝる　②411
霞がくれの　①339
鐘なる方や　②54
声して雁の　⑥63
外面や霜の　①240
日はさしな　②282
薮しがくれ　④122
仄かにも
鐘鳴方や　①396
今日は媚く　①376
ほのくらげこそ　③189
ほのけぶる　②177
ほの白き　①211
ほの白し
風やながれ　①15, 141, ⑥148
ほのぼの明る　①348
ほのほの白き　④241
ほのぼのそれと　①320
ほのほのと
赤ゆぐほせ　③208
石火の前の　③226
始末して置　③242
何やら匂ふ　④305
分別皃や　③500
分別かほや　③498
分別顔や　③154
ほのぼのと
始末してを　⑤210
始末して置　⑤187
白竜現じて　③426
ほのみしは　①415
ほのみしを　②240
ほの見そめしは　②249
ほのみそめしや　②381
ほの見つるより　④112
ほの見てのみや　②151
ほのみゆる　②135
ほのめかし　①321
ほのめかす
月にねぐら　②228
花の姿は　④84
ほのめかす日の　④119
ほのめきいづる　②67
ほのめきそむる　①462
ほのめき初る　②399
仄めく田づら　①375
ほのめくは
入残りたる　⑥4
誰松虫の　④91
遠き芦火の　②408
ほのめく虫の　①233
ほゝゑむ梅の　②294
火々出見の　④179
誉れ有　③517
ほまれも名のみ　③251
ほむけの風の　①469
ほむらやく　③361
堀うへし　①479
ほり江には　①119
堀かねの井に　①480
堀かねの井も
むさし野の　④136
両かへの秋　③404
堀川の
おとゝの為　③185
深ひ工か　③321
堀口美濃の　④299
ほり句残りて　③473
堀す田中の　②85
ほり捨し　②126
堀捨し　①389
ほり出や　④282
掘もて行ば　④107
堀もまだ　②23
堀をめくりて　③192
ほれしは花の　③150
ほれたとは　④151
ぼろおん再拝　⑥102
母衣串も　③403
母衣乱　④234
ぼろりぼろぼろ　④288
本阿弥いふは　④252
盆かたひらを　③300
本歌箱　⑤97
本卦かえりに　④284
本卦をも　④226
盆山は　③392
盆山も　④217
本心に　③303
盆石すなはち　③347
本膳は　③320
本尊は　③472
本地は観世の　④284
盆なれは　④158
煩悩あれは　④253
ほんなうの　④176
煩悩の
きつなふつ　③226
夢はやふれ　④196
煩脳の
ふかき垢を　④142
まよひの霧　③158
煩脳の犬　③440
煩悩も　④219
ほんの親　④240
盆の月　③466
ほんのりと　③157
凡夫の胸は　③463
盆前に　③517
本来の

空いく春の　⑤218
矢つほ慥に　④306
盆をかことに　③268

【ま】

まあづ爰に　④332
舞下る　③147
まい坂に　④335
舞すかた　④285
舞たはふれて　③163
ま一度は又　③195
毎月参る　③414
毎度むつかし　③186
まいなひを　④212
まひならはしの　②163
舞のあやさへ　②425
舞の内　③338
舞の袖　③465
舞姫の　⑥50
舞々の　③201
舞々は　③423
まいらする　④140
まいりあひたる　③165
まいりあふ　③154
参あふや　③16
まいりさふと
　ゆふだちか　⑥139
　夕立かゝる　③54
参りなん　③500
参なんみや　③154
真うつふきにも　④224
舞ふ鳥は　⑤108
舞人も　①400
真瓜ほんてん　③247
前うしろ　③529
前後　③202
前髪か
　杯とつこへ　③400
　物おもふ宿　④169
まへ髪ごそり　④179
前髪は　③453
前髪はゆめ　④163
前髪も
　落す涙や　③506
　淋しく見え　③273
　共に乱るゝ　③237
前髪を
　置まとはせ　③169
　こちらもも　③430
前巾着の　④247
前だれの　⑤249
前垂は　③386
前にありと　③29
前の日あげし　③531
前の夜たつた　③218
前の夜に　③351
前引ひろげ　④295
前わたり　③238
前渡り　③253
前わたりして
　過るをぐる　②14
　ふかす夜な　②278
前渡りして　①235
ま男ことは　③309
密夫の　③434
蜜男の　③467
籬かと　①279
まがきづたひに　②98
笆に秋の　②366
笆におきし　②116
籬に戦ぐ　②253
まがきに近く　②101
まがきにのこる　②106
まがきにふれる　①278
笆にも　①394
まがきのうちは　②304
籬の菊に　①421
籬の竹の　①409
籬の野辺に　①215
まがきもあれて　②342
籬をさらず　②16
ま梶しげぬき　①488
間数多き　③175
まかせておけな　③374
まかせてぞやる　①397
まかなひ人の
　おきく女郎　⑤211
　おきく上ら　⑤187
まかない方の　③242
まかなくに
　種やわか竹
　①61, ⑥87
　種や若竹
　①157, ⑥149
罷立て　③345
まかり出て　③227
罷出　③270
まかりぬる　①348
巻あぐる
　鉤簾の外山　②303
　箔にちかく　②166
巻揚る　②84
捲あぐる
　嵐の後の　②49
　鉤簾の向ひ　①420
捲上る　①282
捲あげて　①298
蒔絵さへ　③281
蒔絵盃　③454
蒔絵に須磨の　④238
蒔絵に見ゆる　④193
蒔絵の門の　③478
巻かへしつゝ
　衣うつをと　②354
　みる文の中　④88
真木こるおのこ　①422
巻千鳥賊　③455
まきたてもとゐ　③295
巻尽す　①133
捲ながら　②198
まきながらなる　①441
巻ぬるまゝに　②109
ま木の板戸に　①277
真木の板まは　②387
槙のを山の　②170
捲残す　②26
真木の戸ざしに　①362
真木の戸ざしの　①251
槙の戸ざしを　②114
まきの戸寒み　②22
まきの戸たゝく　⑥42
真木の扉に　①425
真木の戸も　②95
槙の戸も　②253
槙葉越の　②180
槙の葉しのぎ　⑥52
槙のはに　④175
槙の葉に　①270
槙のはの　①112
槙の葉のぼる　②191
槙の葉や　②13
槙の葉山の　①338
槙の葉分に　①232
槙の葉分の　②9
槙のみどりに　②76
まきの屋に
　声の色有　①181
　紅葉散かふ　①279
ま木の屋に
　声の色ある　①110
　よぎぬ道と　①112
真木の屋に
　ふりはや千
　①111, 182
　わくや川音
　①110, 181
真木の屋の　②151
槙原に　①364
槙原の　②66
槙原や　①269
槙ひばら　①441
巻々の　②171
まぎるゝ事も　①389
紛れぬは　⑥25
まぎれやすらん　④280
捲わたしたる　①353
幕きはゝ　③399
幕くゝる　③269
馬草かひつゝ　①488
秣かひよる　②135
馬草かふ　②123
馬草はなれず　⑥118
馬草もとめに　②130
真葛か原の　③497
真葛が原も　①378
真葛かはらを　③458
ま葛葉の
　おつるにさ
　③88, ⑥159
真葛葉の　②247
真葛ははせて　②139
巻く袖に　①368
幕のすそ野々　③231
幕の手なひく　③456
幕又幕の　⑤106
まくらいざとき　⑥54
枕絵や　③356
枕をしやる　②160
まくらおどろく
　いなづまの　②269
　昼臥の袖　①407
まくらかたなの　④215
枕がの　④77
枕かりよる　①417
枕かる
　此夕ぐれの　②408
　野上の里の　①327
まくらかる野の
月のさびし　②304
露の月影　①214
枕こそ
　露と月との　①266
　友なき人の　①233
枕さだめず　①256

まくら敷すて　②377
枕して　⑥26
枕する間も　⑥13
枕だに　④126
枕たのまば　④98
枕とて
先かるかや①87,170
まくらとるまの　②155
まくらなやます　①461
枕なやます
風ぞ身にし　①415
鳥のからご　②308
枕ならへて　④260
枕に落る　①347
まくらにかゝる　①416
まくらに鐘を　①287
まくらにかよふ　②227
枕にかよふ　②387
枕に消し　②107
枕に聞は　②151
枕にたてる　③347
枕にちかき　①343
まくらにちかく　②239
枕に近く　①385
枕につがぬ　②325
枕に月の　①466
枕に告る　①401
枕にと　⑥48
枕に残る　③332
枕にはらふ　①318
枕に春の
夢ぞ残れる
①200,②266
まくらにひゞく　②276
枕にほしの　②418
枕に結ぶ　①377
枕にも　①311
枕にやがて　①276
枕にやどる　①270
枕によるの　②262
枕に夜るの　⑥59
枕に夜半の　②69
枕のいづこ　②323
まくらの上に　②393
まくらの月や　①220
まくらの露を　②370
枕のとけぬ　④281
まくらのみ　②35
まくらの山の　②74
枕の山や　④302
まくらのゆめも　④176
枕のよそに　⑥55
枕の余所に　③177
枕は恋を　①335
枕箱にも　③465
まくら箱をも　④284
枕屏風に　③231
枕もとから　④162
まくらもとには　④204
枕下には　④324
枕もとの　③162
枕もとへ　③320
枕もとらず　①364
枕もとらぬ　①211
まくらもはかな　②56
まくらや老の　①467
枕ゆふ
小野々笹原　②150
野はそこと　④78
枕ゆふ野の　②349
枕より　③279
枕わびしく　②280
まくらをかざす
夢の面かけ　③286
夢の面かげ　⑥145
まくをはる　④185
負かたは　①341
まけかたも　②147
まけ口の　③478
負し軍の　④208
まけしまさごの　①302
負すまふ
せきにせき　④279
又出ならは　④271
まけにけらしな　③188
負に成　③328
まけはくち　③356
まけば簾の　①280
曲物にして　④243
馬子が最期の　④320
孫子それぞれに　③184
孫三郎は　④230
孫惣領の　③473
まことある　③59
まことかは　④203
誠すくなき　④98
まことそのゝち　③316
真ならざる　①246
誠なり　④243
まことに浮世の　③471
誠に此さき　③184
まことに古筆と　④264
まことの時は　③448
まことの道に　①495
誠をし　②354
馬子はおらぬか　③435
孫八左衛門　④254
孫彦の　③219
真蒋がくれに　⑥20
真こもかり　③261
真榊に　②375
真榊も　①302
正木のかつら　④211
ま砂ぢかけて　①447
真砂しく　②148
真砂地白し　②143
真砂地てらす　②344
真砂地遠く
暮る松ばら　②320
汐の引跡　⑥19
真砂地に
蚃とりどり　①359
かよふ姿の　⑥57
声たてゝ行　⑥59
声立て行　②261
棚なし小舟　①361
翅つらなる　②330
つもりつも　①231
乱藻くづの　②134
満汐早き　②55
真砂ぢの　①426
真砂地の
けはひ涼し　④118
霜かと秋の　①214
末はるかに　②341
雪より鷺の　①271
真砂地は　②70
真砂地広き　②74
真砂地も　④131
真砂地や
暮れば夏の　②5
ゆく袖遠き　②176
真砂地を　④148
真砂におつる　①261
真砂に今朝の　④8
真砂に羽ぶく　②432
真砂のうへの　②369
真砂の上の
月ぞさやけ　②425
はつ雁の声　②39
真砂の末に　②107
真砂のすゑの　②87
真砂の末は　②393
真砂のたづの　②220
真砂の雪を　①252
砂ふみゆく　①462
真砂ふむ　②211
真砂をさして　①387
まさしき夢の　⑥32
まさなふ後を　④247
まさに夜の　①98
正に夜の
ながきに類　①176
長きにたぐ　⑥90
まざまざと　④321
正宗一腰　④242
増るこそ　④88
間ぢかく見れば　⑤106
ましくさと　④325
まして時節も　③307
ましてやましかく
③343
ましなひ事に　③462
まじないことの　④279
ましなひに　③309
ましなひに入　③433
ましなひの　③398
ま柴をひつゝ　①437
真柴おれ臥　④80
ま柴刈　①338
真柴かる　②265
真柴こりつゝ　①356
真柴敷てや　④133
真柴絶にし　②125
ま柴焼　①295
真柴とり　②133
ま柴取つゝ　①303
真柴とる
人も帰りし　⑥115
麓の里の　②252
真柴にかよふ　②64
真柴のけぶり　⑥21
真柴の道の　②348
まじらひも　①407
まじらふも　②354
ましらさけびて　①485
ましらな鳴そ　①326
まじはりうたふ　①344
まじはりて　②358
まじはりは　②343
交りは　②360
まじはりも
今はにげな　①226
長月に見ん　①92

交りも
　と絶久しき　①421
　物うき程の　①379
まじはるは　②130
交るも
　翁の姿　④109
　昔覚ゆる　⑥96
まじはるや　②381
交るや　②163
先雨露を　③342
先市の店　③352
先一番に　③311
先一番には　③493
先一筆の　③300
まつ五文字か　③471
先入し　①452
先イロハ　④327
先鶯の　①369
先落る
　涙や老を　⑥60
　泪や老を　②262
ます鏡　②273
ますかきや　③301
升から呑を　⑤116
先からやうに　④289
ますき垣　③281
真菅も芦も　②62
真菅も篠も　②13
まつかうかまへ　③241
まづかうかまへ　⑤179
まづかうかまへて　⑤202
まつこゝもとを　③361
先こゝろみの　①286
まつこしかけて　③260
まつ此通る　④270
まつこんな物　④255
先さくは　②81
先咲や　④96
先酒をとて　③251
まつ座敷ふり　③248
まつ猿若か　③448
まつ仕合を　④157
まづしからずは　②140
貧しき後は　②420
まづしき男　①380
まづしきが　④119
貧きが　①359
貧しきか　④191
貧しきが　②55
まづしきすま居　②277
まづしきと　④129
まづしきとても　①367
まづしきは　④125
貧きは
　去年のまゝ　①352
　其心さへ　④108
まつしきも　④139
まづしきも
　離れぬ中や　①413
　深き契りは　①361
まずしき宿も　①355
貧しくをくる　⑥56
貧しく成し　⑥28
まづしくなるを　②27
貧しさは　④114
まづしさを　①298
先十貫目　③429
まつ暫　③474
先正面に　③333
先しるや　①371
先すへて　③197
まづ青陽の　④263
まづそくさいな　④311
先たちよるは　①444
先茶弁当　③435
先長老は　③226
先ちるは　①114
まづ手形　④299
先照す
　東やしめし①26, 144
先ともし火は　③316
まづとはん　⑥88
先とはん　①52
先問ん　①154
先づなすび　③123
先なれならされ　④306
升にはたらぬ　④162
先弐百石　③435
先幣を　③406
先春は　③395
先一つ　③365
先ひとり　⑥85
先ひらかれよ　③205
先ひらく
　梅には近き　①130
　扇の風に　①425
ますほの薄　③338
ますみによれる　⑥98
先愛む　⑥25
先目の内か　③440
まつもつて　④155
先以　③233
先以て　③154
先やかましい　④303
先やすらひて　③185
まつ読ならふ　④138
ますらおが
　ともしの火　①268
　野筋や分て　⑥16
丈夫が　②85
ますらおや　①319
益人や　⑥161
健男や　②52
まづわるくさい　④291
ませがきつくる　①359
ませに結べる　⑥95
ませのあたりは　②167
ませの内なる　⑥25
ませの内に
　さく朝顔の　②345
　咲朝良の　①202
まそをの糸や　③336
又あひ見んと　①251
又あふ事も　②412
まだあかなくに　①393
まだ秋までも　②25
また明ぬ　④188
まだ明はてぬ
　朝がほの色　①320
　鈴鹿路のす　②41
　関の戸の末　②32
　関の庭鳥　①238
まだ朝かゞみ　②218
まだあたらしき　②48
まだあら駒や　①285
又あはん　②155
又あはんとの　②59
又幾世　①101
又いつかはの　②343
又いつと　①434
又いつの　②220
まだ入はてぬ　②213
まだ入やらで　④91
まだ色うすき　①324
まだいはけなき
　子をぞはご　①413
　使あやうし　①235
　人の手なら　②277
まだいわけなき　⑥56
まだうゐうゐし　⑥8
また憂老の　②391
又浮雲の　③447
まだ打そめぬ　②51
まだうちつけの　②24
まだ打つけの　②31
まだ卯花も　②255
又雲上の　④202
又追出され　④318
又あふ坂て　③499
又逢坂て　③149
又あふ坂と　④180
又あふさかの　③518
また相坂も　④260
又落る　①338
又男か　③462
又海底に　③381
又かゝる　②233
又かきくもり　①450
又かまくらに　③217
又かまくらへ　③391
またかりにても　④115
まだ川隈や　①363
又官軍の　③296
まだき泉の
　秋近きをと　②255
　秋近き音　①201
まだ消やらで　②31
まだきかぬより　②123
まだ聞なれぬ　②318
まだき暮より　①385
まだき時雨に　①273
又来た歟　⑤126
まだきに秋の　①451
まだきに鹿の　①376
まだきに賎が　①398
まだきに霜の　②394
まだきに冬の　①325
まだきにも
　北より秋の　⑥41
　時雨もよほ　②387
　忍ぶる文の　①332
　まぎれ立ぬ　①311
まだきびはなる　①357
まだき吹　①109
まだき麓の　⑥9
まだきやどりを　②321
また脇息に　④216
まだきより
　岩ほがくれ　①233
　暮をみせて　②366
　冬がまへす　②374
　先達いづる　⑥36
　乱がほする　②195

ゆふべを見　②208
雪げなるら　①472
まだきよりしも　②7
また草村の　②199
まだ朽やらぬ　②192
又酌まむ　②321
またくら過る　③384
またくらの　③472
又くる秋に　④196
またくれかたの　④164
又御さる　③502
又こそきかめ　④119
又こそと　①286
またこと方に　②308
まだ此比に　①367
又此次は　③433
又この春と　②254
又この春も　②289
又こよひしも　①459
又こん年の　②351
又さえぬれば　②91
また咲ぬ　①88
まださし柳　②280
又しぐれなば　②61
又しゝ舞を　④212
また爾時無尽に　⑤105
又しては　③449
又しては又　③346
復しのばれむ　②321
また借銭を　④279
また若輩な　③438
又修羅道に　④212
また少年に　③218
まだしらぬ
あるじを頼　①239
かりねの枕　②300
ひなの長路　①256
まだ知らぬ野も　④84
まだすかぬ
深田に残る　②48
深田は森の　②29
まだ住すてず　②250
また早天に　③315
また相場付　③312
又候や　④250
まだゝき残る　①260
又たぐひ　①73
又竹之丞　③531
又立かへり　①269
またたはつくる　③511
又太郎　③245
まだちらぬ　①426
又月にとて　③524
まだ露をかぬ　②275
又露時雨　②356
またで秋や　①67
またでも聞や　①377
又出もどりを　⑥100
又といふ　④80
まだ床ながら　②213
又ないものしや　③364
又なき浦の　①377
またなてあくる　④152
まだ馴ぬ　②163
まだ馴やらぬ　①419
まだ新里は　①438
また廿五と　③301
またぬ夜も　⑥42
またねてか　③438
またねぬ鳥の　①417
まだねぬ人や　②114
またねぬ人を　④158
まだねぬ宵の　②193
又ねの床に　①483
また残る　③337
まだのこる　①437
まだ残る
いのちもし　②88
里のあはひ　⑥48
又後の　②143
又後の秋　①252
又は井筒の　③437
又は虚空に　③353
まだはぢらへる　⑥117
まだはつ秋の　①246
また初瓜を　③219
まだはつかなる　②201
又春風に　②73
またはるばると　②145
まだふみもみず　⑥100
まだ文も見ぬ　④291
又々いつか　③195
またまたこちへ　③498
またまたこちゑ　③157
又またれぬる　①480
まだみぬすがた　①425
まだみぬは　①296
まだ太山には　②141
又みん事も　⑥19
又めぐり　①76
又めぐりあふ　②367
又めぐりくる　②374
又もこむ
庵あらすな　①160
けふは行て　①169
時雨のやど　①182
又も来ん
けふはゆく　①84
咲ぬもよし　①28
時雨のやど　①111
まだもしも　③374
又も問屋の　③237
又も年　③45
又物まうの　④250
又も春の　①8
又も見ば　⑤98
またもれぬるは　①372
又や来てみん　②109
又やとはれむ　②22
まだ山ぎはゝ　①414
まだ山住に　②241
又やみん
磯山桜　①147
気色八十島　②157, ⑥34
又や見ん　①34
また夢さそふ　②191
まだ宵と　②227
まだ宵ながら　④313
また宵なきよ　③454
まだよひの　②388
まだ宵のまの　②325
又よといひし　③421
又よといふも　①480
まだ夜はふかし　②269
また夜ふかにも　④136
まだ夜をこめて
旅ね起行　②380
はしこかけ　④307
又留守の間に　④305
またるゝ雁は　①395
またるゝも　⑥149
またるゝものは　④233
またるゝ物は　④135
またるゝや
向ひの峰の　②81
むさしの長　⑥129, 154
またれしは
久しき物と　②93
一度ならぬ　①332
待れたり　⑤107
またれつる
玉章かけぬ　②225
人はこずし　②271
道は絶にし　②375
岑より月や　①444
またれてや　②318
またれて渡る　①230
またれぬる　①437
またれもあへぬ　①271
又若後家も　③441
まだ若し　⑤99
又若やかむ　③300
又わかれ
又やむかし　①89, 173
待あへず　②243
待出し　①307
待出ん　①418
待うたひ　③336
待得けり　①7
待えしは　①46
待えしや　②382
まぢかきを　①194
ま近きを　①134
町方の　③219
町通ひ　③459
町くだり
みればこそ　①139
見ればこそ　①6
町下り　①459
町くだり見る　②407
待こし暮は　②300
まちし園生の　②352
待し行幸の　②104
町衆へとて　③429
町衆顔なる　③464
待し夜や　①236
待つけし　①10
まちつとまちやれ　③412
待つるも　①356
町年寄の　③299
待とらば　②409
待とりし　②355
待とりて　①212
町なみに　④147
まちぬるからに　②88
町広み　⑥33
待更しては　④118
待ふかしてや　②419
待またず　①123
待またぬ　①293
待々し

幾夜な夜な　①265
心もよはる　①346
待々て
今宵ゆるす　②73
とけぬ恨の　②132
むまれしこ　①288
町々の　⑥116
待々も　②285
待よはり　②8
待よはりつゝ　④131
まちよはりての　②388
待よはりての
うたゝねの　②166
思ひ身にし　②146
待よはりては
葛のうらか　①337
泪身にしむ　②417
待よはりても　②356
待よはる
簾うごかす　①422
涙の袖を　②66
町療治　③474
待わびし　①449
待わぶる　②426
待侘る
声きかまほ　②374
三年の今日　④108
松青く　①256
松青やかに　②328
松弥高く　①218
松梅の　⑥148
松梅は　②330
松梅や
をのがさま　①13
このめる神　①15
松うれにも　①360
待が中に
まつ人をし　①34
待人をしれ　①147
松が枝に　①41
松が枝の　②284
松がえも　①288
松垣に　②189
松かげうつる　①209
松かげ涼し　②160
松陰つゞく　②116
松陰に
入江を遠み　①390
柴おひかへ　①240
松陰の
栖はみるも　②40
外にはふか　①255
常盤にむす　①212
船さし出て　⑥92
道さへ分ず　⑥50
松かげは　①442
松陰は　①278
松陰や　①362
松かげよりや　①313
松かさの　③335
松かすかなる　①416
松数に　①8
松かすむ　①16
松風落る　④92
松風おもひを　③452
松風寒き　①216
松風絶て　②102
松風たかく　②254
まつかせてをけ
月の下水　③245
飛越の川　③380
松かぜと　⑥81
松風と
めされて来
⑥104, 128
松風に
聞添らるゝ　②409
声うち添る　②192
たぐふ名高①79, 166
軒端の藤の　②18
松風の
音だに有を　②199
声や浅黄に　③493
夜空をそふ　②4
松かせは　④219
松風は
あれから是　③174
荻にゆづり　①213
松風むら雨　③400
松風村雨　③387
松風も
陰に色こき　①87
霞の庭に　②209
心してふけ　②111
松風も又　③170
松風や　①77
松かぜを　①77
松風を　③273
待かたは
のどけき花①27, 145
松がねに　①320
松がねは　①454
松がねまくら　②341
松がね枕
敷捨ぬめり　②134
まどろみも　①389
松が根より　⑥150
待暮に　⑥35
待暮を　①300
まつ黒に　③437
真黒に　③467
まつ毛の先を　④203
抹香の
煙もしめる　③265
火うちこち　④266
抹香ひねる　③472
待こゝろ　①53
まつことさうよ　③480
待事の　①203
待事は　②347
待事も
なくてや過　①357
ねがひもあ　②218
まつ此くれの　①286
末期の水の　③328
待ころの　①363
真さきかけの　③236
まつ先に
陶山こみ山　③325
星てる池に　④236
真先に　③450
真先にたつ　③396
松島に　③354
松しまの　⑤163
松島の
夕を秋の①107, 181,
④27, 31, 33,
36, 39, 55, 57
まつ島や　④55
松島や
をじまはし　④36
月さへ夜さ　①173
道の野山は　④57
末社の宿割　③466
真白に　④338
松杉に　①371
松杉の
奥には夏や　②394
奥よりおつ　②122
陰も年へて　②375
立ならびた　①422
立双びたる　①493
真直に　③154
松すゞし　①161
松涼し　①66
末世の衆生の　③428
松平風　③484
松高き
陰に声する　②113
苫やの前に　①217
松高し　①45
松たかみ　①120
松高み　①187
松茸さそよ　③291
松茸に　③30
松竹の
台はきよき　①214
みさほにな　①121
貞にならへ　①188
松茸も
笠ほす雨の
⑥139, 157
笠干雨の　③51
まつたゝ中に
おへる借銭　③414
こはる虫の　③406
まつ直中に　③453
松たてる
岩のと絶に　①275
奥に棲や　②21
陰まで霜や　⑥96
こなたは花　①243
庭の白洲は　②355
待たびたびに　②96
待月の　②307
まつ月や　③131
待て居や　③346
まつてお見やれ　③256
待といひやる　①474
待といふ　④184
松と梅との　①465
松と荻と
いづれかさ　①76
いづれか先　①165
待と聞ば　①359
待年は　②403
まつと知てや　②314
待とせし　①427
待とせしまに　①276
松と竹とに　②387
待とだに　⑥117
松と共に　①434
待友はこで　②427
松苗を　④289

松ならぬ　②182
松ならふ　③241
松ならぶ
　となり三軒　⑤204
　隣三軒　⑤181
松なれや　①44
松に入日の　②408
松におさまる　①368
松に音する
　手鼓の音　③249
　物申物申　③237
松にかゝれる　①434
松にかげそふ　①214
松にかよふも　②366
待にこで　①470
松に言問ふ　③454
松にそふや　①15
松に立そふ　⑥47
松にちぎりの　①495
松にちぎりを　②343
松に千年を　②252
松にちらせて　⑥30
待につれなき　①269
松にてる　④112
松にとはん　①43
松に問ん　①151
松にねくらの　③489
松にのみ　②238
松には風の　②175
松にはかり　④190
松にはなれし　②26
松に春日の　①286
松に吹たつ　④79
松にふぢ
　蛸木にのぼ
　③122, ⑥143
松に藤
　章魚木にの　⑤295
　蛸木にのぼ
　⑤166, 286
　見通しがた　⑥85
松に冬なき　②275
松に隔たる　⑥28
松にみずは　①185
松に見ずは
　あまり隈な　①91
　いさやしら　①116
松のあなたに　①363
松の嵐も　①412
松の色　④188
松の色さへ　①295
松のうへ行　②57
松の台の　⑥22
松のうれより　②134
松の風　⑤118
松の門さす　②48
松の木の　②189
松の木柱に　③268
松の声　②94
松の声きく　①241
松の声に　①129
松の声は　①69
松の木陰の　①307
松の梢の　①402
松の木ずゑも　②236
松の梢を　②366
松の子紬を　③212
松の木のまに　②375
松の雫を　②95
松の精
　うばと成て　③367
　腰より上の　④305
松の露を　①81
松の戸さゝじ　②313
松の戸ざしの　②61
松の戸住は　④94
松の戸とぢて　①234
松の戸に　②66
松の戸の　①386
松の扉は　⑥28
松の戸や　①249
松の葉色も　②341
松のはごしに　①482
松の葉ごしに　②194
松の葉越に
　雨ぞ晴行②157, ⑥34
　かゝるつり　②191
松の葉白く　②250
松の葉に
　をくやわが　①80
　置やわが色　①167
　散かふ雪や　②402
松の葉の
　露に宿らぬ　①215
　ぬれて色あ　①120
松の葉は　②323
松の葉も　①373
松のはや　①393
松の葉や
　落てかつが　②237
　かく跡より　②131
　ちりてなが　②13
松の葉分の　①449
松の葉を　①418
松のひゞき　①481
松の響に　②434
松のひゞきの
　秋さむき比　②174
　冴々る袖　④95
松のひまひま　①299
松の隙より　②190
松のみ歟　⑤125
松の見越に　④292
松のみどりも　②319
松の雪
　おつるや爰
　④362, ⑥107
松の雪より　①340
松のよはひ　①45
松はいくえの　②285
松は岩ほの　③473
松はおなじ
　松に藤さく　①41
　松に藤咲　①150
松は折に　①68
松はしぐれに　②99
松はつらくも　③149
待はつれなき　①246
松は常盤の　②200
まつ花に　②322
待花の　①29
待花は　①344
松はひさしき　③334
待は古し　④220
待はほどある　④92
松はみどりに
　明ぼの丶春　②421
　三冬ふる色　②151
松はみどりの
　年に添陰　②415
　夏ふかき宿　②148
松は夕の　②26
松原うすき　①282
まつは洛陽　③246
松ばらごしの　②384
松原さして　③384
松原つゞく　②352
松原に　①387
松原の
　陰に方寄　②83
　こずゑにか　②24
　木間ほのぼ　①336
　末にや雨の　①307
　中の流を　④335
松原は
　月も朧に　②126
　人けも見え　⑥35
松原や
　霧一村の　②223
　梢つゞきの　①231
松引あそぶ　①207
松一木
　捨てお丶て　④301
　竹のはやし　①188
　難面たてる　①278
まつ人に　①90
待人の
　ありげにた　①256
　つれなさた　④78
　道をつけ丶
　①123, 190
　宿かなし　①54
松一むらは　①468
松ひとり
　大江の霧の　①83
　重ねて高き　②28
松ふく風に　②261
松吹風に
　雨晴ぬめり　⑥59
　衣うつをと　①318
　松むしの声　②227
松ふく風の　①380
松吹風の　①258
松ふく風も　②400
松ふく軒に　②348
松ふくり　③488
まつ程の　②266
待ほどの　②30
まつ程は　④78
待ほどは　②237
まつ程久し　①261
待ほども　①219
待ほどや　②45
待ほどよ　①53
まつ程を　①27
待ほどを　①146
まつ間くるしな　②43
松交テ　②101
まつまてしはし　④282
松むし鈴むし　③349
まつむしの　①166
松虫の
　声たえだえ　⑥26
　声にとぶら　①336

声にもこも ①79
声ほのめか ②112
声も人めも ②266
りんといふ ⑤258
松むしの声 ④195
松虫の音も ④118
松虫の音を ①213
松虫も
なぐさめ草 ①361
よるとなく ①79
松虫や ①397
松も秋なる ⑥115
まつもうし ①122
待もうし ①189
松も木だかき ①243
松も時の ①81
まつもほとゝき ④159
松も松 ①8
待もよし
そこそはは ①52
そこそは初 ①154, ⑥87
松もろともに ③416
待もわかれも ①285
松もをのが ①44
松や君に ④145
松やしる ①428
待宿を ①36
松や先
霧より明る ①82, 168
まつ山の端の ⑥98
松山や
木のまは雪 ①188
木の間は雪 ①121
待宵に
かすむ灯 ②5
障ありとは ①485
横にねさふ ④253
まつ宵の
鐘はいく声 ①52, 414, ⑥149
鐘は幾声 ⑥149
けはひしら ①442
待よひの ③209
待宵の
うせ物さか ③391
おのへのよ ③426
鐘はいく声 ①154, ⑥91
つらさにこ ②70
待宵のかね
はらふ町役 ④192
やすかたの ③525
待宵は
急しものを ①494
かうへかた ③378
そら鳴もせ ①54
違ひ棚とそ ③294
なをもせき ③261
鼠算とや ③257
待宵も ②307
待宵や ⑥86
まつ宵々の ②289
まつ夜かさなる ①260
松よ神代の ⑥96
待夜冷じ ①221
まつ夜なからの ④272
待夜ながらの ①467
待夜な夜なの ④91
待夜の砧 ①241
待夜はすがら ①489
まつ夜は更ぬ ②260
松より奥に ②51
松よりをくる ②334
松より松の ①476
松よりもろく ②27
待夜半の ④261
松浦石 ⑤97
松浦潟 ⑥5
松浦の沖の
朝和の空 ②412
浪ぞなぎぬ ②244
まつらの山の ②333
松浦のわたり ②147
まつらん暮は ②233
まつらんとのみ ①417
まつらん物を ①343
祭きて ④154
まつりごちしる ②208
まつりごと ②20
政 ③455
まつりしなごり ①455
祭せん ⑥49
祭りぞ出る ②401
祭たゞ ①294
祭にいづる ①376
祭にも ③169
祭の神も ④150
祭の桟敷 ③202
祭のともに ④276
まつりの庭の ⑥43
祭の場の ⑥17
まつりの場は ②341
祭の後は ①268
祭は月に ③394
祭りも絶る ①356
まつりや秋の ④165
待るとや ①37
祭るべき ①132
まつる仏に ④153
まつはれて ①41
待我に ②14
松をうへて
千世のかげ ⑥91
雪のかげ見 ⑥152
雪の陰見ん ①120
松を植て
雪のかげ見 ⑥152
雪の陰みん ①187
雪の陰見ん ①251
松をしくれの
うすにもき ④276
そむる血判 ③327
そめそめな ③164
松を時雨の ③471
待をしれ
いはねばこ ①51, 153, ⑤163
松を貫 ⑤299
松をはしらに ①266
松をみば ①184
松を見ば
いつ見ん雪 ①123, ①190
霜のしら洲 ①115, ④9
松を見る ①135
松をよそへて ②403
まて事とはん ③350
まてしばし ②114
まてといひつる ⑥56
まてとまてと
月の遅きに ③154, 503
まて用が有 ④320
窓明て ①478
まどひ来て ①372
円ゐしつゝも ①366
円居する ⑥29
窓うつあまり ②215
まどをの衣 ②402
間遠の衣 ④112
窓くらくなる ②247
窓さへくらく ①288
窓さしのこす ②273
窓静にも ①221
窓下地する ③216
窓ちかき
竹の葉すさ ①452
竹の葉乱す ②271
窓近き ①362
窓近く ②360
窓におほへる ①408
窓にみだるゝ ①481
窓に身にしむ ①413
窓にみる ①179
窓に見る ①103
窓にむかへば ②110
窓による ①393
窓のうちの ②64
窓の梅
北面はよき ⑤110
枕に匂ふ ⑥92
窓梅
改暦すでに ⑥128, 153
窓の面は ②119
窓の外なる
いさゝむら ①346
夕日しづけ ②345
窓の外には ②226
窓の月も ④150
窓の外山に ①226
窓の蛍の ②423
窓の前より ①441
窓のむかひに ④113
窓の雪
うつればか ①61, 158
窓ひらきをく
露の柴ぶき ④119
軒の月かげ ②46
窓も簾も ②94
窓もる露に ②198
窓より西の ②282
窓より冬の ①217
まどろまで
聞あかせと ②150
月に物うき ①303
まどろまぬ ⑥53
まどろまば ①258
まどろめば ①335
窓をひらけば
梅の初花 ⑥63
をける霜朝 ①335

峰の間近さ　②91
窓をめぐるも　①319
まな板たていた　④275
俎に　③323
俎板に　③455
まな板の脇　④258
俎板を　③252
間半台　③443
まなくも袖を　②306
まなくもよする　①482
まなこ三寸　③323
眼とほつく　③184
まなこにあたる　③158
まなこの黄なる　③467
まなこのたまに　④154
眼の前に　③211
俎箸に　③352
まな箸の　③101
学ばで送る　①468
学ばで後に　②367
学ぬを　①132
学得し　②208
学びし才の　①380
学びする　⑥57
学びつゝ　②203
学び勤し　④128
学びても　②349
まなびにはたゞ　②20
学びぬる　⑥19
学びのすぢも　②91
学の窓は　②353
学びの道の　④81
まなびの道を　①442
学ぶ心や　①402
学ぶに道の　②108
学べき　②146
まなぶる文に　②14
学たゞ　④127
まなべばふかし　②28
間にさへあはゝ　④303
まねかでも　①86
まねかるゝ　①170
まねかれし
ゆへよしも　①85
故よしもが　④58
まねかれん
我かはあや①85, 170
まねき返す
そでか入日　⑥151
袖か入日の　⑥151
まねく入日の　④120
まねく尾花や　③215
まねく尾花を　②233
まねくすゝきの　①311
まねくにや　①98
まねくをみれは　④139
真萩かる　⑥94
真萩も内の　③434
まばゆさや　⑤108
まばらなりけり　①273
まばらなる
垣ほながら　②365
草のかきほ　①465
くさの戸ざ　②267
小家のあた　②324
旅の舎りは　②239
苫の下ぶし　②119
軒端に月の　②84
まばらにあれし　①358
まばらに木々の　②128
まばらに古し　②425
まばらにむすぶ　②269
まばらにも　①293
まびさしの陰　④257
ま一息　③436
まぶしさしてや　②311
まふたつに　⑤276
ま二つに　④229
まふたつになる　③257
ま帆にかけつゝ　①307
まほにだに　①289
まほになき　②88
真ほにむかはで　①402
真帆引て　②286
真帆引船の　②421
真帆曳船の　②424
まぼるにも　②58
まぼろしの　②315
まぼろしを　②416
まゝくはふとや
むしの鳴ら　③240
虫のなくら
⑤175, 258
むしもなく　⑤195
まゝことの　③277
まゝ事よ　④302
継母にさて　④168
まめだちつゝも　②123
まめだつは　②178
実ならぬ　④115
豆はやす　③329
豆まくやうな　③507
豆をほちほち　④172
守袋に　④240
守袋を　④235
守るこそ　③157
まもれ猶
つき弓うた　①462
つき弓謡ふ　①129
守れなを　①192
まゆすみくろう　③360
眉墨細く　①382
黛も
うすき情や　②308
ふりゆくま　②335
眉たゆげなる　②431
眉つくりして　④273
眉のごと
雲こそかゝ　②300
みゆるやと　①427
ま弓月弓　④203
まよひ子の　③163
迷子の　④231
迷ひ子は　③304
まよひぬる
恋路のやみ　②431
霜白妙の　①397
迷ひぬる　③326
まよふとは　④92
まよふと見しも　①287
まよふも山は　④76
まよふや霜の　①295
まよふ夜見せは　③399
まよはむ後の　①276
まよはん後の　②241
鞠見物の　④135
鞠にくゝる　③379
鞠の稽古は　④139
鞠の音も
かすまぬほ　②336
なづまぬほ　①310
鞠は茶屋に　③253
鞠場をも　③220
鞠も久三が　⑤106
鞠をけこせる　③501
鞠をける
暮こそかよ　③151
すそは露や　③310
丸かゝみ　④211
丸かたけ　③173
丸腰の　③450
丸裸ても　④240
丸はたかにて　④218
丸盆の　③416
丸山の　③218
丸山ひとつ　③292
稀なりし
けふの祭や　②382
夢の浮はし　②230
まれなりと
いふや老土
①139, ⑥162
稀なりと
いふや老づ　①6
幾年も見ん　①33
稀なる年の　②302
稀なるに　①31
稀なるは　⑥116
稀なる春を　①419
稀に逢夜は　④114
稀に明て　①7
稀に拝む　①37
稀に聞　①384
まれにきて　①264
稀にきて　⑤95
稀に来て　①96
稀にしも
あふ夜の契　②401
人の行かふ　②320
まれにだに　①412
稀にだに　④120
まれに問よる　①377
稀にとふ
あはれも深　②219
御室のうち　②88
まれにとふ夜も　②178
稀になり行　②135
まれに人　①484
まれの逢瀬は　②41
まれのちぎりは　②65
まれの人めも　①278
客人えての　②150
稀人の　①361
客の　⑥117
客人の　①421
客人や
さらりとた　⑤169
はらりとた　③42
まれまれの
文のたより　①272
道行人も　②342
まれまれは　①444
まれまれ人の　②243
丸が長　①331

まろぶししたる ①350
まはすたひ ④210
まはり状 ④195
まはれは野辺に ③339
万騎余 ③364
万戸すら
　おかふてか ③242
　おがふでか
　⑤184, 208
万歳楽には ③363
万歳楽は ④190
万歳楽を ④238
まんづ東 ③74
慢高ければ ③484
万日仕廻 ③228
万にひとつ
　とゞけやつ
　⑥144, 157
　届けやつと ③137
万病によし ③471
万宝や ④228
まんまとすんた ③470
まん丸に ③501
まんまるにする ③270
万葉時代の ③406
万葉集にも ③250

【み】

みあかしの ③471
御あかしは ⑥53
見あぐる所 ④290
見あぐれば ⑥14
見あげた所 ④318
御遊びに ①209
御あそびはてゝ ②430
御あそびも ①447
御遊びも ②425
御所生の野辺は ④116
見出せば ①384
三井寺さして ④296
三井寺へ ④149
三井の鐘つく ③183
見入さへ ①340
見入よしある ②255
見いれより ②303
身祝ひ歟 ⑤127
実植にせしか ③440
御内の人々 ③476
御影堂 ③464
見え来る ③213
見えしかげやは ②163
見えし蛍は ①278
見えず成 ①17
見えそめて今 ①232
見えつるは ①395
見えみ見えずみ ①343
見えわたりたる ④321
見え渡る ③305
見をくりし ⑥5
見をくるも ②167
見送るも ②41
見おさめの ⑤99
みをのやゝ ③379
見かへりて ③207
御垣がはらの ①356
みかきすたれの ③416
みがきぬる ①369
御垣の露ぞ ①329
御垣のほとり ①494
御垣を越て ①383
みがくれて ①29
水がくれて ①330
水がくれに ②233
御影そふ ①15
みがけば玉の ④88
みかさの山に ①441
三笠の山の ②315
みかさ山 ①15
三笠山
　おほふかげ ①141
　しげきめぐ ①277
味方か勝し ③480
味方はわつか ③386
三ケ月うつす ③150
三日月に ⑤122
みか月も ①425
三日月も ②122
三日月を
　ながめの末 ②263
　詠の末の ⑥60
三ケ月を ①201
三日の節句に ④146
三日の日は又 ③314
身から計の ③231
御狩のかへさ ②433
御狩野の
　色跡や遠く ①200
　鳥跡や遠く ②265
　花にといそ ②394
御狩の野べの ②216
御狩野は ②180
御狩ばも ②270
みかはす思ひ ②308
見かはすのみを ②361
見かはすも ①235
右がまけたる ④304
右相違なく ③362
御几帳に ①340
右の酒気
　さますは左
　③16, ⑥134
右の司に ①305
右左 ⑥22
右一通り ③517
右やひたりの ③437
右や左の ③301
右万 ③139
みぎりえならず ②304
砌木深く ①383
みぎりすゞしき ②166
砌なる ②85
砌にうつる ②49
砌に清き ①404
砌に過る ①357
砌にちかき ①493
砌に近き ⑥6
砌にちかく ①259
みぎりに月を ②334
砌につゞく ②3
砌に遠く ②374
砌になるゝ ②72
砌に残る ②57
みぎりに春の ②79
砌の秋に ②69
砌の内外 ①397
砌のうちに ②368
砌のうちの ①267
砌のうちも ②104
砌の梅の ②51
砌の木々も ⑥20
砌の木葉 ①216
砌長閑に ②372
砌の野べに ⑥24
砌の野べの ①241
みぎりばかりや ②62
砌はくれて ①298
砌も野べも ②75
砌をさらぬ ①412
砌をひろみ ①231
みぎはにしばし ①441
汀にすぎし ②165
汀に鳥の ①283
汀にや ⑥30
汀によする ②236
汀のこほり ②386
汀の氷 ④95
汀の月に ①333
汀のなみに ②315
汀の根芹 ①322
水際離れて ③479
汀はれたる ②140
三木を進する ④139
水草かれ ①190
みくさのたから ①362
三行半 ③340
御国ゆづりの ①473
御国をも ②414
三熊野の ②389
三熊野や ④128
御格子も ②416
御格子や ②198
御輿とて ③275
神輿はけしき ③413
神輿を布留の ③371
見事哉 ④299
尊の足の ④246
みことのり ①411
親王の末なる ①387
御子まで殺す ⑤97
みごもりに ②126
水ごもりの ①426
見さいな見さいな
　③389
身さへうきたる ②152
身さへ駒さへ ②267
みさほなる ②298
みさほに立る
　松ぞ久しき ②379
　松の葉の色 ②115
御坂の松の ①401
御さきおふ ②123
御崎なる ③468
みさゝぎの
　跡問人も ②288
　久しきあと ①412
　松は幾世の ①109
御陵の ②400
みさゝぎや
　松も世に似 ①45
　むかしおも ②20
陵や ①353
水さびゐる ②427
見ざりしかげも ②57
見ざりし方に ②321

見ざりしかたの ①322
見し秋の ⑥110
みじかき芦の ⑥116
みじかき位 ①379
みじかき夢の ①225
短き夜半の ①386
見しかげうかぶ ②293
見し影は ①92
みじか夜に ①72
短夜に ①164
みしか夜の ④218
みじか夜の
雲まに星の ①297
夢ぞとさま ①71
夢ぞと覚す ①163
短夜の ①56
短夜の雨 ②115
みじか夜は ①457
みじか夜も ②172
みじか夜や
ねなくに夢①72, 164
短夜や
かの五文字
③54, ⑤167
みじか夜を ②221
みしすがたにも ②156
見し傍臥の ②379
見し太夫さま ③281
見し月は
有明までの ①310
神護慶雲 ⑤104
見しにもあらず ①326
見しにもあらぬ ④118
みし花は ①145
見し花は
老ぬに老の ①26
吉祥天女 ③452
みし花も ⑥18
見しはみな ②110
見し人の ②64
見し人は ⑤102
見し深草の ⑥23
三島手の ③78
御しめとも ①18
御注連縄 ③478
見しも世に ①118
みしやそれ
宿こそあら
①172, ④21
見しやそれ
やどこそあ ④24
宿こそあら
①88, ④18, ⑥82
みしやそれと ①146
見しやそれと ①27
見しやそれとも ②431
みし宿や ①178
見し宿や
今はたおな ②429
その折まで ①102
みしや夢
かたはら寒
①195, ②292
見しや夢 ①134
みしゆふ㒵の ②224
みし夢の ②324
見し夢の
たゞしきし ①307
名残をした ②39
みし夢は ③231
みし夢も ②384
見し夢を ②69
見し世がたりに ②225
身しりぞく ⑥73
見しを見る ①116
微塵の用に ③219
水あせて ②247
水あそびする ⑥20
水いさきよき ④277
水いさぎよき
里の中川 ④91
谷川の末 ①240
水いはひする ③296
水祝とや ③400
水打かけふそ ③250
水うちけぶる ①272
水打たてゝ ③220
湖あれば ⑤254
水海あれは ③514
水海の ①431
水海もあり ③519
水桶に ③201
水遠近の ①495
水落つもる ②179
水おつる ⑥3
水落る ②51
水かほる ①57
水鏡 ③433
瑞籬に ②181
みづがきの
久しきあと ②260
めぐりたゞ ①434
瑞籬の
久しき松の ①254
久しき代よ ③452
松に小松の ②329
みづがきは ①277
瑞籬は ②131
瑞籬も ②44
みづがきや ①134
瑞籬や
しめゆふ杜 ①194
七十年あま ⑤63
久しき春を ②219
瑞籬を ②11
水かけて ⑤104
水懸は ④156
水篭に ③154
水篭も ③505
みづから作る ②371
みつからに ④278
水かるゝ ⑥24
水かれて ①424
身過にかゝる ③323
水清き
小沢に駒や ②370
ほとりに袖 ②286
水清く
爪木にちか ②112
砌の池の ②348
めでなん月 ①329
御簾きよげにも ①446
水くきの ①141
水茎の
おかし堺の ④184
おかたの部 ③178
おかたひと ③203
おかた独り ③514
岡に暮た ④296
岡の秋風 ①320
岡のやかた ②192
岡べは霜の ①220
岡やうす墨 ①15
水くゞり行 ①422
水草きよき
岩かげの道 ①281
山しづか也 ①326
水草茂る ①211
水草や ③46
水汲が ④308
水車やら ③337
水煙り ②119
水煙たつ ③481
水けぶる
川ぞひ柳 ②262
沢の草むら ②259
沢辺は人の ②237
水煙る ⑥59
水こほり ①115
水氷り ①184
水心 ④163
水越る ④297
水こりいかに ③213
水さへも ①229
水寒き ①242
三すちの露 ③453
水白き
末は野中の ①431
ながれをせ ⑥38
淀の川顔 ②240
水白く ②154
水冷じき ②332
水せき入る
岩のはざま ①470
庭はこのも ①404
水せきし ②115
水そゝく ①258
水茶屋に ③371
見すつるは
あやな桜の ②336
花のおもは ①448
水てのまする ③321
水遠き ①335
水とをく ①264
水遠く
打見渡しの ①267
暮わたりた ①462
流に風や ④83
見ずとこそ ①104
水鳥の
浮寝身にし
①127, 191
名におふ河 ①70
名におふ川 ①162
ぬれぬ宿か ①127
水鳥の
脚や紅葉の ⑤280
氷の隙に ④108
羽音はとぢ ⑤259
羽音より猶 ④153
水鳥も ③341
水鳥を
うらやむ鳥
①127, 191

水縄や　③381
水にすむ　①40
水になかれを　③402
御簾にま近き　④84
水ぬるし　③324
水ぬるんたる　③388
水の秋しる　③269
見すのあちより　④150
水のあや織　④77
水の淡や　①321
水の上に
　下居し鴎　①264
　馴て鴎の　①221
水の浮　⑥86
水の江に　①68
水のけぶりの　②241
水の底より　③161
水の月
　巴にめくる　④208
　よつてのそ　③275
御簾の外に　②325
水のながれの　②422
美豆野の里に　④198
水のひたせる　②133
水のみどりも　②195
水の緑も　①421
水の面に　⑥22
美豆野をかへる　①430
美豆野をゆけば　①247
水はかすみに　②4
水鉢に　③347
水は濁れり　④251
水晴て　⑥57
水引壱把　③239
水引すゑの　③342
水ひやゝかに
　岩がくる也　①449
　さしそよぐ　①481
　流遠しも　④120
水ひろき　①46
水広き
　池の氷の　②327
　ながれの北　②346
水広く　①333
水細き　①216
御簾捲ば　①317
水まさり行　②301
水ませば　④280
水みどりにて　④101
水むすぶ　②45
水結ぶ　①388
水結む　①360
みずもあらず
　みもせぬふ　①152
　みもせぬを　①446
見ずもあらず　①47
見ずもあらぬを　②87
水もなき　④167
水もの丶　⑤108
水もみどりに　⑥53
水ゆく岸に　②23
水行岸の　②161
水行ほとり　②384
みつらいふ　③282
水を出て　①57
水をためて　③301
水をたよりの　①251
水を照し
　水を蛍の　①61, 158
見世棚の　③302
みせぬる扇　④208
見せの先に　③435
みせばやと　①32
みせばやな　①416
見せばやな
　かゝる泪の　①361
　袖にかはか　②428
　涕の露を　④295
　都の人に　①402
見せばやの　①44
みせばや人に　①410
見せばや人に　①366
見せ申つる　③291
味噌桶の
　その味つく　④261
　ふたり計の　④223
みぞ川の水　④293
溝川も　①68
御祓川原の　①227
みそぎ川原を　①443
御祓川　⑥12
祓して　②420
御祓する
　波のしらゆ　①415
　ゆふとりあ　①363
祓する　⑥23
御祓せん
　めぐみ天み　①70
　めぐみ天満　①162
御祓の跡の　②248
御祓の跡の　⑥97
御祓の折を　②146
味噌けの味は　④212
味噌こし碁　④187
味噌酒過す　④191
三十年あまり　①74
三十年だに　①59
みそ汁くさき　③359
味噌汁たてゝ　③443
味噌汁に　④232
身ぞつらき　①320
三十といひ
　又あらたま①5, 137
三十とせの　①16
三十年の　①142
みそなはす　①13
みそなはせ
　外にはあふ
　　①134, 194, ⑥164
御園生に
　千世の数と
　　①106, 180
御園生も　⑥32
みそ萩と　③207
みそはきは　③521
味噌大豆も　③431
み初しは　②154
見初しは
　いとおほけ　②420
　いともおか　⑥29
　ふり分がみ　②279
見そめたりしは　③501
みそめたる　①485
三十もしあまり
　ひもしかり
　　③203, ③528
霙あられに　②336
みぞれをや　⑥118
御衣をはいかて　④156
見たひ事しや　③282
御薪の　①358
みたさゝりける　④199
見たし此　⑤124
弥陀頼む　③370
深谷がくれも　①325
見たにちかふた
　しふ柿の陰　③503
　渋柿の陰　③162
深谷に残る　②234
深谷には　②304
深谷のくれは　②68
太谷をちかみ　②136
太谷を見れば　①247
弥陀の国入　④327
弥陀の来迎　④200
弥陀は道　③341
三度たづぬる　②385
弥陀ほとけ　①454
見給へつねに　③325
見給へや　④139
弥陀薬師　④258
御手洗や
　昨日は東の　③82
　清き川瀬に　②409
みだりがはしき　④95
みだりには　②147
猥りには　⑤126
みだるゝ露を　②418
みだるゝは　①246
みだるゝ迄の　②367
みだるゝまゝの　④90
みだれ合たる
　陰の萱原　①385
　花の萩はら　②299
みだれあひつゝ　②254
乱あひて　②241
みだれあふ　②81
乱あふ
　草根を水や　①482
　れんほの盛　③216
乱軍　③530
みだれおさむる　②226
乱髪　③502
みだれ来て　②61
乱きて　①228
乱れごゝろを　①221
みたれ碁を　④142
みだれ棊を　⑥145
乱れし筋を
　けづる朝髪
　　①202, ②346
みだれずも　②101
みだれ初しは　②406
乱たる
　芥や塩に　②192
　浮藻かゝれ　②402
　国の旗手や　①368
　中に芦やゝ　④76
　藻屑にまじ　①243
乱ちる　②245
乱つゝ　②411
乱つる　⑥49
みだれて秋の　①268
みだれて雨に　①210

みだれて出る　②63
みだれて糸の　①433
みだれてうかぶ　①437
乱れてこぼす　⑥96
みだれて袖に　⑥117
みたれて露の　③149
みだれて萩の　①234
みだれて見ゆる　②211
みだれてもろき　①478
みだれてや　①34
乱れてや　①147
みだれとぶ　②7
乱飛
とまりがら　②103
蛍涼しく　④100
みだれにけらし
青柳の糸　①409
風のした草　①318
乱れぬ終り　②185
みだれぬも　①407
みだれねば　②33
みだれはせじの　②209
みだれ乱るゝ　①300
乱れ藻屑の　①358
乱れをも　⑥7
みだれん国を
出し賢そ　②150
しるがかな　②88
道改ぬ　③382
道あれば　②85
道かへて行　②76
道かすかなる　①412
満くる汐に　②328
道こそ悪けれ　④237
道こそかはれ　③269
みちこそつゞけ　②321
道こそつゞけ
真砂地の末　②238
松の木隠　②176
道さへほそく　②54
道さまたげの　⑥36
道さむからは　④215
道芝の　②342
道しらは　④235
道しるべして　⑥19
道すがら
旅ごゝちせ　①84
旅心ちせぬ　①169
旅をなぐさ　①200,②281
道そことなき　④116
道絶々し　②224
道たえぬ
泉の杣の　①71,163
道たえねとや　①484
道たどたどし
かへる野の　①302
関の岩かど　②298
旅のあかつ　②163
深草の山　①321
麓田の原　②327
道たどる　⑥31
道絶るまで　②162
道つれと　④192
道つれは
ひのおか越　③159
日の岡越の　③508
道つれも
三たり四た　③508
三人四人の　③155
みちてくもりを　②132
道とへば　⑤124
道遠き
天の橋立　②109
田面の早苗　④90
道遠く　⑥52
道とをみ　①273
道遠み　②211
道とをり　③246
道とほりさへ　③206
三千とせの　①25
道とむる　②11
道なきかたの　②405
道にこぼるゝ　②20
道にとゞまる　⑥22
満ぬるか　②408
満ぬる汐の　①294
満ぬるは　②196
満ぬるも　①293
みちの奥まで　②178
みちのく歌の
声はからう　③510
声はから臼　③519
陸奥うたの　③149
陸奥に　①485
みちのくの
いはでも月　①94,175,④56
陸奥の
しのふから　③204
忍ふに余る　③266
しのふの郡　③464
道の辻々　③271
道はまだき　⑥16
道の小草も　②341
道のしるべに　①361
道の空にて　①259
道のたゞしき　①333
みちのはてをも　②147
道のはらに　②405
道のへに　③314
道のべに
置白露の　②93
かる石一つ　④309
車とゞむる　①280
しばしひか　①415
たちぞやす　②287
広ごり立る　①396
冬も男鹿の　①250
道のへの
かりほの庵　③213
小便たこや　③231
花の時分の　③193
道のべの
露の草々　②240
露分すぐる　②324
木槿は馬に　⑤300
柳むらむら　①226
道の辺の　③153
道のべも　①401
満のぼる　②305
道の者　④331
道の行衛に　①219
道の行衛の　①288
道は落ばに　④110
道はかさなる　①322
道はかすみの　②171
道はこゝに　①129
道は爰に　①192
道は木の葉の　④96
道は霜ふむ　①317
道はそことも　③149
道はたゞ　②227
道は只　④120
道端に　③468
道はたは　③220
道は猶　②431
道は野筋の　①406
道はまだ　②114
道はむかしを　②378
道引御手の　③426
道ふみたどる　②44
道ほそき　①337
道ほそく　①251
道細み　②301
道々の
人や司を　①201,②254
道もなき　①408
みちもなきまで　②251
道もなき迄　②149
道もなく
青み渡りし　②51
人気たえた　①306
道もわかれず　⑥98
道や只　②16
道行の　③286
みちゆきぶりに　⑤209
道行ふりに　③242
道行ぶりに
逢見てし人　⑥118
言やかはさ　①447
一句うかふ　⑤185
すぐる鳥部　①326
立し小車　②119
道行ぶりの　⑥35
道行人の
みゆる曙　②309
みゆる山あ　⑥36
道ゆく人や　②249
みち分くらす　②89
道分て　②65
道分まよふ　①443
道をうしなふ　③219
道をまかする　①341
道をもかくす　①370
見つかでかなし　②186
三日の内に　③350
御調負　②301
御調のたはら　③403
三月の名残　①245
御調物　⑤67
三月山　①208
満しほかぜや　②277
みつしほどきや　②28
満しほ時や　②17
満塩に　②162
満汐に　①409
満汐は　①324
みつ汐や　②219
満しほや　②155
満塩や
神のうけ曳　②214
松の木間の　①245

満汐や　⑥8
みつちやつら
　あらふては　③434
　只我からの　③410
密通や　④325
見つゝをくらん　③245
みつゝおもふ　①148
見つゝ思ふ　①35
見つゝをらむ　①103
みつゝをらん　①178
見つゝをる　②146
蜜漬の　③478
みつゝこし
　君があたり　①433
　里よ木末よ　①154
見つゝこし　①52
三つつゝけて　③417
三の戸ひらく　②230
三の友に
　松のみあや①43, 152
三の外の　①30
三径　②116
三の山　①97
みつはぐむまで　②84
みつはつしおの　②78
御局いかに　⑥50
三つ指の　③383
三指を　③331
御剣の　③176
みつるほどなく　①330
満るやはやき　①408
満るややがて　②188
見つる世の　④79
三わぐむ身の　②156
みてぐらさゝぐ　①464
みてぐら使　①474
御幣使　②354
みてぐらの　①417
見てぞ思ふ　②224
見て疋せ　⑤125
見てたもれ　③471
見てもすし　④222
見ても猶　①211
見ても又　④233
見てもみまほし　②215
見てややみなん　④250
御堂の縁の　③172
見とをしは　③171
見通しも　①388
水戸佐竹をは　③347
三とせかほとの　④187
三年過れば　④261
三年に一度　③369
三年の外の　①227
三とせの外も　③444
みとせはこゝに　④298
見とゝけよ　③249
水戸の住とて　③390
見とみつる　①37
身ともか旦那　③379
御戸もけふ　①14
身ともらは　③228
みどりをふ　⑤77
みどり子の　①424
緑子は　②72
みどり子を　②13
みどり立そふ　①434
緑立そふ　①264
みどりとみしも　①414
みどりなる　①267
緑なる
　浅沢水の　②103
　苔の雫の　②10
　夏野のはら　②252
　水溜桶に　③278
緑りなる　①212
みとりにそむる　③489
みどりに高き　②121
みどりにつゞく
　松は幾もと　②183
　道の草むら　②229
みどりになびく
　葛のはかづ　②67
　道の草むら　②145
緑になびく　④93
みどりにふかし　①247
みどりのいろに　①349
緑の色も　⑥18
みどりの髪も　④127
みどりの空に　②217
みどりの空も　①280
みどりの洞の
　内はしづけ　②418
　庭は広しも　②290
緑のほらの　④219
みどりの柳　①333
みどりもふかく　②128
みどりもわかき　②282
緑をかへず　①254
緑をかへぬ　②91
みどりをそふる　②227
皆歌よませ　③415
みなえほし　③534
水上とをき　①245
水上遠き　②77
水上とをく
　猿さけぶ暮　②385
　月寒る山　②366
水上に
　いざよふ日　②377
　絶々鐘や　②72
水上の
　霞に舟を　①383
　雲をもなが　②22
　すぐなるを①58, 156
　遠き小舟は　②370
　浪の色より　⑥48
　二口合て　③420
　山より月や　①378
水上は
　雨になるべ　⑥116
　雲のとぢた　①466
　酒屋敷桃の　⑤109
　たゞこの桃　①25
　花の柵　②436
　山の雫や　①234
水上は猶　②326
水上もはや　②267
水かみや　①48
水上や　①402
みながら捨し　②350
みながらに　①469
皆看略に　③312
みなぎり落て　①239
漲りて　⑥5
みなぎりて行　①270
みなぎる水の　⑥34
みなぎは清し　②333
みな際に　①119
みなぎはの　①439
水口に
　鳴ば蛙の　①209
　灸すへたき
　　③19, ④53
水口の
　沢小田返す　②346
　田面にくだ　①341
皆装束を　④218
水無瀬の川の　①253
水無瀬の宮の　③441
水無瀬山　①440
水底の
　影をはちす　①64
　蛙もうかぶ　②202
水底見ゆる　④109
水底よりも　②87
みな月の
　名をやかふ　①71
　日にもかは　①72
水な月の　①163
水無月の　④112
みな月も　①58
水無月も　①156
みな月を　①70
水無月を　①162
皆続け　⑤108
湊紙　③265
湊川
　入くる舟の　②402
　つなぐ小船　②341
みなとの方に　①320
湊はるかに　①470
湊もわかぬ　①254
みなとやちかき　②192
湊をかけて　②243
みなの河　④54
みなの川
　霧ぞつもり
　　①82, 168, ④56
　流て落る　③204
水無川　④94
御名は世に　①72
皆人後世に　③278
皆人の
　こゝろを花　①453
　ことぶきし　②185
　つばきや露　④292
　宿のものな　①6
みな人は
　月になるよ　①413
　花の袂に　②302
皆人は
　萩を秋とい
　　③100, 439
南おもての　①457
南頭に　③384
南谷から　③507
南ても　③417
南の風の　①474
みなみふけ　①92
みなみまつりの　②78
南まつりの
　袖つどふ場　②32
　ときすぐる　②168

南祭や　④125
みなもととをき　①465
南より　①299
南よりふく　②17
皆見わすれて　④304
南をはるかに
　高楊枝にて　③293
　見る遠めか　④175
皆申　③254
皆も聞　③378
皆尤の　③214
みなもととめて　②274
みなもとは　①30
みなもろ人の　②81
見馴るゝ皃を　③376
みなれ棹　①343
見なれしか　②184
みなれて久し　④119
見馴ぬや　②333
身にしみつゝも　②401
身に入て
　後生迄とや　③234
　待も障は　①396
身にしみまさる　②107
身にしむ色の　②178
身にしむ比に　②5
身にしむつかへ　①444
みにしむなみだ　②277
身にしむ野辺を　①361
みにしむは　⑥29
身にしむは
　たれかいひ　①486
　戸ざしにち　④91
　ひろふ思ひ　③308
　世を通れぬ　⑥7
身にしむばかり　②13
身にしむものは　①420
身にしむ物は　⑥98
身にしむや
　あつさにふ　②23
　苺の岩やの　②298
身にしむ夜はの　①322
身にしむる
　将棋の王の　③200
　枕の夢や　①333
身にしめいとま　③188
身にしめおもふ　②329
身にしめしのぶ　②167
身にしめちぎる　①340
身にしめつゝも
　馳走する客　④139
　ならす爪琴　④118
　法のおこな　②424
　引ひとり琴　②286
身にしめて
　医学の窓に　③184
　いかに作れ　②222
　入もはじめ　②44
　恨をすまの　③208
　縁し定むる　①400
　帰見らるゝ　②391
　かたみに尽　⑥36
　くべき宵ぞ　①232
　下待わぶる　②32
　たのむる宵　②271
　喉のきいた　③170
　挽は茶湯か　④267
　仏の道に　①363
　物うきは只　②318
身にしめて追ふ　③146
身にしめてのれ　③219
身にしめてもて　③193
身にしめ恥る　②48
身にしらぬ　②24
身に虱　④288
身にしるかゝる　④225
身にそふは
　あやしかり　②406
　別し後の　②7
身にそふはたゞ　①424
身にそはぬ　①31
身にたぐへみる　⑥95
身に近き　①226
身に初なる　④99
身には錦を　④151
身にふるゝ　②119
身にも哀　④240
身にもしはしは　③150
見ぬ俤を　②112
見ぬ方に　①85
見ぬ盛　①13
みぬはあやなし　⑥39
見ぬ人や
　浦の苫屋の
　　③36, ⑥136
見ぬまにも　①415
みぬもろこしの　①271
見ぬ世をも　①77
峰入しても　③338
峰入の貝　④331
峰入は
　たゝ先達に　③162
　宮もわらぢ　⑤165
　宮も草鞋の　⑤284
峰入りは　⑥79
岑入は
　只先達に　③506
　宮もわらぢ
　　③30, ⑥135, 154
峰入りや　⑤272
峰越くれば　①408
峰越て
　今はと雁や　②239
　ゆけは手足　③148
峰こえ残し　②10
岑越残す　①398
峰こす風の　①244
みねこすかりや　②429
峰こす雲に　②176
峰越る　①258
峰たかき　①462
峰高き　①222
峰たかみ
　さながら霧　⑥92
　道はそこ共　④122
嶺高み　④79
岑高み
　柴つみ車　④96
　道の筋々　①479
　村立霧や　①213
峰つゞき　②322
峰遠き　②252
嶺とをき　⑥117
峰遠く　①410
岑遠く　②107
峰とをり
　雪やのこし①19, 142
峰に入や　①72
岑に入や　①164
峰に生る　①88
岑におふる　①172
嶺にさくは　①13
嶺に時雨の　②361
峰には雲の　①491
嶺にはれ行　⑥21
岑に一木の　①256
峰に一むら　②411
岑に不埒の　⑤99
峰にむかへば　①277
峰にむかへる　②182
岑にも尾にも　①305
峰にや有らん　③410
峰のあなたも　①294
峰のあらしに　④276
岑の嵐に　②3
峰の嵐の　①420
岑の嵐の　①478
峰のあらしや　①260
岑のあらしや　③454
みねの淡雪　④244
みねの庵室　④264
峰の桟　①251
峰のかたへに　②200
岑の楠
　霞む松はら　③472
　さんざんの　④246
峰の雲
　一割半や　④173
　先取あへす　③387
岑のこさらし　③447
峰のこなたに　①418
峰のこなたの　①247
岑の茂りに　④83
峰の白雲　③442
峰の月　④106
嶺の月　④236
岑の月　③461
峰の花
　心に感し　④322
　たゝへさし　④238
峰の花おり　①473
岑の春風　③473
峰の松
　幾度笠を　③321
　成人の後　③339
嶺の松　③431
岑の松　③302
嶺の松風　⑥101
嶺の紅葉は　③236
峰のもみちも　③286
峰の紅葉や　①228
峰の雪
　いまひとし　①19
　さやは待こ
　　①122, ⑥164
　軒の雫に　②110
岑の雪
　今一しほの　①142
　さやは待こ　①189
峰の雪は
　難波の花の
　　①121, 188
峰の雪を　①18
みねは月　①89

峰は月　①173
岑は花　③462
峰ふかく　②173
嶺吹こえて　⑥8
嶺ふみならし　②108
峰より落る　①433
岑より落る　②349
峰より野辺に　④117
峰よりも　②84
岑をへだてゝ　②288
身の秋や　③269
身上は只　③382
身の上を
　思ふ歎きは　①403
　もらしぬる　①302
身のうきにそふ　②300
身のうきは　③267
身のうき程を　④249
身の薄衣　④119
身のおろかさを　②203
身のかへり見の　②431
身の隠家は　⑥11
身の数ならぬ　②233
身の皮も　③395
身のきえしたふ　②73
蓑毛の露を　①391
見残しの　⑤74
みのしろ衣
　いかにならん　⑥29
　露もふせが　①340
身の代衣　②8
身の楽しみは　②17
身の罪は　①481
身のとゞまらん　①456
身のふとりこそ　③512
身のほどしらぬ
　恨はかなき　②254
　恨はかなや　①201
身の程の
　おもひをの　①440
　かへりみす　④115
身程もはや　③220
身のほどを　①491
蓑虫や　②329
身の行末は　①354
身のよすがとや　⑥49
身の齢　②5
身の齢しる　②288
身の来迎を　③476
御法にしかじ
　もろこしの　①200, ②281
御法にむすぶ　②117
御法の雨に　③532
御法の声は　②333
御法の声を　①399
御法の場の　①461
身はいにしへの　①277
身はうたかたの　③468
身は海遠く　②310
身は小車の　③294
身はおしけにも　③181
身はかくて　④312
身はかるさんにて　④243
身は爰に　③471
身はことよきに　②112
身は下なから　③325
身は下ながら
　あふぎみる　①473
　仕久しき　④92
みはしにちかき　①464
御階になれし　⑥45
みはしのあたり　②269
みはしのしもに　①440
御階のもとの　②167
身は捨つ
　なにうかる　②267
　何うかるべ　①200
　馴しも花や　②413
身はすてに　③246
身はながれ木の　⑥13
身はなき親に　②240
身は夏虫の　③351
身はならはしの
　うき独住　②132
　かげの苦茨　②431
　闇の露霜　②297
　もとの印判　③235
身ははかなしや　④118
身は干瓢と　④265
身は外に　①350
身はもとの
　月やあらぬ　①423
　身をも忘れ　①7
身はもはや　③470
見はやさん　①370
身は山賎と
　なれる零落　④111
　なれるはて　②255
みばや見し　①147
見ばや見し
　その磯の松　①34, ②149
身は行先も　①391
御火しろく　②431
御火白く　①129
身ひとつに
　秋のねざめ　②431
　かくやは秋　①386
身ひとつも　④102
身ひとつを　②251
三府にぬる夜は　①415
御舟こぐ　①186
御舟をおろす　②120
壬生念仏を　③480
三冬の薪　⑥116
三冬をも　①485
身ふるひをして　④244
御仏に
　五百羅漢を　③324
　ぬかの声々　②298
御仏の
　かざりのく　②101
　心をいかに　②144
　さいの川原　③308
　後はまよひ　①382
　光ありとや　①136
　恵みも高き　①394
御仏も　①232
御仏を　⑥55
見舞衆　③296
御秣は　⑥4
みまくほしき　⑥19
みまさりは　①169
見まさりは　①85
見ましたそ　③462
耳かしがまし　②244
耳きはかすつて　③357
耳こすり鳴　③349
みゝつくさはく　④166
みゝつくや　③314
耳すみがちに　⑥117
みゝすも穴に　③216
蚓も穴に　④202
みゝずもしるや　③286
耳ちかく　②304
耳ときや　②83
耳取て　③525
耳なるゝ　②133
耳馴し　①351
耳に口　④291
耳にたつやうな　③436
耳のあか　④206
みゝの垢ふく　④249
耳引手をねち　④199
耳もよく　③391
耳よりけふや　③375
耳よりも目の
　さたう社あ　④269
　はやき豹犬　④286
耳を清むる　①396
三室の山は　⑥17
未明にはしまる　④193
美目はほとけか　④145
見めもかたちも　④232
美目よきを　④158
美目よしに　④223
みめよしの　③391
みめよしは　④192
みもすそ河の　⑥173
みもすそ川の
　末ははるけ　①471
　ながれふか　②133
御裳濯川の　③420
身もすそ川の　③244
みもすその　①91
御裳濯の　①56
御もすそや　③58
見もせでかへす　②170
みもせぬ人を　①439
見も馴ぬ　⑥10
水も氷も寒し　③451
宮井あらはに　②424
宮うつしとて　①488
宮遷の時　⑤98
身やおなじ　①137
身や同じ　①5
宮方の　③493
宮川や
　あふげばも　①119, 186
　参るぞかゝ　③100
みやぎがはらの　②31
宮木の庭に　④269
宮城のゝ　②220
宮城野の　①262
みやぎ野を
　みやこの嵯　①85
　都のさがは　①169, ④33
　都の嵯峨は　④27, 36
宮城野を
　みやこのさ　④38

都の嵯峨は ④55, 57
宮木のを ④31
脈うちさはく ④165
脈にたしかに ④317
脈にはや ③508
脈のあかつた ③332
脈は先
　肺の臓より ③273, 519
脈見せて ③526
脈もみたるゝ ③201
脈をうかかふ ③383
土産其外 ③319
みやけにかたれ ④208
都いづる ①187
都出る
　折しも雪の ①120
　春めづらし ②315
都出し
　暁よりの ⑥35
　悔しさも猶 ②115
　花の香もな ⑥55
　夜はまだく ①321
都いでしは
　はや去年の ④118
　夢かうつゝ ①249
都立出 ②319
都出て
　今は幾日に ②328
　ならはぬ道 ①466
　一夜だにう ①442
　一夜二夜の ②56
　鄙の長路の ①484
　立圃と申 ③336
みやこいでゝは ①438
都今 ②26
都落 ③184
都おもふ
　袖吹しほる ①469
　時しも月の ②349
都思ふ ②145
都皃 ⑤99
都かな ⑤107
都恋しく ②412
都さへ ③213
都さりつゝ ②194
都忍びの ④101
都路は ④288
都路や ②407
都と名乗つて ③445
都鳥 ④190
都なりけり ③316
宮古に今や ①338
都におしむ ⑥118
都にしらぬ
　あらし木が ①446
　萱ぶきの内 ②263, ⑥61
都にすむを ①468
都にて
　おもふにす ①407
　きかぬ嵐の ①243
　調物の ③311
　まづや語ら ⑥65
　愛し計の ①379
宮故にと ②424
みやこになりし ③264
都になれし ①325
みやこになれぬ ②215
都にのほり ③224
みやこには ⑥42
宮古には ②166
都には
　かはる嵐の ①410
　冬のけしき ②219
都に恥ぬ ③180
都にはまだ ②187
都にも
　うき秋とち ①75
　身の憂時は ②178
都にもかへし ②414
都にも似ぬ ②400
都の秋も ②252
都のいぬゐ ③493
都のうちも ②108
都の内も ②91
みやこのかたの ②406
都のかたの ⑥14
都の嵯峨の ①237
みやこの嵯峨は ②275
みやこの外は ②277
都の空は ④124
都の空も ①392
都の空を ②133
みやこのたつみ ③275
都のたつみ
　出る夜の月 ②195
　山帰来山 ③261
都の伝の ②12
都のつとの ①247
宮この伝は ①269
宮古の手風 ④225
みやこの野べは ②335
都の野べは ①397
都の春に
　何かおとろ ②146
　まつとしら ①263
宮この春の ①274
宮古の人の ②281
都の人の ①200
宮古の夢も ②51
都はあとの ②345
都は跡の ①202
都はいつの
　秋に出こし ②307
　志賀のつれ ⑥98
都は雲の ①233
みやこはことに ①459
都は三条 ③246
宮古はちれば ①429
都はなるゝ ②24
宮古はなれし ①257
宮こはなれて ①282
都はなれて ②374
都ははやも ④85
都は春の
　袖をつらぬ ②343
　天気也けり ③292
　腹ふくれと ③279
みやこはほども ①433
都人 ①370
都人に ⑥150
都へだたる ②35
都辺は ①461
みやこまで ①65
都まで ①160
都廻り ③384
都もいかに ②40
都も今は ①227
都もさびし ①294
都や夢の ②317
宮古より ②226
都より
　うつろひぬ ①417
　隔るちぎり ②233
　淀路にかゝ ①421
都よりやは ④101
みやこを立て ③270
都を遠み ②225
都をは
　あうんと共 ④165
　こひ茶のあ ④168
　そろりとぬ ④168
　大仏殿よと ③201
都をよそに
　かすむ山住 ②8
　捨し身の果 ①241
都をよその ④108
宮路の月に ①496
御社ありと ②113
御社も
　あらたに山 ①49
　ありしにま ②217
　おく有花の ②105
御社を ③273
御息所の ③460
宮づかへ ②403
宮仕 ①279
御奴が ①485
宮寺は ⑥102
宮泊り ③467
宮は五戒を ③339
宮柱 ①185
宮人かへり ②40
宮人の
　己が伴ひ ①402
　狩して遊 ②260
　たえず行か ①446
みやひをかはす ④285
深山出ば ①51
太山出ば ①154
宮参りする ③275
深山嵐を ②85
深山おろしの ①302
深山おろしや ①240
太山がくれに ②158
太山がくれも ②105
深山がくれも ⑥10
み山木も ①134
太山木も ④117
深山路の ①389
み山路は ①395
三山路は ①265
み山ぢや ⑥43
深山住居に
　たれを待ら ②347
　誰をまつら ①202
深山のいろを ③267
太山の月に ①412
太山の真菅 ②175
太山辺に ②380
太山辺の ②111
深山辺は ①349
太山べは

風に霰の　②40
よるの錦と　②321
宮もりも　②155
みやらるゝ
あとすゑし　①450
海づら遠き　②382
美豆野は淀　⑥20
見やらるゝ　①333
みやられし　①142
見やられし　①16
見やればなべて　②361
行幸こそ　②93
行幸する　⑥27
行幸たえにし　①409
行幸の袖も　②109
行幸久しき　⑥56
幸行ふりにし　④203
行幸もよほす　①302
見ゆづる人も　②15
冥加あらせ　③17
みやうくわの煙　③379
名号の　③281
明後廿日の　③214
名字はくちす　③197
明星か　④166
名字を題し　④235
明神も　③365
明朝早々　③250
明天の　③483
明日早々　④252
明日は
いかに船頭　④321
御出被成る　③333
孔雀の鳥の　③416
妙の力も　③458
明晩の事　③493
みやうばんを　④290
妙法の　③295
妙法華経に　④140
名聞も　③181
妙薬なになに　④273
妙薬は　③183
妙薬を　③201
妙をおほえた　③483
見よかふりふる　④188
みよしのゝ
おくには里　①440
滝ぞ先見る　①38
みよし野の
花の盛を　①417
花を手もな　④318
半分道を　④333
見よし野の　③220
三よしのゝ
山もかすみ　④183
吉野を出て　④196
三好野の
山寺参　④222
山も霞て　③520
三芳野の
花も不退の　③485
山もかすみ　③521
みよし野は
此比ならし　②342
世のうき時　②345
三吉野は　①470
みよしのも　③339
みよしのや
奥も霞を　②43
おくよりめ　②334
深き山路を　②227
みよし野や
霞にたれる　①300
雲より花の　②359
人丸時代　③118
人麿時代　⑥143, 153
御吉野や　③472
三よしのや　④232
三吉野や
芳野の宮を　④107
余の物なし　③211
御代のさし入　③472
御代のはじめは　①430
御世の春　④40
御代の春
四方の本た①6, 138, ④32, 34, 37
四方の本立　④28, ⑥87
三代まで神に　①335
みよものさくら　③285
みよや是
小夜の中山　③20, ⑥153
見よやなみだの　⑥97
見よや泪は　②188
見よやみん　②5
見よや見ん
命長かれ　①34
散事しらぬ　①31
見よ幽霊の　③336
身よりあまれる　④210
見らるゝ体の　④188
見られたかるや　③208
みるおも影の　②274
みるが内に
網引の船も　①464
すさび出た　①455
見るが内に　①391
みるが内にも
はるゝ雲霧　①275
雪ぞつもれ　①466
みるからに　④125
見るからに
憂世めきた　③504
是は八幡　③512
みる事も　⑥10
見る袖も
花の香にし　②55
花をかされ　③220
見るそらも　④168
みる度に
哀はおなじ　①309
水また水よ　①160
水又水よ　①66
見るたびに　④80
見る度に　①30
見る月の
空さへちか　②45
宿賃出ぬ　④272
よしや芦屋　③509
みる月は　①172
見る月は
普き門の　①89
よしやあし　③153
よしや芦屋　③499
みる月も
谷ふところ　①292
廿日すぐれ　⑥39
都ならばの　②13
見る月も　⑥34
見る月を　②180
見るにたゝ
けつりちら　④147
角くむあし　④283
ほろゝの雉　④142
見るに賑ふ　②245
見るにまぢかく　②143
みるに身にしむ　②350
みる計　①151
見るばかり
えやはいぶ　①43
かぞへもあ　④130
見る花の
中宿ぬしや　③119
野辺にどさ　④333
見る花は
かならずと　①351
今日の行幸　⑥53
みる花も　④120
みる人からや　①461
見る人さへも　②230
見る人も
あらぬ老木　②92
幾春つまむ　①46
おもしろや　③148
みるぶさや　②13
見る文の理は　③159
見るほとの　③228
見る程の　③418
みるまゝに
色おとろふ　①263
梅がゝふか　①140
小野の山べ　①439
川一筋や　⑥24
杪の秋は　①478
やすくも更　②417
みる侭に　①385
見るまゝに
秋の初霧　①324
雨に成ぬる　②198
梅がゝ深き　①11
河水広く　②375
しづ心なく　①226
野は旅人の　②404
見る見る秋の　②352
みるみる雨の　②218
見る見る雲の　①252
見る見る袖に　①275
見る見るはるゝ　②241
みるみる舟は　⑥41
みるみる舟や　①383
見る見る冬の　②189
見る見る峰は　②393
みるみるも
雨をもよほ　①466
宇治の川霧　①456
河づら遠く　②363
鉤簾の外面　⑥25
塩は干潟の　②296
田づらは霧　②348
難波わたり　②326
軒ばの月や　①472
舟さす棹の　⑥27

雪げに曇る　①235
淀の河船　②389
見る見るも
雨を催す　②405
入日かげろ　①323
入日を虹の　①240
山の端すぐ　②331
みるめおふる　②153
海松和布かり　②21
見るめまれなる　②112
みるめもからで　①258
見るめも清し　②144
みるめも寂し　①398
見るめを忍ふ　④149
見るも哀　③173
みるもあはれも　①419
見るもかしこき　④153
見るも只　②248
みるやいかに　①147
見るやいかに　①34
見る夢の　②142
みるよりさびし　②325
みるよりも　③249
見る我も　①230
見るを見まねよ　③239
みれは榎の　③234
見れはけに　③301
みれば此　①147
見ればこの　①34
見れはさえつる　④285
みれば汐ひの　②83
見れば田面ぞ　①249
見れば谷より　②350
見れば月　②103
みれば月に　①92
見ればつらさの　④131
みれば外山の　①255
みればなづめる　②425
みればはるかに　①235
見れば人　②55
見れはまおとこ　③395
みればまだ　④76
みればみし
跡霞行　①142,④53
見ればみし
跡かすみ行　①16
人はむなし　④119
ふり分髪の　②73
見れば見し　②187
みればみしか　①421
見れば身にしむ　⑥52
見れは目もとの　③212
未練の泪　③457
弥勒の世　③223
弥勒より　④225
見わすれた
四五年ふり　③241
四五年ぶり　⑤201
見忘れた　⑤179
御事こそ　①426
御事する　①482
見渡し近き　⑥96
見渡しの
三間四間の　③333
末や大井の　①401
みわたすあたり　①430
見渡す方の　①282
見渡す方は
霞む木幡路　②311
遠きやま道　②192
見わたすは　⑥23
みわたせば
入日がくれ　②252
雲なき月の　③271
こやのゝ末　①421
にほの海づ　②342
もしほの煙　①417
み渡せば　②381
見はたせは　③262
見わたせは
大代官の　③222
お宮まいり　③196
門の手形や　③462
こんからせ　③415
言書の奥の　③199
山類水辺　③177
其ほのぼの　③457
長崎のほり　③217
花に柳に　③475
花の錦の　③291
花よ紅葉よ　④164
松の村立　③478
山も霞て　③449
見わたせば
あしやの浦　②417
入日の末の　②233
海づら遠き　①426
霰の跡も　⑥28
雲も浮立　①319
近き大原　②350
釣の小舟の　①337
遠き佐保路　②145
野は黒焼の　③371
のぼる高根　⑥33
早田かつが　②207
日もかたぶ　②387
ふのりをと　⑤257
真砂ぢ広き　①330
限もしらぬ　②377
柳をはじめ　⑥85
淀野の色の　②18
見渡せは
一順箱に　④326
巌石たゝん　③486
きせり棹よ　③316
茶屋の戸口　③235
都合其日の　③412
東岸西岸の　③296
富士を重ぬ　③380
見渡せば
浦の松原　①237
霞む方より　①380
鴨川の水　③258
月に成ぬる　②296
つどひし市　①360
波に閑けき　①356
日和よくあ　②424
野べにほの　②104
広き田づら　⑥31
夕山もとに　①232
雪は残れる　①275
見渡は
隠居火動の　④293
雲井にまか　④288
八丈島を　④294
見渡ば
唐松から獅　③427
さながら雲　①289
関ぢはるば　②286
都合其日の　③533
夏草しげき　①308
三輪の味酒　③341
三輪の奥より　③517
三わの杉ふく　②168
三輪の桧原の　②248
三わの山　③296
三輪の山々
うらみ有け　③523
恨ありけり　③304
三輪山めぐる
時雨いく度　⑥61
時雨幾度　②264
三輪山や
西に入日の　②370
桧原のこし　①380
夜も明ぼの　②88
身をあくがらす　①265
身をうき草は　③235
身をうしと
入ぬる室は　①361
捨れば花も　④123
身をうち侘て　④126
身をおさむれば　①448
身をおさめ
みるやと、　①148
見るやと、　①35
身をかへて　④114
身をかへりみぬ　②122
身をかへりみる　②335
身を隠す　①124
身を悲しむる　⑥20
身をくわんすれば　④274
身をきよめ　③166
身をしすつれば　①485
身をしほる　③266
身をしら雲の　②274
身をしるあめは　④278
身をしるに猶　②310
身をしれば　②212
身をしわけねは　④242
身を捨て　②315
身を捨て入　①246
身をすてばやも　①298
身を捨坊主　③169
身をつくし　②97
身をつくす　②346
身を投る　④207
身をなげむ　①278
身をなさば　①109
身をば生田の　①425
身をばいつ
けふは人こ①81,167
身をばかつ　①200
身をばたゞ　②279
身をはなたじと　②96
身をもこがしの　④273
身を分て　①30
身を分ん　①13
身を忘れつゝ　②163
身をわび人の　①261

【む】

向ひゐて　②47

向ひ居て　⑥49
向風
　たもとを白　④295
　迷惑仕たる　③299
むかひの里に　③203
むかひの岑の　①296
むかひみる　①491
むかひ見る　①331
向ひみる　②410
むかひみれば　①90
むかふ朝けの　②414
むかふ嵐に　①378
むかふ鏡に
　移るおもか　②354
　つらき恋痩　①370
向ふ鏡に　④132
むかふ鏡の　①427
むかふかゞみも　②66
むかふ鏡も　①233
むかふ鏡よ　②428
向ふ風に　③524
むかふ高ねや　①346
むかふ敵　④282
むかふ外山の　②243
むかふにも　②386
むかふ望に　②116
むかふ東の　②289
むかふ屏風の　②88
むかふほとけに　④217
むかふ松浦の　①341
むかふると　②199
むかふる年の　⑥25
むかふる年も　②24
むかへ得る　①8
むかへてぞ　①10
むかへの雲に　④232
むかへばかなし　①307
向へば涼し　②223
むかへば高き　①346
むかへば近し　②247
むかへば月の　①475
むかへば遠き　②359
むかへば西に　①485
むかへば富士の　①291
むかしいま　⑤104
むかし今の　④54
むかし男の　③383
むかしおぼゆる　②219
むかし思　①305
むかし思ふ
　草の庵の　③215, 403
　歯茎計や　③252
　袂は露や　②30
昔おもふ
　愁も月に　②297
　月に事とふ　②142
　納戸住居は　③185
　花橘の　②433
　花の匂ひに　④98
むかしおもへば　②39
むかしかたらん　①270
昔がたり　②87
むかしがたりに　②195
むかしがたりは　②310
むかし語るや　④150
むかししのべと　④119
むかしぞと　①93
むかし誰　③291
昔誰　⑤282
昔知行の　④249
むかしなり　⑤103
むかしにかへる
　妻をよふ秋　④193
　夢の軍場　④321
むかしにかはる　②23
むかしにぞなる　⑤101
昔にならの　②145
むかしのあとか　②168
むかしの跡の　④123
むかしの恋の　①384
むかしの声に　①292
むかしの上臈　③434
むかしの友に　④225
むかしの春は　②170
むかし咄しに　③423
むかしまつかう
　人はいふ也　③364
　夕白の宿　③474
むかしみし　③327
むかし見し
　跡は霞も　②185
　妹か事をは　③347
むかしむかし
　あつたとよ　④239
　荘子か筆法　④172
昔々
　あの洲崎て　③509
　男有けり　③207
むかしむかしの
　碓氷が峠　④308
　移り香もな　③328
　暁風残月　③205
　月ぞふけゆ　③366
むかしむかしを　③220
むかしも秋は
　①199, ②115
むかしも今も　④157
むかしもかくや　②121
むかしより　④339
むかしをいまに　⑤210
むかしを今に
　大坂の城　③222
　孝謙天皇　③455
　ひやす瓜篭　⑤186
　ひやすふり　③242
むかしをおもふ　④83
むかしを思ふ　②334
むかしをかたり　①258
むかしをしたふ　②275
むかしをしのぶ
　袖の哀さ　①357
　泪露けし　②416
　ね覚かなし　②266
むかしを問ば　①369
むかしを問ん
　すみよしの　①259
　松風の声　①233
むかしを残す　①298
むかしをも　⑥24
昔をも　①372
百足蛇か一つ　④292
無官の太夫　③421
無疵もの　④181
麦の粉の名も　③380
麦の粉を　④333
麦の粉をさへ　③504
麦畑の　⑤106
麦飯は　③268
報にや　①265
むく起の　③481
葎生に　①132
むぐらふの　②156
むくら生　④189
葎生たる　④241
葎が中の　①256
葎のみ　①328
むぐらの宿の　①406
むぐらの宿も　①361
葎はふ　②129
土竜
　茅原か末や　③339
　もとの身に　③379
葎をわけて　③437
むくりこくり
　かくのこと　③337
　負て軍や　③159
むくりこくりの　③379
むくろ腹　③480
無間の鐘に　③289
無間のとかを　④278
聟入は
　なにかなは　④281
　元より丹波　④160
むかふ疵と　④205
向ふ疵をは　③295
向ふにひらく　③481
聟かね持と　③386
聟かまいつた　④233
聟となつて　⑤98
むさいことかな　④294
むさし鐙
　かけておも　①407
　かけてもみ　⑤83
むさしかあたる　④229
武蔵か云　③315
武蔵か長刀　③467
むさしかのんたる
　④255
むさしに向つて　③476
むさしの長井は　③414
武蔵の長井は　③533
むさしの長屋に　③257
むさしのゝ
　草葉を夏の　①155
　心なるべし　①166
　しげりを民　①155
むさし野の
　枯るあはれ　①118
　錦たぐへよ　①109
武蔵野ゝ　①355
武蔵野々　③235
武蔵野の
　草より出て　③264
　心なるべし　①78
　茂りを民の　①55
　花や小草も　⑤129
　腹にやとり　③419
むさし野は
　霧たつ空を①82, 168
　取ひろけた　③404
武蔵野は　⑤124
むさし野も　①455
むさしのや
　末より末も　①495

目路には秋　①429
むさし野や
けふは霞も　④32, 34, 37, 40
これでえの　⑤231
千草の色も　②289
露分ごろも　①463
つよう出て③97, 422
行衛もまど　④125
武蔵野や
朝立袖の　⑥93
いく日分れ　①387
けさは霞も　④28
武蔵より　③305
むさむさひけも　③312
虫うらみ　⑥116
虫えらび入　②46
虫けらも　④210
むしすたく　③448
虫同前に　④309
虫鳴よはる　④119
虫にさへ　④147
むしの声　④175
虫の声
いつれも感　③365
小野とはい　③211
つくそとま　③408
ぬけますする　③440
ほそもとて　③277
蛍も露も　①420
虫のなく　①289
虫の音いたく　②7
虫の音えらぶ
袖の夕露　②102
野べのかへ　②94
虫の音添て　③526
むしの音に　①337
虫のねに
もてなさり　①166
もてなされ　①79
催されたる　②317
虫の音に
同し数行の　④242
外面の秋や　②275
むしのねの　①412
むしの音の　④189
虫の音の　①267
虫の音は
それとも分　①493
畜生道や　④220
残るも稀に　②138
やすやすや　③476
虫の音めでし　⑥47
むしのねも　①325
むしの音も
枯にし小野　②39
夜寒の床の　②13
虫のねも
きゝすぐさ　①439
世間各別　④164
たゞならざ　①443
虫の音も
あかぬすゝ　②76
嵐の底に　①366
哀をふくむ　③431
しほるゝ露　①237
茶釜もさひ　④292
乱てしげき　①281
物うき秋も　②150
よわり果た　③274
虫の音や
篭の内にし　②198
二つに割て　④238
虫の音を　②118
虫はわが　①79
虫ほしの　④140
むしまんちうも　③205
虫もなくとて　④247
武者ふりも　③183
無常の趣　③478
無常のけふり
かすむ遠山　③341
焼鍋の尻　④306
無常のけぶり　⑤250
無常の敵は　③427
無常の道に　③432
むしるとて　③352
莚しき　③397
むしろ敷には　③480
むしろのちりの　④217
莚屏風を　④153
むすこうんたる　③406
むす苺の
色いさ清き　④87
色もそひぬ　②48
むすばぬも　②150
むすばぬ夢に　②296
むすばれぬ　①418
結ばんと　⑥17
むすばん水も　⑥4
むすびあへぬや　⑥21
結び置ん　①404
むすびをきつる　①256
結びかへたる　②252
むすびこし　①169
結びこし　①85
結び昆布　③337
むすびし跡も　①481
むすび添たる　②53
むすびそへぬる　⑥40
むすび初る
天露いく世①81, 167
結びてし　①69
結びなれたる　②353
むすびぬる　④118
むすびもとめぬ　②363
結びやよらん　①353
結びより　②96
結びよる
底清らけき　⑥22
旅ねの枕　⑤101
結よる　④92
むすぶ庵は　③371
むすぶ庵りも　①229
結ぶ庵も　②435
むすぶ井筒の　①421
むすぶ井に　①445
むすぶ井の
雫にくつる　②156
水に影さへ　②108
むすぶこそ　①408
むすぶ清水が　②48
むすぶ手に
入日をかへ　④48
月影おつる　①171
月影落る　①88, ⑥83
楢のはうご　①161
ゆふ日をか　④45
夕日をかへ　⑥76
夕日を返す　①162
結ふ手に　③434
結ぶ手に
ならの葉動　①69
夕日をかへ　①69
むすぶ手の　①464
結ふ手の　④242
結ぶ手や　①69
むすぶとて　①430
結ぶ流に　②370
結ぶ名も　①69
結ぶ計の　②138
むすふふたのに　④260
結ぶ間に　①69
結ぶも深き　⑥47
むすぶより　①161
むすぼゝれたる　①321
むせぶは人を　⑤101
むせぶや霧に　①394
夢想は残る　③234
六十にあまつて　③522
六十になれる　①362
六十まて　④135
鞭打に　②143
鞭打も　②434
鞭にははやき　⑥19
夢中の境は　③237
鞭をはなさぬ　④147
むつかしかりし　③158
むつかしき
しふかき揚　④259
町年寄の　③388
む月たつ　⑥61
睲月たつ　②264
親月立日は　②302
睦月たつ日も　②14
睦月てふ　③113
む月のかけに　④211
むつ言書て　③245
むつことは　③151
睦言は　⑥98
むつごとも　⑥45
むつ言や　④320
六つ七つから　④236
陸奥守　③326
むつのごと　②163
六つの岐に　③448
六のちまたに　③312
六の道　③356
むつまじからで　⑤101
むつまじからぬ　②164
むつまじき
中はしばし　②335
名や忍ぶ身　①50
よすがの後　②74
わらは遊び　①461
むつまじく
酔をすゝむ　②202
ふり分髪の　①249
むつまじと
神ぞしらゆ　①125
しらずやな　⑥147
むつまじな
年をへぬだ　①91
若葉ながら　①47

むなくらを　④189
胸先に　⑤97
むなしきあとの　②384
空しき跡の　②412
むなしきあとを　②30
むなしきが
　あとはねざ　①445
　御事に今日　②40
むなしきからと　①462
むなしきからは　①488
むなしきからを　②193
むなしき魂も　③181
むなしき名のみ　⑥117
むなしきゆかに　①348
むなしきゆかの　①494
むなしき夢に　②300
むなしきを
　おもひいで　②211
　さらに忍ぶ　②97
　したふ思の　②307
むな前たれに　③471
無になすな　④184
棟上に　④213
むねあげの　③189
棟上の　④226
むねあはぬ　④204
胸いたに
　月見のおし　③449
　ひつしと残　③476
むねくるし　④189
胸に幾度　⑥94
胸にたくのを　③282
胸には霧の　②382
むねには何や　③196
胸にみちぬる　①240
胸にもあまる　④127
むねの中より　④320
胸のおもひの　⑥117
胸の霞は　④233
胸のけぶりに　②436
胸の煙は　③317
むねの煙を　①473
胸のつかへ　⑥102
むねの灰吹　③471
胸のひさけの　④144
宗盛公に　③253
胸より雨の　③299
むばたまの　②315
むば玉の　①420
むばらが花ぞ　②312
無病にも　④213
無分別なる　③370
むべさむしろの　①260
むべしこそ
　月の光も
　　①90, 173, ④50
　宮居さだめ①25, 144
　ゆふべは秋　①443
むべもあらしの　②266
むべも心ある　④246
むべもその　④55
むべも其　④57
むべもとしと　①5
むべも年と　①137
むべも春の
　となり有け　①130
　隣有けり　①193
むべ山風は　②300
むまごまで　①441
むまるべき　①341
むまれぬさきの　①305
無明の酒に　③227
むめがゝの
　あらたにお　①12
　枝うつりす　①14
むめがゝは　①12
むめがゝも　①140
むめ霞む　⑤126
むめ咲て　①130
むめの花
　とんでをご
　　③12, ⑥134
むもるゝちりを　②80
むもれ木は　④36
むもれ木や
　色なき色に
　　①178, ④57
むもれたる
　板井の水の　②399
　塵かきはら　①262
無よくに似たる　④214
むら芦の　②236
村蘆も　②393
むら芦や　②400
むら有かたの　①478
むらあるかたや　②342
むらがくる　②310
むら霞　①19
むら鴉　②55
村がらす
　花の林に　⑥37
　まだ夜深き　④123
村鳥　③196
むらがりし　②375
群し　②178
むらがりつゝも　⑥9
むらがれる　②103
むら消る　④181
村霧や　①215
村草の　④122
むら雲に
　移る光の　②240
　月の光の　①427
　はづれて月　①493
村雲に
　いな光して　①263
　みえかくれ　②320
村雲の
　かゝるもな　⑥109
　そらにほの　⑥66
　よ所に過行　①398
村雲はるゝ　①212
紫衣　③450
むらさき染の　③150
むらさきたゝんて
　　③460
むらさきの
　庭につらな　①457
　ゆかりや瑠　①41
紫の
　雲たて揚の　④259
　雲のかけは　③273
　雲のかけ橋　③519
　庭に二木の　②329
　ゆかり問寄　①486
　ゆかりの色　②286
　ゆかりや瑠　①149
むら鷺や　②389
急雨きそふ　①213
村さめすぎて　②101
むら雨過る
　あとの松か　②91
　転寝の空　②16
　遠の一村　②252
　峰ははるけ　②357
村雨と云　③382
むら雨に
　色もありけ　①78
　色も有けり　①165
　つれてや鷺　②296
村雨に
　出船のほと　④139
　逢た世中を　③317
むら雨の
　いづくにか　①472
　けしき計に　①298
　けしきは月　②276
　過行あとは　①406
　露うち羽吹　④94
　ひかたくみ　③499
　ひかたく見　③500
　ふるかとみ　①480
急雨の
　後さへ月の　②184
　跡しづかな　⑥18
　後も茂りの　②96
　かはり狂言
　　③358, ③521
そゝく太谷　⑥4
村雨の
　跡にも雲は　②367
　空定めなき　④327
　露や小指に　④237
　露や簾に　⑥64
　ひかたく見
　　③153, 184
　降通たる　②328
　窓うつよは　②28
急雨のして　③347
むら雨は
　亀のお山を　⑥21
　両かへまち　③374
急雨は
　けしきばか　②402
　ぬらしもあ　②107
村雨は
　後三年や　③224
　いづちすぐ　②287
　本にかはら　④318
村雨めきて　②394
むら雨や
　たゞ一とを　①312
　松樹によつ　④241
　森の木末に　①318
急雨や
　雲の行手に　②202
　しめるはか　④221
　菅の小笠に　②231
　茶うすの上　③190
　軒もる露を　①255
村雨や
　卯月八日に　③195
　月待空に　②72
むら猿の　②389

むら時雨して　②98
村薄　③409
村雀　⑥102
村竹に
　いざよふ影　①375
　ゆふべの蛍　②22
むら竹の
　霜はかつが　②305
　戦ぐあたり　②16
　中にまだめ　②34
村竹の
　垣ほの外も　②67
　陰に小舟を　①371
　陰にや里の　②53
　くまありか　②395
　葉分のひか　②222
むら竹や
　田面の末に　②128
　砌の月を　②144
むら立し　①412
村立や　①268
むら立陰も　④118
むら立松の　②248
むらちかき　①294
村ちかき　④82
村近き　①392
むら千鳥　①448
村衞　①393
村での物知リ　③372
村遠み　①377
村鳥の
　移りて羽ぶ　①395
　啼音も寒き　①353
　麓の原に　⑥29
村鳥も　②365
むらにたく火は　②288
村のあはひの　②57
むらのかよひも　⑥38
村のかよひも　②403
村のほかなる　②62
村の行衛も　②139
村はおくある　④124
むら人も　①471
むらむら白く
　雪ぞのこれ　①331
　雪ぞ残れる　②255
むらむらに
　ゐんそ薪の　④171
　時雨そかよ　③415
　なびく軒ば　②366
村々に
　薄寂しく　④98
　山立のぼる　④114
　蓬の古根　①361
村々の　②369
むら紅葉
　薪にわりし　③344
　我なしがほ　②169
村より村の　①383
村をへだつる　②296
無理いひしたふて　③416
無理しゐに　④306
むれゐし鳥は
　いづち行ら　①332, 496
むれゐしも　①423
むれ居つゝ　⑥50
むれゐつる　②176
むれ居る雲に　③375
むれつゝも
　ねに行鳥の　②342
　夕あさりす　①457
群人に　⑤106
むれよるや　③489
室君や　③180
室ごもり　④268
むろの木を　①17
むろのつの　④23
むろの津の　⑥81
室の津の
　やしろの前　④20
　社の前に　④17
室の戸に
　折まじへた　②202
　住ば心も　①241
　世のうさは　②151
室の戸の　②394
室の戸は　①475
室の扉に　①419
室の扉は　②247
室のとまりの　③280
室町通り　③222
室を出つゝ　②139
無をしたふ　①54
むんすとくみて　④240

【め】

名月に
　ぬれけり不　⑥85
　もたれごゝ　⑥86
名月の　⑥85
名月や
　何所その隅　⑤121
　ながめなが　⑤122
名月を
　或は舟て　⑥102
　知らぬ皃也　⑥85
名香を　③257
迷故三界　③423
名所旧跡　④214
名所とも　③364
名所によする　④185
名所見に　③512
名所名所　⑤107
冥途黄泉　④203
命はたゝ　③245
名木の　③169
名木を　③360
明命かすむ　④315
名誉瘧に　③340
名誉な見とをし　③414
名誉の木実　③444
明暦や
　梅のあらた　③6
　梅の新に　⑥132, 152
女夫すき　③530
夫婦中　③381
めをとの年も　③250
女夫の人の　③291
目がきいたやら　③295
目かけもの　④189
女かたきを
　うたんうた　③510
　うらみうら　③158
眇あてかふ　③377
めかねこそ　③270
目かねにて　③510
目かねのほこり　③318
目かねのまへに　③286
目かねをは　④221
目か行お目か　④234
目か行目か行　③310
めかゆくや　③269
目枯る程を　①377
目かれしを　②119
めかれめや
　秋なき時も　①100, 177
目利と名には　③358
目利にも　③412
目利のいらぬ　③477
目利もの　③292
目薬貝の　④250
目薬さしゝ　③238
目口かはきな　④137
めくばせに　①413
目くはせをして　④299
めくはせをする　③265
めぐみ有ける　①448
恵有しを　①408
めぐみなき　①231
めぐみはさぞな　①419
恵やふかき　②182
めぐみをあふぐ
　神の広前　②375
　住吉の神　②360
恵を仰ぐ　②329
めくむ芦屋に　③422
めぐむ芦屋に　⑥168
目くらかしをは　④216
めくら腰ぬけ　③281
めぐらでやすく　②136
めくらの宿に　③169
めぐり逢しは　⑥31
めぐりあひつゝ　①230
めぐりあひて　①182
めぐりあひての　②159
めぐりあひぬ
　雲ゐといひ　①88
　雲井といひ　①171
めぐりあふ社　②353
巡り逢も　①402
めくりあふや　③316
めぐり逢や　③52
めぐり逢夜は　⑥36
めぐりあはん　①155
めぐり逢ん　①55
めぐり逢瀬は　②425
めぐりきて　①216
めぐり来て　②192
めくりくる　③406
めくり来る
　月は車の　③222
　二月二日の　③222
めぐり来ん　①93
めぐりぬる　①380
めぐりはすゞの　②374
廻り行　①225
めぐるあれにし　②399
めぐるこそ　①237
めぐる時雨の　②376
めぐる時雨や　②170
めぐる日も　①269

廻るまも　②254
めぐるも遠し　②133
めぐる世に　①93
めぐる世や
うかりし秋　①92
なげゝば袖　①105
めぐる世を　①74
めぐれる谷の　②14
めさせられしを　④288
目覚して
枕の露を　①274
ものいふ声　②384
目覚す秋の　①321
目さませと　④132
めざませば　①238
目覚せば
暁近き　②247
かならず虫　④112
目さむるこゝち　③373
目覚れば　②142
目覚しのちの　①482
目覚ては　⑥55
めされぬるこそ　④134
召出れ　④143
飯米一生　④223
飯鮓の　③278
めしつるゝ　③312
召捕は　③378
食なへに　③305
めしにあひぬる　②358
目路につゞける　②307
めしぬるは　④225
目路のかよひに　②350
目路杳なる　⑤101
飯焼すてゝ　④177
雌と雄との　④226
めすに県や　②350
めすまいか　④273
めづらかなりし　②371
めづらかなれや　⑥31
めづらかに　②251
めつらしき　④181
めづらしき
家づとゝ見　②188
織女つめを　②241
初雁がねや　②229
人さへ月さ①94, 174
めづらしく
おなじ小柴　②255
雁鳴月に　①215
珍しく
谷のうぐひ　②379
軒になれく　②263
軒に馴くる　⑥61
不二の高根　②335
めづらし初る　②130
珍しな　②353
珍らしの　⑤109
めつらしや　③170
めづらしや　①429
めづる千種の　④85
めづるにあかぬ　④80
めづるやと　②343
めづる山路の　②89
目たまのほとけ　④266
目つかひの　④205
めつた遣ひに　③420
めであかぬ　②366
めでこそあかね　②331
めでじとおもふ　①455
めでし世の　①187
愛し世の　①120
目出度かれとそ　③146
めてたく頓而　③286
めてたしめてたし
③219
めでぬべき　①296
めではすてじな　①340
めではやす　②247
めでよりし　②182
馬道より　①488
目通の　③467
めなれたる　①143
目馴たる　①23
目馴にけらし　④112
目にかゝる　①283
目にさはる　④11
目には見ゆれど　②414
めに見えぬ　①254
眼に見えぬ　⑤107
目に見えぬ
鬼もやはら　④191
十日の日は　③357
目に見ぬ客を　③480
目にもかゝらぬ
雨うらゝな　①265
雨の長閑さ　②177
目貫小つかも　④176
目の内其伲　③324
目の打つけに　①389
目の薬なる
花の朝露　③210, 521
目の玉も
清き渚の　⑤295
清渚の　③58, ⑥139
目のはたも　③161
目のまふに　③517
目の前て　③428
目の見えぬ　③437
目の煩の　④150
目八分　③368
目棒をもつて　③477
目まひけしきに　③173
女松男松　⑥162
目もあはで　②244
目も黄色なる
涙こぼせり　⑤87
泪こほせり
③515, 519
目も春の　②185
目安にのする　④199
目安の千束　⑤95
目わたる鳥の　①335
目をおとろかす　③509
目ををとろかす　③161
目を閉て　⑤291
目をふたぎ　⑥73
面向不背の　③380
めんとしき　③434
面壁の　④266
面目なけれど　④289
めんほく灰に　③391

【も】

もいのなら　③254
もいのもいのの
みしか夜の　③164
わかれきの　③159
別きのとく　③527
まうけことなる
春のまれ人　①258
宿のよそほ　②407
儲君をあふぐ　②143
申請　③324
申かはす　③196
孟子の才を　④296
申分なき　③438
まうしまうし　⑤167
申々
六蔵がまう
③127, ⑥158
六蔵が申　⑤292
申シ申シ　③473
亡者のきびす　④309
妄執の雲　④309
妄執深き　③252
申様　③253
妄心の　③227
盲人も　③238
申もおろか　④318
詣るも　①379
申せば名のみ　③367
もうせんさそふ　③217
毛氈しける　③214
毛氈は　③260
毛氈まくる　④157
毛氈も　④214
もうせんを
しきつにつ　③189
敷にやりぬ　③155
毛せんを
地主の桜に
③18, ④52
毛氈を　③508
申さうさう　③395
詣きて　②372
詣ぬる　⑥23
まうでの袖の　②55
詣で寄　④131
まうのぼりぬる　④90
蒙ひそかに　③457
蒙ひそかにきく　③482
盲目の　④254
盲目は　③208
もえあかる　④241
燃あかる　③292
もえ出る　③426
もえしこそ　②4
もかさも出あふ　④237
もかな難波の　③449
藻刈船　②426
木魚とは　③479
もくさひねりし　③183
もくずかき　②101
もくづかき出る　①287
もくづかきにと　②404
藻くづかきにと　①293
藻屑がくれに　②403
もくづさへ　②336
藻くづたく　②80
藻屑たく
大晦日の　③330
里を舎りの　②8
藻屑焼

煙すくなき　④82
火や煙　④87
もくづたく火の　①410
藻屑たく火の　②197
もくず流るゝ　②159
もくず火の
影かすかに　④111
霧にしめる　①396
もくづ火の　②138
もくづみだるゝ　①453
もくづみだれて　⑥41
もくづも　①391
藻屑をさそふ　②379
木征　③211
目前の火事　③529
木像の　③228
木像ものを　④240
も来る笘しやか　③411
藻塩草　⑤98
も塩くむ　④123
もしほたるてふ　①200
もしほ垂てふ　②266
藻塩火の　②239
もしほもくまぬ　①268
もしほやく
浦にこがる　⑥110
煙も絶る　②322
文字さだまらぬ　②140
もし死なは　③460
文字知りたてを　③319
もしなかば　③116
もしもや直る　④302
鵙かけりなく　②277
鵙ぞなく　①170
鵙ぞ鳴　④59
百舌ぞなく　①101
裳裾にかゝる　②215
もすそに付る　③334
もすそに払ふ
道の露けさ
①201, ②256
鵙なきて　②70
鵙なき渡る　①355
鵙の鳴　①422
もそつとの所　③364
もそつとまつたら
③341
持すへき　④336
もたせてかへる　③177
持せ行　③481
もたねは屋根も　④154
持あまる　④298
もち出る　④159
餅一斗二斗　③231
もち出て　④157
もち扇　④212
持あふき　③329
餅かつまつて　③419
餅がなると
申すや姥が
③138, ⑥159
餅きこしめし　④250
持こせる　③168
持し太鼓の　③300
望月の　①91
餅突の夜は　③479
望月や
ある詩にい　③50
馬子は口縄　③432
望月を　④299
もちと御思案　③426
持なしの　③190
望ならぬ
月まづ満る　①175
月先みつる　①95
餅に消る　③78
餅に砂糖　④239
もちの数　④226
もちの楊枝も　④213
餅は秋　⑤50
持ふるす　③213
餅をもしゐて　④232
もつ大筒の　③326
勿体つけた　③315
もつて御前に　④221
以の外　③321
もつてひらいた　③521
もつてひらいて　③399
もつて参りて　④325
もつてまいらふ　④189
もつとも奥ある　③277
尤かうこそ　③365
尤しかる　④332
持槍の　③384
もて出る　③354
もて来た夏を　③451
もてなしの　①324
もてはやす
観世今春　③368
月にや酔を　⑥25
本厚く
けさ又たつ　①5
けさ又立や　①138
もと有し　②324
もとくたちなる　②296
本口で　③372
もと首の　④232
もと陶も　④300
本住し　①272
もと住る　②301
本たちて　①78
本つ葉の
いや生しる　①21
いや生知し　①143
もとでわつかに　③359
もとのあるじを　②132
もとの江戸とは　④187
本の雫と　④241
本の栖に　④131
もとの波間に　③527
もとは恋路の　④298
もとは我　④244
本ひかる　①62
もとみしと　①431
もと見つる　①317
本むらさきの　③469
もとむるや
よりあひも
③35, ⑥136, 154
もとめいづるは　①313
求出し　①341
もとめ出ばや　①309
求がたきぞ　④129
もとめざらめや　④116
もとめしは　①324
求しは　①394
元も子も　④305
もとゆひ紙も　④214
もとゆひの　①337
髻はらへは　③529
もとゆひを　③286
もとよりの　⑥150
もとり馬
おなじふも　③260
莫々として　③473
藻にうづもれず　①423
もぬけに残る　⑥97
物あつけをく　③497
物いひかはせ　⑥19
ものいひも　④245
物いふしたも　④280
ものいみに　①289
物忌に　①369
物いみを　①260
物入の　④306
ものいはぬ　②431
ものうき度は　②415
嬾は　⑥7
物うきほどの　①340
ものうぐひすの　①313
物うぐひすの
声老にけり　①245
侘つゝぞな　①484
物うしとても　①263
物えしし　②302
物えんじをも　②199
物覚て　③254
ものおもひ　③330
もの思ひ　①347
襟　④128
物おもひ
いとゞ催す　②91
雁の直段に　④307
釘か有なら　④318
島田の宿に　③411
物思ひ
打まもらる　②409
月をもうし　②354
物おもひおれば　④94
もの思する　②273
物おもひする　①302
物おもひそふ　①229
ものおもひにや　④92
物思寝の　①413
物おもひの
花とや散し　①79
花やおもか　①116
花やおも影　①184
ものおもふ
おりしも雁　①437
姿なりとは　②218
物おもふ
折しも月に　②4
月の比しも　②346
身は月にさ　①307
物思
心もよはる　①278
やせた背中　③164
物思ふ
折からかな　①257
影やそなた　①242
心や更に　①377
袖ぞよりな　②266
ね覚の床は　②132

物おもふ影に ①330
物おもふこゝち ①341
物おもふころの ①281
物おもふころは
　聞かじ雁が ②128
　空ながめし ②357
物おもふ比は ③390
物思ふ比は ②371
物おもふ時の ③312
物おもふやどの ②254
物思ふ宿は ②107
ものおもへとの ①457
物思へとや ②315
物おもへば ①466
物かいれとも ④240
物かげに ⑥85
物数を ③264
物語 ③212
物がたりにも ①338
物語りの ③120
物悲しくも ②135
物がなしさを ①259
物かりて ③309
物かはり
　うつろふ星 ①183
　移ろふ星や ①113
　かはらぬ月 ②427
物くひ心 ④230
物くるひとや ③163
物くるゝ ④316
物ごしの
　いらへ聞よ ⑥117
　きぬの色あ ②219
　絹の音なひ ②249
　声はそれか ④101
もの毎かたき ④195
ものさたや ③242
ものざたや ⑤212
物沙汰や ⑤188
ものさびしげに ①295
物さびしげに ①229
物寂しさも ②194
物さびにたる ④132
もの静なる
　末の真砂地 ②244
　山ざとの春 ④78
物しづかなる ②228
物しりかほに ④157
物知くさき ③418
物しりの ④283
物すごき ⑥12
物すごく
　聞なされた ①327
　狐なくなる ①466
　友よぶ鳩の ①491
　鳩の声する ②5
ものすさまじく ①461
物ぞ悲しき ①397
もの取も ③359
物なげかしみ ④118
もの歎かで ①30
物なげかで ⑤102
物歎き ⑥94
物なげゝとや
　月もうらめ ①227
　日ぐらしの ②118
物にかゝりの ④249
ものに感する ③184
物に狂ふか ③181
物直段 ④264
物の哀 ①479
ものゝ哀は ②400
物のあわれは ④147
物の音 ⑥118
物のかゝれぬ ④239
物のきわめの ④325
ものゝけしきに ②244
物のけと ①221
物のけに ②237
物のけの ⑥48
物の気の ④127
物化の ②69
物怪の
　うらみはつ ④169
　また此春も ②128
物のけは ⑥15
物怪は ②318
物怪わはし ③211
物のさひ鮎 ③250
物のさひしき ③233
物の師匠と ③291
ものゝしまつ ④229
ものゝたよりの ①439
物の名も ③526
物の音も ①276
武士の
　たけきもか ②396
　矢なみつく ④309
武士は ②380
ものゝものゝ
　物の淋しき
　③523, 527
物は思はし ③486
物ふりにたる ②413
物ほし場より ③398
物詣して ①404
物見車の ④102
物見の松の ④251
物みるも ①307
ものもうあらは ③303
ものもうきたる ⑤214
物もうきたる
　文月の月
　③242, ⑤189
物まうとれから ③443
もの申の声 ③415
ものまうは
　いづくいか
　⑥127, 157
物まふは ④164
物もうは ③374
ものまうも ③176
物申も ③214
ものやみめきて ①199
物やみめきて ②116
物よりも ①317
物わすれする ②356
ものわびさする ①370
物わびしきの ②208
物侘しきの ②247
もの侘しくも ②244
物わびしさや ②380
ものをいわぬは ④159
ものをおとすな ④219
物をおもふと ③466
ものを思ふや ③145
物をこそ ③385
物をならふと ③326
もはや歌舞妓も ③167
最早向後 ④168
もはや久米路の ④196
もはや死に ④172
もはやもはや ③412
もひとつたのむ ③254
藻臥の鮒も ①431
もみうらの
　天の羽衣 ④250
　たての薄着 ④191
もみち色付 ③513
紅葉色つく ③177
紅葉色に ③111
紅葉かさねの ③219
紅葉かつ ①260
紅葉かつちる ①484
もみちかり ③516
紅葉かり ③240
紅葉がり
　関東までも
　⑤176, 197
紅葉狩 ④136
紅葉こきませ ③335
紅葉する
　色もしらぬ ②195
　さくらのは ⑤104
紅葉せく
　網代の床は ②232
　ためとしな ①183
　為としなれ ①114
紅葉せぬ ②131
紅葉散うく ①268
紅葉ちる
　磯べや朱の ①115
　尾上のくれ ②253
　風のなか行 ⑥151
　風の中ゆく ①183
　風の中行 ①113
紅葉とばかり ②360
紅葉に巣かく ③191
紅葉にも ①86
紅葉にもまた ①353
紅葉のあきの ④185
紅葉の陰に ①365
紅葉の比は ①414
もみちのにしき ③489
紅葉の錦
　買ふ人もな ③524
　さそふ川水 ②20
紅葉のにしきの ④268
紅葉の端へ ⑤99
紅葉のはやし ②164
紅葉々朽て ①476
紅葉々散飛 ③442
紅葉々に
　おもひこめ ①86, 171
　ほのぼの月 ②415
椛ばの ②120
もみぢ葉の ②431
紅葉々の
　落てのこれ ①304
　かうては果 ③377
　ちりも尽さ ②102
紅葉ばの
　色かす風の ①213
　色こきに見 ②419

しげ木の陰　②59
艶ばは　①394
もみぢ葉は　②14
紅葉々は
神のみけし　①104
岸根のなみ　②230
さかりみぬ　①474
照とをる波　①104
紅葉ばみだす　②122
紅葉々も
秋も限りの　④115
色に流る　①360
紅葉ばも　②3
もみぢばもろき　②34
黄葉々や　②81
紅葉々や
鉄炮の火に　⑥144
やまとにも　①104
紅葉ばや　①214
黄葉々を　①262
紅葉々を
くろかみ山　①103
見る目の前　①316
めで尽して　⑥29
紅葉ばを　①178
紅葉吹おろす　①213
紅葉ふく　⑥100
紅葉鮒　③269
紅葉みたれて　③261
紅葉みだれて　②345
紅葉もぬさと　②251
もみぢより　⑥151
紅葉より
いづるもみ　①178, ⑥151, 158
出るもみぢ　①102, ⑥88
滝よりはる　①102, ①178
紅葉をかざし　②284
紅葉を風の　③148
丹葉を見せて　②54
紅葉をみたす　③265
もみづるや
時雨るゝし　①178
時雨るしる　①102
もみのきれ　③372
もめる紙子の　⑥124
木綿をる　③191
もめんならひに　③339
木綿引手の　④143
木綿帆を　③249
木綿わた　③337
百枝の松に　④83
百草に
きははなれ　①86
心の色も　⑥92
春の色わく　①22
百草も　①23, 150
桃咲て　⑤107
もゝさくおくの　②167
桃さく里も　②230
桃さくや　⑤109
百敷に　②289
もゝしきの　①495
百敷の　③217
百敷もよき　④207
百敷や
あかるゝ春　②70
出入袖も　⑥5
閑けき年の　②126
過る神楽の　②143
近き守りの　②5
外衛の箭　②11
ほのぼの花　①486
もゝ尻の　③192
桃園に　①25
股立ちも　③273
百千かへりて　②242
百千度　⑥18
百千とも
かぎらぬ秋　①106, 180
百とせに　③434
百とせの
今もさかり　⑤108
談林の樹に　⑤108
百年ふとも　⑥46
百年めてや　③194
百とせも　⑤107
百年も　⑤109
百とせや　⑤107
百年を　⑤108
百鳥の
事ざましな　①53
囀る春や　①356
もゝ囀の　④87
桃の名も　⑤108
桃の花
柳にやりし　③217
わけくるや　⑤109
桃のはやしに　①342
百夜になりぬ　①396
百夜まて　③470
百よろこびの　①222
百よろこびを　②249
もゆるおもひや　④167
もゆるおもひを
いつかしら　①372
ふくほらの　③216
もゆるおもゆに　③492
催ふすは　②322
もよほして
神楽の庭火　②87
月もほのぼ　①288
催して　①308
催す雲の　②150
もよほすは　②168
もよほす祭　①324
催すや　②62
催せし　④83
もよほせる
神のみわざ　②35
神わざさぞ　②45
催せる
豊のあかり　①355
花の賀ちか　②332
もらひぬる　③145
もらさじと　②254
もらさぬ神の　①261
もらすなよ　⑤101
貰はばや　⑤126
もり明す　①244
もりいれば　②87
守こそすつれ　②294
守こそ侘れ　⑥7
守すつる
関の桜戸　①317
田面や霜の　①297
守捨ず　②372
守捨て
帰にけらし　②193
花も淋しき　⑥96
守武以後の　④189
森ならぬ　①303
森に木伝ふ　⑥10
森のかくれに　②45
森の梢　③278
森の梢に　②382
森の梢や　①394
森の茂りに　①210
森の下なる　④235
森のした葉の　②346
森はみどりの　①293
盛物は　③189
森より森を　②78
守侘る　⑥35
森をあはひの　②154
守をしゐても　②195
もる雨は　③300
もる飯も　①419
守ころも　②181
守衣手も　②380
守袖はなき　②48
もる月の　②70
もる年も　①133
守人の　②134
守人は　②122
もる人もがな　④119
もる人や　②143
もるほどすぐる　①412
もれ来てや　①355
もれて後の　④133
もれとては　①355
もらふて見たい　③456
もらふて見たる　③368
もろき木の葉の　②40
もろき露　①319
もろき涙は　④94
もろき紅葉に　②281
もろくも露の身　③461
もろ声に　①414
諸声に　①272
もろ声にしも　①242
もろこし風の　③478
唐土てんぢく　⑤209
もろこしに　②382
唐土に　①378
もろこしの
秋はいかな　①341
風やはかた　①67
唐の
いかにつれ　③456
国のさはぎ　④96
唐土の　②160
唐舟の　④108
もろこし船も　③295
唐土までも　①222
もろこしも
かいはらの　④196
ぬかす程よ　④151
もろこしや　①461
もろともに
いつ又園の　②385

　老たる梅も ①334
　落へきやう ③363
　おもがはり ①444
　しのぶわか ②63
　手なれし扇 ②295
　まくらもあ ③166
　三月をおし ①257
　めでぬる月 ①457
　齢も月も ②15
もろ共に
　かならすお ③178
　かはらぬ月 ①472
　詠ん花に ⑤101
諸ともに
　うたふ樵夫 ④82
　歎きくらべ ①358
諸共に
　おひ立中も ②91
　おなじ所の ⑥45
　かはらじと ①236
　消なで残る ②242
　死んでのけ ③370
　とけて語る ②413
　啼てあまへ ④232
　後の朝の ②56
　花と散とも ③484
　めでぬはさ ②95
もろともにこそ ①447
もろ共にたつ ①302
もろ人の
　花もてあそ ①465
　祝言しるき ②330
諸人の
　葵かざらん ①333
　出入門は ②40
　心に春は ②425
　すみし都も ②30
　名にめでぬ ②168
　めづるみは ①315
もろ人や
　御祓川原に ①344
　ゆふ花かけ ①51
諸人や ①7
もろもろの ①430
もろもろの子に ③385
門外に ③435
文学その時 ④267
紋がらや
　あるひは色 ③129, ⑤167
門跡かたの ④264
問答も ③278
もん所 ③370
門徒の寺の ⑥122

【や】

やあいかに
　あの沓とつ ④263
　卑下に及ぬ ③284
やあ是の ③434
やあしばらく
　おほそれな ③483
　夕のかね沢 ③76
やあ暫らく ⑤166
やあやあしはらく ③402
やあやあ出すな ③181
矢合の ③221
やいそちは ④235
やいといためる ④318
灸は ③338
やいと風 ③298
やゐとすえねは ③261
やいとすへはや ③213
やいとせん
　約束のふる ③502
　約束延る ③154
やいとの相伴 ④268
灸の点 ④326
やいとはしせよ ④157
刃のひかり ③343
屋移りや ③82
八重垣つくる ⑤97
八重霧の
　まよひ残さ ②59
　山の奥にも ③394
八重霧も ①299
八重霧や ⑥27
八重雲かゝる ④120
八重雲を ①465
八重咲そふる ④88
八重つむや ②222
八重匂ふ ①279
八重のしほちを ④179
八重ふるや ②24
やへむぐら ①452
八重むぐら生の ②14
八重むす苔の ②249
八百屋物 ④272
八百万 ②294
八百よろつ代の ④211
屋陰をも
　うるほす竹 ①60, 157
屋形舟にし ④150
屋がためや ⑤289
やかて行脚の ④332
やがてきえなん ②336
やかて御無事に ③319
やがてぞ花に ②96
やかてとまりは ③246
やかてなをれる
　殿の御機嫌 ③160, 509
やがて見よ ③133
やがてみん ②374
やかてやかてよ ③271
やかぬ野や ①41
やくはん程 ④298
薬鑵やの ③299
やくはんやも
　心してきけ ③36, ⑥136
やくわんやも ③199
薬罐屋も
　心してきけ ⑤166, 289
やかんをとめて ④149
焼返しとや ④241
焼かねあつる ④300
やき米や
　それはいな ⑥129, 157
やきしほ酒しほ ④330
焼しるし ③488
やき捨し ①282
焼煎餅も ③292
焼初て ②118
焼豆腐 ③78
焼鳥にする ④197
焼鳥山に ④300
焼めしをとす ③260
やき飯ほとに ③308
焼食も ④278
焼めしや ④213
柳生か流れ ③459
夜弓のゆく衛 ③488
柳生流 ③399
やくかまぼこや ③189
薬師の壺に ③249
やくしの反化か ④192
役者贔屓の ③456
薬種問屋か ③292
薬種屋は ③251
約束かたき ③354
約束て ④180
約束の
　おほえしる ④156
　物見姿見 ④262
約束は
　けに深草の ④279
　五月五日の ③399
　天神庚申 ③434
　廿五日の ③522
約束も ④164
約束を ③412
矢口の渡り ③271
薬湯とても ③431
役人かはり ③487
やく病の ④278
厄病の ③466
やく病を ③301
八雲たつ ③468
やくや藻しほの ②319
櫓手を ③408
矢倉門より ③271
焼跡の ③427
やけに成たる ④305
やけ野にや ①259
薬研のそこな ④187
やげんのはまて ④283
やこらさやこらさ ③222
矢ころよき ③265
屋さがしせうと ③372
やさかたなれや ③182
矢さきにあたり ③402
矢さきにわたる ③183
矢さけひの音 ④213
やさしきこはねは ③387
八しほのなみも ①456
屋敷あとにて ④282
屋敷者 ③282
屋敷よいかわ ③212
やしなひ君も ③374
やしなひ君や ③335
やしなひ君を ③512
養ひし ①33
八島にて ④293
八島のそれ殿 ④325
八島をは ③414
夜食とて ④298
夜食まいらす ④296
やしろ有 ②270

社ある　②160
社あるらし　②392
社かたぶく　②425
やしろさだめし　①319
やしろの前に　③522
やしろのめぐり　①233
野人までや
和歌の心を
③66, ④346
安きひまなく　②307
やすき身となす　①358
安き身の　①9
やす伽羅に　③322
安国の
秋とてや来　①97
風こゝろよ①70, 162
やすげにみゆる　①257
やすさに入の　④206
休ぬ駒ぞ　②74
やすむ木陰を　④278
やすむに喉は　④273
やす目かねとて　④277
やすやすと　④205
やすやすとちる　③366
やすやすの　③246
やすやすの声　③256
休らひし　⑥30
休らひつゝも　②54
やすらひに　②310
休らひに
暑さわする　④91
袖の暑さも　②179
月待ならす　②293
やすらひにきく　④124
休らひ行も　①386
やすらふ野べの　①256
休らふは　②201
安らかに　①131
やすらけく　①452
やすらはて　④137
やせ馬つなく　③231
やせおとろへた　③327
やせこけて　③345
やせ所帯にも　③361
やせたる馬も　①290
やせたる里も　①379
痩たれと　③420
痩地なる　④302
やせぬるは　④140
痩猫の　③204
痩のついたる　③430
やせほそりたる　③238
八瀬や大原も　③188
夜前の御伽　③465
夜前のさゝに　③295
夜前のしやみせん
③317
夜前のたのしみ　③492
夜前の夢や　④294
夜前は月を　③238
夜前迄　③366
夜前も四五度　③350
夜前も寝すに　③523
八十枝に　①15
八十はかりの　③442
八十島かけて　②146
八十島懸て　③456
八十瀬にも
こほりとゞ　①119
氷とゞめぬ　①186
八十つゞき
つゞくや千　①38
猶見ん春や　①37
八十の陌の　⑥30
八十のみなとの　②277
矢たのゝに　④229
矢田の野に　④240
矢田の野の　②352
矢田の野は　②74
矢田のゝや　②84
矢田の野や
浅茅分れば　②144
冬は往来も　②227
矢田ののを　④257
八千とせの
陰や八峰の　①46
はつ花さく　①39
八千代へん　①39
八束穂に　①87
八束穂の　②433
屋作を　④144
やつしたる　①351
やつして住や　①358
やつす姿も　①221
八橋の
雲井の都　④320
わたりをみ　①271
八つ橋は　③70
矢つほ慥に　④194
やつやつや　③77
谷々や　⑤288
やつるとも　①281
やつるべき　①478
やつるゝまゝに　①310
やつるゝを　①359
やつれいとはぬ　②65
やつれ来て　②61
やつれくるしき　②7
やつれし蓑は　①487
やつれ冷まじ　①381
やつれそふ　①443
やつれた袖の　③187
やつれても　④81
やつれはてたる　①278
やつれをいかに　②118
やつれをおほふ　②332
やつれおも　②289
宿いく代　①101
宿幾世　①93
宿幾代　①9
宿替してや　③314
宿かへて
千人をもま　①29
ますますと　①32
宿替に　④251
宿替は　③258
やどかへや　④164
宿替や　③233
宿替をして　③460
宿かへをする　③500
宿かす人も
あらじ夕霧
①200, ②267
宿からは　③145
宿かり衣　②413
宿がりよりて　②87
宿かる野べの　②323
宿毎の　①10
やどちかき野に　②33
やど問かねて　②370
宿とへは　③268
宿とへば　①390
宿とりかぬる　②375
宿とはぬ　①48
宿ながら
山をふしみ　①102
山を伏見の　①177
宿のあはれを　②145
宿の梅　①15
宿の不首尾を　③322
宿の見いれの　②85
宿の物と
聞や松むし　①79
なりて涼し　①68
宿はあれて　②430
宿はつれにて　④190
宿はととへは　④232
宿はなき　①23
宿はむかし　①31
宿久し　①38
宿久に　①61
宿札を　④327
宿もいく世　①153
宿も幾世　①49
宿持になる　③231
宿求めてや　①394
宿も身も　①257
宿もやど　①19
宿もよし
つぎてふら
①122, 189
舎や〆て　①385
やどりありまの　②377
やどりかねてや　②304
やどりからにや　②63
やどりかりよる　②362
舎りかる　①199
やどりかるべき
暮いそぐ袖　①330
さとかすか　①423
舎りさだめず　②147
やどりさだめぬ
鳥の声々　②23
道のやすら　②359
やどり定ぬ　②127
やどりしばしの　①437
舎りせし　①369
舎りつる　②431
やどりとひかね　①303
舎りとふ　②433
舎り問　②224
舎りにまよひ　⑥48
やどりのかたの　②19
やどりの方の　①465
やどりはあるに　①301
宿りは見えぬ　②162
やどりまばらに　②26
やどりをいづる　②284
舎りをかへし　②327
やどりをさらぬ　②103
やどりをも
いづこの里　⑥12
さだめかね　①294
やどる胡蝶も　②212

やどる野を　②272
やどれ月　②186
やどれ露
　そをだに袖①80, 167
やとれとの　③211
やどれとは
　御身いかな
　　③39, ⑤168,
　⑥83, 91, 137, 157, 165
　御身いか成　⑤246
やどを出れば　②275
宿を出さまの　③297
柳がうへや　②44
柳か枝に　③498
柳かげ　①441
柳陰より　③193
柳が露に　①237
柳かと　①37
柳が本は　①248
柳さくら　③121
柳さくらに
　あくる遠近　①453
　ましるこは　④226
柳しだりて　①277
柳煤竹　⑤98
柳樽　③377
柳ちりかふ　①454
柳ちる　②10
柳散る　②187
柳になびく
　風のしづけ　①320
　風はしづけ　④112
柳にのこる　②158
柳にまねく　②173
やなぎにも　①37
柳にやりて
　風もやむそ　③501
　風もやむ空　③155
柳のいとにて　③331
柳の髪も
　なびくお手　③296
　もろしらか　③265
柳のかもし　③234
柳の木の間　②198
柳のした葉　①437
柳のひと葉　②41
柳の水の　④147
柳はみとり
　札はくれ板　③284
　人は出来坊　③226
柳はみどり　③367
柳は緑　③413
柳吹こす　①323
柳乱れて　③407
柳むらむら　②432
柳もえたつ　①439
柳もみだれ　①329
柳より
　木のめもよ　①246
　袖も春なる　①22
やな杭に　④259
やな瀬にも　①454
簗瀬をこゆる　①229
矢なみつくろへ　①394
簗も今　①331
矢にとりそへて　②380
やねには火事の　④280
屋根葺て　⑤97
屋ねふきや　④307
屋根ふきや　③380
屋根まくる　③193
屋根や時雨　③134
矢の根も残る　③509
矢橋の渡り　③419
野馬台の詩に　④169
八幡の杉へ　④168
薮入は　③57
薮陰の　②378
やぶしがくれの
　犬はすさま　①440
　道の行かひ　②217
薮しがくれの　①244
薮しがくれは　①362
やふし分すや　③184
やぶし分ぬ　①170
薮しわかぬ
　秋は鴟なく　①101
　春日を神の　①43
薮し分ぬ
　音はあらし　④168
　花を催す日　⑥44
春日を神の　①152
やふねには　③274
薮の名を　③520
薮はらの　②302
破らしな　③480
やぶれきぬたを　④273
破れしまゝの　①328
やぶれ畳の　③258
破れたる
　褞袍でよい　④312
　瓦の窓は　②301
　田みのゝ島　③456
やふれつゝらも　③196
やふれつゝらを　④193
やふれ帆の　③508
破れ帆の　③153
破帆の　③509
やふれ幕をも　③501
山合おつる　②219
山あひの　②111
山合の　①267
山あひは　②378
山合は　①245
山あひを　②62
山家の　③47
病気も皆　③307
やまいつきつゝ　①360
病つくまで　①332
病のきりの　③274
山姥か　③377
山姥そこのきや　③427
山姥や　④175
山颪の　②114
山かきくもり　⑥117
山かくる　②165
山陰しむる　①474
山かげちかみ　①452
山陰遠く　⑥36
山陰に
　絵莚はらて　③212
　半季先より　④179
山陰の
　明離れたる　①225
　家はいづく　①380
　市はしばし　⑥7
　住家や松に　①249
　田面や月に　②412
山陰は
　木葉うつろ　②275
　水冷じく　②190
山かげふかき　②429
山かげふかく　①489
山陰深く　②119
山かけや　③229
山かげや　①291
山陰や
　うめく程あ　③432
　炭やくけぶ　②212
　無常の地頭　③474
山かさなれる　②373
山かすかなる　②399
山霞む
　浦半にトし　②354
　心の行衛　⑤67
　西を心の　②390
山かづらはふ　②410
山風いたく　①409
山風さそひ　②264
山風すさぶ　②436
山風に　③356
山かぜの　①111
山風の
　枝のいとま　①9
　音のみ常に　④110
　きつくなれ　③231
　下りしや下　③468
　雲も残らず　①252
　高うかまへ　③482
　たより過さ　①182
　力すくなし　①16
　はげしくお　⑥30
　吹初けらし　①416
　身にしみま　②356
山風も
　海に出たる　①114
　さのみな吹　④100
　常なき色に　②212
　一頻せし　②244
　松に治る　②420
　漸身にして　④114
山かぜや　⑥158
山風や
　あつと答て　③236
　此提重を　④276
　関入袖に　①230
　旅人の夢を　③142
　のこる暑さ　①320
　一むら雲を　②331
山賎と
　なれば中々　⑥116
　人は云なり　①395
山賎に　①371
山がつの
　袖に嵐の　②61
　露にぬれぬ　②431
　みぞれをし　②33
山賎の
　おもき薪は　②3
　栖のさまは　①481
　栖はなれず　②129
　園の尾上の　④108
　薪こりぬる　①408
　臥所にあた

②263, ⑥61
前田さびし　①243
やどりなが　⑥45
山賎も
心やつけん　①385
子のおくる　③234
山家には　③364
山家まで　④165
山家者　③427
山雀の　③410
山狩衣
春日暮しつ
②262, ⑥59
山川に
風のしがら　①398
くだす筏の　①228
ながれしや　①341
山川の
音也けりな　②233
音は氷に　②110
末口物を　③351
漲ぎる末や　①466
山河も
よりきて涼　①160
よりてや涼　①66
山川や　②179
山ぎはかくる　②135
山ぎはたどる　①424
山ぎはつゞく　②299
山ぎは遠く　②24
山ぎはの　②43
山際の　⑥35
山ぎはゝ　②388
山際は　①236
山涯や　②413
山際や　②4
山ぎはよりも　②327
山公事に
猟師の翁
③240, ⑤177, 199
山越きつゝ　⑥44
山越来ての　①404
山越る
雁にをくれ　⑥94
雁の翅の　⑥24
山境　④323
山坂の　④313
山崎下り　④236
山崎の　④268
山桜戸は　①380
山里同じ　②116
山里からの　②174
山ざとに
うらめづら　④21
聞きなす軒　①111
山里に
哀むかしや　②374
うらめづら　①168
うら珍しや　①82
おもふむか　①337
聞なす軒の
①182, ⑥90
春を過せる　②222
みはやすも　①451
めづるを月　⑥66
山里の
あたり露け　②108
あるじは秋　①107
主じは秋の　①180
小鹿をうつ　④203
垣から棒や　③190
垣ねの道に　①229
しるしは丸　③222
涼しさや又　①67
使は来り　④325
花にと急く　③336
ほいふかく　①190
本意深くこ　①122
山里の夕　①454
山ざとは
色なき宿の　①104
ものゝさび　④21, 24
物みな秋の　①108
世に先いと
①66, ⑤163
山里は
涼しといは①66, 161
誰音づれも　②412
問くるもな　①420
まだきに秋　①238
めづらしか　①330
ものゝさび
③4, ④18, ⑥82
物みな秋の　①181
夕を秋の　⑤45
世に先いと　①160
山ざとや　①194
山里や
嵐に絶し　①241
遠近人も　④126
門田こきま　①86
膳のさきま　⑥85
むべも住よ　①133
山寒き
住家にたれ　①318
南おもての　②429
山猿も　③435
山路いつより　①444
山下庵は　②247
山下小田の　①349
山下風も　①259
山した風に　⑥61
山した風の　②209
山した水の　①279
山しなや　①288
山科や
月人男　③464
むかしをの　⑥54
山斜や　⑥94
山路の秋の　①455
山路にかよふ　②193
山路にちかき　①421
山路のをちに　①275
山路の月を　③260
山路はげしく　②66
山柴の
帰さや道の　⑥40
一むら雨に　②176
山柴の屋に
山ほとゝぎ
①203, ②347
山柴を　③283
山路見えて　②423
山路休らふ　②313
山路ゆかば
たれか知人　①155
誰かしる人　①53
山路ゆけば　①100
山路より　①433
山しろく　③490
山城の　③238
山路をくれば　①328
山住に
うき世の方　②19
手づから植　①331
山ずみの　②277
山住や
岩ふみなら　①242
さすがにた　②370
山高み　④239
山たち出る　③178
山田では　③346
山田の畔に　②234
山田のくろを　①438
山田の早苗　⑥116
山田の原の
風ぞ身にし　①274
ふかき杉村　①338
山田の原は　①299
山田のひたを　②73
山田守　③503
山田をかけて　①237
山ちかき　②249
山近き　②249
山近み　④107
山産の　②278
山寺と　③525
山寺の
情こは雪も　③227
ちご桜みて
⑥129, 154
山寺までも　④148
大和歌　④222
和歌　⑥8
和歌に　②223
大和宇多は　③8
山遠く
雨の名残や　①382
傾く光　①388
山遠し
あやしや滝①34, 147
山遠み　②383
大和路さして　③341
大和島ねを　④230
やまとなる　③165
大和には
あらぬ歌を　①380
むら山なす　①9
山飛雲に　①495
山飛末の　⑥5
山と見て
宿とふ霧の①82, 168
山鳥の　②131
山ながく　①180
山長く　①107
山長くして　①397
山中に　④332
山ながら　②311
山なしの　①149
山なしよ　①39
山ならぬ
山ざとやこ　①99
山ざとや此　①194
山里やこの　①176

山に千年　③321
山にはしり　③191
山にふりし　①18
山のあはひは　①285
山のゐの　②307
山の井の
　あさきもす　②216
　浅くはあら　①242
山のいも　④263
山の色　④306
山の色なく　①238
山のうちや　⑤122
山の内や　③77
山のかいある　③328
山のかひより
　いづるうす　①421
　出るうき雲　①323
　おつる滝つ　①281
山のかげ野に　①211
山のかげ野は　①304
山のかたへや　⑥18
山のかた岨に　①430
山の神　④169
山の気色も　②425
山のこなたに　①453
山のこなたの　②70
山のこなたは　②118
山のこなたも　①434
山の姿　④306
山のすそ野の　⑥44
山の裾野は　②411
山の手にもつ　③216
山の鳥も　①36
山の名の　③97
山のはつかに
　家やあるら　①453
　霞たつみゆ　①480
　月ぞほのめ　①430
山の端遠く　②10
山の端なびく　①336
山のはに
　かへるや雲　②168
　月の光は　①470
　花をかさり　③375
　夕ゐる雲や　①379
山の端に
　はたさしも　④211
　晴残りたる　①297
　表具の切や　④320
山のはの　①412
山の端の
　はつかに月　①230
　緑に雨の　④87
山の端は　①303
山のはも　①48
山の端もなし
　世間は世間
　③102, 447
山の麓も　⑥33
山のふもとを　①269
山のべと
　聞しあたり
　②262, ⑥59
　名をきくあ　①313
山のべの　⑥46
山は秋の
　色ある筆の
　①103, 179
山は嵐の　③353
山は幾重の　②170
山はいづくか　①314
山は霞に
　床は薄ばた　③470
　呼出しの春　③445
山はかつ　②50
山はこれぞ　①27
山は是ぞ　①146
山はさくらの　③274
山は時雨
　ふもとは春
　①111, 183
　麓は春の　②352
山はそれ
　いでし月か　⑥148
　出し月かも①24, 143
　しづはた帯①16, 142
　しづ機帯や　④53
山はたゞ　②122
山畑は　④89
山は花　③484
山ははや　①247
山は早や　②191
山は富士　③262
山は間近き　②236
山は目中の　③472
山はもみぢ　①102
山は紅葉
　てる日のも　①103
　てる日本の　①179
　みしりがほ　①177
山はやしとは　①460
山は山を　①29
山は夕の　②289
山は雪　③348
山は雪げの　②260
やまはるかなる　①357
山びこと　②31
山彦の　①54
やま人の　①99
山人の　⑥94
仙人の
　遊ぶ所か　②364
　棲のほとり　②395
　すむてふ洞　②175
　すむ洞やこ　①25
　そゝく水か　①176
　つたへし種　①176
　伝へし種か　①99
　洞をや月の　①361
　道をうるこ　②416
　宿にひとし　①289
　齢ひは何に　①391
山人や　②151
山姫や　④176
山ふかき
　暁さそふ　④83
　軒の氷柱も　②115
山深き　①378
山ふかく　①414
山深く
　木間あらは　②402
　とめ入かた　②240
山ふかみ
　落葉の外の　①114
　おもひ侘て　①148
　思ひわびて　①35
　思ひ侘てや　④54
　木がくれて　①162
　木隠れて秋　①70
　さぞな嵐の　①279
　月の光も　①325
山深み
　岩井の水は　④167
　空蝉の音も　②308
　げに清げな　①251
山吹色に　④296
款冬ころも　③439
やまぶきの　①42
款冬の　⑥96
山吹の
　色も移ふ　⑥95
　色もまばら　①446
　をのれゆひ　①150
　ませに木末　②226
山ぶきは　①42
山吹は　①150
山奉行　④219
山伏衆　④293
山臥の　②30
山ふしは　④172
山伏も　③265
山伏を　④265
山ふところは　①339
山ふところも　①478
山踏も　①28
山辺の雪も　①374
山べはいとゞ　①278
山辺まで　①429
山鉾に　③329
やまほとゝぎす　②12
山ほとゝぎす
　音づるゝ宿　②383
　声うとき春　②161
　仄めける春　④98
山郭公　②241
山ほとにつむ　④135
山又山　③247
山又山に　③453
山松の
　陰ほのかに　②236
　みどりにつ　⑥38
山松の葉を
　おとす下風
　①200, ②280
山松も　①17
山松や
　竹のはやし
　①120, 187
山窓を　①296
山眉の
　小袖かさね　④191
　よそひえな　④92
山見えて　③532
山水に
　うつろひ沈　①347
　わがこゝろ　①62
山水の
　流やさらに　④93
　よき住所　②208
山水も　②373
山水を　①246
山道の　①323
山道は　③302
山みれは　③502

山見れば　①251
山もかすみて
　雨そゝきせ　②429
　見ゆる侘数　③339
　雪は残らず　①262
　雪やけぬら　①317
山も霞に　①375
山もこの　①115
山も此　①184
山もこよひ　①96
山も更に
　かすかにな　①48
　靡くや窓の　①217
山もしらじ　①32
山本いでゝ　②30
山もとかくる　①445
山本かくる　①490
山本かけて　②188
山本近く　①353
山本遠し　④108
山もとの
　くらきかた　②98
　やどりはよ　①68
山本の
　かたへいつ　②158
　里にすさめ　①294
　里は嵐や　①493
山もとは　④77
山本は　②323
山本ゆけば　②411
山もまだ　①394
山守に　②346
山もわかれぬ　④95
山やいつ
　初さくら戸　①36
　初桜戸の　①149
山やこれ　①102
山や是　①178
山やそなた　①17
山々嵩々　③337
山々の
　花にふしき　④316
　雪はことご　①306
山々も
　吹しほるら　④120
　よの間計の　②26
やまやまを　②19
山々を　②160
山や雪
　けさ霜しろ　①120
　今朝霜白し　①187
　此花ぞこれ　⑥160
山より山の　①459
山わかれ　①28
山をうしろに　②133
山をうしろの　①437
山を更に　①48
山をなす　③447
山をみたつる　③342
山を見ぬ　④268
山を見ば　①83
山を目にかけ　①363
山を分　②213
病あがり　③426
病あかり成　③335
やみのまよひを　①424
闇はあやなし　④276
やみはいきたなし
　④161
病煩し　③149
止としも　①235
やむめより　③504
やめまほしきは　②28
孀住居の　④108
やもめ住　③271
やもめ住して　①341
やもめては　④177
やもめとなりて　④80
やもめながらも
　あれば有け
　①201, ②255
やもめにうらに　③209
やもめは月も　②82
やゝ秋くれて　①297
やゝ秋つぐる　②30
やゝ秋更る　②84
やゝ明がたの　②279
漸明ぼのゝ　⑥25
やゝ明わたる　④122
良明わたる　②26
漸朝良の　①354
やゝ足たゆく　①310
漸在明も　①372
やゝあはれさの　②105
やゝ鶯も　②289
やゝうすくなる　②406
やゝうらがれの　②155
やゝうらがれを　②255
やゝうらゝなる　①437
やゝおとづるゝ　②57
やゝ影薄く　②425
やゝ霞
　ひとへを春
　①134, 195
やゝくるゝかと　②166
やゝ暮そむる
　むらのかよ　①285
　森の木がく　②48
漸暮初る　②366
やゝ声たつる　①406
やゝ五月雨の
　雨とふる比　①241
　はれまある　②34
やゝ寒き
　かぜや木を　①465
　関屋の内は　①323
　寝ぐらの鴉　①219
　窓に向ひの　②99
　夜道に駒の　②314
漸寒　②159
漸寒き
　田顔の庵の　①398
　ねぐらや侘　④88
やゝさむき夜は　④161
やゝさむく　②289
やゝ寒く　②254
やゝ寒くなる　①478
やゝさむしろに　①407
やゝ寒み
　こ蝶も夢や　①299
　扉を出る　①247
やゝ静にも　⑥53
漸しはし　③307
やゝ霜しろし　②266
やゝとひたえし　②58
良長閑なる　④97
漸初雁も　②408
やゝ花さかん　①295
漸更る　②239
やゝほどちかき　①341
やゝ程ちかく　①446
やゝほとゝぎす
　里なるゝ比　②389
　名乗べき比　②62
漸ほのぼのと　⑥26
漸みてる　②23
やゝもすれは　③304
漸夕景の　⑥24
野遊の最中　③245
弥生今はの　②434
弥生うれしく　①480
弥生下旬の　③269
弥生つきてや　②80
弥生とともに
　さくる腰銭　③172
　さぐる腰銭　④52
弥生也
　春の草津の
　③19, ④53
弥生にも　②31
三月の比は　②155
弥生の空も　②402
弥生の名残　②109
三月の後の　⑥93
弥生まで　①487
弥生三日は　③213
弥生も暮に　①431
弥生山　①324
三月より　⑥56
弥生より　②381
弥生をかけて　①392
三月をさそひ　⑥5
弥生をしたふ　②318
弥生をば　②174
やよかたれ　①54
やよきりぎりす　②237
やよけれと　①31
やよしぐれ　①177
やよ時雨
　いまひとた　①102
　紙衣と申　③134
　物おもふ袖　①261
やよほとゝきす
　さそふ小便　③283
　出る黒木か　③491
やよほとゝぎす
　おりはへて　②405
　一声の空　②297
やよ郭子　①232
やよ見たか　③282
やよやなけ　②350
やよやまて　③94
やら御大義や　④267
やらおもしろし　③191
やらかしかまし　④333
やら涼し
　不二は磯う　⑤166
　不二は磯打
　③41, ⑥137
　富士は磯う　③218
やらすまぬ　④146
やらんやら
　あた名あた　③200
　梅匂ふ夜に　③172

此うら船に
⑥130, 154
舟はさると ⑥73
めてたう出 ③486
やり梅一本 ③241
やり梅壱本 ⑤183
鎗梅や ⑤108
鑓かはやいは ③450
やり過る ①331
遣すてし ③459
鑓つかひ ③485
鑓なきなたの ④141
やりなすすゑの ①360
鑓の先 ④236
鑓のすき間も ④158
やりませう
から尻馬に ④203
其時舟は ④252
遣水しろく ②148
遣水に ②249
やり水の ①414
遣水の
あたりや塵 ①425
かたへ隙な ②104
かたへの枕 ①226
凍ながるゝ ①238
さそひて流 ①349
遣水も ②189
やり水や ②304
やりむめ一ぽん ⑤206
鑓持は ④180
鑓持や ③379
鑓をひつさけ ③329
やる方分ず ②70
やるから衣 ③510
やるそやい ④230
やる玉章や ⑤224
やる文は ①423
やるふみも ⑥101
やるも返しも ①407
やる物を ③456
やれ青松葉 ③449
やれ嵐
南無阿弥陀
③28, ⑥70
やれ追剥と ③290
やれおんなとも ④255
やれ喧嘩よと ④244
やれ子共 ③357
やれさ湯一つ ③457
やれ新九郎 ③433
やれ出せやれ出せ
③216
やれ俄雨 ③211
やれ水もてこい ④261
野郎くるひ ③456
野郎袖 ③487
野郎たしかに ④317
野郎にくるゝ ③454
やらふやるまひ ④206
やはらかに ③455
和らかに ⑤125
やはらぐる
光を仰ぐ ①367
本の光の ①192
和らぐる ①128
やわらにも ④188
やんややんや ③394
やんれおききやれ
③298

【ゆ】

湯あかりの恋 ③459
湯あかりは ③316
湯あかりや ③462
湯あみるせなか ③508
遺言の ③271
夕あらし
おほえてゐ ③491
然るに寿永 ③461
花の錦の ③469
膝ふしたけ ④181
夕嵐
刀おつとり ③305
こらへてを ③534
松の根の井 ④300
ゆふがほの
あばらかく ①63
はひ枝にか ④92
夕良の ②365
夕顔の
つる音高き ④241
はかなき色 ①430
ほのかなり
①199, ②114
やとり求て ③223
ゆかりかゝ ③150
夕がほは
へちまの皮
③55, ⑤166
夕かほや ③437
夕顔や ①247
夕顔を ②96
ゆふかくる
花にこもり ①32
松は木だか ①462
ゆふかげいそぐ ①452
ゆふかげさびし ①447
夕かげしばし ②99
夕かげちかき
さとのかへ ①459
佐保の山も ②384
木綿かけて ①208
夕かけて
あゆ釣人や ②389
池の汀や ①482
夕景に
戦しづまる ②127
藤款冬の ④95
夕影の ②119
夕かげふかき ②155
夕かげ水に ①433
夕景を ①210
夕かすみ ③160
夕霞
追かけ中椀 ③293
かすみをか ⑥6
さて清水の ③246
それもかた ①341
短尺なくて ③256
ふかきや沖①16, 142
ほのぼのし ⑥73
夕風おろす ①325
夕風さむく ②76
夕風絶し ①232
ゆふ風に ②13
夕風に
木の下草の ①226
頭巾の裏や ③460
遥けき鹿の ④99
夕風の
をくる程な ②86
音かはりゆ ②243
長閑くもな ⑥30
吹ば扇の ①212
やゝ寒くな ④119
夕風はらす ①215
夕風吹て ②116
夕風や ②153
夕川なみの ②43
夕川の ②158
夕霧立て ③173
夕霧に ②131
夕霧の
歌に御物を ④293
下這ありく ③479
籬の跡の ②83
籬は野辺に ②376
まよひに袖 ②81
夕霧は
川づら遠く ①482
たゞ爰もと ①440
真砂の末に ①347
夕霧はるゝ ⑥24
夕霧ふかし ②301
夕霧や ①219
夕ぐれかけて ②346
夕暮毎の ①381
夕暮さびし
鶯の声 ①241
猿の一声 ②416
夕暮と ①378
夕暮に
さうか女の ④277
と渡る千鳥 ⑥42
夕くれの ④191
夕ぐれの
風にきほひ ②400
蛍は風に ①346
笆の梅や ②39
夕暮の
霞に残る ⑥93
風冷しき ③384
鐘も嵐も ②80
月をのせた ③304
花盗人と ③445
閑を偸んて ③447
虫も笑ん ③452
夕くれは ③407
夕ぐれは ①126
夕暮は
鴉飛尽 ①428
障子をあけ ③400
袖引次第 ③280
袖行水の ③387
そのことゝ ②359
蛍よりけに ③431
夕暮深き ①218
夕暮もとは ③191
夕ぐれを ②298
夕暮を
先知物は ①393
催す雨の ①377
遊君の ④316

遊君も ③260
ゆふ煙 ①456
夕越くれし ②297
夕こへ行ば ②223
夕こゆる ①333
夕凝の ①485
ゆふされば ①97
夕されは
　青山椒に ③398
　ゑぐりわる ④305
　絵の具山よ ③454
　其恋草を ④315
　野へのあく ③411
　はな紙袋 ③492
夕されば
　逢人も無 ①389
　秋の野筋の ①323
　あつさ残ら ①437
　暑もなみの ②155
　天の八重雲 ①413
　あやしき露 ②433
　かすみも果 ②104
　鴎友よぶ ①328
　嵯峨のゝ露 ①407
　すゞしさま ①451
　すまの浦は ①492
　そゝや荻風
　　①175, ②291
　夏川のべに ①229
　野べの色ふ ②208
　吹やさびし ②293
　物のわびし ①258
夕汐に
　おのれたゆ ①399
　月のうきも ②124
　ひかるゝ霧 ①362
夕塩の ③358
夕汐の
　ひくにまか ②310
　満来てひた ⑥28
夕しぐれ
　ふりはへこ ①110
　ふりはへ爰 ①181
木綿四手しろく ①334
木綿四手すゞし ①214
ゆふしでそよぐ ②402
夕霜の ②185
夕霜はらふ ②364
夕霜わびて ②167
遊女に心 ③511
遊女のいきは ④180
遊女の舞に ④149
友人や
　ふるきを以 ⑤168
　古きをもつ ③83
夕涼み
　川原の大臣 ③529
　草のいほり ④200
　ひねに成つ ③428
夕涼みして ③212
ゆふたすき ④286
ゆふだすき
　海かけて涼 ②207
　かけてぞた ④12
夕立すぐる ①488
夕立過る ①349
ゆふだちに ⑥149
白雨に ②66
夕たちに ④259
夕立に
　ことよせて①63, 159
　ぬれてぞか①63, 159
ゆふだちの
　目利は山の
　　③125, ⑥155
ゆふ立の ④92
白雨の
　跡に折はへ ①221
　雲移行 ②254
　露こぼすな ①241
　露にぬれぬ ①212
　はれ行ば又 ①489
夕だちの ②406
夕立の
　過ると見れ ⑥118
　すぐればみ ②34
　すげの小が ②45
　露もひがた ⑥98
　出来や十分
　　④343, ⑥143
　名残少き ①387
　なごり露け ②170
　名残夏なき ②144
　晴間を急く ③322
　目利は山の
　　④343, ⑥143
　巡るも早き ①391
夕立のこす ①337
ゆふだちは ①63
白雨は ④76
夕立は
　沖より晴て ②364
　きのふの雲 ①112
　外面の山を ②358
夕立も ③287
白雨や
　扨京ちかき ④198
　とひつりか ④282
　細首宙に ⑤275
　松の扉に ①212
夕立や
　岡部にかゝ ③79
　首すじ宙に ③80
　けしきばか ②217
　先川上を ①280
　村より村に ①398
　よ所のあま ②84
ゆふたちゆふたち
　③398
ゆふ立を ①63
夕立を
　誘ひおこせ ①403
　待取がほの ①159
夕月に ④253
夕月の
　食通ひにと ③326
　星の違ふた ③346
夕月や
　琥珀の玉を ③295
　額のまはり ④177
夕月を ③351
夕付日 ①65
夕附日
　すゞしくく ①159
　軒のはつか ①411
ゆふ月夜 ③359
夕月夜 ③485
ゆふつげ鳥の ②196
ゆふ付鳥や ②281
夕露消し ①329
夕露きよき ②249
夕露さぞな ①338
夕露に
　おぼえず袖 ①322
　なびく小山 ①487
夕露の ③291
夕露は ④198
夕露はつむ ③356
夕露ふかき ②348
夕露深き ①364
夕露や
　田面の色に ②427
　渕と成迄 ③169
夕露を
　四匁玉や ④308
　なむるも蝶 ③194
夕とゞろきに ①401
夕とゞろきの
　荻のうは風 ①430
　おぎの音信 ②213
夕とゞろきも ②307
夕鳶の ③336
ゆふ取すてし ①491
木綿とりそへし ②188
夕詠して ②434
夕波千とり ③513
夕波に ④114
夕浪に
　おくれてか ②173
　さし捨舟や ②181
　鼠をとつて ③352
ゆふなみはらふ ③530
夕波も ②48
夕浪も ②184
夕ばへは
　いかに朝日
　　③18, ④52
　更に日なが ①41
　花見がてら ③188
夕ばへを
　かはすや入①15, 141
夕栄を ①105
結はかりにや ③169
ゆふは山 ①402
夕飯の
　さても其後 ③245
　分も見えた ③277
夕日いざよふ
　末の岩垣 ①472
　山のかたは ①319
夕日がくれに
　あらしふく ⑥40
　帰る船人 ①318
　ほそき蝉の ②281
夕日影
　うす塩にし ③485
　残る侍 ③457
　一さし舞を ③217
　ゆひさす事 ④195
夕日こほるゝ
　うつけしや ④306
　すりこきの ④178
夕日さす
　岡べの里に ①339

伏見のかた　②417
夕日さびしき　②120
夕日しぐるゝ　②292
夕日そよめく　①390
佑筆かきく　③409
夕日にいそぐ　②265
夕日にや　②189
夕日の遠の　②101
夕日のかげの　①249
夕日の空に　②116
夕日の後の　①400
夕雲雀
打あふのい　③472
のぼれはく　③531
夕日も色に　①383
夕日を袖に　①426
夕悲しき　②90
夕こそ　①252
夕さびしき
松が浦島　①244
水くきの岡　②155
夕寂しく　①386
夕しる　②10
夕すさまじ　①291
夕に秋の　⑥22
夕に出る　②244
夕になれば
涼し虫の音　②327
たゆる山風　⑥13
松風の雨　⑥40
夕には
花もまち見　①40
陽気のほつ　④250
夕のあらし　②150
夕の奥に　①404
ゆふへのかすの　④173
夕の鐘の
音かすかな　①382
寂し山本　②55
ゆふべの雲に　②216
ゆふべの雲も　②129
ゆふべのけしき　②211
夕のけしき
しづむ海原　①463
遠き島陰　②223
夕の空の　⑥56
夕の空は　②194
ゆふへの月　③416
夕の月に　②233
ゆふべの月の　②305
夕の月の　①468
夕の月よ　④133
夕の月を
うくる盃　⑥19
ひたす川水　②54
夕の蛍　③425
夕の枕　⑥26
夕は秋の　②299
ゆふべは色の　②278
夕は軒の　①423
夕はむべも　②314
ゆふべはものか　④77
夕ふかむる　②158
ゆふべほのかに　②275
夕催し　②412
夕やうしと　⑥29
ゆふべゆふべ　④119
夕々
置そふ霜や　①356
男鹿の声や　②50
雲のはたて　①336
こさふく空　①370
杉間のあら　①226
月まちがほ　⑥39
月もすみ行　②215
露ふる月に　①213
軒の下荻　②143
物がなしき　④80
床遠くなる　②136
夕々に　①228
夕より　②35
夕をいそぐ
鐘ひゞくな　④79
月は出けり　①360
夕を告て　①330
夕をわびて　②368
ゆふまくれ　③402
夕まくれ　④281
夕まぐれ　④117
夕間暮
撰ぶにあか　①214
御駕篭静に　③450
直冬の季は　④300
虎よ虎よと　③257
夕鞠や　①472
夕食過て　④324
夕食時を　③195
夕山は　①92
ゆふやみに　①61
ゆうれいか　③318
幽霊は
小便すると　③523, 527
遊路の酒宴　③368
故有て　②410
故もなき　⑥36
ゆへよししれと　②177
床しきは　②182
ゆかしさも　②147
ゆかしやふかき　②279
ゆかしや深き　①200
ゆかたでまねく　④285
ゆかたひらひら　③168
ゆかちかし　①176
ゆか近し　①99
ゆかで又　②31
ゆかはあれて　②318
ゆかみし家に　④271
ゆかみなり　③216
ゆかみ柱に　③328
ゆかむ人　①85
ゆかりあつまり　②341
所縁つどひて　④84
ゆかりといふも　②332
ゆかりと聞も　②217
ゆかりの外も　②109
ゆかりも捨て　②40
ゆかん人　①170
行逢がたき　④129
雪霰　③370
雪いかに　③95
雪いかばかり　⑥39
雪いくへ　②288
行至る　②174
雪いと高し　②212
雪いとふかし　①460
雪うすき　①221
雪薄き　①208
雪薄く　③377
雪うづむ　②23
雪埋む也　①274
雪うち散て　②307
雪おもる　②377
雪折竹の　①364
雪居る谷の　②148
雪折し　②220
雪折て
あふぐかた　①126
竹のみさほ　①127
たのみし陰　①126
雪をれの　②174
雪折や　①124
行かひたえぬ　①292
行かひは　①303
交加も　①395
行かふはみな　①437
行かふ人も　①322
行かへり
おなじふる　①308
草かるをの　①325
行かへりぬる　②45
行かへる　①460
行帰る　②254
雪かき暮て　④274
雪かすみ　①19
雪かと波の　④77
ゆきかよふ　②166
行かよふ
翁あやしき　②392
道はさがし　②101
往来うらゝに　②421
雪消て
坂おとしな　③264
薪こるらし　①273
雪消ぬ　④145
向後さだめぬ　④96
往来する
袖はあまた　①346
みちのかた　②303
往来たえせぬ
岡越のみち　②366
瑞籬の春　①207
往来絶せぬ
玉鉾の道　①374
瑞籬の春　①219
ゆきゝたえたる　②168
往来たえたる　①365
往来絶たる　①371
往来にぞ　⑥31
往来の人や　⑥6
行きひまなき　①426
往来まれなる　⑥54
往来も更に　④85
往来も絶る　②357
往来やすげに　⑥39
雪消る
高間の寺の　③180
軒の玉水　④78
雪崩れする　③281
行暮しつゝ　①272
行くらしては　②270
行暮す　①419
行暮る　⑥13
行暮て　③451

雪気なるらし　②425
雪げの沢の　②159
雪こそわたせ　⑥94
行先を　④140
行し越路の　②227
雪汁に　⑥85
雪汁の　④240
雪白き　②364
雪白妙に　④128
雪すこし
　おく山づと　①122
　奥山土産の　①190
雪すこし降　⑥29
行絶て　④133
雪散て
　末白たへの　⑥3
　まてばすべ　①29
雪ちる空も　⑥63
雪尽て　①125
行尽す　①133
雪礫
　あたりや払
　③42, ⑥138
行ていざ　②278
行て十市の　①391
雪てはあらて
　長袖をふる　③493
　のふ其白髪　③407
ゆきてはかへり　③470
行ては帰る　①486
行てはきぬる　⑥44
雪とけたれは　④151
雪とけて　④192
雪とさけ　⑤125
雪とちりぬる　②315
雪とちる　④92
雪と共に　④118
雪とのみ
　花の下道　①250
　花ふりめく　④235
　みしは木間　②427
雪とふまるゝ　①494
行とまる　①237
雪中に　①277
雪ながら
　明る朝戸に　①225
　絵島をのす
　④45, ⑥76
　ゑじまをよ　④48
　ほのぼの霞　②283
雪なたれ　④253
雪なたれには　③480
行なやむ　①394
雪なる哉　④319
雪にあはれ　①118
雪にうすらぐ　①370
雪に梅
　につこと笑　⑤110
　ひそかにひ　①13
雪にくれし
年あらたま　①137
年改まる　①4
雪にくれて　①187
雪に暮て
　月しろ遅き　⑤164
　月代をそき　①120
雪にさへ
　道ある世か　①187
　道とめて入　②3
雪に棹取　①335
雪に乗して　③456
雪に田中の　⑥13
雪にとふべき　①471
雪にとなりも　①352
雪にとめて
　袖打はらふ
　③11, ⑥133, 157
雪に問は　③26
雪に猶
　そびえし峰
　①120, 187
雪に歎く　①125
雪に名や　①125
雪になりたる　②236
雪になりつゝ　②50
雪に成かと　②417
雪ににほはす　⑤224
雪に伏猪の　⑥27
雪にみる　①188
雪に見る　①121
雪にめで　②273
雪にや雪の　②381
雪の色に　②13
雪のうづみて　②63
雪のうづめる　①288
雪の中
　年の内より
　①202, ②347
雪の中に
　千とせくら　①123
　千年くらべ　①190
　春は春なる①5, 137
　松のみさほ　②319
　松は千年の　②432
雪の中の　①100
雪の事　④188
雪残る
　峰はさなが　②41
　山の小寺の　⑥19
雪のしらゆふ　④284
雪の空に　①132
雪の空も　①7
雪のながめに　②328
雪の余波の　②178
雪のはて　③314
ゆきの日や　⑤124
雪の松
　塩干に青き　①121
　汐干に青き　①188
　そねも久し
③11, ⑤169, ⑥133, 157
雪の松や
　おもかげに　①66
　おも影にし　①161
雪の間に間に　④274
雪の山路も　④181
雪の夜の　①458
雪の夜は　①124
雪の夜は猶　④80
雪の夜や
　地に有るも　⑥85
　西より明る　①126
雪はいづこの　②232
雪はことさら　②184
雪はちりつゝ　①406
雪はのこりて　③391
雪は残りて　①253
雪はのこれる　①286
雪はまだ
　遠里をのゝ　①125
　春ともあら　①304
雪はよし　①11
雪払ふ
　みのしろ衣　①229
　身のしろ衣　①354
雪はれて　①46
雪晴て
　明渡りぬる　①243
　一葉くもら　①248
雪晴わたり　①241
雪一色の　④88
行平あつかひに　④248
行平の
　御秘蔵お出
　③102, 455
　残し置れし　③468
行平みやこに　③197
雪ふゝき　④279
雪踏てすへる　④233
雪ふみ分て　④302
雪ふりつもる　⑥41
雪ふりて
　入江をし鳴
　①123, 190
雪降にけり
　今朝の東雲　②180
　初瀬路の末　②415
雪ふる里の　②118
雪まだ消ぬ　②379
雪間に見ゆる　④205
雪まよひ　①473
雪水や　①72
行みまく　①185
行見まく　①116
雪見よと　⑤131
雪みんと　②72
行めぐる
　国の末々　⑥21
　こゝろはあ　②125
ゆきめぐる間の　②97
雪もかすめる　②245
雪も消行　③382
雪ものこらす　③315
雪もまだ　②87
雪やあらぬ　③89
雪や更に　①125
雪やしのがむ　①301
雪や只
　降初るより　②197
　松吹風も　①396
雪や猶
　霞のそこに　②429
　めかれぬみ　①19
雪や波
　梢は青し　①190
　木末は青し　①123
雪や軒端を　②346
雪や花　①216
雪や先　②122
雪やまだ　②100
雪山を　①124
行やらぬ　②164
行々今日も　①346
行々末の　①239

行々末は　①254
行々すゞし　①409
雪々たかし　⑥41
行々て
　しらぬやど　①426
　すゝまぬ馬　①327
　猶分はてぬ　①259
　広野や末に　①322
行ゆけど　②40
遊行宗　④258
遊行の聖　③368
雪より軒の　⑥94
雪わけて　⑤106
雪をうけて
　袂ゆたけし①6, 139, ④358, ⑥163, 164
雪をくだすや　②223
雪をこそ
　いひしに消　①19
　落すや昔③52, ⑥139
　寂しき暮の　②14
雪をこそと　⑥139
雪をさへ
　駒にまかす①71, 163
雪をしのぎて　②95
雪をのせて　⑤67
ゆく秋さむし　⑥42
行秋の　②69
行秋も
　とへは名残　③442
　もるゝはか　①363
　やどらん宿　①107, 181
行秋や　②65
行秋を　①253
行衛いかにと　②182
行衛いさ　②353
ゆくゑさだめず　⑥14
ゆくゑしられず　①304
行衛にたどる　②357
行衛はかなき　④79
行衛は雲の　④122
ゆくゑもあらぬ　①232
行衛やおなし　③245
行衛をば　①347
行音寒し　①228
行方いづこ　①278
行方しらぬ
　すりこ木の　④296
　竹の下水　②181
行方に　①132
行方は
　かぎりもし　②244
　霞にとをき　①235
　雲こる山の　②147
　雲より上の　⑥28
　まだ暮やら　①237
行かたを　②331
行雁の
　声を見送る　①207
　とふし兼け　⑥85
行雁は　③389
行雲の　②263
行雲や　②305
行さきおほく　①227
行先に　③300
行さきは　②273
行鹿は　③185
行すゑ頼もし　③348
行末遠く　⑥54
行末の
　こゝろもし　②417
　残すくなき　①263
　程は目出度　③472
行末は
　岩ふみまよ　②236
　君が為とや　②409
　さもあらば　②349
　旅より旅に　②300
　山鳥の尾の　②380
行末を　③329
行袖に　②124
行袖見えぬ　①291
行袖みゆる　②223
行袖見ゆる　②131
行袖も
　立どまりて　①335
　ちりかひく　②182
　やゝ寒くな　②214
行袖や　⑥19
行空の
　月待出る　①201
　月待出ん　⑥60
行田鶴の　②375
行月に
　おもふけし　①92
　もろこし近　①56
行月の
　追風しろき　①88
　追風白き　①171
　曇といふら　④239
行月も　③149
行月や　①495
行てに手折　①269
ゆくてに問ん　①272
行手に望む　①395
ゆくてにも　①68
行次にも　①372
ゆくとくと　①175
往と来と　①97
行と来と　⑥36
ゆく年と　①133
行年に　①133
ゆく年の
　いそげばこ　①132, 194
行年の
　いそげばこ　⑥90
　うき事しら　①136
　道ふりとぢ　①131, 193
　矢にはえも　①133
行年は　①132
行年よ　①131
行年を
　おしめば影　②428
　やすらへと　①132
　休らへとて　①193
行にまかする　①407
湯具の露　③473
ゆくは秋　①105
行春とめよ　③293
行春の
　花もとまら　②136
　みなとを人　⑤102
行春は　②112
行春も　①42
行春や
　つき馬より　③267
　人の心の　⑥85
　薬師も弥陀　③200, 528
行春を　④101
行人遠き　①319
行人は　③340
行人まれに　①475
行人見えぬ　①402
行人も
　木曽路の末　②269
　絶し岡べの　①432
　たえだえな　①488
　漸立帰る　②162
行人を　①274
行舟に
　追風ゆづる　①143
　ぬさの追風　②182
行船に
　追風ゆづる　①21
　春の日数や　②139
行舟の　②358
行船の　①284
行舟は　②384
行船も　②126
行舟や
　さをぞわざ　①74
　千重にへだ　②27
ゆく舟を
　みるさへ涼　①65
　見るさへ涼　①159
行舟を
　ひとつふた　④10
　みるさへ涼　⑥149
ゆくべき方の　①315
行べきかたも　②39
行蚟　②386
行蛍　③32
行水きよみ　①450
行水涼し　②137
行水に
　暑さのこら　⑥49
　まかせて舟　①225
行水匂ふ　④90
行水の
　かへらぬ春　②293
　里の中川　②427
　関の藤川　①489
　ながれの末　①481
　巴の字に月　⑥16
　よどみ計や　①243
ゆく水深き　②233
行水も
　末はひとつ　⑥57
　ちる紅葉々　②243
　はるかにす　②49
ゆく水や　⑤128
行水や
　末遥にも　④113
　田顔の堤　②67
行道すがら　②302
行道とをき　②121
行道に　①245
行道の
　暑さを暫し　①381
　露やゝ寒き　①490

ゆく道のべに　②405
行道のべに　①342
行道のべの
　砂清しも　①324
　玉川の水　①430
　楢の下露　①282
行道はたの　③160
行道も　①11
行道や　④97
行もかへるも
　馬をとゞむ　①464
　人くらひ犬　④254
　宮人の袖　①434
行も帰るも　④132
行やいかに　①313
行々馬の　⑥93
行々も
　暑さ堪うき　⑥4
　馬ねぶりし　④6
　北になした　②385
　苺地に松の　②61
　越べき岑の　②72
　涼しき風を　①396
　すゞしき月　①436
行々山の　①424
行ども里は　④81
ゆけば風たつ　②251
行ば夏なき　④95
ゆけは行ほと　③475
ゆさん寺の　④162
遊山のまくを　③183
遊山船よる　④263
ゆづらん家の　①261
譲りては　④84
ゆづりてよ　③75
ゆづるくらゐの　②31
譲る位も　②247
ゆづる位を　①371
弓弦ならして　①488
ゆづるをも　②27
ゆたかなり　①124
ゆたか也　⑤108
ゆたかなりける　①471
豊なりける　⑥14
ゆたかなる
　国の風見ん　①21
　国みる雪の　①190
豊かなる　①123
豊なる
　国の風みん　①143
　国見しらる　②301
　世や後迄も　①402
ゆたかにのむや　③301
ゆたけくみゆる　②329
ゆたけさの　①426
ゆたけさや　⑥160
湯だてのかなわの　④284
由断して　④142
油断すな　④181
由断すな　④154
油断ならぬ　③374
ゆたんに包む　③382
ゆつくり千代を　④189
湯漬も玉を　④181
ゆつて上帯　④257
湯に入は　③307
湯にいれは　③219
湯のこげも　③258
湯の茶の恋の　④309
湯の山の　④155
湯の山みちを　④280
指折て　③265
指切を　③46
ゆひさきめくる　④269
ゆひのさきなる　③281
指引の　④325
指二つ　③493
指もさゝせし　③390
指を折　④314
ゆひをかゝめて　③165
ゆひをさしぬる　③250
湯ふねにけつる　④181
湯風呂には　③350
弓といへど
　品こそ有け①89, 172
弓といへば　⑤163
弓と絃　③252
弓取は　④148
弓はふくろに　④199
弓はり月の　④329
弓張の
　月の行衛の　②68
　月行方や　③445
弓やはくさん
　いつも八重　③217
　出雲八重か　③526
弓矢八幡　③233
ゆめうつゝ　④218
夢うつゝ　③282
夢おどろかし　②211
夢かうつゝか
　宇津の山道　⑥29
　かゝるおも　②96
　気色けな比　③317
　その幽霊か　③201
夢かこは　①108
夢かとも　②199
夢かとよ　④76
夢かよふ
　いもがあた　①442
　道も無益　②84
　道をもしら　②216
夢こそは　②185
夢さへ旅の　①244
夢さへも　②271
夢さへもみぬ　①295
夢さへや　①415
夢覚しぬる　②92
夢さます
　清見が関の　②303
　枕さびしき　②3
夢覚す　②70
夢さませとや　①419
夢覚る　①430
夢覚て
　かたぶく月　⑥44
　きけば侘し　⑥7
　独むなしき　②147
　むかしを思　⑥20
夢路かとのみ　②378
夢路すゞしき　②404
夢路も絶て　①332
夢路みだれて　②215
ゆめちをいつる　④177
ゆめたえて　①281
夢たえて　②112
夢絶て　①240
夢絶にける　①232
夢だに見えず　①322
夢絶る
　閨のうづみ　②156
　まくらに月　②117
夢てふものよ　①363
夢といふ字を　③223
夢とさる　①54
夢なくは　①109
夢ならば
　なれしを人　①193
　馴しを人に　①131
夢なれや
　冬野にたて　①199
　冬野に立る　②120
夢にうつゝに　①338
夢にうつろふ　①449
夢にかよふも　②293
夢にさへ
　逢は嬉しき　②379
　詞残して　①483
　花の都は　①371
　忘れがたき　①355
夢にしも世や　②300
夢に問　①279
ゆめになせてふ　④126
夢になせとの　①420
夢になりと　③463
夢にはかなき　①418
夢には通ふ　①385
夢にひとしき　②268
夢に見し　⑥54
夢にもさぞな　⑥42
夢にもとこそ　③173
夢にや蝶の　①317
夢に夢に　③379
夢のうき世と　①489
ゆめの中の花　①84
夢のうちの　⑤102
夢の中は
　旅心地さへ　①266
　旅ねの床も　①231
夢の通路　③273
夢のなごりの　②155
夢の名ごりの　②405
夢の名残の
　窓くらき比　②263, ⑥61
夢の名残や　②49
夢の後　②386
夢の枕の
　明やらぬ空　①234
　あしたかな　⑥34
ゆめのまや　①44
夢のまたゝ　③206
夢の行衛の　①479
夢の行衛は　②414
夢はうつゝの　④88
夢はかりねの　②385
夢は則
　穴へ引こむ　③483
　はいてすて　③459
夢は絶ての　④112
夢は蝶々　③204
夢はのこりて　②388
夢は残りて　②115

夢はひつくり ③329
ゆめはやふれて ③242
ゆめはやぶれて ⑤210
夢はやふれて ④324
夢はやぶれて ⑤186
夢人か ①93
夢人の ②129
夢幼に ③320
夢まぼろしの ①358
夢見のあしき ①369
夢虫の ⑤99
夢もなし ①230
夢もみつがぬ ②354
夢も身にしめ ③386
夢もみぬ ①231
夢もやいもが ①432
夢もわかるゝ ①438
夢やたゞ ①311
夢より後ぞ ①270
夢よりのちの ⑥39
夢より後の
　明るしのゝ ①476
　明る久しさ ⑥10
　月は在明 ②400
夢より後は ①264
夢より後も ⑥45
夢を合する ①335
夢をだに ②82
夢をたのめる ②20
夢をつぐ ②305
湯屋の軒端は ③270
ゆゝしくも
　かざり車を ⑥43
　勤給へる ③147
ゆらゐもふるき ④140
由良の門の ④265
由良の門や ①232
百合の八郎 ③254
ゆるがぬは ①133
動なき ①209
ゆるき情を ⑤101
ゆるきにそへし ②58
ゆるくふけ ①18
ゆるされぬ色も ②143
ゆるされぬるは ④128
ゆるされむ ②104
ゆるされもなき ⑥30
ゆるしあらざる ②332
ゆるりとしたか ④266
結せばや ⑤126
湯をあかりゆく ③208
湯を持てこひ ③261
弓勢に
かうへをあ ③364
またくらの ④145
弓手のまなこ ④299

【よ】

夜ありきに ③181
宵あかつきに ②367
よいおとこ ④223
よいきれや ④171
夜軍を
　引とる勢の
　③162, 509
よい声や ④245
よい比に ④295
よい才覚を ④216
酔覚て ③317
よいしこみ ③408
よい衆の ④313
よい衆つきあひ ③447
宵過て ②328
宵すぎぬれば ①311
宵過ぬれば ①470
よい相場にも ③412
宵たばこ ⑤250
夜市はしまる ③335
酔てはくだを ③286
よい手を打て ③385
よいとしをして ④192
よい鳥か ③324
宵鳴の ③297
宵鳴を ③250
宵の暑さの ①397
宵のまの ①426
宵の間計 ②72
宵のまも ②175
宵はあそびて ②411
よい引まんに ③442
よひ更て ②127
よい夢を ③528
宵々毎に ③500
よひよひに ①91
宵々に
　うかれ出ぬ ①358
　うちもねな ④145
　こゝろふか ①89
　心ふかしや ①172
　ぬぎてはは
　⑥127, 153
　鼠の引し ③223
宵々の
　おもひにも ③298
　度かさなれ ①272
用あらは ③338
用意する ③315
羊角牛角 ④270
ようか疔かの ③471
八日八日は ③280
やうかんがへて ④278
ようこそよい時 ③447
ようちいに ③309
養子さへ ④242
楊枝にけつる ③248
用捨なくつく ③174
陽春の ③423
養生かてら ③178
養生の ④297
用心時の ③355
用心も ③169
用心や ③466
酔たふりして ③279
夜討のこゑに ③273
夜討むなしき ③281
癰疔其外 ③526
陽頭の風の ④268
容は何国の ③368
妖物の ④309
ようもようも ④214
要文詩歌 ③226
やうやくも ④270
やうやうと ⑤257
やうやうもはや ③172
夜があればこそ ⑤106
世語に ④109
予が年の
　大暮きらふ ③109,
　④358,⑥142,163,164
夜か更た ③301
よからぬは ②203
横川谷 ③400
横川の奥の
　冴かへる比 ⑥13
　すみ染の袖 ②428
　月清き影 ②311
横川のおくは
　さぞなしづ ①271
　物さびにけ ①226
横川の岑に ①379
よき小座敷は ③262
能芝居 ③294
よきてふれ ①124
よき所えて ①456
よき友達は ③299
よき友や
　三がひとつ
　③130, ⑥156
よき長さにも ③229
よきにだに ②135
夜着の中山 ③488
よき嘶 ⑤116
よき日えりして ①372
能文と ③309
よきわざを ①70
よくあか煩悩 ④224
よくあかを ③512
よくあんずれは ④279
よく思案して ③256
よく賢水を ④272
欲といふもの ③254
欲には人の ④193
よくのくま手も ④257
欲の道 ③452
よく見てぞ ①31
よくみては ①72
よく目かきひて ④250
よくよくおかめは
　④267
よくよくおもへは
　③241
よくよくおもへば
　わたる舟人 ⑤201
　渡る舟人 ⑤179
よくよく見れは ③178
横合に ③350
横風の ④308
横雲や ③304
邪しれは ③308
邪の ②202
邪のなき ④99
よこしまも ②371
横すきに ③302
世こそつて ③327
世こぞりし ①29
世挙て ③466
よこたへし ①485
よこたはり ②139
横手うつまの ③227
横手をも ③212
横とちに ③443
よことぢの本 ⑤104
夜毎に女の ③321
横飛に ④250

よこはたまりな ③380
横笛の ④321
よこものとなる ③433
横物の ③416
よごれたり ⑤286
よこれたる ③317
与三右かなさけ ③302
余座にもかゝる ③389
夜さのつかひに ③208
夜寒かなしき ②39
夜寒そひぬる ①339
夜寒に明す ②419
夜寒になりて ①310
夜寒に成て ⑥21
夜寒になりぬ ①494
夜寒には
　先しるし有
　①106, 180
夜寒にや ①276
夜さむの朝戸 ②33
夜寒の恋の ④295
夜寒の月は ①243
夜寒の寝覚
　酔さめの袖
　③157, 510
夜寒の軒も ②415
夜寒はさぞな ②431
夜寒先しる ⑥32
よしあしと ④138
よしあしの
　言の葉種や ⑥169
　わかちしら ②28
よしあしは ③449
よしあし分つ ②329
よしあしを ①489
よしありげなる
　池の釣殿 ⑥54
　陰の山里 ①262
よし有ぬべき ⑥28
よしあるが ①418
よし今宵 ②171
義貞の ④299
よしさらば ②207
吉田と申 ③416
義経重忠 ④326
義つねは ④160
義朝殿の ④204
よしの葛より ③204
吉野さまにつく ⑤97
吉野ならはと ③249
よし野の奥に ③524
よしのゝ奥の ③183
よしのゝ奥は ①325
吉野の里の ③303
芳野の嵩の ①418
よしのゝたけは ①461
よし野の春に ④321
よしのゝ宮の ②212
吉野々山や ③200
よぢのぼる
　みち遥なる ②333
　行衛にも又 ②116
芳野迄 ③352
芳野山 ②274
よしの山ふし ④275
よしもり扨も ④280
よしやあしや ①133
よしやあしやの ⑥22
よしや稲留 ③411
よしや老に
　かへてもま ①193
　かへても待 ①131
よしや思ひは ③480
よしやおもひも ④98
よしやおもはじ ①422
よしやたゞ ②301
よしや只
　宇治の住居 ②240
　此秋も経ん ①384
よしやちれ ⑤102
よしや月
　物はかくこ
　①94, 175, ⑥90, 151
よしやなげくも ②307
よしや夏の夜 ①492
よしや春に
　あふにしか
　①193, ⑥88
　逢にしかへ ①131
よしや吉野々 ③217
よしや世中 ①457
よしや侘ても ①395
よすがもあらで ①353
桑門 ②12
世捨人 ③223
よするともなき ⑥18
よせおもき ⑥13
よせおもく ④128
よせ重くしも ②248
よせ帰り ②343
よせ返り ②321
よせかへる ③400
よせ来る ②4
よせきつゝ ①281
よせ来つゝ ④126
よせ来ても ②73
よせ来る浪の ②285
寄相撲
　げに淀鳥羽
　③88, ⑥141
よせ勢も ③347
よせ太鼓 ③328
よせて入江に ④76
よせて露ちる ①419
よせては波も ③441
よせてやさはぐ ②424
よせ引の ③268
よそひことなる
　今日の御遊 ②304
　行幸ゆゝし ④128
粧ひことなる ②331
よそひ媚めく ④85
四海を ①138
よそほひあれし
　野宮の秋 ①317
　蓬生の宿 ①366
粧ひことに ②178
よそほひたつる ①412
よそほひも
　ふかき閨に ①484
　まだいはけ ①325
よそおひや ②188
よそほひよりも ②267
夜ぞおしき
　月の海づら
　①89, 173, ⑥66
よそをしく ②196
四十あまりは ④221
余所なから今朝 ④299
よそにうつ ②126
よそに打 ②146
余所にうつ ②314
よそにうつろふ ②39
余所にうつろふ ②216
よそにかほりや ①422
よそにこそ ①257
よそに忍べば ②52
よそにしも
　聞ばかりな ①430
　中の秋かぜ ②19
よ所にたつ ⑥101
よそにたつ名を ⑥9
よ所になりぬる ②386
余所になる ②335
よ所にはゆるき ①379
よそにふる ②229
よそに又 ②81
よそにみしや ①138
よそに見しや ①6
よ所に見ば ①51
よそにもれなん ②373
余所にもれなん ②28
よそにやめぐる ⑥44
よそに利くひの ④325
余所のかへさに ①250
余所のかへさや ②166
よそのかへさを ②245
よその砧に ②156
よその国にや ④125
よその時雨も ②178
よそのたよりの ①431
よそのちぎりを ②32
余所の一言 ③357
よそのみるめも ①449
よそのりんきの ③517
余所のわかれを ①346
余所は嘸 ③519
よそははや ⑥40
余所へ出やらぬ ③247
余所目あまたの ②420
よ所目いかにと ①402
よそめこそ
　すゞしき海 ①160
　杜のはゝき ①104
よ所目こそ ①65
よ所めさへ ②123
よそ目しのひ ④222
よそめ猶 ②14
余所目にあまる ②207
よそめには ③311
よそめの関の ①460
よそめの関は ③265
よそ目は雲に ①311
よそめも淋し ⑥7
よ所めもや ①124
与所目より ③505
よ所目をつゝむ ⑥45
よそめを深く ⑥31
よそ目をふかく ④224
余所めをふかく ①320
よそめをも ②17
余所目をも ④310
余所よりも ①356
夜田かる比は ①250

よたゞうつ　②167
涎くり　③323
よたれとろとろ　④145
涎もや　③382
四つ五つ
いたいけ盛
③240, ⑤175, 258
四五　⑤195
四折の　③517
四日市
いつか帰ら
③20, ④53
世づかぬほどの　②172
世づけるすぢを　②68
四つ竹の　③351
よつたり詰に　④331
四人ばりに　③258
よつて吟味の　③247
仍件の
印判の露　③292
梅柳陰　③380
四の海を　①5
四の緒に　①373
四緒に　⑥97
四の緒も　⑥56
四絃も　②152
四の緒を　①359
四の辻
むつかしく
③18, ④52
四の時　④119
四の隣　①91
よつ引て　④298
よつひきひやうと
③476
よつほとこたへた
④254
世とうつり行　①324
淀上荷から　③521
淀川の
落得ん事は　③337
よどまず霧　①458
よどむかた
①118, 185
よどむやそ　①112
淀川は　③326
淀鯉一献　④243
淀路行　①54
世と共に　②314
淀の城もと　④292
淀野のひかり　②123
よど野のまくら　②44
淀野より　①479
淀のわたりの　②387
よどばしや　③59
淀姫の　⑤243
淀舟ぞ　③86
淀舟に　③159
淀舟の
かよひも見　②333
浪のさわき　③267
よどまぬ水に　②412
世と我と　①29
夜長きころの　④81
夜長さに猶　①266
夜長さも　②108
夜中過　③159
よなよなうつる　⑥93
夜な夜な月に
あかね虫の　①300
ともなへる　②76
夜な夜な月は　②162
夜な夜な露の　①260
夜な夜な露を　④80
夜な夜なに　⑥17
夜な夜なの
衆道もつは　③321
月ぞすむら　①446
月にえらべ　②100
月もうらめ　②388
ね覚に月の　①418
寝覚に月の　②240
枕の下は　②223
夜な夜なのぞむ　①463
夜な夜なも　①438
世に有増の　②382
夜にいるまでに　③186
夜に入れば　⑥85
世にうみに　⑥70
世におほふ　①32
世に消ぬ　①18
世にしらる
道し有けり①62, 162
世に捨られて　②374
世に高し　⑤129
世に伝ふ　②325
世に遠く　②95
世に時なるも　①313
世にとよむ　⑥161
世になき人の　②10
世に匂ふ
この花ぞこ　①12
此花ぞこの　①140
世にねがふ
木立よ水よ①70, 162
世に恥おほき　②173
世に春の
有数ふべし①12, 140
世にひかれ　①57
世にひく琴の　②170
世にふるは
更に時雨の　③185
花に桜の　⑤245
夜にまぎれつゝ　①401
世にまじる　①454
世に稀の　①8
世にむなしきを　②109
世にめづる　②198
世にもかはらぬ　①349
世にもわすられ　②270
世にやすげなき　②126
よ入道　③324
四人の輩　③467
四人結　③486
夜ぬけにも　③317
夜ぬけのあとは　③327
夜の雨は
偸にほくり　④243
物かは宿の　①119
夜の雨や　⑥161
世のありさまを　①368
世の哀しる　⑥23
世のうき事や　④110
世のうき時は　②266
世のうきも　①133
世のうきよりは
とそんし侍　③174
またたゝき　③340
世の憂よりは
秋風の庵　②427
よしや松風　①235
世のうきよりも　②14
世のうさに　④65
世のうさは　①408
世のうさを　①18
世のかたち　①29
世の聞えある　②104
世のけしき　②360
世のことはりは　①452
世の外と　①265
世のためしとも　②78
世のたよりなる　②81
世の塵も　①22
世の塵を
はなれて涼　①159
離れて涼し　①65
世の伝とては　①257
世の伝も　②150
世の伝もなし　①243
世の伝を　④133
よのつねの
旅さへある　②114
露とやは見　①78
世の時まつ　①371
世間に
地獄かあれ　③333
絶てさくら　③179
世中に　②65
よのなかの　③270
世の中の
うさ八まん　⑤165
うさ八幡そ　③215
世間の
塵を離て　②163
三月過ける　①246
世中の
事うつりつ　④116
つまりし沙　③188
人の機嫌を　④299
人の口のみ　①413
老母のさと　③489
世の中は
心なりけり　①6
たゝとろほ　③254
とてもかく　④197
何にたとへ　③216
継子ほんの　③522
都なれやの　③231
麦の粉水に　③204
夕の雲の　③239
世間は
とかく死な　③389
八州九宗に　③433
はまくり貝　③328
世中は
一足とひに　③223
心なりけり　①138
胡蝶の夢に　⑥46
才智も貧に　④237
はねかなく　③364
故郷もなし　①485
まほろし稲　③468
世の中も
おなじ胡蝶　②194

思へばかり　①359
世の中や
蝶々とまれ
⑤165, 270, 280, 296
世中や
草履取して　③448
花色ぞめの
⑥129, 173
世の中よ
蝶々とまれ　⑤262
花の以後に　③269
世中よ
時宜社なけ　④304
蝶々とまれ　③85
よの中を　③394
世の中を
いづくも旅　⑥71
かりのやと　③153
離るゝ身に　①381
世中を
おもへばお　①273
かねは流れ　⑥101
のがるゝ所　①338
わたりかね　④334
わたりくら　⑤95
世の春を　⑤102
世の人の　①10
世の人めにも　①241
世の外に　②154
世の外の　②167
世の外や　①14
夜のほどに　①451
夜の程に
雨も嵐も　②359
かつがつ花　②190
ひやゝかに　①318
夜のほどの　②430
夜の程の
あらし閑る　④88
嵐もしらず　①266
夜の程も
うしろめた　①332
おしめ猶こ　①105
おらせじと　②368
夜の間だに　②131
夜のまの雨ぞ　①490
夜の間の雨の　①272
夜の間ばかりの　②239
夜の間計の　①231
世のみたれ　④302
世の道なきを　①482
余の物は　④311
世のゆたけさも　②283
世の夢も　①112
夜は明るかと　①462
夜は明けらし　①241
夜は明ぼのゝ　①242
夜は朝はてゝ　②76
世は化なりと　①396
夜這人や　④257
夜這には
庭もまかき　④177
他の国より　③274
夜這に行は　③379
夜はひのねまき　③267
よはひわたるは　③208
世は空蝉の　③475
よばふに舟は　②389
よばふ三笠の　①476
よばふむかひの　①236
よばふも舟は
見えぬ遠方
②264, ⑥61
よばへば舟に　②252
世はかざりやの　④274
世はかり庵の　①430
世はきのふけふ　②187
世は銀箔の　④328
世はことごとく　④218
世はさためなく　③338
夜は焼亡に　④221
夜は白妙に　②170
世はすでに　④297
世はたゞ市の　②390
世はつかて　③308
夜咄の　③176
世はなべて　①189
世はなり次第　③455
世ばなれつゝも　④112
世ばなれて
咲なす菊の①99, 177
畑うつ身と　①416
世は春に　①7
夜はまだ残る　①257
夜はまだ深き　①274
代は万年に　④183
世は皆なひく　③202
夜は漸寒く　③147
夜は夜也　⑤122
呼かへす　③341
呼かはしたる　②234
呼かはすらし　②426
よび声も　①289
よひし医師の　③217
呼付た名の　③339
よひとらん　③361
呼名はまんじゆ　④284
呼よせられて　③336
夜ぶかき袖の　②273
夜ぶかきに　①190
夜深きに
岩戸明しや　①30
空や明ぼの　①123
夜ぶかき別　②55
夜深く出し　②391
夜ぶかくいでゝ　①226
夜ぶかく猿の　⑥117
夜ふけて衣　①433
夜更てそこに　④168
夜ふけて誰しや　④181
喚子鳥　③293
夜船いざよふ　①442
夜船きよする　②217
夜舟漕ぐ　①368
夜舟さす
跡さへみえ
①119, 186
跡さへみゆ　⑥165
夜舟の泊り　②320
夜船の行衛　②173
呼はこたふる　③378
四町の内の　⑥49
四町の南　②185
よみ出ぬるは　②109
よみ歌や　⑤108
読をける　②185
よみをこせたる　①304
よみかへり　③412
よみがへり　③95
よみかはしぬる　⑥23
よみかはす　②370
よみくせいかに　③280
よみさして置　②306
よみとじてをく　①463
読ぬる歌の　②231
よみぬるも　②77
夜宮まいりは　③218
夜宮参りは　⑤277
よみやうは　④309
よむ歌に
大内山を　①292
風吹あへぬ　②418
心のほどや　②317
難波の昔　②132
読歌に
君がさかゆ　①238
つもる齢も　②139
よむ歌の
哀ばかりを　②170
道をや守る　②69
読歌の
をろかさ恥　①233
品をば誰か　①222
よむ歌や　④303
読歌や　②353
よむ歌を　②244
よむ経文は　④135
よむ言の葉の　①315
よむことのはも　④283
よむことの葉も　②278
よむとつきし　③248
よむとつきじ
人丸つらゆ
③60, ⑥157, 160
よむ文さへも　①313
よむも歎の　②51
よむも名だかき　②322
読るてにはも　③314
嫁入時分　③526
嫁入の　③525
婦入の樽を　③147
嫁入は　③338
よめかぬる　④289
よめかねにけり　③203
娌子のかへる　③291
よめすとも　③286
よめにとりても　③219
よめりうはふは　④230
よめりやよめり　③356
よめるこゝろも　④128
蓬生に
とまるはつ　⑥93
なれも鳴音　②186
蓬生の
住ゐゆかし　①252
古道具屋は　③221
蓬生は　④98
蓬生も　⑥49
よもぎふや　②336
蓬生を　①215
よもぎが陰に　①424
蓬か島　③488
蓬が島は　①334
蓬が島を　②416

蓬が杣の　①260
蓬が露に　②295
よもぎが洞に　②405
よもぎむぐらの　①455
蓬むぐらの　④82
蓬餅　③342
夜も漕まよふ　②417
終夜
　いを安から　⑥8
　思ふか中に　③505
　心のどめぬ　②143
　時雨て過る　②135
　田面のなる　②374
　ねられぬ枕　②356
　夢もむすば　②424
夜もすがら
　きこえてさ　②342
　心をすます　④122
　鹿の草臥　②266
　時雨し月も　①368
　苫に雨聞　②301
　ねられぬ比　①416
　古事かたる　①315
　床ちかく鳴　②413
夜も終　②408
夜もすがらねぬ　②32
夜もすがらふる　①234
夜も長の　③52
四方にあそぶ
　こよひは月①94, 175
　今宵は月を　⑥90
四方にうき名を　⑥20
四方に受継　⑤105
四方に霞の　②377
四方に鐘
　花の名ちら①25, 144
よもにけふ　①4
四方に今日　①137
四方にこりや　⑤44
四方にはれたる　②247
四方にふく　②55
四方に見よ　①208
四方のあらしの　②33
四方の嵐も　①471
四方のさと人　②254
四方のはなしも　③233
四方山の　①125
四方の山辺は　①316
四方の山々　①341
四方はこの　①27
四方は此　①145
夜もほのかなる　①240
四方も今はた　①468
四方ものどかに　②269
四方も長閑き　②330
世もやす時の　③149
四方山の
　花を集て　④148
　紅葉たばね　④296
夜もろくにねず　④300
夜や明ぬらし　⑥92
夜や長き　①333
夜や深き　②431
世々にかはらぬ　①214
世々の秋　①109
世々の影　①92
世々の風　①21
世々の霜を　①117
代々の石畳　⑤99
世々のつきの　①174
世々の月の　①94
世々の人　⑥74
世々の人も　①214
世々をつぐ　①158
世々を経ん　①37
よられし草や　②427
よられて浅き　②395
よらんせよらんせ
　③486
寄合て　④275
寄合や　④159
寄かゝりにする　③432
与力衆　④304
寄来ては　①249
与力はなれて　③339
寄来る鹿に　④245
より添て　⑥31
よりてこそ
　そなれ松陰①41, 150
　それとしら
　①99, 176, ④8
　花なき雪の　①51
よりてこそみめ　②408
よりて芝居の　③281
よりて見ん
　芦のひとへ　①156
　芦の一重の　①57
より朝殿は　③332
よりなく鶴の　①367
よりなづさはる　①397
よりの相撲は　④214
より棒て　③326
寄棒の　③215
頼政は　③316
頼政よろこひの　③417
夜あそぶ
　折とやかた　①77
　酒のむしろ　②350
夜起さひしき　③289
夜かたる　①24
よる金鶏の　⑤104
夜こそちぎれ　⑥100
よることに　③351
夜とても　③503
よるなく雁や　②23
よる浪こほる　②24
よる波に　②40
よる浪に　②147
寄浪に　②159
よる波の
　底澄渡る　②370
　そのまゝこ　②165
寄浪の　①295
よる波も
　芦のほのか　①403
　霞む入江の　②331
　余湖の浦風　①385
よる浪も　②100
よる浪や　①259
夜にいれは　③219
夜の雨
　池の氷の　②33
　過てにはよ　④89
　晴にけらし　①228
夜の雨きく　⑤101
夜るのあらしも　①278
夜るの雲　①333
夜るの車に　③331
夜の契りは　③304
夜るの目さます　③150
よるはあくがれ　②407
夜るはあくがれ　①258
夜は三度も　③146
夜るはすがらに　①282
よるはすら　①385
夜るは昼　③166
夜るはほたるを　①338
夜ひるとなく　②305
よるべをしへよ　①466
よるべからにぞ　②277
よるべなき　①260
よるべの水は
　霧はれぬめ　⑥117
　水草しげれ　①321
よるへの水も　④285
よるべはいづこ　①476
よるべも哀　⑥17
よるべをも
　こぎまよひ　①328
　定兼たる　②433
夜までたれか　②87
夜るまでのこる　①412
夜までも　⑥50
よるもねられぬ　③522
夜や雨　①303
よるよる涼し　⑥5
夜る夜るに　③178
夜るを昼　③356
よれくまむ　⑤167
よれくまん
　両馬かあひ　③283
　両馬があい　⑤249
　両馬があひ
　③76, ⑥140, 155, 167
夜連歌も　③160
鎧の毛ごろも　③485
よろひの袖に　④214
よろひはかれて　③216
よろこひ極り　④173
よろこひ事を　③245
よろこびの
　色にやえめ　①43
　みかほひら　④70
悦の　①152
慶びの
　あまりやき　①99
　あまりや昨　①176
よろこびのみを　①430
よろこびを　①408
よろしき上着　②196
よろしきやうに　④333
万木の　①124
万木は　②422
よろづの事は　①403
万参川の　③462
万やり帳　⑤99
万代と　①369
万代の
　つるの卵の　④219
　はなしは一　③260
　春とはしる　④86
　守りもかた　③337
万代までに　④229
万代や

うちはへ春①25, 144
同じ詠の　①208
つもる砂の　⑥149
よろづ代よばふ　②351
万代を
年の名しる　①6
年号知し　①138
よろばふ庵の　②294
よろよろと
立て小町か　③159, 510
齢さへこそ　②318
よはひたけては　⑥39
よはひたゞ　②335
齢たゞ　①298
齢歎くや　②371
齢ひには　①381
よはひのすゑは　②386
よはひの末は　①454
よはひの末を　①443
よはひの後の　②276
よはひの後は　②77
よはひのぶ　①99
齢のぶ　①176
よはひのほども　①304
よはひのものと　①422
齢ばかり　②143
齢ましては　②162
よはひも秋も　①235
よはひもいかに　②28
齢も今は　①471
齢よ秋よ　④94
よはひをしれば　②69
齢をのへて　③398
齢をも　①340
よは腰を　④254
世渡りは　③467
夜はにきて　⑥161
夜はにこえし　②271
夜はにしも　①463
よはに吹　②27
夜半にほとほと　③317
夜はにまろばす　②281
夜はにや春の　①454
夜半に分行　④112
夜半の嵐に　①229
夜半のあらしも　③431
夜はのあらしを　①279
夜半の時雨に　③386
夜はの月　②345
夜半の月　①202
夜はの露ほす　⑥25
夜はの枕に　②424
夜半のまくらに　②86
夜はの枕を　①478
よはりてや　①260
よはりもてゆく　③291
よはるあらしを　⑥38
よはるなよ　①263
世を秋風の　③149
世を秋に　①180
世を秋の　①366
世を秋山は　②324
世をあだものと　②418
夜をいそぎ　②187
世を出やらぬ　②224
世をいとふ　②88
世をいとふ身は　②419
世をいはふなる　①459
世をうしと
いとふ心の　⑥45
いとふさま　①326
世を宇治と　①228
よをうみの　④272
世を思ひやる　④80
夜をかけつゝも　②225
世をかりそめと　①256
世をかろく
出立し旅の　③211
なす身やう　①74
世をくはんすれは　④326
世を観すれは　③178
夜を篭つゝも　①276
夜をこめて
うかるゝ花　②325
たつたび人　⑤210
立旅人の　⑤186
たれも市路　①298
出る旅人の　③242
行々ねぶる　②377
夜をこめながら　②20
世をさくる　⑥13
夜を寒み
氷やすらし　②178
それと降置　①217
露を片敷　①219
世をさりぬるは　②186
世をしらで　①101
代をしる君が　①414
世を捨る　③265
世を捨し　⑥36
世を捨つゝも　②354
世を捨て
入三吉野の　②201
花にあふた　③182
独やめでん　②59
世を捨てこそ　④135
世を捨てさへ　②56
世を捨ながら　②50
夜をだにも　①402
世をつくす
わが所かせ　①178, ④26, 30, 33, 35, 38
世を尽す　①103
世を照す　②249
世をとつて　③337
世を取て　④214
世を歎く　①135
世をのがれきて　②137
世をのがれつゝ
送る老が身　⑥55
住るかり庵　⑥11
夜を残しつゝ
霞むしのゝ　②118
別来し袖　②403
世をはたく　④237
世をはなれ　②409
世をはやく　①193
世を早く　①131
世を外に　②162
世をまもる　②275
世をめぐみ　①362
夜をもつはらに　④251
世をも猶　②89
世をゆづりての　②96
世を忘れたる　②353
夜んの戸あけはなち　⑤95
よんへの宿は　③517

【ら】

頼光の　③467
来迎の
蓮のはゝそ　③124
仏一体　③298
雷光火縄　③448
雷のくるまの　⑤104
楽書の　③213
落書の　③398
落書は
あの辻堂や　③161, 507
落書千話書　③456
落足の　③271
洛中の　③182
楽長老の　③487
楽天か詞　③309
楽天や詩を　③359
楽寝の夢に　③212
らしやの羽織の　③406
羅城門　④330
落花狼藉
たとひ丸腰　③427
ふまれたゝ　③465
乱以後も　④179
欄干に　③518
欄干の　⑤104
らんくゐさかも　③403
乱檞や　④327
蘭省の
はなれ切た　③499
花を生たる　③155
蘭の香や　⑤254
乱拍子　③246

【り】

りうきうの　③187
六道の
辻切強盗　③444
辻切をする　④193
広小路とは　③425
驪山宮にも　④196
律儀者の　④199
律義のから名　③477
律儀まつはう　④310
りちき者の　③497
六宮の三盃　③483
立春から　③110
立春や
二日路はや　③31, ⑥136
立身の　④315
律僧の　③417
律にしらぶる　①317
律にもひゝけ　③410
律のしらべに　④128
律のしらべも　⑥52
律のしらべを　①310
利発過たる　④246
理は理非は非に　④303
理非は則　③223
離別の神は　③340
琉球の　③194

琉玖の　④278
竜宮に　③432
竜宮迄も　③378
竜宮より
　取てかへり
　③262, 524
柳上に
　鴬とんだ　⑥130, 153
竜女かさゝくる　③226
竜女か袖を　③382
竜すてに　③466
竜の口に　③269
竜ののぼるか　⑥13
りやうがんにくの
　④280
両国や　⑤123
領境　③280
両日の内　③368
猟士の着たる　④251
両陣たかひに　④309
両陣は　③414
猟すなとりに
　心いれつゝ
　③161, 527
霊山丸山
　蝶々とまれ　③228
　八坂坂中　③253
霊山や　⑤108
両袖の　③344
領内ひろく　④198
両人か　④236
両の目を　③354
両馬かあいたに　④265
両馬かあひを　③387
両方の門　③343
料理して　④165
料理鍋より　③464
慮外千万　④186
慮外なれとも　③165
慮外者
　厳そひえて　③476
　さはらはな　③281
慮外をかへり　③217
旅行の道に　③263
旅行を乞や　③188
旅人も空に　③217
悋気いさかい　④157
りんきかなひと　③319
悋気講　④320
悋気こゝろに　③361
りんきこゝろの　④211
りんきこと　③310
りんき事
　頭をふりて　③300
　むりならは　③305
悋気事　④252
悋気しに　③436
りんきせし　③165
悋気そ冬の　③381
りんきつのつて　③394
悋気にも　③353
悋気の後は　③335
りんきのみ　③512
倫言は　④196
臨終に
　哀れ虱や　④310
　うち向ひぬ　④175

【る】

類船と
　みゆるや一　⑤167
　見ゆるや一
　③21, ⑥134
類舟に　③214
類にほれてや　②222
類広きこそ　②9
類広く　⑥25
類ひろくしも
　氏ぞさかふ　⑥57
　なれる末々　②413
類ひろごれる　②332
瘰癧や　④289
毘盧庶那仏を　⑤104
留主居中間　③458
留主つかふ　③230
留主なりと此　③400
留守に付さし　③335
留主のうち　③204
留主の中　④289
留守の間に　④245
留主の間を　③157
留主はかり　③505
流人なりとは　④294
瑠璃光如来　③501
瑠璃の地と見る　①317

【れ】

礼義のあらぬ　④168
礼者もや　⑥162
伶人の
　楽屋の幕も　④245
　舞は菩薩の　③190
れいせいは　③346
例ならざるも　⑥56
例ならず　②7
例ならで
　うつし心も　①273
　限りになる　②59
　引篭りぬる　①301
れいならぬ
　心ちやすこ　①426
　身を恨つゝ　①474
例ならぬ
　心地なりし　②187
　身のための　⑥39
　身もやすら　①492
例にかはれる　⑥100
れいにたがふ　②122
例にたがふは　②172
例にたがへば　④122
例の春と
　おもはゞこ　①35
　おもはゞ是　①148
例のまた　④262
霊仏霊社　③254
霊宝の　③330
礼申す
　あつぱれ御
　③92, ⑤49
れゐよりはやく　①316
冷林　②101
礼をまなばぬ　①317
歴々の　③300
列子や雲に　④234
列をいろいろ　④84
連歌座に
　うち越嫌ふ
　⑥132, 156
　打越嫌ふ　③5
連歌しの　④214
連歌の打越　③153
連歌のなこり　③237
連歌百韻　④324
連子窓より　③203
連衆皆　③373
連状みなみな　③298
れんとひしてや　③249
連判の　③329
恋慕のみちの　③489
連綿と　⑤117
連離の枝に　④262

【ろ】

篭入の　③347
老和尚　③227
廊下より　③278
老眼におよはす　④160
老眼は　③502
老功を　③488
老後に人を　③460
老後のおもひ出に
　④324
癆瘵かたはち　③417
らうさいふして　④250
らうさひぶしや　③260
篭舎は月を　③512
老中衆　③256
老人の　③517
狼籍者の　③215
楼船や　③47
老僧の　④224
老僧は　④268
蝋燭の　③381
老体の　③304
廊に続し　②238
廊に出て　②378
楼にのぞみて　⑥34
楼にのぼれば
　風ぞおさま　②403
　雁帰る声　①346
　月あかき影　①298
　春のゝどけ　②82
浪人小性　③437
牢人と　③187
牢人の
　たかにとあ　④306
　身の置所　④295
牢人は　③169
浪人はたゝ　④224
牢人を　③282
牢人をして　③277
楼のすだれや　②212
楼の南は　②254
楼のむかひの
　春の山々　②41
　山みどりな　⑥118
老門の盆前　⑤99
朧々たる　③482
廊をめぐりの　①482
篭をも出し　③147
ろかいにも　④337
櫓数はやめて　③246

櫓数をそろへ　③158
炉釜にや　④191
六歳の　③320
六七度　④238
六七里　③430
六十巻も　③234
六尺は
　いつ切米の　④274
　懐手にて　③347
六尺や　③266
六尺ゆたかに　③183
六十以後の　③223
六十一も　④226
六十三を　③201
六十帖の　③237
六十余年の　③335
緑青と見る　③326
緑青のたゝ　④167
録青や　③361
六蔵は来ぬか　④253
六丁道に　④196
六度迄こそ　③382
六はらを　③342
六坊にして　③468
廬山に半分　③443
廬山の雨だれ　③532
廬山の庵や　④243
炉路入に　③200
炉路入は
　また早天の
　　③163, 503
廬地から来るを　③296
露路にたて置　③427
路地の石ふみ　③380
炉路の松陰　④184
廬次へまはりて　③374
廬路よりかよひ　③218
路次よりほそき　③211
路銭につまりて　④262
六角堂に　③182
六法の　③231
六法のいき　③351
六法はりひち　④330
六法も　③391
魯般もや　④240
炉辺に手をつき　③365
炉辺にかへる　③197
露命も恋も　③425
鹵莽にて　④315
論は中から
　たへんさか
　　③158, 506

【わ】

我足のうら　③498
我家は
　から笠の下
　　③196, 527
我庵に　②133
わが庵の　②154
我庵は
　布留の山田　③423
　都にしれた　③378
吾庵は　④160
若い後家　③463
わかいこゝろの　③159
若いこゝろの　③510
若い衆の　③439
わかひ時　④269
若ひ時は　③323
我いにしへの　②7
我いのち　④216
わか祈る　③301
若い人　③485
我いらん
　門まづたゝ　①62
　太山にたつ　②69
我入ん
　門先たゝく　①158
　門より花や　①333
我が植し　②45
我上に　②301
我馬の　④219
我老や　①373
我大君の　③419
我おもひ
　いつまで月　①484
　弥まさり行　②139
　御殿に押こ　③457
　そふる計の　①295
　はさみ箱に　③205
我思ひ
　海にまさり　①300
　おもへばあ　④332
　愚人の及ぬ　③324
　くらべくる　④81
　しのぶ心も　②92
　煤の色にや　③367
吾思ひ　①240
わがおもひをば　②155
我親の　④211
我影を　①326
我影をのみ　②151
我かたがたに　②130
我かたは　②187
我かたみとや　②143
我門は　⑥7
わがかなしみの　④78
わが髪も　②125
我通路の　⑥145
若からぬどち　①422
わかゝりし　①30
若木かな　①37
若時　②367
若木の桜　④233
我君か代に
　すめる商人　③360
　見る札の辻　③509
我君か代の　③261
若木より　①345
わか木をほりて　②14
若草あさる　②298
若草に
　はやうき世　①23
　まづひとは　①25
わかくさの　①23
わか草の　①23
若草は　①23
わか草むらの　②250
若草も　②26
我国の　⑤126
我国ぶりの　②424
我くろかみは　④187
わか気のいたり　④207
わが恋いかに　①423
我恋心　②371
我恋の　⑤121
わか恋は　③527
我恋は
　あはてのも　④242
　小風呂にあ　③196
　清涼殿も　③256
　世界の図に
　　③479, 531
　月にむかひ　③311
　とうてもか　③327
　麩屋に見せ　③458
　まつといふ　③314
　松をしくれ　④272
　やふれ紙張　③183
　よみかるた　③218
わが恋や　①454
我恋や　⑥23
若後家の
　腰の巾着　④266
　珠数なまぐ　④311
　手代と中も　④206
若後家は　③208
我心　③238
吾こゝろから　①238
我子ぞと　①400
吾ごとき　②192
わがごとく　②35
わがことこひて　②123
我ごと鹿も　①297
我ごと虫も　①474
我ことや　②280
わか衣手に　③183
我衣手の　②97
我ころも手は　②91
若ざかりこそ　①428
我里の　②406
吾里の　①250
我里を　②178
若さは若し　④303
我さむしろに　①274
輪かざりや　⑤126
若衆に　③390
若衆念者　③505
若衆の
　喧嘩さへす　③158
　喧嘩すけす　③506
　さかりも花　③167
　名よせを撰　③445
　花盛待　③205
　腹心もや　④296
　みちはすた　④207
若衆も　④214
若衆狂に　③500
若衆につきし　③308
若衆のいきを　④262
わか神国には　③468
我すむ方の
　行灯の火か　③454
　かへさかす　①282
我住かたの　②110
わが住かたは　②13
わがすむ里の　②78
我せこが
　いづらたゞ　②186
　くべき床を　①308
　来へき夜分　③438
我背子が　①332
我せこは　③366

吾袖の　①229
我袖は　①466
吾袖を　①276
わが園に　①414
我園の
　かひよと鹿　①369
　春も胡蝶の　⑥93
我圃の　①210
我園は　①480
わか竹に　①62
若竹に　①211
わか竹の　①158
若竹の
　すゑ一段や　③71
　千代あらた　⑤48
　ちよのどち　①158
　千代のどち　①61
　筒いつ迄か③71,273
　葉分に風や　①350
わか竹は　①61
若竹や
　柳の糸も　②143
　われても末　③331
我たつ杣の　①481
わがたのめつる　②430
若たはこ　④248
我手枕の　②163
我玉しゐも　④95
我たましゐや　①358
吾玉しゐや　①242
わが玉の　②100
わがため露や　②122
我ちきり　③381
わかちなし　⑤109
わかち見ば　①48
わかつながれの　⑥57
我妻の　③238
我つれづれと　②51
我手柄　③406
わが床近く　②108
我床夏の　②158
我床に　②191
我年の　③470
わが年や　①7
我年や
　これにぞよ　④358
　これにそは　⑥163
若殿様の　④311
若殿の　③454
我友ときく　④94
わが友とのみ　④130
わがとはん　①44
若菜一種の　③354
若苗よりも　①352
若苗を　①303
我が中に　⑥92
我中に　③228
我中にうき　②247
我中の　①385
若菜汁でも　③370
若菜つみつゝ　④177
わかなつむ　②335
若菜つむ　②75
若菜摘　②11
我名はまたき　③504
我涙　②212
我泪　③257
我涙より　②260
わかなより　①11
和歌においては　③292
若音さだかに　②374
わがねては　①22
我閨の　②109
和歌の浦や　②233
和歌の骨　⑤290
若葉が中に　①410
若葉さす　②327
若葉にいくら　②233
若葉にさびし　②371
わか葉に花の　②18
若葉にも
　おもひ出あ　⑥40
　桜の杪　②391
　見るや花田　①47
わか葉の楓　②268
若葉の楓　①201
若葉をも　①47
わがひとりねの　②342
我舟ならで　②35
我法は　③354
我外をは　③254
我身いつ　②66
若水に
　うかぶ心や　⑥161
　つきてもち　①9
わが身なげてん　⑥117
我身にうとき　②115
我身にしらぬ　⑥94
我身の魂よ　③499
我身の後は　①220
我身の非をは　③350
わが身のむかし　②182
我身はいつか　②395
我身ひとつの　③500
我身ひとり　⑥39
我みる花や　②409
我見る花や　①199
我身を秋も　②4
我娘　③340
わかむらさきの　④331
我持分の　④324
我物おもひ　②212
若やき討死
　恋の双六　③277
　何時なりと　③197
わが宿に　①259
我宿に　①310
わがやどの　①179
わが宿の　①103
我宿の
　あたりをさ　②414
　梅見がてら　⑤125
　垣くゐ一せ　④220
　木末におし　⑥34
　梢や深く　②359
　箒木の先や　④175
吾宿の　①237
わが宿も　①95
我宿を　⑥14
我山の　⑤108
若ゆてふ　⑥63
わか世隠居も　③189
我世には　①104
わが世のはてを　②211
我齢　①482
わか世をは　③247
わか理をたてゝ　③452
わかるとて
　おもへば花　①146
　思へば花も　①28
　ながめし月　①420
別るとも　②222
別るべき　②31
別るらむ　②149
わかるゝか　②259
わかるゝきはぞ　①328
わかるゝ空は　①293
別るゝ春を　④111
別るゝ道に　③297
別るや　②25
別れおもへば　②212
別悲し　⑤102
別れ鐘　⑤98
わかれきて　①308
わかれ来て　②109
別来て　②356
別し跡の　④331
別れしあとの　⑥55
わかれしいもは　②346
わかれし今朝の
　月は有明　②385
　庭のやすら　⑥23
別し床の　②54
わかれしなごり　①473
わかれちに　③166
別れ路に　③262
別路に
　刻たはこを　④274
　心替りの　①404
わかれ路にをく　③505
別路の
　あはたゞし　②194
　今の恨を　③474
わかれぢは　⑥70
別路は　③506
わかれしまゝの　②399
わかれぢも　①329
別路や
　又空なきの　③295
　よその契に　⑥12
別ぢを　①469
別れ路を
　隣のかゝや　③154
　何ぞは急ぐ　①393
別路を
　恨にせばや　①382
　おしともい　④4
　隣のかゝや　③506
　まどふ涙の　②202
別てふ　②178
別つる
　跡の月より　③419
　跡は明石の　②51
わかれてをのが　②77
別れてけさは　③455
別てこの松　③533
分れて末は　②351
わかれての　①464
別ての
　跡も夜深き　②45
　後こそ増る　①253
別れての　②238
わかれて後の
　あした侘し　①273

　思ひせよと　②309
　狭莚の露　②16
別て後の　②327
わかれて後は
　をのがさま　①461
　涙ひがたき　②250
わかれては
　友うぐひす　①20
　歎きぞつも　①126
別ては
　たのむもか　④126
　泪ぞかすむ　①232
　花見の時の　④326
　行あふ人の　②177
別れては
　逢んも遠き　①403
　香ひ袋の　③461
わかれて春に　①420
別れても　①487
別なば　②170
わかれにかぞふ　②297
別には　②331
別のかねや　①264
わかれのかねを　③326
別の袖を　②93
別れの鳥か　③353
わかれの鳥の　③436
わかれの鳥も　①324
わかれの鳥を　②233
わかれのなみた　③204
別の後の　②234
わかれもおしむ　③506
わかれゆく　①467
わかれ行　④129
別れ行　①383
わかれより　④180
別より　②196
別をおしむ　②434
わかれを思ふ　④132
わかれをも　①495
別んうさぞ　①269
別んと　③221
和漢にかよふ　③292
脇あけの　③407
脇狂ひ　④234
脇指と　③260
脇さしは　④169
脇差を　③270
脇息に　①489
わきて深谷の　②202
わきて恵の　②395
わきてわびしき　②15
脇の大事は　③330
膀はらぢ　④258
わきまへさするは　③323
わき目もふらす　③155
脇目もふらす　③499
わく間を休む　③150
病葉は　①49
分る朝気の　②429
わくる小笹の　①395
分る交野の　②185
分る苺地の　⑥21
分る早苗の　②22
わくる田づらの　②98
分るちはらの　②280
分る野の　①249
分る野は　②5
分る冬野の　②111
分るみ山の　④122
分るも露の　①231
分るもふかき　⑥3
分るもみちは　④76
分る山路の　②46
わくる山路を　②333
分る三月の　④121
分ればすゞし　②80
分ればとをき　②332
分ればわくる　②269
分いかつちの　③491
分出る
　あら田の原　②296
　田中の道の　②12
　野筋程なき　①285
　春のすそ野　②171
分いらば　①253
分入ば　②6
分入む　②180
分入し　②175
分入給ひし　③311
分入て
　くだくはあ　①286
　住や小倉の　①369
分入にける　①382
分入雲の　②389
分入に　⑥10
分入野べの　①380
分入野らは　②254
分入は　①352
わけ入道も　①440
分入も
　逢人もなし　①264
　杳なるらし　④109
分入山の　①465
分入山は　②90
分いれば　②65
分入ば　②288
分帰りぬる　⑥5
分帰る
　賎がよび声　⑥116
　田づらの道　①255
　山田の道の　②409
分かへる野は　①456
分下り　②136
分暮す　②276
分くれば　⑥23
分こし跡の　⑥116
分来し跡は　②43
分来しかたの　②142
分こし方も　①380
分こし花の　②431
分こそこぼせ　①371
分こそならせ　②16
分社わぶれ　①378
分し深山の　①422
分しをおもふ　①236
分過る　⑥19
分て入
　高野の奥は　②329
　高まの末の　①370
　竹の林の　①358
　夕わびしき　⑥26
分て入野は　③374
分て色ある　①493
分てえならぬ　①308
分てこそ入　①352
分て此　①402
分て霜夜は　②91
分て澄らん　④107
分てとらぬか　③345
分て南の　②175
分てゆく　②50
分て行
　下道くらき　②197
　すゑ野のみ　②331
　田づらの露　⑥9
分なやむ
　袖の下柴②262, ⑥59
分ならす
　交野の原の　②317
　裾野々月の　②202
　のべの草村　①363
　汀の砂　⑥117
分ならす野の　⑥6
分なれてみし　②74
分ぬらしたる　①281
分のぼる　①430
分まよひつゝ　②196
分まよひぬる　②198
分まよふ
　田面に近き　⑥12
　道の行衛や　②411
分迷ふ　④79
分まよふ野の　②249
分行かたは　①429
分行末は　①367
分行野路の　②352
わけゆくのへは　④329
分行道の　①271
分ゆけば
　尾花咲の、　①244
　木隠もなく　②111
分行は　②355
分行ば
　いとゞ木深　⑥49
　片岡山の　①359
わけらるゝ　⑤287
分らるゝ
　ものなら片　③106, 485
分々る
　すゞの下道　①418
　道より末の　②342
わかう様こそ　③330
若人の　⑤126
わかふなる　④237
わこさまは　④163
若子は賢き　③265
わざくれお寺　④290
わさくれと　④337
わさくれ貧報　③364
わざくれ貧報　③533
わさゝのかすに　③266
態一書　③247
熊使札　④229
業とても　⑥32
業になれてや　①376
早稲のわら　③474
態使を　④311
鷲尾亀井　④195
鷲の尾上に　④298
鷲の峰　③320
鷲の山　③489

わし利に懸る　③448
わづかな事　④293
わづかなる
　庵りさし置　②216
　賎屋の軒に　②224
　ほこらのあ　①467
わつかに方丈　④171
煩ふ已後の　④272
わすらるゝ
　身をのみか
　②262, ⑥60
忘らるゝ
　中さへ思ひ　⑥35
　我身ひとつ　①267
わすられにける　②72
忘られぬ間に　②118
わするなよ　②209
忘なよ　②181
忘るなよ
　是もえにし　⑥34
　と計かはす　①258
　物をとすな　③175
わするばかりの　⑥26
わするべしやは　②289
わするゝまなく　①335
わすれ形見の　④251
忘がたみは　②136
わすれがた見も　①311
忘がたみも　②129
わすれこし
　わが世に花⑥91, 148
忘れこし
　我世に花の①27, 146
忘れこそせね　④150
わすれずよ
　見しは古枝①78, 166
わすれたはとよ　③413
忘たり　③316
わすれては
　おどろく月①94, 174
　旅ねを宿の①98, 176
　月にねもせ　⑥65
　見し桜戸や　①51
わすれなん
　旅とな告そ①97, 175
わすれぬは　②175
わすれはあてゝ　③335
わすれはせじと　②382
忘ばや　①260
わすれめや
　月に今宵の　①340
　御船にかけ　⑥70
　よしのゝお　①286
忘れもやらぬ　①380
わすれやはせん　②428
忘れんと　②374
わすれんとすれば
　②385
話則には　④264
話即より　④267
わたあつあつと　④221
わた入きぬも　③314
わたくし義　③475
私儀　④199
和田酒もり　④280
わたしの舟を　④190
わたし果たる　②404
わたし船　①438
渡し舟　②193
わたせるまゝの　①346
わたづみの
　かざしにし　①72
　かざしに茂
　①163, ②211
　かざしや浦　①124
　行ゑ白波　⑥35
綿つむく　③331
わた殿の　②332
渡部か　④231
渡辺が　③353
渡辺ちかき　③147
渡辺党の　③421
渡辺にての　④298
わたのはら　④172
わだのはら
　はてなきは　④20, 23
わだの原　①488
和田のはら
　はてなきは⑥67, 166
和田の原　④95
和田原
　はてなきは　⑥68, 81
和田の御崎に　④298
移徒の　④135
わたりいづこと　④91
わたりくらへて
　南に雁　③491, 492
わたり来る　④118
渡り来る　②359
渡りせん　②115
わたりつる　③375
渡手に　③532
わたりてゆかん　①280
わたりに舟を　③367
わたりぬる世は　①495
わたりの船を　③147
わたるか雁の　③367
わたる小鳥の　①299
わたる鈴鹿の　①415
わたる瀬いづこ　④78
渡る瀬は　①349
わたる瀬も　②304
渡る瀬も　②41
わたるせや　①75
わたる泪の　③525
わたるもあらず　①484
わたるも橋を　②349
渡るもほそき　②298
わたれば寒き　①313
わつと夕の　④254
わなわなと　④244
わに口のかれて　③478
侘釜に　③487
侘言に　③456
侘言に出す　③356
わひ言は　③340
侘しき住ゐ　②375
侘しくかすむ　②41
わびしくも　①432
侘しくも　②357
侘しくも只　②240
侘しげに
　猿なく山の　②74
　住あらした　①226
　住なしけり　②92
侘しけれと　③315
わびしさいかに　②384
侘しさゝぞな　①491
侘しささぞな　⑥25
わびしさは　①452
侘しさまさる　④112
侘しさや　①344
侘しや馴て　②104
侘すきなりと　③161
侘数寄なりと　③501
侘数奇の　③332
侘たる小屋の　③353
わびつゝも
　住家々の　①453
　ねよとや今　①97
侘つゝも
　幾夜な夜な　①278
　岩しく袖は　①325
侘つゝもすむ　①482
わびてをく身は　②123
わびてをりたく　②33
わひぬれは　③280
侘ぬれは　③235
侘人と　②186
侘人なりと　③194
侘人の　③462
侘牢人を　③201
侘とはいはじ　①361
侘るこそ
　たゞ独ねの　①234
　日を衰の　②147
わやくな医者は　④264
わやくやと　④157
わやわやと　③177
わやわやに　③404
藁打槌に　③214
草鞋の緒　④161
はらちの緒をも　④264
藁しへや　③328
藁二三束　③464
わらは遊ぞ　①482
わらは姿の　①427
わらはすがたも　①201
わら一束から　③412
蕨の根　③289
蕨堀　④208
わら茨の　⑥26
童の作
　何かはくる
　⑥104, 128
わらやのうちに　③267
わらやの内は　③509
わら屋の内へ　③146
わら屋のつまに　①439
わらは御供　④237
わらはすがたも
　かふる衣手　②203
　人にこと也　②263
わらは姿も　⑥61
わらはべの　②361
わらはもすこし　③303
わらはやみ
　今日や心ち　②346
　立るゝ計　②192
わらんち捨る　③310
草鞋の　③419
草鞋も
　たまりやい
　③172, ④52

わらんつ脚半　④166
わらんつの　③497
わらんへの　④161
わりなくもたゝ　③508
わるい香ひの　③454
わるい匂ひも　③417
わるひのを　③394
わるうあるまひ　③534
わるうても　③388
わるうはまれる　③371
わるふめさるな　④255
悪酒を　③336
わるさする子の　③384
わるさうな　③245
我いねかねつ　④168
我いまた　④243
我未　④312
我れ恐にきと　③459
我が身は　⑥73
我から思ひ　②203
我からと
　しるも涙の　②347
　知も泪の　①202
我からの　②363
吾こそとはめ　①228
我其そこに　③338
われても末に　③473
吾とひとしき　①461
我と世の　②58
我ながら
　さももどか　⑥110
　目かね悲し　④290
我なぐさむる
　鳥のさへづ　④80
　夢のはかな　①346
我ならで
　たれをまつ　①495
　問ん人なき　⑥57
我なんち　④229
我におゐて　③258
我にひとしき　②96
我のみぞ　⑥18
我のみなでん　②132
我のみ独　⑥98
我のみを　②147
我は秋と　①86
われはあつまへ　③508
我はがほなる　①339
我はがほにて　②188
われは悲しむ　⑥11
我ばかり
　待はあらじ
　①52, 154, 384
われはひかしへ　③153
我はわすれぬ　②177
我独
　いかでかた　④88
　通夜物語　③426
われふるさぬは　②136
我見ても　④200
我もぐして　①29
我も噂　④238
我もたゞ　①467
われもともに
　ちりぬべら
　⑥130, 154
われ物は　③319
われ物も　③397
我もはし居を　②170
我もやがて　③126
我も世に　②52
われやこふらし　⑥16
我や行つゝ　①339
我よりも　①473
我等ことききは　③525
我等式　③348
われらは祇園　③200
我等は城を　④196
我々もとより　③407
我を置ては　①365
我をとはん　①23
我を問ん　①150
我をも誘へ　②25
わろく共　③317
椀の下地を　④167

【監修】
尾形　仂
島津忠夫

【編集委員】
石川真弘
井上敏幸
牛見正和
奥野純一
尾崎千佳
加藤定彦
塩崎俊彦
島津忠夫
宮脇真彦
米谷　巌

西山宗因全集　第6巻　　定価（本体 18,000円＋税）

2017年4月10日　初版発行

編　者　西山宗因全集編集委員会
代表　石　川　真　弘

発行所　株式会社　八木書店古書出版部
代表　八　木　乾　二
〒101-0052　東京都千代田区神田小川町3-8
電話 03-3291-2969（編集）-6300（FAX）

発売元　株式会社　八　木　書　店
〒101-0052　東京都千代田区神田小川町3-8
電話 03-3291-2961（営業）-6300（FAX）
https://catalogue.books-yagi.co.jp/
E-mail pub@books-yagi.co.jp

印刷所　上毛印刷
用　紙　中性紙使用
製本所　牧製本印刷

第6回配本

ISBN 978-4-8406-9666-1